華東理工大學

EAST CHINA UNIVERSITY OF SCIENCE AND TECHNOLOGY

2014

1

教育部第四督导组来校督查指导，
深入了解教育实践活动整改落实、
建章立制环节工作情况

2

教育部副部长杜玉波一行来我校视察，于建国介绍我校盐湖工程研究中心情况

3

我校 2013 年新生开学典礼在奉贤校区体育场举行

4

我校 2013 级新生党员“励志班”（第一期）开班

5

我校化学工程与工艺专业接受 ABET 认证，专家参观化学工程与工艺专业实验教学中心

6

我校推进“就业引导工程”，机械与动力工程学院学生走访吉林石化

青春助力

7

程建新带领获奖学生团队领取红点
设计概念大奖

8

我校英语 124 班闻菁获“21 世纪 · 华澳杯”英语大赛一等奖和最佳风采奖

ECUST

Sino-German Bilateral Workshop of Engineering Education
中德国际工程教育双边研讨会
Joachim Litz

9

洪堡会议在我校召开，德国洪堡基金会秘书长 Enno Aufderheide 博士致辞

10

中德国际工程教育双边研讨会在我校举行

11

德国石荷州州长 Torsten Albig 率团访问我校，见证我校与吕贝克应用科技大学合作办学项目续签协议

12

党委书记杨贤金率团访问法国多所高校，与中法项目交流生合影

13

教育部专家组来校评估“结构可控先进功能材料及其制备”教育部重点实验室

14

联合化学反应工程研究所（联合所）召开庆祝成立三十周年学术会议

热烈欢迎“结构可控先进功能材料及其制备”
教育部重点实验室评估专家

联合化学反应工程研究所成立三十周年学术会议

——过程工程科技发展战略
主办单位：中国工程院
承办单位：中国工程院化工、冶金与材料工程学部、华东理工大学
2013年5月10-12日
中国 上海
ECUST

華東理工大學

15

“中国工程科技论坛（第 160 场）——过程工程科技发展战略”在我校召开

16

我校举行 2012 年科技工作总结表彰大会

17

资源与环境工程学院师生参与国内首次车载系留气球观测大气污染任务，“大鲸鱼”气球第一次现场试飞

18

中国石油化工集团公司暨华东理工大学能源与化工经济管理研究中心成立大会

19

我校参加第 15 届中国国际工业博览会

20

党委书记杨贤金和华谊集团董事长刘训峰为上海华谊树脂有限公司成立揭牌

21

我校"上海生物制造产业技术研究院"（生研院）在奉贤揭牌

22

我校与中航商用发动机有限责任公司签约成立"航空发动机寿命预测技术联合创新中心"

热烈祝贺
上海生物制造产业技术研究院

中航商用航空发动机有限责任公司
華東理工大學
航空发动机寿命预测技术
联合创新中心
United Innovation Center (UIC) in
Life Prediction Technology for Aero Engines

23

“随爱回家”——我校商学院三十周年院庆大会举行

2013 年青少年高校科学营华东理工大学分营活动：在上海科学营开营仪式上，沈炜副书记接过华东理工大学分营营旗

25

共青团华东理工大学第十四次代表大会胜利召开

26

我校学生社团"星火社"获"2012年度上海市优秀青年学习型组织"称号

27

在第 13 届“挑战杯”上海选拔赛中，我校学生喜捧“优胜杯”，与会领导参观我校学生作品

28

第 6 届上海市外国留学生龙舟赛在
我校奉贤校区举行

29

我校合唱团在 2013 香港国际青少年
合唱节摘金拿银

华东理工大学年鉴

East China University of Science and Technology Almanac

2014

华东理工大学年鉴编写组　组编

華東理工大學出版社
EAST CHINA UNIVERSITY OF SCIENCE AND TECHNOLOGY PRESS
·上海·

图书在版编目(CIP)数据

华东理工大学年鉴. 2014：汉文、英文/华东理工大学年鉴编写组组编. —上海：华东理工大学出版社，2021. 12

ISBN 978-7-5628-6579-7

Ⅰ. ①华… Ⅱ. ①华… Ⅲ. ①华东理工大学-2014-年鉴-汉、英 Ⅳ. ①G649. 285. 1-54

中国版本图书馆 CIP 数据核字(2021)第 183544 号

策划编辑　刘　军
责任编辑　孟媛利
装帧设计　肖祥德
出版发行　华东理工大学出版社有限公司
　　　　　地址：上海市梅陇路 130 号，200237
　　　　　电话：021-64250306
　　　　　网址：www. ecustpress. cn
　　　　　邮箱：zongbianban@ecustpress. cn
印　　刷　上海盛通时代印刷有限公司
开　　本　890mm×1240mm　1/16
印　　张　32. 5
插　　页　18
字　　数　629 千字
版　　次　2021 年 12 月第 1 版
印　　次　2021 年 12 月第 1 次
定　　价　168. 00 元

华东理工大学年鉴
编纂委员会

名誉主任：杜慧芳

主　　任：曲景平

委　　员：（以姓氏笔画为序）

王惠文	付　尧	朱　姝	朱为宏	朱育红	李　剑	李永生
李建伟	李新军	李德强	沈海涛	沈悦萍	张爱民	张雪芹
陈　坚	陈　康	范体军	林嘉平	岳海洋	周　玲	钟伟民
侯　宇	袁洪学	夏江雯	柴　华	倪　炜	黄　婕	龚学庆
阎海峰	葛铁群	蓝闽波				

主　　编：　王爱祥

副 主 编：　陈莉丽

编　　纂：　王　阳

出版说明

一、《华东理工大学年鉴（2014）》（以下简称《年鉴》）是全面反映2013年华东理工大学基本情况及各项事业改革与发展的史料性文献、资料汇编，其中收录了2013年一年内学校主要活动和各项工作的重要讲话、文献、照片、统计数据等资料。

二、本《年鉴》涉及学科建设、教学与人才培养、科学研究、科技产业、师资队伍、行政管理、党群工作、学术交流与合作、办学支撑条件、表彰奖励等各个方面，并专题收录了重要活动的文选及2013年大事记。所刊内容由各单位确定专人负责提供，并经本单位主管领导审定。所有数据资料除另有注明外，均截至2013年12月31日。

三、本《年鉴》各栏目和分目之首设有“概况”条目，集中记述有关领域的总体情况；分目下的条目，以“【】”号标识。条目是基本的撰稿形式和重要信息的记录单元。

四、本《年鉴》力求资料完整，内容翔实，数据准确。由于编辑力量和水平有限，疏漏、误差之处在所难免，恳请读者批评指正。

五、本《年鉴》由华东理工大学校长办公室组织编写，得到了学校领导、机关各部门及各学院的大力支持与帮助，谨此一并致谢。

2021年8月

目录

Contents

特载

Tezai

在中共华东理工大学委员会第十届二次全体（扩大）会议上的讲话

杨贤金

2013 年 2 月 21 日

同志们：

刚才钱校长对2013年的重点工作，对本科教学、学生思想还有国际化工作做了说明。今天上午的议程就要结束了。在结束之前我还想讲几点。学校的根本任务是培养人，基于这一点我们在党代会报告中明确提出了实施“立德树人”工程，特别是对本科教学和研究生教育做了比较详细的阐述，认为本科生教育是立校之本，研究生教育是强校之基。关于这点，在学校的党代会报告中已经讲得很清楚了，这里就不再讲了。我想主要强调以下三点。

一、继续加大力度建设一支优秀的师资队伍

为什么这个问题我反复讲呢？学校是一个庞大而复杂的系统，在这个系统中，实际上各个部门、各个岗位都发挥着重要的作用。对学校来讲，要正常运转，要有我们的教师队伍，要有我们的管理干部，要有我们所有员工，离开谁都不行。如果离开一个岗位学校还可以正常运转的话，那么说明我们根本不需要这个岗位。也就是说，在各个岗位上他们都为学校的事业发展做出了贡献，所以我们要尊重他们为学校发展所付出的努力，充分肯定所有人为学校做出的贡献。从这一角度来讲，我们必须提高所有教职工的待遇，应该改善他们的生活条件、改善他们的工作条件。

但是，每个阶段都必须有每个阶段的工作重点，当前我们的工作重点或者说最重点就是师资队伍的建设，而师资队伍建设的重点是青年教师队伍的建设，这是我们当前工作的重中之重。我们强调建设师资队伍，并不是我们轻视干部队伍建设和其他职工队伍等的建设。刚才涂校长讲了我们要加强干部队伍建设，重视干部队伍到国外的考察工作。

我们讲师资队伍，首先要对我们的师资队伍有一个评价。我们怎么来评价我们目前的这支队伍呢？我个人的看法是，目前（师资队伍）整体上比较小但是非常优秀：一是从1月21号下午各学院的述职来看，大家的述职，每个评分都出来了，绝大部分是优秀的。大家讲的，学院的工作，这些学院所取得的教学科研成果，不管是我们的工科还是理科，放在任何一所高水平大学里都不差。二是1月12日，科技处对获得“高校科研业务费交叉学科与重大项目培育基金项目”进行了年度考核，共有41位教师进行了课题汇报，我听了他们的报告以后，感觉他们的学术水平作为任何一所大学的教授都应该合格，应该来说是比较优秀的。

这支队伍能不能支撑我们学校事业的发展呢？与我们所承担的任务相比，现在看来，这支队伍的规模需要扩大，结构需要改善，整体水平需要进一步提高。所谓规模不够，我个人认为，

从现在开始，从目前学校所承担的教学科研任务来看，专业教师队伍的整体规模应该要超过2 000人，特别是考虑到我们多校区办学，人数还要再增加一些。从“十二五”规划来说，我们这支队伍也要达到2 100人左右。规模要有所扩大，但是难度很大，不是说我们今天提出来扩大规模今年就能进几百个教师。它是需要逐渐来实现的，也不是什么人都能到我们这当教师的。教师队伍的年龄结构、学术结构等需要进一步改善。我们所引进的这些教师，在国外知名大学学习工作的经历非常重要。我们的整体水平需要提高，教师队伍中优秀人才比例需要提高。我们最近研究了兄弟高校，它们是怎么做的呢？很多兄弟高校出台了很多的相关政策来吸引优秀人才，这些政策的力度之大前所未有。我们今年和去年在师资队伍的引进上下了很大的力气，但是我觉得我们引进的力度还要加强。有研究表明，著名教授尊崇于学科而并不尊崇于他的单位。什么意思呢？就是说，教授对学科是忠诚的，而对他所供职的单位不一定忠诚，他到哪都是搞这个学科。所以好的人才都是向条件好的地方流动，这个“条件”是指待遇好。心情舒畅就会激发出潜力来。我们要建设一支不仅专业素质强、事业宽，而且要有大局意识、进取意识、责任意识，能够团结合作、相互支撑、共同发展的教师队伍。

怎样才能做到？根据今年的工作要点，开一次师资队伍建设的工作会议或者是人才战略研讨会，大家要通过广泛的讨论，形成共识，下力量解决。韩正同志说：看不到问题是最大的问题，看到问题不解决也是大问题。

二、大力推进国际合作和交流

学校的培养目标：培养厚基础、强实践、高素质、具有创新精神和国际视野的社会英才。我个人认为，国际交流与合作这个途径是非常有效的。但不能为了国际化而国际化。也不是多坐几次国际航班、多去几个国家、会说其他国家的语言就认为已经是国际化了。

国际化的根本目的是提高人才培养的水平。实际上，通过国际化，我们可以逐步建立国际化的人才培养体系、国际化的师资队伍、国际化的师资评估和聘用体系，建设具有国际化前沿水平的科研基地、好的国际化的管理体系。我总是认为我们要培养人才，一定要有好的机制、好的氛围、好的……在这些方面，其他兄弟高校特别是好的兄弟高校做得比我们好，我们就要交流学习，做得比我们差的我们就要引以为戒。通过国际化，至少要达到两个目的：

一是增强跨文化的理解能力。这对学生很重要，我们的学生是全球竞争的。如果没有跨文化的理解能力，是做不好事情的。通过国际化，承认文化之间存在差异，不同民族、不同国家的文化有自己的特点。不能简单地说我的文化好，你的文化不好。你只能承认这种差异、这种特点。我们都知道我们的文化历史悠久，但我们不能否认其他文化的历史，如果没有这种跨文化的理解能力，就不能正确处理国际事务。

二是通过国际化来拓宽视野。我们经常讲视野决定出路，实际上，视野决定了学生未来的发展，现在我们的视野决定了学校未来的发展。从六十多年的办学经验来看，我们对这点体会已经很深了。只有有了这种国际视野，我们才能够用国际上最好的高等教育的发展规律、国际上通行的规则来处理这些事情。实际上，这是对自己有利，对别人也有利。我们一定要做好双盈利同盈利。如果一件事情处理完了以后只对一方有利而对另一方没利的话，这种事情的矛盾迟早会爆发。其实学校内部的事情也是这样，出台一个政策，对这部分人有利，对那部分人没利，长期这样，肯定会产生内部矛盾。所以学校提出来，今年我们要召开国际化战略研讨会，希望大家一起来想办法，把思想统一通过国际化快速地达到一个更高的水平，通过国际化提高我们的科学研究水平。实际上，改革开放以来，我们的教师、学生逐渐站到了国际最前沿。我们华理通过国际化应该能达到世界前沿的水平。

三、为了更好地完成我们今年定下的目标，我们还要进一步理顺体制机制

我们讲管理，一流的大学必须有一流的管理。管理虽然是“管”在前，“理”在后，但我认为，管理的关键是“理”，而不是“管”。那么多人管事是很难管的，体制机制顺了，才能创造一种和谐的环境，人的活力才能被激发出来，我们一定要想办法在这个复杂的系统中，通过理顺体制机制，使系统有序运行，减少阻力和内耗，从有序中提高效率、产生效益。不能在体制当中存在相互制约阻碍发展的情况，这样我们的资源效益、人的潜能才能很好地发挥出来。形成我们的管理制度很重要。要基本建设国际知名、特色鲜明、多学科高水平的研究型大学需要什么样的体制机制？目前的运行机制、工作机制能否支撑这样一个建设目标？今天理顺体制机制并不是说我们之前的体制机制不好，是因为现在学校事业的发展，要求我们不断调整管理方式、运行方式。我个人认为，华东理工大学已经从单学科转变为多科性、综合性大学，从徐汇校区的单校区办学转变为相距遥远的两个校区办学，学生人数已经超过 25 000 人，教职工的规模明显扩大，学校资产近 45 亿。这么一个庞大的系统，必须有一套好的管理体制机制，必须靠集体的力量，必然要靠集体的力量建立一套适合我们的体制机制。机制非常重要，如果我们建立了好的机制，我们的管理者就轻松多了。建立这个机制，我们要不断地解放思想，解放思想

是关键。靠机制维持学校的运转，而不是靠某个人。最近，习近平同志在中央纪委全会上讲了一句话：让权力在制度的笼子里运行。我认为这句话的意思是，我们所有的工作都要在一个比较好的体制机制下运行，这样我们才能健康和持续发展。

人是有惰性的，很容易适应目前的环境，习惯目前的管理方式。很多事请我们习以为常，认为这样做就可以了。改变是很难的事情。虽然我们的兄弟院校有了很好的经验，我们常说“他山之石，可以攻玉”，但我们不能简单照抄照搬，要结合学校的实际，创造华理的管理模式。

一是，学校与学院之间的职权要明确。也就是说，管理重心要下移。大学的卓越声誉来自学科的声誉。最近，教育部公布了一级学科的排名。我们常讲，麻省理工学院、加州理工学院的学科在世界的排名、在美国的排名基本上都是排在前几位的，这些学科都分布在某些学院。所以，如果一个学院不能成为办学的实体，那显然学校很难成为世界著名大学，因为学校太大。小平同志说，我们一定要把管不起管不好的事分给大家。学校不可能对每个学院的情况都特别清楚，学校要让学院在行政管理、人事安排、教学、科研和经费开支等方面享有较大的自主权。如果学院没有自主权，这个学校的声誉就会受到影响。

二是，我们还是要探索岗位责任目标与绩效考核的办法。学校是人才汇聚的地方，是个学术共同体。大学和大专家对学生的管理和管理工厂是不一样的。今天的社会能控制人的行为，但是没办法控制人的思想。但是我们可以按照目标导向，按照绩效对大家进行考核。不管你今天干了什么事情，只要一年下来，你把这些事情干完就行了。（开展）目标考核才能发挥大家的潜能，才能调动大家的积极性。今年的工作任务很多，很重要，实际上每年（的工作任务）都很重要。比如，在党的建设方面，要开展以为民务实、清廉为主要内容的党的群众路线教育活动。比如，要开展党风廉政建设，我们还要召开专门的会议。要完成好几年的任务，党的基层组织必须发挥战斗堡垒作用，党员领导干部必须发挥带头作用，特别是做好党员领导干部的作风建设，这是中央对我们的要求。在座的除了学生代表以外，大部分都是党员、领导干部，有的不是党员，但是是领导干部，希望大家做到三点。

第一，做到“三个一点”。什么是“三个一点”呢？一是能够让人学一点，你是领导总是要让人家学学你，要求别人做到的，首先自己做到，而且做得到位，做得迅速，做得漂亮。让大家佩服。二是能够让人得一点。咱们要实实在在想办法解决师生员工面临的问题。要给大家带来实实在在的利益。遇到好处要多让群众得一点。三是能够给人兜一点。什么是给人“兜”一点呢？出了问题、有了责任，不要推，要主动把责任揽过来，让下面的人干得舒服点。

第二，要完成好今年的工作任务，关键在落实。今年的工作要点有八个方面，我们有想法还要有办法，有了想法没有办法那是空想，落不了地。所有的任务都是要想办法把学校的主要工作贯彻好、落实好。我们常说，干了可以不说，但说了就必须干。既然要点写上了，那各部门就要看到自己的责任。落实很重要。

第三，要完成好今年的工作任务，还必须有良好的、积极进取的、充满自信的精神状态。为什么我要讲这个呢？因为我来到华理以后，我听到的抱怨比较多，抱怨多了就会影响自信心。影响自信心我们就会没有动力。所有的事情都是人做出来的。韩正讲，看不到问题是大问题，看到了问题不解决是更大的问题。我们已经知道了问题，我们就要去解决，必须有追求卓越的积极性和奋发有为的精神状态。我们明天开学，今天我们在这里开会，就是有这种含义，告诉大家，我们要更加努力地去工作。

（根据录音整理）

在2013年学校党风廉政建设干部大会上的讲话

杨贤金

2013年4月7日

同志们：

刚才，林志华同志已经代表党委总结了 2012 年学校党风廉政建设工作，分析了当前反腐倡廉建设的形势，部署了 2013 年的工作。下面，我再围绕这次会议提出的重点工作讲三点意见。

一、认真学习贯彻党的十八大精神，切实增强党风廉政建设和反腐败斗争的紧迫感

党的十八大对全面提高党的建设科学化水平提出了明确要求。党风廉政建设和反腐败斗争是党的建设的重大任务，关系党和国家的生死存亡。党中央、中央纪委高度重视教育系统党风廉政建设，中央纪委二次全会强调，要纠正教育等领域损害群众利益的不正之风，抓好高校党风廉政建设，着力解决学术诚信、基建工程、科研经费等方面存在的突出问题。虽然我校在这些方面还没有发现大的问题，但没有发现问题不等于没有问题，没有大问题不等于没有小问题，现在没有问题不等于将来不发生问题。如果我们不大力加强廉政建设，腐败问题就可能在我们学校发生，所以廉政建设必须经常抓、长期抓。要及时发现并解决苗头性的问题。工作中，底线不能被踩漏，踩漏了底线，工作成绩要被归零，甚至是变为负数，这条底线就是安全稳定、廉政建设。所以我们必须增强廉政建设和反腐败斗争的紧迫感。如何增强？最主要的是加强学习、严明纪律。

要加强学习。人的思想水平不会随着职位的升迁而自动提高，心胸境界也不会跟着职务的提拔而自然提升。一个人必须通过不断的学习，在灵魂深处树立自省、自警、自重的意识；通过加强理论学习，增强道路自信、理论自信、制度自信。要认真学习党章，党章是党的根本大法，全体党员都必须认真学习，只有学习好了党章，才能遵守党章、维护党章。要学习各项规章制度，树立规则意识，对规则有敬畏之心，不能把制度、规定看成“聋子的耳朵”“稻草人”。通过学习，明确什么事能做，什么事不能做；什么是对规则的突破，什么是违规违纪。党员领导干部要带头学习，当表率，树标杆，努力营造“风清气正、廉洁守信”的校园文化氛围。高校的性质特殊，根本任务是培养人，华东理工大学作为知名的高水平研究型大学，我们的大多数学生，毕业后将成为国之栋梁，校园文化对他们的熏陶是春风化雨、潜移默化的。优秀的校园文化可以让学生树立艰苦奋斗的意识、敬畏规则的意识，帮助他们正确做人、做事、做学问，使他们在工作中真正做到不愿、不能、不敢腐败。

要严明纪律。习近平同志在中纪委二次全会的讲话中特别强调要严明纪律。我认为，党委

班子有没有战斗力，主要看是否做到了以下三点。首先是看在政治上能不能和中央保持一致，严格执行党的纪律，把上级组织的要求与学校的实际相结合，创造性地开展工作。其次是看班子能不能把握机遇，抓住事业发展中的关键问题，进行科学决策、民主决策，在进行重大决策时广泛征求意见，深入调研，形成共识。第三是看班子能不能充分调动各方面的积极性，形成合力，保证各项决策得到贯彻落实。这三点中最重要的是严明纪律，党的纪律是最根本、最重要的纪律。《中国共产党党章》明确指出："党的纪律是党的各级组织和全体党员必须遵守的行为规则，是维护党的团结统一、完成党的任务的保证。党组织必须严格执行和维护党的纪律，共产党员必须自觉接受党的纪律的约束。"如果我们党的纪律成为摆设，就会形成"破窗效应"，使党的章程、原则、制度、部署丧失严肃性和权威性，就会失去战斗力。党的纪律对党员干部来说，既是"紧箍咒"，又是"高压线"，一定要有敬畏之心。学校第十次党员代表大会提出了基本建成"世界知名、特色鲜明、多学科高水平研究型大学"的目标，要实现这个目标，关键在于严明党的纪律，形成整体合力，确保政令畅通，心无旁骛抓好工作落实。

二、突出工作重点，确保反腐倡廉各项工作落到实处

党风廉政建设工作范围广，任务重，责任大。我们要继续全面推进惩治腐败和预防腐败体系建设，要继续下力量推进廉政文化建设。刚才林志华同志已经部署了今年的工作，我重点强调以下工作。

要以校领导班子建设为重点切实改进工作作风。习近平总书记指出，作风上的问题绝对不是小事，如果不坚决纠正不良风气，任其发展下去，我们党就会失去根基、失去血脉、失去力量，要以踏石留印、抓铁有痕的劲头抓下去。目前党委正在研究制定领导班子改进工作作风的若干规定。为了改进工作作风，校领导班子成员要发挥带头作用，带头发扬艰苦奋斗的精神，带头调查研究，密切联系师生员工，带头把心思放在办学上、把时间用在治校上、把功夫下在提高质量上。要求别人做到的自己要首先做到，要求别人不做的自己要坚决不做。校领导班子成员要从身边的小事做起，做出表率。喊破嗓子，不如做出样子。要经常照照镜子、正正衣冠、洗洗澡，看看我们哪些方面做得比较好，哪些方面存在不足，好的方面要坚持做下去，做得不够的地方要马上改正。

要建立科研经费监管长效机制。科研经费使用的监管是今年纪检监察的重点工作。教育部将对高校科研经费管理工作开展专项检查。去年，教育部就科研经费的管理发了三个文件，并

召开了视频会，通报了6起案件。最近，媒体报道，山东省去年对四所高校进行了审计，有9人受到处分。类似的报道还有不少，高校科研经费的使用已经成为社会关注的热点。学校根据去年教育部下发的三个文件的要求，开学初就如何加强科研经费的管理再次进行研究，对我校有关科研经费管理的文件进行了梳理，明确提出了下一步的工作要求。最近要做好两项工作：首先要开展学习培训，由林书记牵头组织全校性的学习宣传，请科技、财务、审计、纪检等部门的负责人进行宣讲，使教师们能够熟悉相关法规，增强法律意识，也希望财务处等部门能设专人，为大项目的经费使用当好顾问，做好秘书，指导教师用好经费；其次是严格对照有关规定，认真开展自查，及时发现问题、解决问题，完善配套措施，建立科研经费监管长效机制。在科研经费的使用方面，长期以来已经形成了一些不好的习惯，对一些违规行为习以为常。要彻底改变这样的情况，使科研经费规范、合理、有效使用，必须造点声势，不能拖拖拉拉、下不了手，存在的问题必须限期解决。针眼大的孔，牛头大的风；千里之堤，溃于蚁穴。小问题不及时解决，就会酿成大问题，不能因小失大。

要加强反腐倡廉制度建设。邓小平同志说："制度好可以使坏人无法任意横行，制度不好可以使好人无法充分做好事，甚至会走向反面。""领导制度、组织制度问题更带有根本性、全局性、稳定性和长期性。"推进党风廉政建设和反腐败斗争最有效的途径是加强制度建设。严密的制度可以让想腐败的人不能腐败。中共中央政治局2月23日下午就全面推进依法治国进行第四次集体学习。习近平同志在讲话中强调，任何组织和个人都必须在法律范围内活动，各级组织部门要把能不能依法办事、遵守法律作为考察识别干部的重要条件。两会期间，很多领导，特别是张德江委员长讲得非常明确，就是要尊重法律，按程序办事。加强廉政建设，必须做到切实用制度管权、按制度办事、靠制度管人。这就需要根据学校的实际情况，不断完善制度建设。今年我们在制度建设方面的一项重要工作，就是要进一步健全领导班子民主科学决策机制，完善党委全委会、党委常委会、校长办公会议事规则。通过完善制度来推进科学决策、民主决策，强化对权力的监督和约束，真正做到权力在制度的笼子里运行。

三、认真履行职责，坚持警钟长鸣

加强反腐倡廉建设是党的重要政治任务，各级党组织、全体党员领导干部要勇于担当，切实履职尽责，扎实推进反腐倡廉各项工作任务的落实。校、院两级领导班子，特别是校级领导班子成员要自觉担负起加强纪律建设、作风建设、反腐倡廉建设的责任，要将党风廉政建设放到更加重要的位置，严格执行党风廉政建设责任制，自觉承担起反腐倡廉建设的政治责任；要认真履行“一岗双责”，按照责任分工抓好分管范围内的党风廉政建设工作，坚持一级抓一级、层层抓落实。广大党员干部特别是领导干部要以身作则、率先垂范，努力做严明纪律、改进作风、清正廉洁的表率。党委组织部、纪委，要按照中央对干部要严格管理、严格监督的要求，从严管理监督干部，严格经常性教育，严格日常管理，切实保证干部队伍的先进性和纯洁性。纪检监察干部要承担起维护党的纪律特别是政治纪律，推进反腐倡廉的重要职责，勤勉务实、敢于碰硬，积极协助党委领导班子抓好反腐倡廉任务的分解、落实，加大监督检查力度，执好纪、问好责、把好关；要加强队伍自身建设，以可亲、可信、可敬的良好形象和卓有成效的工作赢得师生员工的拥护。

同志们，2013 年党风廉政建设的任务十分繁重。我们要以党的十八大精神为指导，深刻领会党的十八大和习近平同志关于反腐倡廉建设的阐述和部署，以高度的政治责任感和饱满的精神状态，在教育部党组、市委、市纪委和市教卫工作党委的领导下，按照上级要求和学校第十次党代会明确的工作任务，紧密结合学校实际，以饱满的精神状态和优良的工作作风，更加扎实有效地开展工作，以党风廉政建设和反腐败工作的新进展、新成效，为学校的改革发展稳定提供坚强有力的政治保障。

在2013年新教工培训班开班典礼上的讲话

杨贤金

2013年8月27日

各位老师：

大家好！首先欢迎大家到华东理工大学工作。人事部门在新教工培训方面做得非常好，有一整套的方案。两年前，我来到华理工作，没有人对我进行任何的培训，学校的很多事我都不清楚。第一次乘班车去奉贤，不知道要刷卡；待了半年之后，才知道还有个高知餐厅。从（开展新教工培训）这一点看起来，我们华东理工有非常好的氛围，对教师非常重视。我认为这就对了，因为教师是办好学校的根本。

一、建设一支高水平的师资队伍

学校要办好，必须靠教师，必须有一支高水平的师资队伍，所以在《教育规划纲要》中讲“教育大计，教师为本。有好的教师，才有好的教育”。学校要实现十次党代会提出的“实现内涵发展，提高教育质量”目标，首先要不断提高教师水平。

党委一直在思考一个问题，怎样建设一支高水平、结构合理的师资队伍？有人肯定说，这很好办，引进加培养。确实是这样，根据我们的工作经验，惯例都是“抓两头、带中间”。一是抓高层次人才队伍建设，二是抓青年教师队伍建设。怎么来抓？我们的思路和做法主要是：一是引进，二是培养，三是使用。

（一）引进高层次人才。引进高层次人才就是要在新的领域、新的方向上引进现在已经是大师级的人物或是国内外著名的大学教授，引进他们的目的主要是确保新的学科方向有高起点，这样才能抢占制高点、达到高水平。学校作为国内一流的高校不能在新办的专业和方向上是二流水平，这样永远成不了一流的学校。当然，引进大师级人物的代价也是比较大，大师来了之后会有适应期。作为学校，要在引进他们的同时，想办法为他们创造条件，让适应期越短越好。

（二）培养一支高水平的青年教师队伍。青年教师队伍培养要依托现有的学科点来进行。我希望能在青年教师中发现一批人才，发现“好苗子”，给予重点的关照，关照他们的教学科研条件，给大家一个非常好的空间。好的苗子要有好的成长环境，要在肥沃的土地上生长，不要把他们种在盐碱地中，那样长得就慢。不知大家去过奉贤校区没有？奉贤校区现在土地盐碱代还比较重，所以树就长得特别慢。松江大学城和我们同时期种的树，就比我们的树长得粗、高。所以说好苗子要在肥沃的土地上才能长得快。从华理的角度来说，我们会努力给大家创造一个好的条件。最近，网上流传一个段子，不一定是真的，但有点意思。内容是关于中央党校的教授讲的龟兔赛跑的故事。乌龟和兔子赛跑，正常情况下，在陆地上兔子能跑过乌龟，这没有问题。但是如果把他们放到水里，被淹死的是兔子。从这个故事中得出的结论是：一个人要在合适的环境中才能成长和发展。我们一直在努力创造良好的环境来促进大家的成长。我们要有非常宽广的胸襟，要大气，要为教师提供更好的学习、工作条件，让大家尽快成长。

（三）使用人才。无论引进也好、培养也好，不大胆使用是不行的，我们要努力为大家搭建平台，让大家有施展才华的舞台。你们以后会慢慢体会到，只要有机会，我们就会为你们创造条件。同时，我们也会创造条件使你们获得更多的机会，例如承担大的项目、参加各类国内外培训等。

学校能有今天的声誉，主要是因为有一批优秀的老教师，这基业是我们的前辈们创下的。华东化工学院在 1952 年成立的时候，来的都是著名的学校里的著名教授。同样是那个时代成立的学校，很多都不如华理。为什么？因为他们没有优秀的教师。大学的声誉是靠教师去创造的。所以有人说“大学就是教授，教授就是大学”，就是这个道理。经过多年的努力，目前我们已有了一支结构比较合理、水平比较高的师资队伍，但仍不能满足事业发展的需求，因为兄弟院校间的竞争非常激烈。今年我们的教师中获得各种荣誉的人还不少，表明我们这支师资队伍的整体水平还是比较高的。例如，今年有 3 位优青、3 位长江学者、5 项重点基金，还有几位教师入选了中组部刚刚公布的“万人计划”。这些都反映了我们这支队伍虽然体量不大，但水平比较高。但这肯定是不够的，大学要培养人，要成为世界一流大学，这支师资队伍还须进一步完善结构、提高水平。

梅贻琦说“所谓大学者，非谓有大楼之谓也，有大师之谓也”，他强调大师，这本身没错。但是今天来讲，大学要有大师、大楼、大爱。因为大师来了之后，就需要有大楼。若没有大楼，实验条件不够、装备不够、面积不够，大师就发挥不了作用。当然光有大楼，没有人使用，也没有用；光有大楼、大师，没有好的氛围，教师也成长不起来。所以华理要追求大师、大楼、大爱。这要靠我们在座的人共同努力创造。

二、如何成为一名优秀的教师

很显然，今天让我发言，肯定是要我讲讲如何成为一名优秀的教师。我认为关键有两点。

首先，要有高尚的师德。学校的根本任务是培养人，学生来到学校是想从教师身上学习如何做人做事做学问，教师对学生的影响是潜移默化的，春风化雨式的。在不知不觉中，教师就对学生有了很大影响。老师教育学生，有三个方面，知识、方法和品格，其中最重要的就是老师的品格，是最高层次的。一个学校的文化，实际上是以教师为主导建立的，是教师创造了学校的文化，学生作为主体是接受熏陶的。研究生直接向导师学习，本科生目前还没有全面实行导师制，我相信总有一天我们的教师会面对面地和本科生交流。有个故事说的是牛津大学是如何培养学生的，牛津大学实行导师制，导师把学生叫来，导师开始抽烟，然后是向学生身上喷烟雾，系统地喷了四年，学生就成才了，这就叫熏陶。这里说的是教师对学生直接的影响，也可以说是文化的影响。如果教师是道德高尚的人，培养的学生一定差不了；如果教师的品格低下，能培养出什么样的好学生？教师的职业特点决定了教师必须具备高的素质，而师德是教师最重要的素养，是教师的灵魂。所以我们一直要求教师要学为人师、行为世范。党中央、国务院一直强调，要加强教师的职业道德建设，要求教师树立育人为本的思想，要热爱学生、言传身教、为人师表、教书育人，以高尚的情操引导学生德智体美全面发展。今年上半年，三部委发布了《关于加强和改进高校青年教师思想政治工作的若干意见》，一共七个方面十六条，就包含了青年教师思想建设、学习、工作、心理问题等。我校今年也出台了《关于加强教师思想政治工作的若干意见》，其中第三部分的主要任务就是关于“加强青年教师思想政治教育，助力快速成长”的。

对青年教师来说，应自觉地加强个人修养，提高师德水平。《教育规划纲要》中提到，要“严格教师资质，提升教师素质，努力造就一支师德高尚、业务精湛、结构合理、充满活力的高素质专业化教师队伍”。《教育规划纲要》还把师德高尚放在首位，并对教师师德明确提出了进一步要求，“加强教师职业理想和职业道德教育，增强广大教师教书育人的责任感和使命感。教师要关爱学生，严谨笃学，淡泊名利，自尊自律，以人格魅力和学识魅力教育感染学生，做学生健康成长的指导者和引路人”。对一名教师来说，应该通过不断的学习，来提高自己的修养，特别是通过社会主义的大学，我们建设的是中国特色社会主义，要求我们所有的教师都要践行社会主义核心价值体系，要了解中国发展的过去、现在和朝什么方向走。最近中央召开了宣传思想工作会议，习近平总书记指出，“对于思想工作来讲，一项重要任务就是引导人们更加全面客观地认识当代中国，看待外部世界”。对于教师来讲，我们要教别人，就需要更加全面客观地认识当代中国和外部的世界。所以我们要学习历史，学习国家的历史、我党的历史，这样才能知道我们的国家从哪里来，要到哪里去。

教师的师德提高后，才能更好地关爱学生。6 月份，我去法国，顺便看望了一下我们在那里的学生，发现法国工程师联盟学校对我们学生的关爱程度远远超过他们在华理学习时我们对他们的关爱。对于本科生、研究生来说，他们最好的年华在这里度过，我们的教师对他们必须关爱。在昨天的本科生开学典礼上，一位新生家长发言讲得特别好，学生最好的年华在这里度过，我们应该怎样帮助他们，这非常重要。所以，我们必须想办法去关爱学生。现在一直在讲，教学投入不够，很多人简单地理解为财力不够，实际上最主要的是我们精力不够。西南联大在那么艰苦的条件下，培养了那么多优秀的教师和学生，造就了中国历史上比较灿烂的高等教育时期。所以物质条件肯定不是唯一的，关键是大家是不是热爱这份工作。这是我讲的第一点，就是大家一定要通过自己的学习来提高修养，使自己作为一名教师来说，有高尚的师德。

其次，要有精湛的学术水平。刚才我说过，一要知识，二要方法，三要品德，品德是最高层次。但是，如果没有知识，如何教学生？大学作为一个学术共同体，以学术为魂，以学生为本，我们如果没有学术水平就没有资格做教师。我的理解是学术不好，就当不好一名优秀的教师。基础课的教师也要做研究，不一定做科研，可以研究别人的科研成果。在美国，有很多的文理学院的老师是不做科研的，但是他们去研究别人的科研成果再去教学生。

怎么样才能提高学术水平？我觉得只有“笨”方法：勤奋、努力。给大家讲一个故事，我校的洁净煤技术研究所在国内非常有名，在2008年时它的技术许可出口美国瓦莱罗能源公司，现在国内三分之一的煤气化技术由这个所提供。这个所的创始人就是于遵宏老师。他坚信“汗水哲学”，他曾经写过这样一段话。“我追求在教书育人与科学研究这片狭小的领域中，经过细心耕耘能有点滴建树。时间不足是实现这一夙愿的最大矛盾。所以我的做法是：一、扩大工作时间的可行域，尽可能把节假日都用上去；二、降低物质要求，也就是说在事业与生活选择上，我对前者更感兴趣；三、凡工作需要而身体亦能支持得住的，减少睡眠时间；四、持之以恒，二十多年如一日。以上都是笨办法，并不足取，就个人而言，我还是坚信汗水哲学的。”他几乎把所有的时间都投入到教学和研究当中，其实他的“汗水哲学”提醒我们要成就事业必须珍惜时光，把实现梦想的满腔热情转化为学习研究的动力。华理有一大批这样的教师。我早上在食堂吃饭，很多教师去得比我还早，他们的工作时间基本上是早上7点到晚上11点。华理能有今天这样的地位，就是这些教师努力的结果。我希望大家到了华理之后，把这种优良的传统传承下去，使我们有高尚的师德、有精湛的学术。

我们都是从青年教师过来的，也经常和青年教师在一起，所以知道青年教师在学校工作压力很大，有职称晋升、岗位考核、项目申请、发表论文、生活成本等压力，希望大家能正确面对压力，树立远大的目标，克服这些困难。学校也在努力创造条件，事业留人、感情留人、待遇留人，想办法解决大家在工作、学习和生活中遇到的困难，努力为大家提供好的条件。大家要成为华理乃至全国的优秀教师，精神状态非常重要，只要保持好的精神状态，我们一定能为实现“中国梦”“华理梦”做出贡献。

谢谢大家！

诚信团结　追求卓越

——在第七届教代会、第十四届工代会第四次代表大会上的行政工作报告

钱旭红

2013年3月29日

各位代表：

大家好！在过去的一年里，我们团结努力，创新机制，科学发展，圆满举办了六十周年校庆，事业取得了较大成绩，现在我代表学校行政向第七届四次教代会、第十四届四次工代会做行政工作报告，请各位代表审议。

第一部分　2012年学校行政工作总结

一、精心筹办六十周年校庆，各项建设乘势快速推进

举办了以“传承、凝聚、发展、共享”为主题，以“因您而感动”为核心的六十周年校庆活动，通过开展“校庆建设”“校庆宣传”和“校庆活动”三项工作，改善了校园环境，提升了民生水平，加强了文化建设，促进了学术交流，展示了办学成就，拓宽了学校与校友及社会各界的联系渠道。六十周年校庆期间，60多名院士和一大批专家学者来校进行学术交流，近万名校友返校参与庆祝活动。人性化和充满亲情的校庆工作，把校庆办成了一个超大型课堂，感动了教师、学生、家长、校友和社会，凝聚了师生校友情感，取得了良好的效果，赢得了校友和社会的广泛关注和高度赞扬，进一步提升了学校的凝聚力和知名度。

条件改善与装备建设成效显著。六十周年校庆修缮工作本着“保证重点、楼内修缮为主，朴实、避免表面文章”的原则，根据相关学院修缮需求，完成部分实验大楼的修缮工作。组织学院和公共服务平台对申报的项目进行专家论证，全面推进大型仪器建设项目，公共服务平台、重点扶持学科建设项目已经基本完成。大型仪器共享管理取得实质性进展，已建成校分析测试中心及材料科学与工程学院共50台大型仪器全天时开放共享平台。

校园网络基础设施建设进一步完善。出口带宽扩容到1.65G；完成了万兆出口链路部署，网络出口设备提升至万兆速率；完成了IPv6技术升级项目中的源地址认证、大规模组播、接入管理等系统的部署，并顺利通过国家CNGI专家组验收；改造了奉贤校区数据中心机房，更新了网络机柜、网络布线、空调设备、环控设备和消防设备等，营造了一个安全可靠的机房环境；完成徐汇校区图书馆和实验12楼的有线和无线网改造，更新了财务处和研究生楼光纤，改善了实验楼和办公楼的网络状况。加强数据中心基础设施建设，将存储可用容量从40T升级扩容为110T，核心业务系统迁移至新的存储；大面积更新了核心服务器，并实现了服务器虚拟化；启动了云数据中心建设。建设公共服务体系，提升了应用服务水平；开发信息管理系统，推进了

学校信息化建设。

基本建设顺利开展。奉贤校区二期工程项目的全部报建手续和建设进度已基本完成。化工实验大楼结构封顶并完成大楼内部装修及设备的安装调试，顺利完成了国拨资金4 000万元投资的建设任务；奉贤校区二期学生公寓按计划完成结构封顶，部分完成内外墙粉刷和门窗安装工作；奉贤校区工程训练中心完成主体结构封顶，部分完成内部二次分隔工程。完成图文信息中心和体育馆项目的验收、保修工作以及六十周年校庆会场装修和壁画制作等工作。

亮丽工程展现学校新风貌。完善校园绿化、景观的定位与规划，根据校庆修缮计划，完成了正门与东门路面改造、大草坪喷灌工程、友谊餐厅周边景观和绿化铺装；完成教室修缮改造、多数实验楼修缮和两校区各类公共设施设备修缮改造。围绕校园秩序、形象的提升，强化校园管理工作；进一步加强节能规划设计和运行管理，从制度层面、技术层面、执行层面保障节约型校园建设。

二、着力提升办学内涵，提高人才培养质量

推进“跃升行动计划”的实施。根据学生需求，调集优秀师资，开设20多门次的学科基础拓展课程；通过发布《跃升行动计划工作简报》、调整保研政策、召开信息发布会、邀请专家开办讲座、开设“跃升行动沙龙”等措施，推动优良学风的形成。2012年，我校学生的研究生平均录取率由2011年的25%提高到2012年的31.5%，部分专业达到46%。

大学生创新活动蓬勃开展，全年各类大学生创新实验计划项目立项数为308项，其中国家级项目85项，上海市级项目120项；开展大学生课余研究（USRP）项目579项，覆盖学生2 800人次；组织各类学术竞赛70余场次，覆盖学生2 500余人次，学生参加国内外各类学术竞赛获奖206项，其中一等奖31项。

组织开展了中、青年教师授课大赛，全校640余名本科教学一线教师参加竞赛，其中青年教师372名。推进教育教学改革，启动了2012年华东理工大学教学成果奖的申报评选工作，全校教师共申报教改成果335项，经过专家网评和现场答辩，评选出一等奖48项。按学科大类，建立了9个青年教师教学能力培训基地，实现了青年师资教学培训的全覆盖，在青年教师中引起积极的反响，2012年共有140名青年教师报名参加了培训。

专业改革和基地建设获得新突破。2012年，本科系统共有15个实验基地建设项目获得国家修购基金资助，资助金额达3 895万元。对这些项目进行跟踪、支持和推进，确保了项目的建设

进度和质量。启动了2014年修购基金的申报工作，共申报项目28项。向教育部申报了2个国家专业类实验教学示范中心，其中“材料实验教学示范中心”获得教育部批准，成为我校第2个国家级实验教学示范中心。在建的国家工科化学实验示范中心、上海市材料工程实验示范中心、上海市发酵工程实验示范中心分别接受了上海市教委专家组的检查验收，3个示范中心的课程体系、教学质量和改革成果得到专家的认可与好评。2012年，与上海石油化工股份有限公司等6家国有大型企业联手建立的国家级工程教育实践中心，获得教育部批准和经费支持，并开展了实质性的工作；与上海尚光娜贸易公司携手，在奉贤校区建立了大学生创新教育基地——“PHYWEI联合实验室”，引进德国先进的科学仪器支撑大学生创新教育。

部分理工科学院本科三年级进入奉贤的各项工作扎实开展。后勤修缮改造先行，确保学生生活。完成了学生公寓、教室修缮改造工作；根据三年级学生入驻要求完成部分实验室与教室功能调整改造；教学C楼完成空调安装；食堂改造增设服务窗口；完成教师公寓3个楼面空调置换。做好排课选课等教学管理工作，组织学院完成总额3 298万元的相关项目论证、申报、对接及实验室建设工作。加强奉贤校区学生管理工作，根据新情况研究对策，提出了改革方案；根据学生规模、年级变化调整了辅导员配备；加强楼委会等学生组织建设，落实楼委会职能，提高学生自管水平。

学科建设与研究生教育稳步发展。完成“985”平台国家验收；完成国家和上海的“211”三期验收，作为受教育部、发改委、财政部联合表彰的28所高校之一，学校获得奖励经费1 360万元，化学生物技术与工程、高性能特殊材料的学科建设成效在全国名列前茅；完成上海市一流学科的申报工作。加强研究生入学考试规范化建设，建设了标准化考场。组织了8个博（硕）士学位一级学科参与全国第三轮学科评估。完成2002—2008年自主设置目录外二级学科重新论证备案工作，完成新增2个自主设置目录外二级学科备案工作。完成7个新增博士学位一级学科中期检查，2个新增硕士学位一级学科、2个新增硕士专业学位点终期验收工作。加强博士生拔尖创新人才培养，2012年“优博培育计划”立项11人，其中前期资助项目7人，重点资助项目4人。工程教育已获得国家专项资助的4个卓越工程师教育培养计划试点专业和3个国家级工程实践教育中心，落实了各项建设任务，并已启动建设；未列入国家专项资助的3个卓越计划试点专业和2个国家级工程实践教育中心已完成建设任务书的编报和评审修订。

三、落实规划创新机制，做大做强师资队伍

完善规划，强化落实。结合各方建议和意见，不断完善“十二五”规划，最终确立《华东

理工大学“十二五”改革与发展规划》和《华东理工大学中长期发展战略规划》。与各院系和相关职能部处研究确立“十二五”关键指标，编制完成所有专业学院的《规划目标任务书》。举行学院与学校的规划目标任务书签约大会，动态跟踪实现情况。完成《华东理工大学章程（讨论稿）》编写。

落实人才强校发展规划。2012年新入职人员为144人，其中教师（教学、科研、思政）95人。坚持引进培养并重，高层次人才队伍建设取得新进展。2012年，新引进中组部人才1名、青年人才1名，入选中组部首批青年拔尖人才支持计划2名，新增“长江学者”特聘教授1名，获国家杰出青年基金资助1名，全职引进“长江/杰青”1名，新入选上海市领军人才3名。继续实施师资队伍国际化工程，进一步加大海外优秀留学人才的选聘力度，2名教授入选第二批“上海千名人才计划”，3位教师受聘上海高校“东方学者”特聘教授，12人获得上海市浦江人才计划资助。鼓励和支持教师尤其是优秀青年教师出国研修，学校专任教师中具有半年以上海外留学或工作经历的教师比例达26.8%。一批优秀青年教师脱颖而出，7位教师入选2012年教育部新世纪优秀人才支持计划，19位教师入选2012年“上海高校青年教师培养资助计划”。

进一步深化人事制度改革。调整结构、分类管理、优化队伍，修订了《华东理工大学教师和其他专业技术职务评聘办法》，制定了《教师和其他专业技术职务任职条件（试行）》《职员职级晋升办法（暂行）》等，基本实现了以岗位设置管理工作为基础的人才遴选、使用、评价、激励与保障机制。深化收入分配制度改革，全面提升人员收入，重点保证学科专业核心竞争力的提升。出台了《关于2012年度深化教职员工收入分配制度改革的实施意见》，在部分高层次人才中试行年薪制，建立了校院两级管理的绩效评估框架体系，实施基于规划指标的绩效评估的卓越津贴分配方案，明显提高了广大教职员工的收入水平，进一步稳定了高层次人才队伍；制订并实施《华东理工大学青年英才引进与培育计划》，2012年学校首批遴选青年英才计划人选为23名，青年教学科研骨干发展支持项目人选为77名，优秀青年教师培育项目人选为152名。进一步加强博士后流动站建设，继续实施师资博士后制度，加大青年优秀人才的引进和培养力度。成立教师发展中心，进一步加强师德师风建设，加大中青年骨干教师事业发展的支持力度，规范并强化岗位培训工作。

健全和完善学术委员会规章制度和运行机制。完善了校学术委员会章程和校学术道德规范管理办法，制订各学科专业委员会及各级学术咨询、学术评议、学术评定、学风维护等工作的议事规则；建立并运行科学、民主、公开、公正的学术评审、决策机制和制度；加强学术民主、教授治学。校学术委员会全年共召开6次全体委员会议，讨论、通报事项36项。

进一步发挥校董会、校友会、基金会的作用，成立了发展联络处。以校董会、校友会、基金会建设为抓手，不断完善工作机制，构建学校发展外部支撑载体。突破原校董会组成格局，组建由大型央企及地方国企、跨国公司、大型民企等参加的更具代表性的新一届校董会，2012年召开了两次大会；完成校友会在上海市社团局注册，并召开注册后的首届会员代表大会暨理事会会议；基金会从无到有，已经在募集资金方面取得了一定成绩。

四、科学研究再上台阶，对外交流成绩显著

科技工作全面推进。2012年，学校科技工作坚持“突出优势，强化特色”，积极推进科研目标化管理，在重大项目申请、科研基地建设、成果转化和产学研工作、协同创新等方面取得重要进展，各项科研指标得到了进一步提升。2012年，我校承担各类科研课题1 200余项，科研项目经费到款总额达4. 83亿元；新签订科研项目合同1 423项，合同金额5. 98亿元。共有15项成果获奖，其中国家级奖项1项，省部级奖项14项。共申请专利343项，授权专利298项。新增重点科研基地1个；8个研究基地通过验收或评估；新增校企联合科研基地（实验室）3个；成立国际技术转移中心，开始着手对技术转移进行国际评估；新增大型国际技术转移合作项目2项。12月8日，校科学技术发展研究院举行了揭牌仪式。

落实“高等学校创新能力提升计划”，推进国家、上海市、校级协同创新体系建设。根据自身优势，不断凝练，成立了由我校牵头，清华大学、浙江大学、大连理工大学、华南理工大学、中国石油化工集团公司、中国石油和化学工业联合会等单位参与协同共建的“替代石油路线大型化工过程与装备技术协同创新中心”，在上海举行了研讨会，并签署了协同创新中心章程。与相关高校共同发起成立了国家盐湖资源化学与过程工程、西南作物病虫害持续控制等六个区域协同创新中心。加盟了“新一代煤（能源）化工”等六个国家级和一批省部级创新战略联盟。

完成“上海生物制造产业技术研究院（筹）”的申报立项，生研院章程、实施细则、知识服务激励与发展基金管理办法等文件出台，就其实体化运作落户奉贤达成共识。签约设立华东理工大学海正研究院、苏州德兰-华东理工大学联合实验室、华东理工大学建业微电子化学品工程技术研究中心等3个联合研发机构；以及浙江桐乡、浙江萧山、上海奉贤等3个技术转移联盟工作站；国家技术转移中心接手承办深圳研究院，并完成属地化基础工作团队的组建；常熟研究院已有两个团队完成入驻。

以校庆为契机，推进国际合作。举办“华东理工大学上海诺丁汉高等科学院揭牌仪式暨可

持续未来国际研讨会”，正式成立了华东理工大学上海诺丁汉高等科学院。以生命科学、绿色科技以及航天航空等上海产业发展导向为重点，开展前沿研究及培养具有国际视野的工程技术领军人才，致力于探索中外教育合作的新模式，目前有机械、化工、材料、信息、化学、药学、生工等学院组织参与高等科学院的教学和科研合作。加强与国际知名大学的密切交流和合作，利用校庆这一契机，积极组织和推动学校的国际交流活动。依托国家实施的“高等学校学科创新引智计划”，延续和延展学科创新引智基地项目各1个，延续了2个“海外名师”项目。加大派出力度，开展灵活多样的国际交流活动，2012年，学校出国（境）教职工达545人次，通过各类校际、院际交流项目共派出学生333人。

第二部分　2013年工作重点

各位代表，2012年已经过去，华东理工大学又迎来了一个新的甲子，学校历史掀开了新的篇章。校庆虽已结束，但发展不会停止，新的梦想又将开始，我们应该继承光大校庆中凝练的校园精神、形成的美好设想与获得的良好经验，将制度、机制的创新和完善不断延续，将学校各方面的健康、协调发展向前推进，构筑诚信团结、追求卓越的新局面。下面，我就新一年的工作的主要思考和工作计划向大家报告如下。

一、进一步提升校园文化和精神，服务英才教育

有梦想，就有追求的欲望和力量。自始至终，一届一届，我们从未放弃过我们的梦想。要通过实现华理梦，进而一步一个脚印地追求中国梦。

华理要成为一所人类文明史、民族复兴史上优秀的大学甚至伟大的大学，我们需要扎实地提升我们的眼界、胸怀、气度、能力和素养，并在这些方面踏实地下功夫。一所大学的气质、风貌、精神，会深远影响其在社会上的形象和对学生的培养质量。

“易于发现的优点导致赞扬，不易觉察的优点带来幸运。”通过文化引领、继承和创新，打造我们学校特色的教书育人、科研育人、管理育人、服务育人的环境。用学校的发展愿景和奋斗目标，引领、评价我们所有的工作，建立诚信团结、追求卓越的局面。

我们要时刻清醒认识学校的现状、地位与影响力，时刻牢记引导学校发展的未来定位，时刻肩负起培养英才的社会责任。要根据这些顶层目标规划，分层次、分阶段、分步骤，且有重

点、有突破地完成过程目标，并有督查、有督办地反馈、核实、检查阶段性结果。只有这样，我们的学校才能既不失目标的引领，又不失过程的精细，才能在新的大学激烈竞争中不致落伍，不断前进。

“勤奋求实，励志明德”的校训要求我们提倡大气谦和、诚实自信、团结卓越的校园氛围。“国际知名、特色鲜明，多学科高水平的研究型大学”的建设目标明确指出了我校五年内实现学术卓越的重点、途径和标准。“厚基础、强实践，具有创新精神和国际视野的社会英才”的人才培养目标，要求我们从纵深和横广两个维度，建立“T”型人才培养的模式。“少而精、博而通”的教育理念，要求我们在教育体系、知识结构、课程设置、教学内容上充分体现学校一以贯之的教育原则。我们的领导、干部、教师、员工，要有与学校梦想和追求相符合的气质和精神风貌。我们的学生应在不同的年级阶段，展现出不断走向成熟的英才内涵和成长形象。

二、制定重点工作路线图与白皮书，并加以落实

为进一步落实校、院两级管理体制，实现管理重心下移，理顺校内关系，明确发展方向，学校要着力围绕《大学章程》的制定和完善，立足实际、着眼长远，从学校层面进一步加强顶层设计和推动。

制定和落实“校部行政路线图”，它包括校院两级管理能力提升路线图与多校区办学能力提升路线图。校院两级管理能力提升路线图主要涉及校院人财物两级管理的梳理与完善、院长基金使用范围的明确，以及现有各项会议的落实、学院院徽的设计、《全校卓越任务书汇编》的编制及跟踪等，围绕学校定位目标，实现学校在人财物政策上的统一、学院责权利的统一、个人荣誉待遇上的统一。多校区办学能力提升路线图主要涉及奉贤、徐汇校区科研、教师及人员团队、资源协调发展等，重点提升奉贤校区的办学能力、质量和效应，使本科 1—3 年级学生得到更好的关心和教育，形成全校上下、方方面面，关心奉贤校区发展的目的，初步实现学校部分办学中心向奉贤的转移。

制定和落实“学院行政白皮书”，它包括学生入学就业白皮书和国际交流合作白皮书。学生入学就业白皮书既要体现在入学阶段提高学生的学习兴趣有关工作，又要以就业为引导，围绕就业提出学科、专业人才培养的改进方向，并对我校优秀毕业生典范进行梳理。国际交流合作白皮书要对我校国际合作的标准和执行情况进行规定和落实，进一步提高我校学生国际交流的比例，推动学校承担的“中外合作培养工程领军人才”教育改革试点项目的深化和完善。

三、进一步优化两校区资源的合理配置

我们不可能期待“天上掉馅饼”的幸运，要避免“上不着天，下不着地”的窘境，这就决定了我们要更多依靠内部挖潜，使有限的资源得到最充分、最有效的利用，促进结构的优化。

首先，在办学空间上，我们有徐汇校区、奉贤校区和金山科技园区三部分，但目前办学、科研等压力过度集中于徐汇校区，而奉贤校区作为我校的“教学中心”的利用率明显不足。然而，学校的未来在奉贤校区，这些年我们在奉贤校区的基础设施建设不断完善，已经具备让更多的学生、教师、科研力量入驻的条件。2013 年是奉贤校区使用 6 周年，科研力量进入奉贤是要重点抓好的一项工作。对于科研力量进入奉贤，要将其与学生培养相结合，与科研院的建设相结合，与现有的 4 个公共实验中心和创新实验平台相结合。奉贤校区科研力量是全校科研的新增长点，入驻团队必须保持一定的驻留时间，学校将给予政策上的优惠和支持。另外，对于之前确定的各学院、部处进入奉贤的落实情况，我们也要进行全面的检查。

其次，在大型仪器的开放共享方面，2012 年我们基本建成了分析测试中心及材料学院大型仪器的全时开放共享平台，以解决仪器的重复购置和不均衡利用等长期存在的问题。今年，这个政策要扩大到校、院、所、室的各级分析中心和较大型仪器。

四、启动学科专业的自我评估，提高育人质量

启动本科专业的自查评估工作，深化专业的内涵建设。对所有未参加过教育部工程教育认证的专业进行评估，从中遴选和推荐上海市优秀专业。积极推动专业国际评估工作。

以“研究生教育质量年”为抓手，改进研究生教学。今年是我校的“研究生教育质量年”，研究生在大学里处于承上启下的位置，既是科学研究的重要力量，也是本科教学的重要助手。今年将下大力气改进目前我校研究生教学存在的一些问题：一是加强课程建设，从 2013 级开始调整学分，增加重磅课程，增加设计课、分析课、校外实践课等；二是要从 2012 级开始恢复论文发表要求；三是今年 6 月份实现研究生毕业论文校内盲评全覆盖。希望各学院高度重视研究生培养工作，认真贯彻落实，做好自查。

五、创新机制、开拓渠道，加强队伍建设

坚持人才强校战略，进一步加大高层次人才和优秀青年人才的引进和培养力度。人才引进要按照规范的学科、专业设置进行，责任到人，各院、系、所负责人和学术带头人应当好“伯乐”，主动开展工作。同时，通过科研院、工研院的建设，探索人才特区模式，创新人才引进和筛选机制，扩大师资规模。此外，我校今年还将着手与中科院各研究所建立人才共享的战略合作联盟，降低成本、提高效率。对于现有的师资队伍，要有针对性地培养教学名师和有发展潜力的年轻人，并以国际化手段，不断提高整体师资素质。

六、推动“协同创新计划”

此次“2011 计划”不同于以往的“985”与“211”计划，必须围绕“国家急需、世界一流”，重在进行与人财物相关的管理制度、运行机制创新。在这方面，我校还需进一步转变思路，大力推进、积极落实，特别是结合科研院建设进行有效探索。为更好地做好这项工作，学校今年尝试首先在校内征集建设方案，形成几个校级的协同创新中心，从而提高学院积极性。希望各学院积极申报，成熟一个，学校批准一个。

七、以国际化引领卓越

以我校目前“天时地利”的现实，如果继续按传统的方式发展，那么很难有大的突破。所以，我们应该打破常规，通过国际化带动结构调整、实现卓越，进而通过卓越提高办学质量。我们要以水平有可能接近的国际著名研究型大学作为国际化的重要参照，向国外姊妹大学或者有紧密校际关系的大学学习先进的办学理念和经验。各单位要高度重视与已签订姊妹学校协议或已接近联合体的学校之间的合作。通过国际化战略的实施，我们要反思和调整学校的结构布局，带动我校人才培养、科学研究和管理水平的提升与跨越式发展，改变相对被动的“天时地利”条件。

八、进一步加强服务支撑体系建设

做好“开源节流”。一要认真贯彻落实中央关于厉行勤俭节约、反对铺张浪费的精神，勤俭节约办教育，建设节约型校园。二要提高筹措资金能力，积极争取政府的持续投入；继续加强与各校董单位的联系，寻求适当途径实现双方共赢发展；加强与中石化等大公司、企业的深入合作，拓宽社会捐赠渠道，组织和开展各种形式的资金筹措活动。三要积极争取资源，加快推进基础设施建设。

加强行政系统服务功能。进一步健全科研实验室用房“动态优化调整”和“自我约束发展”管理机制；提升校园信息化水平，建设智慧校园；探索校园安全管理新途径，创新后勤服务新模式，建设“平安校园”“生态校园”等。

各位代表，过去的成绩已经写入史册，未来的天地等待我们创造！让我们继往开来，团结一致，开拓进取，干事创业，追求卓越，贯彻落实《华东理工大学“十二五”改革与发展规划》和《华东理工大学中长期发展战略规划》，为五年后基本建成国际知名、特色鲜明、多学科高水平研究型大学而奋斗，书写华理新的华丽篇章！

最后一课：荣誉至上

——在2013届本科生毕业典礼上的讲话

钱旭红

2013年6月19日

同学们：

今天，我们在这里隆重举行2013届本科生毕业典礼，与大家共同分享收获的喜悦，并预祝你们拥有美好的未来。首先，请允许我代表学校向学有所成、即将开始人生新篇章的毕业生们，送上最衷心的祝贺、最美好的祝福和最诚挚的祝愿！向为你们的成长倾注了无数心血的师长们表示崇高的敬意！向始终关爱、鼓励并支持同学们的各位亲朋好友，表示衷心的感谢！

感谢在座的各位，你们四年前选择了华东理工大学，你们的到来，使我们的校园有了新的内涵。今天，与你们依依惜别的，不仅仅是在校的师生员工，更有校园里的一草一木、一楼一宇。校园留恋着你们留下的那些冬天里的童话、春天里的故事，你们爱过的、恨过的，激动的、失落的一切，都会融化在通海湖畔、青春河旁的晨雾里，滋润和丰富着华理的校园情感和校园精神！

在大学，有两个最重要的超大型课堂为大家而举办，即开学典礼和毕业典礼，以彰显各位取得的荣誉和学校对在座各位的期望。开学时，我曾提醒大家，希望大家能铭记我们的校训；毕业时，同样要提醒大家，希望大家继续铭记我们的校训。如果说，在校园里的四年，你更多的是注重勤奋求实的话，那么走向社会，你将更多面临的是如何励志明德。非常荣幸，作为校长能够给同学们开第一课，同样地，作为校长，我充满留恋地给同学们讲最后一课。大学是以培养国家、民族未来数十年的中流砥柱式英才为根本，以引领社会文化发展为己任。毕业生是学校在国内外的形象大使、永远的代言人，你们毕业后对国家、民族、人类的奉献，不仅仅体现你们独立存在的价值，更体现着母校对社会的承诺和使命。

作为“90后”，你们开放、豁达、自信，你们知识丰富、视野开阔，你们思维活跃、多才多艺，你们更加敢于展示个性、表达想法。你们是华理的骄傲，你们让华理的校园更加朝气蓬勃，你们传承了华理的精神，为学校争得了荣誉。我们为你们出色的表现和获得的荣誉感到骄傲和自豪，为你们的青春喝彩。

此时此刻，作为你们的师长、朋友，我想与大家一起探讨几个经常思考的问题：当各种诱惑纷至沓来的时候，你是否依然能顶天立地、仰望星空，坚守着内心孜孜以求的执着？如果毕业后，面临着生活的暂时困窘，你是否还拥有“为天地立心，为生民立命，为往圣继绝学，为万世开太平”的壮志与豪情？当你年老时扪心自问，是否能够“不负此生”，对这一生所做过的种种选择无怨无悔、问心无愧？

为培养在校生的责任心、激发学习兴趣、点燃成才动力，近期，学校正准备设立面向全体学生的“荣誉学生”制度，并计划自今年下半年起开始试行实施。建立这个制度，旨在通过对学生的知识、能力、素质等方面的认可，彰显崇尚荣誉、追求卓越的价值、观念和文化，鼓励和引导学生在追求世俗名利的满足之时，更加注重追求道德的、荣誉的和形而上的完美。我们认为，在道德失范的当下，设立制度化的荣誉学生表彰体系，对于弘扬主流价值、激励向善向上精神、引领社会风尚、增强社会正能量、助推中国梦的实现，都具有重要的意义。

虽然你们毕业了，即将实行的校内荣誉制度与你们无缘，但珍惜荣誉，保持高尚的精神追求，在毕业后同样重要，可以使一生受益。荣誉可以在危难时焕发斗志，疲惫时驱走倦意，在犹豫时，荣誉更可以犹如强心剂一般，坚定人的意志，赋予人前进的力量。

荣誉，俗话说，就是脸面。荣誉就是你的品格，你在别人的心中赢得的尊敬、你的个人魅力。俗话说，金杯、银杯，不如口碑。你们毕业后，遇到的世界远比学校复杂，而你们肩负的是父母亲朋的期盼和民族复兴的希望，因此，你们要看清并远离趋炎附势、投机钻营和巧取豪夺，而要以中华文明继承者和弘扬者的身份，建立起平民贵族的精神，独立自由、永担责任。物质享受是无止境的，过度的物质欲望会成为烦恼的来源和无尽的惆怅，只有奉献才能获得真正的精神享受。

在这里，大家肯定会奇怪，我为什么会提出“平民贵族”。“贵族”是一种精神，“平民”是你的意识和你对社会的态度。这源于一个真实的故事。抗日战争时期，民国政府为了获得美国的支持，请宋美龄到美国去进行一个月的演说。当时的美国总统罗斯福非常尊敬宋美龄，觉得她受过良好的教育，说着非常流利的英文，就请自己的夫人和宋美龄同住。最后，民国政府获得了美国的大量援助来进行抗日战争。后来，有记者问罗斯福夫人在和宋美龄一起生活和交往中有什么感受的时候，罗斯福夫人回答说：“宋美龄是一个贵族，我是一个平民。”

讲这个故事给大家听，是想告诉大家什么叫平民。平民是我们每个人应有的心态和做事的风格，而做“贵族”，不是做物质的贵族，应该做精神的贵族，把对社会的服务，把对人类公平公正的追求作为自己的价值取向。

荣誉是在人们心中的地位，而非随岁月流逝会生锈的虚荣。放弃荣誉，就是放弃脸面。有人曾经悲叹：卑鄙是卑鄙者的通行证，高尚是高尚者的墓志铭。我们相信，我们年青的一代，不会让这种极端悲观的论断成为现实，你们会改变今天，创造明天。尽管每个人的能力有大小，但是在每个人的心中，荣誉应该同样至上，即使不能扭转乾坤，但至少要做到独善其身。

崇尚荣誉，尊重规律，最基本的就是尊重人性、尊重生态、尊重科学，不能挑战人性、不能戏弄生态、不能藐视科学，因为这是一切的底线。因为人性的存在，我们才成为人；因为生态意识的觉醒，我们才明白没有人能够成为神；因为科学的进步，我们才能最终摆脱愚昧。

所以荣誉，更重要的是在毕业后，要坚守自己的职业道德，要有良好的敬业精神。华理人从来不缺乏激情与梦想、责任与担当，也从来没有停下追求荣誉的脚步，在服务社会民生中彰显人生精彩，在服务国家战略中屡获社会的褒奖。二十世纪五十年代初，新中国急需抗生素，我校马誉澂教授等突破西方国家的技术封锁，独立自主、不畏艰难，成功研制出了新中国第一支青霉素。1965年，从麻省理工学院回来的顾毓珍教授率队研发喷动床谷物干燥设备，并在全国各地推广应用，建立了数以千计的谷物干燥基地，为科学保护和储存粮食提供了有力保障。1970年，面对困扰上海发展的能源瓶颈问题，周恩来总理提出了发展我国核电的设想（史称“728”工程）。之后，我校一大批教师和校友舍小家、顾大家，从祖国各地汇聚上海和秦山参与大会战，在历经20个春秋后，1991年，我国第一座核电站终于建成。2008年汶川地震发生后，我校第一时间派遣社会工作者队伍前往灾区支援。温家宝总理视察了我校社工服务站后说：“华理的社工服务做得好!”

近年来，我校还涌现了诸如年近不惑才开始创业、12年间创立了8家企业的钟娅玲校友，见证中国网络游戏业发展历程、盛大游戏创始人之一的谭群钊校友，立志成为科学服务首席提供商的谢应波校友，致力于创建家乡绿色生态农业的“80后”硕士张李桃校友，获得上海“我最喜爱的十大人民警察”光荣称号的“80后”陈栋校友等。他们仰望星空、脚踏实地，励精图治、创业报国，把个人的奋斗融入民族复兴伟业之中，在实现自身成才报国梦的同时，也为学校赢得了荣誉，为我们树立了可学可比的人生标杆和成才榜样。

我们需要铭记的是，我们的社会如果迷信救世主，就会带来或者面临一次又一次的失望和灾难；如果我们不停地倒腾，只会有不停地回光返照和循环轮回；而只有从我做起，从我们每个人做起，全民觉醒，才能真正建立一个令人敬仰向往的国度。江山代有才人出，各领风骚数百年。在历经一个多世纪的沧桑、屈辱与磨难后，中华民族迎来了自强自信的新纪元。中国社会正处在快速发展和深刻变革之中，方方面面的不完善、不合理乃至不公平还会有很多。你们是身担重任的一代，是建设祖国未来的一代，是创造荣誉的一代。

在这里，我为什么提到要从人人做起？比如说我们的生态问题、环境问题，里面有政府管理的问题、社会的问题，但同样地，更多的有每一个人的问题。比如节能灯，所有的节能灯都由汞蒸气做成，但我们常常在用完节能灯或节能灯坏了以后，就是随手一扔，从未想过把它们收集起来，更有甚者直接把节能灯敲碎。敲碎之后会怎样？汞蒸气会进入大气，进入田间，进入每个人的肺里。保持环境的整洁，保持环境的卫生，维护我们的环境，保持我们的生态，是从回收每一个节能灯、节约每一个塑料袋、捡起每一个垃圾开始做起的，如果把这些事情做好了，我们周围的一切，就会逐渐地、不停地发生改变。

请你们记住，离开华理，你代表的就是华理的形象，你是什么样，华理就是什么样；离开祖国，你代表的就是祖国的尊严，你的尊严、你的荣誉代表的就是祖国的尊严和荣誉。请看护好你们的激情和理想，在物质和财富不断积累的时候，不要忘了让道德和荣誉与之并肩，要超越功利，让精神追求战胜物质欲望。在日常生活中，在对与错、是与非、善与恶的抉择中，在复杂的局面中找到解决问题、改变现实的道路，推动人类进步，引领社会发展，成为民族和时代的脊梁。

士不可以不弘毅，任重而道远。亲爱的同学们，荣誉是一种认可，是一种激励，更是一种对崇高的敬畏。我们要珍视来之不易的荣誉，我们更要不遗余力地追求荣誉。荣誉是在荆棘里盛开的花，对任何荣誉的追求，都需要付出辛劳和汗水。我们既要有“天下兴亡，匹夫有责”的胸怀，还要有“粉身碎骨浑不怕，要留清白在人间”的斗志和“长风破浪会有时，直挂云帆济沧海”的坚持。

当然，我们也应该正视荣誉。因为荣誉只是对过去的肯定，不能说明未来，荣誉既可以承载梦想，也可能成为坟墓，埋葬成功的荣光。同学们，不要让功名成阻碍，不要让荣誉成羁绊。我们的素质要更加完美，我们追求荣誉的方式要更加文明。我们要追求荣誉，我们要捍卫荣誉，我们要为荣誉而战！

亲爱的同学们，希望你们秉承华理“勤奋求实、励志明德”的校训精神，以一代代的华理前辈为榜样，倾听内心的呼唤，知足、知不足，谦和做人，踏实做事，追逐梦想，追求卓越，与时代共呼吸，与人类共命运，用责任和奉献证明自己的价值。“合抱之木，生于毫末；九尺之台，起于累土。”只要你一步一个脚印，只要保持理性平和的心态，抵御急功近利和浮躁的情绪，继续坚持一往无前的气魄和百折不挠的勇气，无论你们今后去往哪里、身在何处、做什么工作，都将会绽放出属于你们自己的精彩，都会创造属于你们自己的荣誉！

我们不希望我们华理的毕业生，离校若干年后，以荣华富贵、达官显贵来荣归故里、装点校门。我们希望我们的毕业生以爱心温暖社会，哪怕在默默无闻中，在改变自我中，改善社会、改善民生中做出踏实的、无愧内心的点滴贡献。学校将因你而感动！因为，最为触动人们灵魂深处的是那些千千万万的无名英雄。

未来属于你们，荣誉属于你们！我们坚信必将如此。

谢谢大家！

继续研究生涯　杜绝条件反射

——在2013届夏季研究生毕业典礼暨学位授予仪式上的讲话

钱旭红

2013年7月1日

尊敬的各位来宾、老师们、同学们：

大家上午好！

对在座的各位同学而言，今天是你们人生中一个非常重要的时刻。首先，请允许我代表学校，祝贺各位博士、硕士研究生的同学顺利完成学业并获得高级学位，祝贺你们即将开始人生崭新的篇章！同时也向为同学们的成才倾注心血和汗水的各位研究生导师，表示诚挚的感谢！向全力支持同学们完成学业的各位家长和亲朋好友们，致以崇高的敬意！这是一个特殊的日子。同学们经过种种艰辛、期盼、等待，终于走进这座载满荣誉的殿堂，向师长、同窗和母校挥手告别，即将奔赴人生的下一站。一段岁月留在身后，一个新的征程即将开始！在此，祝贺各位，感谢各位！

在过去几年的研究生涯中，同学们以自己的执着、坚韧、勤奋，以及对学术的忠诚和热爱，以年轻人独有的方式，为华理精神添加了青春的注脚。作为研究生，你们是学术的求知者、知识的创造者，也是思维的创新者。你们在完成学业的同时，也为学校不断涌现的学术成果付出了许多心血和汗水。你们以自己的成就，为母校赢得了荣誉和骄傲，母校感谢你们！

同学们，临别在即，我感慨万千。作为你们的师长和朋友，我想在这个特殊的时刻讲些个人感想，作为大家离校后可以共同研究探讨的话题，以此共勉。

在座的大家都是研究生，我们都知道自从量子涨落，从“无”到“有”，经过大爆炸，产生宇宙，到目前为止，大概已经130多亿年。其中有几个阶段特别值得关注：（1）从几个基本粒子生成了元素周期表中的那么多元素，而这些元素组成了一个物质的、无生命的世界；（2）以碳元素为主开始逐步演化，从单细胞出发经过几十亿年，最后形成了有生命的、包括万物的生态；（3）在非常近的时候，从动物猿进化出了人，形成了人类社会。在这整个过程当中，时间是单向性的，不断前行，我们并不知道人类是不是生态进化的终点。但从这一历史进程，我们至少可以知道，生态的衍生产生了社会，社会是生态的特殊形式。

伴随人的演化进步，社会也在不断演化进步。无论是社会还是个人，就我个人的感觉和认知而言，至少有三种智慧形态或者阶段，分别处于低、中、高三个阶段，它对应的就是进化、学习和研究。因此，我特别希望各位毕业生在毕业后，你们不但要树立坚持学习、不断学习的理念，更要树立坚持思考、不断研究的理念。那么下面，我就讲讲有关这三个阶段的感想。

第一个形态或者阶段，就是社会或者人处于原始自然状态，也是最普遍的，就是依赖自然进化而进步，遵从丛林法则：弱肉强食、优胜劣汰。这是一个主要依赖时间的自然进化过程，文明的升级和发展如蜗牛爬行般缓慢。

事实上，弱者或者被劣汰者，也有其不可替代的长处；强者或者优胜者，也有其无法弥补的短处。许多现代研究证据可以证明这点。在自然进化社会中，因为没有“学习”或者“学习”没有成为进化的主要动力，这就表明这时的社会和处在这个状况的人，主要体现的是“动物性”。

在自然进化阶段，条件反射是无可避免的一种表现形式。所谓条件反射，就是指生态、人或动物，在一定的环境条件下，给予刺激，并不断地重复刺激，从而建立起外部刺激条件与生理心理反应的固定关系。这就犹如我们通常所说的犬类或者狗看到肉包子会流口水、牛见了红布会发怒。同样，人如果缺乏有效的知识积累、没有深思熟虑，至多表现的是动物的本性和本能。在这时，人们常常会听到表扬就飘飘然、听到批评就怒发冲冠。

条件反射是糟糕的行为思维方式，它和急中生智不一样。急中生智来自预案或潜在预案，而条件反射则源自不加思考。从轻的讲，它会使事情变得更为复杂，并使主人失去机遇，同样也会被人认为是缺乏情商；从重的讲，它会让周围的人觉得缺乏修养和度量，或者授人以柄、受骗上当。

同样对一个社会而言，如果条件反射，就会常常从一个极端走向另一个极端，无以自控，随波逐流，最后失去和谐。

所以无论是一个人还是一个社会，要内心强大、心理强大，就首先要做到一点：防止被动的条件反射。

第二个形态或者阶段，是指社会或者个人依赖学习而进步的状态，就是通过不断学习、掌握不同的知识，从而获得进步的动力。这就是我们现在经常强调的学习型社会、学习型政党、学习型社区、学习型企业等。比如，大学本科四年，它的核心任务就是学会学习、学会自学。

当然，在学习中，除了课堂、书本、专业的学习，还要注意一点，就是向他人学习，学习他人的长处，避免他们的短处。因为如果我们对别人的缺点看得更多、看得太清，这就需要特别提醒因为有可能你处在一种危险当中，你更多吸取的营养可能来自他人的缺点，所以要取得进步，我们需要更多地看到别人的优点、看到自己的缺点。而在这种时候，人们对待表扬和批评的态度则是——有则改之无则加勉，知识的积累和运用，使得我们对一切可以从容应对。

第三个形态或者阶段，也就是更高级的阶段：无论是对社会还是对个人而言，皆通过依赖研究而取得进步。我个人感觉，这不是指每个人都从事研究型职业，而是指社会和每个人拥有研究思考的习惯，开始完全脱离不加思考的条件反射、远离动物性，以把握事物本身的规律与符合道的方式来推动文明的发展。

因为，要分析出规律、获得准确结论，需要仔细观察和平心静气，以及选择适当的时机和时候予以回应，而不是迫于形势，急于做出判断或匆忙决定。

在这一阶段，研究型的医院、研究型的社区、研究型的军队、研究型的公司就会不断涌现，并成为社会的主角。此时的人们，就能够超越知识本身，通过建立新的思维方式、新的精神，创造新的精神财富和物质财富。

杜绝了条件反射，人们就可以以理性引导自己，人们就会做到，闻过则喜、闻善则拜、平和豁达、大度从容。社会就能超越极端，多样共存地持续发展。

如果说，大学本科的任务是学会学习，那么，研究生阶段的任务是学会研究、学会创造。对于在座的各位硕士和博士研究生而言，今天不是研究生涯的结束，而应该是研究这种工作和生活方式或者态度的新开始。

我们殷切地希望，各位能够勤于思考，拥有自由思维、独立精神，不人云亦云，能将研究的习惯带入社会，杜绝条件反射、捕风捉影、心血来潮。要用研究的方式指导我们的管理、工作和生活，用研究思考的结果指导我们的行动并解决所面临的问题，从而为中华民族和文明的振兴做出贡献!

除了以上这些感想，我寄语各位的赠言还有：

第一，希望大家能常思饮水之源，常怀感恩之心。有一个非常动人的感恩故事。有一个非常著名的人，他当时家里被窃，被窃以后许多朋友为他担心，就写信安慰他；然而他说他没关系，他很感恩：我感恩的一是，他偷走我的东西，但没有偷走我的全部；二是，他偷了我的东西，没有伤了我的人；三是，偷东西的是他，而不是我。感恩是非常重要的，因为如果学会感恩，就会很好地跟他人相处，从而更好地致力于社会的和谐发展。各位走到今天，不仅要感谢你的家长，还要感谢你的同学，也要感谢你在前进路途上遇到的所有的顺利，以及种种不顺，包括困惑、困难，因为这些帮你走向成熟。我们同样要感谢社会、自然给我们很多机遇也给我们设置了很多的障碍。这些障碍使得我们对人生、对社会有了更全面的了解，使得我们有了更坚强的意志，学会了虽面对挫折，心态却更加平衡、更加坦然。

第二，希望大家毕业以后保持良好的心态，毕业以后你会发现社会不同于学校，在学校里老师能够宽容你所有的缺点，因为老师的责任是培养学生，而学生们的职责就是在校园里不停地摸爬滚打，逐步走向成熟；而走向职场，你会发现你每天需要面对的更多的是你的竞争对手。而在这个时候，就要学会更好地处理好各种关系，特别是要正确地面对各种诱惑。走向社会，你会发现有许多诱惑要面对，有些是你要参与其中的，但你又必须保持自己独立的人格和独立的精神。因为对我们的社会来讲，如果没有权、名、利、情，社会就不会有进步；但是，如果你受限于这些权、名、利、情，那就会拖垮自己。所以对绝大部分人来讲，除了我们需要以充实的精神做好“入世”的思想，更要清楚、明确地知道要有一种“出世”的精神，那就是要提醒自己：用权者被权用，逐名者被名逐，追利者被利追，煽情者被情困。因此，希望同学们摆正其中的各种关系，能拥有一个幸福的人生，能拥有一份终生辉煌的事业，真正实现你的个人目标、价值、家庭希望，同时要对社会和人类做出更大的贡献。

第三，希望当大家走进社会的时候，一定要经常在欣赏自己成就的同时，不断地反省自己，纠正自己犯的错误。孟子讲过，“吾日三省吾身”，我们中国古人常常教育小孩要学会面壁思过，面壁思过不是思他人的过而是思自己的过。一个生物系统，经过几十亿年的逐步进化，之所以存在到今天，这完全取决于在它的基因和蛋白中有专门的纠错机制，就像我们的夜间睡眠，它就是用于进行修复和纠错的，否则它早就变异，早就被淘汰了。一个社会和文明能够持续到今天，也在于它有一个纠错机制、反省机制。对于一个人来说，如果他能够拥有反省的能力，那他就对成功增加了一份希望，反省得越早，那他成功的希望就越大；反省得越晚，他成功的希望就越小。许许多多的人，在即将离开这个世界的时候尚不具有反省的能力，因此我们必须铭记：任何一种思维、任何一种方法、任何一种思想，随着时间的推移，一定会导致更多的错误。因为这些错误哪怕再小，经过不停的积累它都会变得影响巨大。所以我们要通过反省、反馈、比较，通过剔除，才能使我们在正确的道路上不断前行。

第四，给大家一个建议，进入社会以后，要更好地学会合作。极端地讲，社会上有两种人：一种人吃的是奶，挤的是草；另一种人吃的是草，挤的是奶。或者说，有的人是大智若愚，有的人是大愚若智。所以要使自己更好地发展，社会要更好地发展，我们要学会尊重周边的人，在每次合作中要谨慎地处理好有关利益、成果共享的问题。有的人每一次跟别人合作，都希望获得最多或最大的利益，最终的结果只会是变成孤家寡人，无人愿意跟他合作。这样，一个人就很难成功，他可能只有一次合作、一次成功，不会有第二次。而有的人，每次合作都将最大的成功送与别人，给自己只留下最小的比例。对于每一次来讲，他获得的成功的比例是很小的。但是因为他很好地处理好了这些关系，所有与他合作的人都愿意和他合作，每个人都愿意和他合作，而无数次合作的结果就使他有很多的成功，从而使他的事业走向辉煌。

同学们，母校永远是你们的心灵港湾，在你们成就事业的时候，不要忘记让母校一起分享你们的喜悦；当你们路遇坎坷的时候，记得有母校和师长会持续地给予你们支持和力量。母校永远关心、关注你们的发展！

最后，衷心期望大家在各自的道路上，志存高远，脚踏实地，做好今日平凡之事，成就未来栋梁之材！

最后再一次感谢大家！

谢谢！

荣誉在召唤

——在华东理工大学2013级本科生开学典礼上的讲话

钱旭红

2013年8月26日

亲爱的孩子们、同学们：

大家好！

欢迎各位来到华东理工大学！感谢各位选择了华东理工大学！从今天开始直到永远，你，都将是华东理工大学大家庭中独特的一员！

我今天致辞的题目是：荣誉在召唤。

你们从家乡中走出，在来大学报到的途中、在新校园里漫步赏景之时，你们肯定会觉得，蓝天白云，天特别蓝、云特别飘逸！一切都如同雨后彩虹般新鲜、活泼、快乐！如此愉悦的心情，既是对你十年寒窗苦读的褒奖和馈赠，也是对你长期荣誉追求的高度肯定，更是你实现自我承诺、家庭承诺后的内心自我升华！

从今天开始，校园将见证你，从懵懂少年走向成熟，由慵懒依赖步向独立，从父母呵护、老师督促的被动学习，走向关爱社会、老师伴行的主动学习。一切的一切如此新鲜又如此不同，需要你尽早有所准备。

尽管稚气还留在你们的脸上，但新的阅历已经开始，并必将走向成熟。你们不能继续留恋、停留在过去的惯性中。因为，处于浩浩荡荡前行的人流大潮中，如驻足观望，稍有不慎，就将摔跤断骨，甚至遗憾终身。

当今大学，萎靡颓废、抄袭作弊，绝不少见。那么，大学四年，有什么能避免迷茫、能够引领你圆满地走完全程，并受益终身？作为一位学长、一位过来人，我告诉大家，是荣誉！是荣誉的召唤，像指南针、北斗星一样指引你从今以后的人生。

荣誉不是炫耀而是承诺，荣誉不是名利而是崇高，荣誉不是世俗而是人格，荣誉不是徽章奖状而是内心的坚持坚韧。荣誉，是沉甸甸的对自我的承诺和责任，是对父母、家庭、社会、国家、文明和人类的承诺和责任！

古人云，“宁可穷而有志，不可富而失节”，“立大志者，贫贱不能移，富贵不能淫，威武不能屈”。汉武帝时，苏武奉命持节出使匈奴，匈奴单于将其扣押，威逼利诱迫其投降。苏武宁死不屈，手持汉朝符节，留居匈奴牧羊为生 19 年，最终归汉。这充分说明，在中国古代，荣誉得到了人们的异常珍视，古代的仁人志士将荣辱放到了与人格甚至是生命同样重要的地位。

看现代，独立办学 61 年历史的华东理工大学，从未忘记自己的承诺和使命。马誉澂教授率队研发出新中国第一支青霉素；顾毓珍教授率队研发化工设备保证全国粮食安全；一大批教师和校友舍小家、顾大家，从各地汇聚参与“728”工程秦山大会战，历经 20 年建成新中国第一座核电站；汶川地震后，我们第一时间派遣社会工作队前往灾区支援；历时 20 年，于遵宏教授率队成功开发出国际领先的洁净煤转化技术，国内广泛应用，并将专利技术出口到美国……同样，我们顽皮的学子们也曾在这校园里起航。我们不仅仅有感性的激情与梦想，更有理性的责任与担当，最重要的是，华理人从来没有停下追求荣誉的脚步。

名誉校长成思危校友出生于 1935 年多难之秋的北平，他的父亲、中国报业杰出的开拓者成舍我先生为其取名“思危”，就是希望他不忘肩负国家安危的责任。成思危校友在香港度过了他的少年时光，16 岁的他，瞒着父亲，怀抱报国之志，孑然一身赴内地求学。在学期间，他品学兼优，其长跑纪录至今保留。毕业后，他辗转南北从业化工 20 多年，“文革”期间，受过冲击、烧过锅炉。1981 年，已届中年的成思危校友去 UCLA 学习管理学。在他看来，中国的科技固然落后，但管理更为落后，没有好的管理，再好的科技人员也发挥不了作用。一些美国的大公司和研究机构恳请他留下，父亲从台湾赶去希望他到台湾继承家业，但都被他婉谢推辞。归国后，他积极推介市场经济理论和先进的管理理念，强化风险投资对高科技产业化的重要作用，担任了国家自然科学基金委员会管理学部第一任主任，被称为“中国风险投资之父”。从副委员长岗位退下后，70 岁的他又花半年时间成功自学了西班牙语。面对荣誉，他总说，“我毕生的抱负就是能为振兴中华、富国强民做点事”。

同学们，一代代华理人，用自己创造的荣誉，书就学校的辉煌篇章，也充分诠释我们“勤奋求实、励志明德”的校训精神。

勤奋求实：这是校训精神的前提所在，其核心在于“实”字，即以诚实、求实、务实、扎实的勤奋态度，通过实事、实干最后取得实绩体现实效。

励志明德：这是校训精神的价值所至，其核心在于“德”，即在知识传授与教育活动中，不仅需要脚踏实地孜孜以求的行动，更要强化思维的训练、精神的传授与提升，以发扬光大“大学之道，在明明德，在新民，在止于至善”这一古老的大学精神。

校训精神的要义在于注重过程哲学、过程思维，强调过程与目标同样重要，不因目标高雅而不择手段，也不因手段精巧而忘记目标引导，反对只重目标不问过程的极端功利主义，希望学生成为过程文明的践行者、传播者。

为培养在校生的责任心、激发学习兴趣、点燃成才动力，学校设立并试行面向全体学生的国内第一个“荣誉学生”制度。今年秋天是在各届在校生中全面试行的第一年，你们将是全程接受此制度的第一届。《华东理工大学学生荣誉制度》，旨在通过对学生的知识、能力、素质等方面的认可，彰显崇尚荣誉、追求卓越的价值、观念和文化，鼓励和引导学生在追求世俗名利的满足之时，更加注重追求道德的、荣誉的和形而上的完美。学生荣誉系列分荣誉学生和荣誉毕业生两类。荣誉学生由低到高分为三等、二等、一等三个等级，每年评定一次。荣誉毕业生不分等级，学生毕业时评定。荣誉学生和荣誉毕业生的评定，跟大家以往熟悉的优秀学生的评选不同，它不受固定的名额和指标的限定，每年独立评定、不连续累积，毕业时四年综合评定。荣誉称号的取得或者等级的高低，完全取决于同学们平时的努力和表现。

荣誉学生制度，侧重对平时学习和实践过程的考察和评价，充分体现了“人才素质在过程中养成、业界精英在实践中塑造”的“过程思想”。同时，注重责任和诚信意识。在荣誉学生和荣誉毕业生的评定过程中，非常强调同学们对责任的承担及履行，比如我们要求大家在完成基本的课程和学习任务之余，还要积极从事服务师生、服务社会的社会工作或公益实践活动。

欧美特色的荣誉学生制度设立较早，其在激发学生学习主动性方面发挥了积极作用。其中，最有特色的是荣誉考试制度，沿用至今已近200年。其基本内容就是大学生进行课程考试时不用监考，学生自觉遵守考试纪律和规定。有个进入考场的女孩，远在南半球的祖母病危，老师让她带着考卷赶往机场回去探望，一路上，她废寝忘食完成考卷，机上的乘务员集体在考卷背面写道：我们证明她独立一人完成考卷，没有任何人帮助，由我们邮寄此考卷给学校。

哲学家洛克说，荣誉是德行的奖品。而所谓名利，只是荣誉的附属品而已。真正的荣誉绝不是对外炫耀的资本，否则，它只能与获得的荣誉背道而驰。爱因斯坦评价说：在所有的著名人物里，居里夫人是唯一不为荣誉所腐蚀的人。恰是居里夫人的这种不为名誉所累的品质，为她赢得了更高的荣誉。

同学们，荣誉是一个人进步和贡献的重要标志，但却不是进步的终点和贡献的结束。只有正确认识荣誉，看待荣誉，方能以更加积极进取的态度创造新的成绩，获取更高的荣誉。在大家即将开始荣誉的追求之旅之际，我想对大家提出四点建议。

第一，目标坚定，诚信守诺。诚信为立身之本。然而，在道德滑坡的当今社会，正面临严重的诚信危机。菁菁校园，也非净土，象牙塔下，考试作弊等不诚信行为屡禁不止。上海高校流传“学在华理”的说法，这是华理优良校风、诚实教风、严谨学风、严肃考风的形象体现。在各高校，每年都会出现因目标缺失、沉溺网络游戏而退学的同学，甚至有的同学因作弊被开除。痛惜之余，作为一个过来人，我必须告诫大家：大学无坦途，人生没捷径。大家一定要想明白，华理对大家意味着什么。它是荣誉，是脸面，更是对父母、社会和国家的承诺，也是对未来的承诺。

第二，人格健全，勇于担当。大学培养的不仅是已有知识的接受者，还是未知知识的创造者、未来世界的创造者和未来社会的建设者。教育的要义，不仅在于学习科学文化知识，更在于净化人的心灵，陶冶人的情操，培养人的高尚品德。在大学中，你们不仅需要收获知识，更要自由思维和升华精神，做一个人格健全的人。大家都集万千宠爱于一身，但从今以后，需要独自面对生活中的挑战，承担起自己的责任，包括对父母、对老师、对社会、对国家和对文明的责任。希望你们能顺利毕业并学有所成，能够引领社会风尚，成为时代精英，成为国家和民族的栋梁。

第三，超前布局，自主学习。我校理学院的一位老师曾经做过一项研究，将近年来大一本科生高考的数学、物理成绩及入学后的高等数学、大学物理、物理化学等成绩进行比较，经过统计分析发现，高考成绩对大学学习成绩只有很微弱的影响，而最初几个月的学习表现和成绩，对今后有极大影响。研究也发现：大学生入学初期是从被动学习到自主学习的重要转折期，在这一阶段树立自主学习意识，培养自主学习能力，对于整个大学阶段的学习质量都至关重要。“良好的开端，就是成功的一半。”从现在开始，你们即将成为自己未来的主人，面对未来，你们站在同一起跑线上，谁抢得先机，谁将赢得未来。

第四，开拓探索，善于学习。长期以来，你们接受的大多是中规中矩、有标准答案的教育，你们习惯于做乖孩子。作为知识的倾听者和接受者，你们无疑是优秀的。但是，也许大学的第一堂课，你就会感到节奏太快、难以适应，不再是老师目光的焦点；第一次考试，你就可能成绩靠后、大失所望，不再是熟悉的第一。你们可能会开始质疑以往的读书方式、学习习惯，质疑自己的专业选择和能力潜质。这很正常，质疑是发现真理的第一步。你们必须从自身的个性与习惯出发，善于利用各种学习资源，摸索出适合自己的最佳学习方法。在中学，学习更多的是跟随，跟随老师的讲解；在大学，学习更多的需要超前，提前准备老师的讲解。对于任何一门课，预习—听讲—复习是必不可少的步骤。

研究表明，除了师生互动讨论，同学间互动讨论也非常有助于加深对书本概念问题的理解、提升学习效果，其效果甚至强于教师的存在，因此，希望同学们成立不同的课程学习讨论组，以驱散孤独感、无助感，感受集体学习的魅力。随着互联网和计算机技术的发展，更要关注学习方法的巨大变化。为更大程度地体现学习的超前，同学们还可以借鉴“翻转课堂”的模式，变被动的学习接受者为主动的关注者、研究者。目前，国际上非常流行的“慕课”（MOOCs），就是大规模开放在线互动课程，它和曾经风靡一时的网络公开课不同的是，“慕课”模式包含课后交流、练习等，从单向讲授变成了多向互动。

同学们，从今天开始，你们即将步入人生中最美好、最重要的一个阶段，为自己的未来发展奠定坚实的基础。经过四年的学习，你们可以增长智慧，但不要满足于从老师那只学到知识，获取标准答案。我们希望你们感知荣誉在召唤，希望你们升华思维和精神，拥有自信。你们的奋斗，能为社会提供 3 840 个英才，3 840 个梦想，3 840 个精彩而各不相同的答案！

谢谢大家！

质疑和好奇：创造之门的密码

——在华东理工大学2013级研究生开学典礼上的讲话

钱旭红

2013年9月5日

亲爱的同学们：

大家好！

今天，2 804 名研究生新同学，怀着对美好未来的憧憬和卓越人生的追求，来到美丽的华理校园继续深造。你们的到来给学校增添了新的生机和活力。在这里，我代表学校全体师生员工向你们表示衷心的祝贺和热烈的欢迎！

同学们，选择继续攻读研究生，足以表明你们的追求；而能从诸多学子中脱颖而出，也足以证明大家的优秀。你们选择华理作为从优秀到卓越的训练场，对学校而言，这是一种信任，更是一种责任。

未来竞争，不仅仅是国与国之争，更是人才之争。培养英才是学校的历史使命，也是学校的社会责任。众所周知，研究生教育位居教育“金字塔”结构的最高层，以培养最高层次、最高素质人才为己任。**我们的研究生教育，就是要培养造就一批具有创新精神和创新能力的时代精英，简而言之，就是为各行各业培养创造型的社会英才。**

当前，大家都在为破解“钱学森之问”发力，努力培养拔尖创新人才。然而，何谓创新型人才？李政道先生曾说：大学生要完成老师给的已经有答案的题目；研究生要完成老师给的没有答案的题目；而博士则是要完成自己找到的没有答案的题目。因此，作为研究生，你们不再仅仅是既有知识的学习者、接受者，还要成为新知识的创造者、新技术的发明者、新学科的创建者。

大家可能会问，怎样成为创造型人才，有没有通往创造之门的密码呢？今天，我以个人和人类的共同经验告诉大家：**质疑与好奇是人类的天性，是开启创造之门的密码。**然而，由于种种原因，许许多多进入研究生阶段学习的学子们的质疑和好奇的天性或者能力已经弱化，某些人可能已经丢失了进入创造之门的密码。

科学精神的第一要义就是质疑，这是开启创造之门的第一个密码。如果说科学技术是社会和文明进步的第一生产力，那么质疑则是科学技术发展的第一推动力，同样也是文学、艺术进步的第一推动力。正因为有了对上帝的质疑和批判，人类才走出中世纪的“黑暗时代”，实现“文艺复兴”，最终实现了科学精神的复兴。

在科学史上，如果没有对牛顿经典力学的质疑，就不可能建立相对论；如果没有对玻尔原子模型的质疑，就不可能建立现代量子力学；如果没有对物种不变论的质疑，就不可能建立生物进化论。可以说，没有质疑，就没有创新，就没有人类文明的进步和变迁。因此，大胆质疑的批判性思维是科学以及文学、艺术发展的基础。

然而质疑也绝非轻率地否定和打倒一切。质疑包含两种可能性：一是在获得对原有假说肯定的证据之后，愿意放弃自己的观点，接纳原有的假说；二是在获得对原有假说否定的证据之后，敢于光大自己的观点，将原有的假说作为谬误加以抛弃。因此，胡适先生讲“大胆假设，小心求证”。只有勇于质疑，独立判断，尊重事实，服从真理，才是科学精神。长期以来，我们注重科学知识的传授，却常常忽略了科学精神的培育——其实后者才是人们正确运用已有知识进而发现新知识的源泉。

创造之门的另一个密码是好奇。“人类的好奇心，才是科学研究的最大动力”，这几乎已经成为教育界和学术界的共识。许多诺贝尔奖得主谈及成功之道，“好奇心”“兴趣”往往是提及频率最高的词。

其实，童真、好奇心是人类的天性。儿童最富有好奇心，也最富有创新意识。他们总是对周围世界的一切有一种浓厚的兴趣，渴望探求新知，能运用他们丰富的想象力，构建出一个个神奇瑰丽的世界，我们常常为他们大胆、疯狂的创造力而惊讶。然而，从小到大，许许多多统一模式的教育和灌输，让许多人都“格式化”了，缺乏多样化的素质，造成了各式各样的残缺。我们往往更倾向于从书本或者师长那里接受现成的答案，而不是自己主动探寻。进入互联网时代，遇到问题时，我们也总是习惯于向“百度”“谷歌”求助，这确实给我们提供了极大的便利，但更严重的是，它也消灭了我们思维的能动性，让我们变成思想的懒汉。

同学们，未来几年，你们将接受严格的学术训练，如何用好质疑与好奇这两把打开创造之门的密码，大胆质疑，科学探索，真正成为一名具有创新素养的研究者？**我的建议就是：希望大家能够说真话、做真事、做真人，希望大家敢于质疑，亲近真理，沐浴智慧。**具体来说，要努力做到以下几点：学问、识人、脱俗、做事、新民。

第一，学问。求学问是、既专且通。现在学科划分非常精细，我们每个人都专注于某个学科下面某个方向的研究，然而，这仅是出于知识研究和提高知识挖掘效率的需要，并非知识的本来面目。开创量子力学时代的普朗克说过，科学是内在的整体，它被分解成单独的门类不是由于事物本质，而是源于人类认识的局限。《三国演义》开篇就讲，天下大势，分久必合，合久必分。学科的发展也有些类似。随着人类知识的传承与拓展，以往学科细分的负作用日益明显，学术界逐渐出现学科综合和还原的趋势，自然界和人类社会所需要解决的问题也从客观上对学科交叉与综合提出了要求，例如环境保护问题，仅仅依靠某一个学科力量单打独斗，已经无法解决。

世界是复杂的、多样的，而不是简单的、单一的。道家尚且倡导道法自然，更何况学科专业。在学术训练的过程中，要更多让自己具备跨学科的视野和思维，努力掌握多学科理论与方法，真正做到“少而精，博而通”，实现知识的个性结构化，从而具有创造的秉性。学科专业是人为划分，融会贯通、把握规律才是真正的大学问。

第二，识人。慧眼识人、榜样引路。在学术探索的道路上，你们不是孤单的行者，有开路的前辈、领路的师长和伴行的同学。在学术造诣上，他们每一位的高度都不一样，有高山，也有土丘。对我们而言，不仅要知土丘，还要识高山，这样才不会将土丘当成高山。大家既要做好自己的学问、教学相长、同学互助，更要与校内外学术卓越者交往，如听报告、发邮件、挖掘他们的故事和经验，听君一席话、胜读十年书的道理就在这里。老子的《道德经》说，知人者智，自知者明。学术探索无止境，只有经历一座座土丘、高山，才能逐渐提升自我，见多自然识广。

1883年，美国物理学家罗兰在*Science*创刊号上讲：如果学生发现只要他稍加努力，就能超过所在大学中拥有最高荣誉的人，他便开始认为自己是一个天才，工作的动力随之消失；旁边的小土丘让他感到自己是一个伟大的人，却不知道世界上还有他无法比拟的大山。

我希望同学们能够选择合适的高度作为人生标杆，引导自己在学术道路上不断前行。在学校里，有很多师长都卓有成就，在国内同一研究领域乃至国际学术界同行中，也是高山如群、巍峨矗立，这些是我们学习和想要超越的目标。

第三，脱俗。超凡脱俗、特立独行。作为创造型人才，你们要敢于热爱平等、坚持独立与自由的精神品格。只有保持精神上的独立，才能做到“不唯书，不唯上”，才敢于挑战权威，坚持独立、批判性地思考问题。发现并最初掌握真理者，往往是极少数人。

古希腊时期，亚里士多德就说过“吾爱吾师，吾更爱真理”。只有坚持思想上的自由，才能不被世俗与陈旧的知识所禁锢，抛弃各种有形和无形的枷锁。

创造型人才要敢于坚持学术创新。学术上需要特立独行者，却忌讳随波逐流。在科学研究中，人们往往在未知领域苦苦探索，却没有人可以告诉你结果将会是什么。20个世纪70年代，科学界已经知道基本粒子可以归为三种夸克，所有现象都可以用这三种夸克来解释，丁肇中却问：为什么宇宙中只有三种夸克？他决定寻找新粒子，而这个想法并不被当时的物理学界看好。在历经无数次失败后，他终于完成了实验，并且成功找到了第四种粒子。

第四，做事。手脑结合、勤学躬行。创造型人才，应该是脑和手相结合的人才。这里的手是指要强化理论和实践这两只手。陶行知说过：“手脑双全，是创造教育的目的。中国教育革命的对策是手脑联盟。”

科学创新的主要原动力有二：一是理念引导的创新，二是问题引导的创新。创新取决于理论与实践。有人说，有什么样的理论，就会有什么样的发明发现。确实，经典物理带来了蒸汽机、收音机、飞机等，而量子力学则带来了半导体、计算机和网络。理论上的创新，要求我们注重思想前沿的发现，重视最基础的原理、逻辑。

但另一方面，我们需要认识到，有什么样的理论，就会有什么样的发明发现。这样的语言也告诉我们，人们会对符合理论预测的结果格外关注，并逐步形成思维定式，甚至对超出理论解释范围的实验结果视而不见。因此我们需要铭记：实践不仅仅是为了验证理论，它也是创新的源泉。事实证明：很多重大创新常常来自实践当中的偶然。

第五，新民。明德新民、引领变革。“大学之道，在明明德，在新民，在止于至善”，这是“大学”精神在中国的体现，也是学校校训中“励志明德”的精神要义所在。在教育活动中，我们不仅需要传授知识，更要致力于思维训练、精神培育。人类社会经历了农业社会、工业社会、信息社会，未来我们将会进入以人脑为标志的“思维社会”。思维，将会成为影响世界的主导力量，成为新思想的发动机，成为引导经济社会变革的力量源泉。过去我们说知识就是力量，现在我们则要说思维才是力量。希望各位成为引领社会发展、文明进步的一代新民、新新人类。

同学们，研究生教育，不仅仅培养各行各业的专家，同样也培养政界、商界、社会管理等方方面面的人才。“研究”只是你人生和事业的第一步。我希望大家研究生阶段的学习能够超越对学位、文凭的追求，真正将“研究”作为一种生活方式、生存方式，贯穿于人生的全过程。当前，我们的世界正在发生着巨大的改变，新出现的第三次工业革命将从根本上改变我们的经济和社会形态。中国能否抓住这个机遇进而引领全球经济社会发展，关系到国家和民族的未来。对于我们而言，这是机遇，也是挑战。同学们，相信你们一定能够用青春与汗水、智慧与热情、荣誉与梦想谱写美好人生的绚丽篇章；希望大家保有质疑和好奇的天性，创造出属于你们的人生辉煌。

谢谢大家！

机构与干部

Jigou yu Ganbu

党群机构设置

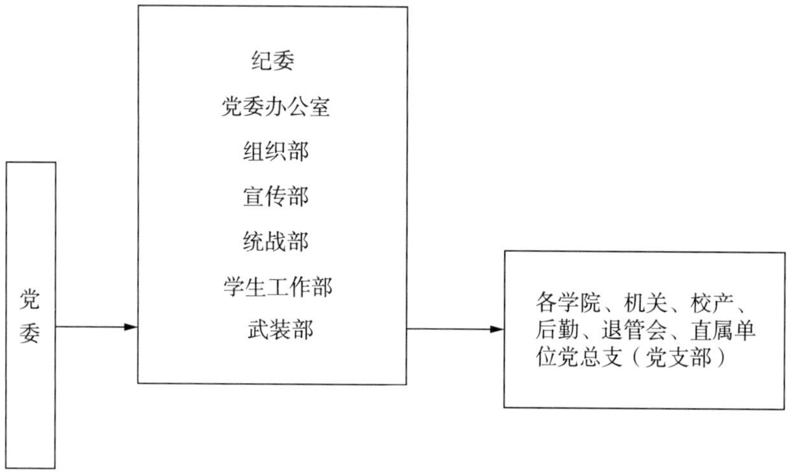

行政机构设置

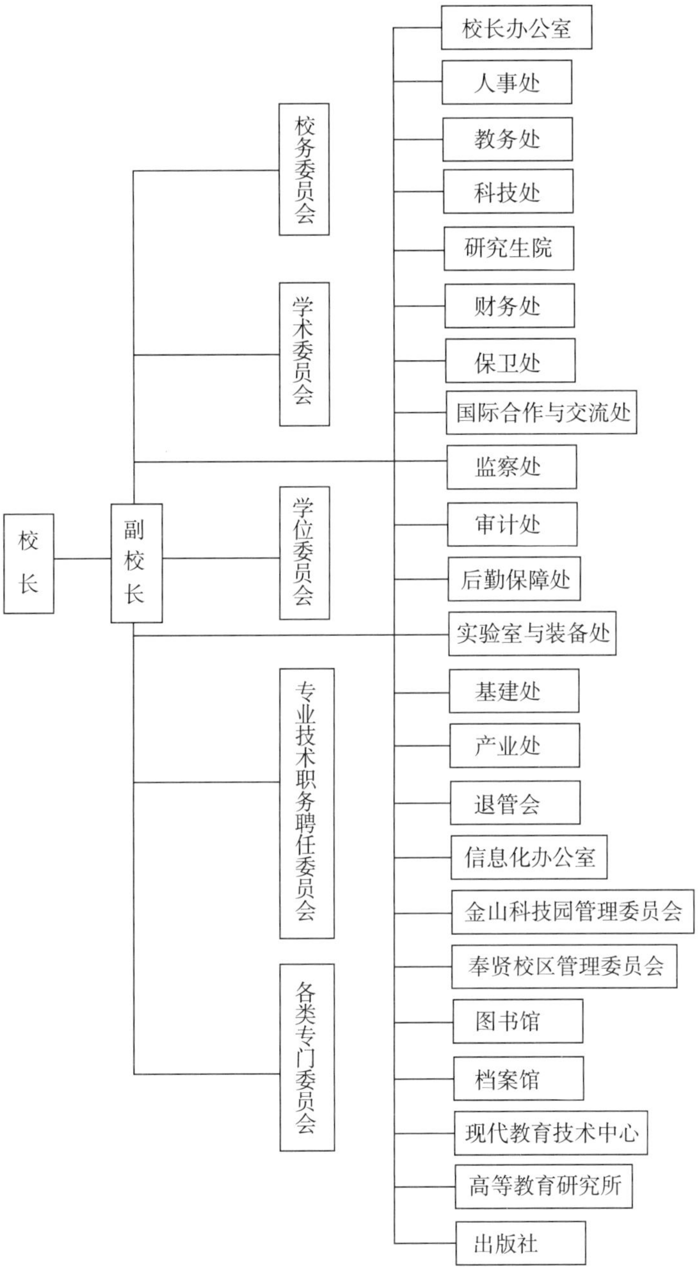
校长
副校长
校务委员会
学术委员会
学位委员会
专业技术职务聘任委员会
各类专门委员会
校长办公室
人事处
教务处
科技处
研究生院
财务处
保卫处
国际合作与交流处
监察处
审计处
后勤保障处
实验室与装备处
基建处
产业处
退管会
信息化办公室
金山科技园管理委员会
奉贤校区管理委员会
图书馆
档案馆
现代教育技术中心
高等教育研究所
出版社

学校党政领导名单

名誉校长	成思危
党委书记	杨贤金
副书记	沈　炜
	蒋文文（1 月离任）
	马玉录（1 月到任）
	林志华
校　长	钱旭红
副校长	陈英南
	于建国
	马玉录
	涂善东
	杨存忠
	钱　锋
纪委书记	林志华
校长助理	宋恭华
	朱广忠

校党政机构负责人名单

党群机构：

党委办公室	主　任	陈　麒
	副主任	沈海涛
纪委	副书记	童之敏
	副处级专职纪检员	苏建玲
		柴　华
党委组织部（党校）	部　长	夏江雯（6月离任）
		宋　来（6月到任）
	副部长兼党校常务副校长	陈荣武
	副处级专职组织员	姚　文
党委宣传部	部　长	宋　来（6月离任）
		夏江雯（6月到任）
	副部长	王惠文
	副部长兼精神文明办公室主任	彭辉辉（5月到任）
党委统战部	部　长	方振敏（10月离任）
学生工作部	部　长	王爱祥
	副部长	王芝眉
		岳海洋
		储　琰
		潘力军
武装部	副部长（主持工作）	蔡跃明

老干部办公室	主　任	葛轶群
工会	主　席	陈英南（兼）
	常务副主席	沈悦萍
	副主席	朱志华
		高永煜（兼）（1 月离任）
		王　莉
		庄启昕（1 月到任）
妇委会	主　任	蒋文文（兼）（12 月离任）
	常务副主任	王　莉
	副主任	卢艳花
团 委	书　记	倪　炜
	副书记	储　琰（5 月离任）
		何　希
		胡　兵（5 月到任）
机关（一）分党委	书　记	
	副书记	陆仲林
机关（二）党总支	书　记	陆　兵
	副书记	吴永奎
退管会分党委	书　记	王远明（12 月离任）
	副书记	热　核
后勤（甲方）党总支	书　记	朱育红
后勤服务中心党总支	书　记	李晓亮
	副书记	刘汉伟
校办产业党总支	书　记	丁永义
	副书记	朱彦龙
离休直属党支部	书　记	孙丕恩
	副书记	葛轶群（兼）

行政机构：

校长办公室	主　任	袁洪学
	副主任	欧阳红忠
		周兴吉
		刘志鹏
人事处	处　长	蔡兰坤
	副处长	胡若军
		周晓梅
		朱学栋（10 月离任）
		周彦波（10 月到任）
教务处	处　长	乐清华
	副处长	夏春明
		沈文君
		项延训
		林大钧（12 月离任）
科技处	处　长	牟伯中
	副处长	张武平
		刘海峰
		付　尧
	副处长兼社会科学发展办公室主任	任　虎
科学技术发展研究院	院　长	涂善东（兼）
	常务副院长	牟伯中
	副院长	刘海峰（6 月到任）
		付　尧（6 月到任）
研究生院	院　长	于建国（兼）
	常务副院长	林嘉平
	副院长	李　蓉
		栾伟玲

	副院长兼“211 工程” 与学科建设办公室主任	路贵民
	学位办公室主任	孙洪锋
	培养办公室主任	刘殿华
	管理办公室主任	钱嫦萍
发展规划处	处　长	周　玲
国际合作与交流处	处　长	焦家俊
	副处长	金伟国
		包　华
		吴　唯
财务处	处　长	陈　康
	副处长	鲁月琴（2 月离任）
		万素琴（12 月离任）
		焦淑芝
实验室与装备处	处　长	蓝闽波
	常务副处长	叶肇敏
	副处长	吴　炎
		朱育红（兼）
审计处	处　长	张爱民
	副处长	张坦淳（5 月离任）
		李德强
监察处	处　长	童之敏
基建处	处　长	黄　樑
	副处长	孙国华
		潘元虎（10 月到任）
后勤保障处	处　长	李晓亮
	副处长	孙荣林（12 月离任）
		方向阳（12 月离任）
保卫处	副处长（主持工作）	陈　坚

	副处长	张善得
产业处	处　长	徐殿胜
	副处长	苏永升
		朱彦龙
信息化办公室	主　任	王慧锋
	副主任	朱尚明（9 月离任）
退管会	主　任	马玉录（兼）
	常务副主任	王远明（12 月离任）
后勤服务中心	总经理	高永煜
	副总经理	丁奎龙
		李新军
		刘汉伟

校区、科技园、院党政负责人名单

奉贤校区	管委会主任	杨存忠（兼）
	管委会副主任	李建伟
	管委会办公室主任	李建伟（兼）
	管委会办公室副主任	王海明
金山科技园	直属党支部书记	孙辰修（5月离任）
	管委会副主任	徐殿胜（兼）
		孙辰修（兼）（5月离任）
化工学院	分党委书记	张达中（5月离任）
		朱学栋（5月到任）
	分党委副书记	徐心茹
		司忠业
	院　长	辛　忠
	副院长	赫崇衡
		赵　玲
		方　波
化学与分子工程学院	分党委书记	唐燕辉
	分党委副书记	程　毅
	院　长	田　禾
	副院长	张金龙
		张文清
		郭杨龙
生物工程学院	分党委书记	庄英萍
	分党委副书记	吴　蓉

	院　长	张元兴
	副院长	曹学君
		许建和（兼）
		卢艳花
药学院	党总支书记	王　喆
	党总支副书记	王　越
	院　长	蒋华良
	常务副院长	徐玉芳
	副院长	唐　赟
		叶金星（12 月离任）
材料科学与工程学院	分党委书记	唐颂超
	分党委副书记	朱　芸
	院　长	刘昌胜
	副院长	郎美东
		李永生
		李欣欣
信息科学与工程学院	分党委书记	顾春华（9 月离任）
	分党委副书记	赵　菡
	院　长	侍洪波
	副院长	牛玉刚
		虞慧群
		刘漫丹
机械与动力工程学院	分党委书记	周邵萍
	分党委副书记	杨　倩
	院　长	轩福贞
	副院长	安　琦
		陈琴珠
		夏春明（兼）

资源与环境工程学院	分党委书记	程　里
	分党委副书记	崔姗姗
	院　长	刘勇弟
	副院长	黄光团
		王辅臣
		修光利
理学院	党总支书记	刘伟兰
	党总支副书记	黄文彬
	院　长	鲁习文
	副院长	刘朝晖
		张先梅
商学院	分党委书记	马　玲
	分党委副书记	朱　姝
	院　长	吴柏钧
	副院长	黄庐进
		盛宝莲
		李玉刚
		阎海峰
社会与公共管理学院	分党委书记	张广利
	分党委副书记	万胤婕
	院　长	徐永祥
	副院长	杨发祥
		何雪松
		纪晓岚
法学院	党总支书记	丁　灏
	党总支副书记	刘　源
	院　长	张　昱
	副院长	于杨曜
		董溯战（9 月离任）

艺术设计与传媒学院	党总支书记	张　青
	党总支副书记	郑　东
	院　长	程建新
	副院长	周忍伟（5月离任）
		蒋小洪
		傅蓉蓉（5月到任）
外国语学院	党总支书记外国语学院	包瑞荣
	党总支副书记	沈　林
		张　攀
	常务副院长	余毓国
	副院长	陆伟忠
		颜静兰
		王建国（5月到任）
体育科学与工程学院	党总支书记	耿元元
	党总支副书记	朱洵韬
	院　长	杨立国
	常务副院长	王　跃
	副院长	朱洵韬（兼）
		韩　骏
马克思主义学院（人文科学研究院）	党总支书记	杜仕菊
	院　长	沈　炜（兼）
	副院长	杨　苏
		熊万胜
		陈迎年
中德工学院	直属党支部书记	童克峰
	院　长	吴　唯（兼）
国际工程师学院	院　长	吴　唯（兼）
国际教育学院	院　长	涂善东（兼）
	常务副院长	金伟国（兼）

网络教育学院	院　长	宋恭华（兼）
	常务副院长	应卫勇
	副院长	程　华
		刘百祥
继续教育学院	直属党支部书记	陈俊傲
	直属党支部副书记	王玉华
	院　长	黄　婕
	副院长	欧　伶
		张雪芹

直属单位负责人名单

图书馆	馆　长	郑建荣
	副馆长	孙济庆（5 月离任）
		高克平（5 月离任）
		翁惠芳
		葛巧珍（5 月到任）
档案馆	馆　长	陆宪良
	副馆长	段义严
现代教育技术中心	主　任	王　晓
	副主任	郑　军
工程教育学系	主　任	谭文松
	副主任	徐世爱
高等教育研究所	所　长	谭文松（兼）
分析测试中心	主　任	蓝闽波（兼）
	副主任	杜一平

学校概况

Xuexiao Gaikuang

华东理工大学现有徐汇校区、奉贤校区和金山科技园区三部分，占地面积为2 653亩，各类建筑总面积约86.7万平方米，建有一批标准体育设施；图书馆总藏书量为284万余册，收订中外文期刊28 000余种，有CA、EI等84种大型中外文文献数据库和网络镜像数据库；建有教育部科技项目及成果查新中心工作站、上海市科委科技查新站、上海高校外国教材中心、上海市研究生电子文献检索中心等机构，校分析测试中心、珠宝检测中心为国家计量认证单位。

学校设有化工学院、生物工程学院、化学与分子工程学院、药学院、材料科学与工程学院、信息科学与工程学院、机械与动力工程学院、资源与环境工程学院、理学院、商学院、社会与公共管理学院、艺术设计与传媒学院、外国语学院、法学院和体育科学与工程学院等15个专业学院，以及网络教育学院、继续教育学院、国际教育学院、中德工学院、马克思主义学院（人文科学研究院）、工程教育学系等非专业院系。

学校学位授权点覆盖理、工、农、医、法、管、哲、经、文、史、教育、艺术等12个学科门类，38个一级学科。学校有64个本科专业；25个硕士学位授权一级学科，学校146个硕士学位授权点；13个博士学位授权一级学科，81个博士学位授权二级学科点；拥有工商管理（MBA）、公共管理（MPA）、高级管理人员工商管理（EMBA）、法律（JM）、社会工作（MSW）、国际商务（MIB）、药学（M Pharm）、中药学（MCMM）、会计（MPAcc）、艺术（MFA）和工程（含18个领域）的硕士专业学位授予权和高校教师在职攻读硕士学位授予权。设有11个博士后科研流动站，拥有7个国家重点学科、1个国家重点（培育）学科、10个上海市重点学科、7个上海市一流学科（1个A类、6个B类）。

学校现有在校全日制学生2.48万人，其中在校全日制研究生8 450人（其中博士生1 416人），全日制本科生16 350人。有教职员工3 550人，其中两院院士4名，双聘院士4名，国家教学名师2名，国家“973计划”首席科学家7名，国家“863计划”领域主题专家组成员2名，长江学者特聘教授13名，长江学者讲座教授1名，上海市教育功臣1名，新世纪百千万人才工程国家级人选8名，教育部“长江学者和创新团队发展计划”创新团队3个，国家级教学团队4个，国家级有突出贡献的中青年专家11名，一大批中青年学者崭露头角。

学校以“培育英才，服务社会；注重过程，勤奋求实；协调发展，特色鲜明”为办学指导思想，不断深化教育思想、教育内容、教育方法和课程体系改革，教学质量居全国及上海市高校前列。现有国家精品课程20门，国家双语示范课程3门，上海市精品课程65门。多年来，学校以培养“厚基础、强实践、高素质、具有创新精神和国际视野的社会英才”为目标，重视对学生全方位的培养。学校在国际国内数模竞赛中多次名列上海市乃至全国参赛学校之首，在全国和上海市级各类英语比赛中屡获大奖，女子乒乓球队多次在世界大学生乒乓球锦标赛上夺冠。学校在物理、数学、计算机编程、电子设计、机器人制作、科技发明、英语演讲等方面的竞赛中成绩斐然，均名列国内和上海市高校前列。

学校有8个国家级研究基地、21个省部级研究基地、2个国际合作科研基地、65个校级研究所（中心），建有国家大学科技园，是全国6所首批建立国家技术转移中心的高校之一。每年承担各类研究课题1 000多项，科研经费逐年增加。历年来获国家自然科学奖、国家发明奖及国家科技进步奖56项，省部委科技进步奖550多项，国内外专利1 400余项，取得一大批重大创新成果，一批行业共性、关键技术的大规模产业化推广应用产生了重大的经济和社会效益。

学校在技术转移与产学研合作方面特色鲜明，处于全国领先地位。入选首批国家技术转移示范机构，加盟“新一代煤（能源）化工”等六个国家级技术创新战略联盟，特别是向美国最大的炼油企业 Valero 公司进行的“石油焦气化技术”实施许可，标志着中国大型化工成套技术首次向美国等发达国家实施技术转移，也是中国高校迄今为止获得的最高海外技术许可费用项目。

学校重视并不断拓展对外合作交流空间，已与美、德、日、法、英、加、韩、澳等国的150多个高校、企业集团和科研机构建立了长期广泛的学术交流关系，特别是与一批海外高水平研究型大学建立了姊妹学校关系或签署了合作协议并实施教师互访、学生交换以及联合培养的合作机制。

树立和落实科学发展观，学校始终坚持物质文明和精神文明的协调发展，深入推进中国特色现代大学制度建设，加强先进性、创新型党的建设，以人才培养改革为核心，以体制改革为重点，着力推进促进人的全面发展的精神文明建设。2013年，学校贯彻落实《高等学校章程制定暂行办法》，积极推进大学章程建设，规范和完善章程制定工作，广泛征集广大师生员工、校友以及离退休教师和各级部门领导的意见，不断完善和修订《华东理工大学章程（征求意见稿）》，为明确学校制度基础、建章立制、依章办学打好基础。

同时，为完善大学治理结构、提高办学活力，学校大力推进管理重心下移，构建校院两级管理体制，细化改革举措，建立更加科学的决策机制、更加民主的参与机制、更加高效的管理机制、更加完善的沟通协调机制，提高师生员工参与办学的积极性，提高社会支持办学的热情，切实提高学校的办学水平。

2013年是学校“十二五”规划实施的关键时期，要实现规划发展目标，关键是将关乎学校发展的指标落到实处。在大学治理结构改革过程中，管理重心逐渐下移，学院办学实体地位更加突显，全面梳理和细化学院的事业发展指标体系，准确掌握学院的发展状况，对提高办学效益意义重大。为此，学校在调研16个学院完成规划任务的基础上，进行多维度的信息采集、提取与分析，从各学院的办学投入和产出效益入手，完成《华东理工大学学院发展报告（2012）》，为促进学院未来发展、加快实现学校建设目标提供信息参考与决策服务。

院系概况

Yuanxi Gaikuang

化工学院

【概况】 化工学院设有化学工程系、石油加工系和产品工程系三个系；联合化学反应过程研究所、化学工程研究所和石油加工研究所三个研究所；化学工程国家重点实验室、大型工业反应器工程研究中心和超细粉末国家工程研究中心三个科研基地。全院共有教职员工 234 人，专任教师 180 人，其中正高级职称 53 人、副高级职称 89 人，博导 34 人。学院设有四个本科专业，七个硕士点，四个博士点。2013 年招收本科生 379 人，其中化工工程与工艺专业 171 人，轻化工程专业 60 人，油气储运专业 87 人，资源循环科学与工程专业 61 人。研究生招生 401 人，其中硕士生 339 人，博士生 62 人。218 人获得硕士学位，60 人获得专业硕士学位，37 人获得博士学位。年内，化工学院围绕学校的工作重点和发展目标，深入开展党的群众路线教育实践活动，落实学校三年级本科生入驻奉贤校区工作部署，以化工专业 ABET 国际认证为契机，加强奉贤校区实验室建设，在人才培养、科研、师资队伍、国际合作交流和学生工作等方面取得进展。

本科教育。化工学院获批 26 项校级教改项目，其中 24 项通过了学校验收，部分项目获得优秀。获得学校教学成果奖 30 项，其中一等奖 4 项、二等奖 14 项、三等奖 12 项。首批国家级“十二五”规划教材《化学反应工程（第五版）》出版。油气储运工程专业的“石油炼制工艺学”课程已建成上海市精品课程，“油气集输”建成上海市重点课程。由化工学院朱志庆教授主编、房鼎业教授主审、化学工业出版社出版的《化工工艺学》荣获 2012 年度中国石油和化学工业出版物奖（教材奖）一等奖。加强实施卓越工程师培养计划。组织化工卓越 111 班到位于张家港的陶氏化学（张家港）工厂参观学习。获赠鹰图公司 SP3D 设计软件。建成“华东理工大学-上海石化股份有限公司”国家工程实践教育中心。毕业生在国内外深造率达到 49.3%。在吉林省和黑龙江省各建立了一个优秀生源基地。

研究生教育。举办暑期夏令营活动，来自教育部直属相关院校的 48 名同学参加。接收推免人数增加到去年的两倍。获得校级优秀博士论文 4 人，获得校级优秀硕士论文 6 人。顺利修订并实施 2013 版研究生培养方案。获得研究生精品课程建设立项 1 项。获得全英文授课研究生课程建设立项 1 项。“材料化工流变学研究生培养平台一期建设”获得学校立项并完成上级部门专家评审。研究生毕业就业率达100%。2012春季博士班、2011全日制工程硕士班荣获校先进集体称号。

科研工作。学院承担“973计划”课题5项、“863计划”项目及其子课题9项、国家科技支撑计划2项。教育部、上海市科委和教委等省部级项目27项；军工项目9项，到款546万元；超过百万的横向项目19项。获得高校基本业务费探索研究基金项目11项；交叉学科与重大项目4项。申请自然科学基金项目63项，新立项16项，其中8项为青年基金项目。“基于小分子的聚丙烯微纳结构调控技术与应用”获上海市技术发明一等奖（完成人：辛忠、赵世成、石尧麒等），“煤基合成气制乙二醇技术”获上海产学研合作优秀项目奖（中小微企业）一等奖（完成人：李伟），“工业化集成控制废弃胶胎低温热解成套设备”获上海产学研合作优秀项目奖（中小微企业）三等奖（完成人：柏子龙）。在学科建设项目和基地建设方面，“211”建设项目顺利验收，其中“211”建设成果因名列前10%受到教育部奖励。以化工学院为主体之一完成了2008—2012年学科评估，且排名第二。完成上海高校学科重点建设规划（2013—2020年）。组建华东理工大学南通功能材料产业研究院。学院“985”测试公共平台已投入使用，运行正常。华东理工大学、浙江大学、上海石油化工研究院、上海工程有限公司和常州大学等联合化学反应工程研究所（简称“联合所”）成员单位在上海松江举办了庆祝联合所成立30周年学术会议。化学工程联合国家重点实验室成功举办了中法可持续能源实验室年会。

国际合作与交流。在全国首次成立的AIChE学生分会，今年增加了8位新成员。继续选送学生到美国、英国、法国、日本、德国和加拿大等合作学校交流学习，全年交换生人数达80余人。现在学院学习的本科留学生达45名。加拿大西安大略大学副校长Janice M. Deakin教授来校访问，双方签署了以化工专业为主体的本科学生“2＋2”交流项目合作备忘录。接受ABET专家预认证，确定了与ABET要求一致的衡量指标，讨论确定了支撑11项学生能力的12门专业必修课程，量化评价了连续2次课程教学的结果。化学工程与工艺专业通过ABET认证，并获得最高等级的9年有效期。

师资队伍建设。辛忠教授入选上海领军人才计划，周志明教授入选教育部新世纪优秀人才计划，乔文明教授入选上海市技术带头人计划，张琪副教授入选上海市启明星计划（企业）。郭旭虹教授入选长江学者特聘教授（在石河子大学上岗）。赵双良、孟鑫、刘纪昌入选第四届“化工之星”。

实验室建设工作。邀请国际著名企业的安全专家检查实验室安全，提出整改意见方案，重新制定了实验室安全规程、安全教育制度，对每个专业实验进行了安全评估，制定了安全防范预案，实验室安全达到了国际标准。完成了化工原理奉贤教学中心和四大创新平台的调研、设计、采购、安装、调试与装修等工作。落实奉贤校区资源循环科学与工程专业实验室，获批新专业实验室建设修购基金，首批建设 11 项 16 台套专业实验项目完成。申请实验建设资金 128 万元（含设备、装修等资金），由学院组织新专业实验室负责人和实验负责教师，在奉贤校区建成了资源循环科学与工程专业实验室。

党建、学工及工会工作。深化两校区学生思想政治教育和德育工作的联系与共进。参加党的群众路线实践教育活动，引领学生党员提升党性修养。以提升党员质量和组织生活内涵为核心，完成党建发展工作计划。依托两校区图书馆共建“党性锻炼基地”及“金安小学”农民工子弟学校、“柘林镇营房村”等校外党性锻炼实践基地。荣获 2013 年校就业工作先进集体。本科生国外升学比例达 19.6%，考研录取率近 10%。组织近 80 支大学生暑期社会实践团队、20 余支科技建模实践团队奔赴各地实践调研，其中“赴四川调研化工产业现状研究节能生态环保转型”获上海市优秀项目奖，指导教师获上海市优秀指导教师，学院获校级优秀组织奖。2009 级学生王梦雪获得“上海市青年五四奖章”；学生社团“星火社”获得 2013 年度上海市优秀青年学习型社团以及上海优秀社团称号。

生物工程学院

【概况】 年内，生物工程学院紧紧围绕学校核心任务，科学制定发展规划，在教学工作、学科建设、科研工作、师资人才队伍建设、对外交流、学生工作等方面取得巨大进步。

本科教育。发酵工程、酶工程、生物分离工程3门国家精品课程入选国家精品资源课，生物分离工程获教育部及上海市教委海外留学品牌英语课程（国内首批高校生物工程专业课程及华东理工大学唯一入选课程）。“毕业生教学质量跟踪反馈的测评指标体系研究”课题获2013年上海高校本科重点教学改革项目立项，细胞工程课程获2013年度市教委本科重点课程立项。212名本科毕业生参加研究生考试，国内读研录取80人，出国深造32人，国内外深造学生合计112名，占毕业生总数的35%。在大学生创新项目中立项21项，其中国家级6项，市级8项，校级7项。在USRP中共申报项目52项，立项47项。共有272名本科生参与上述各类创新训练。实施生物工程专业卓越工程师计划项目，公开选拔25名优秀学生组成生物工程2012卓越工程师班，完成了培养计划的制定。

研究生教育。研究生教学质量检查工作稳步进行，组织6位校级听课专家听取29门研究生课程（占研究生课程的56.9%）。推进“研究生创新工程”，重视研究生创新能力培养，搭建高水平学术交流平台，成功举办2013年上海市药学会四专业青年论文报告会和上海市研究生学术论坛（生物工程与技术）。组织申报研究生优秀学位论文，3篇博士论文、10篇硕士论文入选校优秀学位论文。举办“2013大学生暑期夏令营暨研究生自主招生选拔”。2013年7月，庄英萍老师和许建和老师获得第三届“我心目中的良师益友”称号，全校10位导师获此荣誉称号。在校优秀研究生任课老师评选中，卢艳花老师获一等奖，常雅宁老师获三等奖。12月5日，学校组织专家对2011年新增的7个博士学位授权一级学科进行了建设终期验收，生物工程博士学位授权一级学科以排名第一的成绩顺利通过验收。成功在“轻工技术与工程”博士学位授权一级学科下报批获准自设生物工程与技术二级学科点，为学院中长期规划重点建设生物工程一级学科奠定了基础。参加教育部第三轮学科评估，生物化工参加了化学工程与技术一级学科评估，排名全国第二；食品科学与工程排名第二十三名。

师资队伍建设。 加大对中青年教师的培养，利用青年教师联谊会开展了多项活动，包括国家自然科学基金辅导会、教学规范辅导座谈会、学术交流会以及赴南京溧水区考察等，促进了青年教师之间的交流与成长。周祥山教授入选“万人计划”第一批杰出人才和中青年科技创新领军人才，成为该计划首批入选者。为了推进人才引进工作，学院与相关科学院/所（如中科院天津工业生物技术所和植物生理研究所等）结成人才引进联盟，完善并规范人才引进程序。从美国霍华德休斯研究所引进了全舒博士。目前学院教职工达到167人，其中正高级专业技术职务教师35人，副高级专业技术职务教师49人，青年教师中正在国外做访问学者的有5人，博士和有海外留学经历的人员比例得到了较大提高。实施师资博士后计划，出站的4名师资博士后经考核并严格把关，3人留校，1人正常出站。

科研工作。 科研经费到款8 168万元，本校经费6 777万元。其中：主持重大专项1项，参与5项；主持“973计划”课题5项，参与8项；主持“863计划”课题2项，参与22项；主持科技支撑计划1项，参与8项。横向课题签约26项，合同金额达1 840.5万元，到款1 269.7万元。申报自然科学基金64项，获得资助15项，中标率为23.44%。其中：重点基金1项，青年基金6项，面上项目8项。获批经费达1 096万元，首次突破千万大关。以SKLBE名义发表SCI论文241篇，SCI论文被引用次数持续增加，达到3 700篇次，实验室的h-index达到41；其中，生工学院发表128篇。发明专利公开44项，获授权40项。获得省部级科技成果一等奖1项。生物反应器工程国家重点实验室五届二次学术委员会暨学术年会在上海顺利召开。成功举办ISBBE2013国际会议及中国工程院院士论坛；与Springer出版社合作创办学术期刊*Bioresources and Bioprocessing*（BrBp）。接待国外著名学者来访并在重点实验室学术论坛做学术报告31次。上海生物制造产业技术研究院经过首次评估，获得第2年资助（500万元）；“生物制造系统集成技术”团队入驻生研院奉贤基地（南桥）；中国生物发酵产业协会上海站在学校揭牌。与中科院上海分院、复旦大学、上海交通大学和上海制药集团等单位联合筹建“上海生物制造协同创新中心”。

国际合作与交流。 本科生国际交流学校数量增加到10所，交流专业从以往的生物工程、生物技术拓展到食品科学、食品质量与安全。应届本科毕业生中有31人在7个国家和地区的21所大学继续攻读硕士或博士学位。与美国、英国、日本、澳大利亚、德国等大学建立了本科交换生交流关系，新派送32名本科生到上述大学参与交流，接收与派送的国际交换本科生达40人。与美国密苏里大学、里海大学，英国邓迪大学、Cranfield大学、格拉斯哥卡里多尼亚大学，澳大利亚的阿德莱德大学、德国比伯拉赫应用技术大学建立了良好的教育合作交流关系。资助12名优秀本科学生赴韩国对明知大学、高丽大学、仁和大学三所大学进行了为期6天的交流学习。制定《生物工程学院国际交流基金管理条例》，设立了学院国际交流基金和评审委员会，资助生物工程学院所属的各专业研究生（包括博士生和硕士生）在学期间参加在国外和境外及港澳台地区举办的国际学术会议。资助6名研究生赴美国、日本、韩国等地参加学术会议6次。学院教师30多人次参加37次国际学术会议和访问研究。有近21家国外单位的国外专家39人次来实验室交流，实验室人员及研究生参加国际会议33人次。多名实验室固定人员被聘为国内外学术组织的成员和著名期刊编辑，计有副主编及编委成员44人次。

学生及党务工作。8名同学获得“生工之星”称号。落实班级攀升计划，组织新生团体培训。其中生工（卓越）100班获得2012年度“班级攀升计划”活动优秀班级。奖学金覆盖率达40%，获得优秀班集体2个，优秀学生39人，优秀学生干部23人；完成首届“荣誉学生”的初评工作，覆盖率达30%。认真落实“周听课、月点评”制度，辅导员周听课33次，辅导员班导师月点评108次。获得年度红旗分团委，4个班级获得“红旗团支部”，80多位同学获得校“优秀学生”“优秀学生干部”等各种荣誉称号。组织第二届生物专场招聘会，邀约40余家生物医药类企业参加；同时召开10余场公司宣讲会；走访10余家企业，听取企业对学院人才培养和毕业生工作的意见，加强就业指导的针对性和有效性。加强二级党组织建设，申报上海市教卫工作党委系统优秀组织生活案例、校教工“十佳组织生活”、学生优秀组织生活、党建经典案例、党建课题和学生党员党性锻炼先进个人和集体的工作，落实保持先进性建设长效机制、党建工作责任制、党员承诺制和“双结对”等制度。

【学院召开党的群众路线教育实践活动动员会】 2013年8月28日，学院党的群众路线教育实践活动动员会召开。对口联系该学院的校党委副书记沈炜同志出席会议并讲话。校督导组成员张达忠同志、生物工程学院教工党员及部分民主党派教师代表参加会议。

【生物反应器工程国家重点实验室五届二次学术委员会会议召开】 2013年9月13—14日，生物反应器工程国家重点实验室五届二次学术委员会会议在我校召开，学术委员会主任欧阳平凯院士，名誉主任杨胜利院士及学术委员会成员钱旭红院士、张元兴教授、张嗣良教授、钟建江教授、马小军研究员、杨立荣教授、魏东芝教授、谭文松教授和许建和教授以及依托单位负责人和实验室部分研究人员40余人出席了会议。

【2013年上海市研究生学术论坛（生物工程与技术）”隆重举行】 2013年10月12日，

上海市学位委员会主办，华东理工大学承办，生物工程学院、生物反应器工程国家重点实验室、国家生化工程技术研究中心（上海）、上海生物制造产业技术研究院协办的“2013 年上海市研究生学术论坛（生物工程与技术）”在我校逸夫楼演讲厅隆重举行。

【许建和教授获“杜邦杰能科中国酶工程杰出贡献奖”】 2013 年 11 月 13—15 日，学院许建和教授获“杜邦杰能科中国酶工程杰出贡献奖”，并应邀在大会上做了题为“利用基因工程酶高效合成化学品”的获奖报告。

化学与分子工程学院

【概况】 年内，化学与分子工程学院围绕学院“十二五”规划目标和定位，逐项推进、落实院务公开工作，建立健全院务公开制度和工作机制，深化学院内部管理体制改革，提高了工作效率和水平，推动了学院的改革和发展。

本科教育。招收本科生 275 人，授予 336 人学士学位。17 人获“上海市优秀毕业生”称号，21 人获校“优秀毕业生”称号；44 人获校“优秀学生”称号，21 人获校“理工优秀生”称号，28 人获校“优秀学生干部”称号；12 人获国家奖学金，51 人获国家励志奖学金，3 人获上海市奖学金，41 人获各类计划外奖学金。结合化工专业 ABET 国际认证，完成了化学实验中心的安全设施改造维修，通过了 ABET 认证专家的检查。以专业实验室搬迁和创新实验室建设为依托，结合国家工科化学实验教学示范中心建设，进一步建设和完善奉贤校区化学类实践平台；市教委“基础化学实验教学规程”项目通过上海市教委验收。本年度，立项大学生创新实践项目 23 项，USRP 项目 47 项；300 多人次学生参与奉贤创新教育基地创新活动；学院 24 位学生获得国家和上海市等各类竞赛奖，发表科研论文 3 篇，申请发明专利 2 项。组织教师申报上海市教学成果奖 5 项，学校教学改革项目 10 项，校级“十二五”规划教材建设 11 本，撰写发表教学研究和教学改革研究论文 21 篇，主编及参编教材 6 本。青年教师在校级教学比赛中获一等奖 1 名，二等奖 2 名。建设由 3 门国家精品课程和 5 门上海市精品课程等组成的课程系列，“无机化学”和“应用化学专业实验”获批上海市重点课程。

研究生教育。招收研究生 408 人，其中博士 81 人、硕士 269 人、非全日制工程硕士生 58 人；授予 269 人各类学位，其中博士 72 人、硕士 170 人、工程硕士 27 人。12 名博士、24 名硕士获 2013 年研究生国家奖学金，41 名研究生获各类计划外奖学金；13 名研究生获“上海市优秀毕业生”称号，47 名研究生获“校优秀学生”称号，16 名研究生获“校优秀学生干部”称号；43 名研究生获综合课程奖，24 名研究生获校三助工作奖，25 名研究生获校社会工作奖。获校优秀博士论文 7 篇、校优秀硕士论文 8 篇；4 人入选优博计划。遴选新增 7 名硕导、2 名博导、1 名企业导师；对 52 位博导进行上岗资格审查。对无机化学、有机化学、物理化学、分析化学、精细合成化学与分子工程、应用化学、工业催化、先进材料与制备技术和皮革化学与工程等9个专业点进行评估。针对三年制硕士学历教育，制定新的学术成果要求；新修订的培养方案于2013年9月施行。通过研究生校级精品课程“高等仪器分析”，开设全英文课程“高等高分子化学”。

师资队伍建设。学院共有教职工223人，其中中国科学院院士2人，教育部长江特聘教授4人，国家“杰青”4人，国家“973计划”项目首席科学家2人；正高级职称教师55人、副高级职称教师75人，其中博士生导师52人，专任教师中拥有博士学位的比例达82.07%。田禾院士入选国家“973计划”项目首席科学家，并当选发展中国家科学院院士；龙亿涛教授入选教育部长江学者特聘教授；朱为宏教授获得国家杰出青年科学基金项目；龚学庆教授获得国家优秀青年科学基金项目；1人入选教育部新世纪优秀人才支持计划，1人入选上海市浦江人才计划（A类），2人入选上海市浦江人才计划（D类）。

科学研究。纵向到款经费4 854.8万元，横向到款经费1 024.3万元，合计5 879.1万元。以田禾院士为首席科学家的国家“973计划”项目“分子探针识别肿瘤特异性血清标志物的基础研究”获批立项。学院于2013年度申报国家自然科学基金项目78项，立项36项，经费总额达到3 341.7万元。其中，重大研究计划项目1项，重点项目3项，杰青1项，优青1项，面上项目14项，青年科学基金项目12项，专项基金项目1项，国际合作交流项目1项。立项数和经费分别占全校的20.1%和28.9%，在全校各学院中位列第一。在国际著名学术期刊上发表14篇研究论文，其中2篇*Nature Communications*，1篇*Nature Protocols*，4篇*Journal of the American Chemistry Society*，3篇*Angewandte Chemie International Edition*，4篇*Scientific Reports*。

国际合作与交流。制定了《学院资助优秀本科生参加国际会议管理办法（暂行）规定》，鼓励、资助本科生参加国际学术交流，制定了《选派本科生赴国外交流学习细则》。2013年，学院继续与阿克伦大学、法国FGL和里昂第一大学、日本大阪府立大学、英国女王大学等开展合作办学事宜，31名本科生参与合作项目的交流学习；11名本科生赴九州大学短期交流学习。

【中法双边研讨会“聚合物纳米复合材料：性质与应用”】 由我校和法国波尔图大学共同主办的中法双边研讨会“聚合物纳米复合材料：性质与应用”（SINO-FRENCH WORKSHOP-Nanostructured polymers and nanohybrids: towards properties and functions）于6月2日至5日在我校召开。与会学者就纳米聚合物复合材料性质与应用的最新研究进展，以及今后发展前景进行了深入交流和研讨，26篇高质量的学术报告的内容涉及纳米聚合物复合材料的自组装和结构调控，以及纳米聚合物复合材料在生物、医药、催化、光电材料等领域的应用。

【第三届先进材料及其应用国际研讨会】 由我校主办的第三届先进材料及其应用国际研讨

会于8月2日在学校逸夫楼报告厅举行，学院张金龙教授担任本次国际研讨会主席。此次研讨会共同探讨先进材料在能源、环境、生物等领域的应用。

【教育部重点实验室以优秀成绩通过评估】 9月5日，教育部评估专家组对我校“结构可控先进功能材料及其制备”教育部重点实验室进行了现场评估，现场评估结果名列前茅。

【田禾院士当选发展中国家科学院院士】 第24届发展中国家科学院（TWAS）大会于当地时间10月1日在阿根廷首都布宜诺斯艾利斯开幕。本次大会在全球范围内新选出院士52名，其中包括7名中国大陆科学家。我院田禾院士位列其中。据悉，TWAS每年增选新院士45～50名，先由2名发展中国家科学院院士书面提名，于当年3月31日将推荐表发送TWAS总部。

材料科学与工程学院

【概括】 年内，材料科学与工程学院围绕学院“十二五”规划目标和定位，深化学院内部管理体制改革，提高了工作效率和水平，推动了学院的改革和发展。材料科学进入2013年世界大学科研论文质量评比榜单，排名世界第117位；通过了2013年教育部材料科学与工程一级学科评估，排名全国第19位；圆满完成“211工程”三期的组织验收工作；材料科学与工程顺利获批上海高校一流学科（B类）。

教育教学工作。研究生方面，本年度招生297人，毕业学生208人。2013届研究生就业率为96.12%。成功举办“第三届材料学院全国优秀大学生暑期夏令营”活动，7名研究生被批准国家公派留学，1名博士生入选学校优博计划。4篇学位论文获上海市优秀研究生学位论文。学院获本年度校研究生秋韵节优秀组织奖。25名研究生获研究生国家奖学金，1名研究生获成思危名誉校长奖学金，10名研究生被评为上海市优秀毕业生。本科生方面，2013年招收本科生331人，毕业学生316人。毕业生就业率为94.08%，16名学生被评为上海市优秀毕业生。杨贤金教授、唐颂超教授当选材料类专业教学指导委员会委员，李永生教授当选无机非金属材料专业教学指导分委员会委员。国家级材料实验教学示范中心奉贤校区实验室基础设施基本完成。5月，第三届陶氏化学-华东理工大学建筑内墙乳胶漆创新大赛决赛举行。

师资队伍建设。引进李红波研究员及其研究团队，以加强新能源材料的研究。李春忠教授入选突出贡献中青年专家、新世纪百千万人才工程，并获得上海市第九届自然科学牡丹奖；吴清林教授入选上海市千名人才计划；张玲教授入选国家自然科学基金优秀青年；刘昌胜教授获得首届上海市青年科技杰出贡献奖；江浩教授入选教育部新世纪优秀人才；胡彦杰副研究员入选上海市青年科技启明星；曹宏亮博士入选上海市浦江人才。

科学研究。国家自然科学基金立项13项。年度到款总经费为6 486万元，与2012年同比增长27.8%。其中，纵向经费4 633万元，同比增长27.1%；横向经费1 853万元，同比增长29.6%。黄发荣教授牵头1项国防科工局一条龙重大项目，总经费为1 030万元；刘昌胜教授领衔1项“111”引智基地项目，总经费为900万元；刘昌胜教授牵头1项国家自然科学基金委重点项目，总经费为300万元。刘昌胜等领衔的“钙磷基生物材料的转化机理及生物性能研究”

项目获得上海市自然科学奖一等奖；管涌等领衔的“反应挤出法制备分子结构孔设计的高性能嵌段性氟硅橡胶”项目获得上海市技术发明奖三等奖；杨晓玲（第2单位、第2完成人）参与的“环保型漆雾凝结剂的技术研发及应用”项目获得上海市技术发明奖三等奖；王庚超（第2单位、第2完成人）参与的“敏感性导电聚合材料制备、响应特性及机理研究”项目获得陕西省科学技术奖三等奖。召开超细材料制备与应用教育部重点实验室和上海市先进聚合物材料重点实验室学术委员会会议。成立新材料工程中心。与威海市人民政府签订创新合作协议，举行材料对接会专场会议。召开华东理工大学威高研究院第一届理事会。与南京红太阳集团拟筹建华东理工大学-红太阳联合研究中心材料分中心。与浙江亚太机电股份有限公司等签订产学研协议（148万）。举办第四届中国江苏产学研合作成果展示洽谈会、华东理工大学—常州高新区产学研对接会，与上海华谊集团、中化国际等开展交流合作。

学生工作。材料学院志愿者团队“圆梦计划”关爱农民工子女项目获2013年阿克苏诺贝尔中国大学生社会公益奖铜奖，学院分团委获上海市五四特色分团委荣誉称号，学生陈旭园、陈阳、徐斌获2013年美国大学生数学建模竞赛二等奖，学生孟昭获全国数学建模大赛国家二等奖，学生李崇宇获2013年“极真中国”全国空手道公开赛第二名和上海市第五届“七宝杯”大学生空手道交流大会季军，学生谢萌萌获华东理工大学奋进杯二等奖和全国大学生节能减排大赛二等奖，学生王胜男获第六届全国大学生节能减排社会实践与科技竞赛二等奖和第十九届上海高校学生创造发明“科创杯”，学生东哲羲、虞志成、施恺航获全国大学生数模竞赛上海赛区三等奖。研究生方面，本年度招生297人，毕业学生208人。2013届研究生就业率为96.12%。成功举办“第三届材料学院全国优秀大学生暑期夏令营”活动，新增瓦克化学奖学金（评选研究生3名、本科生2名），7名研究生被批准国家公派留学，11名研究生被评为“上海市优秀毕业生”。

【承办“生物材料与生物力学对干细胞分化过程的影响”国际研讨会】 “生物材料与生物力学对干细胞分化过程的影响”国际研讨会在我校举行。会议围绕控制干细胞分裂分化的理论模拟和实验方法、生物化学作用和生物力学作用对控制干细胞分化的研究与分析、生物表面材料和纳米材料在控制干细胞分裂分化方面的功能特性和研究应用、诱导干细胞早期分化和后期成熟的细胞环境模拟及控制、干细胞分化调控技术在临床医学方面的应用进展及前景展望、国家科研部门对于干细胞的研究关注度和支持力度的对比及讨论等6个主题展开讨论，共带来了44场精彩纷呈的邀请报告。

【华东理工大学威高研究院第一届理事会会议召开】 8月9日，华东理工大学威高研究院第一届理事会会议在山东威海威高集团会议室召开。华东理工大学副校长涂善东、华理科研院常务副院长牟伯中、华理产业处处长徐殿胜、华理材料学院院长刘昌胜等，威高集团总裁张华威、威高集团总工程师殷敬华、威高集团项目总监高山等参加了会议。理事会认真讨论并通过了《华东理工大学威高研究院理事会章程》与《华东理工大学威高研究院运行方案》，威高研究院院长刘昌胜汇报了研究院工作进展。

【超细材料制备与应用教育部重点实验室 2013 年度学术委员会会议举行】 9 月 27 日，超细材料制备与应用教育部重点实验室 2013 年度学术委员会会议在校逸夫楼第一会议室召开。费维扬院士、胡英院士、袁渭康院士、孙晋良院士、江东亮院士等学术委员会成员，以及重点实验室科研骨干等出席了会议。

【2013 年材料化工研讨会在我校举行】 10 月 7 日至 9 日，2013 年材料化工研讨会在我校举行。国家自然科学基金委化学科学部五处处长孙宏伟，以及全国材料化工研究领域杰出的中青年学者 30 余人出席了本次会议。

药学院

【概况】 学院下设药物科学系、制药工程系、上海市化学生物学重点实验室、上海市新药设计重点实验室、制药工程与过程化学教育部工程研究中心、中药现代化工程中心、GMP研究中心以及药学实验教学中心等部门，研究内容涵盖了化学药、农药、制药工程和中药四个领域。学院拥有药学一级学科博士点，制药工程与技术和农药学二级学科博士点；药学、中药学、植物保护一级学科硕士点以及制药工程与技术二级学科硕士点；其中农药学为上海市重点学科，药学为上海高校一流学科（B类）。学院拥有药学及植物保护两个博士后科研流动站，设有制药工程工程硕士、项目管理（药品GMP方向）工程硕士、药学和中药学硕士等专业学位点。学院拥有制药工程、药物制剂、药学三个本科专业。

教育教学工作。从9月起，本科三年级留驻奉贤，本科教学重心由徐汇校区转移到奉贤校区。药学实验教学中心于2013年8月整体搬迁至奉贤，并于11月开设实验课程。卓越工程师计划进一步深入，继续邀请上海医药集团专家定期来校举行“企业讲座”。教学质量工程稳步推进，宋恭华教授负责的上海市高校本科重点教学改革项目“校企合作培养制药工程卓越工程人才”提交验收报告。获批建设“制药科学实践工作站”。新增国家级“大学生创新创业训练计划”项目5项、上海市级8项、校级5项。学院教师共发表教学研究论文4篇，出版教材3本。2012年获上海市优秀博士学位论文2篇、优秀硕士学位论文6篇。由药学院教师指导的学生作品在国内外学术竞赛中获奖7项。李洪林、刘晓峰、杨弋等三位教师获评第十三届“挑战杯”校“大学生科技创新优秀指导教师”称号。胡泽岚、李浩两位老师获得了校教师授课大赛三等奖。

师资队伍建设。学院现有教职工100人，其中专任教师78人，具有正高级职称的有31人，具有副高级职称的有32人。在读本科生829人；在读研究生共602人，其中博士生135人、硕士生467人；2013年就业率为100%。2013年新增博导5人、硕导5人；新增教授4人、副教授1人、副研究员1人。

科学研究。年内，到账经费合计2 946万元。发表SCI论文119篇（第一单位），其中高水平论文约20余篇；新增国家自然科学基金项目19项。李忠入选科技部中青年科技创新领军人才，杨丙成获得国家自然科学基金优秀青年科学基金项目，徐玉芳教授享受政府特殊津贴，李洪林荣获“第十三届中国青年科技奖”，叶金星入选“新世纪优秀人才支持计划”，杨有军入选“上海市青年科技启明星（A 类）”，李剑被共青团上海市委员会授予“上海市青年五四奖章”称号，赵玉政荣获第五届“上海青少年科技创新市长奖”。与尚华医药集团全资子公司上海睿智化学研究有限公司签订战略合作框架协议，与中国医药集团联合工程有限公司签订产学研合作协议。共邀请近 10 位国外专家来我校进行学术报告。

国际合作与交流。与加拿大多伦多大学药学院代表团一起召开了“药物发现与开发”国际研讨会；与英国 Ulster 大学签订了 3 + 1 学生交流项目；与美国佐治亚州立大学化学系就学生暑期短期游学项目达成初步意向；本科生中有多名学生赴国外进修。

党建与学生工作。全年发展党员 46 名。制药工程系党支部获得校“十佳组织生活”；10—11 级学生党支部获得校“优秀组织生活”。李剑当选上海市青年联合会第十一届委员。林璐获校学生党建工作先进个人；2 名学生获 2012—2013 学年华东理工大学学生党员党性锻炼先进个人；2010 级本科生党支部获校学生党员党性锻炼先进集体；党建研究获校党建研究成果一等奖 1 项，三等奖 1 项；学院党总支获“学习党的十八大报告和党章知识竞赛”优秀组织奖。本科生中，23 人获得校优秀学生、11 人获得校优秀学生干部；15 人获校优秀毕业生，其中 10 人获上海市优秀毕业生。研究生中，29 人获得校优秀学生、11 人获得校优秀学生干部；14 人获校优秀毕业生，其中 7 人获上海市优秀毕业生。学院获评 2013 年校“毕业生就业工作先进集体”。学院分团委获评校红旗分团委；4 个班级获校红旗团支部称号；6 名同学获优秀团干部称号、17 名同学获优秀团员。第十三届“挑战杯”全国大学生课外学术科技作品竞赛 1 项作品获全国二等奖、交叉创新奖；1 项作品获全国三等奖；学院获第十三届“挑战杯”校“最佳组织奖”；5 名学生获评第十三届“挑战杯”校“大学生科技创新先进个人”称号。

【“药物发现与开发”双边研讨会】 5 月 14 日—18 日，加拿大多伦多大学药学院代表团一行四人访问我校药学院，并于 5 月 15 日召开了为期一天的双边研讨会，会议主题为“药物发现与开发”。

【承办第八届全国化学生物学学术会议】 中国化学会主办，我校药学院、生物反应器工程国家重点实验室承办，上海市化学生物学重点实验室、上海市新药设计重点实验室等单位协办的第八届全国化学生物学学术会议在上海光大会展中心举行。另外，还举行了《化学生物学学科前沿与展望》（属《中国化学科学丛书》系列）的首发仪式以及“上药”优秀墙报奖颁奖仪式等活动。

【两个上海市重点实验室通过验收】 上海市化学生物学（芳香杂环）重点实验室、上海市新药设计重点实验室顺利通过上海市科委组织的上海市重点实验室（生物医药领域）评估，评估结果为良好。

信息科学与工程学院

【概况】 年内，学院坚持以科学发展观为指导，在学校的统一领导下，围绕“为民、务实、清廉”主题，把党的群众路线教育实践活动作为提高思想认识、加强作风建设、解决突出问题、推进学院发展的重要机遇，按照以人为本、稳中求进的原则，不断创新工作思路，深化内涵建设，较好地完成各项任务目标，人才队伍建设、学科建设、本科教学、实验室建设、科学研究、研究生教育、学生工作、国际交流与合作等各项事业都取得良好的进展。

教育教学工作。（1）本科生教育。推进专业建设、教学改革，推进校风、教风、学风、考风建设，在专业建设、教学教改、课程建设等方面积极开展工作，取得良好成绩。进行了2013版专业培养方案的修订工作。参照上海市的本科专业评估指标体系，组织本科5个专业进行人才培养质量评价和自评估报告的撰写工作。积极组织专业责任教授、课程责任教授等开展“教授与本科生面对面”活动。1位教授入选新一届教育部高等学校教学指导委员会“自动化类专业教学指导委员会”委员。自动化专业开展并通过了工程教育专业认证。计算机科学与技术专业参照工程教育专业认证专家的反馈建议，完成了年度整改报告。“石油和化工过程控制工程”国家级虚拟仿真实验教学中心被教育部批准建设。加强产学研合作教育基地的建设，推进“华东理工大学-上海自动化仪表股份有限公司国家级工程教育实践中心”建设，与上海自动化仪表股份有限公司建立了联席会议制度，定期互访交流。建成华东理工大学信息科学与工程学院-上海辰竹仪表有限公司工程硕士联合培养基地。继续做好教育教学和各项课程建设工作，1门课程被批准建设上海市重点课程。教授为本科生上课的比例进一步提升。学院获得2013年校教育教学成果奖一等奖7项、二等奖9项、三等奖23项。“信息类青年教师教学能力培训基地”培训工作有序进行，在学校组织的“青年教师培训基地授课邀请赛”决赛中，2位青年教师获得二等奖。（2）研究生教育。录取硕士研究生202人（含留学生7人），录取博士研究生19人，录取非全日制专业学位研究生106人，参加全国统一招生考试硕士研究生报名人数746人，录取推免研究生59人。修订完成2013版工学硕士、硕博连读、博士培养方案。1人入选校“优秀博士学位论文培育计划”，2人获评校优秀博士论文，5人获评校优秀硕士论文；6人获批“国家建设高水平大学公派研究生项目”，赴海外高水平大学攻读博士学位；注重毕业生就业工作，学院研究生就业率达100%。

师资队伍建设。学院坚持人才强院的核心发展战略，积极挖掘现有师资队伍的潜力，重点培养有潜力的青年教师，鼓励科研和教学团队的形成。采取多种灵活有效的措施，做好校外高层次人才的引进工作。学院新增博士生导师1名；1人晋升研究员，2人晋升副教授，2人晋升副研究员，3人晋升高级实验师；1人入选上海市“曙光学者”计划；2人获上海化工区优秀教师奖。聘请了香港大学James Lam教授为长江学者讲座教授，聘请了飞思卡尔半导体公司副总裁兼亚太区总裁汪凯先生、新加坡南洋理工大学谢立华教授、英国诺丁汉大学Jonathan M. Garibaldi教授、希腊佩特雷大学Petros Groumpos教授为客座教授。从海外和国内著名高校、学术机构选录了5名具有良好发展潜力的青年教师充实到教学和科研队伍中，2名师资博士后进入博士后流动站，5名教师进入思政和其他管理工作岗位。开展人才培育工程，实施《信息科学与工程学院优秀青年骨干教师培育计划实施办法》，5名青年教师入选该培育计划，获得了3年为1个周期、2万元/年的特殊培养津贴及其他条件支持，且上述5名青年教师已顺利通过年度考核。根据《信息科学与工程学院关于评选和奖励“年度优秀教师奖”的实施办法》，4名在本科教学、研究生教育、科学研究方面做出突出贡献的优秀教师通过了“年度优秀教师奖”的遴选。不断加强对青年教师的培养，为青年教师进修访学、业务发展创造机会和条件，推荐7名青年教师参加青年骨干教师出国研修计划。加强干部队伍建设，关心青年教师发展，选送了2名同志参加校青年干部培训班学习。1人获评上海市研究生优秀成果（学位论文）指导教师，2人获评校优秀研究生指导教师，5人获评“2013研究生课程优秀任课教师”，2人获评“我心目中的良师益友”；1人申报硕士研究生精品课程并成功立项，2门全英语授课课程顺利通过验收。

科学研究。学院经费到款2 977.9万元（其中自动化系占比79.03%，计算机系占比17.29%，电信系占比3.68%），学院科研到款总额为3 445.18万元。2013年SCI目标导向论文90篇，发表SCI论文92篇：自动化系SCI论文73篇，占比为79.3%；计算机系SCI论文15篇，占比为16.3%；电信系SCI论文4篇，占比为4.3%。发表EI论文70篇推进《信息学院科研工作目标化管理及科研任务分解办法》的落实。获上海市科技进步奖一等奖1项；获国家自然科学基金项目12项（含国家自然科学基金重点项目1项、面上项目6项、青年科学基金项目5项），资助率为24.5%，资助金额891万元；获教育部博士点基金（博导类）项目1项，上海市科委基础重点项目1项，上海市科技创新行动计划项目2项，上海市科委技术创新平台项目1项，上海市教委科技创新重点项目2项，上海市自然科学基金项目3项；积极做好学院首批科研团队入住奉贤的协调和管理工作，3个科研团队首批入住奉贤。“控制科学与工程”一级学科参加了全国第三轮学科评估，在83所参评高校中综合排名为第17位。围绕计算机应用技术博士点和学科建设目标，启动博士后科研流动站建设工作。确立信息安全与网络安全学科方向及图像处理与机器视觉为学科重点方向，培育物联网传感系统、现代电子系统设计和通信信息处理等三个研究方向。启动信息与通信工程一级硕士点及相关博士点规划及申报工作。

国际合作与交流。继续与国外高校、研究机构在人才培养、学术研究等方面开展务实合作，选送31名优秀学生前往英国格拉斯哥卡利多尼亚大学、邓迪大学，美国密苏里大学、拉玛尔大学、休斯敦大学等进行交流、学习，研究生公派出国攻读博士学位6人。先后邀请希腊佩特雷大学电气与计算机工程系自动化与机器人实验室主任 Petros Groumpos 教授、德国柏林工业大学控制系统研究室主任 Joerg Raisch 教授、德国倍福自动化有限公司 Frank Schiller 教授、加拿大维多利亚大学陆吾生教授等专家来校为本科生和研究生授课（4门，共66学时，分别为16、16、16、18学时），邀请国（境）外专家来校讲座14人次（团）；学院教师参加国际会议23人次，出国交流与访问9人次（其中国家公派2人次、单位公派7人次）；积极与国外教授、科研机构联系、交流，开展科研方面的合作，学院教师与国外科研人员合作发表论文15篇；培养国外留学生和我国港澳台地区学生42人。

党建与学生工作。学院荣获“治安综合治理先进单位”，被评为“档案工作先进集体”，2人获得“育英奖”。选录3名思政辅导员。加强对班导师的管理，认真落实“月点评”制度，举办班导师工作研讨会。选派1人参加中级职业咨询师培训、2人参加上海市中级学校心理咨询师培训。1人获得上海市化学工业区理工奖创新奖（思政类），3人被评为“校优秀班导师”，1人被评为“校优秀思政教育工作者”，1人获评“校就业工作先进个人”，1人获评“学生党建工作先进个人”。扎实做好就业指导工作，继续做好职业规划教育，使职业指导工作向纵深发展。积极组织专场招聘会，提高就业工作效率；2013届本科毕业生就业率达到94.75%。分团委获得“校文化艺术节优秀组织奖”“校五四红旗分团委”“阿克苏诺贝尔大学生社会公益奖”等。先后在“挑战杯”全国及上海市大学生课外学术科技作品竞赛、全国大学生“飞思卡尔杯”智能汽车竞赛、全国计算机大赛、上海市大学生计算机应用能力大赛、ACM/ICPC竞赛邀请赛、“西门子杯”全国大学生工业自动化挑战赛、“TI”杯上海市大学生电子设计邀请赛等竞赛中获得国家级和省部级一、二、三等奖共43项。制定《信息科学与工程学院创新实验室管理规定》，实施创新实验室开放制度。正式立项大学生创新活动项目34项，其中国家级项目9项、上海市级项目15项、校级项目10项。承担对口支援石河子大学工作，5名石河子大学本科交流生来校学习；暑假期间，石河子大学20名学生和2名教师来校参加竞赛培训；学院6名教师赴石河子大学支教授课。

【凌志浩被聘为自动化类专业教学指导委员会委员】 4月25日，教育部成立新一届高等学校教学指导委员会，凌志浩被聘为自动化类专业教学指导委员会委员，任期自2013年4月起，至2017年12月日止。

【学院分党委书记职务任免】 9月25日，校党委副书记马玉录、党委组织部部长宋来在信息学院行政工作例会上宣布，侍洪波兼任信息学院分党委书记，负责学院分党委工作。

【自动化专业接受工程教育认证专家组为期三天的现场考查】 10月28日—30日，自动化专业接受了工程教育认证专家组为期三天的现场考查。

机械与动力工程学院

【概况】 年内，学院有教职员工 169 人，专任教师 129 人，其中有正高级职称的 36 人、副高级职称的 63 人，博导 29 人。学院设有 4 个本科专业、7 个硕士点、2 个博士点。2013 年招收本科生 365 人；招收博士 18 人、学术硕士 173 人，非全日制工程硕士 98 人。2013 届本科毕业生共 443 人，就业率达到 95.26%，签约率达到 91.20%，升学率达到 25.51%。2013 年毕业的研究生共 193 人，就业率达到 100%，签约率达到 96.89%，升学率达到 0.52%。

师资队伍建设。学院新进教师 5 名（王晓霞、曹军、池文汇、陈晓卿、耿春姝），新进师资博士后 2 名（李正美、殷瑞雪），新晋升教授 2 名（王卫泽、张莉），新晋升副教授 2 名（胡明慧、张艳红），新增博导 4 名（刘长军、谢林生、白志山、张显程），新聘校讲座教授 2 名［张丹（安大略理工大学）、毕诸明（普渡大学）］。新聘校客座教授 2 名：Kamran Nikbin（帝国理工学院）、方资慧（美国国家标准和技术研究院）。轩福贞获国家杰出青年基金；张显程、白志山获国家优秀青年基金；白志山获“973 计划”青年科学家；高信林入选上海市千名人才计划（短期）；赵鹏、王宁入选上海市高校教师产学研践习计划；章兰珠获上海化学工业区理工教学奖；张洪波获校育英奖一等奖。

教育教学工作。（1）本科生教育。进一步理顺本科教学管理体制，确保两校区平稳运行。本科三年级入驻奉贤校区（每年 184 个教学窗口，占全部课程的 90%）。各专业完成上海市本科专业自评估报告，为迎接 2014 年专业评估做好准备。出版教材 3 本，发表教学研究论文 26 篇。“机械类青年教师培训基地”等各项工作积极推进，青年教师的授课能力得到有效提升。黄毓晖、赵鹏获得 2013 年华东理工大学“青年教师培训基地邀请赛”三等奖。5 项教学成果被推荐申报上海市教学成果奖。我院教师获大学生创新与创业实验计划项目建设国家级 7 项、市级 7 项、校级 17 项。学生获省部级以上创新竞赛奖 41 项，其中国家级 14 项，省市级 27 项。主办“全国过控专业卓越工程师计划、国家工程实践教育中心建设及大学生创新实践研讨会”，承办第九届周培源杯力学竞赛上海赛区工作。本科教学实验中心完成了三年级本科教学实验搬往奉贤校区的工作，共搬迁设备 300 多件。实验中心设立 21 项开放创新实验项目供学生选择；机械实验教学中心获得 2013 年先进集体。（2）研究生教育。全年共招收研究生 289 人，其中博士研究生 18 人、硕士研究生 173 人（推免生 57 人，统招生 116 人），招收非全日制工程硕士 98 人。目前在读研究生 1 162 人，其中博士研究生 130 人、硕士研究生 563 人，在读非全日制工程硕士研究生 469 人（含跟读 75 人）。全年毕业研究生 228 人，其中毕业硕士研究生 179 人、博士研究生 20 人、工程硕士 29 人。本年度开始实行研究生班导师制度，聘请了 12 位教师担任研究生班导师，从很大程度上加强了教师对学生情况的了解，改善了研究生管理；在研究生课程建设方面，刘长利“机械动力学”课程获校精品课程，王国珍、何录武、路贵民、李英获校研究生课程优秀任课教师二等奖，刘长虹获校研究生课程优秀任课教师三等奖。获得校优秀博士论文 2 篇（万真、邵珊珊）。博士生徒芸获国际工程结构完整性评定学术会议 Keith Miller 最佳论文奖。博士生温建锋获美国机械工程师协会压力容器与管道技术国际会议学生论文竞赛第一名。

科学研究。学院共承担科研项目 143 项，到款经费达 5 733.22 万元：纵向课题 30 项，到款 2 122.15 万；横向课题 113 项，到款 3 611.07 万元。国家自然科学基金项目稳步增长，其中杰出青年基金项目 1 项、优秀青年基金项目 2 项、面上项目 6 项、青年科学基金项目 4 项。新增国家“973 计划”项目 1 项，“863 计划”项目 1 项；新增高校博士点基金 2 项，新增上海市级科研项目 4 项。共发表科研论文 282 篇，其中 SCI 检索 119 篇，EI 检索 164 篇，ISTP 检索 22 篇。共出版专著及教材 2 册。专利申请 31 项，专利公开 31 项，专利授权 49 项；软件著作权申请 6 项。获得国家级科技奖励 2 项：由涂善东、轩福贞等完成的“高温过程装备结构完整性关键技术及应用”获国家科技进步奖二等奖，张显程参与完成的“面向再制造的表面工程技术基础”获国家自然科学奖二等奖。省部级科技成果奖励 6 项：轩福贞等完成的“极端条件下重大承压设备的设计、制造与维护”获中国机械工业科学技术奖特等奖；汪华林、杨强等完成的“重大化工装置中细颗粒污染物过程减排新技术的研发与应用”获上海科学技术奖（技术发明）一等奖；周帼彦、涂善东等参与完成的“微小/紧凑型化学机械系统的设计制造关键技术”获中国石油和化学工业联合会技术发明一等奖；陈进参与完成的“加工高酸原油石化装置腐蚀评价与检测方法研究及工程应用”获中国特种设备检验协会科学技术奖一等奖；易建军等完成的“RFID 读写模块开发方法及应用创新发明”获上海科学技术奖（技术发明）二等奖；惠虎等完成的“奥氏体不锈钢低温压力容器应变强化轻量化关键技术研究”获上海市科技进步奖三等奖。易建军等完成的“RFID 关键技术及其产业化”获得上海工业博览会三等奖；易建军等主持的“金融信息安全的若干关键技术的研究”获得“中国产学研合作创新成果奖”；涂善东获得“中国产学研合作促进奖（个人）”。

国际合作与交流。接待国外来访代表团达 22 次，教师参加国际学术会议和国外出访达

20余次。5位外国专家教授来校为本科生、研究生进行短期授课：印度工程院院士S. L. Mannan教授讲授“金属材料强韧化的材料学基础、蠕变及高温疲劳的变形与断裂行为”等专题；美国国家标准和技术研究院资深学者方资慧博士讲授“计算数学”；德国拜耳技术服务公司前副总裁Helmut Mothes博士讲授“化工过程设计与工业应用”；日本东京海洋大学Katsumi Iwamoto教授讲授“摩擦学基本理论及应用”；英国邓迪大学George Corner教授讲授“超声基本理论及在医学中的应用”。学院成功举办第二届中欧小冲杆测试技术标准研讨会、2013年高温结构与强度及“失效分析—从事故中学习”研讨会。胡明慧、贾九红和颜建军等3位教师到国外著名大学进修访学；4位研究生获得国家留学基金资助前往国外深造；6名本科生参加美国密苏里大学、英国格拉斯哥苏格兰大学“3+2”项目；2名同学参加英国格拉斯哥苏格兰大学暑期交流项目，9名同学参加香港大学及香港城市大学的暑期交流项目。

党建与学生工作。发展党员66名，预备党员转正73名。办公室－学工系统联合党支部荣获2013—2014学年校“先进党支部”称号。刘稳风老师荣获2013—2014学年校“党建工作先进个人”称号。房忠秋、邬洁同学荣获2013—2014学年校“学生党员党性锻炼先进个人”称号。2012—2013级本科生联合党支部与机硕133党支部荣获校“学生党员党性锻炼先进集体”称号。开展文化节、人文思政专题讲座、社会实践等特色活动。贯彻职业能力培养和训练，实施“就业引导工程”，促进学生就业。学工委获校毕业生就业工作先进集体、上海市“五四红旗团委”的荣誉称号。硕1231班获校“先进班集体”称号，机硕113班党支部获得“校党性锻炼先进集体”称号。获2013年秋韵节“优秀组织奖”。

资源与环境工程学院

【概况】 年内，资源与环境工程学院全面贯彻落实党的十八大精神和学校第十次党代会精神，深入开展群众路线教育实践活动，在教学、科研、人才培养、队伍和科研基地建设等方面取得了进展。

教育教学工作。“流体力学”获批上海市精品课程建设；组织申报了“固体废物处置及资源化”1门上海市全英语示范课程、“‘流体力学’课程建设中青年教师能力提升探索”1项校级本科教育教学改革项目，出版了《能源转化工程与工艺》和《工程流体力学（第二版）》2本校级规划教材。环境工程专业参加工程教育专业认证。组织华东理工大学“青年教师培训基地授课邀请赛”授课大赛，孙东亮老师获授课大赛三等奖。顺利完成学院专业教学实验中心搬迁至奉贤及大学生创新平台项目建设工作。

师资队伍建设。年内，共选留录用海内外优秀人才10人，其中师资博士后6人。新晋升教授1人、副教授2人。学院在聘教工100人，其中正高职称26人，副高职称31人。获校级英才资助计划1人、骨干资助计划6人。英国牛津大学曹恩洪博士受聘为华东理工大学客座教授，中国工程院院士郝吉明受聘为华东理工大学名誉教授。选派陈雪莉教授赴新疆师范大学挂职一年半。

科学研究。年内，学院科研经费到款6 528万元（纵向经费到款2 559万元，横向经费3 969万元）。共发表SCI论文102篇。自然科学基金申报数保持稳定，立项项目17项，经费接近1 000万元。专利授权与公开数持续上升，授权专利32项，公开专利23项。国家盐湖资源综合利用工程技术研究中心建设稳步推进。召开了年度学术委员会，参与组建了“国家盐湖资源化学与过程工程”区域协同创新中心。煤气化与能源化工教育部重点实验室召开了学术委员会会议。上海市煤气化工程技术研究中心通过建设评估。煤气化及能源化工教育部重点实验室参与建设了“煤基能源化工”协同创新中心和“煤炭资源化利用发电技术”协同创新中心。获省部级科技进步一等奖2项、二等奖1项，发明三等奖1项。于建国教授获第十三届上海市科技精英称号；王辅臣教授获2012年度吴蕴初化学化工技术进步奖；杨骥教授获批上海市曙光学者，李辉副研究员入选教育部新世纪人才计划；修光利教授、陈秀荣副教授入选浦江人才计划。

冯燿宇教授荣获上海市三八红旗手，修光利教授荣获宝钢优秀教师奖。

国际合作与交流。与法国高等化学工程师联盟（FGL）19 所大学开展了本科生合作办学，遴选 7 名环境工程专业 2013 级学生为“3 + 3”项目的候选人。4 人获得国家留学基金委资助进行联合培养。2 位青年教师成为为期一年的访问学者。外籍教授来华授课的门数增加到 4 门。此外，还邀请了美国劳伦斯伯克利国家实验室、美国沙漠研究所、美国加州环保局、澳大利亚昆士兰科技大学等国外专家来校做学术报告。

理学院

【概况】 理学院由数学系、物理系、应用数学研究所、近代物理研究所、核技术应用研究所、认知神经动力学研究所、物理实验教学中心、数学实验教学中心，即两个系、四个所、两个中心构成。

教育教学工作。 年内，共招收本科生 183 人，其中应用物理学专业 35 人、应用数学专业 63 人、信息与计算科学专业 30 人、信息科学与工程专业 55 人。在校本科生人数达 658 人。2013 年本科生毕业人数为 161 人，其中应用物理学专业 28 人、数学与应用数学专业 56 人、信息与计算科学专业 44 人、信息显示与光电技术专业 33 人。现在读博士有 35 人，在读硕士有 78 人。根据学校其他各专业对基础课程数学、物理提出的要求以及课程委员会对各专业基础课程设置的要求，协调各专业对基础课的需求，合理制定数学、物理大面积必修课模块的课程菜单。根据教育部各专业教学指导委员会提出的基本要求，结合本专业的实际情况，准确定位本专业的人才培养目标，并围绕目标设计科学合理的课程体系。科学制订《本科生培养方案》。学院成立“本科教学指导委员会”。公开出版新教材 2 本，发表教学研究论文 4 篇。成功申请上海市精品课程 1 门：热学。成功申请上海市重点课程 2 门：光学、计算物理。组织数模竞赛、数学大奖赛、大学物理竞赛、遥控游艇设计制作大奖赛、大学生物理学术竞赛，参与学生超 3 500 人次。在第四届全国大学生数学竞赛（上海赛区）中，取得了 3 个一等奖、11 个二等奖、15 个三等奖的成绩。在“2013 美国大学生数学建模竞赛”中获国际一等奖 1 项，二等奖 6 项。在“全国大学生数学建模竞赛”中获全国一等奖 1 项，二等奖 4 项。组织参加第 29 届全国部分地区大学生物理竞赛，5 名学生获得二等奖。2013 届本科毕业生就业率达 93. 17%。

师资队伍建设。 共有教职工 147 人，其中，博士生上岗导师 14 人、硕士生上岗导师 48 人，教授 22 人、副教授 43 人。录用、调入教师 12 人，其中 3 人为硕士，从事行政、思政和实验员工作，5 人为博士，4 人为博士后，海外经历一年以上的教师有 6 名。6 月，第一期进入青年教师培训基地学习的青年教师出站。组织 3 位青年教师参加教学邀请赛，获 1 个二等奖、2 个三等奖。获校教学成果奖二等奖 15 项、三等奖 12 项。

科学研究。 年内，立项的国家自然科学基金项目有 18 项。在核心期刊上发表论文 75 篇，其中 SCI 收录论文 58 篇、EI 收录论文 3 篇。著作成果 2 篇。科研经费 984.2 666 万元。举办“运筹学青年学者与博士生学术论坛暨优秀应用案例报告会”。参加国内会议 20 余场。加强学生的课余创新活动，落实 3 个科研创新团队进驻奉贤。2013 年，3 项国家级大学生创新实验计划项目立项。

国际合作与交流。共有 11 位国内外知名教授来院为学生做了丰富的学术报告。英国斯克莱德大学物理系的 Nigel 教授和何文龙教授，美国北卡罗来纳费耶特维尔州立大学外事副校长陈允恺教授来我校访问。理学院教师参加国际学术会议 15 场。共有 3 名学生参加“3 + 1”联合培养项目，去往美国 FSU 大学。4 名学生参加暑期国际交流项目。

党建与学生工作。组织党的群众路线主题教育活动，召开群众座谈会 3 场，专题民主生活会 6 场。加强党员队伍建设，全年发展本科生党员 22 人，研究生党员 1 人，转正 21 人。举办两期中级党校培训班，共计 200 多人顺利结业。获 2013 年度综合治理工作先进单位，刘海清被评为 2013 年度综合治理工作先进个人。理学院“‘七彩科普课堂’小学生课外科普实践志愿服务”项目获 2012—2013 年度精神文明好人好事提名奖。引导广大青年学生认真开展“我的中国梦”系列主题教育活动。以“我的大学 我的梦”为主题开展了“成才之路”系列实践教育活动。开展以“牢记使命·腾飞中国”为主题的演讲比赛。通过义务支教、关爱进城务工子女等提升社会责任。学院青年志愿者队获“2011—2012 年度上海青年志愿者优秀组织奖”。学生社团“理学协会”获“阿克苏诺贝尔中国大学生社会公益奖”银奖。黄文彬被评为上海市优秀团干部，分团委书记戎思森被评为校优秀专职团干部，分团委荣获华东理工大学文化艺术节与寒暑期社会实践优秀组织、项目奖。蔡海云被评为华东理工大学 2013 年就业工作先进个人。

商学院

【概况】 商学院设有管理科学与工程系、工商管理系、经济学系、会计学系、金融学系等5个系；经济发展研究所、欧洲研究所、电子商务研究所3个校级研究所和金融工程研究所、能源经济与环境管理研究所、运营与供应链管理研究所、组织管理研究所、公司财务研究所、营销科学研究所、人力资源管理研究中心、会计信息化与财务决策研究中心、商务英语教学与研究中心等9个院级研究所和研究中心；同时依托学校和行业，跨学科成立了虚拟商务研究中心、能源经济与环境管理研究中心、中国石油化工集团公司暨华东理工大学能源与化工经济管理研究中心和金融物理研究中心。学院设有专业学位教育中心，举办工商管理硕士（MBA）、高级工商管理硕士（EMBA）、项目管理领域和物流工程领域工程硕士（ME）、会计硕士（MPAcc）、国际商务硕士（MIB）等教育项目；设有企业管理高级培训中心（EDP），为企业提供高级课程培训；与澳大利亚堪培拉大学合作，举办中澳合作MBA教育项目。

教育教学工作。（1）本科生教育。获得上海市教育教学成果奖一等奖1项，二等奖1项；获USRP项目立项70项，大学生创新实验项目国家级8项、市级11项、校级11项。郑庆寰获校“育英奖”一等奖，李玉刚获校“育英奖”二等奖。获1门上海市精品课程（运营管理）、1门上海市重点课程（国际经济学）、1门上海市全英文示范课程（管理会计）、1门留学生上海市全英文示范课程（跨国公司管理）。立项校级教改项目7门。依据《华东理工大学商学院2011级本科大类招生学生专业分流实施方案》完成对2011级学生的专业分流，依据《商学院本科生学术研究能力培养计划实施方案》对2011级全体学生进行加强本科生学术研究能力的培养。（2）研究生教育。学院在读研究生有339人，含学术型硕士生、博士生。年内，有硕士生导师76人，博导20人（不含兼职博导），5位教师（欧阳德生、沈凌、闫宏斌、陈亮、郝斌）通过硕士生指导教师审核。周虹（管理科学与工程，指导教师：范体军）、李贞（管理科学与工程，指导教师：杨洪涛）、张腾（企业管理、指导教师：李玉刚）、王静远（产业经济学，指导教师：于立宏）获2012年华东理工大学优秀研究生学位论文。胡娟获2012（秋）学期研究生课程教学优秀任课教师二等奖。王荣芳获2013（春）学期研究生课程优秀任课教师三等奖。（3）专业学位教育。年内，招收专业学位研究生657人、中澳合作MBA项目学员70人、高级管理培训

（EDP）项目学员 669 人；毕业生人数为 551 人，中澳合作 MBA 项目学员毕业 71 人。105 名学员进入企业开展实践调研活动。

师资队伍建设。年内，新入职教职工 5 人，退休教师 2 人（含副教授 1 人），3 人晋升为教授，4 人晋升为副教授。在职教职工为 184 人，其中专任教师 153 人，教授 30 人，副教授 65 人。

科学研究。获省部级以上纵向课题 41 项，其中国家自然科学基金项目 15 项，国家社科基金项目 2 项。6 人入选上海浦江人才计划，3 人获批教育部人文社会科学项目，4 人获批上海市哲学社会科学规划课题，1 人获批上海市自然科学基金项目。科研经费到款共 820 万元。发表 SSCI/SCI 论文 27 篇，CSSCI 论文 89 篇，出版专著（教材）22 部（本）。马铁驹发表在 *Management Science* 上的“Coping With Uncertainties in Technological Learning”获得教育部第六届高等学校科学研究优秀成果奖二等奖（管理学/论文奖）。

国际合作与交流。年内，为学生提供国际交流项目总计 28 项，其中新增校际、院际的双学位项目 5 项，历年签署的、本年有实质性交流的项目达 18 项。4 位博士生获国家留学基金委的资助，赴海外攻读联合培养博士学位。101 名学生（含本科生、普研、MBA 学生）参与了学院的国际交流项目。全年共接收国际留学生（含港澳台学生）249 人，其中有 65 人攻读本科学士学位，96 人攻读研究生硕士学位（含 MBA），88 名国外非学历生。接待了来自美国、法国、澳大利亚、日本等国家和以及港澳台等地区的外宾 160 人次。学院教师出国交流和访学 49 人次，13 位教师分别赴美国康奈尔大学等知名大学做为期半年以上的访问学者。成功主办了 2 次国际学术会议：“地方性知识构建和发展——管理学和营销学的人类学应用国际研讨会”和“第十一届金融系统工程与风险管理国际年会”。

党建与学生工作。年内，发展党员 81 名，其中本科生党员 75 名，研究生党员 6 名。苏灏、金诗跃被评为 2012—2013 学年华东理工大学学生党员党性锻炼先进个人。2011 级工商研究生党支部被评为 2012—2013 学年华东理工大学学生党员党性锻炼先进集体。本科生中，63 人被评为校优秀学生，57 人被评为校优秀学生干部，工管 100、工商 116、工商 126、金融 102、经济 111、经济 124、营销 100 等 7 个班级被评为校先进集体；研究生中，14 人被评为校优秀学生，8 人被评为校优秀学生干部，2012 级应用经济、2011 级管理科学与工程等 2 个班级被评为校先进集体。经济 112 班被评为 2013 年度“班级攀升计划”活动优秀班。本科毕业生中，有 33 人获得校优秀毕业生称号，其中 24 人获得上海市优秀毕业生称号；研究生中，有 8 人获得校优秀毕业生称号，其中 4 人获得上海市优秀毕业生称号。吴柏钧教授获促进就业工作领导奖；学院被评为毕业生就业工作先进集体；刘少文被评为毕业生就业工作先进个人。金融 101 班杨静靓被评为 2012 年度“大学生年度人物”。学院分团委获评校红旗分团委标兵，39 人获得校优秀团员称号，16 人获得校优秀团干部称号，15 个班级被评为红旗团支部，崔美娜被评为优秀专职团干部，李思悦、胡宝林被评为优秀教工团员。在 2013 年大学生暑期社会实践活动中，学院获优秀组织奖，“关于提升上海辰山植物园淡季游客量的调研”荣获上海市大学生暑期社会实践优秀项目奖，陈庆升获优秀指导教师称号，母正杰被评为先进个人。分团委荣获华东理工大学第二十七届思想学术节优秀组织奖，第二十六届文化艺术节优秀组织奖。学院获 2013 年大学生寒假社会实践活动“优秀组织奖”。崔美娜被评为校“2012—2013 学年度优秀专职学生思想政治教育工作者”。侯丽敏、刘红丽、谢国娥获校“2012—2013 学年度优秀班导师”。

【华理 MBA/EMBA 项目获得 AMBA 五年认证】 2013 年 4 月 8 日，商学院接到英国工商管理硕士协会（AMBA）的正式通知，华东理工大学商学院获得 AMBA 认证，有效期为 5 年。英国工商管理硕士协会（AMBA）成立于 1967 年，AMBA 认证是其针对商学院 MBA 项目的国际认证体系，是全球最具权威的管理教育认证体系之一。

【首届“化工产业环境保护高峰论坛”成功举办】 2013 年 4 月 26 日，首届“化工产业环境保护高峰论坛”在华亭宾馆隆重举行。本次论坛由华东理工大学与上海化工（中国）理事会联合举办。校董事会主席王基铭院士，华东理工大学校长钱旭红院士，校党委常委、商学院院长吴柏钧教授，以及来自全国各地的 200 余位中外企业家出席了本次论坛。论坛由商学院副院长阎海峰教授主持。

【中国石油化工集团公司－华东理工大学能源与化工经济管理研究中心成立】 2013 年 6 月 29 日，经中国石油化工集团公司和华东理工大学批准，中国石油化工集团公司－华东理工大学能源与化工经济管理研究中心在京正式成立，并在中石化总部召开了研究中心成立大会暨第一次理事会。中国石化股份有限公司高级副总裁章建华主持会议。中石化科技委顾问、华东理工大学董事会主席王基铭院士，中国石化党组成员、中石化科技部主任谢在库，技术经济研究院院长李希宏，华东理工大学杨贤金、涂善东、吴柏钧、牟伯中和商学院范体军参加会议。会议通过了第一届理事会成员和学术委员会成员名单，审议通过了研究中心章程。会议推举章建华为研究中心理事长，成思危为学术委员会主任，王基铭为研究中心主任。

【堪培拉大学与华东理工大学签署新的中外合作 MBA 项目协议书】 2013 年 9 月 3 日，澳大利亚首都地区首席部长、堪培拉市市长 Katy Gallagher 以及堪培拉大学校长 Stephen Parker 等率代表团一行 7 人访问华东理工大学，钱旭红校长、涂善东副校长、商学院院长吴柏钧等在和平楼第一会议室会见了来宾。双方签署了新的中外合作 MBA 项目协议书，并进一步探讨了两校未来的发展方向。

【商学院成功举办 30 周年院庆活动】 2013 年 11 月 16 日，学院成功举办 30 周年院庆活动，院庆以“随爱回家”为主题，众多为商学院奉献过的离退休教师、兼职教师、企业导师和兄弟学院代表应邀出席大会。众多校友也从海内外返校，与在校师生、员工欢聚一堂，共贺学院生日。

【华理商学院荣获新浪网“2013 年度最具品牌影响力 MBA 院校”殊荣】 2013 年 11 月 28 日下午，由新浪网教育频道主办、主题为“Big Data——大数据时代的中国教育”的 2013 中国教育盛典在北京隆重举行。华东理工大学商学院获得高等教育类“2013 年度最具品牌影响力 MBA 院校”的荣誉称号，这是华理 MBA 连续三年获此殊荣。

社会与公共管理学院

【概况】 年内，社会与公共管理学院紧紧围绕国家经济社会发展的重大战略需求，聚焦社会建设与公共管理，谋划人才培养、科学研究、队伍建设、交流合作，在各方面都取得了一定的实效。学院有教职员工 77 人，专任教师 63 人，其中正高级职称 13 人、副高级职称 19 人，博导 10 人。学院设有五个本科专业，社会学与公共管理两个一级学科硕士点、公共管理硕士和社会工作硕士两个专业硕士学位点，社会学一级学科博士点。2013 年招收本科生 211 人，毕业本科生 342 人。招收博士 17 人、学术硕士 51 人、全日制公共管理硕士 42 人，非全日制公共管理硕士 100 人、社会工作专业硕士 24 人。授予博士学位 10 人、法学和管理学硕士学位 65 人、公共管理硕士 92 人、社会工作专业硕士 14 人。2013 届毕业生共 527 人，就业率达到 93%，签约率达到 91%，升学率达到 10%。

师资队伍建设。引进副教授 1 人，入选青年英才计划。师资博士后转为讲师 1 人。晋升教授 1 人、副教授 2 人。

教育教学工作。（1）本科生教育。本科工作平稳有序开展，加强了教学质量管理，切实根据教育部和学校要求强化本科人才培养工作。（2）研究生教育。本年度新增社会工作二级学科博士点、社会管理与社会政策二级学科博士点，其中社会工作博士点是国内首批被核准建立的。

学科建设。进一步凝练社会学和公共管理学科的特色，社会学一级学科自设二级学科博士点。

科学研究。社会工作与社会管理研究中心入选上海首家高校智库，是以社会工作、社会政策和社会服务为特色的专业化智库。新增国家社科基金项目 3 项，发表中文论文 156 篇、英文论文 2 篇。

国际合作与交流。继续实施“请进来、走出去”战略，邀请国外专家开办讲座 10 余次。出访 4 所大学，徐永祥教授出席国际社会工作院校联盟年会。

党建与学生工作。贯彻落实中央精神，狠抓政治学习，强化基层党建，要求教师党员起到先锋模范作用，在教学、科研、人才培养等方面做出表率。学生党建工作进展顺利，学生党员的引领作用明显。

（解鹏飞）

艺术设计与传媒学院

【概况】 学院设有艺术设计系、工业设计系、传媒系和旅游管理系，并相应建立了艺术与设计研究所、广告与品牌文化研究所、居住形态与城市文化研究所、旅游规划与会展研究所等多个教育研究机构和一个教学实验中心，同时代管校直属的台湾研究所。现任党总支书记是张青，院长是程建新。

教育教学工作。年内，“景观规划设计”二级交叉学科硕士点通过专家评审会，并通过教育部景观规划设计二级学科硕士点公示。在本科教学及研究生教育管理上，完成了本科各专业教学培养方案的调整和完善及研究生培养方案的修订工作。获校教育教学改革项目一等奖 1 名、二等奖 3 名、三等奖 3 名。结合学院实际情况，启动新一轮教改申报工作，共立项本科教改项目 19 项。筹建双语课程立项项目 5 项。与曼恒共建 G-magi 艺术工学实验室并正式投入使用。CAVE 虚拟现实实验室将为设计过程、设计体验和设计评估提供最为有效的现代手段。组织学生参加 2013 德国 IF 奖、2013 德国红点奖两项国际级设计大赛以及国家级、省部级设计竞赛 10 余项，在国际级设计大赛中获得红点设计概念奖 2 项、入围 10 余项，省部级以上竞赛获得金奖（包括一等奖）1 项、银奖（包括二等奖）4 项、铜奖（包括三等奖）6 项、优秀奖 10 余项。其中，在国际设计大赛获得红点设计概念奖 2 项成为学生参与国际顶级设计大赛获奖的突破。

师资队伍建设。聘请荷兰埃因霍温科技大学 Matthias Rauterberg 和美国威斯康星大学麦迪逊分校董伟为我校客座教授，聘请南京林业大学王浩和东南大学成玉宁为学校兼职教授，聘任河南省许昌市文联副主席、著名画家、许昌（中国）钧瓷研究院院长王雨，中国陶瓷艺术大师、洛阳三彩艺术博物馆馆长郭爱和，中国陶瓷艺术大师、禹州市钧瓷研究所副所长冀德强，苏州巧生炉文化艺术馆馆长、苏州非物质文化遗产（仿古铜器制作技艺）代表性传承人陈巧生等多名高水平的国家级艺术大师为学院企业导师。先后引进、选录教职工 6 人，专业教师均拥有博士研究生学位或博士后工作经历，包括一名上海“浦江学者”。自筹资金设立院内科研探索基金，冲刺国家和省部级社科基金项目，首批项目已经立项并启动。

国际合作与交流。美国威斯康星大学麦迪逊分校设计系终身教授、博士生导师董伟教授来学院进行授课交流。澳大利亚莫纳什大学艺术设计与建筑学院设计系国际实体交互设计研究室主任王佳博士在徐汇校区为艺术学院师生做了题为“实体交互设计”的讲座。荷兰埃因霍温科技大学 Matthias Rauterberg 教授受聘为我校客座教授。前往台湾玄奘大学、台湾东南科技大学等高校和设计机构、创意产业园等进行学术访问和交流。参加美国 HCI2013 会议（国际人机交互会议），并访问美国威斯康星大学麦迪逊分校和加拿大道森学院，出席在新加坡举行的红点设计大奖颁奖典礼等。

【艺术学院学生作品获奉贤海湾大学生创意创业节金奖】 5月，由奉贤海湾旅游区管委会、奉贤区人力资源和社会保障局、奉贤区科学技术委员会主办的“奉贤海湾大学生创意创业节”决赛举行。学校选送的“3X 创意工作室”项目荣获大赛金奖。

【学院“景观规划设计”二级交叉学科硕士点专家评审会通过】 召开“景观规划设计”二级交叉学科硕士点评审会议。南京林业大学王浩教授、东南大学成玉宁教授、同济大学严国泰教授等景观、城市规划、旅游、资环相关领域共 9 位专家，对我院申请的“景观规划设计”二级交叉学科硕士点进行了评审。

【学院一举获得两项红点设计概念大奖】 2013 年德国红点奖概念设计组大奖颁奖典礼于 10 月 25 日在新加坡隆重举行，学校一举获得了两项红点设计概念大奖，指导教师代表程建新、陈虹及 6 名获奖学生代表受邀参加了此次颁奖典礼。程建新老师和周美玉老师指导的本科学生共有 5 件作品入围了红点概念设计奖的评审，陈虹老师指导的研究生小组有 2 件作品入围。在最后的角逐中，程志鹏等 6 位同学的作品 *Pop-up Cord Wrap* 和周博飞等 4 位同学的作品 *I'am here—Fluorescent Stickers* 最终获奖，为学院和学校赢得了这一工业设计界的至高荣誉。

【举办艺术硕士培养高峰论坛】 11 月，学院与上海市工艺美术协会联合举办“传承·突破——艺术硕士实践能力培养高峰论坛”。

【艺术学院赴太仓社会实践项目荣获 2013 年上海市大学生暑期实践活动优秀项目奖】 11 月，“创意无限，设计未来”——艺术设计与传媒学院赴江苏太仓社会实践团荣获 2013 年上海市大学生暑期实践活动优秀项目奖。

【G-Magic 虚拟现实实验室启动】 12 月，艺术工学体验交流暨华理-曼恒共建 G-Magic 虚拟现实实验室启动仪式在我校研究生楼底楼东北厅举行，CAVE 虚拟现实实验室将为设计过程、设计体验和设计评估提供最为有效的现代化手段。这也是国内高校中的首个 CAVE 洞穴式虚拟现实实验室。

外国语学院

【概况】 外国语学院设有英语系、日语系、德语系、大学英语教学部、外语实验中心、外国语言研究所、澳大利亚研究中心。学院设有外国语言学及应用语言学和英语语言文学二级学科硕士学位点。2013 年在读研究生 70 名，本科生 600 名。年内，外国语学院围绕学校“十二五”改革与发展规划和第十次党代会确定的奋斗目标，坚持内涵式发展，在师资队伍建设、人才培养、科学研究、国际交流与合作等方面取得了突破和进步。

教育教学工作。何玮获得“课堂教学风采杯”一等奖及最佳教学风采奖；方朝、史晓慧、张新获“课堂教学风采杯”二等奖。董慧敏获得“名师风范杯”一等奖及最佳课堂讲授奖；施镜蔚获得“名师风范杯”二等奖；彭颖、王涌获得“名师风范杯”三等奖。学院教师获得教育教学成果一等奖 1 项，二等奖 1 项，三等奖 3 项。青年教师高攀以总分第一名的成绩获得青年教师教学大赛一等奖。9 名教师获得研究生课程优秀任课教师奖（其中一等奖 2 名，二等奖 4 名，三等奖 3 名）。在学校本科教育教学改革中，学院申报项目立项 21 项。鼓励教师参与大学生创新实践，学院教师指导的大学生创新创业实践项目获国家级立项 3 项、上海市级立项 4 项、校级立项 3 项。英语 101 班刑沛林获得 2013“外研社杯”全国英语写作大赛一等奖；日语 101 班骆丰同学在第 26 届上海市大学生日语演讲比赛中获得第二名；英语 124 班姚漪捷同学获得第 19 届中国日报社“21 世纪·可口可乐杯”全国英语演讲比赛上海赛区一等奖并获得总决赛资格。4 月，来自全国各地及港澳台地区的 41 所高校的 218 名代表莅临奉贤校区参加我校主办的校际模联大会。外国语学院教师指导的学生共获得全国、华东地区和上海市 8 项重要的演讲、辩论比赛的一、二、三等奖，共计 14 人次。指导“华东理工大学模拟联合国协会”参加全国及校际比赛，获得各类奖项 16 人次。奉贤校区的大学英语晨读基地每学年开展朗读、配音、写作等比赛，吸引大量学生参加基地各项活动。2012—2013 学年，共有 4 533 人次坚持长期参加晨读。学生对学院专任教师教学测评的成绩于每学期均保持在 94. 1 分的高分上。

师资队伍建设方面。学院教职工共有 121 人，其中专任教师 105 人，教授 5 人，副教授 36 人。专任教师中，拥有博士研究生学位的有 19. 8%，有半年以上海外研修经历的比例达到 32%，外籍教师占 5%。上海市教学名师 1 人。选录 4 名海内外知名高校应届博士毕业生（其中海外博士 1 名）。有 2 名在职攻读博士学位的教师毕业，支持教师多渠道申请国内外访学研修，有 6 名教师赴英国、美国等国的知名高校开展 0.5—1 年的海外访学研修。2 名教师在国内高校开展研修；4 名教师赴里海大学开展为期 3 周的交流访问，4 名教师暑期带学生赴英国曼彻斯特大学、日本立命馆大学、德国曼海姆大学等国外知名高校开展暑期短期交流。1 名教师（龚嵘）晋升教授。

科研工作方面。申报各类基金项目 30 项，获得 2 项国家社会科学基金项目、2 项教育部人文社科研究项目。共发表 A&HCI 论文 2 篇、CSSCI 期刊论文 9 篇，人大复印全文转载 1 篇，出版专著 4 部、译著 2 部。邀请来自德国曼海姆大学德语系语言学责任教授 Henn-Memmesheimer 教授、美国里海大学文理学院院长 Donald E. Hall 教授、北京大学高一虹教授等海内外知名高校的外国语言学、文学专家来学院讲学、开展学术交流；引导中青年教师将更多的时间、精力投入学术研究。与中国外文局教育培训中心签订战略合作协议。

国际合作与交流。与英国曼彻斯特大学、日本札幌大学孔子学院合作项目，制定了相应的《课程对接预案》。与日本札幌大学、日本千叶大学、英国曼彻斯特大学、德国曼海姆大学等 4 所知名高校建立了稳定的合作关系。19 位学生分赴各校开展半年以上的交流。组织教师带队赴英国曼彻斯特大学、日本立命馆大学、德国曼海姆大学、美国北卡州立大学等国外高校开展暑期短期交流学习。6 位教师赴海外知名高校开展为期半年至一年的长期访学，选送 4 位教师赴里海大学开展为期 3 周的教学交流。

学生工作方面。开展“梦想引领未来”主题教育活动，将学风建设、攀升计划、易班建设等融入主题教育活动。暑期社会实践紧扣“梦想引领未来”主题，内容覆盖社会调查、政策宣传以及文化艺术等多方面，参与活动的人数达到 300 余人。“上海农民工子弟学校英语教学现状调研及对策研究”获得优秀项目奖，一名教师获得优秀指导教师的称号，两名同学获得先进个人的荣誉。依托专业特色，开展“我的梦 · 中国梦”海湾三校英语演讲比赛。开展第 19 届外语节。232 名学生获得各类奖助学金总计 484 015.00 元。获得优秀班集体 2 个，红旗团支部 5 个，优秀学生 9 人，优秀学生干部 18 人。开展学院党政领导“认领”就业困难学生，本科学生就业率为 92.31%（其中国内升学 21 人，出国留学 28 人），研究生就业率继续保持在 100%的高水平。万灿红被评为优秀班导师。2013 年，学生对班导师测评分每学期保持在 93 分以上。

党务工作方面。扎实开展群众路线教育实践活动。认真开好班级民主生活会，着力做好整改和建章立制。坚持信息公开，利用校园网开展院务公开，内容包括学院文件、学院工作计划、学院党政工联席会议纪要等。学校新闻网发布外国语学院相关新闻 85 条。参加好人好事评选等活动。加强基层党支部建设，强化党员队伍教育。以创建“十佳组织生活”“优秀组织生活”为切入点，组织支部积极开展“学习型、服务型、创新型”党支部建设。大学英语第二党支部开展的“重温母校情，共寄名人语——庆祝建校60周年、建系30周年主题组织生活”获2012年度华东理工大学教工党支部“十佳组织生活”称号；2010—2011级本科生党支部开展的“坚定信念跟党走，我与祖国共奋进”获得2012年度学生党支部“优秀组织生活”称号。以初、中、高三级党校为载体，抓好学生入党申请人、入党积极分子、发展对象的教育、培养。发展党员22名，预备党员转正37名。完成2012—2013学年度学院领导班子的考核。选送2名教师参加校青干培训班学习。选送5名教师参加哲学社会科学教师培训。推荐王春桥老师参加教育部驻外后备干部选拔。

【外国语学院举行二届三次教代会、工代会】 1月9日，外国语学院召开二届三次双代会暨全院教职工大会，会议由张凤云主持，学院教代会代表及全院教职工分别听取常务副院长余毓国所做的学院工作报告、学院财务工作报告，以及工会主席董慧敏所做的工会工作报告、工会财务报告。

【外国语学院与中国外文局教育培训中心签订战略合作协议】 11月7日上午，经过前期的探讨和沟通，外国语学院与中国外文局教育培训中心签订战略合作协议，外语学院常务副院长余毓国和中国外文局教育培训中心主任助理韩立强在协议上签字。外语学院副院长王建国一同出席签字仪式。

【华东理工大学第十九届外语节闭幕式暨第19届中国日报社“21世纪·可口可乐杯”全国英语演讲比赛上海地区决赛在奉贤校区举行】 12月7日，华东理工大学第十九届外语节闭幕式暨第19届中国日报社“21世纪·可口可乐杯”全国英语演讲比赛上海地区决赛在奉贤校区图文信息中心通海厅举行。经过激烈的角逐，来自外国语学院2012级的姚漪捷和2013级的袁湛同学分别获得上海赛区决赛的一等奖和二等奖。姚漪捷同学获得进军全国总决赛的资格。我校党委副书记、副校长马玉录出席比赛并致辞，上海市教委副主任陆靖、共青团上海市委副书记王宇、共青团上海市委学校部部长陈立俊、21世纪教育传媒副总编申钢作为嘉宾出席了比赛并为获奖选手颁奖。评委由教育部高等学校英语专业教学指导委员会副主任邹申教授、高职高专教指委主任委员严筠教授、复旦大学英语系主任孙建教授、华东师范大学英语口语中心主任刘森教授和Bob Covey、Mark Seeley等两位在媒体工作的外籍专家组成，我院颜静兰教授担任此次比赛的提问专家。

法学院

【概况】 法学院由法律系、法律社会学研究中心、知识产权法研究中心、资源能源与环境法研究中心、食品药品监管法研究中心即一个系四个中心构成。年内，学院共有教职工 36 人，其中博士生导师 3 人、硕士生导师 14 人，教授 6 人、副教授 13 人。

教育教学工作。（1）本科生教育。2013 年的教学成果与教改立项 5 项。刘金祥“大学生劳动就业中的法律问题探究”成为我校第一门入选“上海高校课程资源共享项目”的课程。刘金祥、郭曰君、周登谅的“劳动和社会保障法”获 2013 年教学成果二等奖。于杨曜、阮赞林的“国际食品法规与风险管理方向特色专业建设”获 2013 年校教学成果二等奖。上海市卓越法律人才培养基地建设通过年度检查。组织教改项目和全英语课程的申报。法学院非常重视教育改革的推进，积极组织有关教师申报相关的教改项目，并为项目申报提供信息及人力方面的支持。申报 2 门全英语课程。推动科研团队进奉贤，指导奉贤校区本科生的各类创新项目。知识产权研究中心、食品药品监管研究中心和法社会学研究中心获批进驻奉贤校区。根据法学院跃升计划的文件要求，引导教师在奉贤校区开展教学、科研工作。（2）研究生教育。修订与完善 2011 年版研究生培养方案，形成 2013 年版培养方案。开展研究生教学质量检查，组织院内专家听课。启动研究生实践教学教材编写工作，共编写民事诉讼、刑事诉讼实务、行政诉讼实务、知识产权、司法文书 5 门实务课课程讲义。开展研究生学风学术规范宣讲，以促进研究生对学风与规范的了解。

科学研究。共发表论文 95 篇（部）。发表 CSSCI 期刊论文 31 篇，中文核心期刊论文 4 篇，在国外杂志上发表论文 2 篇，人大复印资料全文转载 7 篇，被《新华文摘》内容摘编的 1 篇，被人大复印资料《社会学文摘》摘编的 1 篇，超额完成学院年初预定争取在核心刊物或 CSSCI 发表论文 30 篇的目标。另出版专著 3 部，主编教材 3 部。

国际交流与合作。接待和派送国际交流学生共计 78 人次，同比增长 71%。共计 5 人次到国外参加培训、学术交流与访学，共有 3 名教师到国外进行为期 1 年的学术访问。

【本科教育自评估】 完成法学本科教育自评报告，为 2014 年的教育部本科教育审核评估奠定了扎实的基础。

【法律实训中心】“法律实训中心”成功申报财政部建设项目。

【法学院青年志愿者协会】成立法学院青年志愿者协会，组织学生积极投身校内外法律志愿服务活动。

【承办国际会议】主办两次国际学术会议，分别是2013年2月23日的“华东理工大学·北海道大学法学学术论坛”与2013年11月15日的“第三届东亚地区知识产权法律研讨会”。

体育科学与工程学院

【概况】 体育科学与工程学院全院全体教职工团结攻坚，在体育教学、高水平运动队建设、体育科研方面都取得了突破。

体育赛事活动。举办华东理工大学校园体育大联赛“周周赛、月月赛”，形成了由校体育运动委员会批准，体育科学与工程学院主办，各个学生体育社团或者专业学院承办的新模式。举行华东理工大学第27届体育节，来自各学院的16支代表队参加了田径、趣味、素质、龙舟项目总计20个小项的比赛。在徐汇校区举行教工趣味运动会。举行首届啦啦操大赛，生工学院获得冠军，材料学院获得亚军，商学院获得季军。举行第五届“健身先生、健美小姐”大赛，共有38名选手参加了比赛，上海市体育总会副主席、上海市健美协会主席、原上海市体育局副局长邱伟昌等领导到场并为获奖同学颁发了证书。举行华东理工大学-金山区校园足球联盟夏令营，在奉贤校区举行开营仪式，本次夏令营活动为期5天，金山区校园足球联盟12所中小学的18名教练员、141名运动员参与其中。在奉贤校区通海湖举行上海市阳光大联赛龙舟赛，共12支高校队伍参加了比赛。

高水平运动队。第27届世界大学生运动会在俄罗斯喀山体育场举行，学校派出的乒乓球女队获得了女子乒乓球比赛中的1金、2银、3铜，在本届世界大学生运动会网球比赛中，学校女队获得了女双第五名。第三届亚洲大学生乒乓球锦标赛在阿联酋首都阿布扎比举行，由学校女子乒乓球队组建的中国女队荣获了女单、女双、女团三枚冠军及女单亚军。

国际合作与交流。美国春田大学（Springfield College）健康、体育和休闲学院教授团的托马斯·道奇（Thomas Dodge）博士、玛丽·苏珊·盖亚（Mary Susan Guyer）博士、布莱恩·汤普森（Brian Thompson）博士、刘展（John Liu）博士等一行4人应邀来校交流。双方围绕体质健康、运动康复以及学科建设等话题进行讨论。教授团一行来到奉贤校区，对学校篮球队、武术队中受伤的运动员进行了诊断、治疗与康复指导。

科学研究。在体育科研方面取得了突破。由陈林华副教授主持的教育部青年项目“国际体育城市建设的动力机制与发展战略研究”获批，经费为8万元。杜梅副教授主持的教育部基本科研业务费探索基金项目“上海休闲体育产业发展战略与路径选择”获批，经费为5万元。

【钱旭红受邀参加了第五届中外大学校长体育论坛】 9月25日，校长钱旭红受邀参加了在北京体育大学体育馆举行的第五届中外大学校长体育论坛，并做了《中国大学体育发展战略的实践与思考》的主题报告。他结合学校体育发展的实践，探讨了中国大学体育发展的战略时机、目标体系及框架设想。他认为，体育教育与人才培养、大学精神、大学品质的关系，自古以来就受到重视。他结合学校“科工结合”的体育学科建设特点、乒乓球俱乐部“文化球”的前世今生，以及龙舟赛的教育意义，提出了在独生子女时代、人文精神缺失、科技进步迅速的社会转型期有关大学体育教育的思考。钱旭红富有前瞻性的见解和深刻睿智的思路获得了与会专家的积极响应和高度评价。来自其他高校的领导、专家也围绕钱旭红的报告进行了热烈的讨论。

马克思主义学院

【概况】 学院现有马克思主义中国化研究二级学科博士点，马克思主义理论、哲学一级学科硕士点，政治学理论二级学科硕士点。现有教职工58人，其中教授8人，副教授24人，具有博士学历的教师28人。学院在校学生中，硕士生30人，博士生5人。毕业硕士生16人，博士生1人。现任院长为沈炜（兼），总支书记为杜仕菊教授，副院长为杨苏教授、熊万胜副教授。

师资队伍建设。学院高度重视人才培养和队伍建设，推进教学科研团队和人文社科类青年教师培训基地建设。张璐倩教师晋升为副教授。新进了张燕教师。杜仕菊教授获校“名师风采杯”教学比赛一等奖；卢杨、张丽芬、黄时进、刘芳荣获第三届上海高校思想政治理论课教学比赛一、二、三等奖；卢杨老师荣获第二届长三角高校思想政治理论课教学比赛二等奖；曹东勃荣获校文科青年教师教学比赛第一名，校青年教师教学比赛二等奖。卢杨老师荣获上海大学生暑期社会实践“优秀指导教师奖”。

教育教学工作。认真贯彻习近平总书记关于“思想政治理论课教材一定要编好、队伍一定要建好、课一定要上好”的指示，贯彻教育部社科司、上海市教委和我校党政领导对加强思想政治理论课教学的讲话精神，组织骨干教师，开展“学习党的十八大精神”“实现中国梦”“党的群众路线教育实践活动”和“学习党的十八届三中全会精神”宣讲活动。组织思想政治理论课新教材，推进党的十八大和十八届三中全会精神进课堂。围绕精品课程建设和教学创新团队建设，努力提升教学团队水平，认真组织教学方法研讨与经验交流活动，努力提高教学质量，细化管理制度建设，进一步完善教学管理和运行的规章制度。研究生思想政治理论教研部围绕公共政治理论课改方案的要求，积极探索新的教学实施方案。学院获20项校级教学成果奖，其中三个一等奖（名列文科学院第一）被列入申报上海市教学成果奖的优秀成果。组织青年教师教学能力培训基地建设，积极组织实施新一轮学院教改项目，申报校级教改项目。出版《使命与责任：思想政治理论课教学创新研究文集》教学研究论文集，评选出14篇优秀教学研究论文。组织实施上海高校思想政治理论课教改项目“高校思想政治理论课‘实践教学’规范化建设研究”，成果被收入“教育部全国思想政治理论课教学方法改革与创新研讨会”文集。

学科建设。学院的重点学科方向是马克思主义理论，围绕建成马克思主义理论一级博士点，将学院需要重点发展的四个学科方向融进学院的三个硕士学科点和一个博士点，形成学科建设三年行动计划。以学科建设为龙头，以教学工作为重点，以人才梯队建设为基本抓手，推进建设体系完备、基础雄厚和特色鲜明的学科点体系。

科学研究。学院教师共发表论文 93 篇，出版著作 6 本（部），承担省部级以上科研项目 12 项，其中国家社会科学基金项目 2 项、上海市阳光计划 1 项，到款经费 66.30 万元。举办十八届三中全会理论研讨会，组织四次马克思主义基本理论研究沙龙。

党建与学生工作。积极参与群众路线实践教育活动宣讲，先后组织宣讲 30 余场次。通过"廉政文化研究中心"，抓好党风廉政建设，促进制度建设。开展新生入学教育，帮助学生设立在校目标。改选研究生会，推进学生自我管理，强化研究生会的组织结构和自治功能。抓纪律，抓学术，举办读书会及 SEMINAR 活动。组织迎新、秋韵节等各类活动。进行年度奖学金、国家奖学金及贫困补助金等的评定。

（杜仕菊）

【荣获上海高校思想政治理论课教学比赛一等奖】 5 月 11 日，在"2013 年上海高校思想政治理论课教学比赛"中，马克思主义学院的 4 名进入决赛的青年教师在与 32 名兄弟院校的优秀教师的同场竞赛中，荣获一、二、三等奖（2 项），这是我校在历届比赛中所取得的最好成绩，我校也是这次比赛中获奖成绩最好的学校。

【教改项目获上海市二等奖】 杨苏教授、杜仕菊教授、王荣发教授、徐国民副教授、熊万胜副教授承担的"思想政治理论课'全方位育人体系'的创新与实践"教改项目，在 2013 年上海市高等教育教学成果奖评选中荣获二等奖。

【纪念开展邓小平理论"三进"工作 20 周年】 6 月 7 日，马克思主义学院提出，今年是我校开展邓小平理论（中国特色社会主义理论）"三进"工作 20 周年、开展大学生文化素质教育 20 周年和华东理工大学更名 20 周年，也是全面启用新教材、实施党的十八大精神"三进"工作和推进实现"中国梦"教育的起步年。学院特别在组织评选优秀教学研究论文的基础上，在校庆期间出版了教学研究论文集《使命与责任：思想政治理论课教学创新研究文集》（华东理工大学出版社出版），同时收入文化素质教育研究论文。

【上海市委宣传部特聘杨苏教授为实现"中国梦"教育宣讲员】 6 月 24 日，上海市委宣传部向我校马克思主义学院副院长杨苏教授颁发聘书，特聘杨苏教授为"上海市实现'中国梦'群众性教育活动宣讲员"，这是对我校深入开展实现"中国梦"教育活动取得阶段性成果的充分肯定和鼓励。

（王玲、张丽华）

高等教育研究所（工程教育学系）

【概况】 年内，工程教育学系围绕学校各项中心工作开展校本研究与学术研究。继续推进“卓越工程师教育培养计划”试点工作，推进国家级工程实践教育中心各项建设。完善“高等教育学”硕士点建设，以研究生教育质量年为契机，进一步提升研究生教育质量。并进一步提高《化工高等教育》《华理教育评论》的办刊质量和学术影响力。

科学研究。新增科研项目4项，总经费13万元：周玲教授的上海市教育科学研究项目“基于学习性投入的本科教育质量研究”（4万元）；周玲教授的上海市教委课题“完善大学治理结构，提升校院两级管理能力”（3万元）；马晓娜的上海市教育科学研究项目“随迁子女异地高考政策社会效应的实证研究——以上海为例”（4万元）；潘艺林教授的获中央高校基本科研业务费专项资金资助的项目“大学制度创新研究”（2万元）。

校本研究。为“3个卓越计划试点专业（高分子材料与工程、环境工程、自动化）、2个国家级工程实践教育中心（华东理工大学-河南天方药业股份有限公司、华东理工大学-上海自动化仪表股份有限公司）”争取的850万元校级经费已下拨250万元（50万元/专业、50万元/中心）至各学院。组织开展2012级卓越工程师计划试点班及优秀生班学生选拔工作，共有495名同学申请，最终204名学生进入卓越工程师计划试点班、60名学生进入优秀生班。在全校10个理工类学院2013届毕业生中组织开展“理工优秀生”评选工作，最终190名学生获此荣誉，这也是最后一批按原“理工优秀生”计划培养的毕业生。对华东理工大学-上海石油化工股份有限公司、华东理工大学-上海医药集团股份有限公司、华东理工大学-上海森松压力容器有限公司、华东理工大学-河南天方药业股份有限公司、华东理工大学-上海自动化仪表股份有限公司共5个国家级工程实践教育中心的工作展开基本数据统计，完成《华东理工大学国家级工程实践教育中心建设工作进展报告》，于北京“卓越工程师教育培养计划工程实践教育中心建设交流会”上汇报。

期刊工作。修改、编辑90篇参加华东理工大学2012年“名师风范杯”和“青年教师课堂教学风采杯”授课大赛的教师的论文，出版3期《华理教育评论》专辑。

【主办“华东理工大学2013年卓越工程师教育培养计划实施研讨会”】 召开华东理工大学2013年卓越工程师教育培养计划实施研讨会。教育部高教司理工处处长吴爱华到会报告，上海石油化工股份有限公司、上海森松压力容器有限公司、上海医药集团股份有限公司、陶氏化学公司、罗地亚公司、上海辰竹仪表有限公司、上海寰球石油化学工程有限公司、上海自动化仪表有限公司、上海迪赛诺化学制药有限公司、上海大隆机器厂、华东理工华昌聚合物有限公司等11家企业的专家代表应邀参会。副校长于建国，人事处、国际交流处、研究生院、发展规划处、教务处、财务处、科研处等部门负责人，以及参与卓越工程师教育培养计划试点专业的各学院教学副院长、系主任、专业责任教授、学科专家等50多名校内外专家参加了会议。

教育与教学

Jiaoyu yu Jiaoxue

本科教育

【概况】 年内，本科教育紧紧围绕“十二五”规划制定的方向，以提高本科人才培养质量为目标，着力推动专业建设、师资培养和实验实践基地建设；着力解决本科教育两校区办学的困难和问题；落实教育部“本科教育工程项目”的实施工作。

推动专业内涵建设。自动化专业接受了中国工程教育协会组织的工程教育专业认证，得到现场评估专业组的充分肯定和好评。化学工程与工艺专业接受了美国ABET认证专家组的现场考查，得到专家组的高度评价，成为我国加入华盛顿协议之后，首个通过ABET国际工程教育认证的专业，标志着我校化工专业的办学水平已满足国际工程教育的认证标准，达到世界先进水平。上海市教委组织制定了覆盖所有专业的《上海市本科专业达标评估标准》。据此标准，本年度我校全面启动了本科专业的合格评估工作，邀请校内外专家，对所有未参加过教育部工程教育认证的专业进行评估，从中遴选和推荐上海市优质专业。为保证评估工作的有序开展，提高评估质量，首先在工科、理科、文科类专业中选择了环境工程、应用物理、社会工作三个专业进行了评估试点，以积累评估经验，规范评估程序和标准。在此基础上，对所有本科专业开展合格评估。

提高教学质量。继续推进国家精品共享课程、国家视频公开课程、上海市精品课程和共享课程与重点课程的建设，提高优质课程的浓度。刘昌胜教授主讲的国家视频公开课程“生物医用材料”正式上线，获得经费资助；新增来华留学英语授课品牌课程1门、上海市精品课程4门、上海市全英语课程2门、上海市重点课程8门。参与上海市高校课程共享中心和东西部高校课程共享联盟的建设，为本校学生修读其他高校优质通识课程创造条件。通过共享平台为学生提供了19门优质公选课程的跨校修读机会，学校1门课程入选上海市高校课程共享中心公选课程。推荐国家精品共享课程11门，立项建设教材47部，立项建设校全英语课程20门。

加强实践性教学环节的质量监控。按照教育部《学位论文作假行为处理办法》的要求，对本科毕业论文的质量进行了重点监控。对2009级毕业生的253篇优秀论文进行了查重，发现21篇论文抄袭严重，取消了其优秀论文的称号，并责令整改。今后将采取随机抽查和重点抽查的方式，对本科论文进行查重和监控，以提高毕业环节的教学质量。

培育教学名师。积极推进和落实学校2012年颁布的《关于进一步加强本科教学质量的若干意见》的文件精神，将教授为本科生上课的制度落实到人、落实到课。各学院大力推进了教授为本科生上课的工作，据统计：2012—2013学年，全校正高级职称的教师中为本科生上课的比例为86.4%，比2011—2012学年提高了7.4%。在此基础上，各学院都根据不同的年龄层次，选拔推荐了4～6名教授作为教学名师的培育对象，壮大了名师培育的梯队，并按照国家教学名师的要求进行重点培育和宣传，为选拔上海市和国家教学名师奠定了基础，名师队伍的壮大，也为教学质量提供了保障。

加强青年教师培训基地的建设工作。组织基地间的交流观摩活动，推广先进有效的培训方式；组织“青年教师培训基地邀请赛”，检验培训效果。举办的“青年教师培训基地邀请赛”，有110名青年教师报名参加了比赛，决出一等奖3名、二等奖6名、三等奖13名。

加强实验实践基地建设。8个项目获得国家修购基金的资助，资助金额为3 562.39万元。投资6 000余万元，用于奉贤校区本科实验室的建设，所有建设项目均按计划完成，于秋季学期投入教学，确保了三年级入驻奉贤后的专业实验教学。提高专业实验室的建设水平。按照国家级材料实验示范中心建设要求，对专业实验教学进行整体规划，使实验教学的理念、方法、手段和装备能体现现代化的水准，具有引领示范作用。化工原理实验中心按照ABET认证要求，将实验装置设计得更加安全、更加人性化和自动化，拓展实验室的育人功能。

推进教育部“本科教育工程项目”。以卓越工程师培养计划项目、专业综合改革项目、大学生创新创业实验计划项目为抓手，深化教育教学改革，提高人才培养质量。过程装备与控制专业的卓越工程师培养成果、化学工程与工艺的专业综合改革成果已经入选学校2012年教学成果奖，被推荐为上海市教学成果奖的候选项目。4项上海市重点教改项目获得批准，启动了学校新一轮的教改项目申报立项工作。组织推荐了30项成果申报2013年上海市教学成果奖。大学生创新创业活动立项USRP课题464项，参与学生1 134人。完成299项大学生创新创业训练计划的立项工作，其中国家级项目80项、上海市项目120项、校级项目99项。在举办的上海市第三届大学生创新活动论坛中，我校学生获优秀展示奖2项、优秀报告奖1项、最佳报告奖1项。在国内外各类学术竞赛中，我校学生获奖242项，其中国际奖项21项、全国奖项70项。

奉贤校区本科教学平稳过渡。本科三年级学生全部移至奉贤校区。由于教师资源、教室资源、开课窗口的多重限制，两校区联动给本科教育管理和运行带来巨大压力。根据三年级学生对教室资源的需求，对奉贤校区教室资源的匹配情况进行了预测，并据此提出多媒体教室和制图教室的建设改造方案。优化排课方案，提出了两段式排课和课程套排的实施细则，在确保教学质量的前提下，通过科学排课，缓解教师的工作压力。奉贤校区各学院教学实验中心和创新实验平台相继建设完成并投入使用，科研团队进奉贤工作紧锣密鼓地进行。启动奉贤校区创新教育联动平台的建设工作，组织各学院制订《奉贤校区创新教育联动平台的管理方案》，建立了联动平台的管理队伍。

完善招生工作，吸引优秀生源，招收 3 850 名本科生，扩大了在中西部地区和贫困地区的招生数。继续加强招生过程的监管，确保公开公正。

附录：

2013 年新增国家级精品资源共享课一览表

序号	学院	课程名称	负责人	批准年度
1	化工学院	化工原理	黄婕	2013 年
2		化学反应工程	许志美	2013 年
3		化学工程与工艺专业实验	乐清华	2013 年
4		化工原理及实验（网络教育）	齐鸣斋	2013 年
5	生物工程学院	发酵工程	张嗣良	2013 年
6		酶工程	魏东芝	2013 年
7		生物分离工程	曹学君	2013 年
8	化学与分子工程学院	物理化学	黑恩成	2013 年
9		有机化学	钱旭红	2013 年
10		制剂工程	唐燕辉	2013 年
11	材料科学与工程学院	高分子物理	徐世爱	2013 年
12	信息科学与工程学院	基本线路与电子（网络教育）	林家骏	2013 年

（张正清）

2013 年新增国家精品视频公开课一览表

学院	课程名称	负责人	批准年度
材料科学与工程学院	生物医用材料	刘昌胜	2013 年 6 月

（张正清）

2013 年新增上海市精品课程一览表

序号	课程名称	负责人	学院	批准年度
1	实验工程制图	林大钧	机械与动力工程学院	2013 年
2	流体力学	刘海峰	资源与环境工程学院	2013 年
3	热学	房毅	理学院	2013 年
4	运营管理	范体军	商学院	2013 年

（张正清）

2013 年我校获第七届高等教育上海市教学成果奖情况一览表

序号	学院	成果名称	主要完成人	获奖等级	评定年份
1	化学与分子工程学院	创建团队发展长效机制，持续开拓课程建设之路	黑恩成、史济斌、彭昌军、熊 焰、胡 英	特等奖	2013 年
2	网络学院	工科在线实验教学体系的研究与实践及校际互选互认	应卫勇、程 华、钱自强、高建宝、姚俊（1973）、姚俊（1979）、汪 淳	一等奖	2013 年

续表

序号	学院	成果名称	主要完成人	获奖等级	评定年份
3	化工学院	化学工程与工艺特色专业改革实践——按需培养，分类施教新培养模式的探索	赫崇衡、许志美、乐清华、唐黎华、盛宝莲、朱子彬、朱家文、徐佩若、张达中、房鼎业	一等奖	2013年
4	机械学院	机械与化工复合型人才多维度工程能力培养的研究与实践	周邵萍、涂善东、惠 虎、轩福贞、夏春明、张洪波、王学生、马新玲、石 岩	一等奖	2013年
5	材料学院	基于工程能力培养的高分子材料与工程专业教育体系构建与实践	唐颂超、庄启昕、李欣欣、徐世爱、钱 军、林绍梁、潘泳康、李 斌、王晓东	一等奖	2013年
6	药学院	强实践、重创新，培养适应现代制药工程需求的专业人才	宋恭华、罗晓燕、任福正、唐 赟、虞心红、邓卫平、马红梅、冀亚飞、廖道华、刘宏伟	一等奖	2013年
7	教务处	深化教风学风内涵建设，创建高质量本科教育保障机制	于建国、乐清华、王爱祥、项延训、倪 炜、沈文君、殷锡鸣、杨 苏、徐 洁、秦 添	一等奖	2013年
8	化学与分子工程学院	学研互动，传承创新，建设应用化学特色专业	张文清、蔡良珍、史济斌、徐志珍、王 燕、孙学芹、夏 玮、王利民	一等奖	2013年
9	商学院	以行动学习推动MBA培养模式创新	吴柏钧、高 松、阎海峰、汪金爱、陈智高、陈万思、刘红丽、侯丽敏、韩丽清、邹 怡	一等奖	2013年
10	信息科学与工程学院	优化多层实践基地和程序设计公共课群教学模式，培养学生计算思维和创新能力	王占全、刘 江、郭卫斌、张欢欢、顾春华、文欣秀、胡庆春、罗勇军、杨泽平、李 飞	一等奖	2013年
11	信息科学与工程学院	彰显过程控制特色，培养自动化专业工程创新型人才	侍洪波、刘漫丹、孙自强、王华忠、凌志浩、顾幸生、杨富琴、孙京诰、王慧锋、牛玉刚	一等奖	2013年
12	商学院	改革运营管理课程，提升学生创新能力	范体军、李淑霞、常香云、刘建香、吴一帆	二等奖	2013年
13	艺术学院	工业设计教学模式及创新机制的探索与实践	程建新、周美玉、张 青、丁 伟、叶俊男	二等奖	2013年
14	机械学院	建设实验工程制图新课程拓宽卓越工程师专业基础	林大钧、赵菊娣、郭 慧、马惠仙、邹培玲	二等奖	2013年

续表

序号	学院	成果名称	主要完成人	获奖等级	评定年份
15	马克思主义学院	思想政治理论课“全方位育人体系”的创新与实践	杨 苏、杜仕菊、王荣发、徐国民、熊万胜	二等奖	2013 年
16	研究生院	突出实践教学，全日制工程硕士培养探索与实践	林嘉平、刘殿华、刘爱伦、马桂敏、徐心茹	二等奖	2013 年
17	生物工程学院	依托优势学科的生物工程创新人才培养实验/实践体系的构建	张元兴、常雅宁、张惠展、俞建瑛、曹学君	二等奖	2013 年

（张正清）

2013 年学生参加各类学科竞赛获奖情况一览表

比赛名称	获奖情况			姓名	指导教师
	获奖时间	赛事级别	所获奖项		
2013 年美国大学生数学建模竞赛	2013 年 4 月	国际	一等奖	韩瑞琪 辜腾 朱燕	李义龙
2013 年美国大学生数学建模竞赛	2013 年 4 月	国际	二等奖	乐利吉 周剑 顾琪坤	鲁习文
2013 年美国大学生数学建模竞赛	2013 年 4 月	国际	二等奖	段佳利 张聪 周永超	苏纯洁
2013 年美国大学生数学建模竞赛	2013 年 4 月	国际	二等奖	纪洁 谢振山 方琦骏	刘朝晖
2013 年美国大学生数学建模竞赛	2013 年 4 月	国际	二等奖	陈旭园 陈阳 徐斌	钱夕元
2013 年美国大学生数学建模竞赛	2013 年 4 月	国际	二等奖	乔崇智 俞琳 马玲玲	杨勤民
2013 年美国大学生数学建模竞赛	2013 年 4 月	国际	二等奖	王艳艳 徐颖婷 席天成	李红英

续表

比赛名称	获奖情况			姓名	指导教师
	获奖时间	赛事级别	所获奖项		
2013年美国大学生数学建模竞赛	2013年4月	国际	三等奖	王梓印 沈宇涛 任翔	苏纯洁
2013年美国大学生数学建模竞赛	2013年4月	国际	三等奖	倪光耀 林泽桦 严佳佳	刘朝晖
2013年美国大学生数学建模竞赛	2013年4月	国际	三等奖	蔡兆克 吴皓清 蔡中恒	秦衍
2013年美国大学生数学建模竞赛	2013年4月	国际	三等奖	王晶 汤妍 韩文炳	秦衍
2013年美国大学生数学建模竞赛	2013年4月	国际	三等奖	朱慧彪 高晓鸣 刘源炀	钱夕元
2013年美国大学生数学建模竞赛	2013年4月	国际	三等奖	王家亮 蒋玉麟 任舜文	李义龙
2013年美国大学生数学建模竞赛	2013年4月	国际	三等奖	朱征露 高佳翔 孙沛智	杨勤民
环境与新能源国际大学生竞赛	2013年12月	国际	二等奖	岳申之 王舒婷 辛媛 蔡梦云	田宝柱
2013年德国红点奖	2013年10月	国际	概念设计大奖	程志鹏 程晟 杜青怡 沈驰鑫 夏芳 黄洛滨	程建新、周美玉

续表

比赛名称	获奖情况			姓名	指导教师
	获奖时间	赛事级别	所获奖项		
2014年“中国石化-三井化学杯”第七届全国大学生化工设计竞赛	2013月8月	全国	一等奖	陈炳旭 黄洋洲 陆梦科 聂琴 施丽丽	顾雄毅、沈荣春
2014年“中国石化-三井化学杯”第七届全国大学生化工设计竞赛	2013月8月	全国	二等奖	周同心 安萍 陈承镇 曲成 王澜洁	顾雄毅、沈荣春
2014年“中国石化-三井化学杯”第七届全国大学生化工设计竞赛	2013月8月	全国	三等奖	鲁彦飞 黄明波 李大龙 金诚 郭琼鸽	陶国忠、刘玉兰
2014年“中国石化-三井化学杯”第七届全国大学生化工设计竞赛	2013月8月	全国	三等奖	杨林 石鎏杰 余点 韩复谦 黄身澄	陶国忠、刘玉兰
2014年“中国石化-三井化学杯”第七届全国大学生化工设计竞赛	2013月8月	全国	三等奖	张盈 张嘉伟 涂湃 赵轩 徐丹丹	陶国忠、刘玉兰
2014年“中国石化-三井化学杯”第七届全国大学生化工设计竞赛	2013月8月	全国	三等奖	卢浩然 张玉龙 陈天元 陈卓君 伍楚诗	张文里、宋宏宇

续表

比赛名称	获奖情况			姓名	指导教师
	获奖时间	赛事级别	所获奖项		
2014 年“中国石化-三井化学杯”第七届全国大学生化工设计竞赛	2013 月 8 月	全国	三等奖	李昀 王建军 赵泫然 葛梦 黄盼	张文里、宋宏宇
全国大学生节能减排社会实践与科技竞赛	2013 年 8 月	全国	二等奖	王胜男 谢萌萌 程斌	郭卫红
全国大学生节能减排社会实践与科技竞赛	2013 年 8 月	全国	三等奖	吴晓晓 李旭 任雷 崔媛媛 赵潇鑫 张飞燕	石超艺
全国大学生节能减排社会实践与科技竞赛	2013 年 8 月	全国	三等奖	李宏俊 魏楠木 冯婉璐	周霞萍
第八届全国大学生“飞思卡尔杯”智能车竞赛	2013 年 8 月	全国	二等奖	方丽辉 方绪强 刘学彦	凌志浩、杜红彬
第八届全国大学生“飞思卡尔杯”智能车竞赛华东赛区	2013 年 7 月	省部级	一等奖	方丽辉 方绪强 刘学彦	凌志浩、杜红彬
第八届全国大学生“飞思卡尔杯”智能车竞赛华东赛区	2013 年 7 月	省部级	一等奖	詹磊 王朝阳 夏军	凌志浩
第八届全国大学生“飞思卡尔杯”智能车竞赛华东赛区	2013 年 7 月	省部级	二等奖	孙涛 周辰晓 刘红周	夏春明、吴清

比赛名称	获奖情况			姓名	指导教师
	获奖时间	赛事级别	所获奖项		
第八届全国大学生“飞思卡尔杯”智能车竞赛华东赛区	2013 年 7 月	省部级	二等奖	王立人 朱彦宇 黄洁	吴清、夏春明
第八届全国大学生“飞思卡尔杯”智能车竞赛华东赛区	2013 年 7 月	省部级	三等奖	王儒 汤志鸿 闫双翔	凌志浩
第八届全国大学生“飞思卡尔杯”智能车竞赛华东赛区	2013 年 7 月	省部级	三等奖	蒋晶 吕颖 蔡宦麟	何云、吴清
2013“康师傅杯”大学生创新性研究竞赛	2013 年 10 月	全国	优秀奖	吴艳清 纪娴珺 邱颖 程炜 金安琦	赵黎明
第二届“天野杯”华东地区大学生食品创意大赛	2013 年 12 月	省部级	三等奖	吴艳清 纪娴珺 邱颖 程炜 金安琦	夏泉鸣
第四届上海市大学生化工设计竞赛	2013 年 7 月	上海市	一等奖	陈炳旭 黄洋洲 陆梦科 聂 琴 施丽丽	顾雄毅、沈荣春
第四届上海市大学生化工设计竞赛	2013 年 7 月	上海市	一等奖	周同心 安萍 陈承镇 曲成 王澜洁	顾雄毅、沈荣春

续表

比赛名称	获奖情况			姓名	指导教师
	获奖时间	赛事级别	所获奖项		
第四届上海市大学生化工设计竞赛	2013 年 7 月	上海市	三等奖	杨林	陶国忠、刘玉兰
				石鎏杰	
				余点	
				韩复谦	
				黄身澄	
第四届上海市大学生化工设计竞赛	2013 年 7 月	上海市	三等奖	蒋杰	张文里、宋宏宇
				刘柏彤	
				巫林芮	
				陈天俊	
				蒋晓峰	
第四届上海市大学生化工设计竞赛	2013 年 7 月	上海市	三等奖	张盈	陶国忠、刘玉兰
				张嘉伟	
				涂湃	
				赵轩	
				徐丹丹	
第四届上海市大学生化工设计竞赛	2013 年 7 月	上海市	三等奖	鲁彦飞	陶国忠、刘玉兰
				黄明波	
				李大龙	
				金诚	
				郭琼鸽	
第四届上海市大学生化工设计竞赛	2013 年 7 月	上海市	三等奖	卢浩然	张文里、宋宏宇
				张玉龙	
				陈天元	
				陈卓君	
				伍楚诗	
第七届上海大学生化学实验竞赛	2013 年 7 月	上海市	一等奖	刘晓然	孙学芹、王燕
第七届上海大学生化学实验竞赛	2013 年 7 月	上海市	二等奖	刘格	孙学芹、王燕
第七届上海大学生化学实验竞赛	2013 年 7 月	上海市	三等奖	张树静	孙学芹、王燕

续表

比赛名称	获奖情况			姓名	指导教师
	获奖时间	赛事级别	所获奖项		
第九届全国大学生力学竞赛个人赛	2013年7月	全国	三等奖	刘锋	何录武、马新玲、杨刚、李勇、刘长虹、李彤、王和慧、乔继彤、李琳
第九届全国大学生力学竞赛个人赛	2013年7月	全国	三等奖	范芳怡	
第九届全国大学生力学竞赛个人赛	2013年7月	全国	三等奖	王春昆	
第九届全国大学生力学竞赛个人赛	2013年7月	全国	三等奖	王传勇	
第九届全国大学生力学竞赛个人赛	2013年7月	全国	优秀奖	谢能达	何录武、马新玲、杨刚、李勇、刘长虹、李彤、王和慧、乔继彤、李琳
第九届全国大学生力学竞赛个人赛	2013年7月	全国	优秀奖	吕颖	
第九届全国大学生力学竞赛个人赛	2013年7月	全国	优秀奖	杭鹏	
第九届全国大学生力学竞赛个人赛	2013年7月	全国	优秀奖	季杰	
第九届全国大学生力学竞赛个人赛	2013年7月	全国	优秀奖	张远松	
第九届全国大学生力学竞赛个人赛	2013年7月	全国	优秀奖	张岳宏	
第九届全国大学生力学竞赛个人赛	2013年7月	全国	优秀奖	罗豪鑫	
第九届全国大学生力学竞赛个人赛	2013年7月	全国	优秀奖	蒋晶	
第九届全国大学生力学竞赛个人赛	2013年7月	全国	优秀奖	徐明天	
第九届全国大学生力学竞赛个人赛	2013年7月	全国	优秀奖	范竟存	
第九届全国大学生力学竞赛个人赛	2013年7月	全国	优秀奖	赖婉瑜	
第九届全国大学生力学竞赛团体赛	2013年8月	全国	优胜奖	刘锋	马新玲、何录武、李勇
				王春昆	
				王传勇	

续表

比赛名称	获奖情况			姓名	指导教师
	获奖时间	赛事级别	所获奖项		
第九届全国大学生力学竞赛个人赛上海赛区	2013 年 7 月	上海市	一等奖	刘锋	何录武、马新玲、杨刚、李勇、刘长虹、李彤、王和慧、乔继彤、李琳
第九届全国大学生力学竞赛个人赛上海赛区	2013 年 7 月	上海市	一等奖	范芳怡	
第九届全国大学生力学竞赛个人赛上海赛区	2013 年 7 月	上海市	一等奖	王春昆	
第九届全国大学生力学竞赛个人赛上海赛区	2013 年 7 月	上海市	一等奖	王传勇	
第九届全国大学生力学竞赛个人赛上海赛区	2013 年 7 月	上海市	二等奖	谢能达	何录武、马新玲、杨刚、李勇、刘长虹、李彤、王和慧、乔继彤、李琳
第九届全国大学生力学竞赛个人赛上海赛区	2013 年 7 月	上海市	二等奖	吕颖	
第九届全国大学生力学竞赛个人赛上海赛区	2013 年 7 月	上海市	二等奖	杭鹏	
第九届全国大学生力学竞赛个人赛上海赛区	2013 年 7 月	上海市	二等奖	季杰	
第九届全国大学生力学竞赛个人赛上海赛区	2013 年 7 月	上海市	二等奖	张远松	
第九届全国大学生力学竞赛个人赛上海赛区	2013 年 7 月	上海市	二等奖	张岳宏	
第九届全国大学生力学竞赛个人赛上海赛区	2013 年 7 月	上海市	二等奖	罗豪鑫	
第九届全国大学生力学竞赛个人赛上海赛区	2013 年 7 月	上海市	二等奖	蒋晶	
第九届全国大学生力学竞赛个人赛上海赛区	2013 年 7 月	上海市	二等奖	徐明天	
第九届全国大学生力学竞赛个人赛上海赛区	2013 年 7 月	上海市	二等奖	范竞存	
第九届全国大学生力学竞赛个人赛上海赛区	2013 年 7 月	上海市	三等奖	赖婉瑜	何录武、马新玲、杨刚、李勇、刘长虹、李彤、王和慧、乔继彤、李琳
第九届全国大学生力学竞赛个人赛上海赛区	2013 年 7 月	上海市	三等奖	尹棣	
第九届全国大学生力学竞赛个人赛上海赛区	2013 年 7 月	上海市	三等奖	张晓晨	

续表

比赛名称	获奖情况			姓名	指导教师
	获奖时间	赛事级别	所获奖项		
第九届全国大学生力学竞赛个人赛上海赛区	2013 年 7 月	上海市	三等奖	韩腾腾	何录武、马新玲、杨刚、李勇、刘长虹、李彤、王和慧、乔继彤、李琳
第九届全国大学生力学竞赛个人赛上海赛区	2013 年 7 月	上海市	三等奖	蔡宦麟	
第九届全国大学生力学竞赛个人赛上海赛区	2013 年 7 月	上海市	三等奖	曲浩	
第九届全国大学生力学竞赛个人赛上海赛区	2013 年 7 月	上海市	三等奖	胡承云	
第九届全国大学生力学竞赛个人赛上海赛区	2013 年 7 月	上海市	三等奖	徐方文	
第九届全国大学生力学竞赛个人赛上海赛区	2013 年 7 月	上海市	三等奖	秦晓娜	
第九届全国大学生力学竞赛个人赛上海赛区	2013 年 7 月	上海市	三等奖	代晓萌	
第九届全国大学生力学竞赛个人赛上海赛区	2013 年 7 月	上海市	优秀奖	常玉龙	何录武、马新玲、杨刚、李勇、刘长虹、李彤、王和慧、乔继彤、李琳
第九届全国大学生力学竞赛个人赛上海赛区	2013 年 7 月	上海市	优秀奖	周凯	
第九届全国大学生力学竞赛个人赛上海赛区	2013 年 7 月	上海市	优秀奖	屠珊珊	
第九届全国大学生力学竞赛个人赛上海赛区	2013 年 7 月	上海市	优秀奖	刘子龙	
第九届全国大学生力学竞赛个人赛上海赛区	2013 年 7 月	上海市	优秀奖	圣凯	
第九届全国大学生力学竞赛个人赛上海赛区	2013 年 7 月	上海市	优秀奖	严皖金	
第九届全国大学生力学竞赛个人赛上海赛区	2013 年 7 月	上海市	优秀奖	钟豪	
第九届全国大学生力学竞赛个人赛上海赛区	2013 年 7 月	上海市	优秀奖	焦鹏	
第九届全国大学生力学竞赛个人赛上海赛区	2013 年 7 月	上海市	优秀奖	葛一敏	
第九届全国大学生力学竞赛个人赛上海赛区	2013 年 7 月	上海市	优秀奖	徐亦帅	

续表

比赛名称	获奖情况			姓名	指导教师
	获奖时间	赛事级别	所获奖项		
第九届全国大学生力学竞赛个人赛上海赛区	2013 年 7 月	上海市	优秀奖	曾志远	何录武、马新玲、杨刚、李勇、刘长虹、李彤、王和慧、乔继彤、李琳
第九届全国大学生力学竞赛个人赛上海赛区	2013 年 7 月	上海市	优秀奖	周辰晓	
上海市第二届大学生机械工程创新大赛	2013 年 10 月	上海市	二等奖	柳浩然	马新玲
				王杰	
				杨远舟	
				宋昕宜	
德尔福 2013 大学生创新竞赛	2013 年 10 月	上海市	创新特等奖	柳浩然	马新玲
				杨远舟	
				宋昕宜	
第六届“高教杯”大学生先进成图技术与产品信息建模创新大赛	2013 年 8 月	全国	团体一等奖	蒋冠辰	郭慧、马惠仙
				樊旭颖	
				沈肯杰	
				栾军政	
				范芳怡	
第六届“高教杯”大学生先进成图技术与产品信息建模创新大赛	2013 年 8 月	全国	个人全能一等奖	陈飞飞	郭慧、马惠仙
第六届“高教杯”大学生先进成图技术与产品信息建模创新大赛	2013 年 8 月	全国	个人全能一等奖	沈肯杰	郭慧、马惠仙
第六届“高教杯”大学生先进成图技术与产品信息建模创新大赛	2013 年 8 月	全国	个人全能一等奖	陈真儒	马惠仙、郭慧
第六届“高教杯”大学生先进成图技术与产品信息建模创新大赛	2013 年 8 月	全国	个人全能一等奖	范芳怡	郭慧、马惠仙
第六届“高教杯”大学生先进成图技术与产品信息建模创新大赛	2013 年 8 月	全国	个人全能一等奖	樊旭颖	郭慧、马惠仙
第六届“高教杯”大学生先进成图技术与产品信息建模创新大赛	2013 年 8 月	全国	三维产品信息建模一等奖	张景文	郭慧、马惠仙
第六届“高教杯”大学生先进成图技术与产品信息建模创新大赛	2013 年 8 月	全国	个人全能二等奖	张景文	郭慧、马惠仙
第六届“高教杯”大学生先进成图技术与产品信息建模创新大赛	2013 年 8 月	全国	三维产品信息建模一等奖	栾军政	郭慧、马惠仙

续表

比赛名称	获奖情况			姓名	指导教师
	获奖时间	赛事级别	所获奖项		
第六届“高教杯”大学生先进成图技术与产品信息建模创新大赛	2013 年 8 月	全国	个人全能二等奖	栾军政	郭慧、马惠仙
第六届“高教杯”大学生先进成图技术与产品信息建模创新大赛	2013 年 8 月	全国	三维产品信息建模一等奖	蒋冠辰	郭慧、马惠仙
第六届“高教杯”大学生先进成图技术与产品信息建模创新大赛	2013 年 8 月	全国	个人全能二等奖	蒋冠辰	郭慧、马惠仙
第三届“上图杯”机械类计算机三维造型团体赛	2013 年 5 月	上海市	一等奖	陈飞飞 蒋冠辰 沈胄杰 樊旭颖 梁振业	马惠仙、郭慧
第三届“上图杯”机械类计算机二维图形绘制团体赛	2013 年 5 月	上海市	一等奖	王启超 陆天阳 彭晓堃 苟巍然 刘俊凯	赵菊娣、刘晶
第三届“上图杯”机械类计算机二维图形绘制团体赛	2013 年 5 月	上海市	二等奖	倪凯健 蒋文都 张育逢 董轶群 高笑晨	赵菊娣、邹焙玲
第三届“上图杯”机械类计算机二维图形绘制团体赛	2013 年 5 月	上海市	二等奖	刘怡心 聂恺 罗元甲 张兆伟 尹天力	刘晶、邹焙玲
第三届“上图杯”机械类计算机三维造型团体赛	2013 年 5 月	上海市	三等奖	张景文 栾军政 曾聪 崔建鹏 刘红周	马惠仙、郭慧

比赛名称	获奖情况			姓名	指导教师
	获奖时间	赛事级别	所获奖项		
第三届“上图杯”机械类计算机三维造型团体赛	2013 年 5 月	上海市	三等奖	李钢	马惠仙、郭慧
				陈裕梁	
				陈真儒	
				周海鹏	
				彭邱鹏	
第三届“上图杯”机械类计算机二维图形绘制团体赛	2013 年 5 月	上海市	三等奖	封万俊	郭慧、马惠仙
				季伟强	
				莫松海	
				韩敏	
				李强	
第三届“上图杯”机械类计算机二维图形绘制团体赛	2013 年 5 月	上海市	三等奖	冉冀林	郭慧、马惠仙
				程隽逸	
				段鹏洋	
				杨文浩	
				吴景涛	
第三届“上图杯”机械类二维图形绘制个人赛	2013 年 5 月	上海市	一等奖	王启超	赵菊娣、刘晶
第三届“上图杯”机械类二维图形绘制个人赛	2013 年 5 月	上海市	一等奖	张育逢	赵菊娣、邹焙玲
第三届“上图杯”机械类二维图形绘制个人赛	2013 年 5 月	上海市	二等奖	陆天阳	
第三届“上图杯”机械类二维图形绘制个人赛	2013 年 5 月	上海市	二等奖	张兆伟	
第三届“上图杯”机械类二维图形绘制个人赛	2013 年 5 月	上海市	二等奖	季伟强	
第三届“上图杯”机械类二维图形绘制个人赛	2013 年 5 月	上海市	二等奖	封万俊	
第三届“上图杯”机械类二维图形绘制个人赛	2013 年 5 月	上海市	二等奖	冉冀林	
第三届“上图杯”机械类三维造型个人赛	2013 年 5 月	上海市	一等奖	陈飞飞	

续表

比赛名称	获奖情况			姓名	指导教师
	获奖时间	赛事级别	所获奖项		
第三届“上图杯”机械类三维造型个人赛	2013年5月	上海市	一等奖	蒋冠辰	
第三届“上图杯”机械类三维造型个人赛	2013年5月	上海市	二等奖	沈肖杰	
第三届“上图杯”机械类三维造型个人赛	2013年5月	上海市	二等奖	樊旭颖	
第三届“上图杯”机械类三维造型个人赛	2013年5月	上海市	二等奖	张景文	
第三届上海市大学生工程训练综合能力竞赛	2013年12月	上海市	二等奖	张景文 丁鹏 陈飞飞	刘晋、孙路
第三届上海市大学生工程训练综合能力竞赛	2013年12月	上海市	三等奖	陈真儒 董铁群 潘冀佳	何云、郑毅
ACM - ICPC 南京邀请赛	2013年5月	省部级	铜牌	吕伟斌 沈宇涛 王学峰	王占全等
ACM - ICPC 南京邀请赛	2013年5月	省部级	铜牌	杨彦斌 谢振山 王坤	王占全等
ACM - ICPC 南京邀请赛	2013年5月	省部级	银牌	郑烁 方伟成 蔡敏	王占全（领队）
ACM - ICPC 南京邀请赛	2013年5月	省部级	银牌	周永超 顾琪坤 陈天翔	王占全（领队）
ACM - ICPC 亚洲赛杭州	2013年10月	全国	银牌	周永超 顾琪坤 陈天翔	罗勇军

续表

比赛名称	获奖情况			姓名	指导教师
	获奖时间	赛事级别	所获奖项		
ACM-ICPC亚洲赛南京	2013年11月	全国	铜牌	沈宇涛 蔡敏 吕伟斌	罗勇军
ACM-ICPC亚洲赛南京	2013年11月	全国	金牌	周永超 顾琪坤 陈天翔	罗勇军
ACM-ICPC亚洲赛长春	2013年12月	全国	铜牌	沈宇涛 蔡敏 吕伟斌	雷向欣
第四届全国高校电子信息创新作品评选	2013年10月	全国	综合组一等奖	金易中 王甬玉	马国荣、杨富琴
第四届全国高校电子信息创新作品评选	2013年10月	全国	与教学结合最紧密奖	金易中 王甬玉	马国荣、杨富琴
中国大学生计算机设计大赛	2013年9月	全国	二等奖	沈加琦 翁国杨 王闻达	李攀
中国大学生计算机设计大赛	2013年9月	全国	二等奖	王建伟 邵正将 王艳红	王占全
上海市计算机应用能力大赛	2013年4月	上海市	二等奖	王整	王占全
上海市计算机应用能力大赛	2013年4月	上海市	二等奖	刘源炀	李飞
上海市计算机应用能力大赛	2013年4月	上海市	三等奖	陶珺	孙立杰
上海市计算机应用能力大赛	2013年4月	上海市	三等奖	彭治能 刘梦洋 朱健	胡庆春
上海市计算机应用能力大赛	2013年4月	上海市	三等奖	沈加琦 翁国杨 王闻达	李攀

续表

比赛名称	获奖情况			姓名	指导教师
	获奖时间	赛事级别	所获奖项		
上海市计算机应用能力大赛	2013 年 4 月	上海市	优胜奖	郝诗源 刘津羽 黄键	胡庆春
上海市计算机应用能力大赛	2013 年 4 月	上海市	优胜奖	孙建蕾 邢维龙 俞承轩	胡庆春
上海市计算机应用能力大赛	2013 年 4 月	上海市	优胜奖	陈亮	胡庆春
上海市计算机应用能力大赛	2013 年 4 月	上海市	优胜奖	刘莹莹 袁含怡	李飞
上海市计算机应用能力大赛	2013 年 4 月	上海市	优胜奖	徐想 庄丽琴	孙立杰
上海市计算机应用能力大赛	2013 年 4 月	上海市	优胜奖	濮伟雯	文欣秀
上海市计算机应用能力大赛	2013 年 4 月	上海市	优胜奖	杨锋	赵敏
全国大学生电子设计竞赛	2013 年 9 月	全国	成功参赛奖	李元达 韩文炳 盖瑞敏	李振坡
全国大学生电子设计竞赛上海赛区	2013 年 10 月	上海市	二等奖	任舜文 黎鹏 陈佳男	李振坡
全国大学生电子设计竞赛上海赛区	2013 年 10 月	上海市	二等奖	倪光耀 王逸宁 董梦曦	朱煜
全国大学生电子设计竞赛上海赛区	2013 年 10 月	上海市	三等奖	谢群义 詹磊 王洋洋	李振坡
全国大学生电子设计竞赛上海赛区	2013 年 10 月	上海市	三等奖	方豪 李世东 谢振山	朱煜

比赛名称	获奖情况			姓名	指导教师
	获奖时间	赛事级别	所获奖项		
2013 年全国大学生“西门子杯”工业自动化挑战赛华东赛区	2013 年 7 月	省部级	三等奖	金治群	孙京诰
				姜娜	
2013 年全国大学生“西门子杯”工业自动化挑战赛华东赛区	2013 年 7 月	省部级	三等奖	周耕宇	孙京诰
				郑超	
2013 年全国大学生“西门子杯”工业自动化挑战赛华东赛区	2013 年 7 月	省部级	三等奖	郭怀宇	孙京诰
				吴东哲	
2014 年全国大学生“西门子杯”工业自动化挑战赛华东赛区	2013 年 7 月	省部级	三等奖	任剑	孙京诰
				张弘	
2015 年全国大学生“西门子杯”工业自动化挑战赛华东赛区	2013 年 7 月	省部级	三等奖	沈文泓	孙京诰
2015 年全国大学生“西门子杯”工业自动化挑战赛全国决赛	2013 年 8 月	全国	二等奖	郭继尧	孙京诰
				张飞	
				宋良轩	
第四届“蓝桥杯”全国软件大赛	2013 年 5 月	上海市	一等奖、三等奖各 1 人	吕伟斌	翟洁
				胡思维	
第四届“蓝桥杯”全国软件大赛	2013 年 5 月	全国	全国二等奖	吕伟斌	翟洁
2013 年全国大学生数学建模竞赛	2013 年 11 月	全国	二等奖	李元达	刘朝晖
				杨彦斌	
				谢振山	
2013 年全国大学生数学建模竞赛	2013 年 11 月	全国	二等奖	蔡佳怡	刘朝晖
				汤志鸿	
				薛嵩	
2013 年全国大学生数学建模竞赛	2013 年 11 月	全国	二等奖	陈琪	靳勇飞
				蒋玉麟	
				何璠玙	
2013 年全国大学生数学建模竞赛	2013 年 11 月	全国	二等奖	孟昭	李义龙
				徐越	
				于嘉琪	

比赛名称	获奖情况			姓名	指导教师
	获奖时间	赛事级别	所获奖项		
2013 年全国大学生数学建模竞赛上海赛区	2013 年 10 月	上海市	一等奖	李元达 杨彦斌 谢振山	刘朝晖
2013 年全国大学生数学建模竞赛上海赛区	2013 年 10 月	上海市	一等奖	蔡佳怡 汤志鸿 薛嵩	刘朝晖
2013 年全国大学生数学建模竞赛上海赛区	2013 年 10 月	上海市	一等奖	陈琪 蒋玉麟 何璠玙	靳勇飞
2013 年全国大学生数学建模竞赛上海赛区	2013 年 10 月	上海市	一等奖	孟昭 徐越 于嘉琪	李义龙
2013 年全国大学生数学建模竞赛上海赛区	2013 年 10 月	上海市	二等奖	张婷 张笑天 季春丽	秦衍
2013 年全国大学生数学建模竞赛上海赛区	2013 年 10 月	上海市	二等奖	杨楠 方睿彦 陈志高	李义龙
2013 年全国大学生数学建模竞赛上海赛区	2013 年 10 月	上海市	二等奖	朱征露 田凯 金琳	刘朝晖
2013 年全国大学生数学建模竞赛上海赛区	2013 年 10 月	上海市	三等奖	姚梦秋 华磊杰 蒋唯一	秦衍
2013 年全国大学生数学建模竞赛上海赛区	2013 年 10 月	上海市	三等奖	虞志成 施恺航 东哲羲	秦衍
2013 年全国大学生数学建模竞赛上海赛区	2013 年 10 月	上海市	三等奖	白思晴 边晓晖 吴慧鹏	秦衍

比赛名称	获奖情况			姓名	指导教师
	获奖时间	赛事级别	所获奖项		
2013年全国大学生数学建模竞赛上海赛区	2013年10月	上海市	三等奖	曹斯铭 潘飞 周珺	秦衍
2013年全国大学生数学建模竞赛上海赛区	2013年10月	上海市	三等奖	武朝金 朱廷贺 宋良轩	李义龙
2013年全国大学生数学建模竞赛上海赛区	2013年10月	上海市	三等奖	毛羽 张鸿鑫 岳鹏	李义龙
2013年全国大学生数学建模竞赛上海赛区	2013年10月	上海市	三等奖	贺沁 徐力扬 王南	苏纯洁
2013年全国大学生数学建模竞赛上海赛区	2013年10月	上海市	三等奖	欧海鹏 周晓宇 杜玉鹏	苏纯洁
2013年全国大学生数学建模竞赛上海赛区	2013年10月	上海市	三等奖	丁毅 金宇辉 何世明	苏纯洁
2013年全国大学生数学建模竞赛上海赛区	2013年10月	上海市	三等奖	胡济恩 刘涛 戴新宇	杨勤民
2013年全国大学生数学建模竞赛上海赛区	2013年10月	上海市	三等奖	薛振锋 吴婧 陈航璐	杨勤民
2013年全国大学生数学建模竞赛上海赛区	2013年10月	上海市	三等奖	翟丹丹 胡孜萌 肖子超	靳勇飞
2013年全国大学生数学建模竞赛上海赛区	2013年10月	上海市	三等奖	乔崇智 马玲玲 俞琳	刘朝晖

续表

比赛名称	获奖情况			姓名	指导教师
	获奖时间	赛事级别	所获奖项		
2013年全国大学生数学建模竞赛上海赛区	2013年10月	上海市	三等奖	汤妍	刘朝晖
				邢颖	
				韩文炳	
第5届全国大学生数学竞赛（非数学类）上海赛区暨第5届上海市大学生数学竞赛（非数学类）	2013年12月	上海市	一等奖	包垚垚	殷锡鸣
第5届全国大学生数学竞赛（非数学类）上海赛区暨第5届上海市大学生数学竞赛（非数学类）	2013年12月	上海市	一等奖	罗成	殷锡鸣
第5届全国大学生数学竞赛（非数学类）上海赛区暨第5届上海市大学生数学竞赛（非数学类）	2013年12月	上海市	一等奖	程鹏	江志松
第5届全国大学生数学竞赛（非数学类）上海赛区暨第5届上海市大学生数学竞赛（非数学类）	2013年12月	上海市	一等奖	叶远洋	江志松
第5届全国大学生数学竞赛（非数学类）上海赛区暨第5届上海市大学生数学竞赛（非数学类）	2013年12月	上海市	一等奖	王琦	李红英
第5届全国大学生数学竞赛（非数学类）上海赛区暨第5届上海市大学生数学竞赛（非数学类）	2013年12月	上海市	一等奖	蒋文都	李红英
第5届全国大学生数学竞赛（非数学类）上海赛区暨第5届上海市大学生数学竞赛（非数学类）	2013年12月	上海市	一等奖	金逸	李义龙
第5届全国大学生数学竞赛（非数学类）上海赛区暨第5届上海市大学生数学竞赛（非数学类）	2013年12月	上海市	二等奖	郑楠	苏纯洁
第5届全国大学生数学竞赛（非数学类）上海赛区暨第5届上海市大学生数学竞赛（非数学类）	2013年12月	上海市	二等奖	徐力	姬超
第5届全国大学生数学竞赛（非数学类）上海赛区暨第5届上海市大学生数学竞赛（非数学类）	2013年12月	上海市	二等奖	栾军政	苏纯洁

比赛名称	获奖情况			姓名	指导教师
	获奖时间	赛事级别	所获奖项		
第5届全国大学生数学竞赛（非数学类）上海赛区暨第5届上海市大学生数学竞赛（非数学类）	2013年12月	上海市	二等奖	徐嘉鹏	孟雅琴
第5届全国大学生数学竞赛（非数学类）上海赛区暨第5届上海市大学生数学竞赛（非数学类）	2013年12月	上海市	二等奖	楼锋	方民
第5届全国大学生数学竞赛（非数学类）上海赛区暨第5届上海市大学生数学竞赛（非数学类）	2013年12月	上海市	二等奖	朱凌志	王薇
第5届全国大学生数学竞赛（非数学类）上海赛区暨第5届上海市大学生数学竞赛（非数学类）	2013年12月	上海市	二等奖	张驰	宋洁
第5届全国大学生数学竞赛（非数学类）上海赛区暨第5届上海市大学生数学竞赛（非数学类）	2013年12月	上海市	二等奖	尤文颖	胡海燕
第5届全国大学生数学竞赛（非数学类）上海赛区暨第5届上海市大学生数学竞赛（非数学类）	2013年12月	上海市	二等奖	张悦明	邵方明
第5届全国大学生数学竞赛（非数学类）上海赛区暨第5届上海市大学生数学竞赛（非数学类）	2013年12月	上海市	二等奖	陈旭东	吕雪芹
第5届全国大学生数学竞赛（非数学类）上海赛区暨第5届上海市大学生数学竞赛（非数学类）	2013年12月	上海市	三等奖	黄天华	马先锋
第5届全国大学生数学竞赛（非数学类）上海赛区暨第5届上海市大学生数学竞赛（非数学类）	2013年12月	上海市	三等奖	朱振国	赵建丛
第5届全国大学生数学竞赛（非数学类）上海赛区暨第5届上海市大学生数学竞赛（非数学类）	2013年12月	上海市	三等奖	崔鹏程	赵瑞芳
第5届全国大学生数学竞赛（非数学类）上海赛区暨第5届上海市大学生数学竞赛（非数学类）	2013年12月	上海市	三等奖	曹佳力	黄定江

比赛名称	获奖情况			姓名	指导教师
	获奖时间	赛事级别	所获奖项		
第5届全国大学生数学竞赛（非数学类）上海赛区暨第5届上海市大学生数学竞赛（非数学类）	2013年12月	上海市	三等奖	陈志高	殷锡鸣
第5届全国大学生数学竞赛（非数学类）上海赛区暨第5届上海市大学生数学竞赛（非数学类）	2013年12月	上海市	三等奖	徐媚媚	江志松
第5届全国大学生数学竞赛（非数学类）上海赛区暨第5届上海市大学生数学竞赛（非数学类）	2013年12月	上海市	三等奖	康小虎	李义龙
第5届全国大学生数学竞赛（非数学类）上海赛区暨第5届上海市大学生数学竞赛（非数学类）	2013年12月	上海市	三等奖	黄冲	苏纯洁
第5届全国大学生数学竞赛（非数学类）上海赛区暨第5届上海市大学生数学竞赛（非数学类）	2013年12月	上海市	三等奖	陈佳青	姬超
第5届全国大学生数学竞赛（非数学类）上海赛区暨第5届上海市大学生数学竞赛（非数学类）	2013年12月	上海市	三等奖	肖旭	苏纯洁
第5届全国大学生数学竞赛（非数学类）上海赛区暨第5届上海市大学生数学竞赛（非数学类）	2013年12月	上海市	三等奖	黄洋	孟雅琴
第5届全国大学生数学竞赛（非数学类）上海赛区暨第5届上海市大学生数学竞赛（非数学类）	2013年12月	上海市	三等奖	孙伟	方民
第5届全国大学生数学竞赛（非数学类）上海赛区暨第5届上海市大学生数学竞赛（非数学类）	2013年12月	上海市	三等奖	李梦霄	贺秀霞
第5届全国大学生数学竞赛（非数学类）上海赛区暨第5届上海市大学生数学竞赛（非数学类）	2013年12月	上海市	三等奖	陈磊	宋洁
第30届全国部分地区大学生物理竞赛（上海赛区）非物理类A	2013年12月	上海市	特等奖	邱铜	汪溶、葛自明、张孟

续表

比赛名称	获奖情况			姓名	指导教师
	获奖时间	赛事级别	所获奖项		
第 30 届全国部分地区大学生物理竞赛（上海赛区）非物理类 A	2013 年 12 月	上海市	一等奖	姚伟良	汪溶、葛自明、张孟
第 30 届全国部分地区大学生物理竞赛（上海赛区）非物理类 A	2013 年 12 月	上海市	二等奖	丁宇静	汪溶、葛自明、张孟
第 30 届全国部分地区大学生物理竞赛（上海赛区）非物理类 A	2013 年 12 月	上海市	二等奖	包垚垚	
第 30 届全国部分地区大学生物理竞赛（上海赛区）非物理类 A	2013 年 12 月	上海市	二等奖	杨正浩	
第 30 届全国部分地区大学生物理竞赛（上海赛区）非物理类 A	2013 年 12 月	上海市	二等奖	沈家荣	
第 30 届全国部分地区大学生物理竞赛（上海赛区）非物理类 A	2013 年 12 月	上海市	二等奖	姚达琛	
第 30 届全国部分地区大学生物理竞赛（上海赛区）非物理类 A	2013 年 12 月	上海市	二等奖	陈梓轩	
第 30 届全国部分地区大学生物理竞赛（上海赛区）非物理类 A	2013 年 12 月	上海市	二等奖	兰赏	
第 30 届全国部分地区大学生物理竞赛（上海赛区）非物理类 A	2013 年 12 月	上海市	二等奖	王戎	
第 30 届全国部分地区大学生物理竞赛（上海赛区）非物理类 A	2013 年 12 月	上海市	二等奖	徐利江	
第 30 届全国部分地区大学生物理竞赛（上海赛区）非物理类 A	2013 年 12 月	上海市	二等奖	封万俊	
第 30 届全国部分地区大学生物理竞赛（上海赛区）非物理类 A	2013 年 12 月	上海市	二等奖	王琦	

比赛名称	获奖情况			姓名	指导教师
	获奖时间	赛事级别	所获奖项		
第30届全国部分地区大学生物理竞赛（上海赛区）非物理类A	2013年12月	上海市	三等奖	魏志强	汪溶、葛自明、张孟
第30届全国部分地区大学生物理竞赛（上海赛区）非物理类A	2013年12月	上海市	三等奖	许佳平	
第30届全国部分地区大学生物理竞赛（上海赛区）非物理类A	2013年12月	上海市	三等奖	李剑波	
第30届全国部分地区大学生物理竞赛（上海赛区）非物理类A	2013年12月	上海市	三等奖	徐力	
第30届全国部分地区大学生物理竞赛（上海赛区）非物理类A	2013年12月	上海市	三等奖	胡小龙	
第30届全国部分地区大学生物理竞赛（上海赛区）非物理类A	2013年12月	上海市	三等奖	黄冲	
第30届全国部分地区大学生物理竞赛（上海赛区）非物理类A	2013年12月	上海市	三等奖	陈佳青	
第30届全国部分地区大学生物理竞赛（上海赛区）物理类	2013年12月	上海市	三等奖	楼锋	
第30届全国部分地区大学生物理竞赛（上海赛区）物理类	2013年12月	上海市	三等奖	张方波	
“欢乐杯”首届上海市大学生物理学术竞赛	2013年7月	上海市	一等奖	叶幸裕	钟菊花、顾英俊、葛自明、章登宏、房毅、罗锻斌、张月兰、刘海清、吴兰萍、高建平、朱云霞
				王晨阳	
				陈诚诚	
				时倩	
				杨顺华	
“欢乐杯”首届上海市大学生物理学术竞赛	2013年7月	上海市	一等奖	袁丛龙	钟菊花、顾英俊、葛自明、章登宏、房毅、罗锻斌、张月兰、刘海清、吴兰萍、高建平、朱云霞
				曹昕然	
				周逸龙	
				张爽	
				孙泽元	
				孔维鲁	

比赛名称	获奖情况			姓名	指导教师
	获奖时间	赛事级别	所获奖项		
“欢乐杯”首届上海市大学生物理学术竞赛	2013 年 7 月	上海市	二等奖	张佳凯	钟菊花、顾英俊、葛自明、章登宏、房毅、罗锻斌、张月兰、刘海清、吴兰萍、高建平、朱云霞
				梁千柱	
				许晨杰	
				施云颖	
				傅巧巧	
中国大学生物理学术竞赛	2013 年 8 月	全国	二等奖	彭勃	钟菊花、顾英俊、葛自明、章登宏、张月兰、刘海清
				茅顿	
				包谷之	
				王家亮	
				李慧敏	
上海市“启德留学杯”营销策划大赛	2013 年 12 月	上海市	冠军	孙晓丹	
				林小惠	
				陈泊宇	
第三届“知行杯”上海市大学生社会实践大赛	2013 年 10 月	上海市	三等奖	孙悦	刘晓亮
				杨辰	
				单琦	
				方丹凤	
上海九校模拟法庭大赛	2013 年 1 月	上海市	最佳代理人	洪宙峰	
2013 年“外研社杯”全国大学生英语演讲比赛上海赛区	2013 年 11 月	上海市	二等奖	余孙文	黄岚、杨慧敏
第 17 届“外研社·当当网杯”全国大学生英语辩论赛华东赛区	2013 年 10 月	省部级	三等奖	张元倩	高攀
				朱卉	
“江南梦”东南大学模拟联合国大会	2013 年 10 月	省部级	杰出代表奖	郑炎	颜静兰
“江南梦”东南大学模拟联合国大会	2013 年 10 月	省部级	杰出代表奖	王逢泽	颜静兰
“江南梦”东南大学模拟联合国大会	2013 年 10 月	省部级	最佳代表奖	何霁霏	颜静兰
2013“外研社杯”全国英语写作大赛上海赛区	2013 年 11 月	上海市	特等奖	邢沛林	杨慧敏

比赛名称	获奖情况			姓名	指导教师
	获奖时间	赛事级别	所获奖项		
2013“外研社杯”全国英语写作大赛上海赛区	2013年11月	上海市	一等奖	段超	杨慧敏
2013“外研社杯”全国英语写作大赛上海赛区	2013年11月	上海市	二等奖	姚漪捷	杨慧敏
2013“外研社杯”全国英语写作大赛	2013年12月	全国	一等奖	邢沛林	杨慧敏
上海外国语大学模拟联合国大会	2013年10月	上海市	杰出代表奖	张弛	华静
第五届大学生模拟联合国大会	2013年10月	全国	最佳代表团奖	仲尧 王思珏	颜静兰、高攀
第11届华东地区“21世纪·华澳杯”大学生中澳友好英语大赛	2013年11月	省部级	一等奖	闻菁	方朝、贾卉
东华大学校际模拟联合国大会	2013年11月	上海市	最佳代表奖	许苑祺	颜静兰、华静
东华大学校际模拟联合国大会	2013年11月	上海市	最佳代表奖	龚一波	颜静兰、华静
东华大学校际模拟联合国大会	2013年11月	上海市	最具说服力奖	李炜嘉	颜静兰、华静
东华大学校际模拟联合国大会	2013年11月	上海市	最具说服力奖	周冬颖	颜静兰、华静
东华大学校际模拟联合国大会	2013年11月	上海市	杰出代表奖	乔辛磊	颜静兰、华静
东华大学校际模拟联合国大会	2013年11月	上海市	最具个人魅力奖	王雅倩	颜静兰、华静
2013年江浙沪大学生影视翻译配音邀请赛	2013年12月	省部级	三等奖	陈云龙 徐以秦	金春岚
第19届“21世纪杯”全国英语演讲比赛上海赛区决赛	2013年12月	上海市	一等奖	姚漪捷	颜静兰、高攀
第19届“21世纪杯”全国英语演讲比赛上海赛区决赛	2013年12月	上海市	二等奖	袁湛	颜静兰、高攀
第七届全国高校德语专业大学生辩论赛	2013年11月	全国	优胜奖	陈高雅 宋庭欢	王涌、万灿红
上海市大学生日语演讲比赛	2013年11月	上海市	二等奖	骆丰	黄育红、三村达也
“滋庆杯”日语演讲比赛	2013年12月	上海市	优胜奖	向铮	黄育红、三村达也

比赛名称	获奖情况			姓名	指导教师
	获奖时间	赛事级别	所获奖项		
第十三届“挑战杯”上海市大学生课外学术科技作品竞赛	2013年6月	上海市	一等奖	吴晓晓 李旭 刘飞 周元凯 高虹琳	石超艺
第十三届“挑战杯”上海市大学生课外学术科技作品竞赛	2013年6月	上海市	二等奖	赵铭诚 朱旭旻 柳浩然 陶冶	栾伟玲
第十三届“挑战杯”上海市大学生课外学术科技作品竞赛	2013年6月	上海市	三等奖	周凯 韩港 毛龙军	易建军
第十三届“挑战杯”上海市大学生课外学术科技作品竞赛	2013年6月	上海市	三等奖	范翔 李骋远 邢帅	张晓彦
第十三届“挑战杯”上海市大学生课外学术科技作品竞赛	2013年6月	上海市	三等奖	刘盼 王林 朱晓民 朱慧彪	易建军
第十三届“挑战杯”全国大学生课外学术科技作品竞赛	2013年10月	全国	二等奖	吴晓晓 李旭 刘飞 周元凯 高虹琳	石超艺
第十三届“挑战杯”全国大学生课外学术科技作品竞赛	2013年10月	全国	二等奖	赵铭诚 朱旭旻 柳浩然 陶冶	栾伟玲
第十九届上海高校学生创造发明“科创杯”奖	2013年12月	上海市	三等奖	范翔	张晓彦

续表

比赛名称	获奖情况			姓名	指导教师
	获奖时间	赛事级别	所获奖项		
第十九届上海高校学生创造发明“科创杯”奖	2013 年 12 月	上海市	三等奖	侯启桐	陈宁
第十九届上海高校学生创造发明“科创杯”奖	2013 年 12 月	上海市	三等奖	李孟泽	孟阿兰
第十九届上海高校学生创造发明“科创杯”奖	2013 年 12 月	上海市	三等奖	汪胜佩 肖姝源 杨惠 黄梦哲	王蓓
第十九届上海高校学生创造发明“科创杯”奖	2013 年 12 月	上海市	三等奖	王胜男 程斌	郭卫红
第十九届上海高校学生创造发明“科创杯”奖	2013 年 12 月	上海市	三等奖	杨小龙 潘月	张金龙、邢明阳
第十九届上海高校学生创造发明“科创杯”奖	2013 年 12 月	上海市	三等奖	赵铭诚	栾伟玲
第十九届上海高校学生创造发明“科创杯”奖	2013 年 12 月	上海市	三等奖	周凯 韩港	易建军
2013 第三届华东地区大学生设计营主题设计大赛	2013 年 7 月	省部级	三等奖	马翀	谢臻、罗毅
2013 第三届华东地区大学生设计营主题设计大赛	2013 年 7 月	省部级	三等奖	刘翔宇 李进	谢臻、罗毅
2013 上海高校设计创意优秀毕业作品奖	2013 年 6 月	上海市	一等奖	李丹	陈虹、丁伟
2013 上海高校设计创意优秀毕业作品奖	2013 年 6 月	上海市	二等奖	张恒	程建新、叶俊男
2013 上海高校设计创意优秀毕业作品奖	2013 年 6 月	上海市	二等奖	刘昕	聂桂平
2013 上海高校设计创意优秀毕业作品奖	2013 年 6 月	上海市	三等奖	王震	周美玉、叶俊男、刘森

比赛名称	获奖情况			姓名	指导教师
	获奖时间	赛事级别	所获奖项		
2013 上海高校设计创意优秀毕业作品奖	2013 年 6 月	上海市	三等奖	樊春勇	周美玉
2013 上海高校设计创意优秀毕业作品奖	2013 年 6 月	上海市	优秀作品奖	尹骁	程建新、叶俊男
2013 上海高校设计创意优秀毕业作品奖	2013 年 6 月	上海市	优秀作品奖	沈驰鑫	程建新
2013 上海高校设计创意优秀毕业作品奖	2013 年 6 月	上海市	优秀作品奖	史林玉	陈翔
2013 上海高校设计创意优秀毕业作品奖	2013 年 6 月	上海市	优秀作品奖	朱未辛	周美玉
2013 上海高校设计创意优秀毕业作品奖	2013 年 6 月	上海市	三等奖	唐潇凡	谢臻
第七届全国数字艺术设计大赛	2013 年 11 月	全国	银奖	马翀	程建新、周美玉、叶俊男、刘淼
第七届全国数字艺术设计大赛	2013 年 11 月	全国	铜奖	胡安妮	程建新、周美玉、叶俊男、刘淼
第七届全国数字艺术设计大赛	2013 年 11 月	全国	铜奖	张恒	程建新、周美玉、叶俊男、刘淼
2013 年上海市中心城袖珍广场高校设计竞赛	2013 年 9 月	省部级	二等奖	栾文杰	温全平
2013 年上海市中心城袖珍广场高校设计竞赛	2013 年 9 月	省部级	优秀奖	黄欣然	温全平
				吴甜	
				张瑛	
				曹明远	
2013 年上海市中心城袖珍广场高校设计竞赛	2013 年 9 月	省部级	优秀奖	张寅	温全平
				王诗雨	
				陈天宇	
2013 年“现代杯”上海大学生风景园林规划设计大赛	2013 年 12 月	省部级	二等奖	栾文杰	温全平

续表

比赛名称	获奖情况			姓名	指导教师
	获奖时间	赛事级别	所获奖项		
2013年“现代杯”上海大学生风景园林规划设计大赛	2013年12月	省部级	佳作奖	张寅	温全平
				吴甜	
				张瑛	
2013年“现代杯”上海大学生风景园林规划设计大赛	2013年12月	省部级	佳作奖	佘宛婷	温全平
海湾创业节创意创业大赛	2013年5月	上海市	最佳创意产品奖	潘丹娜	于炜
海湾创业节创意创业大赛	2013年11月	上海市	金奖	邓靓婷	于炜
第2届中国创意林业产品大赛	2013年11月	省部级	铜奖	熊韬	周美玉、叶俊男、刘淼
第2届中国创意林业产品大赛	2013年11月	省部级	入围奖	贝典徽	周美玉、叶俊男、刘淼
第2届中国创意林业产品大赛	2013年11月	省部级	入围奖	华燕菁	周美玉、叶俊男、刘淼
第2届中国创意林业产品大赛	2013年11月	省部级	入围奖	林森	周美玉、叶俊男、刘淼
第2届中国创意林业产品大赛	2013年11月	省部级	入围奖	熊韬	周美玉、叶俊男、刘淼
第2届中国创意林业产品大赛	2013年11月	省部级	入围奖	熊韬	周美玉、叶俊男、刘淼
第2届中国创意林业产品大赛	2013年11月	省部级	入围奖	张梦宁	周美玉、叶俊男、刘淼
2013上海钻石首饰创意设计大赛	2013年12月	省部级	入围奖	马翀	傅蓉蓉、叶俊男、章彰

（耿胥）

2013 年本科专业设置一览表

序号	专业代码	专业名称	修业年限	学位授予门类	备注
1	020101	经济学	四	经济学	2013 年新增招生
2	020301K	金融学	四	经济学	
3	020303	保险学	四	经济学	
4	020401	国际经济与贸易	四	经济学	
5	030101K	法学	四	法学	
6	030301	社会学	四	法学	
7	030302	社会工作	四	法学	
8	050201	英语	四	文学	
9	050203	德语	四	文学	
10	050207	日语	四	文学	
11	050303	广告学	四	文学	
12	070101	数学与应用数学	四	理学	
13	070102	信息与计算科学	四	理学	
14	070202	应用物理学	四	理学	
15	070301	化学	四	理学	
16	070302	应用化学	四	工学	
17	071001	生物科学	四	理学	
18	071002	生物技术	四	工学	
19	080202	机械设计制造及其自动化	四	工学	
20	080203	材料成型及控制工程	四	工学	
21	080205	工业设计	四	工学	
22	080206	过程装备与控制工程	四	工学	
23	080301	测控技术与仪器	四	工学	
24	080402	材料物理	四	理学	
25	080403	材料化学	四	工学	
26	080405	金属材料工程	四	工学	
27	080406	无机非金属材料工程	四	工学	
28	080407	高分子材料与工程	四	工学	
29	080408	复合材料与工程	四	工学	
30	080414T	新能源材料与器件	四	工学	
31	080501	能源与动力工程	四	工学	
32	080601	电气工程及其自动化	四	工学	
33	080705	光电信息科学与工程	四	工学	

续表

序号	专业代码	专业名称	修业年限	学位授予门类	备注
34	080706	信息工程	四	工学	
35	080801	自动化	四	工学	
36	080901	计算机科学与技术	四	工学	
37	081301	化学工程与工艺	四	工学	
38	081302	制药工程	四	工学	
39	081303T	资源循环科学与工程	四	工学	
40	081504	油气储运工程	四	工学	
41	081701	轻化工程	四	工学	
42	082502	环境工程	四	工学	
43	082701	食品科学与工程	四	工学	
44	082702	食品质量与安全	四	工学	
45	082803	风景园林	四	工学	
46	082901	安全工程	四	工学	
47	083001	生物工程	四	工学	
48	100701	药学	四	理学	
49	100702	药物制剂	四	理学	
50	120102	信息管理与信息系统	四	管理学	
51	120103	工程管理	四	管理学	
52	120201K	工商管理	四	管理学	
53	120202	市场营销	四	管理学	
54	120203K	会计学	四	管理学	
55	120204	财务管理	四	管理学	
56	120206	人力资源管理	四	管理学	
57	120401	公共事业管理	四	管理学	
58	120402	行政管理	四	管理学	
59	120403	劳动与社会保障	四	管理学	
60	120405	城市管理	四	管理学	
61	120601	物流管理	四	管理学	
62	120901K	旅游管理	四	管理学	
63	130502	视觉传达设计	四	艺术学	
64	130503	环境设计	四	艺术学	
65	130504	产品设计	四	艺术学	

（张正清）

2013 级辅修专业及第二专业设置一览表

辅修专业名称	所属学科门类	学分数	辅修专业学士学位类别
英语	文学	60	文学辅修学士学位
日语	文学	60	文学辅修学士学位
德语	文学	60	文学辅修学士学位
金融学	经济学	60	经济学辅修学士学位
财务管理	管理学	60	管理学辅修学士学位
工程管理（项目管理方向）	管理学	60	管理学辅修学士学位
数学与应用数学	理学	60	理学辅修学士学位
信息与计算科学	理学	60	理学辅修学士学位
法律	法学	60	法学辅修学士学位
艺术设计	文学	60	文学辅修学士学位
信息技术及应用（二专）		38	（本校二专证书，没有学位证书）

（邓自洋）

2013 年国家级、市级、校级大学生创新创业训练计划立项一览表

项目编号	项目级别	项目名称	学院	指导教师	参与学生数	项目负责人
201310251001	国家级	分子键合法制备永久性抗菌 PET 的研究	材料科学与工程学院	郑安呐	4	黄添华
201310251002	国家级	键合抗氧剂丁腈橡胶的合成与表征	材料科学与工程学院	米普科	4	顾瑾璟
201310251003	国家级	超分子自组装仿病毒衣壳基因载体的研究	材料科学与工程学院	陈涛	4	王岑榕
201310251004	国家级	微/纳米孔互穿结构材料指导新骨组织再生研究	材料科学与工程学院	梁文	4	刘争卉
201310251005	国家级	高性能负温度系数热敏传感器开发	材料科学与工程学院	赵春花	3	高翔
201310251006	国家级	有机/无机复合牙种植体的研究	材料科学与工程学院	魏杰	4	陈心驹
201310251007	国家级	变价离子掺杂玻璃的辐照诱导效应	材料科学与工程学院	陈国荣	4	徐海源
201310251008	国家级	异质结聚合物太阳能电池的计算机模拟	材料科学与工程学院	林嘉平	3	潘剑
201310251009	国家级	和解公诉程序中被害人的权利保护研究	法学院	周登谅	4	杭丽

项目编号	项目级别	项目名称	学院	指导教师	参与学生数	项目负责人
201310251010	国家级	机翼前缘用连续碳纤维编织物增强聚苯硫醚复合材料的制备及成型工艺	化工学院	周晓东	4	刘莉
201310251011	国家级	二氯甲烷基溶剂溶胀固化环氧树脂的过程及规律研究	化工学院	李峰	4	朱文彬
201310251012	国家级	PET/PHB液晶共聚酯的超临界流体发泡特性研究	化工学院	赵玲	4	周至恩
201310251013	国家级	丙烯制环氧丙烷工艺过程分析与合成	化工学院	顾雄毅	4	黄克骄
201310251014	国家级	黏弹性表面活性剂胶束体系及其应用研究	化工学院	方波	4	熊家培
201310251015	国家级	木质素基扩链剂的制备及其调控 PLA 热降解的过程研究	化工学院	孟鑫	4	彭景
201310251016	国家级	天然长棉纤的化学改性及其高性能化	化工学院	曹贵平	4	姚晨炜
201310251017	国家级	改性纳米颗粒示踪研究超临界 CO_2 在页岩气开采中的应用	化工学院	郭旭虹	4	杨楠
201310251018	国家级	四组分单塔清晰分割的全热耦强化精馏过程的稳态模拟	化工学院	凌昊	4	吴俊昇
201310251019	国家级	生物素在细胞影像方面的应用	化学与分子工程学院	吴君臣	3	张欣然
201310251020	国家级	均相催化中的温控分离	化学与分子工程学院	侯震山	4	乔琳
201310251021	国家级	天门冬氨酸钙的合成工艺研究	化学与分子工程学院	徐志珍	4	傅骏豪
201310251022	国家级	掺铝氧化锌微纳材料的一步合成及其防腐性能	化学与分子工程学院	刘金库	4	张琦
201310251023	国家级	大孔 TiO_2-SiO_2 复合光催化材料的制备及其光催化性能的研究	化学与分子工程学院	邢明阳	4	毛羽
201310251024	国家级	偶氮苯修饰环糊精化合物的合成及其包结性能	化学与分子工程学院	马骧	4	徐弋凯

续表

项目编号	项目级别	项目名称	学院	指导教师	参与学生数	项目负责人
201310251025	国家级	全自动多功能地膜覆盖机的优化设计	机械与动力工程学院	刘长利	4	张鸿鑫
201310251026	国家级	水上前行者机构设计与分析	机械与动力工程学院	李锦	4	钟豪
201310251027	国家级	磁性画板功能改进与教学应用	机械与动力工程学院	赖焕新	4	丁铖
201310251028	国家级	变配方高效自动调料器	机械与动力工程学院	马新玲	4	范智
201310251029	国家级	新型广口玻璃瓶开盖器的研制	机械与动力工程学院	刘长虹	4	胡余文
201310251030	国家级	加载速率对爆破片爆破压的影响规律研究	机械与动力工程学院	惠虎	4	李亮亮
201310251031	国家级	具有光学调控功能的新型染料敏化太阳能电池对电极的可控制备	理学院	张波	4	王宇韬
201310251032	国家级	基于光敏有机材料的全光逻辑门研究	理学院	罗锻斌	3	刘畅
201310251033	国家级	基于 Biefeld-Brown 效应对低温等离子射流推进作用的利用的广义结构的研究	理学院	汪溶	4	唐明劼
201310251034	国家级	新生代农民工的发展诉求及其社会政策研究	马克思主义学院	徐雪明	4	玉炫
201310251035	国家级	消费者网络团购行为的影响因素与作用机制研究	商学院	杨剑侠	4	邓娟
201310251036	国家级	基于碳排放的供应链网络优化模型及其应用研究	商学院	范体军	4	朱子伟
201310251037	国家级	电子商务网站在线评论的标签摘要研究	商学院	李嘉	4	倪冰玉
201310251038	国家级	家庭农场发展与农民市场参与的关系研究	商学院	孙定东	4	郑青青
201310251039	国家级	中国人力资本代际传递机制与公共政策研究	商学院	潘春阳	4	蒋欣怡
201310251040	国家级	询价制度安排、询价对象信息显示与 IPO 定价效率	商学院	郑凯	4	刘妙红

续表

项目编号	项目级别	项目名称	学院	指导教师	参与学生数	项目负责人
201310251041	国家级	长三角地区新型城镇化发展战略研究：强镇扩权的视角	商学院	杨上广	4	谢思蕊
201310251042	国家级	上海市少数民族同学校园融入状况分析	社会与公共管理学院	罗建平	4	常康
201310251043	国家级	村落如何“终结”？——基于上海北杨村的案例调查	社会与公共管理学院	杨发祥	4	咸金彤
201310251044	国家级	社会网络与经营性自雇就业的创业过程和经营状况——基于上海市高校周边的问卷调查	社会与公共管理学院	孙中伟	4	李婷婷
201310251045	国家级	藏汉民族大学生的校园融合服务	社会与公共管理学院	费梅苹	3	王爽
201310251046	国家级	城市新移民的住房困境、需求特性与政策回应研究	社会与公共管理学院	赵方杜	4	何爽
201310251047	国家级	交传口译质量与语块使用相关度研究	外国语学院	余建平	4	梁伊茹
201310251048	国家级	莫言小说在西方译介与传播研究	外国语学院	华静	4	朱卉
201310251049	国家级	英语专业及英语二专学生的应试英语与实际应用关系浅析	外国语学院	黄岚	4	唐幸尔
201310251050	国家级	具有自动寻迹和编队安全行驶的智能车	信息科学与工程学院	凌志浩	4	赵博
201310251051	国家级	基于手图像的身份识别系统	信息科学与工程学院	袁玉波	4	吴铭
201310251052	国家级	基于 ZIGBEE 技术的智能仓储监控管理系统设计	信息科学与工程学院	黄如	4	金宇辉
201310251053	国家级	基于 ZIGBEE 无线传输技术的表面肌电控制系统的设计与实现	信息科学与工程学院	王蓓	4	彭清
201310251054	国家级	基于车载的移动智慧云端信息平台的开发	信息科学与工程学院	赵文瑜	4	徐硕
201310251055	国家级	基于 ARM 芯片网络音乐播放器制作	信息科学与工程学院	马国荣	4	贾修毅

项目编号	项目级别	项目名称	学院	指导教师	参与学生数	项目负责人
201310251056	国家级	面向智能手机的说话人识别研究	信息科学与工程学院	李冬冬	4	谢南杰
201310251057	国家级	网络图像复杂语义内容分析研究	信息科学与工程学院	张静	4	吴佳莹
201310251058	国家级	视频信息采集与目标定位系统设计	信息科学与工程学院	朱煜	4	潘一鸣
201310251059	国家级	酶法提取-絮凝纯化中药多糖的工艺及体外抗氧化活性研究	药学院	韩伟	4	刘傲霞
201310251060	国家级	几种常用染发剂皮肤接触致敏及中药干预减毒的实验研究	药学院	顾江萍	4	王雨竹
201310251061	国家级	2，5-二氢吡咯衍生物的不对称合成研究	药学院	罗晓燕	3	朱皖凌
201310251062	国家级	*N*-乙酰转移酶荧光探针的合成及应用	药学院	朱维平	4	柯宇琦
201310251063	国家级	可用于检测芳香化合物的“分子镊子”的合成与测试	药学院	杨有军	3	侯昕宇
201310251064	国家级	人际网络的影响与实践：成舍我新闻思想来源之研究	艺术设计与传媒学院	王仲	3	蒋楠杰
201310251065	国家级	负载锰氧化物活性炭去除空气中的甲醛	资源与环境工程学院	张巍	4	周昕彦
201310251066	国家级	热活化过硫酸钠降解1，1，1-TCA氧化/还原机制的研究	资源与环境工程学院	吕树光	4	邬振宇
201310251067	国家级	平流式二沉池流态优化数值模拟	资源与环境工程学院	孙泽	2	胡润麟
201310251068	国家级	复合型霾污染中大气颗粒物中棕色碳组成特征研究	资源与环境工程学院	修光利	4	张元恺
201310251069	国家级	煤矸石提铝技术	资源与环境工程学院	于建国	4	吴书凡
201310251070	国家级	豆油等原材料对生物药物发酵的影响	生物工程学院	叶蕊芳	4	管莹
201310251071	国家级	具有广谱抗菌活力的抗生素替代物的制备与改造	生物工程学院	范立强	4	许毅

续表

项目编号	项目级别	项目名称	学院	指导教师	参与学生数	项目负责人
201310251072	国家级	转酮酶的定向进化及其在手性药物中间体合成中的应用	生物工程学院	奕栋	4	刘思羽
201310251073	国家级	羰基还原酶与腈水解酶偶联法制备光学纯 beta-羟基酸	生物工程学院	许建和	3	李洋
201310251074	国家级	打开细胞膜屏障的金钥匙	生物工程学院	赵健	4	孙文
201310251075	国家级	$PM_{2.5}$ 颗粒物形貌特征及其生物效应的研究	生物工程学院	王平	4	曹雪玮
201310251076	国家级	上海服务型城市公共体育服务安全保障标准化体系研究	体育科学与工程学院	阎珏	4	徐放
S13001	上海市级	活化多孔石墨烯负载硫复合材料的制备以及在锂硫电池上的应用	材料科学与工程学院	王庚超	4	王权
S13002	上海市级	不同产地和田玉的特征研究	材料科学与工程学院	王以群	4	汪嘉伟
S13003	上海市级	光电高分子超分子结构的构筑及响应	材料科学与工程学院	林绍梁	4	胡航
S13004	上海市级	仿植物蜡层超疏水水性无氟聚氨酯涂层及其微结构	材料科学与工程学院	张杰	4	徐榕城
S13005	上海市级	太阳电池用液态磷扩散源研究	材料科学与工程学院	杨云霞	4	李明宇
S13006	上海市级	功能磷硅酸盐玻璃的网络结构和性能研究	材料科学与工程学院	曾惠丹	4	张浩轩
S13007	上海市级	集光和 pH 值两种寻址方式的新型多通分子开关材料	材料科学与工程学院	元以中	4	陈骆申
S13008	上海市级	基于三维打印技术构筑可控微纳结构的生物活性自固化骨支架材料	材料科学与工程学院	陈芳萍	4	高亮亮
S13009	上海市级	新型上转换荧光粉的制备与性能研究	材料科学与工程学院	袁双龙	4	邓声玉
S13010	上海市级	低黏度聚 α-烯烃基础油的制备研究	材料科学与工程学院	刘敏	4	李思宇
S13011	上海市级	多功能团无溶剂高性能环氧树脂的合成与固化研究	材料科学与工程学院	张德震	4	孙欣瑜
S13012	上海市级	双重载药纳米体系的构筑及其可控释放	材料科学与工程学院	庄启昕	4	王晴

续表

项目编号	项目级别	项目名称	学院	指导教师	参与学生数	项目负责人
S13013	上海市级	三嵌段共聚物自组装构建多核胶束研究	材料科学与工程学院	蔡春华	4	程锦浩
S13014	上海市级	保健食品广告监管制度研究	法学院	于杨曜	4	朱文骎
S13015	上海市级	改性纳米零价铁对水中痕量有机氯化物的去除研究	化工学院	徐晶	4	盛依依
S13016	上海市级	CH_4-CO_2 干气重整 Ni 基表面合金催化剂设计和结构-性能关系研究	化工学院	朱卡克	4	李慧敏
S13017	上海市级	纳米无卤阻燃剂的结构及形貌调控研究	化工学院	曹贵平	4	徐越
S13018	上海市级	锂云母有机插层复合物的制备、表征及其阻燃应用	化工学院	刘够生	4	张佳
S13019	上海市级	A 级节能建筑保温材料用大尺寸泡沫炭的结构控制	化工学院	詹亮	4	施烁思
S13020	上海市级	多孔催化纳米纤维功能膜的可控制备及性能评价	化工学院	马晓华	4	陈炜
S13021	上海市级	多晶硅生产过程中 H_2 回收工艺的改进	化工学院	梁晓怿	4	王刚
S13022	上海市级	基于数学决策模型的大学生“专业梦·成才梦”全程指导方法研究	化工学院	司忠业	4	朱诗尧
S13023	上海市级	高性能贵金属纳米反应器的合成及其催化性能研究	化工学院	陈立芳	4	王梁元
S13024	上海市级	石墨烯的制备及在微波加热液相催化脱氢中的应用	化工学院	李平	4	俞洋
S13025	上海市级	铬系催化乙烯选择性四聚合成 1-辛烯的机理研究和催化剂分子设计	化工学院	刘柏平	4	田梦
S13026	上海市级	耐高温耐矿化度稠油降粘剂的研制及其在稠油开采和输送中的应用	化工学院	吴本芳	4	王静文
S13027	上海市级	绿色溶剂强化的生物丁醇及丁二醇分离过程	化工学院	漆志文	4	许文韬

续表

项目编号	项目级别	项目名称	学院	指导教师	参与学生数	项目负责人
S13028	上海市级	纳米碳材料负载金属催化剂对电解水催化性能的影响研究	化工学院	钮东方	4	马智兴
S13029	上海市级	PDMAEMA 基嵌段共聚物基因载体与 DNA 复合物结构的分子模拟	化学与分子工程学院	刘洪来	4	东哲羲
S13030	上海市级	基于纳米通道的 DNA 损伤单分子检测新技术研究	化学与分子工程学院	龙亿涛	4	阮珮婷
S13031	上海市级	高效量子点太阳电池	化学与分子工程学院	钟新华	1	李鹏华
S13032	上海市级	DSC 级联敏化与光激电子反向抑制	化学与分子工程学院	武文俊	4	沈佳伊
S13033	上海市级	工业废水中苯酸类物质的离子色谱检测	化学与分子工程学院	栾绍嵘	4	阮胜利
S13034	上海市级	评价有机颜料耐有机溶剂牢度的指标与方法	化学与分子工程学院	沈永嘉	3	王雪
S13035	上海市级	基于表面增强拉曼光谱的可抛式水污染应急检测传感器研究	化学与分子工程学院	李大伟	4	张超
S13036	上海市级	有机硅氧烷助剂在涂料中应用研究	化学与分子工程学院	王利民	4	王玺
S13037	上海市级	弱可见光驱动光催化降解室内有机污染气体（VOCs）的研究	化学与分子工程学院	田宝柱	4	岳申之
S13038	上海市级	新型舌图像客观化采集装置设计研究	机械与动力工程学院	夏春明	4	章鸣铭
S13039	上海市级	应用压电薄膜进行人体动能转换装置	机械与动力工程学院	张洪波	4	赵宇琪
S13040	上海市级	六足步行式行走机构设计与仿真	机械与动力工程学院	殷勇辉	4	王卓然
S13041	上海市级	新型助力器的开发与研制	机械与动力工程学院	田富强	4	张超
S13042	上海市级	带钢在线取样器的研制	机械与动力工程学院	潘红良	3	武晓晖
S13043	上海市级	火灾情况下长管拖车安全泄放装置安全特性研究	机械与动力工程学院	惠虎	4	秦思源

续表

项目编号	项目级别	项目名称	学院	指导教师	参与学生数	项目负责人
S13044	上海市级	同步式磁力耦合器启动特性研究	机械与动力工程学院	覃新川	4	薛振锋
S13045	上海市级	基于仿生机械手的脉搏信号采集装置的研究	机械与动力工程学院	颜建军	4	邹成明
S13046	上海市级	过程装备流体性能测试	机械与动力工程学院	王学生	4	俞菲菲
S13047	上海市级	碱金属碳酸盐在有机发光二极管中的应用	理学院	吕昭月	4	杨魏强
S13048	上海市级	经济开放区域的人口发展研究	理学院	冯声涯	4	季春丽
S13049	上海市级	人体运动能量转为电能的应用研究	理学院	谢海芬	4	钟咸伟
S13050	上海市级	运动物体图像识别系统研究与实现	理学院	钟菊花	3	袁丛龙
S13051	上海市级	认知功能的神经建模、计算与实验研究	理学院	王如彬	4	邵凯笛
S13052	上海市级	新型三维石墨烯复合材料的制备及其光催化降解研究	理学院	梁莹	3	李天彧
S13053	上海市级	农村土地流转中介规范化发展的路径分析	马克思主义学院	熊万胜	4	邱佳敏
S13054	上海市级	RFID技术应用下易逝品零售型供应链的定价策略分析	商学院	李琳	4	谭靖
S13055	上海市级	政府外包科技公共服务供给的激励与控制：基于国际比较和国内经验的研究	商学院	蒋士成	4	梁龙
S13056	上海市级	基于Agent的包含感性信息的会话型推荐系统研究	商学院	闫宏斌	4	蒋凯艳
S13057	上海市级	季节性商品多期生产库存及定价联合动态优化决策研究	商学院	吴一帆	4	周珺
S13058	上海市级	绿色消费模式下卫星城市旅游业生态化的战略选择	商学院	程岩	4	樊瑜
S13059	上海市级	基于风险提示的危险品多式联运路径建模及优化	商学院	李淑霞	4	杨芳

续表

项目编号	项目级别	项目名称	学院	指导教师	参与学生数	项目负责人
S13060	上海市级	产业集聚、劳动力流动与城市化政策：不同等级城市的比较研究	商学院	殷广卫	4	孙晓晓
S13061	上海市级	我国影子银行体系的现状及监管	商学院	刘桂荣	4	蒋榕
S13062	上海市级	一元钱促销广告还是免费促销广告：是什么促进消费者参与购买	商学院	杜伟宇	3	姜豪
S13063	上海市级	如何培养和提高大学生的公益观	商学院	黄庐进	4	康璐
S13064	上海市级	新时代大学校园寝室人际关系的现状、原因及对策研究	商学院	胡娟	4	杨思慧
S13065	上海市级	上海外来人口面临的风险及其应对策略的实证研究——以浦东川沙镇外来人口为例	社会与公共管理学院	张广利	4	陆婵媛
S13066	上海市级	社会融合视角下外来务工人员子女社会交往意愿的研究——以上海A城中村为例	社会与公共管理学院	蔡屹	4	吴腾
S13067	上海市级	成年人的权益保障辅佐人制度研究	社会与公共管理学院	徐荣	4	单宁
S13068	上海市级	被社区服务遗忘的群体——一项关于城市“老漂族”生态群落的民族志	社会与公共管理学院	汪华	4	韩佳
S13069	上海市级	基于社区的居家养老服务供给机制创新——以上海市静安区为例	社会与公共管理学院	高菁	3	孟蝶
S13070	上海市级	青年公务员职业认同形成过程及影响因素研究——基于山东、河南某地的实证研究	社会与公共管理学院	冷凤彩	3	张云婷
S13071	上海市级	“政府主导、社区参与”：城镇学前教育义务化模式研究	社会与公共管理学院	吴强玲	3	彭依敏
S13072	上海市级	城镇化进程中农村土地流转的风险识别及治理研究	社会与公共管理学院	牛星	3	李玲
S13073	上海市级	基于反向疫苗学的迟钝爱德华氏菌保护性抗原蛋白筛选结果的生物信息分析	生物工程学院	吴海珍	4	滕成立

续表

项目编号	项目级别	项目名称	学院	指导教师	参与学生数	项目负责人
S13074	上海市级	偏碱性 pH－pH 再生型两水相萃取维生素 B_{12}	生物工程学院	曹学君	4	金尔立
S13075	上海市级	非天然氨基酸的点修饰在高性能纤维素酶开发中的研究	生物工程学院	辛秀娟	4	郑鑫
S13076	上海市级	微环境与干细胞的相互作用	生物工程学院	谭文松	4	柴苗苗
S13077	上海市级	超级海藻酸裂解酶的构建	生物工程学院	叶江	4	沈世民
S13078	上海市级	pH 响应聚合物亲和沉淀分离溶菌酶	生物工程学院	曹学君	4	宋文静
S13079	上海市级	微生物-植物联合修复治理环境重金属污染	生物工程学院	欧阳立明	4	陈雯
S13080	上海市级	塑化剂-邻苯二甲酸酯水解酶系的基因挖掘、催化性能研究	生物工程学院	张晓彦	4	李宁川
S13081	上海市级	食品用脂肪酶的理性改造	生物工程学院	高蓓	4	陈依珂
S13082	上海市级	以模因论试探讨论微博语言仿拟及其传播优势	外国语学院	郑国锋	4	何文昊
S13083	上海市级	莫言小说汉英平行语料库建设	外国语学院	吴碧宇	4	朱易
S13084	上海市级	大学生国际视野的培养与个人发展的关系研究	外国语学院	杨慧敏	4	缪岚
S13085	上海市级	在校大学生英语学习兴趣动态跟踪调查	外国语学院	黄宜	3	倪悦
S13086	上海市级	基于脑电疲劳度检测和雷达测距的汽车自动驾驶系统研究与开发	信息科学与工程学院	张见	4	刘如辉
S13087	上海市级	图像视频中的目标对象提取技术研究	信息科学与工程学院	陈志华	4	胡思维
S13088	上海市级	基于单片机的手机充电器的设计	信息科学与工程学院	杨富琴	4	王涛
S13089	上海市级	基于多保护脑-机接口的智能机器人控制系统	信息科学与工程学院	金晶	4	卞小磊
S13090	上海市级	智能生产线上工件的识别与控制	信息科学与工程学院	刘漫丹	3	宋文江

项目编号	项目级别	项目名称	学院	指导教师	参与学生数	项目负责人
S13091	上海市级	智能超声波测距系统的设计	信息科学与工程学院	韩宇光	4	房忠秋
S13092	上海市级	社会机器人路径规划	信息科学与工程学院	冯翔	4	孙静妍
S13093	上海市级	基于 TIADS1298 的心电采集系统设计	信息科学与工程学院	陈兰岚	4	赵一峰
S13094	上海市级	基于感知哈希的图像认证算法研究	信息科学与工程学院	蒋翠玲	3	陈航璐
S13095	上海市级	云视频监控系统	信息科学与工程学院	罗飞	3	李一斌
S13096	上海市级	智能图像修复系统的研究	信息科学与工程学院	于文静	3	李福沛
S13097	上海市级	卡尔曼滤波在库存优化中的应用研究	信息科学与工程学院	黎冰	4	林雨培
S13098	上海市级	微型无人机航迹规划控制研究	信息科学与工程学院	金国建	3	曾庆超
S13099	上海市级	网络信息安全攻防技术的研究与实践	信息科学与工程学院	冷春霞	4	李东旗
S13100	上海市级	物流系统移动终端的设计	信息科学与工程学院	杨建国	4	吴洪钊
S13101	上海市级	水葫芦中抗氧化及抑菌化学成分研究	药学院	曾步兵	4	徐迟
S13102	上海市级	分布式药物设计平台	药学院	李洪林	4	王菲儿
S13103	上海市级	新型杂环 4-噻唑酮化合物的合成及生物活性研究	药学院	徐晓勇	3	周珍
S13104	上海市级	基于苯并二氢吡喃骨架 DPP-Ⅳ抑制剂的设计与合成	药学院	邓卫平	4	董剑浩
S13105	上海市级	高发精神疾病动物模型建立及药物研究	药学院	王蕊	4	郭晨雷
S13106	上海市级	药物安全性的计算机预测研究	药学院	唐赟	4	吴文杰
S13107	上海市级	对甲酚类化合物的绿色氧化方法学研究	药学院	冀亚飞	4	廖博雅
S13108	上海市级	一种小鼠肿瘤模型的建立及药物评价的研究	药学院	刘建文	4	徐可人

续表

项目编号	项目级别	项目名称	学院	指导教师	参与学生数	项目负责人
S13109	上海市级	面向大学生市场的旅游度假酒店开发设计研究：以松江地区为例	艺术设计与传媒学院	王家宝	4	王雨佳
S13110	上海市级	中度嗜盐菌 AD-3 共代谢降解高分子量多环芳烃苯并［a］蒽的特性研究	资源与环境工程学院	崔长征	3	石杰
S13111	上海市级	臭氧-湿法烟气脱硝脱硫一体化工艺研究	资源与环境工程学院	鲁军	4	高瑞
S13112	上海市级	化工储罐爆炸碎片抛射危害性的 Monte-Carlo 分析	资源与环境工程学院	孙东亮	4	张景程
S13113	上海市级	有机污染物在功能化基团作用下的吸附富集和光催化降解途径	资源与环境工程学院	周彦波	4	赵泫然
S13114	上海市级	生物质甘油水蒸气催化重整制氢研究	资源与环境工程学院	许庆利	4	陈亮
S13115	上海市级	电镀废水中重金属破络处理技术研究	资源与环境工程学院	孙贤波	4	袁萌希
S13116	上海市级	电渗析法从盐湖卤水中分离镁和锂的研究	资源与环境工程学院	孙淑英	4	李旖文
X13004	校级	环境响应型 BMP-2 控释载体的制备与性能	材料科学与工程学院	袁媛	3	陈亮峰
X13007	校级	热感应型的可触记忆涂料的研究及开发	材料科学与工程学院	李远	4	方程嫣
X13010	校级	含微量稀土元素的缓释型生物玻璃研制	材料科学与工程学院	薛明俊	4	蔡春辉
X13016	校级	多孔结构非铂催化剂的制备及其在微生物燃料电池中的应用	材料科学与工程学院	杨晓玲	4	王佩然
X13017	校级	耐高温、低介电用氰酸酯树脂共聚反应及材料性能研究	材料科学与工程学院	王帆	3	许庆凯
X13018	校级	嵌段型氟硅橡胶的耐热改性与应用	材料科学与工程学院	管涌	4	雷淼
X13020	校级	高直链淀粉的制备与研究	材料科学与工程学院	郭卫红	5	孟祥昀
X13021	校级	支化聚乙烯的制备与应用研究	材料科学与工程学院	张丹枫	4	任先杰

续表

项目编号	项目级别	项目名称	学院	指导教师	参与学生数	项目负责人
X13023	校级	农产品监管问题研究	法学院	邓刚宏	4	段亚敏
X13025	校级	阿魏酸的提取及纯化研究	化工学院	朱志华	4	杨烨
X13027	校级	生物基一步合成发光碳量子点及防伪应用	化工学院	殷强锋	4	刘舒殷
X13031	校级	高校食堂餐厨垃圾的生化处理	化工学院	金浩	4	段绍君
X13033	校级	极性氧化物高性能吸附剂用于水中重金属离子的吸附脱除	化工学院	韩一帆	4	戚如梦
X13037	校级	氧化钙增溶效应的研究	化工学院	乐清华	4	薛双湄
X13038	校级	纳米黏土复合聚合物水凝胶的制备及其流变性能研究	化工学院	王杰	4	王金强
X13041	校级	模拟移动床吸附分离石脑油中正构烷烃	化工学院	刘纪昌	4	柴政
X13043	校级	大颗粒状硫酸铵制备及其形态控制技术的研究	化工学院	施云海	4	宋雷
X13045	校级	二氧化碳捕集用固态胺吸附剂的制备	化工学院	龙东辉	4	王嵘
X13046	校级	高性能板式换热器热量回收利用的研究	化工学院	赵培	4	胡强强
X13047	校级	沥青质在超临界水中的分散和热裂化	化工学院	袁佩青	4	马天一
X13048	校级	硅胶固载酸性离子液体催化剂的制备及在烷基化脱硫中应用	化工学院	孟璇	4	刘君哲
X13049	校级	无水乙醇的制备方法	化工学院	张秋香	4	李宗亮
X13053	校级	基于石墨烯改性的生物膜材料的制备与表征	化学与分子工程学院	张文清	4	李娜
X13057	校级	高碳醇的开发应用暨造纸脱气剂的制备研究	化学与分子工程学院	俞晔	4	郑敏
X13058	校级	智能型表面活性剂的合成及表征	化学与分子工程学院	徐首红	3	张威
X13059	校级	天麻苷及类似物的绿色合成探索	化学与分子工程学院	王朝霞	4	奚瑞丰

项目编号	项目级别	项目名称	学院	指导教师	参与学生数	项目负责人
X13060	校级	多吡咯类离子荧光探针研究	化学与分子工程学院	解永树	4	杨杰
X13061	校级	核壳结构的具有上转换发光材料的制备与应用探索	化学与分子工程学院	马云飞	3	彭婧莹
X13063	校级	亚甲基环丙烷反应性能研究	化学与分子工程学院	徐琴	4	是长江
X13067	校级	基于碳量子点杂化介孔材料的金属离子比率荧光探针的构建	化学与分子工程学院	王灵芝	3	沈斌
X13068	校级	硫辛酸脂质纳米粒的制备及其性质研究	化学与分子工程学院	邹爱华	4	童弢
X13073	校级	摩擦式离合器摩擦力矩精确计算方法的研究	机械与动力工程学院	安琦	4	闫智光
X13074	校级	新型水上自行车	机械与动力工程学院	肖民	4	丁楠
X13075	校级	发泡成型工艺对 PVC 材料性能影响的探索	机械与动力工程学院	孙丽娟	3	贾鹏锴
X13080	校级	导电铝合金的研制	机械与动力工程学院	张修庆	3	孙悠悠
X13081	校级	污染土壤修复设备的开发	机械与动力工程学院	易建军	4	顾晓琳
X13082	校级	带钢边部缺陷识别系统的研究	机械与动力工程学院	陈建钧	4	陈杰
X13083	校级	基于泄漏率的垫片系数的试验研究	机械与动力工程学院	章兰珠	4	方正
X13085	校级	$PM_{2.5}$ 颗粒物测试仪的设计与开发	机械与动力工程学院	王建文	4	杨焘
X13088	校级	基于 Web 的数据分析系统建设	理学院	钱夕元	4	朱燕
X13091	校级	数值计算程序的可视化界面设计	理学院	张先梅	3	陈智鹏
X13092	校级	区域地磁场的研究和测试	理学院	章登宏	4	王振华
X13093	校级	LED 显示屏动态驱动方案的设计	理学院	谢湘华	4	张爽

项目编号	项目级别	项目名称	学院	指导教师	参与学生数	项目负责人
X13097	校级	战后日本“农民工”转型对当代中国的借鉴意义	马克思主义学院	朱忆天	4	郭力源
X13098	校级	化学化工类学生特殊职业意识调查	马克思主义学院	杜仕菊	4	沈煜钧
X13099	校级	当代大学生成人仪式的调研及设想	马克思主义学院	吴思增	4	闫丰
X13100	校级	企业高管的战略决策风险行为的研究	商学院	韩玉兰	4	徐烨儿
X13103	校级	汽车需求、经济结构与家庭生产之关系探究	商学院	赵炎	4	曹星萌
X13106	校级	用人类学法探索品牌原产地在消费者购买决策中的作用	商学院	朱凌	4	马玉娟
X13108	校级	我国石化行业碳足迹测算及控制策略研究	商学院	吴玉鸣	4	陆玲玉
X13109	校级	政府采购成本能够降下来吗——政府集中采购成本的分析和控制	商学院	张爱民	4	钱悦玥
X13112	校级	基于情境的旅游移动商务个性化推荐及其影响研究	商学院	马玲	4	罗曼
X13114	校级	关于中国金融业绿色信贷绩效评估的实证研究	商学院	徐岚	4	于明菲
X13116	校级	国内机场建设工程项目管理模式的分析比较研究	商学院	余金凤	4	顾雅婧
X13119	校级	政府规模、法制水平与中国服务贸易增长	商学院	申朴	4	刘亚伟
X13120	校级	国产高档化妆品包装研究	商学院	景奉杰	4	张睿
X13121	校级	资本市场对上市公司研发行为的影响	商学院	李丹蒙	4	张裕恒
X13125	校级	社会何以生产：社区治理的比较研究	社会与公共管理学院	唐有财	3	庞皓文
X13126	校级	失独家庭养老焦虑以及政策应对——以上海地区为例	社会与公共管理学院	新家增美	3	李玮
X13127	校级	反抗与斗争：新生代打工妹在日常劳资关系中的自我权益保护研究	社会与公共管理学院	杜妍冬	4	钱旦旦

续表

项目编号	项目级别	项目名称	学院	指导教师	参与学生数	项目负责人
X13129	校级	基于社区平台的城市安全预警机制创新研究	社会与公共管理学院	刘晓亮	4	单琦
X13132	校级	信息跟踪系统视域中的城市低保福利依赖研究——基于上海市徐汇区的考察	社会与公共管理学院	徐丙奎	4	吴文涛
X13135	校级	大学生交际语言中的性少数派认知：以同性恋为例	社会与公共管理学院	王瑞鸿	4	竹亮
X13136	校级	社会服务机构志愿者管理机制研究	社会与公共管理学院	赵环	4	李可
X13137	校级	媒体关于校园凶杀案的报道模式对大学生健康心理教育的影响研究	外国语学院	罗劲草	3	赵雅薇
X13140	校级	大学英语课堂学生自我效能与学习效果的调查报告	外国语学院	吴丽环	2	吕馨桐
X13141	校级	大学生跨文化交际能力现状调查——以学生对《圣经》文化的了解为例	外国语学院	高攀	4	吴晶玮
X13146	校级	基于 MIPS 指令集的 32 位 RISC 处理器的模块设计与 FPGA 验证	信息科学与工程学院	木昌洪	3	刘睿韬
X13151	校级	基于 FPGA 的高清视频处理研究	信息科学与工程学院	李振坡	4	李倩倩
X13154	校级	基于耳蜗图几何不变特征提取的音乐检索算法研究	信息科学与工程学院	陈宁	4	石麟钰
X13157	校级	直流调速系统通用模型控制器的设计与实践	信息科学与工程学院	郭丙君	4	沈一超
X13159	校级	基于无线网络的家居安防系统的研究	信息科学与工程学院	郑红	3	高信
X13162	校级	科学研究协同工作平台	信息科学与工程学院	张海腾	4	王康
X13163	校级	水环境监测系统的设计和开发	信息科学与工程学院	胡庆春	4	郝诗源
X13164	校级	个性化智能搜索引擎	信息科学与工程学院	顾春华	4	曾露
X13166	校级	物流车辆调度管理系统设计	信息科学与工程学院	胡国玲	4	赵婷婷

项目编号	项目级别	项目名称	学院	指导教师	参与学生数	项目负责人
X13168	校级	基于 Flex 框架的企业 RLA 可视化设计	信息科学与工程学院	翟洁	4	许瀚誉
X13171	校级	转运金属离子蛋白的定点突变、纯化以及机理初步研究	药学院	张井岩	4	陆诗涛
X13173	校级	新型表皮生长因子受体酪氨酸激酶（EGFR）抑制剂创制	药学院	徐玉芳	4	许箫韵
X13178	校级	功能性氮氧自由基催化绿色有氧氧化醇的研究	药学院	褚长虎	4	贾蕾
X13180	校级	二步乳匀法制备载药脂微球制剂	药学院	高峰	4	戴卓舜
X13181	校级	不同血清型腺相关病毒对不同脏器细胞感染能力的比较	药学院	郑静	4	刘茜
X13182	校级	家用服装整烫及收纳设备设计	艺术设计与传媒学院	聂桂平	3	李佳灵
X13184	校级	社区旅游管理模式研究	艺术设计与传媒学院	方田红	4	徐志兵
X13185	校级	上海文化创意产业园区调查与大学生创业实践模式	艺术设计与传媒学院	赖红波	3	杨菲
X13188	校级	运用高速摄像仪研究液柱撞击雾化过程	资源与环境工程学院	李伟锋	4	王杨
X13194	校级	天然气制合成气生产装置的热能利用及评价	资源与环境工程学院	鲁锡兰	4	卫俊涛
X13195	校级	气化炉壁面熔渣流动数值模拟研究	资源与环境工程学院	许建良	4	王天白
X13200	校级	花青素美白功效的探究	生物工程学院	蒋丽华	4	周梦云
X13201	校级	基于高效液相色谱测定流感病毒滴度及 HA 蛋白浓度的研究	生物工程学院	刘旭平	4	叶倩
X13203	校级	应用于组织构建的脱细胞基质的制备与表征	生物工程学院	叶朝阳	4	许林
X13204	校级	头孢菌素 C 酰化酶与脱乙酰基酯酶双酶融合表达工程菌的构建	生物工程学院	魏东芝	4	纪刚
X13206	校级	五谷杂粮抹茶味能量棒工艺的研究	生物工程学院	刘少伟	4	李晓丹

续表

项目编号	项目级别	项目名称	学院	指导教师	参与学生数	项目负责人
X13207	校级	动物细胞大规模培养过程中赖氨酸变体的监测和控制	生物工程学院	范里	4	张举
X13208	校级	用于组织构建的胶原凝胶的提取工艺研究	生物工程学院	周燕	4	马越
X13209	校级	核糖核酸 RNA 与蔗糖酶的联产制备	生物工程学院	王善利	4	徐小伟
X13219	校级	高端新型生物产品分离装置的研制	生物工程学院	关悦	4	刘英东
X13213	校级	基于上海 30′体育生活圈的公共体育服务设施配置研究	体育科学与工程学院	朱晓东	3	王康
X13214	校级	体适能干预对肥胖大学生体质健康发展的实证研究	体育科学与工程学院	曾理	5	王安妮

（耿胥）

我校 2013—2017 年教育部高等院校教学指导委员会委员名单

姓名	委员会名称	职务
田 禾	化学类专业教学指导委员会	副主任委员
于建国	化工类专业教学指导委员会	副主任委员
涂善东	机械类专业教学指导委员会	副主任委员
杨贤金	材料类专业教学指导委员会	委员
	材料物理与材料化学专业教学指导分委员会	副主任委员
魏东芝	生物技术、生物工程类专业教学指导委员会	副主任委员
宋恭华	药学类专业教学指导委员会	委员
唐颂超	材料类专业教学指导委员会	委员
	高分子材料专业教学指导分委员会	委员
李永生	无机非金属材料专业教学指导分委员会	委员
凌志浩	自动化类专业教学指导委员会	委员
辛 忠	轻工类专业教学指导委员会	委员
蓝闽波	实验室建设指导委员会	委员

（张正清）

学生思想品德教育与管理

【概况】 年内，学生工作部（处）（以下简称“学工部”）在学校和上级主管部门领导下，坚持以科学发展观为指导，积极贯彻落实中央16号文件精神，深入学习宣传贯彻党的十八大、十八届三中全会精神，全面落实《国家中长期教育改革和发展规划纲要》，紧紧围绕学校第十次党代会总体部署，把工作重心和主要力量集中到以质量提升为核心的内涵式发展上，进一步提升我校思想政治教育工作质量，深化素质教育和心理健康教育，加强学风建设、强化管理、优化服务。在认真完成校党委、校行政交办的各项工作任务的基础上，学工部努力在高效性、针对性和实效性上下功夫，取得了丰硕成果。

坚持用社会主义核心价值观引导和培育广大学生，不断提高大学生思想政治教育工作的针对性和实效性。 根据中央16号文件精神，学校积极引导广大学子深刻学习领会习近平总书记关于中国梦的讲话精神，采取形式多样、内容丰富的教育手段，激发学生爱国荣校、成才报国的责任意识，增强学生为“国家富强、民族复兴和人民幸福”努力拼搏的历史使命感，不断提高大学生思想政治素质。学校举办“我的梦·华理梦·中国梦——与理想对话”主题教育活动，组织主题为“牢记使命·腾飞中国”的演讲比赛以及“青年心·中国梦”“中国梦·资助情”系列征文大赛，引导学生将国家的梦、民族的梦同个人的梦、学校的梦有效结合，明确目标，牢记使命。学工部密切关注学生思想动态，围绕教育部大学生思想政治动态调查，积极开展有针对性的舆情教育，掌握学生信息，依托学生情况组织研究会，及时了解学生舆情，有针对性地组织开展工作；编辑《学生工作舆情简报》提供给校领导，呈现学生的最新思想动态，以便开展针对性的专题教育。根据党中央关于“三爱”“三节”主题教育的相关要求，发起以“拒绝舌尖上的浪费”为主题的光盘行动及“光柜行动”，创建节约型校园。围绕节日及重大时间节点开展主题教育活动，共组织开展交流座谈、演讲比赛、团日活动、学雷锋活动、微电影剧本设计大赛、征文比赛、微博征集、历史成就图片展、“中国梦”主题讲座、校园人物评选及分享会、易班网络展示、新生入学教育、毕业离校主题教育、暑期社会实践、节约校园创建活动等15项活动。由学工部牵头组织“形势与政策”课程，并搭建“学校—学院—班级”三级教育网络，积极鼓励学院层面开展各类形势政治教育讲座和实践活动。本年度，对“形势与政策”课程进行改革，将一、二年级学生全部纳入课堂教学，同时以开卷考试的形式检验学生对形势与政策的理解和掌握。各学院开展各类形势与政策教育讲座达228场，其中汇贤讲堂35场，让每一位学生充分了解国家的形势和相关政策。

积极开展党的群众路线教育实践活动，全面提高学生党员素质。本年度，在校党委的群众路线教育实践活动领导小组的直接领导下，全体学生党员和学生党支部积极参与，用近5个月的时间在学生党员中深入开展以“党员骨干争先锋，支部堡垒树旗帜”为主题的教育实践活动。针对学生党员和学生党支部的问题，结合师生群众的意见，各学生党支部针对本支部和支部成员存在的问题提出了整改方案，二级党组织也专门召开讨论会，针对本单位学生党员和党支部提出整改要求。学校将党员理想信念教育和群众路线教育端口前移，在2013级本科新生党员中组织开设“励志班”。“励志班”教育培训共包含爱校荣校、理想信念、党性责任、优良传统、励志成才、志愿奉献等6大模块的主题教育实践活动，共计开展升国旗仪式教育4次、集中学习6次、实践参观学习6次、支部活动4次、特色支部组织生活1次，迎新期间参与志愿服务工作45人/天。经过为期一周的教育培训，2013级新生党员在坚定信念、勇担责任、崇尚荣誉、追求卓越等方面有了明显提高。

加强硬件和软件建设，提升学生心理健康教育水平。心理咨询中心继续依托三级心理网络，做好心理健康教育宣传和心理危机预警工作。高度重视对朋辈心理辅导的指导和培训，开展了主题为“团队凝聚力”的辅导培训，将此团体培训推广至所有心理委员，以便他们在开展班级心理健康活动中更好地发挥作用。组织每一名新生（3 815人）进行心理健康测量，重点排查并一对一辅导约819名新生，为学生建立心理档案。开设“新生心理健康教育”等8门课程，分两学期覆盖到每一名本科新生。举办两期心理健康教育宣传周（第22届、第23届），主题分别是“梦我中国，美我心灵”和“阳光你我，逐梦人生”。接待本科生、研究生一对一心理咨询共556人次。今年3月份起，建立了班级和学院两级“心理健康状况月报告”制度以及“心理危机月排查”制度，及时掌握和处理学生存在的心理困惑和问题，并在限定范围内通报。依托学生心理社团——阳光协会和心晴使者（会员有80多人），开展朋辈互助工作。投资近90万元添置了软硬件设备，建成了两个心理体验活动室——减压体验室和放松体验室；两个体验室于10月28日正式对全校师生免费开放，已有约500名师生来中心进行了体验。支持“心理委员小家”的硬件建设。支持学院“心理委员小家”建设，为所有“小家”配备了心理活动器具。心理健康教育宣传周的“阳光剧场”活动获得了“2013年上海高校心理健康教育活动月特色项目奖”，心理咨询中心获得了“2013年度上海市高校心理健康教育工作先进集体”。

多角度提升辅导员素质能力，为大学生成长成才保驾护航。在辅导员岗前培训、日常培训、专题培训、职业化培训的基础上，打造专家型辅导员队伍。每年有一半以上的辅导员参加为期一周的系统专题培训。本年度，先后组织“辅导员论坛”、“辅导员队伍建设月”、学生工作研讨会以及“辅导员实务能力”培训等，对工作进行总结和提升。2013年，学工部先后依托“上海高校辅导员培训基地（华东理工大学）”，分别于6月、11月开展主题为“学生骨干培养”和“实践育人”的专题培训，每期均有来自上海各兄弟高校的近50名辅导员参加培训学习。2013年，新增心理咨询师中级资格证书获得者3名，选送5名教师参与全球职业咨询师的学习培训；辅导员持证比例逐年提高，逐步形成持证上岗的专家型辅导员队伍。17名一线辅导员攻读在职博士学位。学校选派3名一线思政工作者到美国、法国等进行业务培训，推选2名骨干辅导员参加教育部辅导员骨干高级研修班（复旦大学），接受来自华东师范大学、北京科技大学、上海师范大学等高校的4名辅导员来校进行为期两周的挂职，促进了学校之间的交流，构建了挂职交流的平台。学校还大力加强提升辅导员的学术能力，在上海市第十届高校辅导员论坛征文评选中，我校推荐的10篇论文中有6篇获奖，其中一等奖2篇、三等奖4篇，获奖比例并列位居上海市高校首位。

【以创新基地建设为契机，打造就业指导服务“8个体系”】作为上海市高校毕业生就业工作创新基地之一，华东理工大学以过程导向思路为引导，坚持教学育人、服务育人、管理育人相结合；以基地项目建设为依托，切实做好就业指导服务“8个体系”建设：生涯课程与指导讲座体系、个案咨询与校园活动体系、就业引导与就业帮扶体系、就业市场与动态监测体系、就业反馈与就业研究体系、网络信息建设与服务体系、队伍建设与人员培训体系、创新实践与创业教育体系，有效整合相关资源，有力推动了学校就业指导服务工作。

附录：

1. 2013学年度国家奖学金名单

化工学院

卢浩然 王晓晗 陈炳旭 许　华 谢　浩 周至愚 文　力 胡云鹏 叶智双 欧海鹏 张冬梅 汤焱强 鞠庆庆 林梦星 沈敏杰 吕伟光

生物工程学院

马云林 姚有原 冉　珊 郑咏心 胡非子 杨泽宇 张　怡 陈瑾轩 刘　宁 肖　旭 周佳怡

化学与分子工程学院

关雨晴 刘芳超 江文雅 汤　妍 杨　杰 赵群超 汪　洁 毛　羽 杨　虹 陈泽青 薛玉峰 宋晓增

药学院

郝方然 朱文文 杨弘宾 吴文杰 钱　超 周苗苗 周丽婷 蒋晨旻

材料科学与工程学院

付雪峰 刘艳艳 武青青 陈　阳 吴　攀 许庆凯 储中琴 殷立强 强艺玮 赵雁军 陆　辉 吴　曦

信息科学与工程学院

徐　峰 徐梓源 李知聪 王丝扬 汪　恺 韩　松 王宇鑫 刘如辉 曾　露 郎子钰 刘　畅 郑成霖 徐　颖 王兢业 陈旭东 濮丽娟

机械与动力工程学院

徐子亮 韩腾腾 王　昶 李子涵 王春昆 丁　铖 顾晓琳 焦　鹏 秦晓娜 胡余文 王　博 姜　朔 栾军政 蒋文都 武梦丹

资源与环境工程学院

李宏俊 夏　菁 严佳佳 李佳怿 苏柳花 徐子茜 戴　力

理学院

章欣骅 季春丽 曹昕然 唐灵逸 郑英达 李　浩

商学院

徐孟佳 蒋　林 辛　滢 吴媛媛 何飞露 史明安 宋志欣 蔡艳丽 蒋凯艳 李雅婷 柴　齐 裘祎晨 洪迎佳 叶颖超 张雨露 贾凯慧 李瑞婷 俞丽娟

社会与公共管理学院

张育琴 方丹凤 谢一奇 范文可 顾唐一奇 万梦娴 漏依凡 宋雅文 曹珺然

艺术设计与传媒学院

佘宛婷　杜青怡　龚治力　林　森　温双宇　魏天弘　刘心瑶

外国语学院

陈高雅　唐幸尔　吴昊天　张蕊佳　周辰若

法学院

邱靖涵　沈红丽　罗茗会

中德工学院

朱慧芸　朱逸频　张晨雨

体育科学与工程学院

沈雅雯　刘启明

2. 2013 年学年度国家励志奖学金

化工学院

杨　苗　陈承镇　杨大强　郑伟中　刘东帆　薛　金　田小军　陈湘玲　伍楚诗　蒋　杰　李大龙　田　薇

袁佳凌　叶聪毅　何　萧　徐延学　王昭晖　王　斌　宋超波　郭　幸　张　佳　刘　甜　刘齐兴　张一颖

曾　行　王红柳　周海斌　汤　杰　朱祥峰　戚如梦　耿晨曦　熊家培　谭慧玲　朱容梅　霍珍珍　赵凯伟

王一冰　杜俊杰　李登稳　张　衡　王慧慧　姚红杰　王　露　钟玉洁　赵　阳　黄本清　肖长勇　王新鑫

徐　磊　袁　勇　刘振盈　赵倩文　马文超　邬胜波

生物工程学院

宋风停　刘源炀　潘　攀　马瑞青　沈少凰　刘　培　谢有余　朱雪君　张　菁　左　红　唐洪莉　曹红双

徐　瑶　许　毅　张　君　陈冰怡　何　晴　郑　鑫　何慧丹　于佳俊　任燕娜　王培林　徐小伟　滕成立

张　贺　姚　丰　李晨阳　谢利华　刘雅凡　何　芳　陈　倩　李承玲　师晓娜　王　慧　刘广辉　汪　伟

廖　翀　陈佳祎　赵　雷　褚国庆　赵冰峰　蒋家窕　聂明月　曹鹏飞

化学与分子工程学院

赵　见　王　骞　程　庆　赵海林　张　杰　宋菲菲　张震东　韩　洁　张志伟　吴润青　刘章云　刘　格

李梦轩　曹亚明　董武杰　茆　敏　洪亚云　李　娜　齐海峰　田项宇　刘少创　高成龙　陈　帆　张申平

曹彦贞　伊秋颖　李鹏华　张　健　陈　炜　魏晓燕　宋金星　杨立朋　夏亚浩　张飞宇　张　维　王雅倩

胡　静　靳　硕　吴梦琪　陈　帅　熊　芩　肖瑞丽　胡震东　牛亚鹏　李二鹏　帅　洁　方　健　胡景庭

胡小龙　刘智勇　袁瑜彬　赵倩文

药学院

王　杰　鲁彦丽　王稼哲　肖彦胜　高睿杰　仇运广　姚　雪　张凤丽　魏玉凤　王小玉　王　凯　李雪莹
邱晓霞　温　敏　张梦婷　彭茹洁　陈小花　刘鹏建　王开东　丁敏仪　魏汉文　庄丽琴　于　玲　毕　廷
居　炜　邢立浩

材料科学与工程学院

王春燕　杨崇文　施　明　张　乐　邓声玉　王媛玮　王　亮　栗良良　代瑞娜　林启志　徐鹏飞　陈　豪
唐似铁　冯世鹏　李保康　马满平　孙剑武　李宗亮　李君兰　王文强　方建鹏　邹志强　恭密蓉　潘　珊
伍宏馆　徐海源　范　勇　贾　帝　刘子强　张承岩　鲍戮克　钱正华　李　蕊　许　悦　郭海峰　王　瑜
易健安　宗孟静子　苏亚博　孟祥玮　冯婷婷　王圣琪

信息科学与工程学院

赵　薇　李雪岩　徐　天　方绪强　孙　菲　李飞标　李　阳　罗　颖　郭巍伟　曾　星　方　磊　叶朋飞
赵　帅　彭　清　杨　浩　付广智　宋良轩　宋文江　王军安　杨建敏　方伟成　赵丽媛　陈耿昆　陈志高
夏宇航　陶　亮　王　涛　屈高龙　任晓东　杨　柳　陶　轩　李　怡　郭晶晶　杜朝晖　王君平　卓　硕
于　苗　蒋立沫　孙晓彬　杨泽域　马　腾　黄海东　高　婷　孟伟强　李忠诚　陈柏君　王　艳　余　波
胡伟强　李梦霄　朱振国　熊凯琳　李家钰　范炎兰

机械与动力工程学院

古文全　刘　锋　曲　浩　涂　孟　胡承云　邢耀华　陈艺海　杨嘉宜　陈学辉　罗天真　吕东良　蔡宦麟
丁洪凯　袁　斌　张　伟　杭　鹏　杨家鹏　王　娜　谢能达　李叶翔　何佳珍　孙长周　代晓萌　高炳凤
李　钢　张路峰　吕荣安　刘晓龙　李晓玉　张　超　钟　豪　杨　杰　何柳丰　何梦凡　刘　炼　任　远
吴　平　张岳宏　殷宇航　常玉龙　郭林灵　房忠秋　林晓芳　叶　骠　黄继波　蒋友炜　罗承强　彭邱鹏
刘琪麟　李　璨　翟红章　史　浩　丁　强　罗元甲　刘俊凯　康小虎　梁　雨　程隽逸　崔建鹏　陈　莹
许占清　周海鹏　李　强　陈裕梁　韩　敏　贺克宝　柏佳顺　王大伟　苏伟超　张舒侣

资源与环境工程学院

张媛媛　王俊芳　吴　凯　刘嘉南　王　婷　王正陆　安　娜　沈　棒　杨少鹏　豆盼盼　赵瑶瑶　王　青
胡憧憬　高　瑞　陈立丰　吴兆伟　瞿　玲　田　建　胡粉粉　刘世奇

理学院

蔡兆克　蔡中恒　田　凯　胡竹斌　林洋洋　陆　雁　时　倩　张笑天　郁顺昌　张　爽　杨顺华　胡　冲
王　欢　楼　锋　邓奥林　彭　俊　董　超

商学院

刘　莎　龙　梅　苏　娜　李紫洴　季婵婵　黄德群　宋聪聪　刘妙红　秦晓露　要莹莹　何方圆　王莉莉

张　欢　邵玉宇　王　严　陈云蛟　陶佳琳　徐雅静　杨　昕　石怡雯　郑青青　孔月新　聂　超　汪润润
冯顺伟　潘明天　郑梦梦　邴兆振　吴国营　叶　荣　唐素凤　周　娜　殷欢欢　刘义婷　陆群群　朱梦霞
孔漠阳

社会与公共管理学院

彭娟娟　张　欢　陆　伟　许　盼　张静宇　孙瑞丹　赵　锦　郭盈贝　王　鹏　商振国　王雷生　朱明君
李　玲　乔绪义　张飞燕　彭依敏　杨　磊　张松敏　何　爽　张冬梅　袁宏波　张露雯　张梦雪　韦　香
吴　天

艺术设计与传媒学院

王琦超　贾　媛　刘　莎　范洪燕　杨　菲　徐志兵　吴燊涛　李梦格　周秀秀　张　琪　尹　诗　叶丹凤
彭燕妮

外国语学院

杨远颖　罗正婷　金　祥　薛冬冬　董　燕　刘　馨　吴永刚

法学院

吴　江　刘聪聪　范秋燕　焦鹏洋　崔雯兰　秘燕霞　谢如燕

体育科学与工程学院

朱丽娜

3. 2013 学年度上海市政府奖学金名单

化工学院

陶颖卿　鲁彦飞　田　梦　王　祎

生物工程学院

王娇婕　樊　悦

化学与分子工程学院

谢李斯琪　邢维龙　张紫优

药学院

代天资　施　昶

材料科学与工程学院

江　洋　孟　昭　冯楚莹

信息科学与工程学院

王恩龙　李倩倩　施鸿裕　张军凯

机械与动力工程学院

丁　楠　范芳怡　陈真儒　岑冠男

资源与环境工程学院

丁　鹏　单志昊

理学院

许文龙

商学院

钱　全　张喆喆　穆佩琼　宋　杨

社会与公共管理学院

吴　腾　张　远

艺术设计与传媒学院

潘逸青　蔡　亦

外国语学院

倪　悦

法学院

庞　慧

中德工学院

黄青云

体育科学与工程学院

陆蔡影

4. 2012—2013 成思危名誉校长奖学金

特等奖

王胜男（10103574）　赵铭诚（10100724）

优秀奖

王晓晗（10101797）　汤　妍（10100504）　谢一奇（10100955）　赵泫然（10103291）

5. 2012—2013 学年度综合课程奖学金名单

化工学院

特等奖

包　磊　杨　帆　张松敏　明　梁

一等奖

乐利吉　梁国达　周卫东　孙　荣　崔灵瑞　程国冬　李　潇　顾晴怡　盛依依　赵　旭　胡聪玲　易雪峰
李慧敏　马亚萍　胡梦菲　刘冠豪　李海强　牛霄峰　罗　亮　傅文钊　李德文　杨青松　郭家森　周夏青

二等奖

巫林芮　徐　迈　徐丹丹　安　萍　范茂盛　丁文越　陈卓君　张晋玮　陈　静　陆加亮　孙泽能　沈博艺
袁镇豫　刘柏彤　陆梦科　韩向磊　蒋晓峰　禹　跃　姚钰玉　江　睿　牛雅琪　潘俊杰　应　强　程　雷
潘阳敏　毛　杰　张　阳　韦存茜　郭文君　尤雯露　周文娟　曲冬蕾　徐伟娜　朱诗尧　杨　烨　张雅琴
束铭杰　于冬云　冯　森　张少斌　钟松延　聂元清　万　晶　徐　爽　陈　旸　张　鹤　王一鳌　王　昊
范若兰　梅文文　徐海东　强　薇　励沈劢尚　张文博　吴俊昇　李怡芳　王梁元　陈逸璇　严世伟　陈兆轩
王林涧　冯伊美　边　超　赵媛媛　徐兴妍　张晓露　杨天慧　沈佳颖　黄勤亭　刘路易　崔鸿劼　姚鸿俊
赵　璇　廖　洋　姚林杰　闫佳琪　阮嵩钜　司　迁　陈弋翀　李文昊　胡旭涛　叶俊翔　刘晨旭　吴雨航
陶天宇　孔振凯　刘凯隆　丁豆豆　张　颖　杨华裕　吴嘉雯　潘燕凯　施　尧　富岱奇　朱凌志　何桂春
王　妙　张文矜　涂雨潇　陈海龙

三等奖

赵　轩　刘天奇　李　布　钟　佳　余　点　赵文焕　耿　桐　石鋆杰　陈天元　李　靖　方忻怡　黄　盼
廖　强　郑琛华　王建军　郭琼鸽　蔡　恺　韩复谦　聂　琴　何艳芳　李博民　胡兆财　王　圆　张玉龙
王斌榕　朱召贤　喻啸晨　罗　秦　姚学思　代博文　张　盈　施丽丽　蒋　波　徐纬川　马泊静　姚海贝
乔崇智　刘　欢　李　昀　李晓婷　邓欣苗　周同心　叶晋敏　卢　浪　曹丝雨　石玉翔　雷林峰　杨亚鹏
张　瑜　黄身澄　郭辰曦　杨　宁　王澜洁　林　辉　曹　韬　葛　梦　黄明波　胡　杰　董嘉奇　欧阳熠玫
陈天俊　杨　林　徐川川　于晓莎　周　礼　姜诚钰　冯芸芸　张　娟　朱振民　王　莹　闫明晨　曲　成
刘凌峰　王文澜　李若琪　汪浩然　李万成　闫司晗　宋　霞　冯　涛　赵新仪　朱志强　刘松豪　杨雨生
许英宗　张丁友　周杨杰　柳占全　许佳铭　李杜鹃　段圆梦　吴　婧　谭绮娜　徐　磊　温建军　赵　萌
何梦婷　刘履杰　张　程　王玉烨　李祥祥　盛　斌　林裕婧　汤嘉煜　李允升　陈　荣　周梅芳　姚晨炜
郑而近　金瑜卓　李向俊　林　山　王诗怡　冀　瑶　殷海波　黄宇轩　潘伟杰　李晓辉　徐思远　陈晓韩
秦　雯　金志恒　金逸凡　陈丽姝　薛双湄　金　庸　杨实涧　张　爽　宋光涛　朱夏杰　李欣怡　吴晓刚
林勇刚　王安琪　董利荣　陈凯迪　邹芳蓉　陈吉群　祁文强　王　刚　聂淑慧　徐　越　陶佳波　张馨月
王宝娟　李晓奇　徐佳煜　张　涛　黄雁城　马　晗　周延龙　李　欢　杨晓东　董瑞琦　陈佳达　李康玉
翟一鸣　蒋泽文　赵　婧　杨文宇　王道玲　盛　艳　徐玄之　陈启荣　户玉苹　马天明　陈　杰　江慧雄
钟　静　薛晓鹏　崔　筝　乔　婧　张欣然　吴书凡　王静文　谢曙光　潘鸣飞　方伟锋　杜　立　丰　帆
徐耀东　舒昊生　罗　力　张　琴　邱　洁　周　霞　朱琳洋子　钟文婧　刘文强　史少君　娄　贺　彭颖娟

胡　阳　陈沁媛　章奇明　徐　卉　辜韵陶　宁倩玉　屠家铭　孙忠涛　曹鹏超　涂明洁　姚翰林　蔡　珉
王丹阳　龚　旻　刘乐平　姚　翀　吴婉莹　周德越　高慧芝　宗泽钢　朱　林　康　颖　陈静依　黄　荐
施文祺　王煦坤　郑翔睿　陆　凯　金荷浴　李　笺　姚炜屹　周　仕　张　鹏　雷　菲　张伊龙　刘　岳
刘景曼　王文璞　胡　雪　谢浩然　李怡诺　邝俊杰　时　健　邵洁玲　张昳馨　信　茜　潘晓艺　张晓煜
施镇方　朱圣捷　邓　涛　陈　俊　徐龙宇　车轶菲　谢怀谷　刘雪芳　韩舜勋　蓝程程　徐少军　刘　赟
秦　炜　高佳明　谈书航　洪　成　孙天舒　熊亮亮　赵伟杰　冯莉芸　吴　阳　刘　钰　陈佳雯　苏保川
邢　雷　王惠霖　宗　睿　林　超　任丹妮　汤斌辉　伍　祥　邓逸俊　陆钱磊　关韶辉　张美佳　胡雪莹
苏　华　韩华哲　李　卓　王　芊　林言午　李宇婷　徐浩川　赵　凌　朱　峰　朴海男　李亦儒　陈英春

生物工程学院

特等奖

欧阳鹏飞　王倩倩　张　源　杨晓雯　尤佳怡

一等奖

刘　晶　金安琦　杨柳青　吴熠潇　任　帅　石明丽　章正涛　朱　获　王丹丽　曹逸璇　刘功全　张　驰
徐林果　张　圆

二等奖

常子烨　张　进　魏兴晨　刘　光　姚曈晖　刘晓琳　徐建超　杨　钊　冯岳彪　杨晨曦　梅雪倩　林　冰
常馨月　罗　璠　孙家琪　梁芊芊　位晶晶　吴　婷　王赛楠　蒋　莹　张若兰　叶　倩　季鲁章　宋文静
纪　刚　金尔立　孔沛筠　匡思运　陈　蕾　贾瑞莲　盛逸韬　张　翔　孙　文　徐　沁　王剑帆　王光裕
胡颂华　娄　颖　苏诗尧　白莉莉　周福珍　陈依珂　叶诚祎　方钰明　闫筱博　王成豪　张艳敏　池妙伦
董思莹　于海园　耿　赫　徐泽菲　王瑞达　陈璋瑜　刘冶钧　马铭悦　吕远洋　陈昭宇　姜奕文　万　方
朱一菲　谢旻诗　陈梦漪　刘崇阳　白晨晓　李　祯　胡昌辉

三等奖

景迎春　耿可依　厉晓波　麦　祺　张嵩洁　屠肖虎　陈　捷　隋雨菲　韩昫身　瞿朝阳　冯嘉炜　胡俊朗
宋　璇　崔鹏程　王新未　朱飀箴　王伟飞　秦绍兵　周　倩　杨　韬　姚　煊　侯鹏聪　谈进超　唐琼卫
施　峰　张　鹏　童瑶俊　周鹏程　高梓译　李昕彤　山　挺　许志骁　邱　颖　廖俊杰　沈嘉桢　吴佳悯
孙俊飞　王　玥　高　琪　汪　娜　周嘉伦　杨　菁　李　婧　尹艺橙　肖帮洁　孔　昊　李静宜　张竞生
吴　姗　唐　颖　胡　鹏　陈　卓　刘　薮　陈　艳　唐　黇　杨轶帆　庄　平　唐燕玲　刘　鹏　蔡志豪
刘欣宇　刘先宇　卢　意　孙小越　丰艳萍　戚思聪　谢泽群　康雅劲　陈　清　陆　颖　李　洋　刘思羽
郑学轩　盖　舒　陈　雯　冯诒彤　许　林　严若冰　牛慧洁　费吉兰　尹贻帅　龚青云　王宇平　李　思
曹雪玮　石沐畦　毛俏俏　冯嘉杰　赵　磊　聂玮莹　朱巧云　温　莹　施睿成　闫宇华　张洪波　李　易

李宁川 管运鹏 归厚泽 金雅思 马培强 李　成 聂嘉睿 陈　磊 李晓丹 戴　伟 王琳卉 朱淳丰
陈倩倩 吴健锋 龚子祯 周赟洁 张丽雯 吴　琳 刘　玥 董思好 陈国枝 吴俊杰 刘智靖 冯俊俏
王丽礼 郑弘光 孙冰瑶 王　莹 曾海南 刘雨佳 曹瑞远 冀　露 薛佳韵 杨仁钦 李　鑫 黄　晗
蔡久宜 金　慈 赵迎佳 益　钧 曾欣韵 蔡佳程 瞿毅劼 谢　晔 李　凤 刘春兰 张佰卿 张　立
滕　一 齐奕珂 蒋　微 乔豪先 王　壮 孙琦皓 郭玮玮 谷　策 温瑾瑞 陈　卉 胡倩倩 沈旖婷
来　聪 陆经纬 朱小愚 劳诗涵 张　珂 倪　旎 杨　昊 胡　斌 袁智洋 李桂桃 程　成 杨振威
李　颖 火　瑜 张文宇 黎敏灵 张奕吉 魏　薇 景望达 张　强 许越峰 叶泽宇 陆栋栋 翁佐琳
黎穗子 游佳琪 熊钰如 林雨萌 安西森 李　晟 彭　璜 佘佩琪 张嘉雯 黄晓敏 李　苒

化学与分子工程学院

特等奖

乔　璐

一等奖

王建伟 樊　星 刘　婧 王玉奉 林　瑶 邵笑飞 阮珮婷 刘　明 兰　赏 郑　重 任红鑫

二等奖

徐　倩 周梦娜 袁　红 邵正将 张少泽 高文君 王成鑫 王　萌 茆中睿 刘　宝 付幼心 柴先志
郭方元 杨凯娅 刘小冬 李萌祺 谭莹莹 王　晶 朱天懿 孙　伟 杨国梁 金文龙 高天怡 仲慧忞
陈　峰 沈能为 李好问 马　蕾 李俏颖 张润赟 江辉云 张一然 王　玺 施利江 周莞翎 姚朝怡
董　科 彭婧莹 黄　迪 高　丹 沈雨沁 白若冰 黄丽敏 蔡　璇 郑　琪 张　超 王美玲 陈雯雯
黄　冲 詹　妮 袁　媛 韩明月 汪　洋 陈煌冠 丁浩然 黄秀全 羌　笛 顾梁宇 丁俊杰 史焕达
雷　彬 陈洁琼 邵顺杰 朱乔虹 桑情妮 吕嘉乐

三等奖

杨　曼 肖嵘君 战妍宏 孙　威 韩梦茹 郑修文 李灵珂 方　伟 薛煜东 胡文慧 王　雪 陆云岳
王冠石 徐　璐 邢　颖 殷亚鹏 孙　鹏 黄晨升 卢春彬 朱承志 李　典 黄利民 张树静 刘彭薇
沈　杰 迟安琪 杜昱民 常　悦 李　波 朱玉涵 隋逸康 陈乐乐 朱云峰 陈家慧 徐红星 柴广涛
张思思 李玉琪 董陈成 孙广尘 田　润 冷诗楠 王　宇 宋美婷 竺佳炳 张　南 刘　珊 张洁慧
董奇峰 薛沁源 王佳琪 朱始蕴 沈奕婷 马文保 丁　辉 王义洲 余　溁 姚晨晖 王文冉 周　晨
金怡雯 吴晓婷 徐金乔 纪晨晓 乐家波 钱　彬 高云霄 赵　睿 符润中 果　实 张涵芝 车　祥
胡咏絮 张丽丽 陈佳丽 付　伟 童　弢 姜形形 顾青雯 孙　娜 黄晓博 乔　琳 徐　梁 吴步堤
黄贤智 刘晨晨 汪　炜 倪红旭 浦征宇 李耿緦 崔莉莉 武　雪 沈　斌 张雅婷 张　威 楚占营
卢　凡 王　欢 侯承康 邢　纯 丁云轩 晏永超 李小萌 张　琦 柳　莹 王亚琛 王　雪 王　津

罗弘熙　王舒婷　王贻宁　蔡　城　黄俊霖　孙　苏　刘　彬　赵文佳　唐国平　周　博　黄国畅　黄凡平
岳申之　王兆东　许　平　陈亚峰　张欣然　史长运　孙建蕾　张　超　邓媛昕　贺隆福　汪朝旭　陈　静
田正豪　赵郑宇　刘鹏飞　崔荣浩　张沛瑶　朱倩韵　李雨霏　张　婷　金苇航　张　朔　李昱昊　陈伟闻
俞　宙　周雪莹　吴露平　孔梦涯　朱秋辉　陈碧婷　徐　超　李梦雅　赵　洁　祁　文　唐　波　朱一舒
屈浩然　许博文　宋　辉　丁凤娟　程夕冉　王　男　高霄晖　赵雅梦　侯嘉祺　吴家钰　郑　策　吴　健
金　晴　肖　潮　张昊东　郭欣玮　姜宏涛　李思奇　吴仕群　吴起鹏　喻　晓　刘佳鑫　苏光县　刘钰清
黄　洋　谢晓旭　黄想容　陈　婕　薛　源　江玥曈　马戌君　何贤杰　姚　舜　陈麒舟　阮文静　俞凯峰
蔡碧莹　江振颖　朱玉呈　董　昕　张馨心　李鸣祺　张　斌　贺雨晨　崔　珂　张东生　马小珠

药学院

特等奖

徐剑宇

一等奖

金　晶　闫　雨　于　洋　黄　雷　高　明　刘昌明　张巧丹　徐可人　陈宇菲　赵卓慧　李柯佳　徐　想

二等奖

俞雪婷　潘佳伟　丁一容　唐　尧　何云刚　廖博雅　曾　彦　贺牧野　孙彦琪　徐玲姗　金京海　史勤洁
刘　洋　柯宇琦　沈金晶　崔　琳　刘傲霞　黄婉娜　许箫韵　孙佳佳　黄蒙恩　狄佩雯　郭　赛　陆逸菲
马晓莹　亓莹雪　周艳婷　徐利江　胡燕玲　安　槿　桑佳乐　蒋榕坤　申晨晨　张皓然　陈　岩　沈雪晴
魏兵惠　吴艳放　朱可欣　徐媚媚　沈　鹏　纪　憨　苏海霞　胡　倩

三等奖

徐　婷　王士博　刘静远　李志东　王斯捷　朱　玲　薛　嵩　顾金杰　王依顺　贾有梅　章炜兰　俞舟舟
陈海洋　方若舟　张　芳　张　晓　盛晓笑　李　义　户　晖　方欣欣　冯昂昂　邵玲艳　田　丽　丁　立
邹叶君　仇宝珠　杨丛斌　孙奕杰　魏　媛　姜　宁　高玉伟　李妍哲　赵菲熠　华菁彦　赵雯雯　张家毓
曾　琳　黄怡然　秦文静　韩　羽　钱　堃　孟兵涛　徐白雪　任培玲　龚超超　惠嘉赟　李倩男　陈佳意
李明璐　张燕德　王雪琳　邓嘉晨　朱皖凌　王菲儿　王容义　何云超　葛松兰　王婉琦　刘志宾　左方婷
戴卓舜　柴苗苗　郭春阳　顾绮雯　成　悦　何嘉辉　杨天骄　李　强　王凯萍　杜　青　李　洁　朱嗣文
吴　杨　陈桔娜　崔艳玲　孙　晓　苏志骁　蔡文斌　任　超　侯昕宇　张　健　徐超意　邓　华　张晨霞
陆诗涛　章雪妮　何停停　林千叶　李爱芸　徐　迟　韩顺华　李　灵　顾海红　王一媛　陈　彬　赵美琪
东多凌　黄海飞　陈　飞　方佳艳　王秋华　吴嘉杰　姜文俊　左倩颖　罗　婧　李　强　李旭彬　符惠楠
朱凯诚　程召敏　冯　晨　赵瀚宇　潘　潇　朱忞仪　蒋雨露　李晓雯　朱晓莉　费　笑　周必健　赵莉莉
黄夏钦　金彤霞　陈　宁　傅　云　吉如琼　张　良　王婧媛　王　慧　朱胜览　梁晨雪　叶远兰　夏张悦怿

王　静　杨叶平　毛　宇　方志军　李梦园　章志皓　朱嘉惠　蔡　星

材料科学与工程学院

特等奖

吉旭晶　陈凌志　王　钊　王胜男　高亮亮　王　戎

一等奖

蒲　凡　王　曼　张　勇　谢萌萌　郁林烽　翁宇红　潘　剑　潘圣阳　张诗祺　张　磊　吴　蕾　童晶晶
王雅琪　姜广宇　徐　力

二等奖

袁建勇　高海程　王童心　杨唐俊　陈红雨　徐昱捷　朱峻立　李　岸　贾晓博　龚敏杰　路　力　张伟健
孔雪丽　傅丽娜　王财安　金丹丹　戴华烽　孙辛杰　朱嘉婉　徐　斌　陈作威　张宋奇　葛思睿　李明晓
张延钢　郑文怡　张　琦　尚　鹏　孙　建　施恺航　刘　诚　余晨晨　孙欣瑜　薛健民　肖　鑫　苏　凌
汤莉娟　黄添华　黄　军　吴　双　巨佩雯　陈　晨　杨鹏飞　吴卓鹏　李　洁　赵淑楠　姚伟良　陈佳青
张乐臻　吴　蓉　邓顺书　周乐瑶　何　健　林泽青　陈佳云　高　佳　吴嘉诚　潘冀佳　刘桂芳　姚威宇
张启源　丁宇静　张泽人　楚　明　梅师奇　李　可　张雅娟　乔馨影　王　鑫　路璟怡　励　琰

三等奖

董　晖　谢　飞　吕翌晟　魏子博　张艺镡　王跃波　郑嘉栋　马一帆　徐晨斐　徐刚敏　韩亦钦　吕永蕾
温乐斐　顾佳斌　朱娇阳　吴朝鲁门　谢　傲　薛乃瑜　柏　波　王晓刚　张勤干　李首瑞　王　喆　钱雨宁
张　慈　王芝慧　詹　航　闫　玮　陈亮峰　陈飞燕　王海燕　吴致进　章海泳　戴吟衡　俎梦杨　刘昱彤
陈昌林　张亚玲　何健平　赵仰之　王　瑞　崔佳垠　王传鑫　杨　丹　李　铮　戴小玄　林　珊　水　涛
罗　霜　蒋倩露　王　乐　姜　帆　张秋月　蔡春辉　张雨潇　刘玉杰　段　阳　高　翔　周晓琴　胡景鹏
叶云溪　单晓林　吴萍萍　崔东东　李　传　刘一丹　张润融　崔原铭　陈锦浩　徐　蔚　王浩秋　岑安宁
魏　猛　刘　丽　刘君韬　雷　雨　程鹏辉　王海军　陈　晨　东哲羲　李天彧　赵欣斌　是长江　张　林
王宇韬　杜　茗　靳　琦　邓泽星　单佳文　王申春　王　晴　李　奥　徐悦莹　匡丽君　许轲韩　洪　卫
吕欣霖　任先杰　李清璠　王　权　张锦程　代妙吟　吴　广　虞志成　成立鸿　王　懿　雷　淼　王文琪
胡　航　张俊勇　王晓腾　潘塬中　陆　宽　陆怡卿　刘翔宇　王　曦　陆晓旭　张　浩　张　磊　许艺强
杨　宁　王艺蓓　印海伟　张浩轩　梁瑞劼　龚　鸣　贾聪圃　马思超　汪嘉伟　陈　灵　陈　旭　金锡雄
罗雪莉　董玉茹　童艳萍　包喆赟　李竹心　李　磊　寇文娟　黄灿阳　常鹏飞　肖梦玲　叶　备　吕文超
许云汉　宋　爽　宫梓皓　周恩斌　陈　婧　刘晓天　颜　浩　张　悦　周启航　张达理　陈　洁　王晓敏
秦　徐　王炎祥　王心怡　文联磊　季宇阳　胡兴龙　田　晨　李一晗　谢富炎　张馨予　王婧琳　张天宇
范俊杰　谢颖美　王　珏　林　鑫　高正宇　黄　宸　丁艳玲　何诗羽　孙丽丽　张　彤　王晓熙　聂静文

庆　帅　许祥鸿　伍自涵　熊娇阳　李晨非　张治斌　王　洋　曹立奇　赵　普　邹景强　苟敏涛　李　帅
范亚蕾　朱景润　刘育辰　王　涛　刘彦迪　薛晨婷　罗传鹏　陈诗韵

信息科学与工程学院

特等奖

陶　冶　米肖肖　戴　昀　董浩灵　王渊博　蒋昕祎　何世明

一等奖

李　琦　任佳依　赵　宏　何旭晨　姜　娜　韩文炳　许瀚誉　沈晶磊　彭佳斌　田璐超　刘　涛　张聪聪
黄俊平　许瑜飞　胡禛妮　曾祥芳　贺仕逵　李鲁明　梁　博　王逸飞　李志超　汪　磊　魏天舒　罗　成

二等奖

魏　琛　唐秉超　马思琦　李嘉奕　钟雪颖　何春晓　石　晟　杨凯敏　赵一峰　李俊晖　宋勐翔　施登科
谢　圣　卢周正　焦　泳　朱世杰　方丽辉　李宜萱　郑　超　简葳玙　孙俊峰　谢振山　张　聪　董梦曦
张佩玉　丁凯杰　王逸宁　刘雪琴　瞿炜超　郑建丽　王梦婕　顾轶凡　金蒿林　邵　琳　陶旭明　张　岩
吴　铭　王　坤　许洋洋　张志杰　李　懋　周　洋　张晏菱　王思明　陆源源　钱杭炳　吴骏逸　金宇辉
张　政　万洁瑶　唐佳炜　徐建伟　周　敏　刘诗雨　邵凯笛　王　南　李一斌　张　乐　文　豪　边晓晖
邓文轩　白思晴　余天哲　陈明媚　黄睿暘　周　毅　王　坤　陈航璐　胡　贵　刘嘉琳　纪彦竹　包垚垚
徐嘉鹏　郑锦泉　朱　杰　郭妙吉　童奕玮　程　欣　潘善照　凤　伟　寿天泽　何睿博　王嘉良　高笑晨
邓存彬　樊　振　王德勋　曹　真　杨章唯　李博文　杨心凯　李明雨　陈嘉豪　陈　磊　郭亦凡　诸葛晶晶
顾王欢

三等奖

林　勇　林　杰　童　峰　李一君　姚　兴　陈文天　张　志　张思琪　蔡　林　黄镇煌　蔡思悦　张建业
陆垚垚　夏　军　刘　凯　张盛鑫　鞠立冬　杨　健　沈文泓　杜　爵　马　震　王鲲鹏　李文汗　刘家峰
张中秋　徐晓东　沈黄阳　金治群　杨一航　贾　媛　何佳学　王　儒　赵　贺　田　莉　范佳卿　周耕宇
林蕴青　付　洋　张　弘　秦　伟　方海舟　曹　伟　张怡婕　郑良斌　南　男　肖　煜　陈亚妹　闫博睿
陈会聪　刘学彦　任舜文　周　倩　谢群义　盖瑞敏　汤志鸿　王嘉璇　钟铁君　黎　鹏　王　鹏　沈惠玲
薛雨婷　陈　晨　韩升升　陈佳男　闫双翔　汪陈璐　张　健　段佳利　朱梦怡　曲友桂　陈天翔　李培铭
孙　珂　郑嘉骏　周李奇翰　姚心健　周永超　孙静妍　潘秀清　韩名豪　丁　妤　曹　浩　任育成　顾琪坤
王睿康　吴佳兴　李炜东　井晓阳　覃　宁　尤文颖　江海慧　谢南杰　郭登鹏　王　康　周　进　吕伟斌
胡思维　莫常新　陈雪梅　唐文武　肖斯文　刘　威　雷思睿　张　晗　何嘉翔　闻　翰　邓佩莹　吕　悦
李兴磊　沈一超　李佳镁　高天禹　王　林　张宏城　霍　燃　杨心运　卞小磊　甘晨晖　刘志阳　房体航
王　伟　姚黎婷　汤晟源　孙雅丽　丁培丽　王　宏　俞　斌　茅　源　华晨超　金宇尘　范嘉杰　薛苏杰

马天慧　林雨培　张玉敏　吴　凯　施仪画　李福沛　李梦遥　孙　焱　胡自超　赵　博　江志坚　陈　华
尚新鹏　施孙阳　童俊超　许冬凯　杨一杉　张　祺　蔡　琪　李孟泽　任之杰　金易中　王甬玉　卢超阳
方之家　吴慧鹏　戴　笠　张　耀　孙程琳　吴雪妍　何　超　陈　荣　李东旗　戴道兵　胡　栋　周宇波
陆博文　刘宇豪　韩松伯　方　旭　钱　帅　秦雨辰　杨洪元　张祝琰　田怡春　戴晓锋　毛颖杰　叶德贤
王一臻　高智林　余佳鸣　赵　勇　沈海东　潘启望　解　峰　贾修毅　施林成　张　立　蒋中敏　俞贤佳
张达宁　马彦超　高嘉诚　袁东昇　苏秋奕　李中豪　王　宁　于健博　郑海泳　潘玉雯　吴佳奇　曹志宇
张玮雯　薛　瑞　凌　语　赵熠阳　吴文龙　黄志宏　杨　震　徐溢民　王鹏飞　王　臻　顾欣运　刘小琰
汪　洋　张　湛　姚达琛　范常浩　姚芳玲　崔晓惠　宗雪鹏　戴哲恒　梅建国　彭凯欣　高小阳　季　楠
凌　晨　陈霜叶　张一鸣　韩　猷　郭　鹏　干伟儿　张剑超　马　圣　周水峰　陈　毅　王　祺　曹辰捷
翟洪毅　杨正浩　赵　亮　赵嘉炜　孙浩然　郁明强　刘金宇　刘邺超　李　超　陈晓亮　顾冰鑫　逄淑怡
张素钊　严睿红　廖　林　叶复兴　李智斌　陆　尧　汤浩家　沈　健　陈立皇　杨渝琪　侯启桐　唐志成
阮佳妮　来　佳　赵　阳　张　旭　张悦明　白鹭杰　郑文博　施宏颖　侯志鹏　李紫薇　高　楼　方　阳
乔璐峰

机械与动力工程学院

特等奖

蒋　晶　王传勇　崔天成　章鸣铭　张伟昌

一等奖

周　凯　周辰晓　黄　洁　潘　铎　许　翔　李魏梓　薛菲尔　庞富龙　宁诗琪　孙悠悠　张远松　尹天力
周志楠　范竞存　彭　勃　杨　焘　范　朔　赵　妍　刘诗怡　李俊颖　严江慧　封万俊　夏齐炜　卢岸潇
吕佳慧　樊旭颖

二等奖

游天旭　朱彦宇　刘素琴　吕　颖　林星航　朱慧彪　周　斐　方　元　罗豪鑫　宋昕宜　赵铭诚　张　博
傅双九　金珏辉　赵　涛　张　丹　张　池　尹　棣　金寅吉　白　钰　董　仙　辛　俊　张马峰　徐方文
方　圆　屠珊珊　王稼民　方　正　王雅莉　马幸申　王园勇　吴　锐　方俊杰　甄　妮　苟巍然　孙　航
施智晓　吴　浩　姜金宁　朱娅婕　付明雪　李天宇　王卓然　徐宏皋　何　诚　张　倩　朱佳蕙　杨　涵
吕栋炜　张亚林　张　楠　余婷婷　金陈玲　李孟寅　金　林　李天佐　刘怡心　金东旭　王　琦　张渊博
朱星宇　宋伟颉　陆天阳　胡志梁　吕东原　干丽凤　章　倩　杨文浩　黄天华　万　超　陈梓轩

三等奖

张胜利　传　航　李海燕　徐明天　唐笑寒　季　杰　刘馨雨　楼少杰　李　滢　孙元坤　韩　港　葛一敏
陆嘉庆　王立人　圣　凯　翁勤武　毛龙军　舒圣峪　刘红周　元勇伟　秦晗宇　徐小辉　曾志远　段智航

蔡　波　孙　磊　杜华健　侯亮宏　张良汉　黄礼洋　张　希　金　琳　叶　俊　孙登号　刘耀辉　朱陈龙
胡　杰　张伟锋　徐　程　刘荫泽　赵健棋　郑幸凯　赵文彦　崔子尧　黄琼琳　叶潇潇　李大为　姚　瑶
张晓晨　林　春　张　庆　朱旭旻　张驰凌　王　辉　张　翼　丁　一　何兰兰　常栋凯　冯凯博　柯骏皓
柯敏辉　吴　昊　毛成思　兰顺强　冀　楷　樊传扬　张政洋　严皖金　熊亚戈　李清华　高　琼　孙　柯
许俊武　郝玉婷　刘统军　刘　伟　赵　硕　张崇业　丁　亮　徐俊圣　孙　波　张皓羽　周　昕　王小双
崔元元　徐鸣睿　顾家骏　刘源滔　吴　迪　乔雅杰　管文超　徐　玮　曹家伦　张少儒　徐亦帅　李　涛
赖婉瑜　张玉龙　薛振锋　刘　倩　晁利明　杜碧晓　杨晨阳　李小龙　叶程霖　李　勇　赵秋姗　叶幸裕
王　笛　何　宇　纪一丹　向　军　杨冬林　庞鲁超　赵强祥　马　毅　王家兴　朱余科　张其浩　吴正鹏
于文俊　王晨阳　王　玉　张　珂　庞雨南　林雨航　陈文川　任　宇　钟　蔚　王思亭　周　华　张　颖
熊志威　史雨晴　贾础豪　王启超　刘子龙　范　智　官良鹏　武晓晖　竺嘉斌　牛田野　李雨珊　刘忠慧
王宗磊　俞菲菲　袁文峰　李素行　张天阳　尤厚丰　揭志成　钟耀坤　胡　丹　胡倍超　陈　翔　方乙琳
张　纪　金　鑫　徐新博　鲁　瑀　杨　玮　叶海鹏　李亮亮　黎申兴　黄　东　杨佳琦　查媛媛　胡靖东
李梦凡　陈国宁　容　凯　刘　怡　宋林峰　谢重远　宋俊凯　沈奇欣　薛珈琪　谢昊利　许弘杰　刘致远
张　帆　商兆康　蔡卓昀　付涵文　胡源豪　肖　婷　景　容　王　珣　熊文莉　万诗琪　吴若雨　齐显鹏
段　策　孙文杰　欧阳其　陈　涛　池　敏　徐　勇　王鹏飞　姜　滔　王欣欣　梁振业　张陈宝　孙晓帆
谭晓敏　晏希赟　曹　宇　许叶龙　柴亦奇　禹　畅　黄逸超　边凯瑞　胡家豪　李帅帅　张　鹏　蔡伟杰
陈冬平　唐子腾　舒红秀　许佳平　陈炜健　夏逸飞　郑岚心　乔鹏程　向　鹏　叶跃煌　陆英栋　杨　康
刘　振　张　阳　崔维军　樊雪珺　杨梦红　林妹妹　徐浩然　朱依娇　胡　极　张　恒　顾翔宇　许柳青
刘玉琪　刘光辉　涂维轼　陈升泰　陈兴宏　段鹏洋　廖新培　冉冀林　包　潜　刘俊岚　樊　茂　王国敬
杨兰岚　于　悦　井　炳　李　欢　王涛先　张明鑫　蒋玉若　薛进前　王中宇　张沈炜　莫松海　邱　铜
唐　霞　路　笑　季伟强　石文雷　许志炜　杨建华　何　宇　卞泽诚

资源与环境工程学院

特等奖

黄　波

一等奖

白佳丽　钱婵娟　卫俊涛　闫　磊　陈　辉

二等奖

樊友雯　赵思楠　赵梦飞　蔡　敏　王安琪　周　阳　薛云飞　邬莎娜　刘天杰　张颐年　李证宇　涂宝声
林泽桦　段军岩　马奔腾　应佩桦　张元恺　周昕彦　王蓓辰　康晓蕾　孙运筑　李旖文　张维玮　李开坤
赵润泽　陈　亮　吴越美　周佳诚　凌思源　李强林　方振旅　祝慧雯　周　群　姜毅韦　苏　晨　崔　超

梅雪冰　薛　聃　周天俊　曾　晴　白钟庆

三等奖

赵威洋　樊文克　伍子玮　付　明　付　琳　王旭泰　钱庆川　康　维　王春雨　朱芳敀　邓天宇　张维铭
包泽彬　李崧铭　沈晓强　郑景元　苏嘉缘　赵泫然　刘　玥　高　爽　吴乙一　张金妹　赵君韬　张世婧
范书婷　刘柏众　沈歆恬　杜俊辰　刘　高　李　东　张许文琦　胡启迪　乔　陈　华怡菁　赵雅致　陈　瑶
张　禛　张　坤　郑严达　吴　浩　李靖霄　沈　超　张旭阳　厉晓豪　阎柯宇　徐思媛　汤新天　袁海峰
刘婷婷　徐铭杰　鲍文杰　殷　帅　刘凌琨　冯　茜　焦　杨　崔　巍　张景程　陈梦帆　张　芃　田地心
梁雪珂　颜平平　董文娜　黄昌衍　李婷婷　陈　立　唐川翔　柏　舸　蒋　文　张艺玮　张　斌　银梦思
李　露　朱晓强　包神奕　杨致远　姜文超　张经纬　张佳凯　朱诗杰　吴炜城　孟德喜　王　杨　李光源
曹长健　孙　青　张志丰　常清华　陈　静　李　征　张　浩　沈家荣　王震东　黄　赛　黎清礼　张志清
马雅诗　许鑫磊　王子博　陈智辉　陈　卓　钱朝坤　喻昕蕾　张逸秋　李文跃　宋　玥　张睿越　丁思佳
孟　宁　杨　灿　石　静　吉昌铃　李　程　陈佳慧　杜宁宁　顾天翼　倪煜明　许孔耀　袁萌希　刘乔丹
王　浩　何嘉睿　宋宁月　叶登璐

理学院

特等奖

王艳艳　陈智鹏

一等奖

朱征露　吴　磊　包谷之　马玲玲　王桂杰　丁　毅　周逸龙　薛　平　郑家宇　柏　文　孙　伟　程　鹏
张方波

二等奖

翟丹丹　方琦骏　吴皓清　高晓鸣　陈峥嵘　赖维栋　林　森　邱逸盛　周　烽　辜　腾　王家亮　葛洁莉
朱明杰　周　张　孙　冰　吴　婧　戎伟峰　张　婷　瞿菁晶　于嘉琪　蒋鸣鹤　龚乐诚　陈炳月　蒋唯一
詹纪元　张　岚　张　肖　张　涛　李剑波　汪利平　陈诚诚　石珂恺　丁　樊　王陈玲　龚之皓　施云颖
由　玉

三等奖

高佳翔　韩瑞琪　姜　超　纪　洁　莫　瑶　蔡佳怡　吴元霄　景雷程　窦晓蕾　王毅斐　凌晟煜　顾鸿翔
黄绪祚　邓力夫　季敬儒　朱　燕　杨彦红　王海龙　吕　旻　张　彪　李　民　蒋玉麟　王　磊　孙泽元
管福鑫　蔡孟珂　徐璋瑾　裴芸英　陈泠珅　徐正一　吕　铮　刘　洋　徐　顺　王建洪　王梦麟　范申晨
潘　飞　周晓宇　孙曼阳　方睿彦　姚梦秋　庞景隆　周鹏程　贺　沁　周晓君　张慧雯　岳　鹏　丁翔昱
王志文　朱资鹏　刘沁宇　唐　俊　陶　阳　季骏豪　徐　晨　徐　浩　马启玮　钱　桦　张晓辉　周励诚

周翌 郭晓峥 唐明劼 卫炳铄 郑佳宁 杨魏强 刘钰涵 张彤蕾 马禹成 辛悦 朱弘璋 刘畅
孟德彬 丁则鹏 孔维鲁 厉鸣夏 傅巧巧 华磊杰 茅顿 吴敏 郭洋宏 诸震宇 吴穹远 徐彦琨
张希羽 徐嘉辉 董琳 李弗贝 周勇 李圣鑫 何杨 施佳亮 吴婉婷 周若都 顾佳妮 王尧
王智颖 王文浩 杨天 周思佚 孟硕 于东康 王雅贤 钟华 程培鑫 赵宇彬 余煜嘉 邢志鹏
徐晓俊 戴祖坤 施嘉炜 刘华清 张宁 徐瑨 吴远旺 程昱 解江涛 邹鹏 许晨杰

商学院

特等奖

黄李辉 吴奇鹏 俞琳 王子君 罗帆 涂婧清 李书璇 读人 曹思琪 邵燕燕 王雅群

一等奖

康恺 王玲玉 倪文洁 谢天 李斌 陈小慧 卫健炯 李佳珏 张雪 刘一鸣 姚心怡 刘玉亭
曹星萌 孙晓晓 张晓雯 刘金瑞 许诺愉 陈皓雪 周珺 梅怡然 陈嘉琳 陈洁 吴亮涛 李静
王琪瑛 李镕 赵晔璇 张尧

二等奖

刘文月 戴娇迪 胡舟颖 徐喆颖 项斯雨 王淳 王可 曹文菁 蒋佶 黄玮馨 董越 陈永泽
范妮娜 余鹏飞 张书琦 张攀帆 雍雪 杨佳乐 徐烨儿 张涛 秦嘉琪 解依博 金鹂 刘洁
叶敏慧 高雨薇 李毅 葛媛媛 袁佳文 费璐 杨静靓 张稚 王凌亚 邱梦圆 徐蕊艺 徐一畅
徐璨 周剑 顾晴琳 吴婉芬 张竞元 陈婷婷 赵雪琪 周洁 武希 魏玮 关童 谢思蕊
吕雅楠 沈旸 梁龙 徐昕 徐昭俊 吴玉荣 刘意 倪冰玉 帅涵如 柳明辉 张怡 朱子伟
顾雅婧 马一帆 胡爱萍 任薪羽 刘雅静 环亚琴 饶楠楠 李君如 郑忆为 金雯 薛慧琳 陈彬
顾晓丽 夏晓菲 孙美慧 安然 谭悦 江雨琼 段静静 龙瑗 陈花 李忆贤 邵羽君 顾航宇
仇赛男 滕淑安 吴琼 李雨婷 李晓宇 冯绿叶 柳丽香 戴毅劲 李亚楠 齐雨薇 任嘉莉 孙斯琪
张璐 张慧颖 孔慧玲 李丛颖 胡家晶 张楠 陈亚西 徐怡君 綦雨薇 蒋玥 张丹阳 魏晓宇
贺钰偲 傅琳 张慧 苏星泽 万碧莹 潘佳芸 叶小同 李秋云 陈家宜 吉佩珩

三等奖

陈旭琼 沈倩倩 徐菁 徐卿云 于小琦 李桐 商艳 李羚 高垂青 罗雅兰 许丹瑞 樊雨蕾
顾筝筝 赵胜妍 茹斯佳 李维瑶 罗灵龙 朱莉 赵雯雯 王欢 刘诗洋 杨凯 韩文文 任洁芸
徐蓓婷 吴丹杰 马良 周胜芳 沈蓓蓓 黄蕊 黄权载 孙浩 黄永捷 顾超 叶陈宇 吴静军
叶晟超 仝佳 王安 汪瑶 裴静娴 石媛媛 张城煜 施心丹 崔舜晖 朱陶立 唐霄鸥 樊昱
龙秋燕 邓婷 乔颖 潘楚达 姜甜甜 刘岩苹 姜健 韩祝欣 刘嘉丽 顾承玮 金思颖 肖丰诚
姚佳宏 李燕菁 赵昕蓉 夏佳蕾 谢瀛心 彭彧 吴亚群 王林娟 郑戈 冒刘玉 杨科 杨芳

魏　洁　胡博文　邓　越　王　吉　李　彬　侯梦捷　沈美云　潘奕璇　吴秋忆　龚　莉　唐亦敏　季沈丹

牛玮璐　尹洪艳　李　琪　张碧波　季婵婵　戴康力　陈敏燕　苗　洁　李倩文　姜　垚　施　雯　诸　杰

朱嘉琳　张盼盼　周　璐　于明菲　汪　晨　宁　星　胡　玲　施培晨　李　昊　孙慧凝　俞贝西　吴笑艳

于　强　赵　洋　袁　立　卢彦竹　朱　韬　唐媛媛　张　宁　姚煜波　吴可军　王晓婷　詹哲妮　邓　雪

蒋　榕　郑伟力　黄　琪　袁含怡　赵　悦　姜　硕　杨　红　田婧雯　赵　洁　张彦卿　屈晓佳　王　鹏

谢善励　黄　珊　季淑仪　胡志纯　谢璐珈　韩正纲　余　陈　吴瑜婷　张吉刚　乐梦楠　潘许霞　沈　婷

王雨潇　杨　静　董聪影　孟晓青　王颖渌　刘亚伟　杨天怡　刘炳滟　王　洁　尤文烨　李　杰　张鹏威

徐　萍　陆　莹　谭　靖　蒋狄锋　方　瑶　张少刚　胡　飞　岳丹辉　王奕磊　顾　权　丁　欢　王建荣

金万里　黄建伟　骆　乐　杨　卓　王珊闪　赵颖辰　曹宇婷　陆玲玉　杨屹俐　姚雯莲　施　真　宋乐乐

徐双良　胡孜萌　柳　颖　门秀秀　陈　旭　刘　婧　宋　怡　陈佳丽　刘　昭　蔡佳红　朱　勤　顾鹏可

陈　玲　樊　瑜　林小惠　何思嘉　顾雯捷　岳忠伟　陈倩倩　孙　临　肖　宁　张梦真　吴心怡　王金刚

王黎雯　刘茜文　张　靖　李佳玲　谢　意　郁聆暄　王晶雯　陆倩文　熊佳裕　姜　豪　姜丽丽　蒋韦磊

施家杰　姚　悦　谢　军　陈德启　杨宾茹　张诗雨　黄　元　苏圳烽　张澄东　后玉成　刘畅畅　陆　佳

张明珏　戚铭铭　刘　璐　彭　璟　顾　婷　张佳琦　薛锦涛　陈逸菲　孙欣然　叶丽华　聂云华　黄沁钰

郭涛涛　程　红　吴莲霞　牛晓荃　宋高兰　张　霞　段晓彤　丁　立　吕思馨　刘永尧　邓君妍　卫珈其

刘　真　朱可箐　赵　阳　倪鸿儒　李　爽　施立文　沈　杰　陆　捷　张淑琪　王　鹏　王致欣　韩　旭

樊　琳　李　帆　任新恬　唐　洁　黄逸雪　饶　希　吴耀杰　陶　珣　丁洁扉　吴　婵　胡郅钰　沈旻旭

於颖莹　陶艺心　周一真　徐　文　蒋强强　孙　雯　向闽睿　崔书航　丁　升　陈俞飞　吕依琳　王梦蝶

洪梅婷　姚泽民　魏　萌　田凯琳　马怡菁　吴曼任　陈烜炯　潘　雪　王安琪　陈　蕾　朱梦田　施鑫蕊

冯斯雨　殷秋仙　马俊超　王　储　王竞驰　陈天洋　张　欣　宋志峰　马菁清　毕心蕙　张艺琼　汪梦琦

沈思瀚　王舒翊　洪　歌　姚心成　王亦磊　岳婉旭　陈　星　谭文静

社会与公共管理学院

特等奖

崔媛媛　陈秋怡　吴怡烨

一等奖

李　旭　汪文婷　冯　岚　王俊珺　王亚捷　邱佳敏　马晓雨　求羽雁　秦　西　蒋　玉

二等奖

周显伟　单　琦　郑明明　陈　晨　张　一　袁易卿　胡宇川　江盼盼　余颖娟　朱辰薇　沈杨千　陈　蓓

蔡晓芸　代文瑶　张　蕾　张泽华　咸金彤　盛　期　顾嘉乐　韩　佳　张博男　陆荷佳　李笑恬　王晓燚

翟　航　黄亚琦　常　康　寸夏昕　陶行子　吴佳蔚　吴一凡　陆婵媛　王　岷　邵雪倩　钱旦旦　胡绥楠

赵静 江一凡 单宁 吕园园 刘闽青 丁科东 胡燕燕 周薇 朱紫荻 方思唯 王天玉 苏翔
冯露 吴琼 宋圆 单超君 马力 张弛 宋志凌 金袁圆 王镜新 唐洁莹 王紫妍 焦薇伊
耿菲菲

三等奖

山静 朱灵艳 周苗 高虹琳 寇凤 刘娅然 施泽琦 钱霜霜 姚映雪 张雯逸 王一涵 张霄
高凯敏 童莹顺 秦瑾 常亚琼 毛辰莹 王玙 薛茜茜 王思宇 邓亚珊 李可 彭雁楠 姜孜龙
汪琳琳 叶莲菁 唐哲玮 郭战 王玲 宋燕 李晓雅 万佶靓 孙昱洁 庞皓文 董典 秦怡然
苏彦曌 张雷 周维杰 刘飞 王娟 黄晴雯 唐晓雯 燕丽 姚茂花 杜亦云 贲晶晶 李露露
商灵君 鄢玥 刘婧媛 梅洁 李婷婷 吴颖 郭庆梦 孙悦 杨辰 孟蝶 吴夏 郑若杨
帅添天 胡远媛 张海萧 胡一玥 郝欣 贺佳佳 倪卓君 顾群 谭天娇 王萍 魏婷 是双婷
张宁远 仇莉丽 曹艳博 杨阳 赵迪 闫柳鸣 高菁颖 吴翌雯 李纯仪 张妍冉 李玮 唐安
吕杰 庄薇怡 申芷伊 傅凌波 李根 郑俏萍 陆迪 任伶 黄江蓉 翟松 江姗 郑佩瑶
吴宗勇 斯杨婧 刘江北 储雯韵 楼睿婕 任楚楚 石文君 盛玲怡 顾森森 梁飞亚 刘怡宁 金潇
朱淏 裘学 沈燕 李鑫霖 崔瀚文 张伊格 张晋东 石碧波 冯豪 薄丹丹 孙方雯 丁圆圆
王喻 焉茹 吴烁硕 张宇翾 刘琳 吴相仪 赵妍斐 刘梦诗 李思捷 王章岑 韦秋林 李梦岚
仲炜丽 赵俊毫 蔡圣辉 沈吴越 万琳琳 张耀丹 吴岳婷 夏玮 龚怡翎 格格日乐 朱慧仪 王思莹

艺术设计与传媒学院

特等奖

范翔 夏圣雪 刘翔宇

一等奖

鲍如霜 计宜佳 葛依依 李小康 孙怡婧 梁粤晨 郭昕鸣 王陆丹青 王欣婷

二等奖

张韵仪 胡安妮 夏芳 姚一鸣 路怡钦 顾玲芬 王雨佳 严欢 李进 黄溶青 马翀 朱婧婷
陈磊 宋秋实 张寅 栾文杰 张瑛 孙蕾蕾 陈晓燕 霄汉 郑樟晶 张恬 程思羽 毛涛
杨海凤 方园 蒋音恬 刘怡雯 顾晓晴 张璇 杨小倩 张怡然 李静媛 熊韬 孙昭阳 应晓青
冯歆怡 侯依宁 施天凤 王毓露 曹玉婷 陈莹 马铭谷 吴博闻 龚若兰 李鑫锐 许夥赟 尹艺荷
刘靖

三等奖

李雪蓉 黄洛滨 程志鹏 程晟 刘贝 忻辰 潘素琴 曹意涵 汤晨凤 王晗宇 赵一梦 张赟
沈瑞竹 周超 陈丹宇 陶瑶 李一君 黄琪 杜佳佳 岁晶晶 王媛 沈裔 应梦 李清逾

沈微伟 唐雯悦 殷雨婷 杨 蕾 袁雪娇 孙萌艺 朱润秋 李佳灵 钱徐能 苏晓雯 曹明远 虞路遥
孙婧恩 陈天宇 李月莹 王佳丽 陈凤怡 虞丹群 江琦焱 顾培婕 马先仙 管增益 倪晨安 郦 娜
徐俊怡 钱佳伧 毛 越 李桁茹 蒋楠杰 陈 漪 沈 燕 励栋磊 杨江银 王亚萍 陈 瑀 王 颖
袁怡莲 林姝彤 吴 凡 江 洁 詹 颖 赵璟涵 王 媛 杜雅琴 李雅梦 张 然 袁洁琼 陈维安
吴宇斐 谭舒云 王向荣 潘丹娜 肖 翡 徐丽雯 俞娉娉 叶丁熠 陆倩云 王 浛 陈 琪 吴静珠
吕 静 孙 然 刘静怡 杨 茗 王 一 杜艳佩 张佳琪 教雨萌 乐涵潇 陈 雪 张丹露 郑家辉
吴 泉 徐 菀 吴凯文 彭 喆 龚泳帆 庞玉亭 林 艳 孙夏琳 徐欣怡 张 易 黄浩峥 吕倩枫
申思瑜 林佳怡 韩 乐 杨 帆 刘雪羽 马翰特

外国语学院

特等奖

顾逸舟 贺亚茹 张秋青

一等奖

徐 洁 黄瑞昕 丁元容 翟芳佳 蔡晓欣 洪佳灵 李慧彬 王凌凯 陈心怡

二等奖

李珊妮 王文玮 潘如垒 黄 丽 赵 璐 张天融 刘旭瑛 谭思瑜 戚云科 王佳琳 王夏楠 钱夏艳
宋凌霄 陈丹阳 黄翠雁 卢心宇 陈奕灵 杜一帆 梁伊茹 张 虹 李冬雨 施忆雯 陈逸飞 韩露露
杨茜琳 王超怡 刘晓妩 郭佩芸 管蓓丽 姚漪捷 马丽红 林胜男 张旖旎 王敏芙 俞 璐 王建纲

三等奖

俞 越 蒋甜雨 刘嘉豪 朱 卉 姚泠亦 江海玉 衣偲蓓 闫 晗 彭 茜 张 晟 孙雅平 陆文昱
沈海燕 俞海燕 奚蓓蓓 许 露 王秋嫣 虞祺枫 李春花 陶欣怡 瞿维维 平叶美 骆 丰 孙晓岑
谢 帆 杨希瑞 徐梦婷 王 琳 周之云 宋亭欢 项怡青 金婉霞 顾寒清 倪华杰 江屿蛟 韩盈怡
任 扬 王 立 吴莹莹 王晓杨 朱玲玉 李逸菲 潘鑫慧 朱倩楠 周梦芸 楼韵姿 向 铮 章晓雪
简 骏 杜怡琳 陈欣意 朱安琦 梁溪皎 丁晨琦 李 菲 邹思卿 戴 杰 叶佳媛 黄威玮 陆懿萍
王倩茹 郑丽芳 周思瑶 张亚专 孙乃瑾 赵雅薇 陈斯莹 陆 琦 王晔茹 吴晓清 张嘉欣 富晓宇
张伊妘 钱嘉菁 徐冰纯 樊 川 吴沁馨 方 苑 苏佳琪 温丽珍 朱 琰 刘 晔 邱俊俊 徐苗苗
鲍 颖 顾琳潇 徐 焱 薛 影 任云霞 何惠婷 秦 越 尚代悦 闻 菁 沈 聪 张 越 王 璐
陈 敏 王 玮 张妤宸 骆静静 赵 童 邱亦凡 章 洁 陈嘉怡 尤婧雯

法学院

特等奖

王丹丹 李逸琳

一等奖

段亚敏　王赛赛

二等奖

刘　新　高映南　孙青霞　邵依依　田椿雨　李琳哲　徐晓燕　陈梦婷　周　圆　陈小彤

三等奖

杨玉婷　张润达　朱　伶　李小川　支莉瑾　蒋裕玮　汪雨澄　孔一丁　夏　伟　阚　菀　杨　逸　郑乐慧

李佳睿　吴茜茜　宋诚纯　高　洁　蔡佳臻　胡婧璇　安小婵　倪雅洁　马韦娜　朱文骎　施俊杰　白　婵

杭　丽　蔡沁珂　胡　荻　胡　葳　王　琼　张谷泉　顾恬羽　迟翔宇　王　涵　徐靖雯　李玉琴　汪　浩

毕盛楠　刘伟光

中德工学院

特等奖

张一轩　王闻达

一等奖

李心倩　吴　炀　赵熇炟　高英子　曹心易　陈丹澜　项志瑾

二等奖

曾子涛　孙嘉然　陈书捷　唐　涵　翁国杨　任驰骋　徐　天　戎佳豪　李诗宜　陈奕安　顾　全　周群洁

吴子林　桂梦成　王佳安　秦琪玥　翁世源　陈安翎　徐文彬　陈世轩　汪孟南　甄明达

三等奖

方　舟　陆丹捷　李芝栩　陈唯尔　杨哲雄　刘斌龙　李显阳　张静宇　张竞峥　卫　奇　丁心怡　周　晨

徐　盈　王　烁　马申君　毛丞德　朱嘉进　范云斐　沈　爽　徐　雪　梁麒欣　臧楚君　詹富祥　黄裔宸

王　彦　周　挺　钱成宸　朱灵杰　寿真凯　童喆锴　袁梦龙　杨佳欢　王天宇　滕　伟　鲍基炜　沈逸飞

朱里昂　梁　爽　张志豪　陈文皓　李瑞飞　戴逸雯　蔡鋆琳　李思佳　杨海剑　周永嘉　龚嘉庆　李思广

陶　巍　李轶扬　张沁怡　严乐宜　郑　楠　吴博旋　武正磊　陈铎鑫　宋夏平

体育科学与工程学院

特等奖

李海伦　葛妍彦　陈天罡

二等奖

陈伊君　陈隆杰　许啸天　王安妮

三等奖

黄红媛　王弘毅　司　民　羊铭沁　赵　慎　周林浩　陈丝雨　李　川　宋琳婕　代　欢　许翊廷　王洁雨

徐　放　秦　伟　郝　赫　涂炜声　乐　慧　杨菲芃

6. 2012—2013 学年度寒梅奖名单

化工学院

梁小丽　聂　畅　郭子微　马梅花　焦艳波　张　卓　朱帅帅　吴元波　张梦亚　蔺　海　唐湖栋　邢蓝吁
黄克骄　韩黛黛　洪　历　张　楠　韦　智　王　涛　张新望　施烁思　王杰彬　杨艳婷　盛　杰　孙公瑾
韩利鹏　闫春霞　朱燕玲　裾广涛　艾迪海木·艾尼瓦尔　尼合买提·塔西买买提　郑　晗　马　菲

生物工程学院

郑　倩　赵　佳　赵庆新　杨培玄　李　周　姚　浪　郑双权　张　举　管　莹　王先翠　毕艾薇　卢鹏翔
吴　雪　谢　红　韩青青　欧珏平　杨　霞　高营营　李桂桃　陈海东　李柳美　纪德强
古丽巴努尔·阿不都外力

化学与分子工程学院

李　萌　陈小军　代建成　任丹妮　刘恒江　陆　健　金义涛　崔　超　李　雪　高亚樵　杨铭霞　张　霖
余　待　王超超　程　远　蔡丽平　施炜佳　马晓东　张启慧　杨昭义　沈海峰　王永家　王　函　张生运
陆毅坚　王　伟　余晓玲　陈海红　朱凤强　佘洁媚　牛　荔　郭　雷　刘　欢

药学院

刘　彬　陈新宇　曹晓杰　黄志松　何菲菲　王可欣　柯玲娜　韩少杰　侯　爽　刘文静　王朝丹　刘叶敏
吴姝玭　乎晓宇　姜文倩　田妙芝　朱　易

材料科学与工程学院

杨静怡　邢若豪　王佩然　马　静　常　洪　李　磊　赵　蓉　王多金　于佰欢　干佳缘　姚姗姗　谢颖美
罗代艳　雨文驹　陶余超　安志康　张　政　张先龙　叶　备　孟　璐　潘晓丹　宋庆贺　韩阳阳　马　坤
杨金霖　夏明鹏

信息科学与工程学院

张　磊　胡高翔　李　亮　张　飞　姚復梁　谭锦黎　葛昊政　杜敬锐　任　剑　曹　雨　刘婷婷　王晓鹏
衣向阳　胡乐晓　钟淑芹　张　宇　吴小平　吴洪钊　刘剑波　未海洋　苟玉平　何　炜　廖国得　王烨丹
付彦爽　任晓飞　朱廷贺　封晓帆　唐　鹏　许　冰　李艳琼

机械与动力工程学院

谭琪瑶　徐　威　马宝圆　夏天杰　刘惠丽　陈小锋　王梓燊　李金东　朱成成　郭毅斐　陈　佳　董金阳
田碧瑶　侯小波　丁　鹏　任佳坤　李慧丽　杨　刚　刘双琪　陈　霆　刘　勇　龚　旺　曾　金　吴标胜
蒋富良　李腾飞　郭　彤　安奕霖　杨　琼　谭　俊　谭路桥　苏燕玲　刘天童　陈　瑶　王艺斐　王晓霞

陈　松　孙梦翔　谢　涛　李　林　张志彪　刘立祥　张泽宏　王大烽

资源与环境工程学院

奚瑞丰　任　明　向志远　刘雪平　黄　慧　刘　婵　张　挺　于秀秀　岳　飞

理学院

卢旭旭　王　逖　武朝金　奚志鹏　胡　茜　姜睿琦　李　萌

商学院

董恒志　叶宏萍　丁小虎　严　勇　袁　悦　何淑晶　陈诗玥　王　敏　王媛媛　高　珍　杜晓卿　周桂枝
宋智骅　汪玉杰　张文杰　王培培　徐雅馨　郭嘉诚　卓　嘎　胡金生　董晨欢

社会与公共管理学院

王德友　余　松　戴晓海　秦三丹　周　莹　张　馨　崔晓磊　赵俊英　李　倩　吴亚格　魏　曼　王盛隆
和育庆　王自花　阿里娅·依不拉音　魏　强　佟晨露

艺术设计与传媒学院

辛佳红　朱立文　杨　凯　鲁　坤　牛亚茹　王　东　徐　彪

外国语学院

李华阳　曹园玉

法学院

龚志强　梁效威　刘　畅　张　海　刘　洋

7. 2013届本科生毕业班综合课程奖学金名单

化工学院

特等奖

管　蕾　黄　炜　李奂奂　顾芷齐

一等奖

夏腾飞　王佳远　廖永亮　徐晓龙　林善俊　王远月　冯　晔　王杨杨　张焕焕　周冰清　田晓雨　何齐统
叶　巍　孔亚茹

二等奖

王梦雪　王　骥　闫双双　陶　威　黄丽媚　高　源　许谢君　王　萌　张小满　郭　奕　陈　功　刘余芳
刘海庆　宫含章　李嘉旭　刘昱祺　朱劭晗　王旭超　张颖佳　李驰祥　陈雅华　曲　鑫　金　晶　张正德
李　婷　张　倩　马　成　刘　丹　裴曼菲　张征湃　应佳雯　董建新　黄潇潇　陈伟杰　李园辉　杨雅卉
李松联　张沁丹　瞿　申　陈微微　仇　上　王　晶　王　鹏　王　琼　万富苗　王朋飞　李甜昕　于金龙

顾艳哲

三等奖

王　明　潘婵婵　郜　煜　张佳楠　王　超　盛贞梅　乔　月　王运风　翟祥素　鲍依依　脱永笑　时　强
田胜聪　马楠柯　阮玉欣　张志华　孙　盟　王　晨　王傲然　李凤清　王斯佳　章岳峰　白　宇　谭远婷
郭文泽　陈安琪　方潜淼　刘　慧　刘金明　朱玛利　王　阳　谢涵广　周佩莹　陈志钧　李竞天　高聪睿
姚丽雯　蒋昕楠　蔡奕盛　张德琪　陈　媛　张嘉鹏　黄　磊　张志飞　王艳超　贺理珀　刘　达　张　杰
刘　念　田雨川　刘　宝　黄赛萍　饶蒙杨　傅智超　闫宇强　李进科　冷灯凤　谢　通　高　峰　于佳玉
王世瑶　陈　婉　王伟恒　林　媛　赵延茂　徐　凡　章　程　张卓君　吴文滨　方　栩　王　亚　顾　强
刘文刚　张贤杰　林海燕　陈丹丹　吴迪宇　黄　铭　赵晓雷　容尔益　宋振元　周厚军　徐　辉　田　漫
宋晨晨　袁本峰　周苏旸　邓治夏　张　恰　胡　尚　谢鹏程　杨文剑　董春华　吴晓琳　秦　统　虞佳栋
董雁春　秦　雪　李洪晹　黄云龙　朱月峰　吴庆山　张建慧　江豫辰　常　乐　陈新阔　钟　源　杨　剑
张春雨　齐佳佳　蒲　爽　杨　洋　杨永昌　任柏霖　郑　恩　娄肖肖　林建材　李知朋　张　骞　林文杰

生物工程学院

特等奖

范　翔　赵宗敏　方　珊　杨旭中　吕元娣

一等奖

张小晟　赵海芳　余海军　林　佳　李　婷　单　慧　朱俊颖　高亚楠

二等奖

隋　朔　王　超　曹静静　文　姣　张理想　朱　理　薛　莹　刘新元　赵程程　张　星　徐嘉骏　周翔宇
高　亮　贾智倩　徐　丹　施　镇　陆叶舟　刘浩浩　闫　焱　杨娟娟　杨希晨　赵艳华　周　欢　祁双双
刘一奇　王晨诚　黄　莎　宋佳丽　徐　丹　石劼昕　于鸿雁　邵　帅

三等奖

周已然　毛鑫磊　丁嘉琪　任佶侠　谈晓文　王　和　赵路遥　吴鸿燕　杨　骏　徐　娅　史　杨　曹玮强
黄蓓蓓　肖　璠　罗梦瑶　樊　飞　林媛媛　时香丽　王梦煦　李尚洁　邓　佳　张达玮　蒋晨明　汤翊骏
甘凌风　李金栋　范　琳　彭钰珂　胡天健　张　洋　陈冲冲　李骋远　胡倩雯　黄培森　金润华　朱彦琳
陈如薏　王月均　吴　霜　周　怡　施　烨　唐思琦　齐美芳　葛琬琬　熊亚姿　石启盼　陈　超　李　璋
程　馨　邢　帅　杨中伟　王　颉　王　涛　高文焰　安　鹏　李思维　雷　攀　胡昱成　陈　婷　黄启瑞
汪　娅　施慧琳　施　娴　徐　婷　张　倩　陈　悦　谭茜媛　周斐辰　朱欣蓓　魏立帆　孙　懿　苗竹松
董文倩　黄思怡　郭　锐　王嘉悦　盛征晨　陈　阳

化学与分子工程学院

特等奖

葛杰敏　杜　造　刘晓菲

一等奖

胡靖宇　臧成杰　高　瑞　周　易　王　欢　樊　菲　周　洁　张红霞　赵　蒙　黄　陌

二等奖

郑　翠　康文瑞　燕宸旭　陈晓健　宋　易　吴珊珊　胡潇才　孔玲玲　韦琴梅　郎红月　陈雨晴　师　鑫
孙方旭　俞　凡　娄　宁　邹盼盼　庄晓静　吕明武　崔若寒　吴福东　徐　晨　胡　阳　陈晓露　吴洁菲
谢　婷　李家畅　夏银江　李　昊　胡必成　李　超　李　腾　彭思宇　车佳宁　唐霞霞　徐要要

三等奖

毕施明　顾月青　杨　松　王倩倩　卞益鹏　王小丽　王　蕾　孙立婷　徐泉潮　严佳蕾　臧梦樵　胡媛莹
林　彬　万妍青　曾亚丽　李文慧　蔡帮鑫　黄昶博　张永强　奚美华　韩　毅　周婷婷　陈宏伟　郑秋晨
申伟成　周晓望　国　欣　潘　月　王豪毅　王　璐　李显龙　陈　星　江　瑜　王彦文　马　征　焦丹凤
李艺茹　许丹丹　杨国胜　向　卓　施冰冰　吴彦町　王　阔　杨婷婷　张利东　周　丹　朱敏敏　李宇萌
宋鹤丽　曹　婵　陈雅静　林　波　谭文斌　林　群　刘　旋　张　潇　邱巧丽　卞　卡　梁乐乐　马淑然
邢乾秋　蒋玉萌　郁骋丹　郭百惠　陈　茜　王茹春　张柯委　张　飞　汪　戎　李焱恺　童晓磊　李家玥
彭　伟　顾张曦　刘晓炜　李相呈　陈达克　马　坤　潘　陈　华文怡　邢啸宇　郭巍巍　朱婷婷　汪　奕
张　雄　孙　凤　许　晗　张　伟　戴娜敏

药学院

特等奖

徐刘昕　张玲玲

一等奖

徐明新　李风雷　韩海燕　田智文　俞晨璘　尹　芹　李月琪

二等奖

李芳冰　高惠茹　孙　忆　陆益奔　史　海　杜文沛　吕剑昆　陈信飞　吴之修　张　骥　李玉丹　吕　蓓
杨小清　于程伟　刘　婷　杨　娜　傅瑜琦　杨佳旎　袁　腾　葛梦心　杨　文　其美拉宗

三等奖

张杨斐　李宝力　张　日　张子渊　顾勃琦　邱绍兵　丁　玥　张晓婷　王玉婷　林　颖　朱云姣　冯婷婷
傅　正　綦宁姣　董宁宁　诸晓强　潘　程　李　想　周　洁　唐怡玮　施　歌　柳　伟　季孔卿　何海红
王傲雪　冯易安　王　婕　何美佳　唐斐斐　何佳蔚　张　莹　吴曾睿　王　惠　张小灵　吴　丹　彭　颖

熊凤霄　姜强强　陈孝翔　马若愚　季李频　张吉羊　胡时伦　罗　潇　魏雨恬　钟剑羽　喻惠娟　朱梦迪
潘喆敏　毛开哲　王　瑜　丁一霭　马亚谷

材料科学与工程学院

特等奖

王希庆　崔晓倩

一等奖

张成龙　顾　荷　高　梁　高波石　高维川　李　唱　李　昀　张雪薇　冯　茜　万家勋

二等奖

杨　伟　陈腾达　陶明康　沈　康　鲁加荣　魏　超　王凡集　李恭谨　牛浩一　周　颖　杨　龙　李仕宇
戴　艳　凌　铜　张培忠　柴林涛　包　峰　杨　健　王　丽　金古布且　贾丽洲　毛亚鹏　赵丽芳　路亚亮
管小芳　刘鹏飞　张晓彤　熊儒琳　张　涛　蒋贵阳　李昕沛　张芳宁　乔·图娅

三等奖

刘　虎　左彦波　何田田　沈红冠　丁逸珺　陆圣珏　齐　全　汤顺荣　蒋孝杰　宋文华　王希杰　柴　瑜
蔡　亮　齐栋栋　李宝锋　王彬淇　黄彬磊　陆文斌　沈思雯　段逸赟　吴　琼　钟爱婷　鲁　鑫　李　炜
戚　瑗　蔡文甫　杨伟达　杨华清　张　槟　邓宗南　王沪东　蔡振生　庄李强　王慧云　陈凯强　石　翔
王以博　朱舒雅　秦　奋　张　科　王璐婷　黄友富　胡静雯　甄梓良　夏凡舒　杨宏容　于栋萍　徐茜莹
李文阁　马晓瑜　张沁彤　杨佩斐　戴　凯　何永栋　郭吟竹　黄健飞　宋　丽　耿　晨　段莎莎　温　虹
胡　莹　凌　苑　崔中纹　徐敏华　闫薪竹　丁敏源　吴　佳　陆　军　陈晓宇　王璐佳　朱瑶莹　王　雄
陈　琛　郭芸菲　王鸿宇　张　蕾　唐　纯

信息科学与工程学院

特等奖

徐珊珊　唐易诚　夏　川　钱晓凯　柯旭彦　秦　强　施晓良　吴彩丽　董明杰

一等奖

肖姝源　毛争艳　沈　骎　王梓印　王皓辰　任　翔　周书恒　孟　芸　范继丹　张若南　王道志　胡晓骏
郭雄峰　卞韡雯　章　斌　李　峰

二等奖

杨尚咏　杨　宇　周志强　汪胜佩　彭　远　黄梦哲　徐世豪　唐　浩　康永波　周闻杰　钱初锋　沈碧珺
岑思益　李皓天　张泽瀚　樊海佩　程玉立　陈伔倩　尤　越　黄　健　夏　飞　何　洋　李君楠　熊文婷
林　珀　刘　骁　何　鑫　邵舒迪　李　斌　成祎程　曹　越　倪军燕　李　韬　陈　晨　关骏超　邓燕君
陆志鹏　王浩楠　乔　成　权　鹏　汪圣涛　张进文　陈　鹏　李飒飒　周　杨　刘元凯　杨　艳　范　松

杨　帆　朱梦哲　刘子鸣　陈　聪　陈　奕

三等奖

逄铭雪　郑洪雯　蒋　臣　俞欣汝　杨　松　吴　骁　杨　惠　王敏超　吴晓冬　张　骏　孙灿荣　崔　畅
朱景雨　乔玮亭　刘　頔　季　节　孙　莹　韩豫鑫　邱全伟　傅佳烨　龚　磊　秦浩骏　唐　伟　田尔欣
李冬晓　王　翔　任斯玮　于子潇　乔　瑜　朱俊儒　于　腾　朱嘉宾　魏　翀　陈　晟　杜　欣　邵昱宁
林　聪　赵　钟　顾　伟　茅民嵩　孙　斌　肖雅雯　龚俭庭　崔孟君　陈俊睿　蔡　冰　王兆宁　刘春平
肖　剑　王一帆　戴弘宇　姜　明　薛晨炜　丁天立　邱朝阳　朱宇航　张文弢　袁佳君　冯田佳点　王逸璞
田　甜　王　涛　葛佳俊　张红豆　杨　锋　魏李娜　姜卫佳　杨　昙　罗龙山　丁治凯　张　莹　毛　挺
周　潇　陈　禹　唐　剑　赵静文　陆海炼　何靖恺　施阳辉　陈有为　张　瑶　徐　昱　马禛荣　张澄天
顾文瑜　郭端午　熊菲菲　匡柘溪　苏佶琛　汤敏伟　陈　锌　徐天棋　张　浩　关　闯　陈燕浩　金　涛
李嘉理　胡晓冬　夏君怡　虞雷霆　甄文嘉　马丽云　叶重阳　施永明　漆丁源　叶钰琛　王恺栋　王程诚
毕东旭　张文宇　马宇舸　张鹏飞　邹涛杰　刘博畅　刘　剀　彭乐天　刘雨霆　毛　伟　张敬维　鞠振邦
钱天威　潘柏君　林　益　罗晶波　王　诚　陈　睿　朱恺骋　胡铭杰　张妍典　杨佳蕾　于浩然　诸　瀛
陈　霞　叶怡君　马时雨

机械与动力工程学院

特等奖

张阿龙　孙毅超　容东明　高晓斐　江思宏　李青青　刘润泽

一等奖

朱晓民　方　杰　刘怡伶　王　林　谢岳城　明小祥　薛　祎　钟继如　董　政　曾文亮　周海婷　浦晓丹
邬　洁

二等奖

徐佳佳　吴建军　丘盛昌　何一凡　罗　彬　张学伟　毛雷鸣　曾繁俊　钱沓丰　陈晓朋　孙　涛　樊吉宁
刘　盼　曹天宇　关明曦　陈　思　阮雪薇　吴飞燕　胡兆辉　徐文洁　朱鸿伟　徐婧婷　姚本飞　陈　敬
陈天裔　邹　镔　郑碧钦　谭振壮　王小云　吕民东　付　遥　韩　钰　张　乔　米艳红　张伟凯　阳燕林
张朝辉　张亚东　赵海利　汤俊雄　夏旭峰　丁嘉豪　程子非

三等奖

黄金灿　龚怡雯　周　静　王志华　周元凯　陈思佳　黄新莲　马平生　王　勇　辛光烁　徐　骏　李秋如
瞿婷婷　刘志宏　金　林　李福兴　梁海洋　秦　超　范一之　罗金龙　卫佳骏　林欣玮　袁　泉　朱婷婷
张能全　张　浩　沈佳仪　赵　源　陈　云　周　赟　彭良文　范　涛　赵鹏飞　孔维俊　邵嘉裕　郑焕魁
郑斯予　叶　骏　邓　平　李思琪　朱润杰　于敏华　蒋姝医　严行一　张晓霓　冯　博　蔡雨杉　范　凯

郑维栋　曾　聪　余鸿翔　陈建琦　龙筱颖　邢天月　陈琦鹏　查昌健　昝大千　赵　巍　黄卓笑　刘明熙
贾云全　张尚林　黄宗辉　唐尚红　江挺益　陈　琛　付鹏波　王干新　朱成祥　王　晶　向　超　刘家安
宁健文　陈锦华　马天宝　李泽锐　杨　野　陆云清　杨　可　刘斯强　龚祎磊　韩　刚　范　艳　王炳捷
冯骥驰　侯　旷　唐　驰　刘　茜　纪梦奇　吴　松　宫利敏　王云祥　郭可海　黄　清　何　菲　李　宜
陈方舟　黄丽冰　陆秉哲　陆海涛　赵　奕　张天和　胡静文　王韦昊　张蓉蓉　张凯强　单林峰　万　顺
陈　宇　羊豪杰

资源环境与工程学院

特等奖

谢晓影　周　航　郑婷婷　李　军

一等奖

金旭声　吴　菁　檀东东　施浙杭　王宁生

二等奖

许　帆　俞忱璐　毕凌崴　冯丽君　钟楚娴　曹徐齐　林汉平　唐琪玮　顾　雍　黄　舒　林丽敏　顾天宇
李　洋　郑常昊　周振华　杨化超　胡翀赫　陈玉婷　吴晓韦　杨绿原

三等奖

杨保建　孙　倩　杨安琪　胡　建　任　毅　王　猛　杨雪霏　金鑫霞　曹　静　王琰涤　顾霄东　王立力
杜宇超　樊泱一　蔡丽娟　朱菲菲　张宗和　孙丽娜　王超月　王若飞　潘　哲　李梦凡　高　洁　吴雨乔
丁响雷　李伟新　郁一村　杨昕梅　曹佳伟　陶　然　成　茂　陈渊澄　黄晴雪　刘　滔　杨旺泽　周　强
张诏扬　彭焕舵　周宇森　冯　慧　金振寰　王泓懿　左成月　陈欢欢　吴轩韬　张宾宾　熊　雄　庄德旺
马文姬　谢海立　韩梦舒

理学院

特等奖

李禹辰　张益东

一等奖

陆毅成　李小可　苏永杰　姚云华

二等奖

苗炜健　戴木泉　周　敏　张　丹　陶　骏　任　瑞　唐天添　钱　鹏　金　祎　张骁波　唐志雄　王珂珂
刘博维　秦鸣雷　丛瑞兴

三等奖

周天如　沈心怡　潘朕阳　李　擎　晋海波　牟树兆　梁　璐　周云树　陈　波　杨丽娅　汤世行　雷君毅

沈晓佶 夏雨 阴昕 池忠强 王嘉楠 杨一宸 唐黄 秦哲 张旻昊 董春连 虞喆 孙宇新
黄劼 孔商鹰 张健飞 张示城 郭方 周思君 史可意 杨文强 董雪薇 祁健 胡伟菁 吉慕尧
陈旭昶 汤扬 郭辰 郑育亮

商学院

特等奖

徐凯 王文静 邱玮 黄海梁 曹欢 俞春玲 钱祺斌

一等奖

赵蔡晶 叶俊成 沈丹妮 胡晓琦 徐颖婷 苏丽玲 王雪 杨翠萍 乔梦宇 季雪玮 高登华 毕经纬
黄文辉 沈丹 华建飞 蒋新卉 乔妍玲 杨春姬

二等奖

翟慧娟 周小洲 徐利成 王靖余 林之杭 潘雯 郑作昕 王洁茹 王嘉懿 刘诗晨 应晓婕 高洁
汪珊 朱红 杜阳 苏洋 庆楠 顾若愚 姬睿君 张哲祯 蒋宇思 蔡路 洪贤铭 刘元兴
陆盈莹 胡迪 马嘉佳 曲雯 洪如鹏 徐畅 陈璐萩 刘思佳 徐玲丽 倪凯时 牟禹蒙 潘睿琪
胡方圆 蔡竞 肖逸航 姜力玮 李佳晨 齐骥 陆韵石 池珍珠 钱熠萌 俞海善 郭雪娇 杨敏炎
胡敏月 马素晓 马姣 张濛濛 王文彤 汪浩 何冰清 何舒婷 沈宇豪 贾伟 蔡锦慧 谭喆清
吴清婧 郑良 陈文琦 叶晨琪

三等奖

陈圣仰 高松婷 袁雯 石清岚 庞婷月 曲晴晴 张霞 汪秀媛 夏梦樱 俞掩星 丁明慧 夏铁群
王蓓 冯馨平 刘小雨 方文晴 史超 张婧 常玲慧 董梁 孙斯寒 吴高洁 刘文韬 陆卓亚
张鼎 邢欣竹 伯文婷 徐驰 陈辰 王冲 王旭 田苏媛 宣艳黄培 马骏 柴政 殷锡娟
洪雪萦 王昱超 詹嘉瑜 林琳 胡舒华 黄敏 葛春霄 张静文 周全 蔡敏 赵鑫 鞠濬
姜晓彤 田一辰 侯若男 秦苗苗 黄桑调 郑丹瑜 许翊 徐冰玉 洪艺源 蒋雯倩 章咪 倪颖奇
周洁 姚冰怡 李杰新 赵悦 奚劲松 刘浩荣 谷雪吟 杨晓东 陈子豪 何晓燕 宋智韵 包思婕
马瑛琪 巢怡祥 许丽娜 姚浩存 曹雅楠 苏婷 刘文峰 揭青 赵轶 朱伟康 胡月 干成成
蔡赛玲 林晓萌 讷碧雯 吴芸芸 徐欢欢 周刘桥 虞雅琳 陆欣宇 王香哲 成妃 卢婧 程雨晴
吴秋敏 王溪 吴蒙娜 马知行 徐嘉玲 郭祎阳 龚晓晨 陈颖 刘若石 温艳华 殷鹏娟 连益
徐雯婷 李莹彤 郎倩倩 王祎宜 王琦 张心瀛 周颖 徐彬 陆靖 马明月 薛雯静 熊洁
段雪婷 曹乐然 徐丹妮 宋婷婷 施迪 千茜倩 查琳彦 阮少蓉 陈佳磊 王玮斌 孙慧康 陆诗文
李香兰 马健飞 杨芸霞 初雨丰 陆杰 吴丹丹 朱丽 蓝晓英 张春阳 王嘉杰 任淑敏 高慧君
周黎明 周彦 赵夏卿 姜欢 陈彬灵 许妍沁 黄怡茗 梅方雪 宁菲阳 王旭 叶芯汝 李韡栋

吴志慧 熊壮 林君炜 马莹 王莹 梁丞 闵捷 余天一 沈骁昳 王伟琦 孙小东 吕佳燕

社会与公共管理学院

特等奖

傅莹 贺艳 陈璐 杜捷欣 袁晶 邱晓婷

一等奖

李梦婷 刘蓉 吴晓晓 赵静 杨潇白 何惠亭 刘懿烝 王君婷 吴昊

二等奖

蒋薇 邵雨晴 包烨怡 钱冰阳 陈敬 王颖 季恒 刘旭阳 丁丹维 夏佳琦 屠之佳 郭佳雯
赵怡乐 李幻璇 陆佳丽 赵雪莉 吴维祺 李琪 张文莉 刘文华 马春雪 王滂 任可 黄立娴
洪伊 张宇扬 舒洁琼 李昀鋆 吴抒恒 王伟剑 姜亚萍 宋超 刘思琪 陶佳宇

三等奖

汪琪 卜士 叶小妹 马永芳 邬蓓蕾 张爽爽 刘心怡 祝嘉慧 刘洋 陈倩 郭慧娴 于晓
茹卉 伍凤菲 肖甘苏莉 孙燕君 袁万莉 丁筱茹 严玮玮 辛翔 戴亦薇 李晨夏 唐雪婷 黄燕雯
孙会智 方樱芝 杜杰 张嘉轶 蓝旭 张瑾 周明星 王乐 张双双 朱韵岚 费雯 陈曦
余燕丹 王世杰 管坤 吴红 朱玥 余旭娇 徐倩雯 王琬璐 李晓菁 张璇 曹前 夏薇
陈标 杨昕艺 高依梦 曾颖 王欣 王慧 何欢 姜楠 林珮菁 范瑞娟 王璇 高原
李洋 赵璇 陈璐 陈枫 蓝晨 徐逸飞 李艳红 韩亦恺 孙斐 卞飞翔 俞倩雪 戴慧敏
宋佳丽 姜子薇 葛士超 马文婷 庞沁媛 盛碧云 顾加乐 戴蒙谦 谈馨悦 陈朵多 张玉 沈徐雯
张哲

艺术设计与传媒学院

特等奖

陆懿

一等奖

沈驰鑫 陈韵超 彭冲 朱未辛 宋佩茜 谢逸男

二等奖

尹骁 张璐 李抑扬 李泠玥 夏吟 丁博凯 倪佳琳 王航宇 赵佳斐 谷倩菲 陈昂 王震
张恒 梁群艳 顾昱旻 王哲敏 王雅晴 何祉萱 鲁韵洲

三等奖

王鹤鸣 崔文悦 王丹 李晓琦 刘昕 张晓洁 黄文捷 陈洁昳 陶凤 林少领 何佩佩 费雯茜
肖磊 俞玮婷 谭恬 张申珍 姬天怡 宋燕琳 薛梦菲 李丽萍 韩瑞倩 沈玲 曹文裔 姚佳音

陆慧珊　沈佳琪　罗　烊　李　丹　曲昌莉　王婷婷　卜文烨　张晓婷　严卜知新　史林玉　施恩慧　金晨玮
胡　珊　潘　靖　吴　龙　毕林娜　李舒珂　陈　琳　周婧闻　吴佳蕊　张雯倩　王璐璐　王梦楠　郑　司
徐颢芳

外国语学院

特等奖

邵玲玲　商智敏

一等奖

赵璘枫　施佳莉　刘高洋　范振健　王丽颖

二等奖

张望晴　郝　敏　孙　希　芮颖佳　郭佶胤　沈　敏　华　萍　施程芳　沈敏杰　江晓雪　隋雨含
忻婕妮　鲁韵洲　朱　铮　毕　祎　时阚阚　陈冰妍　史逸青　伊力夏提·阿布都热依木

三等奖

陈　娟　朱飞云　陈琳婕　芮一凡　汪龙珏　朱贻祺　毛一苇　周　昱　马沁云　甘雨濛　韦佳雯　何雯苑
夏　沁　胡梦宁　陈诗云　刘立云　刘　艳　周　莹　张　豪　杜筱薇　赵圆圆　刘菁菁　李亦天　黄梦婷
陶琳莉　陈　涵　薛美旖　吴　倩　卞佳烨　朴　虹　肖亦斐　王蓓羚　张亚男　张永娇　范岑晨　苏春鹏
刘　谊　薛　晓　朱顺顺　李　珏　车　羚

法学院

特等奖

姚妍韡

一等奖

陈　新　郦雨忆

二等奖

李茹斯　薛弘珏　刘　玮　陈　苏　王　旭　陆晓双　黄　雷

三等奖

莫陈愿　胡玲玲　彭　娟　张素娟　杨　烨　殷　亮　张宇坤　任梦琪　张华君　周文婷　沈秀莲　李菁菁
姚　骁　姜星宇　胡柯岚　郑宇菲　顾佳琦　陈　诚

中德工学院

特等奖

李西子

一等奖

于　一　张子通

二等奖

雷　凡　薛鸿鹄　陈晓洋　吴　暘　唐烨婷　路　畅

三等奖

秦新通　周　婧　邓鸿羽　杨　骅　吴恺乔　韩　俊　周怡人　刘锦雨　张　烨　蒋怡宾　陆　沁　宋维航

鲁　婧　张雪幔　李　博　戴博闻　徐　羚　刘世恒　马骏驰　王清泉　黎桥初

体育科学与工程学院

特等奖

王玥悦

二等奖

王娴璞　王澍蕊　何久勇

三等奖

徐晓晨　许玮骅　郁　桦　颜景昕　卢　青　孙雯雯　宣　晨

8. 2012—2013 学年度民族班奖学金名单

化工学院

尼合买提・塔西买买提　艾迪海木・艾尼瓦尔　阿吉古丽・阿力木　萨黑拉・努尔恰利甫　田　薇

生物工程学院

吐然克孜・阿卜杜外力　古丽巴努尔・阿不都外力　袁　康

化学与分子工程学院

毛力旦・乌木力哈森木　郭爱红

材料科学与工程学院

方明远　刘艳艳　张译方　姜　山　刘　博

机械与动力工程学院

保・布音吉力格　　米力克・肯加太

资源与环境工程学院

迪力努尔・巴合提江

商学院

王媛媛　马玉娟　高　珍　卓　嘎　张　楠　李亚楠　刘玉亭　佐热古・吾拉音

阿卜杜哈里克·赫依提　亚森图尔贡

社会与公共管理学院

古丽先·达吾提　米热古丽·玉素甫　热则耶·麦麦提　央　金　李亚梅　古艾尔尼萨汗·吾布力

哈德尔别克·哈布勒哈克　热阿孜娅·哈勒木别克　阿丽娅·依不拉音　仁青措姆　次　央

旦增贡桑　马　进　次仁友珍　次仁曲珍　次　吉　平措拉姆　李　丹　白亚楠　德吉卓嘎

朝鲁蒙　吴德玛　赵俊英　敖云斯琴　佟晨露

艺术设计与传媒学院

杨海凤　毛　涛

外国语学院

强巴央金

法学院

索朗德吉　达　珍　冯惠萍　玉珠卓玛　白玛央宗　薛伊娜　白玛曲珍

9. 2013届本科生毕业班民族班奖学金名单

化工学院

裴曼菲　齐　浩　金　鹏　田晓雨　顾艳哲　次仁德吉　尼玛央金　古丽·赛达合买提

木乎达尔·阿勒别克　伊再提古丽·艾则孜

生物工程学院

买地娜依·库得来提

化学与分子工程学院

哈妮娜　祖丽胡玛尔　恰格德尔·爱蓉　拉扎提·托合达尔拜　阿来·赫勒木别克　黄　陌

药学院

其美拉宗

材料科学与工程学院

乔·图娅　胡　珂　永旭阳　徐　杨　茹扎·麦代提汗　马　凯

机械与动力工程学院

胡　波　王兆芳

资源与环境工程学院

古丽江艾　吴倩倩　山　丹

商学院

迪尔尼嘎·斯坎得尔　热比古丽·麦麦提　米娜拉依·苏里堂　伊斯马伊力·麦合木提

巴勒扎木古丽·条列汉　达娃拉姆　扎西旺姆　郑丹阳　杨翠萍

社会与公共管理学院

次旺拉姆　岳　莎　刘西华　德吉曲珍　旦　珍　英提扎　阿衣努尔·艾在子　麦尔旦·库尔班

外国语学院

伊力夏提·阿布都热依木

法学院

马治昊　达仓决　次　央

10. 2012—2013学年度社会奖学金名单

Fluor奖学金

曲冬蕾（10110183）　王一瑩（10110247）　张雅琴（10110372）　聂元清（10110400）　束铭杰（10110416）

方　磊（10111777）　吴骏逸（10111788）　赵　帅（10111801）　叶朋飞（10111810）　姚黎婷（10112521）

焦　鹏（10112235）　姜金宁（10112278）　苟巍然（10112289）　张岳宏（10112335）　范芳怡（10112336）

埃克森美孚奖学金

李慧敏（10110306）　赵媛媛（10110524）　李俏颖（10110798）　马　蕾（10111086）　尚　鹏（10111468）

巨佩雯（10111644）

柏克德奖学金

强　薇（10110245）　徐海东（10110284）　韩　松（10111790）　郑成霖（10123374）　张远松（10112138）

顾晓琳（10112803）

博禄奖学金

王梁元（10110468）　潘俊杰（12100018）　王　曼（10103519）　张诗祺（10111617）　丁　楠（10112106）

蔡宧麟（10100901）　金　雯（10112835）　吴怡烨（10113221）　杨小倩（10113826）　陈逸飞（10113435）

杜邦奖学金

潘鸣飞（10110531）　胡非子（10110737）　彭婧莹（10111167）　孟　昭（10111586）

飞扬进步奖学金

孙　荣（10101658）　巫林芮（10101723）　张　阳（10101919）　万　晶（10110279）　李　响（10110446）

王林涧（10110499）　江　睿（12100012）　韩昫身（10102499）　于佳俊（10110784）　杨国梁（10110977）

赵　见（10100284）　曹亚明（10108007）　杨弘宾（10103144）　周苗苗（10111206）　王晓刚（10103479）

张　皓（10111666）　陈　灵（10111704）　彭佳斌（10101526）　金宇辉（10111244）　张晏菱（10111733）

周　洋（10111734）　万洁瑶（10111833）　屠姗姗（10112364）　柯骏皓（10100698）　方　元（10100793）

孙登号（10100889）　王宗磊（10112246）　田地心（10112583）　梁雪珂（10118029）　高佳翔（10100014）

周逸龙（10110119）　陈皓雪（10112863）　马一帆（10112889）　李　杰（10112978）　武　希（10112997）

山　静（10100967）　姜孜龙（10101057）　黄亚琦（10113142）　严　欢（10103840）　胥　汉（10113663）

黄　丽（10094294）　杨贺童（10113443）　李小川（10100189）　张晨雨（10113595）　王洁雨（10091627）

和氏璧奖学金

孔雪丽（10103454）　朱嘉婉（10103632）　江　洋（10103660）　陈　阳（10103681）　刘一丹（10111403）

李保康（10111416）　孙　建（10111510）　单佳文（10111436）　朱征露（10100002）　陆婵媛（10113206）

华谊奖学金

张文矜（10120626）　刘　宁（10120863）　丁俊杰（10121039）　郝方然（10103015）　张雅娟（10122945）

许瑜飞（10111919）　崔天成（10100646）　丁　鹏（10112572）　陈智鹏（10110057）　张　尧（10122350）

王亚捷（10101156）　夏圣雪（10103858）　张　虹（10113422）　李逸琳（10113525）　顾　全（10113569）

蒋雯若奖学金

徐丹丹（10101720）　盛依依（10110187）　陈弋翀（10120405）　陈雯雯（10121228）　吴润青（10100359）

徐剑宇（10103143）　吴文杰（10111332）　陈宇菲（10121499）　王　博（10121751）　夏齐炜（10121778）

辛　俊（10100559）　王俊芳（10103339）　黄　波（10103390）　赵润泽（10112691）

金龙鱼奖学金

毛　杰（10101922）　包　磊（10103017）　李　潇（10110215）　刘冠豪（10110567）　闫佳琪（10120419）

李德文（10120576）　王倩倩（10102481）　马云林（10102533）　杨晓雯（10102656）　张　怡（10110852）

王玉奉（10111128）　张　超（10121188）　李倩倩（10112014）　郎子钰（10112076）　严江慧（10121766）

封万俊（10121769）　孙悠悠（10100925）　张颐年（10103200）　李开坤（10112678）　徐子茜（10122006）

赵梦飞（10103274）　张　涛（10102175）　徐烨儿（10102182）　李君如（10112817）　刘金瑞（10112888）

蔡艳丽（10112900）　钱　全（10112959）　陈　晨（10112967）　涂婧清（10113006）　李书璇（10113079）

洛德教育奖学金

明　梁（10101813）　谢萌萌（10103456）　李　岸（10103543）　翁宇红（10111494）　郁林烽（10113397）

祁柳奖学金

何桂春（10120690）　杨　钊（10102519）　丁浩然（10121260）　王婧媛（10121429）　黄　宸（10123117）

贺克宝（10121633）　王震东（10121903）　单志昊（10122018）　翁世源（10120249）　安　槿（10121478）

上海市化工区学生创新奖

蒋冠辰（10110374）	刘源炀（10102494）	邵正将（10100232）	曾　琳（10103092）	金丹丹（10103544）
汤志鸿（10101606）	李孟泽（10111915）	金易中（10111930）	许　翔（10100756）	李宏俊（10103372）
程　鹏（10120104）	郑青青（10113063）	吴亮涛（10122179）	王雅群（10122418）	高虹琳（10100979）
刘　飞（10101162）	程志鹏（10103685）	闻　菁（10122985）	蒋甜雨（10102847）	郑鲁圣（10109005）

上海市化工区学生创新奖（特长生奖）

杨　宁（10101763）	瞿毅劼（10120753）	杨从斌（10103044）	李崇宇（10111516）	马　圣（10123484）
周　潇（10112603）	吴　婧（10110037）	孙斯琪（10122282）	王　媛（10103761）	乐　慧（10123704）
代　欢（10113631）				

上海市化工区优秀生奖

彭颖娟（10110585）	刘　光（10102586）	杨泽宇（10110835）	付　伟（10110963）	王　雪（10100252）
潘佳伟（10103174）	代天资（10111385）	吴　攀（10111606）	王　南（10111742）	屈高龙（10112079）
王恩龙（12110059）	李魏梓（10100681）	赵　妍（10112489）	吕　颖（10100864）	王安琪（10103252）
樊友雯（10103369）	王　磊（10100134）	蒋玉麟（10100145）	谢璐珈（10113005）	梅怡然（10122208）
徐怡君（10122444）	李　旭（10100973）	盛　期（10101164）	吴佳蔚（10113317）	王雨佳（10103866）
贾　媛（10103868）	贺亚茹（10102787）	张天融（10102823）	吴　江（10100202）	范秋燕（10113515）
詹富祥（1011359）	葛妍彦（10113623）			

陶氏奖学金

周文娟（10110343）	胡旭涛（10120456）	李文昊（10120521）	王　琦（10121700）	彭邱鹏（10121742）
罗承强（10121777）				

万华化学奖学金

陈　静（10101698）	王　昊（10110420）	李梦轩（10100444）	张一然（10111043）	路　力（10103572）
曾　露（10111967）	王传勇（10100917）	谭　悦（10112751）	孙美慧（10112862）	吕雅楠（10113035）

亚什兰奖学金

黄培伦（10101941）	杨文宇（10110478）	程国冬（12100026）	郭家森（10120648）	齐海峰（10110970）
邵顺杰（10121100）	桑情妮（10121112）	詹　妮（10121174）	刘章云（10100387）	戴华烽（10103585）
黄添华（10111538）	杨　宁（10111698）	吴　蕾（10123012）	王　鑫（10123295）	白佳丽（10103195）
夏　菁（10103308）	苏柳花（10112613）	戴　力（10122047）		

亚什兰奖学金（体育优秀生）

彭　翀（10102976）　杨　伊（10102980）　宋怡诺（10113622）　陈丝雨（10113624）　柏未情（10102983）
洪妍妮（10123700）　朱　琳（10123701）

伊士曼奖学金

陈凌志（10103439）　傅丽娜（10103515）

宜瑞安奖学金

李允升（10110379）　张晓露（10110523）

住友奖学金

常馨月（10102629）　蒋晨旻（10121398）　刘如辉（10111827）　于东康（10120139）　周　珺（10112851）
王　洁（10113051）　陈　洁（10122216）　王琪瑛（10122241）　赵晔璇（10122338）　秦　酉（10122498）
江屿蛟（10113350）　俞　璐（10122944）　平叶美（10102776）　陈小彤（10120295）　陈丹澜（1012021）

庄信万丰奖学金

陈卓君（10101878）　胡聪玲（10110339）　施利江（10111049）　徐　倩（10100244）　贾晓博（10103594）
孙欣瑜（10111583）

EVONIK 奖学金

刘　诚（10111513）　张延铜（10111434）　赵　旭（10110282）　阮珮婷（10111143）　肖　鑫（10111619）
陈洁琼（10121054）　马亚萍（10110432）　秦晓娜（10112135）　杨　焘（10112228）

FMC 奖学金

杨　楠（10110396）　张　源（10102650）

阿科玛奖学金

邓欣苗（10101902）　朱文文（10103086）　魏楠木（10103336）　王　婷（10103257）　张　菁（10102683）

宝钢奖学金

欧阳鹏飞（10102527）　丁　铖（10112368）　何世明（10111916）　卫俊涛（10112665）　王建伟（10100238）
读　人（10112784）　钱　超（10111263）　胡梦菲（10110495）

化学化工奖学金

田　梦（10110185）　杨　烨（10110188）　姚海贝（10101694）　张震东（10100319）　高天怡（10110953）

三瑞创新创业奖学金

杨　帆（10101638）　顾晴怡（10110305）　王　钊（10103458）　刘嘉南（10103307）　张松敏（10101840）
施恺航（10111478）　李佳怿（10112621）

亿利－浦景奖学金

来　蕾（10120589）　包垚垚（10123361）　李　璨（10121761）　贺克宝（10121633）　张若兰（10110680）
王园勇（10112209）　朱星宇（10121747）　杨少鹏（10112552）　韩明月（10121202）　范　朔（10112118）
吕东原（10121548）　季春丽（10110158）　王开东（10111391）　殷宇航（10112262）　吕佳慧（10121869）
李雅婷（10113064）　李明晓（10111444）　徐方文（10112389）　樊旭颖（10121816）　单超君（10122490）

11. 2012—2013学年度校优秀学生名单

（本科生474人）

化工学院（43人）

陈炳旭（10101644）　陈　静（10101698）　徐丹丹（10101720）　陶颖卿（10101757）　王晓涵（10101797）
薛　金（10101802）　安　萍（10101815）　韩向磊（10101836）　韦存茜（10101875）　陈卓君（10101878）
郭文君（10101903）　许　华（10101915）　黄培伦（10101941）　王昭晖（10101971）　曲冬蕾（10110183）
田　梦（10110185）　李　潇（10110215）　郭　幸（10110244）　王一鎣（10110247）　张　鹤（10110249）
周至愚（10110250）　李慧敏（10110306）　张雅琴（10110372）　胡云鹏（10110408）　严世伟（10110479）
赵媛媛（10110524）　叶智双（10110544）　谭慧玲（10110555）　张冬梅（10113717）　陈弋翀（10120405）
林梦星（10120421）　吴雨航（10120439）　王一冰（10120454）　胡旭涛（10120456）　汤焱强（10120459）
杜俊杰（10120489）　杨华裕（10120560）　张文矜（10120626）　郭家森（10120648）　朱凌志（10120681）
何桂春（10120690）　潘俊杰（12100018）　应　强（12100030）

生物工程学院（39人）

刘晓琳（10102480）　杨　钊（10102519）　欧阳鹏飞（10102527）　马云林（10102533）　常子烨（10102542）
徐建超（10102544）　金安琦（10102573）　刘　光（10102586）　姚有原（10102592）　梁芊芊（10102662）
蒋　莹（10102711）　纪　刚（10110632）　郑咏心（10110643）　叶　倩（10110646）　金尔立（10110662）
陈冰怡（10110676）　冉　珊（10110681）　胡非子（10110737）　徐小伟（10110803）　张　翔（10110810）
宋文静（10110826）　王光裕（10110833）　张　怡（10110852）　王娇婕（10110874）　白莉莉（10110897）
娄　颖（10112530）　褚国庆（10120720）　李承玲（10120735）　闫筱博（10120774）　肖　旭（10120827）
池妙伦（10120853）　刘　宁（10120863）　王瑞达（10120880）　陈璋瑜（10120887）　马铭悦（10120891）
刘冶钧（10120906）　樊　悦（10120953）　李　祯（10120986）　刘崇阳（10120998）

化学与分子工程学院（44人）

邵正将（10100232）　王建伟（10100238）　徐　倩（10100244）　袁　红（10100254）　王　骞（10100274）
关雨晴（10100276）　周梦娜（10100282）　吴润青（10100359）　刘章云（10100387）　洪亚云（10100478）

李萌祺（10100495） 汤　妍（10100504） 谢李斯琪（10100514） 李俏颖（10110798） 李　娜（10110925）
杨　杰（10110940） 高天怡（10110953） 齐海峰（10110970） 张一然（10111043） 汪　洁（10111052）
马　蕾（10111086） 邵笑飞（10111096） 张润赟（10111112） 赵群超（10111126） 王玉奉（10111128）
阮珮婷（10111143） 毛　羽（10111162） 彭婧莹（10111167） 邢维龙（10111186） 丁俊杰（10121039）
宋晓增（10121040） 陈洁琼（10121054） 薛玉峰（10121091） 邵顺杰（10121100） 桑倩妮（10121112）
朱乔虹（10121137） 吴梦琪（10121144） 陈泽青（10121153） 张　超（10121188） 韩明月（10121202）
郑　琪（10121229） 张紫优（10121259） 丁浩然（10121260） 杨　虹（10121323）

药学院（23 人）

郝方然（10103015） 刘　洋（10103080） 朱文文（10103086） 于　洋（10103117） 杨弘宾（10103144）
狄佩雯（10111205） 周苗苗（10111206） 魏玉凤（10111226） 王小玉（10111234） 张梦婷（10111283）
徐可人（10111290） 亓莹雪（10111292） 孙佳佳（10111316） 刘傲霞（10111352） 柯宇琦（10111377）
刘鹏建（10111383） 代天资（10111385） 蒋晨旻（10121398） 施　昶（10121428） 安　槿（10121478）
蒋榕坤（10121490） 胡燕玲（10121522） 周丽婷（10121530）

材料科学与工程学院（34 人）

武青青（10103089） 陈凌志（10103439） 杨唐俊（10103444） 傅丽娜（10103515） 路　力（10103572）
朱嘉婉（10103632） 江　洋（10103660） 杨崇文（10103679） 刘艳艳（10108090） 张宋奇（10111455）
许庆凯（10111508） 孙　建（10111510） 刘　诚（10111513） 黄添华（10111538） 黄　军（10111570）
孟　昭（10111586） 余晨晨（10111615） 张诗祺（10111617） 巨佩雯（10111644） 殷立强（10111700）
赵淑楠（10111706） 储中琴（10111709） 吴　蕾（10123012） 林泽青（10123068） 鲍戮克（10123091）
陈佳云（10123104） 陆　辉（10123145） 王　戎（10123146） 强艺玮（10123165） 冯楚莹（10123168）
李　蕊（10123169） 易健安（10123234） 赵雁军（10123285） 王　鑫（10123295）

信息科学与工程学院（57 人）

任佳依（10100656） 唐秉超（10101207） 陶　冶（10101216） 施登科（10101221） 赵一峰（10101242）
徐梓源（10101245） 赵　宏（10101258） 李俊晖（10101290） 简葳玙（10101302） 卢周正（10101303）
李知聪（10101319） 孙　菲（10101389） 李飞标（10101429） 王　坤（10101474） 沈晶磊（10101492）
王渊博（10101505） 韩文炳（10101582） 张　聪（10101612） 魏　琛（12100003） 汪　恺（10111735）
王　南（10111742） 方　磊（10111777） 吴俊逸（10111788） 韩　松（10111790） 刘如辉（10111827）
王宇鑫（10111856） 刘诗雨（10111865） 张　政（10111897） 何世明（10111916） 许瑜飞（10111919）
曾　露（10111967） 白思晴（10111983） 陈航璐（10112012） 李倩倩（10112014） 王　坤（10112031）
李鲁明（10112056） 黄睿晹（10112072） 郎子钰（10112076） 屈高龙（10112079） 曾　星（12110041）

李　懋（12110049）　刘　畅（10123345）　郑成霖（10123374）　郭妙吉（10123388）　寿天泽（10123419）
何睿博（10123458）　张军凯（10123476）　魏天舒（10123517）　王兢业（10123553）　高　婷（10123558）
施鸿裕（10123574）　濮丽娟（10123621）　李明雨（10123632）　杨心凯（10123640）　顾王欢（10123654）
陈旭东（10123658）　胡　贵（12120075）

机械与动力工程学院（51 人）

王　祖（10100560）　李子涵（10100614）　宋昕宜（10100678）　李魏梓（10100681）　赵铭诚（10100724）
韩腾腾（10100797）　周　斐（10100799）　杨家鹏（10100841）　周辰晓（10100846）　王　娜（10100862）
吕　颖（10100864）　杭　鹏（10100874）　王传勇（10100917）　杨　涵（10112103）　范　朔（10112118）
秦晓娜（10112135）　张远松（10112138）　胡余文（10112198）　焦　鹏（10112235）　殷宇航（10112262）
姜金宁（10112278）　荀巍然（10112289）　付明雪（10112306）　郭林灵（10112313）　常玉龙（10112314）
张岳宏（10112335）　范芳怡（10112336）　丁　铖（10112368）　徐方文（10112389）　王稼民（10112420）
代晓萌（10112424）　吕荣安（10112438）　方　正（10112443）　何柳丰（10112454）　杨　杰（10112480）
张　楠（10112486）　刘晓龙（10112496）　顾晓琳（10112803）　吕东原（10121548）　姜　朔（10121551）
干丽凤（10121558）　李俊颖（10121571）　蒋文都（10121640）　彭邱鹏（10121742）　王　博（10121751）
岑冠男（10121793）　栾军政（10121825）　章　倩（10121841）　崔建鹏（10121866）　杨文浩（10121867）
武梦丹（10121895）

资源与环境工程学院（18 人）

白佳丽（10103195）　李证宇（10103211）　涂宝声（10103238）　邬莎娜（10103265）　夏　菁（10103308）
王俊芳（10103339）　樊友雯（10103369）　马奔腾（10112528）　丁　鹏（10112572）　赵瑶瑶（10112577）
王　青（10112582）　孙运筑（10112584）　周昕彦（10112602）　钱婵娟（10112615）　卫俊涛（10112665）
白钟庆（10121996）　单志昊（10122018）　戴　力（10122047）

理学院（19 人）

包谷之（10100082）　田　凯（10100150）　张　婷（10110002）　孙　冰（10110035）　吴　婧（10110037）
丁　毅（10110059）　曹昕然（10110093）　张　爽（10110096）　陈炳月（10110097）　蒋鸣鹤（10110123）
季春丽（10110158）　陆　雁（10110159）　张　涛（10120014）　张　肖（10120034）　陈诚诚（10120103）
郑英达（10120105）　汪利平（10120147）　柏　文（10120162）　许文龙（10120165）

商学院（62 人）

项斯雨（10102002）　李　斌（10102020）　王玲玉（10102028）　蒋　林（10102040）　吴奇鹏（10102071）
杨佳乐（10102098）　黄李辉（10102168）　徐烨儿（10102182）　解依博（10102212）　叶敏慧（10102228）
刘　莎（10102261）　高雨薇（10102269）　徐孟佳（10102289）　宋聪聪（10102353）　罗　帆（10102365）

邱梦圆（10102385） 姚心怡（10102396） 陈婷婷（10102426） 刘一鸣（10102443） 张　稚（10103865）
张竞元（10108067） 何飞露（10112749） 谭　悦（10112751） 王莉莉（10112772） 读　人（10112784）
陈　彬（10112849） 周　珺（10112851） 孙美慧（10112862） 史明安（10112876） 蒋凯艳（10112891）
蔡艳丽（10112900） 钱　全（10112959） 柴　齐（10113032） 吕雅楠（10113035） 李雅婷（10113064）
梁　龙（10113077） 龙　瑗（10122114） 周　娜（10122115） 李忆贤（10122142） 陈　花（10122166）
穆佩琼（10122167） 俞丽娟（10122190） 李瑞婷（10122210） 滕淑安（10122214） 陈　洁（10122216）
王琪瑛（10122241） 李　静（10122245） 宋　扬（10122251） 裘祎晨（10122295） 吕依琳（10122337）
赵晔璇（10122338） 张　尧（10122350） 洪迎佳（10122368） 綦雨薇（10122387） 陈俞飞（10122401）
贺钰偲（10122414） 万碧莹（10122417） 叶颖超（10122424） 蒋　玥（10122440） 苏星泽（10122443）
徐怡君（10122444） 张雨露（10122446）

社会与公共管理学院（40 人）

谢一奇（10100955） 周显伟（10100978） 江盼盼（10101036） 袁易卿（10101049） 张育琴（10101051）
代文瑶（10101065） 王俊珺（10101101） 方丹凤（10101120） 盛　期（10101164） 王雷生（10101166）
朱明君（10101183） 王晓燚（10113135） 张　远（10113163） 李笑恬（10113168） 马晓雨（10113181）
万梦娴（10113198） 邵雪倩（10113207） 文　可（10113280） 陶行子（10113291） 吴一凡（10113302）
邱佳敏（10113303） 顾唐一奇（10113320） 寸夏昕（10118075） 宋志凌（10122461） 宋雅文（10122480）
秦　西（10122498） 苏　翔（10122500） 朱紫荻（10122504） 王天玉（10122506） 方思唯（10122517）
漏依凡（10122537） 丁科东（10122548） 吕园园（10122557） 吴　琼（10122570） 冯　露（10122584）
曹珺然（10122596） 唐洁莹（10122610） 焦薇伊（10122628） 敖云斯琴（10128100）
阿丽娅·依不拉音（10128090）

艺术设计与传媒学院（15 人）

顾玲芬（10103719） 潘逸青（10103738） 严　欢（10103840） 刘　莎（10103854） 孙蕾蕾（10113675）
蔡　亦（10113689） 温双宇（10113716） 张怡然（10113769） 李静媛（10113771） 张　璇（10113821）
杨小倩（10113826） 孙怡婧（10122684） 梁粤晨（10122711） 郭昕鸣（10122734） 许夥赟（10122799）

外国语学院（9 人）

陈高雅（10090832） 黄　丽（10094294） 潘如垒（10101139） 贺亚茹（10102787） 顾逸舟（10102846）
李珊妮（10102879） 张　虹（10113422） 陈逸飞（10113435） 周辰若（10122951）

法学院（5 人）

庞　慧（10100167） 吴　江（10100202） 沈红丽（10113486） 冯惠萍（10118089） 徐晓燕（10120294）

中德工学院（10 人）

李心倩（10102938） 任驰骋（10102900） 桂梦成（10113577） 朱逸频（10113568） 张晨雨（10113595）
戎佳豪（10113616） 黄青云（10113596） 徐文彬（10120187） 陈丹澜（10120214） 翁世源（10120249）

体育科学与工程学院（6 人）

沈雅雯（10102989） 李海伦（10102993） 刘启明（10113638） 陆蔡影（10123702） 王安妮（10123706）
陈隆杰（10113642）

（研究生 330 人）

化工学院（51 人）

王振元（010110033） 黄　欢（010110142） 纪　建（010120030） 王铭纬（010120157） 谭学才（010130042）
樊飞跃（010130046） 唐　豪（020100095） 陈慧超（020100101） 徐新潮（020110084） 皮志鹏（020110095）
赵亚伟（020120106） 胡佳玮（030110853） 田鹏飞（030110893） 仙明明（030110909） 徐　攀（030110912）
于铭珏（030110928） 曹蓓蓓（030110953） 岑卓伦（030110954） 常小瑞（030110956） 凡江丽（030110961）
李　翠（030110979） 蒲江龙（030111002） 杨　超（030111034） 仪得志（030111040） 赵　萍（030111056）
李青青（030111252） 白兆圆（030120732） 丁　杨（030120744） 付东龙（030120749） 胡艳玲（030120756）
黄桂芳（030120759） 金　波（030120762） 李　兴（030120771） 罗　文（030120780） 彭云湘（030120785）
钱　佳（030120786） 杨志红（030120819） 尤陈佳（030120822） 于　坤（030120823） 郁丽程（030120824）
梅　园（030120874） 王　雷（030120887） 王　梅（030120888） 徐祺鸿（030120900） 张　静（030120908）
赵　波（030120915） 李梦晨（045110127） 连迎迎（045110129） 孙山岚（045110134） 陶柳涛（045120144）
王文婷（045120149）

生物工程学院（31 人）

侯代松（010110041） 刘　旭（010110098） 倪克奉（010110099） 杨　竞（010120118） 张　畅（020090023）
崔昕晖（030110349） 孟凡举（030110368） 魏子涵（030110377） 颜炳坤（030110383） 付　鹏（030111070）
姚树龙（030111111） 王　成（030111291） 赵运霞（030111299） 贺元晨（030111350） 于文滔（030111355）
蒋　潇（030120268） 盛文建（030120270） 沈诗卉（030120295） 徐丽琴（030120302） 蔡　华（030120925）
孙娇娥（030120963） 王文婷（030120972） 杨俊鹏（030120979） 戴　璐（030121169） 后慧云（030121170）
刘晓云（030121176） 曾　俊（030121184） 刘明英（030121240） 杨　颖（030121244） 陈虎杨（045110205）
于翠媛（045110220）

信息科学与工程学院（29 人）

闫顺成（020080112） 高　冲（020090064） 马玉鑫（020100076） 孙泽文（020120077） 付文豪（020120081）
吴慧文（030110718） 李　振（030110749） 潘红芳（030110761） 周　红（030110799） 寇晓淮（030120625）

高丽君（030120655） 王亚楠（030120697） 赵晓莎（030120713） 马美怡（030120723） 余紫丹（030120727）
母　帅（045110062） 邱铭杰（045110063） 张　楠（045110066） 崔　晨（045110069） 侯顺山（045110070）
周　峰（045110115） 高　晨（045120062） 杨　洋（045120065） 阚明生（045120072） 谭　笑（045120084）
张瀚方（045120090） 马宇峰（045120100） 孙寒玉（045120101） 罗晶波（045130102）

材料科学与工程学院（37 人）

陈明锋（010110017） 吴　龙（010110025） 高　兵（010110108） 侯　宇（010120016） 梁昌盛（010120019）
魏　佳（010130013） 李云峰（020090036） 李宇航（020110043） 闵书迪（020110045） 姚一帆（020120052）
陈梦莉（030110301） 顾　云（030110302） 卜扬帆（030110454） 程　玲（030110462） 董相茂（030110467）
何　帅（030110485） 黄文娴（030110492） 李玉玲（030110513） 刘　媛（030110518） 孟利良（030110522）
史鹏伟（030110538） 王　鸿（030110546） 张　欢（030110580） 张　祺（030110583） 张　昕（030110590）
周　辰（030110603） 陈维纳（030120376） 冯依文（030120389） 张帝漆（030120504） 张卓民（030120516）
董建波（045110027） 林旭峰（045110033） 陆甦晖（045110034） 毛纵文（045110035） 唐梁吉（045110037）
吴　凯（045110039） 阮明珠（030120453）

化学与分子工程学院（47 人）

爨　谦（010110050） 裴　恺（010110094） 石　磊（010110171） 应佚伦（020090007） 陈晓峰（020090010）
李永玺（020090045） 丁彩霞（020090096） 丁　力（020090097） 张佳琦（020090102） 张琪伟（020090103）
田程程（020090105） 牛湘衡（020100010） 靳鹏伟（020100023） 李　红（020100117） 练　成（020120085）
尹莉莉（020120139） 洪周琴（030110213） 李玉秀（030110217） 杨晓慧（030110228） 周　慧（030110232）
崔春晓（030110237） 胡鹏飞（030110241） 姬飞虎（030110242） 宋上飞（030110254） 汪　潇（030110258）
周　浩（030110271） 查全正（030110321） 胡晓浩（030110325） 张计娜（030110330） 陈　峰（030111129）
陈丽媛（030111132） 董　伟（030111136） 寇学振（030111145） 李秀爱（030111149） 王婷婷（030111162）
王安寅（030111303） 杨俊雅（030120140） 潘　晨（030120149） 王　森（030120156） 徐雪萍（030120160）
姚宝龙（030120162） 毛枭峰（030120182） 高　洁（030120204） 盛瑜玠（030120216） 石　强（030120217）
孙　赛（030121022） 田国建（030121027）

机械与动力工程学院（32 人）

庄法坤（010110029） 杨　杰（010110122） 张　浩（010120026） 蔡利鹏（020120032） 王德强（020120068）
李　超（030110394） 邓耀奇（030110431） 沈　远（030110535） 杨金龙（030110644） 嵇得宸（030110663）
钱泰磊（030110685） 喻　灿（030110700） 董润超（030120320） 卫志翔（030120327） 吴　尉（030120344）
张继晟（030120346） 王　勇（030120360） 相颖杰（030120362） 郭卿君（030120396） 王周杰（030120556）
胡良波（030120561） 凌　骏（030120562） 贾　雯（030120576） 刘　璐（030120581） 秦承华（030120589）

王俊涛（030120597） 王路逸（030120598） 邢 孟（045110014） 郑梦芊（045110021） 汪尹雄（045120033）
谢 祥（045120039） 刘文君（045120050）

资源与环境工程学院（18 人）

赵 健（010110058） 徐礼嘉（010110124） 田秀山（010110146） 金渭龙（020090046） 童柯锋（020090076）
顾小钢（020090128） 屠功毅（020100057） 黄国峰（030110619） 马 忠（030110880） 李善玲（030110984）
王西明（030111021） 王 丹（030111332） 石新华（030120542） 张志凯（030120546） 任铁舟（030120881）
陆志艳（030121215） 乔 婷（030121216） 张 佳（045110164）

商学院（14 人）

郑荣信（030110012） 索园园（030110021） 金诗跃（030110024） 贾思宇（030111418） 谢 韵（030111429）
刘鹏程（030111440） 缪宇峰（030111456） 袁 婷（030111465） 黄 丽（030120019） 张 宁（030120022）
刘培培（030121330） 张洁琼（030121338） 余承科（030121365） 朱徐晨（030121369）

马克思主义学院（3 人）

孙加兴（030110002） 陈 功（030120038） 高文韬（030120068）

社会与公共管理学院（13 人）

陈盛兰（030110061） 范辰辉（030110063） 贾梦宇（030110066） 琚 迎（030110067） 胡忠超（030111492）
季正琦（030111506） 袁 园（030120061） 裴 盈（030120066） 薛鑫鑫（030121384） 何彦婷（049110002）
黄丹青（049110004） 刘思源（049110007） 侯 慧（049120005）

外国语学院（4 人）

邓晓燕（030120085） 杨 莹（030120092） 王之豪（030120098） 郑玲华（030120106）

艺术设计与传媒学院（8 人）

李汶研（030110136） 沈 博（030110146） 富琳桦（030121370） 李腾野（030121415） 王 悦（030121427）
闫 霞（045110198） 陈皓瑜（045120205） 李中燕（051120003）

体育科学与工程学院（2 人）

王乔松（030110101） 赵冠豪（030110105）

药学院（29 人）

盛骞莹（010110052） 王红涛（010110053） 袁 俊（010110063） 江健安（010110177） 陆思源（010110188）
刘 鹏（010110192） 朱志川（010120071） 金观毅（010120173） 李奎永（010120174） 安 娜（020080218）
吴海波（020090112） 吴文彬（020090113） 陈显军（020090116） 吴明熹（020090135） 李 蹊（020090137）
沈 克（020090139） 韩 乐（020100139） 熊 扬（020100159） 周 伟（020100166） 李祥民（020110144）
付 丹（030111208） 夏姗姗（030111223） 肖 娟（030111224） 沈娇宁（030111380） 赵 雪（030111406）

林　茵（030111411）　叶亚婧（030121307）　陆俊筑（045110176）　朱英鹂（045110189）

理学院（5 人）

朱雅婷（020120004）　张楠楠（030110183）　冯倩妮（030120110）　潘兆婷（030120114）　王臻臻（030120120）

高等教育研究所（1 人）

张平平（030111489）

科技信息研究所（1 人）

吴　迪（030121403）

法学院（5 人）

郑永捷（030110047）　张旭冉（030120033）　戴国印（048110001）　全若兰（048120023）　徐嘉慧（048120018）

12. 2012—2013 学年度校优秀学生干部名单

（本科生 395 人）

化工学院（47 人）

李　布（10082910）　伍楚诗（10101660）　董嘉奇（10101699）　杨　宁（10101763）　刘天奇（10101799）
朱召贤（10101866）　吴　婧（10101872）　毛　杰（10101922）　李万成（10101936）　谢　浩（10101989）
朱志强（12100022）　程国冬（12100026）　宋光涛（10110200）　马　晗（10110201）　刘齐兴（10110230）
强　薇（10110245）　文　力（10110260）　赵　旭（10110282）　徐海东（10110284）　汤　杰（10110294）
李欣怡（10110304）　张　涛（10110333）　殷海波（10110334）　金　庸（10110348）　李允升（10110379）
潘伟杰（10110383）　聂元清（10110400）　束铭杰（10110416）　王　昊（10110420）　王　刚（10110451）
陈启荣（10110458）　杨文宇（10110478）　崔　筝（10110490）　胡梦菲（10110495）　张晓露（10110523）
潘鸣飞（10110531）　刘文强（10110566）　彭颖娟（10110585）　欧海鹏（10111716）　鞠庆庆（10120329）
沈敏杰（10120359）　闫佳琪（10120419）　王　祎（10120509）　李文昊（10120521）　高佳明（10120584）
朱　峰（10120609）　吕伟光（10120665）

生物工程学院（23 人）

宋风停（10102553）　马瑞青（10102590）　高梓译（10102603）　李静宜（10102661）　汪　娜（10102689）
张竞生（10102697）　陈　艳（10102717）　刘思羽（10110674）　蔡志豪（10110689）　季鲁章（10110785）
盖　舒（10110795）　刘　鹏（10110815）　聂嘉睿（10110825）　杨泽宇（10110835）　张　贺（10110858）
刘　玥（10110875）　吴　琳（10110900）　周赟洁（10110907）　李　成（12110003）　刘雨佳（10120737）
李　鑫（10120767）　陈昭宇（10120936）　周佳怡（10120988）

化学与分子学院（28 人）

王　雪（10100252）　赵　见（10100284）　张震东（10100319）　刘芳超（10100374）　江文雅（10100419）
李梦轩（10100444）　曹亚明（10108007）　孙　娜（10110951）　顾青雯（10110954）　付　伟（10110963）
崔莉莉（10110986）　李耿勰（10111037）　王　津（10111056）　王贻宁（10111069）　唐国平（10111094）
姚朝怡（10111114）　柳　莹（10111119）　张　健（10111121）　晏永超（10111130）　邓媛昕（10111172）
杨立朋（10111175）　黄国畅（12110025）　黄　洋（10121026）　苏光县（10121074）　江振颖（10121106）
詹　妮（10121174）　张　朔（10121210）　陈雯雯（10121228）

药学院（11 人）

杨天骄（10102752）　魏　媛（10103009）　张家毓（10103064）　王士博（10103148）　潘佳伟（10103174）
钱　超（10111263）　何停停（10111264）　沈金晶（10111315）　朱皖凌（10111328）　王婧媛（10121429）
申晨晨（10121465）

材料科学与工程学院（30 人）

陈亮峰（10103432）　徐晨斐（10103436）　林　珊（10103516）　罗　霜（10103561）　俎梦杨（10103575）
戴华烽（10103585）　龚敏杰（10103592）　张伟健（10103620）　陈　阳（10103681）　刘一丹（10111403）
李保康（10111416）　张延锏（10111434）　靳　琦（10111435）　单佳文（10111436）　尚　鹏（10111468）
东哲羲（10111487）　杜　茗（10111496）　匡丽君（10111523）　任先杰（10111560）　王　曦（10111565）
吴　攀（10111606）　王晓腾（10111612）　恭密蓉（10111646）　杨　宁（10111698）　陈　灵（10111704）
李　磊（10122996）　黄　宸（10123117）　张　彤（10123139）　曹立奇（10123250）　陈诗韵（10123315）

信息科学与工程学院（30 人）

王鲲鹏（10101281）　朱世杰（10101347）　曲友桂（10101414）　许洋洋（10101446）　田璐超（10101533）
罗　颖（10101596）　王丝扬（10101598）　金宇辉（10111244）　赵　帅（10111801）　叶朋飞（10111810）
杨一杉（10111838）　徐建伟（10111857）　宋良轩（10111874）　李福沛（10111902）　付广智（10111911）
李孟泽（10111915）　陈志高（10111948）　夏宇航（10111970）　施林成（10112036）　贾修毅（10112083）
姚黎婷（10112521）　王恩龙（12110059）　于健博（10123326）　王君平（10123359）　蒋立沫（10123382）
徐　颖（10123470）　杨正浩（10123507）　刘邺超（10123541）　逄淑怡（10123557）　陈嘉豪（10123628）

机械与动力工程学院（38 人）

辛　俊（10100559）　孙　柯（10100569）　李清华（10100598）　尹　棣（10100611）　徐子亮（10100645）
金珏辉（10100648）　柯敏辉（10100707）　庞富龙（10100710）　古文全（10100755）　许　翔（10100756）
周　凯（10100829）　孙元坤（10100850）　蔡宦麟（10100901）　吴　迪（10100926）　曾志远（10103433）
丁　楠（10112106）　朱佳蕙（10112133）　杨佳琦（10112149）　刘　炼（10112159）　俞菲菲（10112188）

张　珂（10112199）　范　智（10112232）　王宗磊（10112246）　武晓晖（10112249）　贾础豪（10112253）
钟耀坤（10112265）　徐新博（10112322）　刘　倩（10112455）　赵秋姗（10112457）　王家兴（10112467）
叶程霖（10112474）　薛珈琪（10112487）　赵　妍（10112489）　刘俊凯（10121734）　林妹妹（10121737）
晏希赟（10121771）　卞泽诚（10121804）　周海鹏（10121874）

资源与环境工程学院（22人）

薛云飞（10103212）　刘天杰（10103289）　王正陆（10103316）　刘婷婷（10112531）　杨少鹏（10112552）
沈　棒（10112560）　冯　茜（10112571）　苏柳花（10112613）　李佳怿（10112621）　陈　立（10112626）
银梦思（10112632）　朱诗杰（10112657）　孙　青（10112671）　李光源（10112679）　赵润泽（10112691）
吴兆伟（10112695）　高　瑞（10112708）　董文娜（10112597）　李旖文（10112648）　王震东（10121903）
袁萌希（10121952）　徐子茜（10122006）

理学院（18人）

朱征露（10100002）　孙泽元（10100072）　马玲玲（10100098）　王家亮（10100109）　王梦麟（10100113）
朱　燕（10100124）　王　磊（10100134）　蒋玉麟（10100145）　周晓宇（10110009）　丁翔昱（10110044）
孔维鲁（10110067）　刘　畅（10110111）　张笑天（10110112）　李　浩（10120018）　唐灵逸（10120019）
张希羽（10120028）　李弗贝（10120054）　王　欢（10120172）

商学院（57人）

徐蓓婷（10100685）　马　良（10100999）　刘文月（10101994）　顾　超（10102014）　施心丹（10102025）
秦嘉琪（10102027）　潘楚达（10102045）　王　欢（10102072）　樊雨蕾（10102087）　康　恺（10102152）
黄权载（10102166）　倪文洁（10102177）　辛　滢（10102180）　龙　梅（10102207）　陈小慧（10102208）
费　璐（10102233）　刘岩苹（10102239）　卫健炯（10102243）　杨　科（10102255）　刘嘉丽（10102287）
姜甜甜（10102293）　卢彦竹（10102354）　吴媛媛（10102386）　龚　莉（10102394）　宁　星（10102411）
李　琪（10102452）　宋志欣（10112725）　宋　怡（10112781）　胡孜萌（10112787）　金　雯（10112835）
张喆喆（10112859）　蒋韦磊（10112864）　倪冰玉（10112927）　谭　靖（10112970）　金万里（10112917）
屈晓佳（10112998）　周　洁（10112999）　谢璐珈（10113005）　涂婧清（10113006）　姜　硕（10113021）
乐梦楠（10113022）　李书璇（10113079）　关　童（10113091）　王　鹏（10113104）　韩正纲（10113123）
叶丽华（10122093）　李　爽（10122135）　顾　婷（10122143）　戚铭铭（10122183）　贾凯慧（10122217）
丁　升（10122240）　陶　珣（10122252）　邴兆振（10122288）　潘　雪（10122332）　蒋强强（10122258）
孔慧玲（10122272）　任嘉莉（10122276）

社会与公共管理学院（35人）

寇　凤（10100963）　彭娟娟（10100966）　朱灵艳（10100972）　李　旭（10100973）　陆　伟（10100974）

钱霜霜（10100984） 汪文婷（10101016） 张 一（10101022） 胡宇川（10101034） 王一涵（10101041）
王 玙（10101042） 姜孜龙（10101057） 吴 腾（10101076） 朱辰薇（10101081） 陈 蓓（10101088）
张 蕾（10101135） 顾嘉乐（10101147） 刘 飞（10101162） 闫柳鸣（10113177） 吴翌雯（10113180）
王 岷（10113196） 何 爽（10113203） 陆婵媛（10113206） 唐 安（10113208） 傅凌波（10113217）
吴怡烨（10113221） 任 伶（10113232） 胡绥楠（10113248） 申芷伊（10113249） 陆荷佳（10113267）
李婷婷（10113270） 韩 佳（10113281） 郭庆梦（10113284） 吴佳蔚（10113317） 张宇翾（10122468）

艺术设计与传媒学院（16 人）

李雪蓉（10103694） 张 赟（10103720） 朱润秋（10103782） 杜佳佳（10103867） 贾 媛（10103868）
刘心瑶（10113659） 郑樟晶（10113687） 徐志兵（10113725） 魏天弘（10113767） 李小康（10113808）
应晓青（10122656） 王 一（10122724） 尹艺荷（10122809） 王欣婷（10122815） 林 森（10122639）
龚治力（10122780）

外国语学院（18 人）

平叶美（10102776） 瞿维维（10102798） 张天融（10102823） 孙雅平（10102827） 朱 卉（10102882）
周思瑶（10113243） 江屿蛟（10113350） 陈丹阳（10113351） 吴昊天（10113378） 戴 杰（10113416）
倪 悦（10113432） 叶佳媛（10113445） 黄威玮（10113447） 唐幸尔（10113470） 李冬雨（10113472）
董 燕（10122933） 俞 璐（10122944） 刘 馨（10122958）

法学院（8 人）

邱靖涵（10100163） 李小川（10100189） 孔一丁（10100200） 吴茜茜（10113481） 田椿雨（10113500）
范秋燕（10113515） 邵依依（10113522） 安小婵（10113526）

中德工学院（11 人）

陈唯尔（10102956） 陈书捷（10102958） 李显阳（10102950） 吴 炀（10102901） 吴子林（10113555）
王天宇（10113562） 童喆锴（10113558） 詹富祥（10113599） 朱慧芸（10113585） 陈安翎（10120231）
曹心易（10120246）

体育科学与工程学院（3 人）

王弘毅（10102995） 许啸天（10123691） 葛妍彦（10113623）

（研究生 137 人）

化工学院（23 人）

葛 翔（010110035） 唐思扬（020090084） 韩 婷（020100141） 梁珊珊（020110080） 张雯斐（020120092）
韩浩亚（020120096） 林斌斌（030110868） 万雅曼（030110895） 叶怡婷（030110926） 王 丛（030111018）
吴 静（030111026） 杨 丹（030111035） 张慧玲（030111051） 温 馨（030111261） 朱颖铭（030111282）

陈　洁（030120736）　钟剑锋（030120837）　郝涛远（030120849）　刘　蕾（030121136）　陈　曦（045110120）
范斌斌（045120116）　许　冰（045120152）　赵秉嵚（045120159）

生物工程学院（13人）

玉万国（010120166）　潘正骅（020120115）　郑明敏（020120118）　刘盼西（030110333）　张瑞祥（030110387）
王晓娟（030111104）　宋晓清（030120271）　魏　佳（030120298）　孔文刚（030120940）　姜笑辰（045110208）
王丽梅（045110216）　柳絮云（045120218）　杨　杨（045120223）

信息科学与工程学院（12人）

罗振环（030110759）　祁学文（030110764）　袁程强（030110790）　柯　圣（030110816）　耿佳灿（030120656）
盛　杰（030120681）　成　舟（030120714）　刘　洋（030130729）　张之栋（045110095）　丁　帅（045120061）
蔡福全（045120068）　孔　曼（045120098）

材料科学与工程学院（14人）

李　楠（020120039）　王　铮（020120049）　周　晓（020120056）　刘　阳（030120238）　陈佳露（030120373）
季加进（030120409）　刘　虹（030120432）　吕德超（030120445）　吕晓明（030120446）　宋晓雪（030120460）
张梦茹（030120510）　朱正举（030120525）　戴丹维（045120020）　傅晓伟（045120022）

化学与分子工程学院（16人）

汪　宣（010120005）　高方园（010130005）　卞子君（020100019）　白　婷（020110057）　姚旭阳（020110112）
余燕燕（020110119）　关常威（020120015）　汪露馨（020120059）　张毅吉（030110331）　王熙博（030111163）
朱　斌（030111178）　徐　锋（030120159）　张　博（030120226）　李　超（030121000）　吴敏婧（045110156）
陈　涛（045120187）

机械与动力工程学院（14人）

应　翔（020090060）　翁　硕（020120069）　周鑫延（030110408）　陈　涛（030110411）　孙　权（030110441）
丁志蛟（030120333）　符　轲（030120390）　陆彦琰（030120444）　舒双文（030120553）　张　田（030120568）
陆　阳（030120585）　余醉仙（030120610）　王思维（045120010）　颜小莉（045120056）

资源与环境工程学院（7人）

袁梦霞（020110139）　张　庆（020120063）　冯　玲（030111310）　叶紫青（030120903）　刘洋成（045110162）
李宗云（045120126）　孙欣炎（045120141）

商学院（8人）

杜俊枢（010120185）　陈天宜（030110023）　杨金超（030110030）　王双亚（030111425）　夏佳赟（030111428）
刘玉梅（030111453）　陈　欢（030120008）　童　超（030121361）

马克思主义学院（2人）

闫银芝（030110003） 王永超（030110059）

社会与公共管理学院（8人）

岳琳鑫（030110081） 马万万（030111496） 史美艳（030111498） 李卓航（030120064） 许舒雯（049110011） 袁雷静（049110015） 张雪峰（049110018） 何 博（049120003）

外国语学院（1人）

陈 婧（030120084）

艺术设计与传媒学院（3人）

程相鸣（030110133） 马 瑶（030110142） 刘 兴（051110003）

体育科学与工程学院（1人）

赵洁琼（030110106）

药学院（11人）

刘鹏飞（010110059） 许鸣豪（010120070） 谭绍英（020090118） 孙德恒（020120149） 朱伟龙（030111245） 袁自豪（030111361） 满 宁（030121099） 陈 波（030121263） 陈英杰（030121265） 王雅楠（045120199） 周彬彬（053110007）

理学院（2人）

王星衍（030110182） 汤俊杰（030120115）

法学院（2人）

谢 飞（030120029） 柯晓锋（048110003）

13. 2012—2013学年度校先进集体名单

（本科生35个）

化工学院（3个）

油气102 卓越101 卓越111

生物工程学院（2个）

生工100 生工110

药学院（1个）

制药100

材料科学与工程学院（4个）

复材112 高材101 无材101 新材120

信息科学与工程学院（4 个）

电自 101　　动 101　　计 104　　信工 111

机械与动力工程学院（1 个）

机设 104

资源与环境工程学院（2 个）

环境 111　　环境 112

理学院（4 个）

数学 101　　数学 102　　物 100　　信计 100

商学院（7 个）

工管 100　　工商 116　　工商 126　　金融 102　　经济 111　　经济 124　　营销 100

社会与公共管理学院（2 个）

社保 102　　社保 121

艺术设计与传媒学院（2 个）

工设 120　　广告 100

外国语学院（2 个）

英语 112　　英语 122

法学院（1 个）

法 112

（研究生 18 个）

化工学院（2 个）

化工 12　　春博化工 2011 工程硕士

化学与分子工程学院（2 个）

化 M113　　化 M123

材料科学与工程学院（1 个）

材硕 122

生物工程学院（1 个）

12 级食品发酵

机械与动力工程学院（1 个）

机硕 123

社会与公共管理学院（2个）

研12级社会学人口学　　研12级社保

艺术设计与传媒学院（1个）

艺研12

资源与环境工程学院（1个）

硕12级热能

信息科学与工程学院（1个）

12级信号计算机

外国语学院（1个）

英研12级

药学院（1个）

药12级硕博1班

法学院（1个）

法律硕士120班

理学院（1个）

数理12班

商学院（2个）

商12级应用经济　　商11级管理科学与工程

14. 2014届优秀毕业生名单

（本科生256人）

化工学院（26人）

*李　布（10082910） *王昭晖（10101971） *包　磊（10103017） *陈炳旭（10101644） *周卫东（10101689）

*陈　静（10101698） *董嘉奇（10101699） *陶颖卿（10101757） *王晓晗（10101797） *刘天奇（10101799）

*薛　金（10101802） *安　萍（10101815） *韩向磊（10101836） *朱召贤（10101866） *韦存茜（10101875）

*陈卓君（10101878） *毛　杰（10101922） *谢　浩（10101989） *潘俊杰（12100018） *程国冬（12100026）

聂　琴（10101627） 喻啸晨（10101676） 曹　韬（10101778） 许　华（10101915） 王　莹（10101950）

应　强（12100030）

生物工程学院（19 人）

*王倩倩（10102481） *杨　钊（10102519） *欧阳鹏飞（10102527） *马云林（10102533） *常子烨（10102542）
*徐建超（10102544） *金安琦（10102573） *刘　光（10102586） *马瑞青（10102590） *杨柳青（10102628）
*李静宜（10102661） *梁芊芊（10102662） *蒋　莹（10102711） 刘晓琳（10102480） 胡　实（10102537）
姚有原（10102593） 高梓译（10102603） 张竞生（10102697） 陈　艳（10102717）

化学与分子工程学院（24 人）

*王建伟（10100238） *徐　倩（10100244） *王　雪（10100252） *关雨晴（10100276） *赵　见（10100284）
*张震东（10100319） *胡佩祎（10100338） *吴润青（10100359） *刘芳超（10100374） *刘章云（10100387）
*江文雅（10100419） *李梦轩（10100444） *汤　妍（10100504） *谢李斯琪（10100514） *董武杰（10100530）
*曹亚明（10108007） 邵正将（10100232） 杨　曼（10100247） 李灵珂（10100279） 周梦娜（10100282）
刘　珊（10100330） 徐心羽（10100459） 周　晨（10100498） 王翔飞（10100499）

药学院（8 人）

*朱文文（10103086） *郝方然（10103015） *孙彦琪（10103030） *张家毓（10103064） *邢林峰（10103076）
*刘　洋（10103080） *王士博（10103148） *潘佳伟（10103174）

材料科学与工程学院（15 人）

*陈亮峰（10103432） *傅丽娜（10103515） *陈飞燕（10103541） *路　力（10103572） *王胜男（10103574）
*俎梦杨（10103575） *戴华烽（10103585） *龚敏杰（10103592） *付雪峰（10103599） *张伟健（10103620）
*朱嘉婉（10103632） *江　洋（10103660） *杨崇文（10103679） *陈　阳（10103681） 罗　霜（10103561）

信息科学与工程学院（26 人）

*唐秉超（10101207） *施登科（10101221） *赵一峰（10101242） *徐梓源（10101245） *赵　宏（10101258）
*简葳玙（10101302） *卢周正（10101303） *李知聪（10101319） *谢　圣（10101337） *朱世杰（10101347）
*孙　菲（10101389） *曲友桂（10101414） *李飞标（10101429） *沈晶磊（10101492） *王渊博（10101505）
*田璐超（10101533） *谢振山（10101580） *韩文炳（10101582） *罗　颖（10101596） *王丝扬（10101598）
*张　聪（10101612） *魏　琛（12100003） 陶　冶（10101216） 张怡婕（10101300） 张　磊（10101353）
李一君（12100005）

机械与动力工程学院（24 人）

*张　伟（10100806） *周　凯（10100829） *杨家鹏（10100841） *王　娜（10100862） *蔡宦麟（10100901）
*王传勇（10100917） *辛　俊（10100559） *王　昶（10100560） *孙　柯（10100569） *李子涵（10100614）
*徐子亮（10100645） *李魏梓（10100681） *罗豪鑫（10100691） *张　博（10100706） *柯敏辉（10100707）
*赵铭诚（10100724） *古文全（10100755） *周辰晓（10100846） *吕　颖（10100864） *吴　迪（10100926）

李清华（10100598）　刘颖琛（10100729）　孙元坤（10100850）　王立人（10100872）

资源与环境工程学院（8 人）

* 白佳丽（10103195）* 王安琪（10103252）* 王　婷（10103257）* 赵梦飞（10103274）* 刘　玥（10103300）
* 夏　菁（10103308）* 王俊芳（10103339）* 樊友雯（10103369）

理学院（10 人）

* 朱征露（10100002）* 孙泽元（10100072）* 包谷之（10100082）* 马玲玲（10100098）* 王梦麟（10100113）
* 朱　燕（10100124）* 王　磊（10100134）　王家亮（10100109）　蒋玉麟（10100145）　田　凯（10100150）

商学院（37 人）

* 王玲玉（10102028）* 王　淳（10102047）* 康　恺（10102152）* 黄李辉（10102168）* 龙　梅（10102207）
* 陈小慧（10102208）* 解依博（10102212）* 叶敏慧（10102228）* 费　璐（10102233）* 刘岩苹（10102239）
* 卫健炯（10102243）* 黄忻怡（10102257）* 高雨薇（10102269）* 刘嘉丽（10102287）* 徐孟佳（10102289）
* 姜甜甜（10102293）* 姜　垚（10102326）* 唐亦敏（10102327）* 徐一畅（10102350）* 李倩文（10102356）
* 罗　帆（10102365）* 邱梦圆（10102385）* 徐　璨（10102421）* 陆佳玮（10102434）* 陈敏燕（10102457）

徐蓓婷（10100685）　吴奇鹏（10102071）　樊雨蕾（10102087）　沈怡婷（10102097）　徐晓理（10102123）
黄权载（10102166）　徐烨儿（10102182）　蔡雨君（10102184）　刘　莎（10102261）　欧阳璐璐（10102332）
袁　悦（10102390）　张竞元（10108067）

社会与公共管理学院（22 人）

* 谢一奇（10100955）* 李　旭（10100973）* 周显伟（10100978）* 汪文婷（10101016）* 张育琴（10101051）
* 吴　腾（10101076）* 陈　蓓（10101088）* 王俊珺（10101101）* 方丹凤（10101120）* 顾嘉乐（10101147）
* 盛　期（10101164）* 王雷生（10101166）

彭娟娟（10100966）　朱灵艳（10100972）　江盼盼（10101036）
王　玙（10101042）　袁易卿（10101049）　朱辰薇（10101081）　孙昱洁（10101129）　咸金彤（10101131）
刘　飞（10101162）　朱明君（10101183）

艺术设计与传媒学院（10 人）

* 程　晟（10103689）* 潘逸青（10103738）* 刘翔宇（10103743）* 朱润秋（10103782）* 杜佳佳（10103867）
* 贾　媛（10103868）

夏　芳（10103710）　刘闻天（10103711）　栾文杰（10103805）　黄新然（10103831）

外国语学院（10 人）

* 陈高雅（10090832）* 贺亚茹（10102787）* 张天融（10102823）* 孙雅平（10102827）* 顾逸舟（10102846）
* 李珊妮（10102879）* 朱　卉（10102882）

潘如垒（10101139）　平叶美（10102776）　沈加琦（10102868）

法学院（5 人）

* 邱靖涵（10100163）* 庞　慧（10100167）* 李小川（10100189）* 吴　江（10100202）

孔一丁（10100200）

中德工学院（9 人）

*任驰骋（10102900）*吴　炀（10102901）*李心倩（10102938）*陆丹捷（10102940）施俊杰（10102914）
张一轩（10102939）李显阳（10102950）陈唯尔（10102956）陈书捷（10102958）

体育科学与工程学院（3 人）

*沈雅雯（10102989）*李海伦（10102993）黄红媛（10102992）

（研究生 193 人）

化工学院（27 人）

*王振元（010110033）*张平允（010110056）*张加嬴（020090079）*胡佳玮（030110853）*任　冲（030110886）
*仙明明（030110909）*徐　攀（030110912）*叶怡婷（030110926）*于铭珏（030110928）*黄克松（030110972）
*田　影（030111014）*仪得志（030111040）*侯宇辉（030111249）*温　馨（030111261）*朱颖铭（030111282）
*连迎迎（045110129）余四龙（030110929）曹蓓蓓（030110953）常小瑞（030110956）韩旭燕（030110968）
蒲江龙（030111002）余玄机（030111043）李青青（030111252）陈　曦（045110120）李梦晨（045110127）
闫成硕（045110142）杨　涛（045110143）

生物工程学院（13 人）

*侯代松（010110041）*张　畅（020090023）*孟凡举（030110368）*魏子涵（030110377）*张　萍（030110386）
*付　鹏（030111070）*黄　磊（030111076）*周　洋（030111356）*高　阳（045110207）*于翠媛（045110220）
赵运霞（030111299）陈芳芳（030111347）于文滔（030111355）

信息科学与工程学院（15 人）

*胡　益（020080092）*杨玉珍（020080101）*陈建民（020090062）*高　冲（020090064）*吴慧文（030110718）
*方永锋（030110730）*祁学文（030110764）*沈彦超（030110767）*崔　晨（045110069）*殷腾飞（045110110）
高　敏（030110731）潘红芳（030110761）袁程强（030110790）赵雅昕（030110828）邱铭杰（045110063）

材料科学与工程学院（22 人）

*邢　军（010110027）*金军江（020090035）*沈建华（020090037）*孙士元（020090038）*陈梦莉（030110301）
*黄文娴（030110492）*王　鸿（030110546）*张　祺（030110583）*陆甦晖（045110034）*吴　凯（045110039）
陈明锋（010110017）吴　龙（010110025）庄泽亮（020080067）李云峰（020090036）霍娜丽（030110303）
卜扬帆（030110454）程　玲（030110462）何　帅（030110485）孟利良（030110522）沈佳丽（030110532）
毛纵文（045110035）唐梁吉（045110037）

化学与分子工程学院（25 人）

*张文进（020090006）*应佚伦（020090007）*丁彩霞（020090096）*王健健（020090106）*洪周琴（030110213）
*杨晓慧（030110228）*崔春晓（030110237）*宋上飞（030110254）*周　浩（030110271）*陈丽媛（030111132）

＊寇学振（030111145）＊王婷婷（030111162）＊王熙博（030111163） 渠陆陆（010110007） 李永玺（020090045）
田程程（020090105） 马 浩（030110219） 周 慧（030110232） 汪 潇（030110258） 张毅吉（030110331）
陈 峰（030111129） 董 伟（030111136） 李秀爱（030111149） 王安寅（030111303） 王 楠（045110180）

机械与动力工程学院（20人）

＊贾云飞（010100042）＊杨 杰（010110122）＊任衍伦（030110529）＊杨金龙（030110644）＊黄 聪（030110661）
＊钱泰磊（030110685）＊吴瑞豪（030110693）＊徐 靓（030110696）＊喻 灿（030110700）＊张恩勇（030110701）
＊徐 艳（045110054） 温建锋（010100060） 王姣姣（010110023） 谈建平（020080083） 许金沙（020080085）
黄炜斌（030110414） 楚文斌（030110430） 孙 权（030110441） 陈小娜（030110458） 周迎年（030111270）

资源与环境工程学院（11人）

＊顾小钢（020090128）＊黄国峰（030110619） 马 忠（030110880）＊李善玲（030110984）＊王 丹（030111332）
田秀山（010110146） 童柯锋（020090076） 卢变芳（030110622） 陈希飞（030111307） 冯 玲（030111310）
王 远（030111335）

商学院（14人）

＊朱仰宾（030110013）＊索园园（030110021）＊王艺璇（030111426）＊袁 婷（030111465）＊江浴阳（052120001）
＊陈宇馨（055120002）＊黎炳宏（055120015） 郑荣信（030110012） 谢 韵（030111429） 刘鹏程（030111440）
王达明（030111461） 龚雨齐（052110001） 唐 萌（055120032） 赵纪青（055120050）

马克思主义学院（2人）

＊谢凯飞（030110060） 张月林（030110092）

社会与公共管理学院（9人）

＊贾梦宇（030110066）＊常慧玲（030111474）＊刘永亮（030111477）＊马万万（030111496）＊杨 超（049110012）
范辰辉（030110063） 胡忠超（030111492） 季正琦（030111506） 张雪峰（049110018）

外国语学院（2人）

＊赵 晨（030110130） 薛晓娟（030110126）

艺术设计与传媒学院（5人）

＊沈 博（030110146）＊于潇祎（030110156）＊李卓然（045110194） 程相鸣（030110133） 汪文娟（030110149）

体育科学与工程学院（3人）

＊赵洁琼（030110106） 景 雪（030110097） 张 婵（030110104）

药学院（16人）

＊盛骞莹（010110052）＊张泉娟（010110064）＊江健安（010110177）＊陆思源（010110188）＊吴海波（020090112）
＊吴文彬（020090113）＊沈 克（020090139）＊陆俊筑（045110176） 刘 鹏（010110192） 章 强（020090114）

张文耀（020090119） 李　蹊（020090137） 付　丹（030111208） 肖　娟（030111224） 沈娇宁（030111380）
赵　雪（030111406）

理学院（4人）

*张楠楠（030110183） 季鑫龙（030110162） 张笑杉（030110173） 王星衍（030110182）

法学院（4人）

*戴国印（048110001）*柯晓锋（048110003） 郑永捷（030110047） 周　舟（030110048）

高等教育研究所（1人）

张平平（030111489）

注：姓名前打“*”号的学生同时被评为“上海市优秀毕业生”。

15. 2012—2013学年度荣誉学生名单

化工学院

一等奖

聂元清　胡云鹏　汤嘉煜　姚晨炜　曾　行　张　程　黄宇轩　宋光涛　马　晗　周海斌　李　潇　刘齐兴
刘　甜　张一颖　张　鹤　张　爽　王一莹　郭　幸　赵　旭　丁　鹏　李欣怡　欧海鹏　殷海波　张　涛
吴书凡　张欣然　钟　静　徐玄之　陈启荣　张冬梅　杨文宇　严世伟　张　琴　张晓露　赵媛媛　朱琳洋子
彭颖娟　舒昊生　曲冬蕾　田　梦　强　薇　周至愚　文　力　李慧敏　周文娟　杨　楠　王　昊　王　刚
胡梦菲　崔鸿劼　雷　菲　鞠庆庆　邓　涛　沈敏杰　辜韵陶　赵　阳　朱　林　陈弋翀　闫佳琪　林梦星
吴雨航　李怡诺　王一冰　施镇方　徐龙宇　钟玉洁　黄本清　杜俊杰　邵洁玲　秦　炜　赵伟杰　熊亮亮
高佳明　周夏青　朱　峰　张文矜　朴海男　张美佳　王新鑫　何桂春　陈晓韩　薛双湄　刘履杰　李允升

二等奖

杨实润　蒋冠辰　董瑞琦　潘伟杰　董利荣　李晓奇　王宝娟　易雪峰　黄雁城　钟松延　盛依依　李晓辉
李向俊　金瑜卓　祁文强　励沈劢尚　陈丽姝　李祥祥　周梅芳　秦　雯　徐海东　邹芳蓉　万　晶　翟一鸣
汤　杰　徐　越　朱夏杰　聂淑慧　金　庸　边　超　崔　筝　冯伊美　王林涧　戚如梦　马亚萍　陈逸璇
熊家培　陈兆轩　陈　杰　耿晨曦　王梁元　蒋泽文　杨天慧　钟文婧　朱容梅　霍珍珍　谭慧玲　刘文强
刘冠豪　邱　洁　王静文　周　霞　沈佳颖　杜　力　谢曙光　杨　烨　金逸凡　黄克骄　朱诗尧　宋超波
林　山　顾晴怡　范若兰　胡聪玲　张少斌　盛　斌　张　佳　徐伟娜　郑而近　冯　淼　陆　凯　刘路易
姚　翀　朱圣捷　张昳馨　刘景曼　张晓煜　吴婉莹　刘凯隆　廖　洋　涂明洁　姚红杰　陈　俊　王慧慧
陈沁媛　罗　亮　李海强　宗泽钢　阮嵩钜　孙忠涛　张　衡　赵　璇　潘晓艺　姚鸿俊　司　迁　谢怀谷

王丹阳 胡旭涛 汤焱强 黄荐 傅文钊 王露 王哲禹 金荷浴 李文昊 郑翔睿 王文璞 杨华裕
张颖 刘雪芳 丁豆豆 刘赟 洪成 赵倩文 蓝程程 涂雨潇 赵凌 李亦儒 陈俊霖 邓逸俊
郭家森 王妙 吕伟光 肖长勇 王芊 富岱奇 徐磊 李宇婷 陈佳雯 王惠霖 刘钰 张雅琴

三等奖

刘君哲 饶伟瀚 沈煜钧 王恺希 向苇凯 张荣 朱海侨 张博 王安琪 于冬云 郑忆南 周艺涵
束铭杰 王宇翔 徐佳煜 刘莉 林裕婧 李晓敏 张馨月 韩迪火 洪历 胡天益 杨晓东 杨泽奇
赵益帆 王玉烨 王钧月 王红柳 杨文范 陶佳波 吴俊昇 史航 赵雨清 韩黛黛 李康玉 马千里
张容祎 陈文浩 王浩楠 吴晓刚 孙梦瑶 张文博 李春雨 潘敏 左淯 林勇刚 孙红泉 沈韵
赵婷慧 李欢 邢蓝吁 张凯 黄翌聪 姜炜 乔婧 肖麒桐 薛晓鹏 江慧雄 段绍君 马越
祁震宇 毛冠华 倪睿 杨珂 智璐 韦智 李响 施烁思 王涛 彭景 赵婧 张新望
唐瑞鹏 王金强 李碧 赵越 潘鸣飞 秦世远 叶智双 徐兴妍 邓琳 黄勤亭 方伟峰 王延
袁彬博 赵凯伟 周志浩 张健 马天一 缪鹿鸣 罗力 汪荷苏 洪屹 金志恒 李盛林 宋雷
王嵘 毛凯 俞洋 刘拓 冯宇壮 施文祺 龚旻 吴缺 张胡货 盛晨 陆蓉蓉 蒋寰
孙思纯 任杰 李万钧 梁小丽 李彬 吴裕凡 陈宵 黄冬雪 马梅花 李坤 黄智 何幻宸
杨宜山 张嘉恒 潘佳浩 周仕 张鹏 王昕 卓威 孙杨 朱敏 崔子仙 康颖 蔡珉
申士 张一恒 焦艳波 屠家铭 刘文婧 邝俊杰 张晶 周德越 张致远 冯博钊 姚炜屹 牟高家
亓鲁城 胡阳 郭子微 刘绘吟 车轶菲 徐卉 张伊龙 谢博远 曹鹏超 聂畅 王淇 姚林杰
余锐 周伟 李登稳 牛霄峰 王煦坤 刘晨旭 刘乐平 信茜 罗聪 钟玲 龚正阳 宁倩玉
谈书航 付智楠 韩舜勋 杨青松 黄弘伊 陈吉群 来蕾 瞿晓敏 孙天舒 吴元波 李园义 朱帅帅
陈海龙 袁勇 徐浩川 黄兰 罗萌 张梦亚 武星昱 陈英春 焦阳 张子昊 胡磊 王怿兴
宗睿 孙优军 林言午 韩顺智 杨荷心 胡雪莹 朱文韬 苏华 贺耀 施洪亮 唐湖栋 陆钱磊
施尧 刘伟志 汤斌辉 朱凌志 吴嘉雯 任丹妮 钟夏昕 林超 邢雷 苏保川 韩华哲 潘燕凯
汪璟瓅 李璐 张可怡 萨黑拉·努尔恰利甫

生物工程学院

一等奖

李洋 刘思羽 陈冰怡 康雅劲 张若兰 冉珊 刘鹏 盖舒 胡非子 温莹 徐沁 朱巧云
杨泽宇 胡颂华 娄颖 李晓丹 姚丰 李晨阳 陈依珂 王娇婕 刘玥 白莉莉 吴琳 王丹丽
张丽雯 褚国庆 李承玲 曾欣韵 赵迎佳 陈瑾轩 陈倩 方钰明 李鑫 孙冰瑶 黄晗 王莹
肖旭 蒋家窕 池妙伦 刘宁 刘治钧 樊悦 赵雷 彭璜 黎穗子 陈佳祎

二等奖

纪刚 谢泽群 许林 郑咏心 徐瑶 叶倩 孙小越 聂玮莹 费吉兰 毛俏俏 何晴 何慧丹

姜琳 王宇平 闫宇华 尤佳怡 朱荻 任燕娜 莫雪君 孙文 张翔 聂嘉睿 王剑帆 陈倩倩

李成 张怡 董思好 王丽礼 何芳 苏诗尧 周赟洁 王成豪 刘雨佳 师晓娜 谢晔 益钧

曹逸璇 聂明月 王慧 陈雯 冀露 李凤 徐泽菲 温瑾瑞 郭玮玮 刘功全 刘春兰 滕一

刘广辉 吕远洋 王瑞达 陈璋瑜 马铭悦 朱小愚 李桂桃 张珂 李苒 刘崇阳 陆栋栋 翁佐琳

张嘉雯 白晨晓 许越峰 叶泽宇 姜奕文 石明丽 牛慧洁 宋文静 丰艳萍

三等奖

蔡睿凤 陆颖 孔沛筠 季鲁章 何玮 陶姝宇 陈泊宇 张建军 杨健 李超鹏 卢健凯 刘欣宇

蔡志豪 朱金元 包丽蒙 郑鑫 陈蕾 龚青云 李思 赵磊 邢子豪 毕艾薇 韩梦珂 秦乾一

沈尧 郑转 马培强 黄武强 黄灿 马婷婷 周梦云 陶安琪 李娜 归厚泽 王诣天 张贺

钟林 卢鹏翔 李亦婷 杨晓庆 刘智靖 刘雅凡 王淑芸 张馨予 梁恬然 龚光仪 蔡汶羽 周琰

吴俊杰 汤奇龙 毕安琪 龚子祯 周福珍 谢红 吴雪 赵晓玲 王莹菲 李圣晅 王焱 蔡佳程

蔡久宜 蒋成 潘燊 曾海南 赵晨旭 金慈 孙琦皓 张艳敏 高营营 胡倩倩 于海园 程成

彭强强 金雪 来聪 倪旎 沈旖婷 徐遇 王雪涛 杨东明 郭小梅 马佳宝 李雨欣 欧珏平

魏薇 王超勇 邹缘缘 李颖 潘婵婵 乔丽佳 万方 谢旻诗 张奕吉 胡昌辉 纪德强 李晟

彭俊杰 李祯 安西森 刘晓骏 徐轶钦 李昭晰 游佳琪 孙子荀 伍娟 黄泽海 丁明世 黄德彬

景望达 李一珩 陈海东 眭勇 张强 邢威强

化学与分子工程学院

一等奖

顾青雯 崔莉莉 王欢 李耿勰 张一然 汪洁 王津 李俏颖 马蕾 唐国平 姚朝怡 柳莹

张健 李鹏华 黄俊霖 赵群超 王玉奉 晏永超 魏晓燕 张超 毛羽 宋金星 彭婧莹 邓媛昕

孙娜 黄国畅 黄洋 牛亚鹏 刘佳鑫 丁俊杰 宋晓增 阮文静 江玥曈 刘钰清 邵顺杰 胡震东

肖瑞丽 朱乔虹 杨虹 詹妮 孔梦涯 陈碧婷 陈泽青 张超 韩明月 陈雯雯 郑祺 张朔

李娜 毛力旦·乌木力哈森木

二等奖

付伟 徐梁 齐海峰 田项宇 卢凡 张威 张申平 浦征宇 江辉云 王舒婷 王玺 林瑶

伊秋颖 邵笑飞 张润赟 高丹 阮珮婷 黄丽敏 张飞宇 邢维龙 黄迪 崔荣浩 刘鹏飞 田正豪

赵郑宇 贺隆福 夏亚浩 许平 陈麒舟 史焕达 姚舜 陈洁琼 黄想容 薛源 陈婕 李二鹏

苏光县 薛玉峰 江振颖 桑情妮 崔珂 李鸣祺 吴梦琪 张昊东 王男 胡小龙 顾梁宇 张紫优

丁浩然 屈浩然 李思奇 许博文 高霄晖 吴 健 刘智勇 姜宏涛 侯嘉祺 肖 潮 赵雅梦 俞 宙
王美玲 张 维 刘 明 黄 冲 袁 媛 任红鑫 周雪莹 胡 静 张 婷 姜彤彤 黄晓博 黄贤智
杨 杰 石永凯 乔 琳 高天怡

三等奖

路小清 蒋兰兰 徐嘉杰 刘晨晨 俞崎文 吴步堤 施马凯 汪 炜 程 远 阳秉昌 童 弢 孙 伟
王超超 朱宇辰 杨国梁 仲慧忞 邢 纯 刘 婧 傅骏豪 李 龙 高成龙 陈 峰 陈 帆 张雅婷
阮胜利 施利江 张 琦 王贻宁 张启慧 赵文佳 万 幸 冯 飞 梁俊龙 马晓东 顾晓峰 宋文轩
丁云轩 明 伟 李小萌 薛 晨 王 雪 孙 苏 李 腾 陈 婧 杨昭义 徐弋凯 韩 峰 张婧玉
梁伊沛 王 函 沈海峰 陈 静 王璐晟 杨立朋 白若冰 侯晨曦 李 赫 李 帅 张祉轩 雷 彬
顾敏超 康 璐 谢晓旭 帅 洁 陆毅坚 倪孝挺 王丽丹 王 伟 王晓云 吕嘉乐 贺雨晨 郑 重
余晓玲 程心怡 马小珠 蒲晨露 金桐宇 胡景庭 吴仕群 叶子纬 朱凤强 朱文浩 蔡璐遥 佘洁媚
靳 硕 吴 雷 王雅倩 王逢泽 李 俊 姬子轩 陈 晶 朱秋辉 唐 波 卫 征 柳 瑞 康 琳
刘宇琪 谷 玉 乔婉秋 孟 颖 梁晓园 刘小玉

药学院

一等奖

李晓雯 吉如琼 方志军 夏张悦怿 朱嘉惠 李梦园 王婧媛 王 静 叶远兰 申晨晨 方佳艳 赵卓慧
赵美琪 王晓星 胡燕玲 王秋华 左倩颖 周丽婷 赵瀚宇 朱皖凌 左方婷 刘傲霞 王雪琳 黄蒙恩
朱嗣文 周苗苗 王小玉 钱 超 李爱芸 徐可人 徐超意 亓莹雪 徐 迟

二等奖

魏汉文 潘 潇 黄夏钦 吴艳芳 朱忞仪 陈 岩 蒋晨旻 徐媚媚 梁晨雪 朱可欣 沈 鹏 施 昶
纪 憨 毛 宇 杨叶平 苏海霞 张 良 东多凌 张皓然 安 槿 罗 婧 于 玲 陈宇菲 程召敏
冯 晨 符惠楠 王一媛 杨天骄 何云超 惠嘉贇 张梦婷 王菲儿 沈金晶 孙佳佳 葛松兰 彭茹洁
戴卓舜 周 珍 李明璐 刘鹏建 代天资 狄佩雯 杜 青 苏志骁 吴 杨 蔡文斌 周艳婷 陆逸菲
马晓莹 陈 宁 沈雪晴 赵莉莉

三等奖

丁敏仪 刘馨璐 黄靖博 金彤霞 周必键 丛 箐 费 笑 姜佳骝 俞佩姗 魏兵惠 何 萍 张兰心
阮诗怡 蔡 星 朱 易 浦 婕 张思奇 章志皓 张婧妍 王 慧 徐 想 胡 倩 庄丽琴 郭繁凝
李柯佳 柯玲娜 桑佳乐 徐利江 陈 彬 李 强 韩少杰 吴嘉杰 张世玮 陶 源 刘远儒 张亦弛
刘成林 张 鹏 居 炜 张 勇 邢立浩 黄海飞 姜文俊 刘泽慧 邹佳彤 李倩男 王婉琦 许箫韵
谷旭晗 许彩红 刘叶敏 崔 琳 刘志宾 胡龙龙 王朝丹 黄婉娜 成 悦 陈佳意 洪含辉 王 昊

丁子然　潘继凯　陈　琦　刘乐涛　王心悦　柴苗苗　施　云　赵雪妹　顾绮雯　贾　蕾　孙琦洋　崔艳玲
李　洁　任　超　郭　赛　张巧丹　王　凯　朱久洋　陈枯娜　何菲菲　于　洋　胡晓宇　陈雨蓉　方思聪
丁向峰　张　健　张　浩　葛威涛

材料科学与工程学院

一等奖

余晨晨　张诗琪　肖　鑫　金　霄　雷　淼　巨佩雯　恭密蓉　李清璠　陈　灵　赵淑楠　储中琴　汪嘉伟
杨　宁　殷立强　童艳萍　吴　曦　宫梓皓　王晓敏　鲍戮克　王心怡　王婧琳　陆　辉　王　戎　强艺玮
李一晗　冯楚莹　李　蕊　易健安　张启源　胡兴龙　姚　欣　宗孟静子　张雅娟　孟祥玮　曹立奇　范亚蕾
姜广宇　赵雁军　王　鑫　陈诗韵　刘一丹　单佳文　张延铟　靳　琦　孙　建　黄添华　王晓腾

二等奖

尚　鹏　是长江　杜　茗　李天彧　许庆凯　李保君　李君兰　潘塬中　徐悦莹　许轲韩　张俊勇　李　奥
汤莉娟　孙欣瑜　孟　昭　潘圣阳　吴　攀　薛健民　洪　卫　虞志成　苏　凌　邹志强　陈　晨　李　洁
范　勇　王　权　马思超　潘　剑　陈　旭　王艺蓓　贾聪圃　龚　鸣　吴卓鹏　李世正　杨鹏飞　梁瑞劼
李　磊　陈佳青　吴　蕾　吴　蓉　肖梦玲　包喆赟　罗雪莉　董玉茹　林静宜　刘子强　张承岩　何　健
林泽青　童晶晶　周乐瑶　周启航　周恩斌　颜　浩　聂静文　田　晨　丁宇静　张　彤　徐　润　吴嘉诚
姚威宇　高　佳　王晓熙　伍自涵　张天宇　郭海峰　蔡卓昀　潘冀佳　张馨予　孙丽丽　刘桂芳　王雅琪
梅师奇　熊娇阳　王　珏　苏亚博　谢颖美　李　帅　苟敏涛　王　洋　邹景强　赵　普　乔馨影　李　可
马　越　路璟怡　王圣琪　朱景润　徐　力　王　涛　刘育辰　励　琰　薛晨婷　刘　丽　张宋奇　吴萍萍
吴萍萍　李保康　陈作威　葛思睿　李明晓

三等奖

徐　蔚　雷　雨　李　传　白　宇　王浩秋　郁林烽　殷婉婷　谭宏发　郑晓清　杨静怡　黄俊杰　闫　冰
马满平　李一凡　郑文怡　翁宇红　陈　晨　李淑彪　王宇韬　张　琦　高亮亮　王卓群　刘　诚　李宗亮
王海军　杨佳骥　边仲轩　查凯文　夏云洁　张锦程　张　政　邢若豪　米易晓　方洁琼　项沈峰　周斯旸
李雨澳　刘　洲　王申春　刘丰洋　王茹文　孙婧怡　王　晴　付　强　徐榕城　王　懿　郭海涛　刘翔宇
方建鹏　方明远　朱天溥　胡　航　李嘉慧　金循礼　胡逸伦　张先龙　陈心驹　宗圣毅　杨赛杰　陈　闻
吴　广　赵清宇　汪怡俊　李士阳　曾佳宇　贾　帝　潘　珊　张磊（女）　魏　鑫　张文生　张磊（男）　许艺强
张　浩　程智伟　王佳禹　田　甜　金辰辰　张宇萌　陈梅春　金锡雄　师　帅　孙　磊　李　晨　王　聪
陶余超　高艺博　张浩轩　祝尔雅　黄　楠　刘祎楠　姚珊珊　印海伟　浦家俊　潘东杰　吴文兵　蔡乔松
胡莎妮　吕文超　寇文娟　张乐臻　黄灿阳　何　池　许云汉　常铃雪　宋　爽　马　静　张志豪　陈　婧
陈佳云　马伯男　花翘楚　陈　洁　赵　莉　李晨非　林　鑫　钱正华　傅　尧　黄　宸　楚　明　文联磊

季宇阳 庆帅 高正宇 王瑜 贾逸轩 王照闯 冯诚 韩思杰 魏震 王佳 周详 曹佳豪
范俊杰 成建沣 张杰 柳周洋 檀庭显 许祥鸿 吴金雕 丁艳玲 顾丽娜 曹诗雨 何诗羽 肖圣东
谢富炎 汪凯风 李玮瑶 俞佳灵 李修函 张禹康 张志斌 杨柳青 孟璐 刘宇轩 周佳宸 王多金
韩阳阳 郑浩 刘彦迪 陈锦明 罗传鹏 黄俊皓 李政宏 梁达 潘伟童 顾浩 夏明鹏 叶文青

信息科学与工程学院

一等奖

沈一超 王恩龙 蒋昕祎 高天禹 王林 赵帅 姚黎婷 何世明 金宇辉 许瑜飞 陈志高 刘宇豪
吴慧鹏 李倩倩 郎子钰 蒋立沫 吴文龙 张湛 凤伟 高小阳 凌晨 马腾 高婷 施鸿裕

二等奖

方磊 孙雅丽 陆源源 范嘉杰 彭清 杨浩 赵博 王宇鑫 付广智 江志坚 李福沛 施孙阳
宋良轩 孙焱 王南 蔡琪 张玉敏 徐建伟 张飞 李孟泽 胡栋 王未 曾祥芳 夏宇航
戴笠 戴道兵 方之家 边晓晖 陆博文 何超 方旭 韩松伯 陈航璐 潘启望 解峰 王涛
卓硕 包垚垚 纪彦竹 李中豪 梁博 马彦超 王君平 袁东昇 郑锦泉 李竹心 凌语 张玮雯
梅建国 寿天泽 孙伟 孙晓彬 杨泽域 张一鸣 戴哲恒 干伟儿 高笑晨 郭鹏 何睿博 季楠
李志超 潘善照 彭凯欣 汪磊 周水峰 马圣 王祺 魏天舒 翟洪毅 刘邺超 孟伟强 逄淑怡
顾冰鑫 曹真 来佳 李紫薇 郑文博 陈嘉豪 侯启桐 李明雨 罗成 张旭 陈旭东 顾王欢
沈健 唐志成 王思明 丁培丽 房体航

三等奖

吕悦 张晏菱 周洋 汪恺 李兴磊 王强 甘晨晖 李懋 肖志祥 霍燃 卞小磊 许多
王伟 汪楚 韩松 陆松阳 孙铭骏 钱杭炳 王宏 袁鸣青 许彧章 阎嘉迪 胡旭鸣 林超
李梦遥 林雨培 刘如辉 刘诗雨 尚新鹏 唐佳炜 王军安 周敏 朱磊 曾庆超 秦敏 王晓鹏
杨一杉 赵耀普 程熙 陆经纬 王凯鑫 韩东 陈浩轩 张妍 孙程琳 金易中 黄浩炜 胡禛妮
郑梦 刘可达 赵丽媛 张仁杰 杨一帆 徐硕 陈荣 李力田 赵婷婷 白思晴 全春英 张翊婷
胡伟乐 李一斌 高仑钧 李凯 刘智超 文豪 杨碧云 封晓帆 蒋瑞 余天哲 周毅 叶德贤
秦雨辰 郑兵兵 殷蘖均 杜朝晖 黄键 潘玉雯 苏秋奕 王宁 于健博 张爽 焦健飞 刘津羽
谭锦黎 郝诗源 董云霞 郭妙吉 刘慧颖 曹志宇 甘芸芸 童奕玮 何炜 陆晶晶 吴晓虹 张剑超
范常浩 龚玮琛 李鹏 石海涛 唐坤 张光忠 郑烁 蔡斯佳 陈霜叶 葛昊政 黄海东 李标
凌斌 吴鹏华 姚达琛 刘思骏 杨正浩 余波 陈柏君 邓存彬 樊振 李博文 申忱 谈询滔
王兢业 王珏 王威 王艳 严睿红 梅杞林 吴安琪 陈磊 陈立皇 郭亦凡 熊凯琳 杨心凯
诸葛晶晶 马文茜 王烨丹

机械与动力工程学院

一等奖

胡余文　王宗磊　钟耀坤　秦晓娜　苟巍然　范竞存　蒋友炜　徐新博　范芳怡　徐方文　赖婉瑜　钟　豪
代晓萌　纪一丹　张少儒　马幸申　吕荣安　王　笛　方　正　尹天力　刘　倩　何柳丰　赵秋姗　顾晓琳
王家兴　叶程霖　杨　涵　丁　楠　查媛媛　李晓玉　范　朔　朱佳蕙　杨佳琦　刘光辉　张陈宝　陆天阳
陈真儒　林姝妹　晏希赟　史　浩　孙晓帆　蔡伟杰　姜　朔　涂维轼　武梦丹　岑冠男　刘诗怡

二等奖

莫松海　周海鹏　欧阳其　段　策　贺克宝　王大伟　王思亭　钟　蔚　王晨阳　俞菲菲　范　智　焦　鹏
牛田野　贾础豪　殷宇航　武晓晖　姜金宁　黎申兴　史雨晴　付明雪　刘忠慧　黄继波　何　诚　任　远
张岳宏　王雅莉　张远松　杜碧晓　屠珊珊　丁　铖　李　钢　沈胄杰　董轶群　何　宇　方　圆　徐　玮
安奕霖　高炳凤　曹家伦　徐亦帅　杨冬林　周　同　薛振锋　庞鲁超　闫智光　陈　杰　谢重远　宋俊凯
张亚林　李梦凡　张　倩　宋林峰　康小虎　张　恒　陈炜健　张　驰　曹鹏飞　杨振威　唐子腾　丁　强
胡家豪　彭邱鹏　张渊博　朱星宇　王　博　翟红章　李　璨　谭晓敏　严江慧　杨梦红　崔维军　封万俊
宋伟颉　杨　康　罗承强　夏齐炜　许叶龙　王子博　陆英栋　余婷婷　段鹏洋　于　悦　金陈玲　李　强
崔建鹏　刘俊岚　陈梓轩　陈兴宏　程隽逸　杨文浩　韩　敏　吕佳慧　陈　莹　杨建华　李　欢　唐　霞
陈升泰

三等奖

甄　妮　吴　锐　林雨航　葛　敏　张　慧　王园勇　张　珂　吴伟峰　庞雨南　吴潇潇　陈　翔　方乙琳
刘怡璇　鲁　瑀　杨　焘　孙　航　张伟昌　竺嘉斌　李素行　尤厚丰　房忠秋　李天宇　刘　勇　刘子龙
叶　骠　吴　浩　胡倍超　单春华　官良鹏　徐聂伟　杨　琼　张　颖　程　朦　薛慧伶　金　鑫　林晓芳
刘　敏　马名骓　王　昊　陈　松　赵宇琪　常玉龙　李　霜　郭林灵　王卓然　向嘉晟　秦思源　熊志威
叶海鹏　朱娅婕　叶幸裕　林　丹　宋　怡　闫公哲　吴沛沛　张路峰　卢享往　吴正鹏　张其浩　张英强
晁利明　郭珊珊　赵强祥　张玉龙　张乔生　夏天杰　张　超　金正洋　王稼民　邹成明　郭　彤　吴志祥
李小龙　潘新柯　宁　波　汪　力　马　毅　李　涛　管文超　王艺斐　逄　达　张柯尔　顾永贤　陈龙龙
周志楠　苏忆敏　杨晨阳　杨　杰　朱余科　王松林　危柯宇　魏家源　周　慧　王晓霞　袁艺函　高　扬
容　凯　吕栋炜　刘　怡　胡靖东　蔡理韬　刘惠丽　崔　欣　乔　云　傅　伟　向　伟　赵　洋　陈国宁
许弘杰　刘晓龙　张瑞环　梁　雨　张煜晨　余沁智　郑焕君　庄博安　吕东原　吴　昊　顾翔宇　刘玉琪
干丽凤　朱依娇　刘小雨　许柳青　杨蕊萌　陈哲智　牟宇恒　薛家云　杨嘉源　朱成成　燕天奇　李帅帅
向　鹏　陈思媛　张烨清　韩博舟　蒋富良　马圣源　陈　鑫　叶跃煌　许佳平　刘长城　夏弘宇　陈冬平
郭虹伯　肖博文　张安鹏　张凯彦　舒红秀　付文谦　赖燊楠　王　云　樊旭颖　王中宇　贾皓翔　陈新华

杨兰岚　王越来　宋子叶　张沈炜　许占清　郭毅斐　何一昊　路　笑　包　潜　陈　亮　杨　刚　岳　蕾
陈道臻　黄洪赛　薛进前　齐显鹏　孙文杰　郝　杰　闻　健　李腾飞　马宝圆　宁宁宁　姜　滔　于至孚
毕伯威　刘　炼

资源与环境工程学院

一等奖

应佩桦　赵瑶瑶　王　青　张　芃　苏柳花　钱婵娟　李佳怿　姜文超　陈　立　梁雪珂　朱诗杰　卫俊涛
李光源　高　瑞　陈　静　刘婷婷

二等奖

胡憧憬　张志丰　孙　青　李开坤　赵润泽　吴兆伟　陈立丰　朱婉琳　豆盼盼　张元恺　杨少鹏　徐铭杰
冯　茜　张维玮　杨致远　孙运筑　李婷婷　董文娜　陈梦帆　康晓蕾　张　斌　银梦思　王蓓辰　李旖文

三等奖

马奔腾　李亚珍　崔　巍　蔡力伟　鲍文杰　朱毅敏　掌　乐　孙嘉琦　沈　棒　陆王滔　焦　杨　陈哲宇
郑剑锋　张艺玮　晏　驰　田地心　莫鹏麒　孟　智　陆旖旎　黄蕾熹　顾鑫生　葛　靖　邓桦松　陈潇玲
柏　舸　周昕彦　周　潇　唐川翔　吕维佳　龙　贝　蒋　文　黄昌衍　白向玲　杨易韬　颜平平　向志远
奚瑞丰　张一帆　张志峰　张经纬　王依滢　王　扬　孟德喜　刘定超　刘博文　常清华　张　强　吴炜城
倪亦尘　孟　凯　刘雪平　李　森　陈　亮　曹长健　周星月　袁海峰　迪力努尔·巴合提江

理学院

一等奖

许晨杰　楼　锋　郑英达　于东康　汪利平　彭　俊　李　浩　唐灵逸　张希羽　吴　敏　李弗贝　张　岚
柏　文　许文龙　顾佳妮　王　欢　陈诚诚　张　婷　姚梦秋　郁顺昌　孙　冰　杨顺华　时　倩　章欣骅
曹昕然　张　爽　张彤蕾　周励诚　陈炳月　刘　畅　张笑天　周逸龙　辛　悦　朱弘璋　蒋鸣鹤　季春丽
瞿菁晶　邓奥林

二等奖

由　玉　张方波　解江涛　王陈玲　王雅贤　丁　樊　石珂恺　刘华清　徐晓俊　孟　硕　吴远旺　程培鑫
施佳亮　胡　冲　董　琳　张　肖　董　超　徐嘉辉　郭洋宏　吴婉婷　王文浩　王　尧　王智颖　杨　天
戴祖坤　岳　鹏　张慧雯　朱资鹏　吴　婧　傅巧巧　钟咸伟　茅　顿　卫炳铄　郭晓铮　周　翌　刘钰涵
郑佳宁　陆　雁　陶恒睿　唐　俊　徐　浩　马启玮　施云颖

三等奖

梁千柱　肖临峰　马玲莉　钟　华　杨明威　程　鹏　孟笑宇　陈　成　王　辉　徐　缙　刘洪朱　王　金
张　涛　李圣鑫　诸震宇　宫天琪　舒　研　费知行　李雪景　张敏杰　吴比乐　徐力扬　庞景隆　童将来

周晓君 周晓宇 左兆宇 王志文 潘　飞 周鹏程 戎伟峰 丁　毅 曹斯铭 张亚男 孔维鲁 华磊杰
李海琳 徐西华 陆　勍 张沁仪 孟德彬 丁则鹏 龚乐诚 马禹成 吴丹丹 冯京驰 李文博 付伟航
薛　平 卢旭旭 程　昱 邹　鹏

商学院

一等奖

陆　佳 柳丽香 龙　瑗 彭　璟 宋高兰 周　娜 李　爽 李亚楠 李忆贤 后玉成 陈　花 孔漠阳
吕思馨 穆佩琼 牛晓荃 张　霞 戚铭铭 卫珈其 俞丽娟 任新恬 李　帆 梅怡然 李瑞婷 陈嘉琳
陈　洁 贾凯慧 潘　雪 陈　星 吕依琳 赵晔璇 褚国庆 张　尧 洪迎佳 马菁清 洪　歌 綦雨薇
王安琪 马俊超 陈俞飞 张　欣 贺钰偲 万碧莹 叶颖超 张艺琼 魏　萌 蒋　玥 苏星泽 徐怡君
张雨露 丁　升 张　璐 崔书航 饶　希 李丛颖 陶　珣 邴兆振 裘祎晨 丁洁扉

二等奖

倪鸿儒 丁　立 韩　旭 黄沁钰 刘义婷 刘永尧 罗　婧 邵羽君 张佳琦 张淑琪 段静静 李雨婷
陆群群 沈　杰 施立文 殷欢欢 刘　璐 陆　捷 王致欣 吴亮涛 刘畅畅 吴　琼 冯绿叶 顾航宇
刘　真 滕淑安 仇赛男 吴莲霞 聂云华 陈烜炯 王竞驰 王亦磊 王　储 沈思瀚 潘佳芸 陈家宜
毕心蕙 刘烨慧 谢卓伟 金　逸 田凯琳 吴曼任 王梦蝶 孙惠艺 吉佩珩 陈天洋 宋志峰 吴国营
钱珺娇 岳婉旭 谭文静 陈　蕾 汪梦琪 叶小同 李家堃 洪梅婷 殷秋仙 王雅群 傅　琳 姚心成
李秋云 姚泽民 朱梦田 张丹阳 冯斯雨 叶　荣 王舒翊 王紫妍 蒋　玉 濮丽娟 唐素凤 王琪瑛
黄逸雪 李　静 张慧颖 宋　扬 周一真 蒋强强 邵燕燕 孔慧玲 陶艺心 任嘉莉 孙　雯 孙斯琪
徐　文 向闽睿 董晨欢 吴　婵 陈亚西 杨腕舒 齐雨薇 郑梦梦 孙婷婷 张　楠

三等奖

杨晨江 李云峰 查思远 梁美代子 沈　毅 唐　佳 田年盛 王　鹏 王晓燕 翁雨苏 赵　也 雷　勉
刘艳玲 王永晟 赵　阳 万　颖 李玉婷 陈逸菲 李贞秀 刘超逸 苏圳峰 张澄东 张明珏 贺婧文
陈昭宇 苏耀武 祝康康 陈心怡 张　媛 王　鹏 汪　璘 温　馨 汪迪扬 李轶伟 成　铭 张　涛
张瑞瑾 薛　晴 刘心悦 施鑫蕊 李　镕 朱依娇 李天佐 陈　顺 王天宇 王　磊 宋日壮 花　蕊
王婷如 刘　宁 张　慧 文青华 魏晓宇 朱家琦 陈飞龙 张茹芸 杨思嘉 郑　正 吴佩绮 徐雅馨
周　瑶 王聪逸 王鲲鹏 郭嘉诚 陈　实 贾　睿 袁奕萍 胡金生 恽辰阳 姚怡俊 李　帅 谢志安
张方宇 于棠子 张　璇 薛天琦 金　真 卓　嘎 王景昱 于　跃 聂　超 冯　骄 王厅厅 严欣怡
潘明天 汪润润 冯顺伟 李　昭 靳　薇 胡桑桑 武虹希 沈旻旭 叶　睿 吴培成 胡郅钰 唐　洁
吴耀杰 汪　聪 周诗韵 余颖莹 孔怡颖

社会与公共管理学院

一等奖

方思唯 吴烁硕 郝　欣 张海萧 杨　辰 张　远 李笑恬 寸夏昕 吴佳蔚 顾唐一奇 万梦娴 陆婵媛
唐　安 邵雪倩 王　岷 胡绥楠 申芷伊 陆　迪 李　根 郑俏萍 陆荷佳 商灵君 郭庆梦 李婷婷
韦　香 唐洁莹 张梦雪 龚怡翎 焦薇伊 顾森森 丁科东 刘江北 秦　西 朱紫荻 王天玉 刘怡宁
崔瀚文

二等奖

王晓燚 胡一玥 帅添天 彭依敏 黄亚琦 吴　夏 贺佳佳 孙　悦 陈秋怡 陶行子 倪卓君 闫柳鸣
吴翌雯 张妍冉 李纯仪 赵　迪 钱旦旦 高菁颖 何　爽 杨　阳 求羽雁 吴怡烨 庄薇怡 江一凡
单　宁 任　伶 赵　静 黄江蓉 翟　松 吕　杰 韩　佳 范文可 刘婧媛 梅　洁 鄢　玥 宋志凌
韦秋林 吴相仪 袁宏波 张宇翾 宋雅文 赵俊毫 刘梦诗 赵妍斐 单超君 王章岑 李思捷 吴岳婷
格格日乐 耿菲菲 王镜新 张耀丹 万琳琳 蒋　玉 漏依凡 吴宗勇 江　姗 斯杨婧 吕园园 沈　燕
李鑫霖 朱　淏 张伊格 金　潇 曹珺然 孙方雯 王　喻 张冬梅 郑若杨 翟　航

三等奖

马　进 胡远媛 黄博琳 周思佳 关含露 潘宇清 刘琪欢 李竺津 邱佳敏 张宁远 吴一凡 是双婷
王　康 顾　群 张松敏 兰檬檬 谭天娇 和育庆 刘倩兮 玉　炫 邹雪仪 王　越 张瑞楠 陈敏媛
王　爽 郁薇薇 丁　宁 周　莹 苏晓阳 赵澍波 徐兰平 次　吉 孙瑞琳 储　进 郁笑倩 陆敏渊
李硕秋 龚怡君 孙雯婷 栾　翊 朱贝贝 张云婷 崔晓磊 黄馨卉 李梦岚 张　弛 仲炜丽 贾　伟
俞维杰 柴佳蕾 金袁圆 张露雯 王自花 夏　玮 张　琰 阿丽娅 缪　丹 龙　源 刘丹丹 沈吴越
张唯园 蒋亚梅 白　鑫 佟晨露 吴　天 江婷婷 恩和斯斯格 郜雨桐 沈佳希 储雯韵 毕鉴颖
陈超逸 沈晓璇 吴德玛 张　毅 陆　乐 孙媛媛 石碧波 马亦丹 热阿孜娅 孙孟冬 杨柳絮 汪　鑫
祝逸阳 高蔚佳 次仁友珍 仇煜琳 韩　叙

艺术设计与传媒学院

一等奖

刘心瑶 吕　静 孙怡婧 王　洽 吴　衍 熊　韬 尹艺荷 王欣婷 陈晓燕 张怡然 魏天弘 杨小倩
温双宇 杨　茗 刘静怡 龚治力 孙夏琳

二等奖

虞丹群 胥　汉 郦　娜 袁怡莲 王　颖 方　园 林姝彤 陈　瑀 郑樟晶 毛　越 李桁茹 蒋楠杰
杨　菲 俞娉娉 徐丽雯 肖　翡 赵璟涵 杜雅琴 李小康 励栋磊 吴燊涛 杨江银 徐志兵 程思羽
杨海凤 吴博闻 王陆丹青 龚若兰 徐　菀 陈　雪 乐涵潇 梁粤晨 曹玉婷 张　琪 杜艳佩 周秀秀

王毓露 王 一 徐欣怡 李鑫锐 陆倩云 施天凤 孙 然 叶丹凤 侯依宁 冯歆怡 张晓卉 肖梦真
应晓青 刘子维 周青青 韩 乐 刘 靖 杨 帆 孙蕾蕾 马先仙 顾培婕 徐俊怡

三等奖

曹妮娜 胡赵慧 黄鹭飞 王瑞轩 牟 娇 吕佳琪 黄钰洲 沈 燕 朱颖秀 陈 漪 蔡 亦 魏明恺
陈 曦 赵新颖 王 添 杨 光 李雅梦 刘怡雯 陈秋玲 王向荣 吴宇斐 蔡潇程 王亚萍 杨 凯
毛 涛 朱立文 林 艳 管 弦 陈 莹 贝典微 何秀榕 郭昕鸣 彭燕妮 林诗涵 郭建咏 朱 婷
马铭谷 蔡竹君 张丹露 吴 泉 李 昱 朱志诚 郑子寒 李以桃 牟海淼 张佳琪 卫 昊 朱晓莉
杨 岭 梁燕飞 朱莎莎 黎 战 袁睦茜 林宛霞 傅斯楠 申思瑜 何宜泽 吕倩枫 陈 晨 张雨迪
孙 好 黄浩峥 顾敏婕 冯馨赟 薛钊沁 朱晓晗 陈 琪 吴静珠 郭桃巧 魏 煌 张 陈 徐 澄
曹宇东 顾元圆 梁雯婷 赵琪雯 刘嘉楠 何安琪 张梦宁 邵倩倩 朱 雯 周依丽 辛佳红 党中慧
杨姝雯 林 森 金 晶 彭文婷 王 雄 葛 昱 杜晓南

外国语学院

一等奖

江屿蛟 陈丹阳 王晔茹 戴 杰 倪 悦 周思瑶 唐幸尔 李冬雨

二等奖

简 骏 陈欣意 向 铮 韩 笑 施忆雯 李梦琛 张 虹 陈斯莹 陈逸飞 丁晨琦 叶佳媛 黄威玮
洪佳灵 李慧杰 周丽萍 张亚专 仲 敏 卢心宇

三等奖

吴莹莹 李逸菲 王 璀 张 艳 任 桢 申屠李丹 徐 韵 王晓杨 沈彦君 陆 云 戴 维 李冰洁
章静若 顾凌霞 陈奕灵 薛正园 朱倩楠 吴晓清 王倩茹 缪 岚 李 婕 沈华钰 陆 琦 孙 飞
陆懿萍 何文昊 崔 艳 宋云瑛 薛冬冬 杨贺童 余文卿 章瑱妮 梁林子 潘一彤 王统宇 李玉超
杭 倩 郑丽芳 梁伊茹 吴晶玮 曹园玉 郭益方

法学院

一等奖

吴茜茜 范秋燕 朱文骎 高 洁 邵依依 马韦娜 田椿雨 汪 浩 江凌志 王赛赛 王 琼 谢如燕
陈小彤 陈梦婷 罗茗会

二等奖

杭 丽 沈红丽 李琳哲 秘燕霞 顾恬羽 徐晓燕 徐靖雯

三等奖

崔雯兰 胡 葳 刘金臣 梁效威 张 琪 赵 航 陶诗妤 刘 畅 段亚敏 金颖莹 张金文 孟雨琦

李逸琳　刘　恋　田　禾　徐佳恬　吴小娟　徐　晶　李　烨　朱伊宁　琼　吉　薛伊娜　胡　获

中德工学院

一等奖

陈丹澜　朱慧芸　李诗宜　张晨雨　高英子　曹心易　王佳安　翁世源　陶　巍　徐文彬　张沁怡

二等奖

徐　雪　黄青云　詹富祥　钱成宸　吴子林　周群洁　王天宇　杨佳欢　张志豪　周永嘉　杨海剑　龚嘉庆
李瑞飞　陈安翎　蔡鋆琳　秦琪玥　戴逸雯　宋夏平　甄明达　李思广　吴博旋　李轶扬　严乐宜　沈　爽

三等奖

武正磊　陈世轩　臧楚君　陆晓彦　秦思妍　张雨欣　梁麒欣　武晓雨　邢思麟　马天翼　黄　龙　朱逸频
赵熇烜　李晴旻　鲍基炜　潘柳含　李娜云　张镇星　沈丹迪　胡祥路　朱乐奇　徐佳辰　陈文皓　谈杨磊
章世坤　项志瑾　付啟航　吴康成　陈一帆　邓昉熙　王宇涵　丁祝成　周兴基　安峻峤　武正磊　陈世轩

体育科学与工程学院

一等奖

葛妍彦　王安妮

二等奖

刘启明　陈丝雨　代　欢　陈隆杰　陆蔡影　许啸天　陈天罡　王洁雨

三等奖

朱丽娜

16. 2014 届荣誉毕业生名单

(本科 738 人)

化工学院 (80 人)

李　布（10082910）　廖　强（10084098）　余　点（10100333）　胡　杰（10100379）　聂　琴（10101627）
施丽丽（10101633）　杨　帆（10101638）　陈　旭（10101644）　孙　荣（10101658）　陈天元（10101679）
石鎏杰（10101692）　陈湘玲（10101693）　姚海贝（10101694）　陈　静（10101698）　董嘉奇（10101699）
张　盈（10101703）　赵　轩（10101715）　徐丹丹（10101720）　刘柏彤（10101722）　巫林芮（10101723）
黄　盼（10101728）　王　圆（10101741）　韩复谦（10101743）　黄身澄（10101744）　陶颖卿（10101757）
杨　宁（10101763）　胡兆财（10101774）　曹　韬（10101778）　赵文焕（10101781）　杨　苗（10101782）
田小军（10101794）　王晓晗（10101797）　刘天奇（10101799）　杨大强（10101800）　薛　金（10101802）

刘东帆（10101807） 明 梁（10101813） 马泊静（10101814） 安 萍（10101815） 欧阳熠玫（10101816）
卢 浪（10101825） 陈承镇（10101831） 韩向磊（10101836） 张松敏（10101840） 何艳芳（10101843）
郭琼鸽（10101845） 范茂盛（10101847） 金 诚（10101857） 李大龙（10101858） 袁镇豫（10101859）
耿 桐（10101863） 崔灵瑞（10101865） 陈卓君（10101878） 卢浩然（10101895） 邓欣苗（10101902）
张玉龙（10101914） 沈博艺（10101942） 钟 佳（10101975） 路兆洋（10101985） 孙泽能（10102535）
包 磊（10103017） 程 斌（10103201） 郑琛华（10101636） 蒋 杰（10101639） 蒋晓峰（10101652）
王斌榕（10101654） 陆加亮（10101655） 伍楚诗（10101660） 喻啸晨（10101676） 周卫东（10101689）
袁佳凌（10101874） 韦存茜（10101875） 许 华（10101915） 毛 杰（10101922） 黄培伦（10101941）
谢 浩（10101989） 刘凌峰（10101991） 程国冬（12100026） 程 雷（12100028） 应 强（12100030）

生物工程学院（52人）

耿可依（10102474） 刘晓琳（10102480） 王倩倩（10102481） 刘源炀（10102494） 张嵩洁（10102503）
张 进（10102510） 刘 晶（10102518） 杨 钊（10102519） 魏兴晨（10102524） 冯岳彪（10102526）
欧阳鹏飞（10102527） 马云林（10102533） 景迎春（10102534） 胡 实（10102537） 常子烨（10102542）
徐建超（10102544） 麦 祺（10102545） 姚曈晖（10102546） 陈 捷（10102550） 宋风停（10102553）
刘 光（10102586） 厉晓波（10102746） 金安琦（10102573） 林 冰（10102582） 马瑞青（10102590）
姚有原（10102592） 潘 攀（10102597） 杨晨曦（10102601） 唐琼卫（10102613） 张 源（10102650）
罗 璠（10102625） 杨柳青（10102628） 常馨月（10102629） 刘 培（10102636） 谢有余（10102638）
位晶晶（10102660） 李静宜（10102661） 梁芊芊（10102662） 张 菁（10102683） 孙家琪（10102684）
汪 娜（10102689） 吴熠潇（10102691） 吴 婷（10102693） 张竞生（10102697） 肖帮洁（10102698）
蒋 莹（10102711） 任 帅（10102714） 刘 薮（10102715） 陈 艳（10102717） 王赛楠（10102718）
左 红（10102720） 陈 卓（10102730）

化学与分子工程学院（63人）

王艳红（10100210） 徐 璐（10100212） 郑修文（10100215） 邵正将（10100232） 王建伟（10100238）
徐 倩（10100244） 杨 曼（10100247） 王 雪（10100252） 袁 红（10100254） 张 杰（10100266）
卢春彬（10100267） 胡文慧（10100271） 战妍宏（10100277） 周梦娜（10100282） 赵 见（10100284）
朱玉涵（10100304） 张树静（10100306） 常 悦（10100307） 倪嘉卿（10100308） 黄利民（10100314）
李 天（10100315） 张震东（10100319） 宋菲菲（10100331） 胡佩祎（10100338） 张志伟（10100343）
沈 杰（10100357） 关雨晴（10100276） 吴润青（10100359） 董陈成（10100363） 王 萌（10100365）
刘章云（10100387） 张洁慧（10100393） 张丽丽（10100453） 王义洲（10100464） 茆 敏（10100465）
王文冉（10100468） 钱 彬（10100472） 余 待（10100473） 王 晶（10100477） 洪亚云（10100478）

谷佳玉（10100482） 姚晨辉（10100486） 马文保（10100488） 李萌祺（10100495） 周　晨（10100498）
王翔飞（10100499） 汤　妍（10100504） 陈佳丽（10100511） 朱天懿（10100512） 谢李斯琪（10100514）
董武杰（10100530） 曹亚明（10108007） 朱云峰（10100227） 刘　珊（10100330） 柴广涛（10100342）
郭方元（10100364） 张思思（10100369） 朱始蕴（10100370） 刘芳超（10100374） 茆中睿（10100408）
王佳琪（10100410） 江文雅（10100419） 李梦轩（10100444）

药学院（39 人）

王　杰（10092778） 邹叶君（10103003） 曾　彦（10103007） 郝方然（10103015） 鲁彦丽（10103032）
李妍哲（10103037） 徐玲姗（10103038） 杨丛斌（10103044） 高玉伟（10103045） 丁　立（10103053）
张家毓（10103064） 金京海（10103067） 邢林峰（10103076） 刘　洋（10103080） 钱　堃（10103081）
朱文文（10103086） 黄怡然（10103088） 高　明（10103093） 仇运广（10103099） 王稼哲（10103055）
丁一容（10103087） 廖博雅（10103104） 俞舟舟（10103106） 姚　雪（10103107） 金　晶（10103108）
徐　婷（10103110） 俞雪婷（10103134） 徐剑宇（10103143） 杨弘宾（10103144） 王士博（10103148）
薛　嵩（10103149） 唐　尧（10103151） 闫　雨（10103154） 方欣欣（10103163） 张凤丽（10103164）
贾有梅（10103167） 盛晓笑（10103168） 潘佳伟（10103174） 何云刚（10103190）

材料科学与工程学院（56 人）

吉旭晶（10103397） 袁建勇（10103405） 丁逸飞（10103416） 吕翌晟（10103420） 王童心（10103428）
徐晨斐（10103436） 陈凌志（10103439） 杨唐俊（10103444） 刘韦儿（10103451） 张勤干（10103410）
王　钊（10103458） 王媛玮（10103465） 蒲　凡（10103473） 吕永蕾（10103482） 薛乃瑜（10103489）
朱峻立（10103501） 武青青（10103089） 吴致进（10103234） 孔雪丽（10103454） 闫　玮（10103459）
王　亮（10103514） 傅丽娜（10103515） 林　珊（10103516） 王　曼（10103519） 陈飞燕（10103541）
张　慈（10103542） 李　岸（10103543） 金丹丹（10103544） 王芝慧（10103545） 唐似铁（10103555）
章海泳（10103557） 崔佳垠（10103568） 王　乐（10103569） 王春燕（10103571） 路　力（10103572）
张亚玲（10103573） 王胜男（10103574） 俎梦杨（10103575） 张　勇（10103578） 戴华烽（10103585）
何健平（10103588） 龚敏杰（10103592） 贾晓博（10103594） 付雪峰（10103599） 王财安（10103615）
詹　航（10103616） 张伟健（10103620） 陈　豪（10103648） 张　乐（10103650） 王海燕（10109003）
刘艳艳（10108090） 周晓琴（10103656） 冯世鹏（10103657） 江　洋（10103660） 杨崇文（10103679）
陈　阳（10103681）

信息科学与工程学院（88 人）

林　杰（10101185） 李　琦（10101186） 钟雪颖（10101190） 唐秉超（10101207） 李雪岩（10101209）
陶　冶（10101216） 魏　琛（12100003） 林　勇（12100004） 李一君（12100005） 任佳依（10100656）

赵一峰（10101242） 徐梓源（10101245） 宋勐翔（10101250） 赵 宏（10101258） 杨凯敏（10101271）
何春晓（10101279） 王鲲鹏（10101281） 陆垚垚（10101284） 李俊晖（10101290） 董浩灵（10101387）
孙 菲（10101389） 肖斯文（10101399） 邵 琳（10101400） 曲友桂（10101414） 何嘉翔（10101428）
李飞标（10101429） 胡高翔（10101431） 王 康（10101436） 井晓阳（10101437） 江海慧（10101439）
陈天翔（10101440） 谢南杰（10101441） 唐文武（10101458） 任育成（10101463） 王 坤（10101474）
许瀚誉（10101486） 刘 威（10101490） 沈晶磊（10101492） 瞿炜超（10101500） 张志杰（10101503）
王渊博（10101505） 尤文颖（10101506） 王梦婕（10101507） 李炜东（10101513） 李 阳（10101521）
胡思维（10101529） 田璐超（10101533） 陈奕栋（10103675） 盖瑞敏（10101539） 周 倩（10101543）
吴 喆（10101557） 王 欣（10101563） 董梦曦（10101568） 刘雪琴（10101570） 李元达（10101577）
谢振山（10101580） 韩文炳（10101582） 王逸宁（10101583） 罗 颖（10101596） 张佩玉（10101601）
沈惠玲（10101602） 孙俊峰（10101603） 郭巍伟（10101611） 张 聪（10101612） 谢群义（10101625）
赵 贺（10101193） 方绪强（10101196） 施登科（10101221） 米肖肖（10101299） 张怡婕（10101300）
简葳玙（10101302） 卢周正（10101303） 江 伟（10101307） 李知聪（10101319） 金治群（10101329）
李宜萱（10101330） 戴 昀（10101331） 黄志禄（10101334） 谢 圣（10101337） 南 男（10101338）
朱世杰（10101347） 张 磊（10101353） 贾 媛（10101357） 姜 娜（10101360） 刘学彦（10101362）
方丽辉（10101372） 杨鹏志（10101378） 焦 泳（10102706）

机械与动力工程学院（78 人）

万育微（10100534） 崔元元（10100539） 罗天真（10100543） 孙 波（10100550） 辛 俊（10100559）
王 昶（10100560） 刘 伟（10100204） 何佳珍（10100562） 孙 柯（10100569） 孙长周（10100573）
刘统军（10100575） 李子涵（10100614） 朱旭旻（10100628） 徐子亮（10100645） 崔天成（10100646）
金珏辉（10100648） 薛菲尔（10100653） 宋昕宜（10100678） 李魏梓（10100681） 罗豪鑫（10100691）
柯敏辉（10100707） 庞富龙（10100710） 赵铭诚（10100724） 张伟锋（10100738） 丁 一（10100746）
方佳琪（10100751） 刘荫泽（10100754） 古文全（10100755） 许 翔（10100756） 张晓晨（10100760）
陈学辉（10100762） 邢耀华（10100765） 韩腾腾（10100797） 涂 盂（10103202） 冯凯博（10103441）
黄礼洋（10094174） 方 元（10100793） 周 斐（10100799） 游天旭（10100804） 张 伟（10100806）
张胜利（10100808） 薛志洋（10100811） 殷佳俊（10100814） 袁 斌（10100816） 朱慧彪（10100820）
韩 港（10100824） 张 希（10100825） 季 杰（10100827） 周 凯（10100829） 刘素琴（10100830）
潘 铎（10100831） 谢 涛（10100834） 圣 凯（10100836） 杨家鹏（10100841） 周辰晓（10100846）
孙元坤（10100850） 王 娜（10100862） 刘馨雨（10100863） 吕 颖（10100864） 谢能达（10100870）
杭 鹏（10100874） 朱彦宇（10100877） 蔡 波（10100879） 黄 洁（10100880） 丁洪凯（10100886）

陈春燕（10100894） 蔡宧麟（10100901） 谭路桥（10100914） 王传勇（10100917） 舒圣峪（10102738）
张文哲（10109007） 蒋　晶（10109008） 孙悠悠（10100925） 吴　迪（10100926） 刘源滔（10100932）
徐鸣睿（10100936） 吕东良（10100938） 顾家骏（10100939）

资源与环境工程学院（36 人）

白佳丽（10103195） 张颐年（10103200） 林泽桦（10103210） 李证宇（10103211） 赵雅致（10103227）
段军岩（10103228） 张　禛（10103229） 严佳佳（10103233） 涂宝声（10103238） 薛云飞（10103212）
张世婧（10103254） 高　爽（10103255） 范书婷（10103256） 邬莎娜（10103265） 沈晓强（10103281）
刘天杰（10103289） 周　阳（10103298） 刘　玥（10103300） 张金妹（10103304） 刘嘉南（10103307）
蔡　敏（10103314） 王正陆（10103316） 苏嘉缘（10103321） 郑景元（10103326） 赵君韬（10103334）
赵思楠（10103338） 张媛媛（10103341） 邓天宇（10103347） 邹晓鹏（10103359） 伍子玮（10103360）
王熠梦（10103363） 魏　艳（10103368） 李宏俊（10103372） 赵威洋（10103377） 李明喆（10103382）
李玮哲（10103384）

理学院（18 人）

莫　瑶（10100007） 韩瑞琪（10100008） 景雷程（10100035） 高晓鸣（10100036） 蔡佳怡（10100037）
王艳艳（10100039） 吴夏雨（10100051） 黄绪祚（10100055） 吕　铮（10100106） 王家亮（10100109）
林　森（10100131） 赖维栋（10100142） 王海龙（10100151） 胡　茜（10100064） 徐正一（10100071）
孙泽元（10100072） 蔡孟珂（10100080） 包谷之（10100082）

商学院（102 人）

马　良（10100999） 谢　天（10102037） 刘诗洋（10102053） 徐晓理（10102123） 黄玮馨（10102153）
曹文菁（10102158） 范妮娜（10102159） 倪文洁（10102177） 辛　滢（10102180） 杨乔茜（10102203）
龙　梅（10102207） 陈小慧（10102208） 解依博（10102212） 胡展枫（10102216） 刘岩苹（10102239）
黄忻怡（10102257） 顾承玮（10102258） 俞　琳（10102259） 金　鹂（10102268） 刘嘉丽（10102287）
姜甜甜（10102293） 刘　洁（10102295） 吴奇鹏（10102071） 于　强（10102367） 施培晨（10102377）
吴媛媛（10102386） 姚心怡（10102396） 张竞元（10108067） 王秋萌（10090400） 刘文月（10101994）
项斯雨（10102002） 王　可（10102003） 罗雅兰（10102006） 陈燕桦（10102008） 王玲玉（10102028）
许丹瑞（10102036） 王　淳（10102047） 顾筝筝（10102059） 于小琦（10102063） 胡舟颖（10102069）
周奕烜（10102083） 樊雨蕾（10102087） 徐卿云（10102090） 沈怡婷（10102097） 李志鹏（10102105）
宋　甜（10102150） 康　恺（10102152） 徐惺昳（10102155） 李　桐（10102156） 黄李辉（10102168）
王　敏（10102172） 王宇靓（10102174） 李维瑶（10102176） 蔡雨君（10102184） 罗灵龙（10102193）
吕　文（10102799） 徐喆颖（10102119） 唐　蓥（10083673） 李春阳（10102317） 陶丹丹（10102321）

苗　洁（10102325）　唐亦敏（10102327）　戴煜旻（10102328）　欧阳璐璐（10102332）　郑　哲（10102345）
徐一畅（10102350）　沈美云（10102352）　陈琼琳（10102355）　李倩文（10102356）　吴冰蝉（10102362）
宋智骅（10102363）　罗　帆（10102365）　潘奕璇（10102379）　邱梦圆（10102385）　李媛媛（10102392）
龚　莉（10102394）　张　雪（10102415）　王凌亚（10102416）　徐　璨（10102421）　戴康力（10102423）
陆佳玮（10102434）　季沈丹（10102445）　周　剑（10102462）　杨佳佳（10102007）　秦嘉琪（10102027）
蒋　林（10102040）　徐烨儿（10102182）　胡博文（10102226）　邓　越（10102232）　费　璐（10102233）
魏　洁（10102237）　刘　莎（10102261）　徐孟佳（10102289）　袁佳文（10102297）　薛开力（10102213）
李　毅（10102215）　叶敏慧（10102228）　谢瀛心（10102234）　卫健炯（10102243）　杨　科（10102255）
高雨薇（10102269）　彭　彧（10102314）

社会与公共管理学院（49 人）

谢一奇（10100955）　单　琦（10100960）　寇　凤（10100963）　陆　伟（10100974）　高虹琳（10100979）
郑明明（10100992）　周　苗（10100993）　陈　晨（10108017）　贲晶晶（10101143）　崔媛媛（10101145）
顾嘉乐（10101147）　任玉琴（10101152）　王亚捷（10101156）　刘　飞（10101162）　盛　期（10101164）
黄晴雯（10101168）　燕　丽（10101177）　张飞燕（10101179）　朱明君（10101183）　冯　岚（10101002）
秦天丽（10101010）　汪文婷（10101016）　张静宇（10101020）　张　一（10101022）　张　霄（10101029）
常亚琼（10101030）　胡宇川（10101034）　江盼盼（10101036）　王一涵（10101041）　王　玙（10101042）
姚映雪（10101047）　余颖娟（10101048）　袁易卿（10101049）　张育琴（10101051）　姜孜龙（10101057）
王　玲（10101075）　吴　腾（10101076）　朱辰薇（10101081）　蔡晓芸（10101087）　邓亚珊（10101089）
郭盈贝（10101090）　沈杨千（10101097）　王俊珺（10101101）　吴梦晗（10101104）　曹沥丹（10101117）
董　典（10101118）　方丹凤（10101120）　咸金彤（10101131）　张　蕾（10101135）

艺术设计与传媒学院（36 人）

胡安妮（10103691）　李雪蓉（10103694）　张韵仪（10103699）　潘素琴（10103705）　夏　芳（10103710）
顾玲芬（10103719）　张　赟（10103720）　樊灵妍（10103724）　潘逸青（10103738）　范　翔（10103836）
刘　莎（10103854）　陈丹宇（10103855）　严　欢（10103840）　黄　琪（10103848）　范洪燕（10103852）
赵　艺（10103856）　夏圣雪（10103858）　杜佳佳（10103867）　刘翔宇（10103743）　李　进（10103745）
马　翀（10103750）　沈微伟（10103754）　黄溶青（10103758）　王　媛（10103761）　宋秋实（10103777）
陈　唯（10103779）　高菡一（10103781）　朱润秋（10103782）　朱婧婷（10103786）　鲍如霜（10103793）
袁雪娇（10103795）　栾文杰（10103805）　张　寅（10103817）　张　瑛（10103818）　佘宛婷（10103823）
孙凌雁（10103825）

外国语学院（11 人）

陈高雅（10090832）　王文玮（10102814）　赵　璐（10102815）　黄瑞昕（10102817）　张天融（10102823）
钱　依（10102840）　杨远颖（10102845）　蒋甜雨（10102847）　徐　洁（10102860）　施　慧（10102866）
李珊妮（10102879）

法学院（11 人）

王丹丹（10100161）　高映南（10100162）　邱靖涵（10100163）　庞　慧（10100167）　吉常兴（10100172）
杨玉婷（10100181）　李小川（10100189）　孔一丁（10100200）　夏　伟（10100201）　吴　江（10100202）
池承平（10101497）

中德工学院（14 人）

唐　涵（10102894）　任驰骋（10102900）　吴　炀（10102901）　施俊杰（10102914）　马申君（10102916）
王　烁（10102923）　李心倩（10102938）　陆丹捷（10102940）　李显阳（10102950）　谢力章（10102954）
陈唯尔（10102956）　刘斌龙（10102962）　杨哲雄（10102965）　李芝栩（10102970）

体育科学与工程学院（5 人）

沈雅雯（10102989）　黄红媛（10102992）　李海伦（10102993）　王弘毅（10102995）　陈伊君（10102997）

17. 2012—2013 学年度社会工作奖名单

化工学院

A 等

李　布　韩向磊　毛　杰　刘齐兴　汤　杰　王　昊　丰　帆　卓　威　容丽琴　李梦雪　李万成　郭　幸
李欣怡　智　璐　张晓露　闫佳琪　伍楚诗　孙公瑾　王昭晖　强　薇　殷海波　王　刚　潘鸣飞　王　祎
陈文俊　黄洋洲　谢　浩　赵雨清　汪璟瓅　陈启荣　刘文强　李文昊　陈　静　朱召贤　李瀚禹　文　力
李允升　彭　景　彭颖娟　高佳明　董嘉奇　吴　婧　刘　莉　史　航　刘君哲　杨文宇　张　健　朱　峰
杨　宁　陈卓君　韩迪火　韩黛黛　潘伟杰　崔　筝　欧海鹏　吕伟光　王晓晗　何梦婷　宋光涛　赵　旭
王　嵘　胡梦菲　鞠庆庆　朱志强　刘天奇　钱　园　马　晗　徐海东　聂元清　段绍君　蒋　寰　程国冬
安　萍　许　华　李　潇　张容祎　束铭杰　毛冠华　沈敏杰　李春雨　丁　亮　孙洪泉　张　涛　金　庸
陆陈海　李志伟

B 等

廖　强　马昕彤　田　梦　顾晴怡　盛　艳　罗　力　胡旭涛　朴海男　马　娇　薛　金　黄宇轩　李慧敏
王诗怡　张冬梅　汤焱强　张文矜　聂　琴　欧阳熠玫　周海斌　邢蓝吁　张昊舟　秦　炜　牟高家　张子昊

郑琛华　陈承镇　刘　甜　陈晓韩　严世伟　雷　菲　徐龙宇　邓逸俊　陈炳旭　谭绮娜　陈佳达　张雅琴
王金强　任　杰　杜俊杰　宗　睿　乐宇翔　韦存茜　杨　锐　杨实润　吴书凡　辜韵陶　钟玉洁　郭佳森
梁国达　朱燕玲　王钧月　盛　斌　张欣然　孙思纯　邵洁玲　朱凌志　罗　秦　郭文君　张　爽　宋　雷
钟　静　张嘉恒　黄本清　王　芊　杨亚鹏　王文澜　王一莹　胡云鹏　祁震宇　陈弋翀　谢浩然　任丹妮
徐丹丹　黄培伦　张一颖　黄雁城　张　琴　王　昕　钟　玲　邢　雷　葛　梦　王　莹　张　鹤　汤嘉煜
赵媛媛　林梦星　赵伟杰　何桂春　罗惜情　柳占全　周至愚　姚晨炜　朱琳洋子　孙　杨　杨华裕　徐　磊
于晓莎　路兆洋　秦　雯　钟松岩　叶智双　吴雨航　薛皓元　陈佳雯　陶颖卿　刘凌峰　李祥祥　徐玄之
谭慧玲　姚翰林　李园义　潘俊杰　曹　韬　曲冬蕾　邹荣芳　杨　珂　舒昊生　王一冰　吴　阳　应　强
余思承　聂淑慧　张　凯

C 等

闫春霞　张　瑜　曲　成　陈　良　刘冠豪　崔子仙　施镇方　徐浩川　余　点　田小军　王清扬　周文娟
刘彤彤　潘晓艺　曹鹏超　武星昱　陆加亮　刘东帆　王　斌　李盛林　龚　旻　赵　璇　王　露　谢亚洲
蔡　恺　马泊静　张　娟　刘履杰　崔鸿劼　谢怀谷　周　伟　张美佳　喻啸晨　卢　浪　林　辉　张　程
盛　晨　司　迁　王文璞　贺　耀　周卫东　郭琼鸽　包　磊　王梁元　李　彬　陈静依　王煦坤　唐湖栋
姚海贝　李佳凝　李晓敏　陈逸璇　邓　涛　李怡诺　熊亮亮　王新鑫　宋　鸽　马国栋　李向俊　冯伊美
李　坤　焦艳波　李德文　孙　谦　李　昀　邓欣苗　李怡芳　徐耀东　朱　林　傅文钊　刘振盈　韩华哲
卓　越　段圆梦　李康玉　徐　爽　赵　阳　徐　卉　周夏青　江　睿　程　雷　孙梦瑶　赵婷慧

生物工程学院

A 等

宋风停　陈冰怡　莫雪君　杨晓庆　周　倩　姚有原　李　鑫　陈　艳　徐慧珍　蔡志豪　刘　鹏　王娇婕
赵庆新　高梓译　仪菲菲　刘雨佳　管　莹　张　举　聂嘉睿　刘　玥　杨　钊　罗　璠　陈昭宇　刘　光
蔡睿凤　朱金元　王光裕　吴　琳　欧阳鹏飞　李静宜　周佳怡　马瑞青　朱　晶　胡非子　杨泽宇　周赟洁
徐建超　汪　娜　景望达　张　静　纪　刚　毕艾薇　李　娜　李　成　金安琦　张竞生　李亦婷　刘晓琳
陈泊宇　季鲁章　张　贺　刘思羽　盖　舒

B 等

宋　璇　郑　鑫　毕安琪　刘英东　蒋　莹　方钰明　刘　宁　樊　悦　屠肖虎　范俊杰　白莉莉　马云林
陈　卓　闫筱博　彭强强　李　晟　沈世民　李　思　张丽雯　常子烨　韩　萌　董今一　王瑞达　李　苒
郑咏心　温　莹　娄　颖　谈进超　张祎彬　郑弘光　陈璋瑜　李　祯　叶　倩　于佳俊　王雪涛　侯鹏聪
褚国庆　黄　晗　马铭悦　林雨萌　金尔立　徐小伟　马佳宝　孙德健　潘　燊　潘秋燕　刘冶钧　刘崇阳
李　洋　滕成立　张　珂　常馨月　李承玲　王　莹　杨东明　陆栋栋　顾明珠　张　翔　姚　丰　邵康忠

赵晨旭 肖旭 杨昊 赵雷 金婵婵 宋文静 张景尧 梁芊芊 赵迎佳 胡恒 朱小愚 李昭晰
康雅劲 张怡 杨韬 许泽清 王欢 蒋家宛 张文宇 游佳琪 冉珊 归厚泽 王伟飞 焦义捷
朱迪 郭玮玮 陈佳祎 彭璜 刘欣宇 李晨阳 蔡柏熠 肖帮洁 陈瑾轩 池妙伦 姜奕文 黎穗子
包丽蒙 宋博文 赵佳 李仕良 陈倩 刘春兰 邹缘缘 丁明世 许越峰 李一珩 叶泽宇 朱皓

C 等

顾敬超 尹贻帅 刘雅凡 邱颖 杨菁 孙冰瑶 张若兰 王剑帆 肖练 盛逸韬 陈国枝 杨晨曦
吴熠潇 袁嘉 水心稼 胡颂华 潘潇俊 曹雪玮 何芳 梅雪倩 杨轶帆 李柳美 李晓丹 位晶晶
丰艳萍 徐沁 王丹丽 刘培 任帅 刘功全 周文 胡鹏 徐瑶 朱巧云 王莹菲 张源
王赛楠 董思莹 赵冰峰 欧珏平 许文韬 陈依珂 谷荷花 张菁 金慈 曾欣韵 邢威强

化学与分子工程学院

A 等

陆毅坚 申伟成 常文婧 杨杰 崔莉莉 任献文 杨昭义 王璐晟 宋易 崔若寒 谷雨峯 石永凯
李耿勰 王贻宁 张健 邓媛昕 蔡帮鑫 盛佳尧 车佳宁 孙娜 薛玉峰 冯飞 王玉奉 杨立朋
葛杰敏 周丹 李超 高天怡 江振颖 唐国平 晏永超 邢维龙 王蕾 杜造 夏银江 顾青雯
朱乔虹 窦肖萌 詹妮 李赫 曾亚丽 娄宁 胡必成 付伟 刘芳超 张润赟 张朔 黄国畅
郎红月 于硕 王雪 黄洋 贾会梅 姚朝怡 陈雯雯 李梦轩 高瑞 施冰冰 赵见 苏光县
江文雅 陈婧 吴信浪 曹亚明 江瑜 郭骅润 徐嘉杰 张震东 王津 柳莹 毛羽 邹盼盼

B 等

韩毅 曹婵 孔梦涯 田项宇 胡震东 李鹏华 郭爱红 李帅 徐泉潮 梁乐乐 张超 刘佳鑫
肖瑞丽 黄俊霖 洪亚云 刘鹏飞 周婷婷 王梦雪 康琳 宋晓增 吴梦琪 赵群超 奚一丹 张昊东
卞益鹏 吕明武 李思奇 谢晓旭 董奇峰 俞宙 吴曦 王男 董开衢 黄婷婷 王艳红 顾琳枫
王佳琪 陈泽青 余渫 张紫优 杨松 林波 邵正将 刘钰清 陈乐乐 吴雷 陈佳丽 丁浩然
臧成杰 李登峰 王建伟 张树静 张一然 张沛瑶 谢李斯琪 丁凤娟 顾月青 张潇 徐倩 胡佩祎
汪洁 李梦楠 张婧玉 许博文 宋佃普 俞菲 袁红 张志伟 张琦 韩明月 魏晓燕 袁瑜彬
燕宸旭 张正斌 张杰 李波 李俏颖 赵洁 阮珮婷 蔡璐遥 郑秋晨 汪奕 周梦娜 何丁卿
万幸 徐超 张超 宋辉 孙艳婷 张飞 李娜 沈斌 马蕾 郑琪 沈海峰 赵雅梦
王传林 唐霞霞 施马凯 王欢 伊秋颖 周雪莹 宋金星 杨虹 顾张曦 孙凤 汪炜 邵顺杰
邵笑飞 徐心羽 彭婧莹 王骞 刘祥业 李腾 曹源 熊芩 明伟 王义洲 俞承轩 关雨晴
李家畅 丁俊杰 黄晓博 桑情妮 李小萌 果实 陈亚峰 吴润青 朱高星 陈洁琼 齐海峰 董昕
孙苏 张林青 许平 刘章云 杨铭霞 李萌祺 汤妍

C等

吴珊珊 施立波 钱蕾 康璐 路小清 江玥曈 侯春蕾 陈晶 曾诚 张伟 朱敏敏 马戌君
俞崎文 黄利民 宋美婷 李雨霏 陈晓健 仰贤莉 吴洁菲 何贤杰 吴步堤 陈锋 刘格 刘小冬
丁琼 林群 计宇 程心怡 乔琳 侯承康 马越原 赵郑宇 胡靖宇 王欢 李昊 陈海红
牛亚鹏 朱光宇 陈碧婷 胡小龙 王彦文 徐晨 李相呈 肖潮 史焕达 张威 王美玲 顾梁宁
吴雪峰 郁骋丹 汪戎 姜宏涛 阮文静 张斌 丁烁 郑策 张弘扬 谭文斌 哈妮娜 战妍宏
兰赏 崔珂 姬子轩 刘贤锋 高霄晖 庞勇 侯嘉祺 茆敏

药学院

A等

郝方然 侯昕宇 朱文文 陆诗涛 亓莹雪 王士博 沈金晶 周珍 魏媛 朱久洋 章雪妮 林千叶
秦振恒 顾亦斐 胡龙龙 丁子然 李明浩 牛福芊 钱超 陆逸菲 王婧媛 谷旭晗 吴文杰 陈琦
杜青 张家毓 何停停 徐可人 潘佳伟 王雪琳 夏玉婷 孙琦洋 申晨晨 朱皖凌

B等

狄佩雯 魏玉凤 朱晓莉 徐迟 王静 龙逸霖 成悦 俞家慧 周苗苗 王小玉 邢林峰 张丹清
杨叶平 章炜兰 王昊 安槿 胡圣杰 蔡文斌 刘洋 方志军 朱华君 仇烨文 刘乐涛 蒋榕坤
华菁彦 王凯 曾琳 蒋晨旻 杨弘宾 顾莎莎 刘鹏建 赵美琪 杨丛斌 陈宁 张晨霞 柯玲娜
于洋 郭春阳 夏天 王晓星 孙奕杰 黄靖博 韩顺华 李梦园 孙盼 左方婷 贾蕾 冯晨
黄蒙恩 张良 温敏 朱胜览 裴雅琨 代天资 朱江 胡燕玲 朱嗣文 李晓雯 李爱芸 张婧妍
李晓蓬 王菲儿 赵佳妮 左倩颖 胡展哉 俞佩姗 徐超意 施昶 曲芳芳 孙佳佳 方佳艳 周丽婷
赵瀚宇 张梦婷 刘傲霞 柯宇琦

C等

曹晓杰 吉如琼 周艳婷 朱嘉惠 徐剑宇 王惠莹 张皓然 陈宇菲 田妙芝 史勤洁 呼晓宇 叶远兰
唐尧 许红晨 张世玮 张亦弛 丛箐 仇运广 张键 苏海霞 王容义 赵卓慧 高远 王秋华
姜佳骝 高明 夏张悦怿 闫雨 崔琳慧 张亚丽 刘远儒 许箫韵

材料科学与工程学院

A等

金霄 单佳文 齐洋 陈亮峰 路力 王曦 黄宸 曹立奇 王晓腾 李磊 尚鹏 傅丽娜
俎梦杨 任先杰 张彤 赵雁军 方泽 雨文驹 东哲羲 赵嘉颖 张伟健 吴攀 胡兴龙 王多金
徐佳音 徐晨斐 许庆凯 林珊 周辰 刘翔宇 宗孟静子 杨宁 李保康 张勤干 杜茗 罗霜
黄添华 胡航 朱嘉婉 李士正 刘一丹 王喆 李淑彪 龚敏杰 匡丽君 朱天溥 恭密蓉 黄楠

张延锎　李　静　靳　琦　戴华烽　邢若豪　余晨晨　巨佩雯　陈诗韵　陈　阳　江　洋　杨崇文　陈　灵
金辰辰

B 等

高海程　杨唐俊　鲍戮克　陈　豪　孙婧怡　王　戎　孔　耀　叶文青　赵　蓉　王媛玮　颜　浩　张亚玲
雷　淼　许　悦　李清璠　陈锦明　张宋奇　马　超　张达理　张　弛　曾佳宇　何诗羽　易健安　刘育辰
程锦浩　吕永蕾　陈佳云　崔佳垠　张诗祺　王冰柯　孟　璐　王　鑫　肖梦玲　刘　诚　李　铮　付雪峰
王心怡　周　详　范亚蕾　高　翔　童艳萍　李宗亮　杨　丹　詹　航　王婧琳　董矩宏　韩阳阳　赵淑楠
吴　蕾　李天彧　张　慈　黄　军　李　蕊　谢富炎　王艺蓓　范　勇　潘文磊　孙　建　陈飞燕　吕欣霖
冯　诚　姚　昳　殷立强　汪嘉伟　包喆赟　边仲轩　唐似铁　孟　昭　陆　辉　孙辛杰　祝尔雅　王　权
何　池　林泽青　武青青　徐榕城　强艺玮　邓声玉　王辰赟　储中琴　陈凌志　邹承瑜　赵仰之　李嘉慧
冯楚莹　刘艳艳　郑　浩　师　帅　张宇萌

C 等

韩景勃　吴　曦　赵雅文　金诗婕　王　帅　陆　宽　吴嘉骏　赵　秦　王开源　董玉茹　柏　波　周恩斌
王春燕　胡强强　田　晨　冯婷婷　吉旭晶　韩亦钦　杨静怡　王晓敏　王胜男　刘丰洋　潘冀佳　马　越
袁建勇　王童心　马智兴　王　曼　骆建成　薛健民　张启源　姜广宇　雷　雨　孔雪丽　宫梓皓　王　瑞
王财安　肖　鑫　司翔宇　徐海源　康运卿　王　钊　陆嘉荣　金丹丹　米易晓　田　晨　魏　鑫　安志康
卢昌健　朱峻立　初明辉　史中义　李　奥　季宇阳　孟祥玮　李鹏威　蔡云霄　冯世鹏　徐　斌

信息科学与工程学院

A 等

李　懋　黄　键　王鲲鹏　甘芸芸　吕　铮　张进文　夏宇航　鲁池骏　刘　頔　胡　贵　赵　帅　林　聪
徐建伟　胡晓俊　刘可达　王洋洋　周志强　焦健飞　孙雅丽　周书恒　杨一杉　曲友桂　杨一帆　李元达
孙灿荣　王君平　叶朋飞　朱宇航　宋良轩　许文骏　何　超　罗　颖　张烟滨　康永波　袁鸣青　李君楠
李福沛　许洋洋　杨正浩　王丝扬　赵　贺　于　腾　姚黎婷　陈　健　付广智　林成杰　刘邺超　李倩倩
张　超　李乐蒙　胡旭鸣　李知聪　李孟泽　马　磊　逄淑怡　潘一鸣　肖志祥　田尔欣　阎嘉迪　朱世杰
徐　颖　田璐超　张海涛　施林成　王恩龙　赵一峰　蒋立沫　任　剑　高　婧　王　迪　董明杰　李鲁明
于健博　关惠宇　叶心凌　金宇辉　施晓良　陈志高　杨　帆　贾修毅　吴安琪　陈嘉豪　郑益豪

B 等

曾　星　陆垚垚　王兆宁　张　政　张丽花　王渊博　顾冰鑫　王　坤　乔玮亭　任佳依　宋　志　杨泽域
韦胜乾　沈晶磊　申　忱　陈航璐　逄铭雪　李俊晖　卢周正　马思恒　姜　瀚　徐　峰　陈　颉　杨碧云
唐秉超　方　磊　张怡婕　高小阳　权　鹏　李炜东　施鸿裕　俞贤佳　李一君　韩　松　简葳玙　马　腾

范冬梅 蒋纯志 潘柏君 郑兵兵 魏琛 汪楚 严庆宽 凌晨 施阳辉 江旭东 赵江坤 张立
陶冶 丁培丽 陈亚妹 何炜 陈禹 王未 罗晶波 王宏宇 蔡林 吴骏逸 金治群 寿天泽
安珊珊 孙程琳 杨艳 于航 李雪岩 陆源源 曹伟 范常浩 顾文瑜 徐硕 钱天威 郎子钰
黄镇煌 刘如辉 张磊 崔晓惠 匡柘溪 戴笠 毕东旭 黄睿暘 施登科 彭清 何佳学 叶怡萱
张澄天 曾露 谈美明 屈高龙 汪恺 孙铭骏 刘学彦 何睿博 叶重阳 张仁杰 叶怡君 殷蘖均
王南 曹施琦 郭怀宇 张军凯 房金光 刘宇豪 张敬维 来佳 李兴磊 郑成霖 江志坚 吴世超
孟芸 戴道兵 吴彩丽 张悦明 卞小磊 郭妙吉 何世明 华翀 何鑫 任之杰 马时雨 董彦燊
林超 董云霞 王宇鑫 邵舒迪 关骏超 赵婷婷 顾树力 余丽君 尚新鹏 刘小琰 曾庆超 罗龙山
王逸璞 李凯 韩帷 郑文博 许多 董雍钢 杜玉鹏 曲瀚林 田甜 白思晴 林益 李紫薇
霍燃 黄志宏 苏畅 张萱 王涛 吴慧鹏 刘子鸣 濮丽娟 张爽 邵金春 孙焱 张莹
杨峰 陆博文 袁晓 梅杞林 李中豪 何嘉辉 张祺 邓燕君 孙菲 翟洪毅 王欣 杨心凯
袁东昇 张湛 杨建敏 戴光辉 饶宇 余波 汪陈璐 侯启桐 郝诗源 曹志宇 王黎野 刘骁
李飞标 魏天舒 盖瑞敏 熊凯琳 掌屹峰 吴文龙 刘诗雨 秦强 王康 张徐前 韩文炳 阮佳妮
刘畅 陈佁倩 陈熠霖 王整 曹浩 张天毅 任舜文 侯启桐 吴宏达 张伟民 郭继尧 杨昙
陈雪梅 王祺 谢群义 张旭 徐珊珊 崔久龙 赵博 李斌 唐文武 高婷 闫双翔 李明雨
徐梓源 茅民嵩 吴凯 魏李娜 王坤 王兢业 张聪 陈旭东 杨健 肖雅雯 许瑜飞 汤敏伟
高小康 王珏 刘婷婷 张宇 赵宏 黄健 徐伟玲 赵静文 吴洪钊 王威 谢章华 施宏颖
顾王欢

C等

沈一超 蒋昕祎 韩豫鑫 钱杭炳 宋文江 张瑶 信东睿 谢振山 徐艺 王林 傅佳烨 王臻
王凯鑫 熊文婷 曾祥芳 孙俊峰 杨松 朱伟 乔瑜 薛瑞 许教楠 丁治凯 边晓晖 封晓帆
汪胜佩 卓硕 杜国杰 程玉立 宋雅聪 吴佳兴 杨章唯 陈明媚 杨尚咏 刘嘉琳 徐世豪 顾伟
凤伟 黄佳伟 李博文 王涛 马思琦 郑海泳 周阳 张泽瀚 李鹏 钱秦忠 孟伟强 施宇豪
段俊龙 纪彦竹 沈超 蔡冰 潘善照 许瀚誉 丁文祥 陈立皇 李嘉奕 马彦超 杨凯敏 戴昀
蔡斯佳 王梦婕 吴珊 杜敬锐 周洋 梁博 刘涛 张弘 马圣 金易中 高明慧 唐志成
乔璐峰

机械与动力工程学院

A等

卞泽诚 张煜晨 刘洋 柯敏辉 陈鑫 赵鹏飞 郭珊珊 周海鹏 栾军政 吴松 王干新 古文全
刘俊凯 曾志远 吕荣安 程子非 王梓名 张亚东 吕民东 许翔 林妹妹 周凯 代晓萌 邬洁

潘　懿	王文垚	明小祥	范　智	晏希赟	周　斐	方　正	陆一帆	刘洋洋	孙　柯	刘明熙	俞菲菲
黄　健	孙元坤	王家兴	吴　迪	辛　俊	李清华	张森迪	王宗磊	吴建军	陆嘉庆	叶程霖	靳佳瑞
丁　楠	尹　棣	徐子亮	贾础豪	周　静	吴　凡	刘　倩	张　楠	高　扬	刘　炼	金珏辉	钟耀坤
徐佳佳	蔡宦麟	赵秋姗	赵　妍	朱佳蕙	张　珂	王　杰	武晓晖	毛雷鸣	董轶群	高鹏超	薛珈琪
杨佳琦	韩　震	庞富龙	徐新博	朱晓民	吴沛沛	宋子叶					

B 等

孙长周	杨文浩	查媛媛	朱依娇	王云祥	钟　蔚	胡　波	黄卓笑	成励翊	崔建鹏	杨　涵	梁　雨
宫利敏	胡余文	曾　聪	唐尚红	雷　旺	夏旭峰	谢重远	姜　朔	严皖金	吴伟锋	韩　钰	徐婧婷
岑冠男	罗天真	范　朔	许柳青	任磊磊	李俊颖	江思宏	陈天裔	于　悦	王　昶	刘姝曼	吴　昊
李子涵	方黎明	朱成祥	路亚庆	石文雷	徐俊圣	向　伟	王　横	高　琼	左冰馨	董　政	杨嘉宜
章　倩	周　昕	吕东原	刘　茜	徐智伟	苏伟超	左宏涛	方　玥	路　笑	崔元元	干丽凤	刘润泽
王思亭	蒋文都	冯　博	王　磊	李魏梓	房忠秋	王政波	董方旭	马圣源	柯梦雅	葛一敏	王立人
柳浩然	焦　鹏	王　昊	熊志威	蔡伟杰	何一凡	宋　博	杭　鹏	宋昕宜	刘子龙	苟巍然	张岳宏
张　阳	彭良文	薛沐阳	徐小辉	张　博	杨　琼	林晓芳	范芳怡	禹　畅	周元凯	韩　港	王冠瞳
赵铭诚	叶　骠	黄继波	李帅帅	王　博	吴飞燕	周辰晓	王传勇	韩腾腾	殷宇航	付明雪	陈思媛
彭邱鹏	刘　盼	杨家鹏	杜碧晓	曲　浩	金　鑫	常玉龙	牟宇恒	张凯彦	金　林	蔡　波	丁　铖
丁　鹏	程　朦	蒋友炜	张陈宝	孙晓帆	陈晓朋	王　娜	张路峰	姚　瑶	秦晓娜	郭林灵	薛家云
马丽杰	樊吉宁	吕　颖	张远松	陈学辉	姜金宁	史雨晴	王　琦	陈　思	楼少杰	张良汉	徐方文
徐　玮	王稼民	张　超	安奕霖	吴志祥	文　建	张少儒	李小龙	马　毅	纪一丹	顾晓琳	杨　杰
张柯尔	何柳丰	苏忆敏	韩　敏	武梦丹	岳　蕾	逄　达	万　顺	乔雅杰	刘晓龙	沈奇欣	刘致远

C 等

段　策	赵海利	陈　涛	王　晶	杨　焘	朱星宇	李　松	高炳凤	贺克宝	唐　驰	李天佐	傅双九
向　鹏	严江慧	张能全	樊旭颖	段鹏洋	马文杰	刘诗怡	孙梦翔	李瀚坤	蒋新培	张双刀	王越来
肖鹏程	丁　亮	蔡卓昀	胡承云	燕天奇	史　浩	张陈云	张沈炜	刘俊岚	张　强	杨　可	曹思瀚
金东旭	王　云	张　希	郭毅斐	张天和	刘名飞	魏笑寒	涂　孟	胡志梁	黄新莲	刘君宝	程隽逸
赵　龚	甄　妮	薛　祎	祁　珺	胡家豪	曾繁俊	叶　俊	涂维轼	张亚林	刘　勇	陈　琛	张　丹
管珊珊	刘怡伶	谢　涛	陈升泰	刘光辉	王园勇	艾立燎	丁　一	陈真儒	张潇逸	王春昆	董金阳
张蓉蓉	庄海正	顾家骏	孙悠悠	李　璨	张　桐						

资源与环境工程学院

A等

李证宇 沈　棒 刘天杰 田地心 侯立尧 王俊芳 刘博文 高　瑞 张　坤 杨少鹏 王正陆 陈　立
袁萌希 李楷璐 王天白 赵润泽 蔡力伟 冯　茜 李佳怿 周　潇 周纯淳 李光源 孙　青 朱诗杰
刘婷婷 王震东 李旖文 苏柳花 徐子茜 黄　慧 吴兆伟 魏楠木 马奔腾 薛云飞 董文娜 银梦思

B等

白佳丽 李亚珍 张金妹 梁雪珂 姜文超 王　晨 石　静 李　淼 吴　浩 丁　鹏 夏　菁 顾鑫生
杨易韬 胡　正 白钟庆 陈　静 严佳佳 颜秉健 赵瑶瑶 莫鹏麒 孟　宁 丁思佳 谭楚杰 吴炜城
涂宝声 单志昊 王　青 孙运筑 叶登路 陈　鑫 樊友雯 姜毅韡 豆盼盼 沈家荣 张　芃 周昕彦
田　建 陈　冰 卫俊涛 张　浩 朱婉琳 邬莎娜 李　露 钱婵娟 陈佳慧 胡粉粉 王依滢 张志清
陈　卓 邓云豪 李文跃 戴　力

C等

殷太宁 应佩桦 赵梦飞 王柏林 杨致远 瞿　玲 李宏俊 俞昕蕾 段军岩 杜鑫鑫 周　阳 黄昌衍
陈梦帆 王凯月 郑　楠 祝慧雯 刘凌琨 陈国恒 沈歆恬 王蓓辰 迪力努尔 吉昌铃 陈立丰 方振旅
张元恺 闫　磊 陈　晨 张　斌 唐　林 王嗣业 许鑫磊 李强林

理学院

A等

朱征露 顾永刚 张希羽 胡　茜 王家亮 张笑天 王　辉 田　凯 高佳翔 周晓宇 唐灵逸 孙泽元
侯泽宇 付伟航 王　磊 季春丽 窦晓蕾 左兆宇 李　浩 马玲玲 陆　勍 蒋鸣鹤 朱　燕 王　欢
张　辰 丁翔昱 李弗贝 王梦麟 刘　畅 石珂恺 蒋玉麟 孔维鲁 孟彩敏 梁千柱

B等

韩瑞琪 张　婷 丁　毅 张　肖 曹昕然 辛　悦 于东康 吴比乐 童　硕 张慧雯 吴　敏 舒　研
张　爽 王陈玲 汪利平 柏　文 莫　瑶 孙　冰 周若都 徐正一 陈炳月 陈诚诚 唐　俊 许文龙
姜　超 吴　婧 张　涛 包谷之 郭晓峥 孙　伟 陆　雁 杨　天 景雷程 潘　飞 詹纪元 王梦芬
周　翌 郑英达 陶　阳 孔小乐 姚梦秋 陈智鹏 郭洋宏 陈孟媛 龚乐诚 张慧敏 于嘉琪 李海琳
章欣骅 许晨杰

C等

蔡兆克 岳　鹏 吴穹远 陈泠珅 张彤蕾 常建国 杨廷坤 林　森 方琦骏 罗　斌 张　岚 葛洁莉
周励诚 钟　华 赖维栋 钱　桦 刘　茵 彭　俊 许诗曼 林洋洋 周逸龙 葛　鹏 凌乔敏 李剑波
吴夏雨 李圣鑫 徐璋瑾 胡竹斌 刘钰涵 姜煊超 王海龙 时　倩

商学院

A等

王欢 刘岩苹 蒋韦磊 贾凯慧 孔慧玲 刘文月 周洁 易威 马良 姜甜甜 史明安 金万里
任嘉莉 康恺 唐丽倩 刘意 谭祎婵 龙梅 叶丽华 蒋凯艳 蒋强强 黄李辉 涂婧清 李书璇
徐蓓婷 陈小慧 梁美代子 蔡艳丽 邴兆振 王秋萌 姜硕 王鹏 顾超 宋志欣 沈毅 倪冰玉
丁洁扉 吴珊珊 乐梦楠 关童 辛滢 李佳琳 周娜 陈林 卢彦竹 唐蓥 吕亚楠 张丽娴
倪文洁 宋怡 雷勉 钱全 吴媛媛 龚莉 沈雍乐 韩正纲 张文杰 胡孜萌 顾婷 谭靖
于强 李琪 钟可琴 潘雪 黄权载 金雯 李爽 丁升 宁星 陆佳玮 王洁 施心丹
刘嘉丽 周珺 罗智敏 陶珣 刘一鸣 屈晓佳 郑伟荣 杨佳乐 解依博 张喆喆 戚铭铭 饶希
樊雨蕾 谢璐珈 李雅婷 王安 徐孟佳 费璐 刘莎 杨科 高雨薇 卫健炯 王健 秦嘉琪
潘楚达

B等

朱翔宇 李君如 吕思馨 陆玲玉 戴燮飞 胡志纯 沈思瀚 郭嘉诚 刘红蕊 王琳超 张霞 蒋狄锋
姚心怡 赵洁 宋日壮 魏萌 刘润恺 朱勤 陈花 周杰 宋聪聪 张小雅 张尧 张雨露
刘婧 陈彬 牛晓荃 丁杨 陈彰 柴齐 孙惠艺 徐怡君 张诗雨 顾鹏可 余丽娟 沈浅灏
陈婷婷 陈定慧 洪迎佳 张璇 姚雯莲 何思嘉 卫珈其 陈晨 郭则鸿 林益辉 马菁清 苏星泽
钱悦玥 林小惠 任新恬 李杰 项斯雨 黄琪 花蕊 蒋玥 何飞露 孙美慧 陈洁 王奕磊
许丹瑞 李瑞罡 洪歌 李斌 谭悦 陈玲 李瑞婷 夏旭鸣 王玲玉 姚煜波 陈瑜亮 裴静娴
夏晓菲 姜豪 温馨 丁欢 孙鹏鹏 梁龙 陈天洋 吴奇鹏 孙临 陆佳 腾淑安 王琪瑛
唐亦敏 孙骁骁 吴佩绮 陈至立 王莉莉 郑赵敏 邓君研 李静 苗洁 郑伟力 王安琪 孙思凡
康璐 黄沁钰 温馨 宋扬 罗帆 周融天 綦雨薇 魏洁 向春兰 张佳琦 包明杰 李力杉
张盼盼 张玮 徐雅馨 汪玉杰 读人 龙瑗 丁泽华 裘祎晨 邱梦圆 陶梦蝶 万碧莹 叶敏慧
王晶雯 李忆贤 许云峰 杨腕舒 牛玮璐 李轶伟 张欣 郑戈 叶宏萍 张澄东 骆乐 吴培成
张稚 张涛 陈俞飞 赵昕蓉 杨宾茹 陆捷 严青 董晨欢 吴秋忆 赵晔璇 贺钰偲 焦一洲
伍春姝 孔漠阳 杨昕迪 张竞元 陈振宇 吕依琳 张艺琼 徐烨儿 张欢 穆佩琼 徐萍 胡玲
朱鸿棣 陈星 叶颖超 蒋林

C等

陈永泽 金鹂 田年盛 梅怡然 李秀超 郑哲 石蒙佳 郑正 王培培 韩祝欣 宋高兰 万心可
徐晨昊 戴炜 伍文祥 马俊超 李金玉 洪嘉祥 张淑琪 赵颖辰 朱韬 沈美云 谢善励 胡金生
周胜芳 郑涵倩 彭璟 吴桑 袁立 李倩文 董聪影 伊泓州 程修远 谢军 邵羽君 岳丹辉

曹文娟 徐璨 施金磊 崔舜晖 徐欢 刘茜文 柳丽香 崔书航 沈怡婷 袁悦 邓雪 邓翔
徐晓理 陈佳丽 赵阳 张璐 胡舟颖 尹洪艳 吴可军 张攀帆 孙浩 陈皓雪 后玉成 黄致远
吕文 戴康力 谈沉燃 陈嘉羽 李文婧 安然 李亚楠 孙斯琪 李志鹏 袁含怡 陈烜炯 侯梦捷
谢瀛心 李云峰 刘畅畅 邵燕燕 徐惺昳 马佩青 谭文静 彭彧 梁正 郭春灿 樊煜 张涛

社会与公共管理学院

A等

严玮玮 谢一奇 钱霜霜 郁寒 吕康玮 汪文婷 胡宇川 王伟剑 傅莹 彭娟娟 陈璐 朱明君
何惠婷 竺尘极 王一涵 姜孜龙 丁丹维 寇凤 吴晓晓 盛期 刘懿烝 江盼盼 陶佳宇 朱辰薇
叶小妹 李旭 顾嘉乐 袁晶 蓝晨 王玙 宋超 吴腾 朱灵艳 陆伟 刘飞 王滂
张一 刘嘉雯 王君婷 陈蓓 王俊珺 刘文华 陈标 张蕾 张蕾

B等

蒋薇 包烨怡 陈曦 李露露 王慧 孙斐 朱凯 代文瑶 丁筱茹 鲍晶 蓝旭 贲晶晶
何欢 俞倩雪 张梦乔 余松 莫紫晴 高虹琳 赵静 杜亦云 李洋 葛士超 庞皓文 郭盈贝
刘蓉 周显伟 张瑾 乔绪义 钱思寒 董淑锋 贺艳 张文莉 杨成杰 夏佳琦 江雪灵 黄晴雯
袁易卿 吴昊 李晨夏 李琪 邵雨晴 严任舟 吴红 王雷生 张育琴 姜亚萍 刘洋 杨昕艺
刘振 余燕丹 孙会智 黄立娴 邱晓婷 陆廷宣 张爽爽 曹前 陈敬 方丹凤

C等

马永芳 顾延倩 郑明明 王亚捷 肖卫民 孙瑞丹 张雯逸 张丹丹 李蜀丹 刘凯 黄源 戴晓海
陈怡伶 赵锦 周家旺 王鹏 汪琪 高熠璇 周明星 吉晓颖 郭静霞 张静宇 戴慧敏 王玲
李径 周苗 郭晓天 李萍 张瑶瑶 常亚琼 宋佳丽 蒋雪亭 邓亚珊 唐天源 蒋辛未 孙昱洁

艺术设计与传媒学院

A等

潘璠 杨博岸 李雪蓉 陈晓燕 顾培婕 刘心瑶 应晓青 林森 张赟 郑樟晶 张璇 王一
施佳华 贾媛 杜佳佳 严欢 徐志兵 尹艺荷 赵璟涵 李小康 龚治力 张怡然 魏天弘 王欣婷
朱润秋 佘宛婷

B等

孙钰洁 麻伟能 顾玲芬 朱颖秀 王向荣 温双宇 郭昕鸣 徐欣怡 程志鹏 管增益 路怡钦 蒋楠杰
叶永 励栋磊 乐涵潇 魏明恺 杜青怡 孙蕾蕾 李桁茹 金雨溦 刘静怡 倪皓清 贝典徽 李静媛
包兴俊 徐家琪 毛越 曹宇东 卫昊 蒋音恬 唐悠斐 楼丽 何英豪 吴衍 蔡亦 王浛
杨茗 黄钰洲 陈秋玲 王媛 徐俊怡 刘子维 金晓霞 孙怡婧 梁粤晨 黄鹭飞 管弦 刘翔宇

曹妮娜　刘浩元　史俐乐　徐　澄　刘　莎　陈　瑀　杨小倩　李佳灵　江琦焱　潘逸青　潘圣聪　张　陈
范洪燕　彭燕妮　许夥赟　苏晓雯　陈　磊　曹明远

C 等

倪晨安　熊　韬　吴博闻　吕　静　牟海淼　吴克宏　吴宇斐　肖　翡　郦　娜　周青青　龚若兰　袁洁琼
袁睦茜　吴燊涛　申思瑜　刘　靖　马先仙　张佩瑾　赵一梦　李以桃　范　翔　吴　莹　孙夏琳　林佳怡
辛佳红　沈　裔　朱婧婷　张倩卉　栾文杰

外国语学院

A 等

瞿维维　陈高雅　江屿蛟　朱文景　戴　杰　叶逸君　周思瑶　董　燕　朱　卉　陈佳炜　陈丹阳　平叶美
李　婕　叶佳媛　李冬雨　刘　馨　张天融　宋亭欢　倪华杰　吴昊天　倪　悦　黄威玮　唐幸尔　周辰若
孙雅平　安逸凡　徐　韵　杜一帆　苏陈晨　王统宇　陈静蕾　秦　越　姚　源　钱羽蒙　王晓杨　张蕊佳
吴俊豪　杨贺童　俞　璐

B 等

王秋嫣　周天祥　李逸菲　王道齐　薛正园　黄瑞昕　俞　越　李慧杰　潘如垒　曹兴鑫　宋凌霄　方　略
杜怡琳　黄　丽　陈逸飞　郭益方　李珊妮　凌　俐　赵　烨　贺亚茹　邱俊俊　沈海燕　张　虹　张梦露
于小雅　朱玲玉　张伊妘　陈奕灵　张　倩　顾逸舟　罗雪娟　李玉超　梅　戈　刘　洋

C 等

陈　丽　高嘉麟　王　立　周晨玺　黄可人　龚怡云　顾凌霄　洪佳灵　彭　茜　金婉霞　王超怡　苏佳琪
李慧彬　杨茜琳　缪　岚　朴　晶　张　晟　赵丽莉　李正婷　丁佳薇　黄竹青　陈欣意　孙乃瑾　王凌凯
赵雨涵　王夏楠　葛宇涵　富晓宇　杨粤龙　杨远颖　佘文卿　刘晓旋　张旖旎　林胜男　尚代悦

法学院

A 等

邱靖涵　李小川　邓超捷　刘　畅　范秋燕　朱文骎　安小婵　谢如燕　夏晟寒　孔一丁　吴茜茜　田椿雨
陈　俊　邵依依　刘　恋　刘　洋

B 等

庞　慧　蔡佳臻　梁效威　张　琪　江陵志　阿伊提拉罕·拜合力克　刘嘉健　吴　江　洪　昂　马韦娜
冯惠萍　王赛赛　迟翔宇　徐晓燕　谢　斌　沈红丽　施俊杰　王丽婷　汪　浩　王　琼　张　海　陈小彤
张谷泉　罗茗会　徐静雯　张　祺

C 等

王丹丹　李佳睿　刘　新　胡婧旋　蔡沁珂　周　圆　刘金臣　陈梦婷　吉常兴　杨玉婷　高　洁　琚鋆浩

中德工学院

A 等

李昕晖　施俊杰　吴子林　陈唯尔　朱慧芸　曹心易　詹富祥　陈安翎　吴　炀　王天宇　李显阳　陈书捷

B 等

任驰骋　杨佳欢　童喆锴　徐文彬　张沁怡　李心倩　黄青云　王佳安　徐　天　朱逸频　李思广　武正磊
陈丹澜　张晨雨　戎佳豪　蔡鋆琳　丁心怡　桂梦成　陶　巍　汪孟南　张静宇　马天翼　翁世源　张志豪
杨海剑

C 等

翁国杨　卫　奇　赵熇烜　刘斌龙　陆晓彦　陈文皓　李诗宜　高英子　唐　涵　周群洁　曾子涛

体育科学与工程学院

A 等

王弘毅　葛妍彦　王安妮　许啸天

B 等

沈雅雯　李海伦　黄红媛　陈隆杰　刘启明　强　君　郝　赫　陆蔡影

C 等

陈伊君　王晓楠　涂炜声　朱丽娜

招生与就业

Zhaosheng yu Jiuye

招生工作

【概况】 年内，教育部下达我校招生计划为 3 850 名（全部为本科计划），我校面向 31 个省（直辖市、自治区）招生，全部实行网上远程录取；另外，内地西藏班、内地新疆班的招生录取工作，根据教育部民族司的要求和安排，采取集中现场录取。

学校实际录取 3 840 人。上海生源合计 792 人，占总录取数的 20.6%。第一批本科 615 人（其中文科 115 人、理科 500 人），自主选拔录取 130 人，保送生 1 人，高水平运动员 11 人，艺术设计类 32 人，国防生 3 人。外省市生源合计 3 048 人，占总录取数的 79.4%。第一批本科 2 592 人（其中文科 243 人、理科 2 349 人），自主选拔录取 116 人，保送生 4 人，高水平运动员 22 人，艺术设计类 55 人，国防生 76 人，内地班 51 人，少数民族预科结业转正 55 人，定向生 17 人，贫困地区定向专项生 60 人。

少数民族预科（不占 2014 年招生计划，预科就读地点为南昌工学院，学制为 1 年）合计 58 人：内蒙古 6 人，辽宁 4 人，湖北 4 人，湖南 4 人，广西 4 人，贵州 5 人，云南 6 人，西藏 2 人，甘肃 5 人，青海 3 人，新疆 15 人（民考汉，协作计划）。

港澳台侨（不占招生计划）录取 17 人，包含澳门保送生 1 人。

自主选拔录取招生录取 246 人（其中高考成绩达到学校投档线的考生有 87 人）。

插班生招生计划为 30 名，实际录取 22 人。插班生转入我校二年级相应专业就读，并按我校学籍管理办法管理。

（朱涛）

附录：

新生录取基本情况（不包括少数民族预科、港澳台侨及插班生）

类别	录取人数/人	占招生数百分比/%
中共党员	1	97.01
中共预备党员	8	
共青团员	3 716	

续表

类别	录取人数/人	占招生数百分比/%
往届生	183	4.77
女生	1 614	42.03
农村户口	1 105	28.78
少数民族	262	6.82

本科录取情况 （单位：人）

省码	省、直辖市、自治区	保送生	定向	高水平运动员	国防生	贫困地区专项计划	少数民族预科转正	内地班	艺术类	一本统招	自主选拔实录	港澳台侨	合计
11	北京									28			28
12	天津			1						54			55
13	河北			3	5	3				100	6		117
14	山西					2				49	6		57
15	内蒙古					2	6			27	1		36
21	辽宁			1	5		3			78	11		98
22	吉林		4	1	5		4			63	1		78
23	黑龙江									62	1		63
31	上海	1		11	3				32	615	130		792
32	江苏			5	10				14	241	18		288
33	浙江			1	10				12	271	17		311
34	安徽				10	5			10	231	15		271
35	福建				7				7	79	3		96
36	江西				7	2				104	3		116
37	山东			2	6				12	204	17		241
41	河南			4		7				164	10		185
42	湖北					3	3			95	1		102
43	湖南			1		4	3			100	4		112
44	广东	1								38			39
45	广西			1		2	3			38			44
46	海南									14			14
50	重庆					3				60			63
51	四川	3			5	4				89	1		102

省码	省、直辖市、自治区	保送生	定向	高水平运动员	国防生	贫困地区专项计划	少数民族预科转正	内地班	艺术类	一本统招	自主选拔实录	港澳台侨	合计
52	贵州			1		5	4			47			57
53	云南					5	5			53			63
54	西藏					1	2	24		2			29
61	陕西				6	5				90			101
62	甘肃			1		7	4			101	1		114
63	青海						3			16			19
64	宁夏									22			22
65	新疆		13				15	27		72			127
	合计	5	17	33	79	60	55	51	87	3 207	246		3 840
	港澳台侨											17	17
	合计												3 857

说明：1. 港澳台侨考生的录取，不占教育部下达给我校的普通高考录取招生计划。
2. 内地班（新疆内地班、西藏内地班）是单列招生计划。

就业工作

【概况】 年内，为应对严峻的就业形势，促进毕业生充分就业，学校全面落实《国务院办公厅关于做好2013年全国普通高等学校毕业生就业工作的通知》（国办发〔2013〕35号）精神，按照《教育部关于做好2013年全国普通高等学校毕业生就业工作的通知》（教学〔2012〕11号）、《上海市教育委员会、上海市人力资源和社会保障局关于做好2013年上海高校毕业生就业工作的通知》（沪教委学〔2012〕70号）等文件的要求，认真做好毕业生就业指导和服务工作。学校2013年毕业生就业工作完成了预期目标，就业质量进一步提高，并在建立完善就业指导服务体系及就业引导、就业帮扶等方面做了大量卓有成效的工作。

以创新基地建设为契机，打造就业指导服务“8个体系”，包括生涯课程与指导讲座体系、个案咨询与校园活动体系、就业引导与就业帮扶体系、就业市场与动态监测体系、就业反馈与就业研究体系、网络信息建设与服务体系、队伍建设与人员培训体系、创新实践与创业教育体系。

以就业市场建设为抓手，努力确保岗位供应数量及质量。学校积极拓展就业市场，组织举办各种规模和类型的校园宣讲招聘活动，依托就业信息网络平台，建设网上网下两个市场，全天候不间断地向毕业生提供实习和就业岗位信息。

以就业引导工程项目为重点，强化就业工作的育人功能。学校大力弘扬就业工作主旋律，积极做好基层就业的宣传引导，认真执行《华东理工大学就业引导工程实施方案（2012—2015年）》，落实《2013年就业引导工程行动计划》，鼓励和引导毕业生面向城乡基层、中西部地区以及少数民族地区、贫困地区和艰苦边远地区就业。

认真落实就业帮扶政策，多维度构建毕业生帮困工作体系。学校各级部门高度重视困难帮扶工作，从经济资助、求职辅导、就业推荐、心理支持等多重维度积极构建全程、立体、实效的困难帮扶体系，为毕业生解决实际困难。

生源情况统计。华东理工大学2013届各学历层次的毕业生共计6 862人，其中本科毕业生4 625人、硕士毕业生2 021人、博士毕业生216人。2013年毕业生总数较2012年增加24人，增幅为0.35%。按性别划分，2013年学校毕业生中男生共有3 979人、女生共有2 883人，男女生总体比例约为1.38∶1。其中，本科毕业生中男女比例为1.34∶1；硕士毕业生中男女比例为1.41∶1；博士毕业生中男女比例为2.27∶1。按生源地划分，学校毕业生总体生源分布中，上海生源比例为27.31%；其中本科毕业生上海生源比例为32.89%，毕业研究生上海生源比例为15.78%。按政治面貌划分，中共党员及预备党员2 222人，团员4 265人，群众369人，其他党派 6 人；党团员占毕业生总数的 94.54%。

就业去向分布。本科毕业生中，1 069 人攻读硕士研究生学位或双学位，648 人申请出国，2 600 人落实工作；硕士研究生中，22 人攻读博士，30 人申请出国，1 940 人落实工作。博士研究生中，19 人博士后进站，10 人申请出国，181 人落实工作。学校本科生的单位性质流向主要是三资企业、国有企业和民营私营企业，毕业研究生的单位性质流向主要分布在三资企业、民营私营企业、国有企业、高等学校及科研单位四个方向。具体情况见下表。

2013 年毕业生就业单位性质流向表

单位性质	本科生单位性质流向	研究生单位性质流向
机关	1.13%	0.74%
国有企业	31.21%	25.16%
三资企业	35.67%	35.96%
民营私营企业	27.94%	28.47%
高等学校	0.05%	2.86%
其他教学单位	1.66%	1.09%
科研单位	0.44%	2.06%
医疗卫生单位	0.15%	0.46%
其他事业单位	1.75%	3.20%
总计	100.00%	100.00%

学校毕业生就业的地区流向以华东地区为主，本科毕业生在华东六省一市就业的人数占就业本科生人数的比例为 86.11%，毕业研究生在华东六省一市就业的人数占就业研究生人数的比例为 90.81%。具体情况见下表。

2013 年毕业生就业地区流向表

就业地区	本科生流向比例	研究生流向比例
上海市	75.19%	77.18%
华东六省	10.92%	13.63%
西部地区	6.31%	2.17%
环渤海地区	2.46%	2.59%
珠三角地区	1.92%	1.08%
中部地区	1.73%	2.17%
东北地区	1.19%	0.85%
其他	0.28%	0.33%
总计	100.00%	100.00%

附录：

2013年毕业生就业工作先进集体和先进个人名单

（排名不分先后）

毕业生就业工作先进集体（共5个）	
化工学院	
化学与分子工程学院	
药学院	
机械与动力工程学院	
商学院	

毕业生就业工作先进个人（共10人）	
王　越	药学院
曾晓玲	信息科学与工程学院
周玉荣	机械与动力工程学院
陆　乐	资源与环境工程学院
蔡海云	理学院
刘少文	商学院
韩　伟	社会与公共管理学院
郑　东	艺术设计与传媒学院
张　攀	外国语学院
刘海丰	法学院

促进就业工作领导奖（共8人）	
辛　忠	化工学院
张元兴	生物工程学院
田　禾	化学与分子工程学院
徐玉芳	药学院
唐颂超	材料科学与工程学院
周邵萍	机械与动力工程学院
吴柏钧	商学院
张　青	艺术设计与传媒学院

参与就业工作贡献奖（共14人）	
李　峰	化工学院
张文清	化学与分子工程学院
李欣欣	材料科学与工程学院
姜建华	材料科学与工程学院

朱　煜	信息科学与工程学院
姚兴军	机械与动力工程学院
修光利	资源与环境工程学院
孙贤波	资源与环境工程学院
谢海芬	理学院
谢　臻	艺术设计与传媒学院
王富军（校友）	浙江日升昌药业公司副总经理
潘　玲（校友）	上海唯耐机电设备工程有限公司总经理
韩　进（校友）	上海天士力药业有限公司总经理
薛佳杰（校友）	上海信谊天一药业有限公司销售经理

研究生教育

【概况】 年内，共有 8 338 人报考我校硕士研究生，录取硕士研究生 2 440 名，其中学术型硕士研究生 1 599 名，专业学位硕士研究生 841 名；按照考试方式划分，推荐免试硕士研究生 551 名，全国统招硕士研究生 1 889 名。共有 660 名考生报考我校博士研究生，录取 364 名。其中，以公开招考方式录取 110 名，硕博连读生 239 名，直接攻博生 15 名。共有 1 085 名考生报考攻读工程硕士专业学位，192 名考生报考我校在职 MPA（公共管理硕士）。录取工程硕士专业学位研究生 695 名，在职 MPA（公共管理硕士）研究生 100 名，在职 EMBA（高级工商管理硕士）研究生 51 名。

培养工作。2013 年版研究生培养方案投入使用。新版培养方案适用于博士、硕博连读、学术硕士研究生。在前一年的基础上，继续进行研究生教学培养质量评价工作，检查机械与动力工程学院、生物工程学院、化学与分子工程学院、药学院、科技信息研究所、人文科学研究院、体育科学与工程学院、高等教育研究所。召开研究生教育督导组专家组会议，评选出 54 名研究生课程教学优秀任课教师，其中，一等奖 11 名，二等奖 17 名，三等奖 26 名。召开研究生课程建设委员会会议，验收讨论第四期全英文授课课程建设，“能源转化工程”等 6 个项目通过验收。对第五期全英文授课研究生课程建设项目进行立项论证，“高等化工热力学”等 7 个项目通过立项。“职业发展管理”通识课程项目通过中期检查。“高等反应工程”等 16 个项目通过精品课程立项。发放研究生业绩津贴 712 万元。召开“2013 年结构可控材料的设计、制备及应用前沿”全国研究生暑期学校。召开 2013 年上海市研究生学术论坛（生物工程与技术）。召开 2013 年上海市新型化学污染物与环境风险控制技术研究生学术论坛。

学位工作。完成 2013 年新增硕士生导师遴选及招收硕士生导师名单确定工作。新遴选硕士生导师 54 人，审定 2013 年硕士生导师 890 人。完成新增博士生导师遴选工作，新遴选博士生导师 26 人（含 1 名兼职导师），延聘上岗博士生导师 11 人。校第十一届学位评定委员会第十次会议审议批准了 9 名硕士生导师的越级申请，延聘上岗硕士生导师 4 人。完成 2013 年工程硕士企业导师遴选工作，新增企业导师 61 人。开展校优秀研究生学位论文评选，评出优秀博士论文 28 篇、优秀硕士论文 43 篇。推荐 19 篇博士论文、22 篇硕士论文参评 2013 年上海市研究生优秀成果（学位论文）。我校 3 篇博士论文入选全国优秀博士学位论文题目论文。组织完成 2012 年优博培育计划资助项目中期考核评审，继续资助项目 7 项。组织了 2013 年新一轮优博培育计划前期培育资助项目遴选工作，经通讯评议初评、答辩复审，确定 4 项前期培育资助项目、3 项重点培育资助项目，并签订合同。授予博士学位 258 人，硕士学位 2 496 人（其中同等学力硕士 25 人、硕士专业学位 1 033 人）。组织春季、夏季两次研究生毕业典礼暨学位授予仪式。根据教育部学位中心、上海市学位办要求，完成我校 2012—2013 学年度第一学期、第二学期学位授予信息报送工作，共报送 9 263 的人学位授予信息，其中博士 260 人、学历教育硕士学位1 425 人、硕士专业学位 1 045 人、同等学力申请硕士学位 25 人、普通高等教育本科毕业生学士学位 5 211 人、成人高等教育本科毕业生学士学位 1 238 人、来华留学本科毕业生学士学位 59 人。

学籍、学生事务管理。年内，毕业生 2 315 人（博士生 269 人、硕士生 2 046 人）。其中，3 月毕业生共 1780 人（博士生 82 人、硕士生 1 698 人），6 月毕业生共 458 人（博士生 133 人、硕士生 325 人），9 月毕业生共 10 人（博士生 7 人、硕士生 3 人），11 月毕业生共 67 人（博士生 47 人、硕士生 20 人）。我校研究生计划外奖学金共评出获奖学生 237 名，发放奖金 137. 3 万元。评出各类计划内奖学金学生 1 684 名，先进集体 18 个。2013 年，学校共发放助研配套与助教、助管津贴 849. 33 万元，导师共支付助研津贴 1 531 万元。共向 440 名研究生发放助学贷款，总金额为 246. 15 万余元。对 2012 级、2013 级硕士研究生开展困难补助，共有 600 余名研究生享受到补助。研究生献血人数为 486 人。2013 年退学 88 人，博士改硕士答辩 18 人，转导师 112 人，转专业 53 人，受理出国申请 213 人。

学生工作。召开第十五届研究生代表大会第二次会议。会议增补选研究生会主任团、主席团，建立了一支高素质的研究生干部队伍，发挥研究生组织的“自我教育、自我管理、自我服务”作用，协助做好研究生思政教育工作。深入开展科学道德和学风建设宣讲教育活动，从上海市、大学园区、学校、学院多层面开展宣讲教育活动，营造良好学术氛围，让学术规范深入人心。组织研究生开展了十八届三中全会学习座谈会，针对青年人关注的热点话题，结合全会的内容要点，进行交流探讨与感悟分享。举办第十四届秋韵节活动，营造人文精神和科学精神并重的校园文化氛围。开展第十七届研究生论文年会和名师讲坛活动。开展以“华理情 • 师生梦”为主题的第三届研究生“我心目中的良师益友”评选活动，综合网上和现场两轮投票选出获奖者与提名奖。开展 2013 年研究生暑期社会实践活动。做好研究生安全稳定工作，通过校园网 BBS、研究生辅导员、研究生干部等渠道，及时关注、了解研究生的思想动态。在研究生中开展思想调研工作，学校的有关举措得以顺利实施，且为学校制定相关方针、政策提供了参考。

附录：

华东理工大学2013年12月在读研究生统计表（含留学生）　　（单位：人）

类别		合计				
		非定	定向	委培	自筹	小计
普通学位研究生	博士	1 139	23	308	2	1 472
	硕士（含硕-博连读）	4 410	21	21	285	4 737
	合 计	5 549	44	329	287	6 209
全日制专业学位研究生	全日制MBA	23	0	545	696	1 264
	全日制MPA	0	0	75	0	75
	全日制工程硕士	769	0	6	19	794
	全日制法律硕士	46	0	0	1	47
	全日制社工硕士	60	2	0	1	63
	全日制艺术硕士	23	0	0	2	25
	全日制国际商务硕士	12	12	12	12	48
	全日制药学硕士	32	0	0	0	32
	全日制中药学硕士	20	0	0	0	20
	全日制会计硕士	39	0	48	1	88
	合 计	1 060	2	674	720	2 456
非全日制专业学位研究生	高校教师	0	0	7	0	7
	MBA（单）	0	0	45	0	45
	EMBA	0	0	262	0	262
	MPA（单）	0	0	200	0	200
	工程硕士（单）	0	0	2 404	0	2 404
	合 计	0	0	2 918	0	2 918
合 计		6 609	46	3 921	1 007	11 583

注：统计数据不包含休学和保留学籍学生（含留学生）。

2013 年博士生录取情况统计表

（单位：人）

报考人数	录取人数				录取人数（按类别）			录取人数（按生源学历）				
	小计	公开招考	硕博连读	直接攻博	非定向	定向	委托培养	已获硕士	应届硕士	在学硕士	应届本科	同等学历
660	364	110	239	15	323	9	32	84	26	239	15	0

2013 年硕士生录取情况统计表

（单位：人）

国家计划	招生规模	录取人数	录取人数（按类别划分）							录取人数（按考试方式划分）		录取人数（按考生学历划分）			保留入学资格
			硕博	一等	二等	其他	定向	委培	自筹	全国统考	推荐免试	研究生毕业	大学本科	同等学力	
1 730	2 460	2 440	140	735	683	453	2	231	196	1 889	551	6	2 368	66	8

2013 年在职人员攻读硕士学位研究生录取情况统计表

（单位：人）

2013 年报考人数			2012 年录取人数			
小计	工程硕士	MPA	小计	工程硕士	MPA	EMBA
1 277	1 085	192	846	695	100	51

博士学位授权点一览表

学科门类	一级学科名称	二级学科名称	所在行政单位
经济学	应用经济学▲	国民经济学（原西方经济学）	商学院
		区域经济学	
		财政学（含税收学）	
		金融学（含保险学）	
		产业经济学	
		国际贸易学	
		劳动经济学	
		统计学	
		数量经济学	
		国防经济	

续表

学科门类	一级学科名称	二级学科名称	所在行政单位
法学	社会学▲	社会学	社会与公共管理学院
		人口学	
		人类学	
		民俗学（含中国民间文学）	
		社会工作（学）△	
		社会管理与社会政策△	
		法社会学△	
	马克思主义理论	马克思主义中国化研究	马克思主义学院
理学	数学▲	基础数学	理学院
		计算数学	
		概率论与数理统计	
		应用数学	
		运筹学与控制论	
	化学▲	无机化学	化学与分子工程学院
		分析化学	
		有机化学	
		物理化学（含化学物理）	
		精细合成化学与分子工程△	
		高分子化学与物理	材料科学与工程学院
	生物学	生物化学与分子生物学	生物工程学院
工学	机械工程▲	机械制造及其自动化	机械与动力工程学院
		机械电子工程	
		机械设计及理论	
		车辆工程	
		工业设计△	

续表

学科门类	一级学科名称	二级学科名称	所在行政单位
工学	材料科学与工程▲	材料物理与化学	材料科学与工程学院
		材料学	
		材料加工工程	
		生物材料△	
		纳米材料与技术△	
		体育运动材料△	
		高分子化工△	
		先进复合材料△	
		先进材料与制备技术△	化学与分子工程学院
	动力工程及工程热物理▲	热能工程	资源与环境工程学院
		工程热物理	机械与动力工程学院
		动力机械及工程	
		流体机械及工程	
		制冷及低温工程	
		化工过程机械	
	控制科学与工程▲	控制理论与控制工程	信息科学与工程学院
		检测技术与自动化装置	
		系统工程	
		模式识别与智能系统	
		导航、制导与控制	
	计算机科学与技术	计算机应用技术	
	化学工程与技术▲	化学工程	化工学院
		化学工艺	
		过程系统工程△	
		材料化学工程△	
		能源化学工程△	

续表

学科门类	一级学科名称	二级学科名称	所在行政单位
工学	化学工程与技术▲	应用化学	化学与分子工程学院
		工业催化	
		制药工程与技术△	药学院
		化学生物技术与工程△	
		生物化工	生物工程学院
	轻工技术与工程▲	制浆造纸工程	
		制糖工程	
		发酵工程	
		皮革化学与工程	化学与分子工程学院
		生物技术与工程△	生物工程学院
	环境科学与工程▲	环境科学	资源与环境工程学院
		环境工程	
农学	植物保护	农药学	药学院
医学	药学▲	药物化学	
		药剂学	
		生药学	
		药物分析学	
		微生物与生化药学	
		药理学	
管理学	管理科学与工程▲	不设二级学科	商学院

注：共81个博士学位点。标注“▲”的为博士学位授权一级学科，共13个；标注“△”的为在博士学位授权一级学科下自主设置的学科专业，共17个。博士学位点涉及7个学科门类，17个一级学科。

硕士学位授权点一览表

学科门类	一级学科名称	二级学科名称	所在行政单位
哲学	哲学▼	马克思主义哲学	马克思主义学院
		中国哲学	
		外国哲学	
		逻辑学	
		伦理学	
		美学	
		宗教学	
		科学技术哲学	
经济学	应用经济学▼	国民经济学（原西方经济学）	商学院
		区域经济学	
		财政学（含税收学）	
		金融学（含保险学）	
		产业经济学	
		国际贸易学	
		劳动经济学	
		统计学	
		数量经济学	
		国防经济	
法学	法学▼	法学理论	法学院
		法律史	
		宪法学与行政法学	
		刑法学	
		民商法学（含劳动法学、社会保障法学）	
		诉讼法学	
		经济法学	
		环境与资源保护法学	
		国际法学（含国际公法、国际私法、国际经济法）	
		军事法学	
	政治学	政治学理论	马克思主义学院
		中外政治制度（暂停招生）	

续表

学科门类	一级学科名称	二级学科名称	所在行政单位
法学	社会学▼	社会学	社会与公共管理学院
		人口学	
		人类学	
		民俗学（含中国民间文学）	
		社会工作（学）▽	
		社会管理与社会政策▽	
		法社会学▽	
	马克思主义理论▼	马克思主义基本原理	马克思主义学院
		马克思主义发展史	
		马克思主义中国化研究	
		国外马克思主义研究	
		思想政治教育	
		中国近现代史基本问题研究	
教育学	教育学	高等教育学	高等教育研究所
	体育学	体育人文社会学	体育科学与工程学院
文学	外国语言文学	英语语言文学	外国语学院
		外国语言学及应用语言学	
历史学	中国史	中国近现代史（暂停招生）	马克思主义学院
理学	数学▼	基础数学	理学院
		计算数学	
		概率论与数理统计	
		应用数学	
		运筹学与控制论	
	物理学▼	理论物理	
		粒子物理与原子核物理	
		原子与分子物理	
		等离子体物理	
		凝聚态物理	
		声学	
		光学	
		无线电物理	
		核技术应用▽	

续表

学科门类	一级学科名称	二级学科名称	所在行政单位
理学	化学▼	无机化学	化学与分子工程学院
		分析化学	
		有机化学	
		物理化学（含化学物理）	
		精细合成化学与分子▽	
		高分子化学与物理	材料科学与工程学院
	海洋科学	海洋生物学	生物工程学院
	生物学	微生物学	
		生物化学与分子生物学	
工学	力学	固体力学	机械与动力工程学院
	机械工程▼	机械制造及其自动化	
		机械电子工程	
		机械设计及理论	
		车辆工程	
		工业设计▽	
	动力工程及工程热物理▼	工程热物理	
		动力机械及工程	
		流体机械及工程	
		制冷及低温工程	
		化工过程机械	
		热能工程	资源与环境工程学院
	材料科学与工程▼	材料物理与化学	材料科学与工程学院
		材料学	
		材料加工工程	
		生物材料▽	
		纳米材料与技术▽	
		体育运动材料▽	
		先进材料与制备技术▽	化学与分子工程学院
		高分子化工▽	材料科学与工程学院
		先进复合材料▽	
	信息与通信工程	信号与信息处理	信息科学与工程学院
	仪器科学与技术	测试计量技术及仪器（暂停招生）	

续表

学科门类	一级学科名称	二级学科名称	所在行政单位
工学	控制科学与工程▼	控制理论与控制工程	信息科学与工程学院
		检测技术与自动化装置	
		系统工程	
		模式识别与智能系统	
		导航、制导与控制	
	计算机科学与技术▼	计算机系统结构	
		计算机软件与理论	
		计算机应用技术	
	石油与天然气工程	油气储运工程	化工学院
	化学工程与技术▼	化学工程	
		化学工艺	
		过程系统工程▽	
		材料化学工程▽	
		能源化学工程▽	
		资源循环科学与工程▽	
		应用化学	化学与分子工程学院
		工业催化	
		制药工程与技术▽	药学院
		化学生物技术与工程▽（暂停招生）	
		生物化工	生物工程学院
	食品科学与工程	食品科学	
	轻工技术与工程▼	制浆造纸工程（未招生）	
		制糖工程（未招生）	
		发酵工程	
		生物工程与技术▽	
		皮革化学与工程	化学与分子工程学院
	环境科学与工程▼	环境科学	资源与环境工程学院
		环境工程	
	生物医学工程▼	不设二级学科	材料科学与工程学院
	安全科学与工程▼	暂不设二级学科	机械与动力工程学院

续表

学科门类	一级学科名称	二级学科名称	所在行政单位
农学	植物保护▼	植物病理学	药学院
		农业昆虫与害虫防治	
		农药学	
医学	药学▼	药物化学	
		药剂学	
		生药学	
		药物分析学	
		药理学	
		微生物与生化药学	
	中药学▼	不设二级学科	
管理学	管理科学与工程▼	不设二级学科	商学院
	工商管理▼	会计学	
		企业管理（含财务管理、市场营销、人力资源管理）	
		技术经济及管理	
		旅游管理	艺术设计与传媒学院
	公共管理▼	行政管理	社会与公共管理学院
		社会保障	
		土地资源管理	
		社会医学与卫生事业管理（未招生）	
		教育经济与管理	高等教育研究所
	图书情报与档案管理	情报学	科技信息研究所
艺术学	设计学▼	暂不设二级学科	艺术设计与传媒学院

注：共 146 个硕士学位点。标注“▼”的为硕士学位授权一级学科，共 25 个；标注“▽”的为在硕士学位授权一级学科下自主设置的学科专业，共 19 个。硕士学位点共涉及 12 个学科门类，38 个一级学科。

硕士专业学位授权点一览表

<table>
<tr><th>专业学位名称</th><th>工程领域名称</th><th>所在行政单位</th></tr>
<tr><td rowspan="19">工程硕士（ME）</td><td>化学工程</td><td>化工学院</td></tr>
<tr><td>制药工程</td><td rowspan="2">化学与分子工程学院</td></tr>
<tr><td>轻工技术与工程</td></tr>
<tr><td>材料工程</td><td>材料科学与工程学院</td></tr>
<tr><td>动力工程</td><td rowspan="2">机械与动力工程学院</td></tr>
<tr><td>机械工程</td></tr>
<tr><td>安全工程</td><td>机械与动力工程学院
资源与环境工程学院</td></tr>
<tr><td>控制工程</td><td rowspan="5">信息科学与工程学院</td></tr>
<tr><td>软件工程</td></tr>
<tr><td>计算机技术</td></tr>
<tr><td>电子与通信工程</td></tr>
<tr><td>仪器仪表工程</td></tr>
<tr><td>环境工程</td><td>资源与环境工程学院</td></tr>
<tr><td>食品工程</td><td rowspan="2">生物工程学院</td></tr>
<tr><td>生物工程</td></tr>
<tr><td>工业设计工程</td><td>艺术设计与传媒学院</td></tr>
<tr><td>项目管理</td><td rowspan="5">商学院</td></tr>
<tr><td>物流工程</td></tr>
<tr><td></td></tr>
<tr><td>工商管理硕士
（MBA、EMBA）</td><td rowspan="9"></td></tr>
<tr><td>会计硕士（MPAcc）</td></tr>
<tr><td>国际商务硕士（MIB）</td></tr>
<tr><td>公共管理硕士（MPA）</td><td rowspan="2">社会与公共管理学院</td></tr>
<tr><td>社会工作硕士（MSW）</td></tr>
<tr><td>法律硕士（JM）</td><td>法学院</td></tr>
<tr><td>药学硕士（M Pharm）</td><td rowspan="2">药学院</td></tr>
<tr><td>中药学硕士（MCMM）</td></tr>
<tr><td>艺术硕士（MFA）</td><td>艺术设计与传媒学院</td></tr>
</table>

注：共 10 个专业硕士学位类别。

博士研究生指导教师名单

一级学科名称	二级学科名称	导师姓名	
应用经济学	国民经济学、区域经济学、财政学、金融学、产业经济学、国际贸易学、劳动经济学、统计学、数量经济学、国防经济	于立宏	王跃
		孔令丞	任飞
		阮永平	杨逢珉 *
		吴玉鸣	吴柏钧
		宋福铁	周炜星
		姜近勇（兼）	鲍曙明（兼）
社会学	社会学、人口学、人类学、民俗学、社会工作、社会管理与社会政策	纪晓岚	杨发祥
		李瑜青	何雪松
		张广利	张昱
		范斌	徐永祥 *
		郭毅	曹锦清
	马克思主义中国化研究	刘金祥	张平
		范明英	鲍宗豪 *
数学	基础数学、计算数学、概率论与数理统计、应用数学、运筹学与控制论	马铁驹	王如彬
		韦增欣（兼）	任飞
		刘朝晖	李建奎
		邵方明	范体军
		周炜星	徐洪坤（兼）
		唐赟	程红波
		鲁习文 *	廖玮
化学	无机化学	卢冠忠	朱以华
		刘劲刚 *	杨宇翔
		钟新华	黄永民
	分析化学	龙亿涛 *	卫钢（兼）
		杜一平	张文清
		张维冰	胡坪
		蓝闽波	
	有机化学	陈凯先（兼）	田禾
		施敏	马海燕
		伍新燕 *	邹刚
		胡爱国	游书力（兼）

一级学科名称	二级学科名称	导师姓名	
化学	物理化学	胡英	卢冠忠
		刘洪来 *	李和兴（兼）
		叶汝强	安学勤
		牟伯中	杨世忠
		沈伟国	胡军
		姜建文（兼）	彭昌军
		蔡钧	
	高分子化学与物理	施剑林（兼）	林嘉平 *
		王晓松（兼）	田晓慧
		吴国章	吴唯
		郑安呐	郎美东
		胡爱国	徐世爱
		徐海生	郭卫红
		黄发荣	韩哲文
	精细合成化学与分子工程	田禾	王利民
		朱为宏 *	伍新燕
		朱麟勇	苏建华
		花建丽	陈国荣
		陈彧	解永树
	生物化学与分子生物学	张永莲（兼）	杨胜利（兼）
		陈志南（兼）	王平
		张元兴	李亦学（兼）
		沈旭（兼）	熊志奇（兼）
		叶邦策	史萍
		冯耀宇	任宇红
		刘少伟	刘建文
		牟伯中	花强
		杜一平	杨弋
		张井岩	张惠展
		郭美锦	鲍杰
		魏东芝 *	

续表

一级学科名称	二级学科名称	导师姓名	
机械工程	机械制造及其自动化	王正东＊	王庆明
		易建军	郑建荣
		夏春明	曹恒
		潘红良	
	机械电子工程	郑建荣	夏春明
		曹恒＊	
	机械设计及理论	章文俊（兼）	涂善东
		王正东	叶林（兼）
		安琦＊	轩福贞
		程建新	潘红良
	工业设计	安琦	杨明刚
		程建新＊	
材料科学与工程	材料物理与化学、材料学、材料加工工程、生物材料、纳米材料与技术	顾真安（兼）	蒋士成（兼）
		刘昌胜	施剑林（兼）
		王健农	林嘉平
		李春忠	王庚超
		王晓松（兼）	田晓慧
		朱以华	乔秀臣
		刘够生	关士友
		齐会民	关凯书
		杨化桂	李永生
		李冰	杜磊（兼）
		吴驰飞	吴国章
		吴唯	张玲
		陈国荣＊	陈建定
		陈爱平	陈新
		杲云（兼）	郑安呐
		郑柏存	郎美东
		胡爱国	徐世爱
		徐宏	郭卫红
		黄发荣	龚尚庆
		董擎之	韩哲文
		路贵民	魏杰
		戴干策	

一级学科名称	二级学科名称	导师姓名	
材料科学与工程	先进材料与制备技术	王艳芹	朱麟勇
		张金龙	陈彧 *
		周晓东	钟新华
		黄永民	韩哲文
动力工程及工程热物理	热能工程	王辅臣 *	于广锁
		王亦飞	王杰
		朱冬生（兼）	刘海峰
		张德祥	陈彩霞
		胡军	徐宏
		栾伟玲	龚欣
		鲁军	
	动力机械及工程	严晋跃（兼）	王国珍
		朱冬生（兼）	轩福贞 *
		赖焕新	
	流体机械及工程	刘海峰	安琦
		葛晓陵	赖焕新 *
	化工过程机械	涂善东	汪华林
		于新海	马玉录
		王正东	王国珍
		王学生	朱冬生（兼）
		关凯书	轩福贞
		陈钢（兼）	徐宏 *
		栾伟玲	惠虎
控制科学与工程	控制理论与控制工程，检测技术与自动化装置，系统工程，模式识别与智能系统，导航、制导与控制	钱锋	韩清龙（兼）
		王行愚	王如彬
		王振雷	牛玉刚
		田华（兼）	朱煜
		刘漫丹	杜文莉
		李绍军	杨富文
		邹俊忠	张建华
		范体军	林家骏
		侍洪波	顾幸生 *
		凌志浩	高大启
		颜学峰	薛安克（兼）

续表

一级学科名称	二级学科名称	导师姓名	
	计算机应用技术	田华（兼）	冯翔
		朱煜	李洪林
		邵志清（兼）	林家骏
		易建军	高大启＊
		虞慧群	
化学工程与技术	化学工程	胡英	袁渭康
		张懿（兼）	郑绵平（兼）
		李元广	于建国
		刘洪来	方向晨（兼）
		龙湘犁	乔秀臣
		朱家文	刘够生
		许振良	孙世刚（兼）
		杨为民（兼）	李平
		李平（资）	辛忠
		张新胜	周兴贵
		周晓东	赵玲
		曹贵平	彭昌军
		韩一帆	程振民＊
		曾作祥	路贵民
		谭文松	漆志文
		戴干策	
	化学工艺	王基铭（兼）	王辅臣
		于广锁	王亦飞
		田恒水	朱子彬
		乔文明	朱学栋
		刘柏平	刘海峰
		肖天存（兼）	应卫勇
		沈本贤＊	张成芳
		周晓龙	房鼎业
		施力	徐心茹
		翁惠新	凌立成
		郭旭虹	曹发海
		龚欣	

续表

一级学科名称	二级学科名称	导师姓名	
化学工程与技术	生物化工	杨胜利（兼）	王平
		李元广	庄英萍
		张元兴	刘昌胜
		钟建江（兼）	许建和 *
		王永红	今忠中行（兼）
		叶邦策	卢艳花
		叶勤	冯耀宇
		任宇红	刘琴
		花强	杨弋
		沈亚领	张惠展
		张嗣良	周祥山
		钱江潮	郭美锦
		曹学君	储炬
		鲍杰	谭文松
		魏东芝	
	应用化学	田禾 *	施敏（兼）
		龙亿涛	梁鑫淼（兼）
		王成云	王利民
		朱为宏	伍新燕
		朱麟勇	刘劲刚
		牟伯中	苏建华
		花建丽	李克勤（兼）
		沈永嘉	宋恭华
		张文清	张金龙
		陈彧	陈锋
		钟新华	童晓峰
		解永树	
	工业催化	胡培君	卢冠忠 *
		谢在库（兼）	马海燕
		王幸宜	王艳芹
		刘柏平	张金龙
		陈爱平	侯震山
		郭杨龙	郭耘
		龚学庆	

续表

一级学科名称	二级学科名称	导师姓名	
化学工程与技术	制药工程与技术	王卫（兼）	梁鑫森（兼）
		游书力（兼）	邓卫平
		叶金星	朱维平
		刘仁华	李忠
		沈永嘉	宋恭华 *
		张彦涛（兼）	张维冰
		陈国荣	施小新
		徐晓勇	曹松
		曾步兵	蓝闽波
		虞心红	冀亚飞
	过程系统工程	王基铭（兼）	袁渭康
		钱锋	成思危（兼）
		应卫勇	周兴贵 *
		赵玲	漆志文
		颜学峰	
	材料化学工程	李春忠	乔文明
		刘柏平	许振良
		辛忠 *	周晓东
		洪定一（兼）	凌立成
		郭旭虹	曹贵平
	能源化学工程	乔文明	应卫勇
		辛忠	沈本贤
		周晓龙	施力
		徐心茹	凌立成
		郭旭虹 *	韩一帆
	发酵工程	李元广	庄英萍
		张元兴	许建和
		钟建江（兼）	王永红
		叶勤	花强 *
		沈亚领	张嗣良
		陈代杰（兼）	郭美锦
		曹学君	储炬
		鲍杰	谭文松
		魏东芝	

续表

一级学科名称	二级学科名称	导师姓名	
轻工技术与工程	皮革化学与工程	王利民 *	花建丽
		苏建华	邹刚
环境科学与工程	环境科学、环境工程	郑绵平（兼）	于建国
		肖立华	龙亿涛
		汪华林	马建新（兼）
		冯耀宇	吕树光 *
		乔秀臣	刘勇弟
		许振良	李平（资）
		杨骥	林匡飞
		林逢凯	修光利
		姚重华	鲁军
		路贵民	
药学	农药学	钱旭红	邓卫平
		Sang ho Koo（兼）	
		李忠 *	宋恭华
		徐玉芳	徐晓勇
		陶黎明	曹松
	药物化学、药剂学、生药学、药物分析学、微生物与生化学	钱旭红	王卫（兼）
		蒋华良（兼）	马大为（兼）
		沈旭（兼）	胡立宏（兼）
		俞飚（兼）	梁鑫淼（兼）
		熊志奇（兼）	王蕊
		Sang ho Koo（兼）	
		邓卫平	叶金星
		朱维平	刘仁华
		刘东祥（兼）	刘建文
		杨弋	杨有军
		李剑	李洪林
		李浩	张卫东（兼）
		张井岩	段文虎（兼）
		施小新	钱忠明（兼）
		徐玉芳	唐赟 *
		黄瑾	韩焕兴（兼）
		曾步兵	虞心红

续表

一级学科名称	二级学科名称	导师姓名	
管理科学与工程		王基铭（兼）	马铁驹
		成思危（兼）	刘刚
		刘朝晖	孙济庆
		李玉刚	李英
		陈洪安	陈智高
		范体军＊	易建军
		侍洪波	周炜星
		顾幸生	郭毅
		阎海峰	黄维德
		景奉杰	鲁习文

注：共325名博士生导师。标注“＊”的为导师组长；标注“（兼）”的为兼职导师。

2013 年专业上岗招生硕士导师名单

专业归属院系	编号	导师组专业	导师组长	所属分委员会	人数	主招专业上岗导师	新增导师	跨专业招生导师	延续上岗导师
001 化工学院	1	081701 化学工程	程振民	化学工程与工艺	70	蔡建国、曹贵平、陈剑佩、陈葵、程振民、方波、方向晨、方云进、顾雄毅、韩一帆、黄婕、纪利俊、金浩、乐清华、李冰、李平、李平、李伟、李玉安、刘够生、刘涛、龙东辉、龙湘犁、马新胜、潘鹤林、彭阳峰、漆志文、沈春银、施云海、宋兴福、隋志军、孙世刚、吴秋芳、武斌、辛忠、徐晶、许振良、许志美、杨虎、杨为民、叶启亮、叶贞成、于建国、袁佩青、袁渭康、袁向前、曾作祥、张秋香、张新胜、赵玲、赵培、周静红、周晓东、周兴贵、周志明、朱家文、朱卡克、朱贻安	陈立芳、孙伟振、赵双良	白志山、韩伟、胡培君、胡英、李洪林、刘洪来、彭昌军、郑柏存	戴干策
001 化工学院	2	081702 化学工艺	沈本贤	化学工程与工艺	59	柏子龙、曹发海、陈雪莉、程瑞华、代正华、龚欣、郭旭虹、赫崇衡、江洪波、李少萍、李涛、梁晓怿、凌昊、凌立成、刘柏平、刘殿华、刘海峰、刘纪昌、鲁军、吕涯、欧阳福生、沈本贤、施力、宋月芹、唐黎华、田恒水、王基铭、王杰、王艳莉、吴本芳、吴幼青、肖天存、徐心茹、薛为岚、杨敬一、应卫勇、于广锁、詹亮、张德祥、张海涛、张建雨、张琪、张素平、赵基钢、周晓龙、周志杰、朱学栋、朱志华、朱志庆、邹滢	李瑞江	乔文明、王辅臣、王亦飞	房鼎业、高晋生、翁惠新、张成芳、朱子彬

续表

专业归属院系	编号	导师组专业	导师组长	所属分委员会	人数	主招专业上岗导师	新增导师	跨专业招生导师	延续上岗导师
001 化工学院	3	0817Z1 能源化学工程	郭旭虹	化学工程与工艺	0				
001 化工学院	4	0817Z2 资源循环科学与工程	宋兴福	化学工程与工艺	11	乔秀臣		安学勤、李平、凌立成、路贵民、牟伯中、宋兴福、孙淑英、徐殿胜、于建国、张海涛	
001 化工学院	5	0817Z4 过程系统工程	辛忠	化学工程与工艺	15	钱刚		曹发海、陈剑佩、李绍军、李涛、刘殿华、漆志文、钱锋、王振雷、颜学峰、叶贞成、应卫勇、袁渭康、赵玲、周兴贵	
001 化工学院	6	0817Z6 材料化学工程	周兴贵	化学工程与工艺	24	陈雪梅、洪定一、李莉、陆馨、孟鑫、乔文明、许海涛、杨景辉、杨座国、张锐	岑莲、赵世成	曹贵平、郭旭虹、李春忠、梁晓怿、凌立成、刘柏平、沈春银、辛忠、许振良、曾作祥、詹亮、周晓东	
001 化工学院	7	082003 油气储运工程	沈本贤	化学工程与工艺	13			柏子龙、江洪波、李少萍、凌昊、吕涯、欧阳福生、沈本贤、施力、徐心茹、杨敬一、赵基钢、周晓龙、邹滢	
002 化学与分子工程学院	8	070301 无机化学	钟新华	化学	11	刘金库、刘劲刚、杨宇翔、张华、张建荣、钟新华		陈爱平、黄永民、解永树、卢冠忠、王艳芹	
002 化学与分子工程学院	9	070302 分析化学	胡坪	化学	16	杜一平、胡坪、蓝闽波、龙亿涛、倪力军、潘铁英、施超欧、卫钢、夏玮、张立国、张凌怡、张维冰、张文清、赵红莉、周丽绘	钱俊红		

续表

专业归属院系	编号	导师组专业	导师组长	所属分委员会	人数	主招专业上岗导师	新增导师	跨专业招生导师	延续上岗导师
002 化学与分子工程学院	10	070303 有机化学	马海燕	化学	22	蔡良珍、焦家俊、刘培念、罗千福、马海燕、施敏、伍新燕、许胜、杨先金、张军、赵梅欣、赵敏	王飞军、杨雪艳	包春燕、曹松、胡爱国、沈冬、田禾、游书力、赵春常、邹刚	
002 化学与分子工程学院	11	070304 物理化学	彭昌军	化学	20	安学勤、蔡钧、陈启斌、胡军、胡英、姜建文、李和兴、刘洪来、刘金峰、彭昌军、戎宗明、尚亚卓、沈伟国、王小永、徐首红、杨世忠、叶汝强、邹爱华		卢冠忠、牟伯中	
002 化学与分子工程学院	12	0703Z1 精细合成化学与分子工程	解永树	化学	17	苏建华、唐燕辉、朱为宏		陈锋、陈国荣、陈彧、花建丽、解永树、刘培念、马骧、曲大辉、田禾、王成云、王利民、王巧纯、伍新燕、朱麟勇	
002 化学与分子工程学院	13	0805Z5 先进材料与制备技术	黄永民	材料科学与工程	11	陈彧、韩霞、黄永民		黄发荣、田宝柱、王艳芹、张金龙、张伟安、钟新华、周晓东、朱麟勇	
002 化学与分子工程学院	14	081704 应用化学	陈锋	化学	37	包春燕、陈锋、陈国荣、花建丽、解永树、廖道华、马骧、曲大辉、沈永嘉、田宝柱、田禾、王成云、王利民、王灵芝、王巧纯、吴君臣、张金龙、张伟安、赵春常、朱麟勇	李克勤	陈彧、龚学庆、蓝闽波、李忠、刘劲刚、龙亿涛、马海燕、施敏、宋恭华、苏建华、童晓峰、伍新燕、张文清、赵红莉、钟新华、朱为宏	
002 化学与分子工程学院	15	081705 工业催化	王艳芹	化学	15	龚学庆、郭杨龙、郭耘、侯震山、胡培君、李到、卢冠忠、任家文、王筠松、王丽、王幸宜、王艳芹、谢在库、詹望成		刘柏平	

续表

专业归属院系	编号	导师组专业	导师组长	所属分委员会	人数	主招专业上岗导师	新增导师	跨专业招生导师	延续上岗导师
002 化学与分子工程学院	16	082204 皮革化学与工程	邹刚	化学	7	童晓峰、邹刚		花建丽、苏建华、王利民、张金龙、朱为宏	
003 生物工程学院	17	070703 海洋生物学	张元兴	生物科学与工程	6	陈波、刘琴、王启要、庄平		李元广、吴海珍	
003 生物工程学院	18	071005 微生物学	储炬	生物科学与工程	13	储炬、郭美锦	杭海峰	宫衡、花强、沈亚领、王伟、王永红、许建和、叶蕊芳、张惠展、庄英萍	张嗣良
003 生物工程学院	19	071010 生物化学与分子生物学	魏东芝	生物科学与工程	38	曹旭妮、范立强、冯耀宇、韩泽广、李素霞、李亦学、林金萍、马兴元、马昱澍、牟伯中、欧伶、欧阳立明、钱江潮、任宇红、史萍、王平、魏东芝、吴海珍、辛秀娟、杨胜利、杨弋、张惠展、张新、张永莲、赵健	王天文	常雅宁、杜一平、高峰、黄瑾、黄青春、刘建文、王启要、王蕊、王学东、熊志奇、叶邦策、张井岩	
003 生物工程学院	20	081703 生物化工	许建和	生物科学与工程	39	蔡海波、曹学君、黄明志、李元广、刘坐镇、卢艳花、朴成勋、谭文松、王伟、王学东、王永红、徐殿胜、许建和、叶邦策、叶朝阳、易小萍、郁惠蕾、张道敬、张旭、钟建江、周祥山、周燕	关岳、尹斌成	鲍杰、储炬、郭美锦、花强、李志敏、刘琴、钱江潮、任宇红、王平、魏东芝、谢静莉、杨胜利、张元兴	叶勤、张嗣良
003 生物工程学院	21	082203 发酵工程	庄英萍	生物科学与工程	18	鲍杰、陈代杰、高淑红、宫衡、花强、李志敏、叶蕊芳、庄英萍		曹学君、储炬、李元广、沈亚领、谭文松、王学东、张元兴、赵黎明	叶勤、张嗣良

续表

专业归属院系	编号	导师组专业	导师组长	所属分委员会	人数	主招专业上岗导师	新增导师	跨专业招生导师	延续上岗导师
003 生物工程学院	22	0822Z1 生物工程与技术	张元兴	生物科学与工程	18	沈亚领、张元兴	关岳、肖立华	蔡海波、曹学君、冯耀宇、郭美锦、刘少伟、卢艳花、马兴元、史萍、许建和、杨弋、张惠展、赵健、周燕、庄英萍	
003 生物工程学院	23	083201 食品科学	叶邦策	生物科学与工程	13	常雅宁、方明、蒋丽华、李爽、刘少伟、谢静莉、赵黎明、周家春	胡国华、周英	方波、卢艳花、叶邦策	
004 机械与动力工程学院	24	080102 固体力学	何录武	机械与动力工程	4	何录武、李勇、刘长虹、王和慧			
004 机械与动力工程学院	25	080201 机械制造及其自动化	王庆明	机械与动力工程	14	高连新、何云、季白杨、李英、路贵民、王庆明、肖民		曹恒、林砺宗、潘红良、王正东、易建军、章文俊、郑建荣	
004 机械与动力工程学院	26	080202 机械电子工程	曹恒	机械与动力工程	12	曹恒、林砺宗、刘长利、钱志勤、夏春明、颜建军、章兰珠、郑建荣	贾九红	高志、易建军、章文俊	
004 机械与动力工程学院	27	080203 机械设计及理论	安琦	机械与动力工程	11	安琦、高志、郭慧、潘红良、秦宗慧、王建文、章文俊	陈建钧	涂善东、轩福贞、张修庆	
004 机械与动力工程学院	28	080204 车辆工程	易建军	机械与动力工程	4	易建军		何云、季白杨、林砺宗	
004 机械与动力工程学院	29	080703 动力机械及工程	轩福贞	机械与动力工程	10	严晋跃		惠虎、苏永升、涂善东、王国珍、王卫泽、轩福贞、于新海、周帼彦、周邵萍	

续表

专业归属院系	编号	导师组专业	导师组长	所属分委员会	人数	主招专业上岗导师	新增导师	跨专业招生导师	延续上岗导师
004 机械与动力工程学院	30	080704 流体机械及工程	苏永升	机械与动力工程	5	葛晓陵、赖焕新、苏永升、张洪波、周邵萍			
004 机械与动力工程学院	31	080706 化工过程机械	徐宏	机械与动力工程	34	白志山、陈琴珠、关凯书、韩晶杰、侯峰、惠虎、蒋晓东、刘京雷、栾伟玲、马玉录、涂善东、汪华林、王国珍、王卫泽、王学生、夏翔鸣、谢林生、谢苏江、徐宏、轩福贞、于新海、张莉、张显程、周帼彦、周先桃、朱冬生	贾九红、王元华	葛晓陵、赖焕新、刘长军、王和慧、王正东、严晋跃	
004 机械与动力工程学院	32	083700 安全科学与工程	刘长军	机械与动力工程	22	刘长军、乔建江、王正东	贾九红	曹国民、关凯书、黄光团、惠虎、蒋晓东、林匡飞、刘勇弟、鲁军、栾伟玲、孙贤波、王国珍、王和慧、夏翔鸣、谢苏江、修光利、于新海、张卫、张显程	
005 材料科学与工程学院	33	070305 高分子化学与物理	徐世爱	材料科学与工程	32	李洪祥、李维实、田晓慧、徐世爱、张丹枫、张德震、张杰		郭旭虹、胡爱国、黄发荣、郎美东、李宾、李慧、李欣欣、林嘉平、刘峰、刘小云、陆冲、米普科、齐会民、屈雪、唐颂超、汪济奎、王贵友、王靖、吴国章、吴唯、袁荞龙、袁媛、郑安呐、庄启昕	韩哲文

续表

专业归属院系	编号	导师组专业	导师组长	所属分委员会	人数	主招专业上岗导师	新增导师	跨专业招生导师	延续上岗导师
005 材料科学与工程学院	34	080500 材料科学与工程	郎美东	材料科学与工程	116	包华、陈爱平、陈芳萍、陈国荣、陈建定、陈麒、陈涛、陈新、程起林、程树军、邓诗峰、董擎之、杜磊、杲云、顾锋、顾金楼、顾真安、关士友、管涌、郭卫红、侯锐钢、胡爱国、胡彦杰、胡一晨、扈艳红、黄发荣、黄建国、郎美东、李宾、李春忠、李慧、李亮、李秋影、李蔚、李欣欣、李星玮、李永生、梁文、林嘉平、林绍梁、刘昌胜、刘峰、刘小云、刘育建、陆冲、米普科、倪礼忠、潘泳康、齐会民、钱军、屈雪、沈学宁、施剑林、唐颂超、万里强、汪济奎、王德强、王庚超、王贵友、王健农、王靖、王淑芬、王晓松、王以群、魏杰、吴驰飞、吴国章、吴唯、徐云龙、杨化桂、杨晓玲、杨云霞、余若冰、袁荞龙、袁媛、曾惠丹、张金朝、张玲、张修庆、张衍、张琰、章圣苗、赵崇军、赵文茹、郑安呐、郑柏存、周权、朱以华、庄启昕	江浩、夏浙安、肖艳、张良顺、赵春花	陈雪梅、方斌、关凯书、李冰、李洪祥、李维实、刘够生、刘京雷、刘坐镇、路贵民、马新胜、马玉录、乔秀臣、田晓慧、吴秋芳、徐宏、徐世爱、张丹枫、张德震、张杰	戴干策、韩哲文
005 材料科学与工程学院	35	083100 生物医学工程	刘昌胜	材料科学与工程	16			蔡海波、陈芳萍、程树军、方波、顾金楼、金浩、李永生、林嘉平、刘昌胜、谭文松、汪济奎、王靖、魏杰、袁媛、赵文茹、周燕	

续表

专业归属院系	编号	导师组专业	导师组长	所属分委员会	人数	主招专业上岗导师	新增导师	跨专业招生导师	延续上岗导师
006 信息科学与工程学院	36	080402 测试计量技术及仪器	姚晓东	信息科学与工程	0				
006 信息科学与工程学院	37	081002 信号与信息处理	林家骏	信息科学与工程	15	常青、陈宁、程华、戴本祁、黄如、李钰、林家骏、万永菁、吴雪、袁伟娜、张雪芹、朱宏擎、朱煜	吴耀军	邵方明	
006 信息科学与工程学院	38	081100 控制科学与工程	侍洪波	信息科学与工程	45	曹萃文、程辉、杜红彬、杜文莉、范铠、顾幸生、韩清龙、黄海燕、黎冰、李绍军、凌志浩、刘济、刘漫丹、罗健旭、牛玉刚、彭亦功、祁荣宾、钱锋、侍洪波、孙京诰、孙自强、王华忠、王慧锋、王行愚、王学武、王振雷、吴胜昔、徐建平、徐震浩、严怀成、颜学峰、杨富文、叶西宁、张建华、张凌波、钟伟民、邹俊忠	罗娜、王蓓、赵海涛、邹媛媛	高大启、林家骏、王如彬、叶贞成	
006 信息科学与工程学院	39	081200 计算机科学与技术	虞慧群	信息科学与工程	25	蔡立志、陈志华、冯翔、高大启、顾春华、郭卫斌、过弋、何高奇、黄建华、李建华、刘东林、阮彤、邵志清、王占全、王喆、徐贤、虞慧群、张欢欢、张静、郑红、朱尚明	袁玉波	程华、李洪林、林家骏	
007 资源与环境工程学院	40	080702 热能工程	张德祥	机械与动力工程	27	陈彩霞、李伟锋、王辅臣、王兴军、王亦飞、吴诗勇、吴亭亭、许庆利		陈雪莉、代正华、龚欣、胡军、刘海峰、马建新、王杰、王学生、吴幼青、徐宏、严晋跃、于广锁、张德祥、张建雨、张乐华、张素平、周先桃、朱冬生	高晋生

续表

专业归属院系	编号	导师组专业	导师组长	所属分委员会	人数	主招专业上岗导师	新增导师	跨专业招生导师	延续上岗导师
007 资源与环境工程学院	41	083001 环境科学	蔡兰坤	环境科学与工程	9	林匡飞、修光利	肖立华	冯耀宇、刘仁华、吕树光、孙贤波、张卫	林逢凯
007 资源与环境工程学院	42	083002 环境工程	蔡兰坤	环境科学与工程	49	蔡兰坤、曹国民、陈康、陈秀荣、崔心红、丁雷、黄光团、金锡标、李辉、刘莉莉、刘勇弟、吕树光、罗启仕、马建新、邱兆富、沈根祥、孙淑英、孙贤波、吴来明、杨骥、张乐华、张卫、郑绵平	冯长春、孙泽、叶银梅、周彦波	龚欣、李冰、李平、林匡飞、刘海峰、龙亿涛、鲁军、乔建江、乔秀臣、宋兴福、王辅臣、王杰、王平、王兴军、王亦飞、吴诗勇、吴幼青、修光利、于建国、张德祥	林逢凯、姚重华
008 药学院	43	0817Z3 制药工程与技术	施小新	药学	36	褚长虎、冀亚飞、柯燕雄、刘仁华、罗晓燕、任福正、施小新、叶金星、游书力、虞心红、张彦涛	任国宾、邵旭升	曹松、陈国荣、崔景斌、邓卫平、高峰、韩伟、金郁、蓝闽波、李忠、梁鑫淼、廖道华、倪力军、彭延庆、沈永嘉、宋恭华、唐燕辉、陶黎明、徐晓勇、杨丙成、曾步兵、张维冰、张文清、朱维平	
008 药学院	44	090400 植物保护	李忠	药学	13	曹松、程家高、黄青春、李忠、彭延庆、宋恭华、陶黎明、徐晓勇		Sang ho Koo、邓卫平、钱旭红、王伟、徐玉芳	
008 药学院	45	100700 药学	唐赟	药学	49	Sang ho Koo、毕利军、崔景斌、邓卫平、段文虎、高峰、胡立宏、黄瑾、黄永平、蒋华良、李浩、李洪林、李剑、李卫华、刘桂霞、刘建文、马大为、马磊、钱旭红、钱忠明、沈旭、沈寅初、唐赟、王蕊、王卫、翁伟宇、熊志奇、徐玉芳、杨丙成、杨有军、曾步兵、张井岩、张卫东、赵振江、朱维平	楼开炎、谢贺新、郑静、朱丽丽	程家高、冀亚飞、郎美东、梁鑫淼、施小新、杨弋、叶金星、虞心红、章飞芳、周祥山	

续表

专业归属院系	编号	导师组专业	导师组长	所属分委员会	人数	主招专业上岗导师	新增导师	跨专业招生导师	延续上岗导师
008 药学院	46	100800 中药学	梁鑫森	药学	12	韩伟、金郁、梁鑫森、刘成海、王春丽、章飞芳	张敏	蔡建国、胡立宏、胡坪、刘建文、叶金星	
009 理学院	47	070100 数学	刘朝晖	数理	26	鲍亮、邓淑芳、黄定江、黄寒松、解惠青、冷慧男、李建奎、刘朝晖、鲁习文、马先锋、钱夕元、秦衍、邵方明、施劲松、王如彬、王薇、谢纲、徐洪坤	姬超、潘晓川	范体军、伏玉林、赖焕新、廖玮、任飞、周炜星	
009 理学院	48	070200 物理学	贺黎明	数理	22	程红波、方斌、葛自明、龚尚庆、顾晓艳、贺黎明、李治、廖玮、陆慧、陆元成、罗锻斌、罗有华、牟海川、钮月萍、沈冬、谢海芬、徐海生、张孟、张先梅、钟菊花	郑致刚	刘洪来	
010 商学院	49	020200 应用经济学	杨逢珉	经济与管理	23	伏玉林、胡娟、黄庐进、金永红、孔令丞、刘桂荣、刘建国、马士国、麦勇、任飞、申朴、宋福铁、汪冬华、吴柏钧、吴玉鸣、谢国娥、徐琤、杨逢珉、杨上广、于立宏、周炜星	欧阳德生、沈凌		
010 商学院	50	120100 管理科学与工程	范体军	经济与管理	21	常香云、陈智高、程岩、迟春洁、董大旻、范体军、胡继灵、李淑霞、李英、刘刚、刘红丽、刘丽萍、楼高翔、马玲、马铁驹、佘金凤、徐燕翼、杨洪涛、张坚	闫宏斌	周炜星	

续表

专业归属院系	编号	导师组专业	导师组长	所属分委员会	人数	主招专业上岗导师	新增导师	跨专业招生导师	延续上岗导师
010 商学院	51	120200 工商管理	郭毅	经济与管理	30	陈洪安、陈万思、董临萍、杜伟宇、费鸿萍、高松、葛永盛、关涛、郭毅、侯丽敏、胡美琴、胡仁昱、黄维德、解宏、景奉杰、雷英、李玉刚、骆守俭、戚海峰、阮永平、唐松莲、王俊秋、吴冰、阎海峰、杨桂菊、俞丽辉、张爱民、张艳辉	陈亮、郝斌		
011 社会与公共管理学院	52	030301 社会学	徐永祥	哲学与法学	21	曹锦清、程毅、范斌、范志海、费梅苹、何雪松、刘晶、孙淑敏、王瑞鸿、徐丙奎、徐永祥、杨发祥、曾守锤、张广利、张昱	董国礼	李琼、汪华、王芳、熊万胜、朱眉华	
011 社会与公共管理学院	53	030302 人口学	张广利	哲学与法学	4			范斌、孙淑敏、杨发祥、张广利	
011 社会与公共管理学院	54	120401 行政管理	郭圣莉	哲学与法学	13	陈丰、郭圣莉、黄忠怀、姜尔林、李琼、罗建平、石超艺、吴强玲、张良、朱琳		龚秀全、纪晓岚、俞慰刚	
011 社会与公共管理学院	55	120404 社会保障	范斌	哲学与法学	15	杜妍冬、龚秀全、罗恩立、仝利民、汪华、朱眉华		程毅、范斌、范志海、何雪松、徐永祥、杨发祥、曾守锤、张广利、张昱	
011 社会与公共管理学院	56	120405 土地资源管理	俞慰刚	哲学与法学	6	纪晓岚、俞慰刚		陈丰、黄忠怀、罗建平、石超艺	

续表

专业归属院系	编号	导师组专业	导师组长	所属分委员会	人数	主招专业上岗导师	新增导师	跨专业招生导师	延续上岗导师
012 外国语学院	57	050201 英语语言文学	邵志洪	文史与教育	7	陈丽、黄淑芳、颜静兰	华静、贾卉	邵志洪、王建国	
012 外国语学院	58	050211 外国语言学及应用语言学	邵志洪	文史与教育	11	龚嵘、戚元方、邵志洪、王建国、王懿、吴碧宇、吴建伟、余毓国、赵宏、郑国锋	管博		
013 艺术设计与传媒学院	59	120203 旅游管理	居伟忠	经济与管理	4	傅蓉蓉、卫春回		程建新	杨明刚
013 艺术设计与传媒学院	60	130500 设计学	程建新	文史与教育	22	陈虹、程建新、高茜、顾明毅、蒋小洪、居伟忠、聂桂平、尚慧芳、沈林明、沈榆、王计平、王家宝、王仲、温全平、徐力、许懋琦、于炜、张杰、周美玉	方田红	傅蓉蓉	杨明刚
014 马克思主义学院	61	010100 哲学	秦美珠	哲学与法学	5	陈迎年、黄时进、秦美珠、汪帮琼		鲍宗豪	
014 马克思主义学院	62	030201 政治学理论	范明英	哲学与法学	7	程群、杜仕菊、范明英、熊万胜、朱忆天	赵赟	陈迎年	
014 马克思主义学院	63	030500 马克思主义理论	王荣发	哲学与法学	8	鲍宗豪、陈荣武、刘震宇、王芳、王荣发、奚建武	方以启	范明英	
015 体育科学与工程学院	64	040301 体育人文社会学	王跃	文史与教育	6	李哲、王跃、徐昱玫、叶心明、朱晓东、朱洵韬			

续表

专业归属院系	编号	导师组专业	导师组长	所属分委员会	人数	主招专业上岗导师	新增导师	跨专业招生导师	延续上岗导师
016 高等教育研究所	65	040106 高等教育学	徐洁	文史与教育	5	潘艺林、徐洁、周玲		杜伟宇、徐世爱	
017 科技信息研究所	66	120502 情报学	孙济庆	经济与管理	4	陈荣、吉久明、任福兵、孙济庆			
018 法学院	67	030100 法学	张昱	哲学与法学	16	邓刚宏、董溯战、郭曰君、李瑜青、刘金祥、刘源、任虎、阮赞林、孙晓东、于杨曜、张平、张晓东、祝宁波	吴亮	刘少伟、谢静莉	

2013年授予博士学位人员名单

博士学位258人

法学：12人

社会学（11人）

陈蓓丽 陈俊傲 陈荣武 陈 辉 胡 兵 林晓兰 孙 静 徐丙奎 赵 欣 李宗克 沈 炜

马克思主义中国化研究（1人）

郭 根

理学：35人

应用数学（2人）

范洪长 宋栋鸣

无机化学（2人）

罗重霄 郁伟伟

分析化学（12人）

雷 雯 马丽敏 徐志珍 伊 赛 朱亚仙 陈 晨 孔 聪 李青青 刘 翻 陈贵平 王呈仲 郑开逸

有机化学（6人）

王 原 赛达力木·伊吾热衣木江 王晓光 邬帅帆 杨 波 张 震

物理化学（8人）

裘 丹 杨 莹 周 圆 李成均 许裕栗 张志国 支东彦 管 婧

精细合成化学与分子工程（2人）

邓 琼 李文琴

生物化学与分子生物学（3人）

冯延叶 杨敏俊 王华磊

工学：196人

机械设计及理论（6人）

周 琼 阚文彬 李正美 王 宁 王 晶 叶纯杰

材料科学与工程一级学科（20人）

卞卿卿 江建第 李志文 马 磊 宋 明 严燕芳 张清淳 支 键 朱文杰 畅 舒 董文杰 高 宇 韩广帅 何洪波 李 娜 王伟山 王 晶 宗 洁 李翠燕 严祁祺

材料学（3人）

纳瓦兹 倘余昌 张 健

先进材料与制备技术（2人）

张 斌 刘赵兴

动力工程及工程热物理一级学科（7人）

谭祥辉 郑伟业 白 涛 胡潇寅 王海涛 袁斌霞 段冀渊

热能工程（5 人）

从星亮　姜明泉　李　超　王　剑　曹文广

化工过程机械（2 人）

孙国豪　王元华

控制科学与工程一级学科（13 人）

陈　蓓　马贺贺　孙　帆　徐　斌　阎兴頔　张　见　张　宇　左　芸　齐　亮　苏庆堂　张建明　王　雨　袁文浩

控制理论与控制工程（4 人）

解　翔　陶莉莉　周艳平　常　虹

计算机应用技术（3 人）

陈　婷　蔡超前　龚家瑜

化学工程（24 人）

姜昌泉　陆培培　任颖倩　孙树祯　邢建良　曹振锋　陈　佳　陈　洁　何昌春　何云飞　胡　登　黄　娟　王　璐　杨　晨　杨芗钰　张海鹏　仲　华　成洪业　缪金根　孙亚婷　邓双辉　颜星星　傅　杰　马　俊

化学工艺（23 人）

白雪峰　邓洪贵　部　强　金彦江　李公生　刘　振　王际童　肖珍平　姚天亮　章施亮　钟　蕾　陈晴川　陈小博　龚　岩　洪冰清　黄　胜　吕　慧　毛菀钰　王清立　张　梁　张　婷　祝　然　王思怿

生物化工（17 人）

倪　燕　乔庆安　谭　俊　张志钧　管玲玉　金　惠　金圣泉　李英波　张　闽　张雍容　赵喜华　陈武海　谢明辉　陶泰河　张智慧　丁兆阳　俞文榜

应用化学（24 人）

高　超　贺锦香　瞿三寅　雷菊英　刘　青　卢德力　王宝珠　张沈裔　陈尚军　丁煜宾　郭凤楼　靳家玉　林秋宁　刘今乾　纳赛尔　孙如意　田志丹　吴永真　杨袁梁　张　辉　张　良　应伟江　郭福领　曾翠云

工业催化（9 人）

王安苗　王鹏飞　陶海祥　童伟益　朱增赞　宋绍迪　华　丽　冉　乐　郁茵茵

制药工程与技术（9 人）

王承潇　俞　晖　张朝燕　张海霖　张寅杰　全　娜　郁荣华　周　蓉　朱瑞恒

过程系统工程（1 人）

侯璟鑫

化学生物技术与工程（5 人）

郭　婷　张晔翔　杜青山　尹　琴　钟　烨

材料化学工程（3 人）

方　立　黄世斌　因　博

发酵工程（4人）

陈　勇　吕远志　王亚敏　韩菲菲

环境科学与工程一级学科（9人）

黄琼珠　钱飞跃　沈志刚　陈　荔　黄　凯　王　琳　张艳艳　赵　胤　王　锋

环境工程（3人）

史昕龙　周华梅　蔡　婧

农学：2人

农药学（2人）

李　超　张　建

医学：12人

药物化学（12人）

程飞雄　华嗣恺　徐　可　初燕燕　黄楚森　刘军华　卢伟强　薛梦竹　王　新　庄静静　郭　朋　沈思达

管理学：1人

管理科学与工程（1人）

周　钟

2013年授予硕士学位人员名单

硕士学位2 496人

（1）学历学术硕士1 438人

哲学：3人

哲学一级学科（3人）

关宝瑞　刘　娜　季良子

经济学：33人

国民经济学（4人）

程锦良　黄晗君　卢　娉　于乐海

区域经济学（4人）

代澻潇　何文杰　荣　超　翟贾筠

金融学（含：保险学）(9人)

阿努马　爱　努　陈　诚　陈旭浩　单丽翡　樊继拓　陆蓓蓉　吴胜林　俞晓雯

产业经济学（4人）

黄晓菁　石　晶　杨玲丹　周一帆

国际贸易学（12人）

大　卫　姜氏凤　金　睿　赖颖怡　赛　娜　孙玮涓　余正科　约瑟夫　张国强　张　旭　郑哲浩　左乐巴

法学：48 人

经济法学（12 人）

阿合买提亚库甫　戴鹏飞　高建东　韩竹箐　何天程　刘　洁　宋　茂　严　军　应敏敏　俞建月
岳哲平　张　彬

环境与资源保护法学（1 人）

刘　毅

国际法学（3 人）

宝乐日玛　杨彦会　张智华

政治学理论（6 人）

曹　娜　崔善伟　胡延清　姬　鹏　唐振方　徐迎春

社会学（19 人）

陈士玉　戴纯青　冯　梓　冯英子　贾丽峤　廖佳雨　刘　宁　牛绍华　裴小茹　钱寸草　王佳琦　王　阳
王泽彬　徐　杭　徐志伟　杨冬玲　叶美昌　章雯吉　朱林伟

马克思主义理论（7 人）

程雪莉　杜雪玥　范亚楠　庞祎晔　曲鲁伟　邵晓晚　张　靖

教育学：12 人

高等教育学（3 人）

杜婷婷　高　军　李知妍

体育人文社会学（9 人）

丑远芳　丁　莹　何莹滢　王　帅　于飞飞　蔡晓雯　李　聪　苏光远　顾敏妮

文学：60 人

英语语言文学（11 人）

陈燕华　丁　平　冯骞逸　甘　航　何珊红　秦好好　汤芬芬　温　静　徐　纯　郑萱童　钟坤宏

外国语言学及应用语言学（19 人）

戴玉莹　杜英丽　高　菲　郭　莹　李　珊　刘伟丽　邱　琴　阮　雯　邵雨清　孙小灵　王亚美　王毅诚
吴　敏　徐　徐　袁　金　张碧琼　张芳芳　张鲁婧　张亭亭

设计艺术学（30 人）

冯晓文　顾凯峰　郝梁梁　黄　岩　吉海娟　解晓睿　林佳欣　刘　澳　刘　鹏　倪　瑜　牛　寅　潘　登
沈　乐　石　洁　石　莉　孙　澍　汪　琳　王春晖　王丹青　王　磊　王伟伟　伍凡凡　杨超翔　袁　欢
张　微　赵依莎　范建龙　季　禾　焦　鑫　王重重

理学：187 人

数学（18 人）

蔡春雷　高虹霏　高书增　雷倩倩　刘　芳　卢艳红　钱开宇　裘赟辰　任偲睿　沈筠彬　王　芳　王　敏
杨雯斌　张其炯　张　雪　郑春明　郑锦超　朱俊杰

概率论与数理统计（1人）

海　尼

原子与分子物理（4人）

盛长浩　王艳辉　张曼露　郑志佳

光学（3人）

陶　然　徐尧佐　张　宏

无机化学（11人）

侯玉梅　凌　玲　沈　兵　王世会　王晓媛　安　洁　陈　诚　洪丹菁　黄华成　李永霞　张琳琳

分析化学（25人）

柴　燕　陈　露　方聪颖　贺　伟　李　青　刘进进　刘　曼　罗惠阳　马雯婷　茅冬燕　乔晚芳　邱莉莘　任桂香　宋洁琼　宋奇侠　王文佳　王银亮　王媛媛　杨　程　杨　柳　尹昌海　张　芳　左萍萍　陈建虎　王红瑞

有机化学（39人）

陈　建　陈　峣　程仁军　戴同磊　戴修文　党晓翠　刁玉婷　房福贤　冯向阳　付　军　黄　龙　姜　杰　李　春　李　兴　林　琳　林智星　刘慧玲　吕雯雯　秦新科　沈　卉　宋文晶　苏晓龙　孙冰冰　王　奇　王全玉　王旭喆　韦洪宝　魏登科　肖弘远　杨　燕　於燕林　张　丹　张　敏　张晓奇　赵读恩　周　路　庄　园　胡青阳　任迎春

物理化学（20人）

范霄宇　谷敬坤　胡　鑫　黄文学　柯　丹　刘　方　刘世霞　马四红　闵承志　孙　迪　王环环　吴　龙　杨乾乾　杨晓敏　赵　娜　朱德强　左　阳　程斌斌　孙晓博　张丙良

高分子化学与物理（11人）

鲁　旭　王　丹　王　毛　余林峰　苑永亮　赵仁翔　朱效杰　漆　刚　王　军　王立平　陈　锋

精细合成化学与分子工程（8人）

蔡小飞　韩金龙　金　斌　关楚楚　姚　远　张　昱　程水玉　张洪兴

海洋生物学（3人）

周莉莉　周敢辉　唐　望

微生物学（10人）

李秀明　李晓雪　王光耀　周佳佳　周伟佳　郝英利　苏　刚　胡　可　潘钊龙　颜湘云

生物化学与分子生物学（34人）

程卓安　范海洋　李进波　李　强　刘家英　刘　威　鲁慧敏　汤军芝　汤　薇　王博婵　魏刚刚　庄炜东　乔　明　乔雪锋　王　刚　王焦清　周　昉　朱庆庆　费　超　胡晓珺　焦常平　王　远　代继红　邓书萍　李娜娜　马正才　唐偲洋　王永超　王　赟　张广宇　张怀成　张蓝天　周　勖　朱　僖

工学：931 人

固体力学（5 人）

高成彦　刘俊鹏　王耀刚　叶帅宏　周禄禹

机械制造及其自动化（12 人）

陈传凯　程艳波　焦文鸿　李成遥　连增迪　马维才　王　涛　阎海旭　张关华　张　佳　邹君阳　王　啸

机械电子工程（20 人）

曹成兵　狄　远　范淑玲　黄　胄　李　斌　李　涛　刘　涛　宋晓光　宋中建　万利华　王立文　吴　帅
叶　飞　张启迪　张云龙　周金砖　周小伟　朱伟鹏　朱一鸣　朱　勇

机械设计及理论（24 人）

常培龙　陈　飞　陈加云　郭新龙　韩敏玉　黄　心　李彦彦　李张义　李　智　林　楠　刘亚菲　卢俊滨
聂冬金　潘　霏　秦　瑶　孙冬冬　孙　骏　王财生　王　旭　王焱青　杨子良　朱合范　王媛媛　卫　东

车辆工程（3 人）

耿　旭　金　铭　王赛飞

测试计量技术及仪器（6 人）

何　鑫　刘　倩　刘瑞祥　谢　晔　张继磊　张　涛

材料科学与工程（165 人）

毕丽颖　曹华威　曹　莹　曹佑青　柴玉征　陈光伟　陈　璐　陈　鹏　陈　骞　陈甜斌　陈晓龙　陈　叶
陈义洁　陈宇晖　陈智挺　陈祖鹏　成居正　程　平　迟婷玉　崔海珊　丁　峰　董海军　董珺慧　杜秀明
樊　帅　范宝磊　范开才　伏　艳　高　洁　龚淑婷　胡翠欣　胡方振　黄　蒙　黄　颖　嵇家栋　蒋　朋
孔凡正　孔令艳　兰永焕　李　菲　李国军　李　梁　李　鹏　李庆敏　李文彬　李享德　梁秀华　凌　婧
刘　兵　刘家鹏　刘清涛　刘婷婷　刘小伟　刘志华　路　亮　吕玉廷　麻榆阳　马春荣　马东阳　马峰岭
马菁萍　毛　迪　毛晓阳　缪　静　缪夏然　聂亚楠　牛舒帆　彭俊彪　彭青芜　齐远江　秦德君　裘浩成
沈泉锦　宋庆林　宋晓峰　孙　远　唐　磊　田孝才　汪　洋　王　成　王光祥　王娇娇　王丽丹　王丽侠
王　良　王明飞　王　涛　王　伟　王亚群　吴长伟　吴建平　吴维新　吴玄顺　吴　洋　吴志祥　夏　杨
谢鹏飞　邢耀辉　熊蒲兰　熊玉洁　徐志远　颜　磊　杨　恒　杨　俊　叶先勇　叶云和　叶治群　尹　青
原明月　张洪题　张　欢　张　鼩　张　鹏　张　伟　张雪瑜　张洋兰　张玉娟　张跃峰　张　哲　章丽丽
章婷婷　赵芬娜　赵　力　赵庆鹏　周　浩　周俊虹　周　萌　周　伟　周　旭　朱长进　朱明源　朱莎莎
卜　宇　崔佳佳　邓　曜　丁　锐　董　源　费浩杰　冯佼姣　傅　宇　韩艳萍　胡迪航　胡吉霞　江纪锋
金　杰　李保文　梁　桐　刘　兵　刘善秋　马金波　王国营　王惠君　王　伟　王晓宇　王召君　袁修君
张琳琳　张志高　周恒石　邹　伟　沈　达　李孜宇　王金磊　邬斌洁　张何纪

材料学（1 人）

丹尼尔

先进材料与制备技术（7 人）

成　戡　金秀华　马　媛　全民强　王　慧　张旭霞　朱洪帆

热能工程（8人）

冯婷婷　顾　彧　蒋　超　彭　康　吴佳菲　余振杰　袁伯若　吴　磊

动力机械及工程（7人）

崔爱强　刘金彪　马昀晟　王鲁斌　许光第　张　猛　高海波

流体机械及工程（17人）

崔曦文　邓荣根　丁晓霞　樊力可　韩红飞　姜超越　敬　敏　李　超　孟昊苏　乔素梅　唐照付　王　珂
王自超　文　璐　徐娟媛　袁　泉　韩晓虎

化工过程机械（57人）

艾　丽　陈　吉　陈　龙　程志华　丁孝宇　甘仁武　高　毅　顾张丽　郭　超　郝萌萌　何荣娥　洪　敏
胡　珊　姜全武　乐　适　李　果　李海龙　李剑平　李　铜　李伟强　李晓杰　李之乐　林　阳　刘尚彬
刘延斌　刘　洋　卢　宇　罗日萍　邱智伟　施筠逸　孙海生　孙志广　王怀振　王建甫　吴　勇　吴　雨
杨楠林　曾宪泰　张　斌　张常春　张　崇　张飞祥　张立振　张娄红　张明东　张　宁　张伟龙　张志明
章云飞　周　阳　朱志斌　何　毅　李　鹏　万　松　王　迪　王　伟　肖　明

信号与信息处理（19人）

蔡仙勇　蔡　杨　操乐军　陈　栋　范腊琴　华茜菲　李　茜　林中正　陆　赟　沈祖超　王胜飞　王　翔
王宇斌　夏灵明　徐金瑜　郑永隆　邹训丽　依诺克　西　那　周氏青香

控制理论与控制工程（1人）

曼吉德

控制科学与工程（86人）

蔡宜嘉　曹　松　陈金燕　陈心怡　陈莹莹　程慕鑫　杜丽媛　封小丹　傅小利　郭建文　郭　轩　韩明文
何镓梁　胡浩磊　胡刘刘　胡志敏　黄　佳　姜　毅　蒋亚丽　金恩曼　雷家毅　李程凯　李格非　李　静
李磊磊　李　莉　李瑞瑞　李　洋　梁　豆　林　海　林　伟　刘　海　刘　华　刘　洋　马超飞　马亮军
牟金善　木红柳　年笑宇　桑志祥　殳　越　宋　辰　宋卫卫　宋兴儒　苏阵阵　孙红艳　孙娜娜　屠斐正
汪丽娟　王储栋　王东洋　王　健　王　京　王　硕　王婷婷　王晓阳　王月琴　吴　杰　夏　伟　徐爱蕾
徐　凯　宣守盼　杨丹璇　杨士保　杨子江　蚁仲杰　殷社杰　游夏竹　于安兴　张　亨　张　杰　张　青
张守川　张　顺　张亚坤　张照生　赵振伟　周　磊　周　欣　周　园　朱俊亮　朱雪峰　邹一凡　耿东昱
孟丽晶　王　威

检测技术与自动化装置（1人）

沈　炜

计算机软件与理论（19人）

蔡婷玉　丁晓渊　窦晨超　段　超　黄华东　金志超　李营那　马国伟　彭　红　石　屹　王靖娓　徐　栋
杨　波　杨春龙　于洋洋　张　彪　张慧芳　张　星　黄式东

计算机应用技术（17人）

段　琪　郭　磊　何　翔　胡微微　黄　俊　黄　舟　李韦男　倪　佳　牛增欣　孙雨冰　汪彬英　王明永

王圣凯 杨依 张立鹏 仲晶晶 黄骏虎

化学工程（109 人）

艾晶 岑吉祥 陈长军 陈杰 陈杰 陈少波 陈鑫 陈旭清 程健翼 仇学伟 丁靖 董碧岚
度静恬 樊榕 高文涛 顾青 何良好 侯丽平 胡晓笑 黄晓阳 黄云 戢子龙 蒋福四 金军华
康少锋 孔祥明 李聪 李君 李明霞 李越 廖俊波 林晨 刘超 刘克梅 刘树丽 刘真真
吕婷阳 罗俊杰 罗清 罗妍 骆楚华 马芳芳 马小丹 马玉洁 苗改 苗小海 邵锋 沈阳
隋世强 田利利 田松 童祝稳 汪涛 王臣 王程远 王丹 王和庆 王鲁杰 王宇 王越
王贞 吴超 吴晗 吴恒 吴洁 吴士民 肖海鹏 谢红伟 谢继忠 谢苗苗 徐瑞峰 徐西蒙
徐兴军 徐勇泳 轩庆鲁 闫理宾 闫项南 颜秉敬 杨娟 杨震 尹程达 曾祥武 占琦伟 占术
张峰 张海群 张脉 张佩佩 章宦胜 章勇 赵俊明 钟仁升 钟瑛 周龙生 周燕 朱春春
朱虹 朱军 朱淑娟 邹玲 耿龙 韩毅 刘晓 史运宝 宋俐蓉 孙建雪 孙文君 周玲丽
郑兵兵

化学工艺（101 人）

蔡晓芳 曹昕 陈凡敏 陈晖晗 陈建峰 陈杰 陈雷 陈诗诗 陈维 陈元 陈中华 邓婕
董俊强 董璇 段吉云 冯军伟 付广斌 高彬彬 龚静菊 顾静静 郭飞 韩建 韩金平 侯国君
侯妍冰 胡婕 胡敏 黄孟凯 纪坤 贾景科 姜涛 蓝公平 李凤仙 李国梁 李龙 李文玥
李游 李跃 凌长见 刘军 刘陆 刘明晓 刘爽 刘杨 刘洋 龙文露 罗健 马越
孟丹 潘磊 潘壮 彭来 秦磊 阮久远 桑莹莹 商春芳 邵迪 邵腾超 孙策 孙冬梅
孙季昺 孙巧巧 孙翔宇 谭雷 唐斌 田静 汪海燕 王春晓 王珂 王立 王丽 王灵萍
王明磊 王鑫 魏文韬 吴珍珍 谢锴 徐步华 徐明 徐伟 徐小月 许慧萍 杨峰 杨娟
杨磊 杨明辉 姚瑶 叶雨蓉 张超 张海洋 张杰 张俊豪 张林 张文晓 张晓 赵冰
周超 周欢欢 朱啸 包艳文 付琳琳

生物化工（35 人）

陈杰 陈胜菊 范氏璧 蒿珍珍 雷晓 刘雪平 沈威 汪杰 翟昌宝 安克红 丁德贤 古明珠
黄超 李超 李婷兰 潘鹏程 石润润 涂毅 肖燕 徐飞岳 闫一剑 杨卫铮 杨迎迎 张凌云
张瑶 周卫强 高立梅 李松丽 牛艳丰 周久顺 郭红 何正贵 王龙 张明娥 张莹

应用化学（46 人）

白远超 陈宏 陈军能 陈龙 董荣芳 葛纪累 耿晓晨 顾慧丽 郭雅静 兰茜 李套云 李桐
林耀 刘洁 刘钰 刘兆鹏 马兰 潘喆 屈明亮 施艳芬 石丽丽 史川兴 滕明爽 王绍华
王通海 王璇 王永川 魏亚兵 吴长智 徐程程 薛进群 杨福科 杨红云 杨洋 张浩 张金鑫
张露 张艳芬 郑兴洲 周斌 周吉 李坤 牛纪凤 杨玉华 张婷婷 解西军

工业催化（12 人）

程兵 封雅芬 李鹄志 卢丽丽 马超峰 杨丙星 杨露 应婷 张宇 贾红燕 金铃 宋亚玲

制药工程与技术（23 人）

陈爱玲 邓文秀 刁雪芳 杜彩彦 杜 青 黄伟彬 金旭康 李春燕 廖 聘 苏小兵 王秀明 杨金金 杨 莹 尹黎霞 翟 民 张 洋 赵雯雯 朱凯龙 刘 坤 刘鲁杰 徐蓓玲 叶金金 张子刚

过程系统工程（9 人）

何荣钦 李 凤 李世明 唐守胜 童经义 王翠花 翁剑峰 周 苗 潘春键

化学生物技术与工程（4 人）

陈 鑫 任 龙 田振林 朱文通

材料化学工程（14 人）

陈 超 陈 剑 郭俊连 刘玉华 钱 綮 王 菲 杨建正 赵婧婧 郑 超 郑礼倩 邓 捷 傅俊毅 胡琛苹 石运礼

安全技术及工程（4 人）

刘万朋 邵佩玉 刘 兴 熊信文

油气储运工程（12 人）

丁 洋 郭少飞 刘 慧 卢 超 毛 远 阚秀风 姚顾超 张 俊 周 峰 朱坚长 贝拉勇 狄 恩

发酵工程（22 人）

高书良 崔振阳 段纪甫 何 伟 胡 媛 贾永峰 李 昆 满永博 孙 晨 向 港 于晓光 张存超 张敏华 张 松 周 亮 常先通 王 群 张 倩 左 可 崔演斌 王美珠 周 燕

皮革化学与工程（6 人）

陈志俊 李 洁 刘美言 宋 捷 王爱丽 吴 盼

环境科学与工程（40 人）

安 帅 陈 姣 陈晶晶 陈远翔 陈志铮 高彩慧 何 龙 洪大林 胡 莺 胡园园 化艳娇 黄 爽 李玲珑 李诗妍 李 杨 梁淳淳 刘 诺 陆文俊 逯志昌 马 娇 孟科伟 孟 芹 牟莹莹 钱亚平 阮 扬 沈婷婷 史伟伟 王 倩 王肖倩 熊 邦 徐文璐 薛 诚 杨 然 杨荣梅 俞益峰 袁晓辰 张 盼 赵 庆 周 健 朱明成

环境工程（1 人）

努 巴

生物医学工程（2 人）

邢万里 曾凡艳

食品科学（16 人）

陈超琴 陈如琪 陈肖肖 杜 磊 胡晓慧 贾 莹 吕宝龙 沈晓佳 王彦超 苑玉莉 胡瑶芳 李 娟 李晴辉 王欣萍 周鹏鹏 陈 佳

农学：2 人

植物保护（1 人）

张经纬

农药学（1 人）

李超

医学：47 人

药学（39 人）

陈玉龙 崔坤强 姜晶 蒋柏凤 金慧 鞠叶明 李腾飞 罗帅 石莹 孙玉云 王庆庆 肖蒙蒙
于艳 陈雷 方源 付栋君 付静 高瑞 韩景龙 胡强 黄琳凤 贾存宇 江东波 江林
李鹏飞 廖莎 刘莉 刘泽莹 秦禹韬 沈淑慧 宋雨薇 吴彬 谢晟 徐聪颖 徐峥 余小娟
邹传新 陈天祺 王存勋

微生物与生化药学（1 人）

林南静

中药学（7 人）

王琦琦 徐佳琦 孔婷婷 李天辰 孙晓海 张品杰 张瑞

管理学：115 人

管理科学与工程（24 人）

常玮 邓自洋 狄晓波 胡剑 李聪聪 李涛 刘洋 马娜 潘瑾瑾 裘凤英 石熠 苏林
王佳珣 王岚 王倩 王艳萍 魏守波 吴淑琴 谢红利 杨鉴 张丽 郑冬东 周琴 朱慧赟

会计学（9 人）

陈艳 林佩珊 刘兵 汤媛玲 汪慧甜 姚美云 姚瑞心 张鹏程 章奇

企业管理（19 人）

蔡立中 陈海霞 丁珏 费高 葛建成 顾蓓蓓 关林莉 李文杰 阮氏恒海 孙海鸥 孙巍文 唐振
汪出 杨浩 杨静 袁菲 张海燕 张天月 杨骞

旅游管理（4 人）

宋佳音 王映叶 郑彩娟 郑晓颖

技术经济与管理（4 人）

姜婷 钱伟 王婷婷 杨惠霄

行政管理（23 人）

曹珍 陈晨 丁莹 李桂荼 李英 陆安生 吕贝克 吕红艳 罗烜 毛贻浩 王尚 吴晓聪
杨吴夏 应艺青 张浩 赵玲 周全华 朱玉平 祝晓龙 庄燕 杰莎 钱菲菲 邵玮

教育经济与管理（5 人）

顾艳燕 刘宪娟 宋珂 陶磊 张姝

社会保障（16 人）

程玉敏 邓丽 瞿臬 李冲 李芳 梁紫霄 刘洁 刘林健 沙磊磊 沈琛 王竹琳 依帕热
张秀金 张子凡 仲姝伟 周咪咪

土地资源管理（6 人）

鲍　鑫　金　香　孙佳岭　王法俊　先　媛　袁姝琴

情报学（5 人）

李建辉　李卫姣　李烜岳　杨　益　朱连花

（2）同等学力硕士 25 人

经济学硕士：2 人

应用经济学一级学科（2 人）

霍丽松　吴海蓉

管理学：23 人

企业管理（23 人）

曹姣姣　崔　婧　高　锦　桂婵媛　韩雪佳　洪　波　胡海燕　苏　妮　孙陈炜　谈艳钰　常文隽　郭丹宁
王兴盛　虞佳丽　张菡嬛　张晓琦　周春梅　朱薇薇　王　帆　王盛花　俞红英　赵樱璐　周琳婷

（3）专业学位硕士 1 033 人

全日制工程硕士：148 人

机械工程（16 人）

卞一川　程　伟　崔珍珍　毛海凤　茅思远　倪　昊　沈卓君　汪　敏　王　超　王学林　王亚迪　肖千成
谢建青　殷文凯　袁　野　郑　磊

材料工程（19 人）

陈　聪　崔云龙　葛雅琨　何思阳　刘　琨　彭龙泉　田　鑫　王永猛　吴登杰　吴晓权　吴永胜　应灵慧
张慧辰　张　乾　张　伟　张晓涛　胡小毅　万　翔　张彦庆

动力工程（3 人）

郭兆阳　韩　鹏　齐一华

控制工程（12 人）

樊亚宁　高　翔　郝志强　何海浪　李　猛　李　伟　刘秦男　王文雍　夏显中　徐大旺　叶炳金　周晋萍

计算机技术（7 人）

包立伟　程滢颖　冯蕴菡　林明达　鲁辰杰　施　尹　孙文腾

化学工程（33 人）

曹　创　冯大龙　龚家乐　顾姝雯　华东杰　江　波　蒋　骥　蒋智慧　李　忻　梁聪强　蔺　黎　刘　欢
刘兴冰　卢海伟　罗孟杰　钱璐敏　钱　睿　孙华丽　田宗全　王甜甜　王　伟　王晓蕾　王亚丽　温爱飞
吴　昊　吴小蓉　薛　珺　尤星辰　虞祯君　张慧鑫　张景靓　赵　军　朱万添

环境工程（5 人）

陈百惠　廖志强　刘小宁　卢　聪　谭　亮

制药工程（32 人）

陈福利　高姗姗　葛晶莹　顾开发　管　婷　何　业　凌鹏翔　刘方方　刘　然　龙园园　娄　然　娄晓月

马小思　孟姜姜　孟文瑛　邱时祎　苏彩娟　孙翠翠　汤阿萍　王金威　王　潇　韦春晟　谢作松　张　弛
张强祖　郑　涛　宗瑞霞　陈绪望　李红昌　马青松　孙　佳　王飞凤

工业设计工程（5 人）

杜莉娜　金　莹　冉　飞　吴歆懿　郑晶莹

生物工程（16 人）

许　英　陈睿杰　方镇宏　伏　星　高圣君　金一帆　李　卿　李溪亭　刘　兵　刘玉强　舒行宙　陶荣坤
张　健　张　婕　张蔚慧　朱　培

非全日制工程硕士：295 人

机械工程（7 人）

李可敏　信丽华　朱国士　陈玮俊　孙文惠　吴金荣　江金林

仪器仪表工程（2 人）

马桂鹏　丁慧琴

材料工程（15 人）

范宏俊　冯中军　黄志向　王　邈　曹长河　陈　挚　高桂芬　何海洋　黄开军　张小红　周逸云　甄金锋
顾　婷　鲜　毅　范宜军

动力工程（7 人）

孙吉波　杨朝松　张永哲　尚　进　王　晓　刘　闯　孙　涛

控制工程（21 人）

程琦炜　李　静　李　阳　阮　斌　王银月　朱云峰　单峻俊　李俊杰　刘贵龙　刘　晶　刘瑞年　刘兴堂
沈学锋　石　啸　孙素林　吴震宇　杨甲辉　姚惠钦　张艾森　张启贤　朱丽明

电子与通信工程（9 人）

曹　文　葛　楠　李　洋　陆文明　邱欣寅　阮洪樑　孙大光　薛皖莲　周瀛海

计算机技术（28 人）

蔡军英　华修文　季新锁　李翠霞　刘晓明　路宇磊　沙巨山　寿晓珉　谭　亮　熊　琭　张　波　张铁军
程梦君　顾胜贤　黄宗浩　梁秀生　陆　华　吕　庭　牛国锋　庞　沁　邱春芳　饶莹心　孙　欣　汤颖婷
王子渊　徐　健　于　文　章志勇

软件工程（8 人）

楼　瑝　钱　斌　杨洪霆　姚　俊　高赛军　芮　虎　俞祺锟　朱文力

化学工程（37 人）

查晓钟　陈　平　黄楚安　李接励　钱　溢　徐宝岩　徐　轶　杨　杰　张　珩　曹　军　陈昌海　陈　丽
顾海兵　黄玉庆　潘　伟　姚昱晖　叶其葳　俞子豪　张海源　张　军　张　林　仲易晨　周　清　周亚婷
程全辉　户佳财　缪德彪　倪金剑　王华英　虞海波　惠继星　路海彬　王恩来　王　毅　尤永平　张　超
张桂荣

轻工技术与工程（10 人）

程　凤　胡素招　李天旻　李晓坤　曾祥军　朱莉莉　陈志涛　蒋珍娟　朱益平　吕紫剑

安全工程（14 人）

李国高　张子腾　常政刚　高洪鹏　华　庆　黄廷胜　李学盛　李　洋　宋占锋　袁奕雯　江均桂　鲍国祥　於湘江　赵宁刚

环境工程（9 人）

程　超　蒋丽萍　苗　磊　张利辉　毕文竹　高　伟　刘　诚　蒋建军　吴海林

食品工程（2 人）

邓怡卿　戴妙妙

制药工程（16 人）

曹　云　陈　鹏　顾洪熙　刘传军　束　前　张文明　汪　军　汪平元　张慈立　张少华　生　伟　覃富文　陈允裔　李　锐　龙　浩　谭云兵

工业设计工程（10 人）

韩晓玉　黄立程　刘胜男　邵　俊　王　磊　王文静　魏巍峰　殷　卓　袁　方　张　杰

生物工程（7 人）

关文艳　王　琦　张　亮　柴　达　陈梦凯　徐　清　张明义

项目管理（80 人）

蔡　泱　蔡宇钢　陈艾娜　陈林林　陈万浩　陈伟勇　戴立鹤　高　卫　高展宏　郜瑞芳　葛宏梁　顾立一　顾震霄　韩　雪　何侃炜　胡　捷　黄华强　黄金铃　黄敏婕　江　虹　姜长海　蒋　奕　李超群　李　丽　李敏欣　李瑞军　刘　彬　刘　嘉　刘新朝　吕　炜　孟晓佳　苗　伟　缪如春　缪卫华　戚方龙　钱　敏　邵　锋　邵　静　施　玮　史迪蒙　史进芹　陶洪亮　王晓珺　吴　丹　吴　锋　熊春秀　徐从林　徐　宏　徐晓苓　闫冰新　杨瑞霞　杨巍巍　于本洋　于德江　于汪洋　于晓文　俞　斌　俞国军　袁慧莉　张　磊　张　莉　张　玥　赵炜表　周　毅　朱　英　陈　晰　陈　颖　付　颖　高利军　何　源　林连官　芦　琼　毛俭波　那　巍　牛海威　邱震宇　王　虎　王俊轶　赵国彬　周　兴

物流工程（13 人）

陈　琳　邓业峰　李　妍　刘光剑　刘　威　桑　艳　卫　青　谢　颖　张臻侃　周雯霞　胡　北　刘舒叶　朱蓓瑛

工商管理硕士：464 人

全日制工商管理硕士（413 人）

阿莱斯娅　保　拉　保　罗　布鲁斯　陈若和　程　刚　戴　萌　戴　鸣　邓璐楠　付营之　龚　振　何秉仪　何　准　贺琳娜　姜　震　廖　江　刘　亭　柳杨亮　罗茜怡　马蒂阿斯欧康　潘奇琦　乔　梁　乔纳丹　邱明珠　邱一波　瑞　民　史　毅　王晨宇　王俊勇　王伶俐　王　一　吴晓军　徐二喜　徐　清　许　雄　严岳云　严志诚　杨　雁　杨苑航　俞徐李　张　璐　张媛媛　赵　能　艾　东　鲍　智　蔡　雷　操　军　曹俊峰　曹莉莉　陈蓓蕾　陈兵华　陈　刚　陈高峰　陈红群　陈　洪　陈华明　陈　坚　陈　建　陈　玲

陈念报 陈群 陈徐群 陈渝鹏 陈玉英 程刚 程文晶 程艳 崔晔 崔植阳 代学勤 戴江红
邓洋 丁巍 董兵 杜景春 杜阔 杜淑媛 段振华 范茂国 方晨 方元正 房付盛 冯小康
冯彦锟 冯艳琼 冯志伟 付文清 付彦勃 傅剑平 高海龙 高宏亮 高伟超 龚珲 顾浩森 顾晓明
顾轶 顾玥燕 管乐乐 桂敬丽 郭林 郭奇 韩晓华 郝跃东 何涛 何向辉 侯小明 侯颖玮
胡国平 胡建华 胡乃明 胡鹏 胡森毅 胡伟 胡志芹 华巍 黄飞 黄鹤 黄金红 黄俊怡
黄亮 黄琼 黄晟 黄欣 吉东 姜学宏 蒋琦 金晶 金素萍 瞿丽华 康晓东 黎宇晖
李保军 李春玉 李吉海 李剑 李俊 李俊 李敏 李蜀涓 李涛 李蔚雯 李文山 李伍仲
李晓锐 李训尧 李莹怡 李永 李玉峰 李增艳 梁光林 梁嘉祥 刘传陲 刘德雷 刘光强 刘海艳
刘华猛 刘佳 刘军 刘梅 刘萌萌 刘骎 刘莎 刘绍一 刘圣桂 刘万鑫 刘迅猛 刘以可
卢宝国 卢慧晶 鲁雁申 鲁正国 陆杰 陆萍 陆贤薇 陆小艳 鹿逸鸣 吕睿 罗建峰 马伟明
马晓蓉 毛帮春 孟兴全 宓洁 苗东 苗锋 苗青 牟文杰 母杰 倪激 倪钦 宁浩
牛文礼 潘海亮 戚颀 钱潜 秦丽 邱乐辉 任少华 任微 阮慧凤 邵凯 申林 沈锋
沈剑峰 沈黎 师松杰 时海龙 宋卉 苏醒 孙彪 孙佳瑞 孙伟 孙娴 孙毅嵘 孙玉来
孙忠达 邰云岗 唐英斌 唐颖彦 屠鹏飞 汪胜祥 汪伟 王存 王飞 王海浩 王昊 王坚
王建中 王强 王锐 王晓丰 王晓举 王妍 王艳 王一鸣 王奕娜 王喻晓 位保红 翁春媚
吴佳俊 吴金锁 吴蕾 吴利青 吴启明 吴正军 奚华 奚笑冬 席炜 夏天 谢春梅 谢梦
谢轶 熊岳斌 胥景瑜 徐长勇 徐捷 徐琳玲 徐松 徐伟 徐瑛 许安娅 许成勇 许锋
许昊 许兴仪 许忠明 闫妍 羊蔚琛 杨丹 杨得军 杨德清 杨帆 杨光 杨骅 杨静雅
杨亚军 姚定鹏 姚莹婷 姚泽林 叶洁敏 叶联红 叶永健 易志峰 殷峻 尹玉敏 于勐 余丽敏
俞海芳 俞吉 俞智文 袁霞 曾华玲 翟学让 张超 张春来 张丁 张高芸 张会飞 张建斌
张鸣鹏 张青松 张蕊蕊 张伟 张娴 张小丰 张星漪 张雪瑜 张永芬 张芸 张职 章仁惠
赵栋梁 赵飞 赵纲 赵洁 赵立群 赵晓闰 赵毅轩 赵瑜 郑兵 郑磊 郑圣平 郑彦玲
钟昊懿 周冠军 周建龙 周钧 周楠 周文凡 周小强 周晓明 周玥 朱佳玮 朱建勋 朱俊绮
朱立文 朱玮 竺醒人 劳拉 刘伟 罗孝洪 秦骏延 邱思浩 汪道勇 张敬 曹朋 杜南
冯洁 顾健健 金庆阳 瞿婷 李彬 李彩霞 李健 李金玲 刘国涛 马军 孟繁星 缪玉忠
任彪 邵琦 沈俊华 施海燕 孙凤俊 王侠 薛锴 杨卫刚 姚敏 俞伟 张得平 张正伟
周小芳 朱万程 陈斌 陈忠萍 成冰 董斌 贺统军 胡敏 华春苗 怀班民 黄大淼 黄伟文
蒋飞 解生勇 金屹 李珊 刘道静 刘金亮 刘晓庆 罗亚飞 毛瑄文 盛玲 孙庆军 孙晓光
孙晓露 王磊 魏娜 颜可俊 杨成 张丽群 张珊珊 张婷婷 张宜生 赵芳 赵久林 崔广三
杨跞 李畅 李余墨家 潘芮 韩琛

工商管理硕士（单）（9 人）

顾旭蕾 林芳宇 薛景峰 张昌信 何铱 李黎 肖翔 袁乾龙 张卫龙

高级管理人员工商管理硕士（42 人）

陈吉明 陈正林 程焱 董红阳 范斐然 葛慎渊 郝同乐 何泽华 姜良诚 陆耀庭 吕向荣 王海阳

杨葛灵 姚志华 于建芝 周冬冬 周国华 蔡志勇 曹卫锋 戴晨冰 戴曙光 皋 嵘 顾仪静 郭 荣
季金华 李宏立 李忠翠 倪国平 施海君 汪 泓 肖 琴 虞 军 张福军 张海英 周彦炜 朱 明
戴常伟 谭碧清 李 刚 赵亚红 梅 嘉 沈 燕

公共管理硕士：92 人

全日制公共管理硕士（23 人）

周少芬 曹小喆 陈蓓蓓 陈 菲 陈奇春 陈思思 高 乐 胡芳芳 李国慧 李国麟 李亚捷 李亚律
毛仙国 裴 俊 邱立科 施蓓蓓 王 莉 谢 红 张元辰 钟政亮 周 瑶 金晓燕 沈 菁

公共管理硕士（单）（65 人）

曹恒亮 陈 峰 池腾飞 丁 燕 樊佳璇 何海英 黄 磊 刘 伟 钮 登 钱 艳 王义凯 夏 婷
赵 荐 郑 岚 陈白羽 邓永新 狄 钧 董丽丹 段仁启 高德君 顾爱珍 顾佳经 顾 婷 何珊珊
洪宝琴 黄 磊 黄胤琛 金行笋 瞿海燕 黎 辉 李星星 林 兵 林晶晶 林 微 林贤涛 林月璟
刘秉政 陆芬芳 毛晓娟 彭 朋 秦振炜 石 磊 苏小芳 唐少云 童 舟 王金柱 项功达 徐 芳
徐金隆 薛超超 薛文墨 杨恩慧 杨丽君 杨乃前 张步伟 张胡佳 张吴耿 章晓雪 赵晓丹 郑慧望
郑美巧 郑永久 周立伟 朱 燕 诸 华

非全日制公共管理硕士（4 人）

王 瑾 张 炯 陈 冬 江丽云

会计硕士：11 人

全日制会计硕士（11 人）

冯少杰 李 晨 廖彩雄 刘 昊 卢 洋 马丽娜 苏振华 汪梦琼 吴文琦 许四兵 刘 璐

国际商务硕士：3 人

全日制国际商务硕士（3 人）

苏媛媛 叶 娜 张文嘉

社会工作硕士：15 人

全日制社会工作硕士（15 人）

蔡 爽 陈 晨 程丹丹 崔雪宁 黄 红 敬寒梅 栗吉冰 梁潇云 刘德永 四朗曲珍 唐 妘 王 瑞
余 潇 钟兰凤 祝雯雯

法律硕士：5 人

全日制法律硕士（5 人）

陈 瑛 邵天智 余颖佳 董艾莹 张海娟

成人继续教育

【概况】 继续教育学院下设六室三部，在职在聘教职工 23 人，外聘职工 18 人。在册学历学生 11 956 人（其中业余学生 11 611 人，函授学生 345 人）。参加高等教育自考生 28 063 人次。各类继续教育年培训量达 3 946 人。

通过教育部计划编报网站正式上报 2013 年成人招生计划，合计 4 090 人。其中：高起专上海计划 800 人，函授计划 100 人；高起本上海计划 480 人；专升本上海计划 2 618 人；函授计划 92 人。最终上海市共录取专升本 2 608 人、高起本 455 人、高起专 1 154 人，函授录取专升本 91 人、高起专 217 人。录取总人数为 4 525 人，完成计划总数的 110.64%。

院长黄婕参加在北京召开的中国成人教育协会第五次会员代表大会，并当选为中国成人教育协会第五届理事会理事。

开展 2013 年成人高等教育学生奖学金评定，授予校本部财务 110（业本）的张晨勇、王靖珅等 138 名同学"优秀学生"称号和财务 110（业本）的陶伊凌等 69 名同学"优秀学生干部"称号。另外，授予时尚之都艺设 110（夜专）时尚的王红波、顾中荣等同学"优秀学生""学生干部"称号。

学院直属党支部与纪勋初等职业技术学校结对共建签约仪式在纪勋初等职业技术学校举行，直属党支部书记陈俊傲和纪勋初等职业技术学校校长于惠芳签署了共建协议书。学院直属支部与凌云街道社区教育委员会合作共建备忘录签约仪式暨"中国梦—华理情·凌云志 2014 迎春联欢会"新闻发布会举行，陈俊傲与袁圣华分别代表共建双方在合作备忘录上签字。

高等教育自学考试中英合作商务管理与金融管理专业管理段证书课程教师培训会议在沪召开。学院组织了多名长期从事证书课程的教学、阅卷工作，有丰富经验的老师出席培训会议并分享了证书课程授课的心得和经验。

【教育工作研讨】 11 月 2 日，继续教育学院在徐汇校区召开了成人高等教育教学研讨会。各专业院系负责人、教师代表、继续教育学院相关教学管理人员共 39 人参加会议。会上，黄婕做了题为"2013 年成教教学工作交流"的报告。陈俊傲就成教校外教学点做了题为"实施教考分离，提升办学质量"的报告。陈俊傲从教考分离的意义、内涵、作用等方面阐述了实施教考分离的重要性，并提出统一教材、统一考纲等具体的实施方案，希望能进一步提高校外教学点教学质量的监督管理，提高成教办学质量。

【中高端企业培训】 学院与国内大中型企业合作开办多项培训项目：为中国石油化工股份有限公司上海石油化工研究院举办科研骨干培训班；为宁波市安监局举办安全生产与领导力高级研修班；为上海通汇企业管理有限公司举办情绪与压力管理、团队建设等课程；为中石化上海石油化工股份有限公司举办兼职教师培训；为苏州市高新区举办苏州高新区领军人才、企业家管理培训班；为苏州高新区科技局举办计算机辅助工艺设计培训班。

附录：

成人高等学历教育在册学生数一览表（单位：人）

学习类型		函授		业余		
层次		专升本	高起专	高起本	专升本	高起专
年级	一年级	51	43	564	2 203	1 052
	二年级	62	87	525	2 157	1 077
	三年级	49	53	402	1 887	980
	四年级	—	—	381	—	—
	五年级	—	—	383	—	—
	小计	162	183	2 255	6 247	3 109

成人非学历教育学生人数统计表

项目	委培单位	班级	人数	办班时间
中高端企业内训	中国石油化工股份有限公司上海石油化工研究院	科研骨干培训	50	5月—7月
	宁波市安监局	安全生产与领导力高级研修（一期）	40	5月20日—23日
	宁波市安监局	安全生产与领导力高级研修（二期）	40	5月27日—30日
	华东理工大学	初中级职员培训	150	5月—6月3日
	上海通汇企业管理有限公司	情绪与压力管理、人际冲突处理	50	6月
	上海通汇企业管理有限公司	团队建设	40	9月
	上海通汇企业管理有限公司	激励与沟通	50	12月
	校内合作	细胞培养过程及生物反应器工程高级培训课程	52	6月23日—27日

续表

项目	委培单位	班级	人数	办班时间
中高端企业内训	校内合作	PMP项目管理	10	5月
	贵州省粮食局	贵州粮食局领导干部研修班	50	9月23日—27日
	中石化上海石油化工研究院	中层干部培训	50	10月24日—25日
	中石化上海石油化工股份有限公司	第一期兼职教师高级研修班	20	9月24日—26日
	中石化上海石油化工股份有限公司	第二期兼职教师高级研修班	21	10月15日—17日
	苏州高新区	苏州高新区领军人才、企业家管理培训班	18	10月26日—29日
	苏州高新区科技局	计算机辅助工艺设计	40	11月8日
执业资格考试培训	社会报名	注册化工工程师（基础）班	16	7月7日—9月8日
	社会报名	注册化工工程师（专业）班	37	7月7日—9月8日
	社会报名	社工师（初级）	43	3月10日—6月3日
	社会报名	社工师（中级）	29	3月10日—6月3日
从业人员资格培训	社会报名	会计上岗证	89	
	社会报名	会计电算化培训班	80	
	社会报名	PETS－3	50	
自考助学辅导	社会报名	中英合作商务管理（业余专科）	35	
	社会报名	商务管理（业余本科）	199	
	社会报名	自考毕业论文辅导班	1 767	
成考辅导班	社会报名	成考辅导班第一期	208	3月—4月
	社会报名	成考辅导班第二期	97	4月—5月
	社会报名	成考辅导班第三期	171	5月—7月
	社会报名	成考辅导班第四期	265	7月—8月
	社会报名	成考辅导班第五期	156	8月—10月
	社会报名	成考辅导班第六期基础班	23	12月

夜大招生专业一览表

序号	专 业 名 称	修业年限	科类	学习形式	学历层次
1	法学	3年	法学类	业余	专升本
2	社会工作	3年	法学类	业余	专升本
3	英语（商务英语）	3年	文史、中医类	业余	专升本

续表

序号	专业名称	修业年限	科类	学习形式	学历层次
4	艺术设计	3年	艺术类	业余	专升本
5	高分子材料与工程	3年	理工类	业余	专升本
6	自动化（电气工程与测控技术）	3年	理工类	业余	专升本
7	机械设计制造及其自动化	3年	理工类	业余	专升本
8	机械设计制造及其自动化（模具）	3年	理工类	业余	专升本
9	计算机科学与技术	3年	理工类	业余	专升本
10	信息工程	3年	理工类	业余	专升本
11	化学工程与工艺	3年	理工类	业余	专升本
12	国际经济与贸易	3年	经管类	业余	专升本
13	金融学	3年	经管类	业余	专升本
14	生物技术	3年	经管类	业余	专升本
15	财务管理	3年	经管类	业余	专升本
16	药学	3年	经管类	业余	专升本
17	工程管理（项目管理）	3年	经管类	业余	专升本
18	工程管理（质量管理与检测）	3年	经管类	业余	专升本
19	工商管理	3年	经管类	业余	专升本
20	会计学	3年	经管类	业余	专升本
21	人力资源管理	3年	经管类	业余	专升本
22	物流管理	3年	经管类	业余	专升本
23	信息管理与信息系统	3年	经管类	业余	专升本
24	行政管理	3年	经管类	业余	专升本
25	电子信息工程	5年	理工类	业余	本科
26	计算机科学与技术	5年	理工类	业余	本科
27	药学	5年	理工类	业余	本科
28	财务管理	5年	文理	业余	本科
29	工商管理	5年	文理	业余	本科
30	国际经济与贸易	5年	文理	业余	本科
31	物流管理	5年	文理	业余	本科
32	机电一体化技术	3年	理工类	业余	专科
33	药学（新增）	4年	理工类	业余	专科
34	机械设计制造及其自动化（模具）	4年	理工类	业余	专科
35	化工工艺（新增）	4年	理工类	业余	专科
36	报关与国际货运	3年	文理	业余	专科

续表

序号	专 业 名 称	修业年限	科类	学习形式	学历层次
37	计算机信息管理	3年	文理	业余	专科
28	会计（财务会计）	3年	文理	业余	专科
39	人力资源管理	3年	文理	业余	专科
40	经济信息管理	3年	文理	业余	专科
41	工商企业管理	3年	文理	业余	专科
42	物流管理	3年	文理	业余	专科
43	国际质量管理体系认证	3年	文理	业余	专科
44	商务英语	3年	文理	业余	专科
45	艺术设计（广告设计）	3年	文理	业余	专科

函授招生专业目录

序号	专业名称	层次	科类	函授站地址
1	药学	专科	理工类	深圳思达培训中心
2	人力资源管理	专升本	经管类	深圳思达培训中心
3	药学	专升本	经管类	深圳思达培训中心
4	化学工程与工艺	专升本	理工类	新疆独山子石化公司
5	工商企业管理	专科	文理科	贵州省贸易经济学校
6	会计（财务会计）	专科	文理科	贵州省贸易经济学校
7	市场营销	专科	文理科	贵州省贸易经济学校
8	会计学	专升本	经管类	贵州省贸易经济学校
9	工商管理	专升本	经管类	贵州省贸易经济学校
10	工程管理	专升本	经管类	贵州省贸易经济学校

自学考试专业目录

序号	专业名称	层次	科类
1	商务管理	专升本	经管类
2	商务管理	专科	经管类
3	社会工作与管理	专科	文史类

成人高等学历教育毕业生及授学位学生数一览表

名称	函授		业余		
层次	专升本	高起专	高起本	专升本	高起专
毕业生数	105	42	389	1 893	733
授学位学生数	67	—	98	292	—

注：授学位学生数为2012届毕业生。

高等教育自学考试情况一览表

自学考试时间	报考人次	商务管理本科 报考人次/门次	商务管理专科 报考人次/门次	社会工作与管理专科 报考人次/门次
1月11、12、13日	4 066	3 266/5 695	800/1 787	—
4月13、14、20、21日 5月18、19日	9 470	8 862/29 686	529/795	79/179
7月12、13、14日	3 802	3 194/6 598	608/1 307	—
10月19、20、26、27日 11月16、17日	10 725	10 212/33 311	429/694	84/180

注：商务管理专业专科为中英合作专业。

高等教育自学考试毕业生一览表

毕业时间	商务管理本科	商务管理专科	社会工作与管理专科	合计
6月	693	78	4	775
12月	840	63	12	915
授学士学位	594	—	—	594

继续教育学院校外教学点一览表

编号	教学点（授课点）	依托单位	上课地点
1	青浦团校	共青团青浦区青浦团校	青浦区华科路158号
2	医药职大	上海医药职工大学	长宁区愚园路1088弄48号
3	闵行行知	上海行知进修学院	闵行区碧江路359号
4	文化学院	传媒与文化艺术学院	静安区胶州路601号
			徐汇区漕溪北路502号
5	华文进修学院	上海华文进修学院	宝山区南陈路259号
			闸北区阳曲路421号
			虹口区三门路661号
			宝山区同济支路199号
			浦东南路1341弄12号
			浦东金海路2360号
			浦东川沙镇临园路55号
6	纺织职大	上海纺织工业职工大学	普陀区长寿路652号
7	大华	上海市计算机进修学院	宝山区大华三路99号
8	时尚之都	上海时尚之都文化艺术进修学院	卢湾区建国西路154号
9	市级机关	上海市级机关后勤培训中心	黄浦区制造局路9号
10	博学科技	徐汇区博学科技专修学校	徐汇区老沪闵777号
11	工业技术学校	上海市工业技术学校	徐汇区喜泰支路8号
12	恒甫	徐汇区恒甫进修学校	徐汇区罗香路240号

续表

编号	教学点（授课点）	依托单位	上课地点
13	群星职校	上海市群星职业技术学校	浦东新区德州路240号
14	嘉定汽车城	上海汽车城人才培训学院	嘉定区金沙路200号
			安亭民丰路988号四楼
15	工艺美院	上海工艺美术学院	黄浦区天津路521号六楼
16	震旦学院	上海震旦进修学院	黄埔区复兴中路369号
17	智优学院	上海智优经理人进修学院	普陀区长寿路868号中旅大夏
18	晨光学院	上海晨光进修学院	金山区石化蒙山北路611号
19	食品科技	上海金山区广益培训中心	金山区朱泾镇万安街381号
20	高化委培班	上海高桥石化公司委培班	浦东新区大同路1480号

网络教育学院

【概况】 年内，网络教育学院坚持“规范、质量、规模”的办学宗旨，办学规模保持稳定，招生与教学改革持续推进，办学影响力进一步扩大。学历教育注册新生近 9 000 名；非学历教育继续推进，与香港公开大学合作开办的“高级工商管理研修班”录取 31 名，首届 8 名学生顺利毕业，并于 7 月赴香港公开大学参加了毕业典礼。

招生管理不断强化。全面使用身份证读卡器进行报名数据采集，提高数据准确性；提高入学考试网络监控技术标准与要求，并实行入学考试过程评价；19 家教育中心试行报名材料电子化工作，于 2013 年秋季全面推广。

教学管理持续创新。探索教学辅导新方式，积极开展试题库组卷工作，首批 25 门课程启用了试题库组卷工作；6 月课程考试批次起推行考生手机入袋工作，10 月课程考试批次全面推行；调整毕业论文工作流程，增加学生在毕业论文写作阶段的自主权。

资源建设取得新进展。“化工原理及实验”与“基本线路与电子”被评为国家网络教育精品资源共享课；开发完成课程课件 44 门、全视频课程课件 2 门、移动平台课件 7 门、讲座课程 8 门、实验课程 2 门、在线实验 16 个；出版网络教育专用教材 8 本。

新平台、新技术得到应用与升级。设计开发了理工类课程（含实验）跨校互选互认平台；电子支付平台完成开发并于 2013 年秋季投入试运行。开发完成移动班主任系统（Android 版）、教育中心管理平台、题库系统等。

学籍管理制度不断优化。修订《网络教育本、专科学生学籍管理规定》；进一步完善了转专业规定，限制跨学科转专业；改进了毕业档案工作流程，毕业生登记表网络化平台功能完成开发并上线测试。

学生支持服务水平继续提升。组织春、秋班主任工作常规培训，并利用现场和网络直播相结合的方式召开班主任专题培训会；修订《班主任工作条例》，重点加强对班主任 QQ 群的管理；34 位班主任被评为 2013 年度“优秀班主任”，36 位班主任获鼓励奖。

校园文化建设积极推进。成功举办“唱响青春旋律”第五届学生十大歌手比赛；第七次赴金寨县天堂寨中心小学开展暑期社会实践活动；举办第七届师生运动会；组织 2013 届秋季网络教育学生毕业典礼，800余名毕业生代表参加典礼；继续做好年度学生评优工作，479名学生被评为优秀学生，420名毕业生被评为优秀毕业生。

教学研究深入开展。在各类杂志和学术会议上发表网络教育学术论文8篇，其中在国内核心期刊上发表4篇，在国际会议期刊上发表1篇；教育部课题“理工类课程（含实验）互选互认的研究与实践”完成了第一期互选互认试点实践，其中225名学生参与了大学物理、化工原理实验等10门课程的互选工作。

办学影响力进一步扩大。学院被香港公开大学授予“2012—2013年度香港公开大学内地优秀合作伙伴”。凭借为学生的优质服务和良好的社会信誉，学院获得“新浪2013中国教育盛典十大品牌网络教育学院”称号。

【上海市远距离高等教育学会第七届代表大会举行】 3月15日，上海市远距离高等教育学会第七届第一次会员代表大会暨学术报告会在我校举行。上海市教委高教处副处长许涛、上海市社联学会处何宝军、我校副校长陈英南以及来自上海教育考试院、上海市各高校继续教育学院和网络教育学院有关领导及代表80余人出席。会议选举产生了学会第七届理事会领导班子，我校网络教育学院常务副院长应卫勇任会长。

（商敏锋）

【教育部项目中期检查研讨会在校召开】 7月1日，由学校网络教育学院承办的教育部“高等学校继续教育课程学分标准及质量内涵和学分转移制度与机制的研究及应用”项目中期检查研讨会召开。项目负责人、原北京师范大学校长、中国教育学会会长钟秉林，校长助理宋恭华等领导及各课题负责人出席会议。钟秉林肯定了项目的阶段性成果，并指出现代远程教育模式对整个教育体制有重大的影响，希望大家重视成果积累，同时加强各课题组间的交流与协作。

（商敏锋）

附录：

网络教育学生人数统计表

年份	项目	学生数/人
2013年	注册学生	8 965
	毕业学生	9 702
	授予学位	194

注：统计时间截至2013年12月底。

网络教育招生专业一览表

层次	招生专业	入学考试科目
专科起点本科	计算机科学与技术 自动化 化学工程与工艺 过程装备与控制工程 机械设计制造及其自动化 电气工程及其自动化 药学 信息与计算科学 信息工程 生物工程	英语、高等数学、计算机基础
	国际经济与贸易 工商管理 工程管理 物流管理 会计学 金融学 法学 行政管理 社会工作 劳动与社会保障	英语、大学语文、计算机基础
高中起点专科	工商管理 会计学 行政管理 国际经济与贸易 计算机技术与应用 经济信息管理 计算机信息管理 工程管理 物流管理 药学 药物制剂 市场营销（医药营销） 化学工程与工艺 安全工程 机电一体化 电气工程及其自动化 自动化 劳动与社会保障	英语、语文、数学
	广告设计与制作 艺术设计	英语、语文、素描

校外教学点一览表

省（直辖市）	校外教学点名称	依托建设单位
上海市	华东理工大学网络教育学院徐家汇工商学院教育中心	徐家汇工商管理进修学院
	华东理工大学网络教育学院上海科技教育中心	上海市业余科技进修学院

续表

省（直辖市）	校外教学点名称	依托建设单位
上海市	华东理工大学网络教育学院轻工教育中心	上海第二轻工业学校
	华东理工大学网络教育学院浦东教育中心	浦东新区中昊进修学校
	华东理工大学网络教育学院奉贤教育中心	上海市奉贤中等专业学校
	华东理工大学网络教育学院嘉定教育中心	上海嘉华进修学院
	华东理工大学网络教育学院长宁科技教育中心	上海长宁科技进修学院
	华东理工大学网络教育学院医药教育中心	上海市医药学校
	华东理工大学网络教育学院群星教育中心	上海市群星职业技术学校
	华东理工大学网络教育学院市北教育中心	上海市市北职业高级中学
	华东理工大学网络教育学院青浦教育中心	上海工商信息学校
	华东理工大学网络教育学院宝山教育中心	上海市宝山职业技术学校
	华东理工大学现代远程教育虹口学习中心	上海市南湖职业学校
	华东理工大学现代远程教育崇明学习中心	上海崇明中华职业进修学校
	华东理工大学现代远程教育普陀学习中心	上海智优经理人进修学院
	华东理工大学现代远程教育普陀信息学习中心	上海信息技术学校
	华东理工大学现代远程教育闵行学习中心	上海西南工程学校
	华东理工大学现代远程教育新长宁学习中心	上海新长宁教育培训中心
	华东理工大学现代远程教育东辉学习中心	上海市东辉职业技术学校
	华东理工大学现代远程教育杨浦学习中心	上海百联职业技术学校
	华东理工大学现代远程教育黄浦学习中心	上海市商贸旅游学校
	华东理工大学现代远程教育宝山华文学习中心	上海华文进修学院
	华东理工大学现代远程教育新世界学习中心	上海新世界进修学院
	华东理工大学现代远程教育闵行电力学习中心	上海电力工业学校
	华东理工大学现代远程教育中华职校学习中心	中华职业学校
	华东理工大学现代远程教育静安学习中心	上海第二工业大学
	华东理工大学现代远程教育南汇学习中心	上海工商外国语职业学院
	华东理工大学现代远程教育济光学习中心	上海电机学院
	华东理工大学现代远程教育电机学习中心	上海济光职业技术学院
浙江省	华东理工大学网络教育学院宁波教育中心	宁波工程学院
	华东理工大学网络教育学院杭州教育中心	杭州市工人业余大学
	华东理工大学网络教育学院临海教育中心	临海电大
	华东理工大学网络教育学院嘉兴教育中心	嘉兴电大
	华东理工大学网络教育学院金华教育中心	金华职业技术学院
	华东理工大学网络教育学院桐乡教育中心	桐乡市工会职工学校

续表

省（直辖市）	校外教学点名称	依托建设单位
浙江省	华东理工大学网络教育学院温州教育中心	浙江工贸职业技术学院
	华东理工大学网络教育学院诸暨教育中心	诸暨市人事教育培训中心
	华东理工大学网络教育学院丽水教育中心	丽水市审计培训中心
	华东理工大学网络教育学院临安教育中心	临安市职工业余学校
	华东理工大学现代远程教育嵊州学习中心	嵊州市中等职业技术学校
	华东理工大学现代远程教育湖州学习中心	浙江信息工程学校
	华东理工大学现代远程教育舟山学习中心	舟山职业技术学院
江苏省	华东理工大学网络教育学院南化教育中心	南京化工职业技术学院
	华东理工大学网络教育学院南京科技教育中心	南京市科技干部进修学院
	华东理工大学网络教育学院无锡教育中心	无锡市行政学院
	华东理工大学网络教育学院无锡新区教育中心	无锡新区党校
	华东理工大学现代远程教育昆山学习中心	江苏省昆山第一职业高级中学
	华东理工大学现代远程教育盐城学习中心	江苏省盐城市高级职业中学
	华东理工大学现代远程教育扬州学习中心	扬州技师学院
	华东理工大学现代远程教育镇江学习中心	镇江市职工学校
	华东理工大学现代远程教育常州工程学习中心	常州工程职业技术学院
	华东理工大学现代远程教育徐州学习中心	徐州工业职业技术学院
	华东理工大学现代远程教育常熟学习中心	常熟理工学院
	华东理工大学现代远程教育南通业大学习中心	南通市工人业余大学
山东省	华东理工大学网络教育学院青岛教育中心	青岛中鲁工商专修学院
	华东理工大学现代远程教育威海学习中心	山东药品食品职业学院
广东省	华东理工大学网络教育学院顺德教育中心	顺德职业技术学院
	华东理工大学现代远程教育中山学习中心	中山火炬职业技术学院
安徽省	华东理工大学网络教育学院芜湖教育中心	安徽商贸职业技术学院
云南省	华东理工大学现代远程教育昆明学习中心	昆明大学
河北省	华东理工大学现代远程教育石家庄学习中心	河北化工医药职业技术学院
江西省	华东理工大学现代远程教育江西化校学习中心	江西省化学工业学校

科学研究与学科建设

Kexue Yanjiu yu Xueke Jianshe

科学研究

【概况】 年内，学校科研工作大力提倡自主创新，认真落实科学发展观，贯彻以人为本思想，创新科研体制与机制，以提升科技创新能力为主线，整合、优化资源配置，凝练学科方向，在支持学科建设、重大项目申请、科研基地建设、成果转化和产学研工作等方面取得重要进展，各项科技指标快速发展，为学校的建设和发展做出了贡献。

附录：

华东理工大学各类科研机构一览表

级别	科研基地名称	成立时间/负责人	挂靠学院
国家级	化学工程联合国家重点实验室	1991 - 03	化工学院
	生物反应器工程国家重点实验室	1995 - 10	生物工程学院
	国家超细粉末工程研究中心	1994 - 06	化工学院
	国家生化工程技术研究中心（上海）	1996 - 06	生物工程学院
	国家盐湖资源综合利用工程技术研究中心	2008 - 11	资源与环境工程学院
	国家医用生物材料动员中心	2003 - 03	材料科学与工程学院
	国家技术转移中心	2001 - 09	校部
	大学科技园	2005 - 11	校部
省部级	国家环境保护化工过程环境风险评价与控制重点实验室	2008 - 04	资源与环境工程学院
	超细材料制备与应用教育部重点实验室	2000 - 10	材料科学与工程学院
	结构可控先进功能材料及其制备教育部重点实验室	2003 - 11	化学与分子工程学院
	承压系统与安全教育部重点实验室	2005 - 11	机械与动力工程学院
	煤气化及能源化工教育部重点实验室	2007 - 02	资源与环境工程学院
	特种功能高分子材料及相关技术教育部重点实验室	2008 - 05	材料科学与工程学院
	化工过程先进控制和优化技术教育部重点实验室	2008 - 10	信息科学与工程学院
	上海市化学生物学（芳香杂环）重点实验室	2001 - 12	药学院
	上海市新药设计重点实验室	2011 - 12	药学院
	上海市先进聚合物材料重点实验室	2008 - 11	材料科学与工程学院

续表

级别	科研基地名称	成立时间/负责人	挂靠学院
省部级	上海市功能性材料化学重点实验室	2010-06	化学与分子工程学院
	上海市多相结构材料化学工程重点实验室	2014-12	化工学院
	医用生物材料教育部工程研究中心	2001-04	材料科学与工程学院
	大型工业反应器工程教育部工程研究中心	2006-06	化工学院
	过程系统工程教育部工程研究中心	2006-06	化工学院
	资源（盐湖）过程工程教育部工程研究中心	2007-10	资源与环境工程学院
	绿色高校过程装备与节能教育部工程研究中心	2009-04	机械与动力工程学院
	制药工程与过程化学教育部工程研究中心	2007-10	药学院
	生物采油教育部工程中心	2013-12	化学与分子工程学院
	上海煤气化工程技术研究中心	2011-12	资源与环境工程学院
	上海海洋动物疫苗工程技术研究中心	2014-12	生物工程学院
	国家能源煤气化技术研发中心	2014-08	资源与环境工程学院
引智基地	神经退行性疾病相关蛋白与药物发现科学创新引智基地	2007	药学院
	化学反应工程科学与技术创新引智基地	2008	化工学院
	先进过程装备技术创新引智基地	2012	机械与动力工程学院
	生物材料与工程引智基地	2013	材料科学与工程学院
其他重点科研基地	教育部科技查新工作站	1995-12	图书馆
	上海市科学技术成果查新工作站	1998-11	图书馆
	分析测试中心	1993-11	化学与分子工程学院
	国家宝石检测中心	1998-12	材料科学与工程学院
	上海市稀土材料研究中心	2008-10	化学与分子工程学院
	联合化学反应工程研究所华东理工大学分所	1983-11	化工学院
	发酵工业分离提取技术研发中心（发酵工业协会）	2010	生物工程学院
校级研究机构	生物医药纳米技术中心	王平	生物工程学院
	化学工程研究所	许振良	化工学院
	石油加工研究所	施力	化工学院
	化学产品工程国际研究中心	辛忠	化工学院
	精细化工研究所	田禾	化学与分子工程学院
	工业催化研究所	郭扬龙	化学与分子工程学院
	应用化学研究所	牟伯中	化学与分子工程学院
	材料科学研究所	袁养龙	材料科学与工程学院
	国防材料研究所	黄发荣	材料科学与工程学院

续表

级别	科研基地名称	成立时间/负责人	挂靠学院
校级研究机构	无机材料研究所	陈国荣	材料科学与工程学院
	环境工程研究所	曹国民	资源与环境工程学院
	洁净煤技术研究所	于广锁	资源与环境工程学院
	危险化学物质风险评价与控制研究中心	林匡飞	资源与环境工程学院
	资源过程工程研究所	于建国	资源与环境工程学院
	生物质能源研究中心	王杰	资源与环境工程学院
	化工机械研究所	轩福贞	机械与动力工程学院
	防腐蚀技术开发中心	刘坐镇	机械与动力工程学院
	应用数学研究所	鲁习文	理学院
	近代物理研究所	廖玮	理学院
	核技术应用研究所	杨存忠	理学院
	计算机技术研究所	邵志清	信息科学与工程学院
	自动化研究所	侍洪波	信息科学与工程学院
	药物化工研究所	李忠	药学院
	中药现代化工程中心	韩伟	药学院
	药品生产质量管理规范研究中心（GMP 研究中心）	宋恭华	药学院
	计算化学中心	胡培君	化学与分子工程学院
	食品药品监管研究中心	阮赞林	法学院、药学院、生物工程学院
	政治文明研究所	范明英	马克思主义学院
	社会福利与社会政策研究所	范斌	社会与公共管理学院
	公共政策与公共管理研究所	罗建平	社会与公共管理学院
	应用社会学研究所	徐永祥	社会与公共管理学院
	社会发展研究中心	曹锦清	社会与公共管理学院
	电子商务研究所	钱世超	商学院
	欧洲研究所	杨逢珉	商学院
	经济发展研究所	程岩	商学院
	商业自动化研究所	丁玉章	信息科学与工程学院
	认知神经动力学研究所	王如彬	理学院
	科技信息研究所	孙济庆	图书馆
	外国语言研究所	邵志洪	外国语学院
	广告与品牌文化研究所	杨明刚	艺术设计与传媒学院
	居住形态与城市文化研究所	陈国宏	艺术设计与传媒学院

级别	科研基地名称	成立时间/负责人	挂靠学院
校级研究机构	旅游与会展研究所	张杰	艺术设计与传媒学院
	设计与艺术研究所	程建新	艺术设计与传媒学院
	华东社会发展研究所		马克思主义学院
	都市文化与现代化研究中心	鲍宗豪	马克思主义学院
	中国城乡发展研究中心	熊万胜	马克思主义学院
	马克思主义理论研究中心	鲍宗豪	马克思主义学院
	哲学研究所	秦美珠	马克思主义学院
	思想政治教育研究中心		马克思主义学院
	体育经济理论研究所	王跃	体育科学与工程学院
	能源与资源环境法研究中心	董溯战	法学院
	知识产权研究中心	于杨曜	法学院
	法律社会学研究中心	李瑜青	法学院
	廉政文化研究中心	杜仕菊	马克思主义学院
国际合作	中德先进材料联合研究中心	吴唯	材料科学与工程学院
	中法化学与环境工程可持续性发展联合实验室	袁渭康	化工学院
校企合作	阿华生物工程研究所	张元兴	生物工程学院
	鲁华生物技术研究所	魏东芝	生物工程学院
	“华理泰山”体育新材料研发中心	郑柏存	体育科学与工程学院
	华东理工大学-基伊埃工程技术（中国）有限公司联合实验室	任福正	药学院
	中国石油化工集团公司-华东理工大学能源与化工经济管理研究中心	王基铭	商学院
	烟台万华-华东理工大学协同创新联合实验室	刘柏平	化工学院
	航空发动机寿命预测技术联合创新中心	涂善东	机械与动力工程学院
	华东理工大学-恒天生物基材料联合研究院	赵黎明	生物工程学院

2013 年华东理工大学科研经费统计表

学院	纵向到款/万元		横向到款/万元		合计/万元		
	到款数	拨出经费	到款数	拨出经费	总到款数	拨出经费	实际到款
化工学院	2 718. 17	66. 40	5 174. 57	204. 90	7 892. 74	271. 30	7 621. 44
生物工程学院	6 824. 85	1 267. 31	1 280. 75	0. 00	8 105. 60	1 267. 31	6 838. 29
化学与分子工程学院	4 854. 78	179. 24	1 024. 26	12. 44	5 879. 04	191. 68	5 687. 36
药学院	2 633. 36	82. 06	338. 21	0. 00	2 971. 57	82. 06	2 889. 51

续表

学院	纵向到款/万元		横向到款/万元		合计/万元		
	到款数	拨出经费	到款数	拨出经费	总到款数	拨出经费	实际到款
材料科学与工程学院	4 633.53	173.90	1 853.43	251.90	6 486.96	425.80	6 061.16
信息科学与工程学院	2 068.36	142.50	1 125.30	73.31	3 193.66	215.81	2 977.85
机械与动力工程学院	1 817.85	69.00	3 997.39	565.34	5 815.24	634.34	5 180.90
资源与环境工程学院	3 407.72	585.07	4 384.91	490.78	7 792.63	1 075.85	6 716.78
理学院	904.67		76.60		981.27		981.27
行政系统	34.00		2.00		36.00		36.00
商学院	725.19		113.75		838.94		838.94
社会与公共管理学院	171.80		306.02		477.82		477.82
人文科学研究院	57.40		139.70		197.10		197.10
艺术设计与传媒学院	4.90		192.16		197.06		197.06
外语学院	47.30		5.00		52.30		52.30
体育科学与工程学院	44.10		28.55		72.65		72.65
图书馆	19.00		21.93		40.93		40.93
法学院	55.80		145.57		201.37	2.84	198.53
合计	31 022.78	2 565.48	20 210.11	1 598.67	51 232.88	4 166.99	47 065.89

2013年华东理工大学承担科研项目情况统计表

序号	项目类别	项目名称	立项数/个	合同金额/万元
1	国家级项目	国家自然科学基金	179	11 548.200
2		科技部“863”项目	4	2 326.000
3		科技部“973”青年科学家专题	1	500.000
4		科技部国际合作项目	1	144.000
5		科技部农业成果转化资金项目	1	60.000
6		环保部项目	2	1 019.400
7		中医药局项目	1	169.000
8	教育部项目	新世纪优秀人才支持计划	6	135.000
9		博士点基金	14	120.000
10		留学回国人员科研启动基金	8	25.000
11		军工项目	29	2 230.171

续表

序号	项目类别	项目名称	立项数/个	合同金额/万元
12	上海市项目	浦江人才计划 A 类	4	80.000
13		启明星人才计划	5	90.000
14		上海市科委	97	2 458.59 000
15		上海市教委教育基金会	22	647.000
16		上海市其他及外省市科技项目	16	231.540
17		人事处项目作卡	65	529.000
18	横向项目	横向项目	637	24 462.260

注：2013 年度，新签订科研项目合同 1 379 项，合同金额 57 834.81 万元。纵向项目 742 项，合同金额 33 372.55 万元；横向项目 637 项，合同金额 24 462.26 万元。

2013 年华东理工大学承担人文社会科学类项目情况统计表

序号	项目类别	项目名称	立项数/个	合同金额/万元
1	国家级项目	国家社会科学基金	15	270.00
2		国家自然科学基金项目（文科类）	15	569.00
3	教育部项目	教育部人文社会科学研究项目	12	93.00
4	上海市项目	上海市哲学社会科学研究项目	12	52.00
5		上海市教育科学研究项目	3	12.00
6		上海市软科学研究项目	3	24.00
7		上海市教委科研创新项目（文科类）	7	42.00
8	横向项目	横向项目	86	881.25

注：2013 年度，人文社会科学类新立项项目 191 项，合同金额 2 175.65 万元。其中，纵向项目 105 项，合同金额 1 294.4 万元；横向项目 86 项，合同金额 881.25 万元。

承担“973”项目一览表

项目编号	首席科学家	项目名称	经费/万元
2010CB126100	钱旭红	分子靶标导向的绿色化学农药创新研究	3 444
2010CB732300	卢冠忠	清洁能源生产和环境治理中稀土催化材料应用的基础研究	3 033
2010CB227000	王辅臣	煤等含碳固体原料大规模高效清洁气化的基础研究	3 052
2011CB200900	李元广	微藻能源规模化制备的科学基础	2 805
2012CB720500	钱锋	化工过程物质与能量高效利用的集成优化基础研究（首席单位为浙江大学）	3 253
2012CB933600	刘昌胜	多级微纳结构生物活性材料促进骨组织快速修复的研究	2 800
2013CB733700	田禾	分子探针识别肿瘤特异性血清标志物的基础研究	2 784

承担“863”项目一览表

课题编号	负责人	课题名称	经费/万元
2011AA06A107	宋兴福	盐化工钙基废弃物多级循环与高值利用技术	1 323
2011AA090702	周祥山	海洋微生物大规模发酵制备候选药物关键技术	1 108
2011AA10A207	李忠	基于靶标的新型化学农药设计合成、优化与产品创制	877
2011AA03A406	郭耘	稀土催化氧化关键材料及应用	877
2012AA021201	郭美锦	生物制造反应过程技术与装备	905
2012AA061601	孙淑英	盐湖锂资源直接提取及精制加工技术	729
2012AA101401	王伟	高毒农药重金属污染物高通量快速检测监测技术	674
2012AA040307	杜文莉	典型流程工业制造过程碳效优化技术	650
2012AA053101	于广锁	超大型煤气化关键技术研究及工艺设计软件包开发	400
2013AA093101	吴海珍	迟钝爱德华氏菌活疫苗的应用研究和产业化开发	1 076
2013AA051103	刘海峰	粉煤空气气化制备燃气新技术开发	470
2013AA064007	路贵民	水氯镁石与钼酸铵热解关键技术与装置研究	380

2013年华东理工大学科研成果奖励情况统计表

序号	获奖项目	完成单位	所属单位	主要完成者	获奖名称及等级
1	高温过程装备结构完整性关键技术及应用	华东理工大学	机械与动力工程学院	涂善东、轩福贞、贾久红等	国家科技进步二等奖
2	面向再制造的表面工程技术基础	华东理工大学	机械与动力工程学院-2	张显程（3）	国家自然科学二等奖
3	钙磷基生物材料的转化机理及生物性能研究	华东理工大学	材料科学与工程学院	刘昌胜、袁媛、陈芳萍等	上海市自然科学一等奖
4	基于小分子的聚丙烯微纳结构调控技术与应用	华东理工大学	化工学院	辛忠、赵世成、石尧麒等	上海市技术发明一等奖
5	重大化工装置中细颗粒污染物过程减排新技术的研发与应用	华东理工大学	机械与动力工程学院	汪华林、杨强、吕文杰等	上海市技术发明一等奖
6	定向转化多元醇的细胞催化剂创制及其应用关键技术	华东理工大学	生物工程学院	魏东芝、林金萍、刘清海等	上海市技术发明一等奖
7	基于病症结合中医药治疗非酒精性脂肪肝的转化医学研究	华东理工大学（2）	药学院	刘建文（6）	上海市科技进步一等奖
8	高性能环氧乙烯基酯树脂的研制及其应用	华东理工大学	华昌公司	刘坐镇、茆凌峰、钱建华等	上海市科技发明二等奖
9	劣质脱油沥青气化烧嘴研究开发及工业应用	华东理工大学	资源与环境工程学院	代正华、王辅臣、刘海峰等	上海市科技进步二等奖

续表

序号	获奖项目	完成单位	所属单位	主要完成者	获奖名称及等级
10	反应挤出法制备分子结构可设计的高性能嵌段型氟硅橡胶	华东理工大学	材料科学与工程学院	管涌、郑安呐、危大福等	上海市技术发明三等奖
11	工业氯化钾多相流分离新技术与装备研究	华东理工大学	资源与环境工程学院	宋兴福、于建国、孙玉柱等	上海市技术发明三等奖
12	RFID 读写模块开发方法及应用创新发明	华东理工大学	机械与动力工程学院	易建军、姜辉、罗飞等	上海市技术发明三等奖
13	奥氏体不锈钢低温压力容器应变强化轻量化关键技术研究	华东理工大学	机械与动力工程学院	惠虎、轩福贞、王学生	上海市科技进步三等奖
14	“阳光体育”背景下的多民族体育文化在全民健身中的融合与应用	华东理工大学	体育科学与工程学院	徐立功、王跃、徐昱玫等	上海市科技进步三等奖
15	环保型漆雾凝集剂的技术研发及应用	华东理工大学（2）	材料科学与工程学院	杨晓玲（2）	上海市技术发明三等奖
16	火电厂单元机组自启停优化控制系统	化工理工大学（2）	信息科学与工程学院	顾幸生（2）	上海市技术发明三等奖
17	极端条件下重大承压设备的设计、制造与维护	华东理工大学（2）	机械与动力工程学院	涂善东（2） 轩福贞（5）	机械工业联合会科学技术特等奖
18	微小/紧凑型化学机械系统的设计制造关键技术	华东理工大学（2）	机械与动力工程学院	涂善东等	中国石油和化学工业联合会技术发明一等奖
19	高回收率高品位氯化钾生产集成技术	华东理工大学（2）	资源与环境工程学院	宋兴福（2） 于建国（4）	青海省科技技术一等奖
20	银行电子支付安全体系的关键技术研究与应用	华东理工大学（3）	机械与动力工程学院	易建军（3） 顾春华（6）	全国商业科技进步特等奖
21	日处理煤 2 000 吨级多喷嘴对置式水煤浆气化技术	华东理工大学（2）	资源与环境工程学院	于广锁（2） 刘海峰（4） 周志杰（6）	中国石油和化学工业联合会科技进步一等奖
22	大型甲醇合成系统关键技术开发与工业应用	华东理工大学（2）	化工学院	应卫勇、房鼎业、张海涛	中国石油和化学工业联合会科技进步三等奖
23	新型气化炉工艺烧嘴研制与应用	华东理工大学（3）	资源与环境工程学院		中国石油和化学工业联合会科技进步三等奖
24	氮肥行业原料及动力结构优化与工业应用	华东理工大学（3）	资源与环境工程学院		山东省科技进步二等奖
25	太阳能利用型热电/光电功能材料的制备	华东理工大学（2）	化学与分子工程学院	陈彧（2）	广东省科技三等奖

续表

序号	获奖项目	完成单位	所属单位	主要完成者	获奖名称及等级
26	200MW 级 IGCC 关键技术研究与电站设计	华东理工大学（6）	资源与环境工程学院	于广锁（11）	中国华电集团公司科技进步一等奖
27	基于病症结合中医药治疗非酒精性脂肪肝的转化医学研究	华东理工大学（2）	药学院	刘建文（4）	高等学校科学研究优秀成果二等奖
28	GB 25463—2010 油墨工业水污染物排放标准	华东理工大学	资源与环境工程学院	修光利、张萍、詹天珍	中国标准创新贡献奖三等奖
29	几类微分方程的理论和数值解法研究	华东理工大学（2）	理学院	顾晓艳（5）	海南省科技进步二等奖
30	食品化学中化学有害物代谢机理与分析技术研究	华东理工大学（3）	药学院	梁鑫淼（2） 章飞芳（7）	中国分析测试协会科技一等奖
31	第 13 届上海市科技精英	华东理工大学	资源与环境工程学院	于建国	上海市科协
32	中国青年科技奖	华东理工大学	药学院	李洪林	中国科协
33	明治生命科学奖	华东理工大学	药学院	李洪林	明治生命科学奖管委会
34	1500 吨每年丙烯直接氧化制环氧丙烷	华东理工大学（2）	化工学院	沈本贤	天津市技术发明三等奖
35	高能效（SHEER）加氢成套技术开发及工业应用	华东理工大学（5）	机械与动力工程学院	汪华林等	中石化科技进步一等奖
36	扭曲管双壳程换热器研究及制造	华东理工大学（2）	机械与动力工程学院	曾力丁等	中石化科技进步三等奖

近年来发表论文在全国高校排名情况

序号	期刊类型	收录数/篇	被引情况	全国高校排名
1	SCIE	1 232		26
2	EI	798		39
3	国际论文		3.79 次/篇	3
4	表现不俗论文	479		17

注：根据中国科技信息情报所的统计，SCIE 论文收录 1 232 篇（2012 年度），在全国高校中排名第 26 位；EI 收录论文 798 篇，在全国高校中排名第 39 位。国际论文累计被引用篇数为 1 995 篇，被引用次数为 7 556 次，全国排名第 19 位。国际论文平均被引次数是 3.79 次，在全国高校中排名第 3 位。“表现不俗论文”共有 479 篇（指论文发表后的影响力超过其所在学科的平均水平），占 SCI 论文总数的 39.26%，在全国高校中排名第 17 位。

近年来发表的国际论文被引用情况

项目	2009 年		2010 年		2011 年	
	论文数量及频次	部属高校排名	论文数量及频次	部属高校排名	论文数量及频次	部属高校排名
SCIE	795 篇	26	965 篇	25	1 232 篇	26
EI	619 篇	40	874 篇	34	798 篇	39
被引用情况	692 篇/2 482 次	21	1 220 篇/4 277 次	21	1 995 篇/7 556 次	19

近年来职务专利申请与授权情况

（单位：项）

项目	2012 年				2013 年			
	发明专利	实用新型	外观设计	合计	发明专利	实用新型	外观设计	合计
申请数	343	30	9	382	330	30	0	360
授权数	298	29	9	336	368	56	0	424
公开数	608	29	9	646	528	56	0	584

主办（承办）的学术刊物一览表

《华东理工大学学报（自然科学版）》
《功能高分子学报》

2013 年各类科技人才计划获得者名单

科技人才计划名称	获得者
上海市自然基金青年	曹宵鸣　陈卓　傅青　李锦　廖杰　肖楠（离职）
启明星	王启要　杨有军　胡彦杰
启明星（跟踪）	李洪林　杜文莉
浦江人才计划 A 类	曹红亮　梁莹　刘劲刚　潘晓川
曙光计划	龚学庆　江浩　李洪林
晨光计划	王海丰　牛德超　杨强　杨晓华　章彰
中青年科技创新领军人才	杨弋
重点领域创新团队	汪华林团队
创新人才培养示范基地	华东理工大学
新世纪人才支持计划	叶金星　江浩　刘培念　周志明　杨发祥　李辉
优秀青年科学基金项目	龚学庆　杨丙成　张玲　张显程　白志山
国家杰出青年科学基金	朱为宏　轩福贞

学科建设

【概况】 年内，学校学科建设工作主要包括“211工程”三期建设总结及发展思路探讨；“985优势学科创新平台”运行管理；学科评估结果分析；上海高校一流学科及知识服务平台建设；卓越计划一期、二期验收及考核。

2013年1月，收到教育部教研司便字20130101号文件通知，并根据文件精神开展了“211工程”三期建设总结及发展思路探讨等工作。

2013年1月，讨论形成“985优势学科创新平台”建设投入方案，并上报校党委常委会讨论通过。

2013年1月，教育部学位中心公布了第三轮学科评估结果，我校8个一级学科参评。4月，收到学位中心〔2013〕24号文件，根据文件要求，组织未参加第三轮学科评估的27个学科填写了学科评估简况表，报学位中心进行分析评估。

2013年11月，上海市教委召开“上海高校一流学科以及知识服务平台建设”工作会议。我校获批支持经费370万元，用于购置大型仪器。

2013年12月，组织专家对我校卓越计划一期、二期19个项目进行验收及考核。

【“985优势学科创新平台”运行管理】 1月15日，经讨论形成“985优势学科创新平台”建设投入方案。方案明确继续支持大型气化技术与煤化工成套工艺技术研究开发平台等5个子平台，用于升级、改造、完善现有的仪器设备，同时用于购置DECHEMA物理化学数据库、变温超高真空扫描隧道显微镜以及超算中心升级。

【学科评估结果分析】 1月29日，教育部学位中心公布了第三轮学科评估结果，我校8个一级学科参评。经搜集、整理、分类、汇总各类指标数据，形成了我校学科分析报告，并分别在校党委常委会、校长办公会上进行汇报。

【上海高校一流学科及知识服务平台建设】 11月22日，上海市教委科技处组织召开“上海高校一流学科以及知识服务平台建设”工作会议，对上海市四所部属“211工程”高校经费进行支持，我校获批370万元。经专家论证、校领导集体决策，决定将经费用于购置多光子共聚焦显微系统，方案上报市教委。

【卓越计划一期、二期验收及考核】 12 月 11 日，组织专家对我校卓越计划一期、二期 19 个项目进行验收及考核，最终有 18 个项目通过验收，1 个项目通过中期考核。

附录：

国家和省市重点学科一览表

国家重点学科	上海高校一流学科	上海市重点学科
化学工程与技术（一级学科）	化学工程与技术（A 类）	化学工程
化工过程机械	化学（B 类）	生物工程
控制理论与控制工程	材料科学与工程（B 类）	应用化学
材料学（培育）	动力工程及工程热物理（B 类）	材料学
	控制科学与工程（B 类）	化工过程机械
	环境科学与工程（B 类）	控制理论与控制工程
	药学（B 类）	环境工程
		发酵工程
		农药学
		社会学

人事管理

Renshi Guanli

教职工队伍建设

【概况】 年内，人事处与有关职能部门、学院密切配合，围绕学校“十二五”改革与发展规划和第十次党代会确定的目标，认真贯彻党的十八大精神、深入开展党的群众路线教育实践活动，在质量和规模上大力推进高水平师资队伍建设工作。

进一步落实人才强校战略。（1）召开2013年人才工作会议，聚焦人才计划和工作机制。工作会议分提出议题、开放讨论、交流总结3个阶段，围绕高层次人才队伍建设的主题，聚焦人才计划和工作机制，组织讨论听取意见，制定出台了“一个决定、一个意见、三个实施办法”，即《关于加快推进人才强校战略实施工作的决定》《关于进一步加强青年教师队伍建设的意见》《“重点领域杰出人才培养与引进计划”实施办法》《“重点领域创新团队培育与发展计划”实施办法》《“教学名师培育计划”实施办法》等政策文件。（2）加大海外高层次人才和青年英才的引进力度。引进、调入教学科研教师65人，其中中组部人才1人、“青年人才”1人，特聘教授2人，教授4人，副教授7人，具有博士学位的教师64人，具有海外留学经历的教师32人；选录辅导员16名，派遣人员41名；11名被派遣人员转入学校编制；聘请45位海内外专家担任学校名誉教授、兼职和客座教授，其中名誉教授7人，兼职和客座教授38人，进一步扩大了学校的影响力。截至2013年年底，全校教职工共计3 507人，其中专任教师1 766人，正高级专业技术职务教师395人、副高级专业技术职务教师687人。教师（指占教学、科研、思政编制的人员）中具有博士学位的比例为65.4%，比2012年年底增长了2.2%。（3）高层次人才队伍建设取得新进展。积极开展各类人才计划项目申报工作，认真做好组织沟通协调工作，在项目申报的各个环节做到细心、周到，严守工作纪律。围绕高层次人才队伍建设，继续实施特聘教授制度，加大海外高层次人才和青年英才的引进力度，做好人保局、市教委等组织的专家疗休养工作，做好各类人才的待遇落实工作，做好引进人才科研启动费、讲座教授津贴等审核工作等。龙亿涛、James Lam分别被聘为教育部“长江学者”奖励计划特聘教授和讲座教授，石河子大学推荐的我校郭旭红教授亦被聘为“长江学者”特聘教授；朱为宏、轩福贞两人获国家杰出青年基金资助；肖泽宇入选中组部“青年人才”；刘昌胜入选“国家特支计划”百千万工程领军人才；龙亿涛、朱为宏两人获上海市“东方学者”跟踪计划资助；高信林、刘展两人获上海千人短期项目资助；陈晋、李田、李佑平、彭泽宇、宋福铁、赵炎、朱眉华、陈秀荣、郭志前、马骧、马兴元、修光利 12 人获上海市“浦江人才计划”C类与D类资助；胡彦杰、赵双良上获海人才发展资金资助；李春忠入选国家百千万人才工程；辛忠获上海领军人才称号；李洪林获中国青年科技奖（科协）；鲁习文、庄英萍、安琦 3 人获奉贤“滨海贤人”领军人才称号；庄启昕、朱家文、范体军、修光利 4 人荣获宝钢教育优秀教师奖。

深化岗位设置和绩效考核工作机制。以 2013 年卓越津贴动态管理和职务职级晋升为抓手，完善校院两级管理的绩效评估体系，深化岗位设置管理工作，改进不同类型人员的考核指标体系和办法。(1) 完成了 2013 年度的岗位职务职级晋升聘任工作。晋升正高级专业技术职务 21 人（其中教授 20 人、研究员 1 人），副高级专业技术职务人 47 人［其中副教授 31 人、副教授（专职思政教师）3 人、副研究员 8 人、高级实验师 3 人、副研究馆员 1 人、副编审 1 人］，中级专业技术职务人 21 人。同时完成了 2013 年度的岗位等级调整工作。(2) 完成了 2013 年全员职工年度考核评优工作。制定考核要求，严格遵循考核程序、考核办法、考核标准，落实奖励政策，做好备案和归档工作，推选出校优秀教育工作者 31 名。与各学院协作，完成了对入选青年英才培育计划人选的动态评估工作。(3) 完成干部人事档案改版专项任务。进一步落实干部人事档案的改版工作，完成对全校 3 000 余份教职工档案的改版工作。收集、归档各类干部人事档案材料 13 000 余份。完成 2 300 余份退休人员档案移交档案馆的工作。按时、按量完成 2012 年人事处文书档案的归档工作，共完成归档 424 卷。

完善教师发展培训体系。以教师发展中心建设为依托，积极开展教师职业培训，提升中青年教师教学能力，满足教师个性化、专业化发展以及学校人才培养特色的需要，不断完善教师创新能力和教师发展培训体系。(1) 完成了新进教职工岗前培训及职员培训工作。77 名新进教职工完成岗前培训，112 名教师获得职员培训合格结业证书。(2) 完成了 2013 年度“上海教师发展工程”相关工作。完成了 2013 年度市教委“上海教师发展工程”的申报工作（共 71 人申报，42 人入选），其中入选“国外访学进修”19 人，入选“国内访问学者”8 人，入选“产学研践习计划”15 人。入选“上海高校中青年教师国外访学进修计划”的有高级研究学者徐燕翼、曾守锤、阎海峰、陈芳萍、刘培念、王华忠、吴胜昔 7 人，访问学者张丽芬、易如、申朴、刘桂荣、张莉、殷强锋、郑静、武斌、卢运祥、王婷兰、李义龙 11 人，核心课程进修教师钱丽霞 1 人；入选“上海高校青年骨干教师国内访问学者计划”的有于涛、冯作龙、张璐倩、陈雪、周晓萱、唐松莲、郑庆寰、崔惠贤 8 人；入选“上海高校教师产学研践习计划”的有陈万思、袁慧慧、朱进、赵鹏、余昭旭、付建军、王立权、张巍、王宁、赵亮、王丽、奚桢浩、余若冰、徐首红、金晶 15 人。上海市教委人事处共计资助 300 多万元。33 名教师在职攻读学位，15 人入读并签订协议。（3）加强实验技术队伍建设。人事处与实验室和装备处合作，开展了实施上海高校实验技术队伍建设计划申报工作，支持实验教师（实验技术人员、实验室管理人员）国内外培训工作和实验技术人员培训基地的建设工作。依托教师发展中心，积极开展教师职业培训，通过与其他职能部门合作，在提升中青年教师教学能力，满足教师个性化、专业化发展以及学校人才培养特色的需要等方面，不断完善教师创新能力和教师发展培训体系。经评审，学校已获资助 197 万元。

加大招聘力度，创新人员聘任机制。采取有效措施，全方位、多渠道加大优秀人才招聘信息发布力度。（1）聚焦优秀人才，加大招聘力度。人事处配合各学院，通过加大广告招聘力度和影响力，采取多种形式吸引一批海外优秀人才，积极申报国家和上海市的“千名人才计划”、教育部“长江学者”讲座教授等，重点聚焦中组部“青年人才计划”。（2）创新专职科研人员聘用机制。以“2011 协同创新中心”建设和项目制科研人员聘任为契机，与科研院协作，探讨人员聘用的新机制，实现按需设岗、优化结构，破除人员能进不能出的壁垒。根据《教育部 财政部关于实施高等学校创新能力提升计划的意见》（教技〔2012〕6 号）精神，为适应协同创新的人事管理制度，经多方研讨、协商，制定了《华东理工大学关于调整〈非石油路线能源化工协同创新中心岗位设置、人员聘任和管理办法〉的通知》和《华东理工大学关于调整〈非石油路线能源化工协同创新中心人员评价与考核管理办法〉的通知》，对协同创新中心人员聘任实行人才特区政策。（3）提高博士后培养质量，完善师资博士后工作机制。继续实施《华东理工大学师资博士后工作实施办法（试行）》，通过实施和完善师资博士后制度，加大优秀年轻人才、后备人才的引进和培养力度。同时充分发挥博士后制度平台培养人才和遴选师资的优势，建立良好的青年教师选拔与培养的政策、机制与环境。博士后进站共 64 人（其中师资博士后 35 人、企业博士后 17 人），出站 58 人。目前师资博士后在站人数达 83 人。为提高我校师资博士后研究人员的培养质量，促进教师队伍的发展，学校制定了《师资博士后出站考核实施办法》。申报各类基金的博士后人数和获批人数均有大幅增加，成绩显著。其中获准国家自然科学基金资助项目共 28 项，获准中国博士后科学基金特别资助项目 5 项，获准中国博士后科学基金面上项目 40 项，获准上海市博士后科研基金资助项目 8 项。博士后队伍国际化成果显著，流动站的国际影响力有明显提升。牛德超入选“香江学者计划”，实现学校该项目零的突破。王立影、胡泽兰两位博士后获得“博士后国际交流计划派出和学术交流项目”资助。

进一步完善人才服务与人事管理工作机制。（1）加强服务意识，改进工作作风。推行“一站式”服务。一是面向高层次人才，提供精细化“一站式”服务；二是面向全体教师，建立“首问负责制”，制订“一站式”服务手册，开通微信公众服务号，详细介绍人事处相关岗位的工作流程；在博士后进出站、教师批量入职等专项工作中，推行“一站式”集中办理，进一步提高效率，方便师生。（2）做好高层次人才服务工作。积极配合上级部门安排院士及为学校做出突出贡献的高级专家学者的体检、疗休养工作；组织学校“长江学者”、校特聘及二级岗教授等43位高层人才去华检体检中心参加体检；补办医疗红卡、办理转院申请表6张；组织优秀教师参加暑期考察、疗养，组织献血教职工进行短期修养；参加教职工30岁、50岁集体生日会和中秋青年教工联谊与退休教职工迎送活动，参与组织了教职工2 300余人进行体检。共同完成教职工献血，2013年教职工参加献血人数为41人。（3）重视民生问题，做好薪酬福利与社会保险工作。完成2012年工资总额计划执行情况分析和2013年工资总额计划的测算工作。截至2012年年底，学校固定职工和使用期限在一年以上的合同职工有4 167人，职工工资总额为43 520万元，职工年平均工资为104 389元，比上年增长10 775元，增长比例为11.51%；根据当时测算，2013年，固定职工和使用期限在一年以上的合同职工有4 200人，职工工资总额为46 895万元，职工年平均工资为112 458元，比2012年增长8 069元，增长比例为7.73%。调出、辞职人员25人（其中调往事业单位的有13人），博士后出站25人。退休教职工109人，其中高级职称30人、工人26人。完成28名新教职工转正定级工资的确定。完成社会保险及公积金基数的调整及日常维护工作。其中新建账户91人，退休养老金申领106人，转入变更28人，转出变更39人，终止养老金关系38人，变更个人信息（含工龄认定、视同缴费年限等）61人次；办理工伤保险理赔6人次。校内人员工作部门变动36人，完成其工资变动及信息的计算机管理；完成产假34人次及长病假2人次工资变动的核定；完成公派出国133人的工资、社会保险的变动管理；完成退休人员校内返聘176人的手续办理。完成在职、离退休教职工去世后丧葬、抚恤费的核算（离退休38人），完成探亲假报销审核约32人次，完成独生子女费、领养费办理48人次。完成全校人员各类工资、社会保险费、从业人员劳动报酬的统计报表和卓越津贴分季度逐步发放；完成退休人员高级专家待遇的办理；完成共计297人的岗位设置、专业技术职务调整工资津贴兑现工作。

附录：

2013 年教职工情况统计表

（单位：人）

教职工总数	女性	专任教师	教辅人员	管理人员	校产人员	后勤及工勤人员	附属单位人员	其他
3 507	1 574	1 766	334	532	115	399	51	310

2013 年各学院专任教师情况统计表

（单位：人）

部门	正高（年龄分布）						副高（年龄分布）					中级	初级及以下	合计	博士	硕士
	≤35 岁	36—40 岁	41—50 岁	51—60 岁	>60 岁	小计	≤35 岁	36—40 岁	41—50 岁	51—60 岁	小计					
化学与分子工程学院	0	4	27	20	1	52	11	15	45	11	82	47	5	188	128	48
生物工程学院	0	3	23	9	1	36	5	17	16	8	46	60	3	147	106	27
信息科学与工程学院	0	7	10	7	1	25	12	21	22	14	69	65	3	164	110	40
材料科学与工程学院	2	5	21	16	1	45	9	13	27	13	62	36	4	146	108	27
化学与分子工程学院	2	8	27	9	4	50	9	17	26	6	58	40	3	149	117	20
机械与动力工程学院	1	2	20	11	1	35	3	13	29	14	59	37	1	134	87	32
资源与环境工程学院	0	3	15	6	1	25	9	9	6	2	26	28	2	80	66	13
药学院	2	7	16	6	0	31	10	7	12	2	31	19	2	82	74	6
理学院		3	12	6	1	22	10	8	20	5	43	57	0	124	96	24
商学院		7	13	10	0	30	11	16	30	7	64	67	3	162	116	36
人文研究院		0	1	2	2	5	1	8	13	4	26	19	0	51	31	12
社会与公共管理学院		2	6	7	1	16	4	9	12	2	27	28	6	73	49	17
外国语学院		0	2	2	1	5	0	12	9	13	34	66	4	107	21	59
艺术设计与传媒学院		1	1	6	0	8	2	5	5	2	14	25	8	49	16	25
体育科学与工程学院		0	2	1	0	3	4	3	15	10	32	34	3	71	9	22
法学院		0	1	5	0	6	2	5	4	1	12	8	0	26	17	5
合计	7	52	197	123	15	394	102	178	291	114	685	636	47	1 753	1 151	413

2013 年高层次人才计划名单

项目	名单
教育部长江学者	龙亿涛、James Lam（讲座教授）
华东理工大学特聘教授	李红波、王俊伟、任国宾
华东理工大学讲座教授	李少凡、Gregory F. Payne、张丹、毕诸明、龚江滨、高信林、刘展、张志兵、Lee Pooi See、Yin Xiao
国家百千万人才工程	李春忠
上海千名人才计划	高信林（短期）、刘展（短期）
上海领军人才	辛忠
上海高校特聘教授（东方学者）	朱为宏（跟踪）、龙亿涛（跟踪）
上海浦江人才计划 C 类与 D 类	陈晋、陈秀荣、李田、郭志前、李佑平、马骧、彭泽余、马兴元、宋福铁、修光利、赵炎、朱眉华
上海人才发展资金	胡彦杰、赵双良

2013 年在聘正高级专业技术职务人员名单

教授（329 人）

于广锁　于立宏　于杨曜　于建国　卫春回　马玉录　马兴元　马铁驹　马海燕　马新胜　王　卫　王巧纯
王正东　王　平　王成云　王行愚　王　旭　王庆明　王亦飞　王如彬　王　芳　王利民　王幸宜　王　杰
王国珍　王学生　王建国　王荣发　王艳芹　王健农　王　跃　王慧锋　王　蕊　王　薇　牛玉刚　方　明
方　波　孔令丞　邓卫平　龙亿涛　龙湘犁　卢冠忠　卢艳花　叶金星　叶蕊芳　田　禾　田恒水　田晓慧
史贤林　乐清华　冯　翔　冯耀宇　吕树光　朱为宏　朱以华　朱卡克　朱志庆　朱学栋　朱眉华　朱家文
朱　煜　朱麟勇　乔文明　乔秀臣　伍新燕　任国宾　庄启昕　刘少伟　刘长军　刘长虹　刘　刚　刘劲刚
刘金祥　刘建文　刘建国　刘柏平　刘剑平　刘洪来　刘勇弟　刘　涛　刘海峰　刘培念　刘够生　刘　琴
刘朝晖　刘殿华　刘漫丹　齐鸣斋　关士友　关　岳　关　涛　安学勤　安　琦　许志美　许建和　许振良
阮永平　阮赞林　孙自强　牟伯中　麦　勇　花建丽　花　强　苏永升　苏建华　杜一平　杜仕菊　李元广
李玉刚　李　平　李　平　李永生　李　伟　李　冰　李红波　李　英　李　忠　李建奎　李春忠　李荣日
李　剑　李　涛　李瑜青　杨　弋　杨云霞　杨化桂　杨世忠　杨发祥　杨存忠　杨宇翔　杨　苏　杨贤金
杨明刚　杨逢珉　杨富文　杨富琴　杨　骥　肖立华　吴小红　吴玉鸣　吴幼青　吴驰飞　吴国章　吴柏钧
吴　唯　何录武　何雪松　邹　刚　邹俊忠　应卫勇　辛　忠　汪志勤　沈　冬　沈永嘉　沈伟国　宋兴福
宋福铁　张广利　张井岩　张元兴　张文清　张　平　张先梅　张金龙　张金朝　张建华　张　昱　张爱民
张维冰　张惠展　张新胜　张德祥　陆善祥　陈国荣（女）　陈国荣　陈建定　陈洪安　陈　彧　陈雪莉
陈彩霞　陈　锋　陈智高　陈　新　陈　麒　邵方明　邵志洪　范体军　范明英　范　斌　林匡飞　林砺宗
林嘉平　欧阳福生　尚亚卓　易建军　罗有华　罗建平　侍洪波　周兴贵　周志明　周邵萍　周炜星　周晓龙
周家春　周祥山　周　燕　郑建荣　郑柏存　郎美东　居伟忠　赵　健　赵海涛　胡一晨　胡仁昱　胡　军
胡　坪　胡　英　胡爱国　钟新华　钮月萍　修光利　侯震山　俞慰刚　施　力　施小新　宫　衡　费梅苹
姚晓东　贺黎明　袁荞龙　袁渭康　袁　媛　聂桂平　夏春明　顾幸生　钱世超　钱旭红　钱　锋　倪力军

倪礼忠 徐心茹 徐世爱 徐永祥 徐 宏 徐晓勇 徐海生 徐殿胜 徐燕翼 殷锡鸣 凌志浩 凌 昊
栾伟玲 高大启 高 飞 高 志 高 松 高 峰 郭卫红 郭丙君 郭圣莉 郭旭虹 郭守国 郭继明
郭 毅 唐颂超 唐燕辉 唐 赟 涂善东 黄发荣 黄光团 黄青春 黄 婕 黄维德 曹发海 曹学君
曹贵平 曹 恒 曹锦清 龚尚庆 龚 欣 龚学庆 崔景斌 阎海峰 彭昌军 彭建华 董国礼 董擎之
蒋小洪 韩一帆 韩 伟 惠 虎 景奉杰 程红波 程建新 程振民 傅蓉蓉 焦家俊 储 炬 鲁习文
鲁 军 童晓峰 曾守锤 曾步兵 曾作祥 谢林生 谢海芬 蓝闽波 赖焕新 虞心红 虞慧群 路贵民
鲍 杰 鲍宗豪 解永树 赫崇衡 蔡兰坤 蔡良珍 蔡建国 蔡 钧 蔡海波 廖 玮 漆志文 谭文松
颜静兰 潘红良 潘晓川 冀亚飞 魏东芝

教授（专职学生思想政治教育，2 人）

沈 炜 程 毅

研究员（47 人）

于新海 王永红 王 伟 王庚超 王振雷 王辅臣 方云进 叶邦策 史 萍 朱维平 任宇红 庄英萍
刘仁华 刘昌胜 齐会民 关凯书 纪晓岚 杜文莉 李绍军 李星玮 李洪林 李 蔚 杨胜利 轩福贞
汪华林 沈亚领 宋恭华 张 玲 陈爱平 周 玲 周晓东 赵 玲 柏子龙 袁 晓 钱江潮 徐云龙
徐玉芳 凌立成 郭杨龙 郭美锦 郭 耘 黄永民 曹 松 梁晓怿 颜学峰 潘艺林 魏 杰

享受教授待遇的高级工程师（10 人）

米普科 何 云 张 杰 陈 康 金锡标 赵丰年 侯锐钢 陶黎明 雷 浩 薛 群

享受教授待遇的高级实验师（1 人）

杨富琴

研究馆员（1 人）

孙济庆

主任医师（1 人）

郑 彦

自聘教授（2 人）

方 斌 葛晓陵

自聘高级工程师（教授级，2 人）

刘坐镇 吴秋芳

2013 年首次聘任高级专业技术职务人员名单

教授（20 人）

王卫泽 包春燕 刘桂霞 关 涛 江 浩 李志敏 李 莉 李 浩 汪冬华 张素平 张 莉 林绍梁
周美玉 赵春常 顾金楼 郭曰君 黄庐进 黄 瑾 龚 嵘 谢贺新

研究员（1 人）

钟伟民

副教授（31 人）

马海英　王凡凡　牛　星　卢运祥　刘培海　闫　莹　许　军　孙佳睿　孙　辉　杜　梅　李　嘉　杨　文
吴一帆　何雪莲　张艳红　张璐倩　张　巍　陈兰岚　陈林华　郑剑斌　赵　环　胡明慧　施家瑜　徐益升
郭志前　唐有财　曹东勃　章弘扬　蒋志强　傅利英　廖　杰

副教授（专职学生思想政治教育，3 人）

王芝眉　司忠业　储　琰

副研究员（8 人）

王风清　王　帆　刘晓峰　李大伟　武文俊　和望利　金　晶　郑高伟

高级实验师（3 人）

万　锋　刘　洁　黄　惠

副研究馆员（图书，1 人）

刘　颖

副编审（1 人）

周永斌

2013 年新聘任名誉教授、兼职教授、客座教授名单

类别	序号	姓名	国籍	聘请部门
名誉教授	1	南策文	中国	材料科学与工程学院
	2	李永舫	中国	化学与分子工程学院
	3	Isabella Caroline McMi	澳大利亚	药学院
	4	佟振合	中国	化学与分子工程学院
	5	万立骏	中国	化学与分子工程学院
	6	李亚栋	中国	化学与分子工程学院
	7	Joerg Steinbach	德国	中德工学院
	8	Masakazu Anpo	日本	化学与分子工程学院
	9	江雷	中国	化学与分子工程学院
	10	成田吉德	日本	化学与分子工程学院
客座教授	1	董伟		艺术设计与传媒学院
	2	楠元纯一郎	日本	法学院
	3	Matthias Rauterberg	荷兰	艺术设计与传媒学院
	4	Jeffrey T. Fong	美国	机械与动力工程学院
	5	Petros Groumpos	希腊	信息科学与工程学院
	6	Kamran Nikbin	英国	机械与动力工程学院
	7	曹恩洪		资源与环境工程学院
	8	王海		化工学院

续表

类别	序号	姓名	国籍	聘请部门
客座教授	9	潘忠礼		生物工程学院
	10	Lih-Sheng Turng	美国	化工学院
	11	Metivier Pascal		化工学院
	12	Maurice Brookhart	美国	材料科学与工程学院
	13	裴启兵		材料科学与工程学院
	14	Jonathan M. Garibaldi	英国	信息科学与工程学院
兼职教授	1	陈文胜	中国	马克思主义学院
	2	封坚强	中国	马克思主义学院
	3	叶晓峰	中国	化工学院
	4	李克勤	中国	化学与分子工程学院
	5	钱锦华	中国	材料科学与工程学院
	6	陆吾生	中国	信息科学与工程学院
	7	尚建选	中国	资源与环境工程学院
	8	王浩	中国	艺术设计与传媒学院
	9	叶宝法	中国	法学院
	10	成玉宁	中国	艺术设计与传媒学院
	11	王琳	中国	法学院
	12	陈学思	中国	材料科学与工程学院
	13	李希宏	中国	商学院
	14	李远清	中国	信息科学与工程学院
	15	汤文军	中国	药学院
	16	王朝晖	中国	化学与分子工程学院
	17	毛啸岳	中国	马克思主义学院
	18	张克华	中国	商学院
	19	戈峻	中国	法学院
	20	杨尚宝	中国	化工学院
	21	黄家学	中国	材料科学与工程学院

2013 年外籍教师名单

姓名	性别	国籍	所属学院
Jenny Ching-Chin Tai	女	澳大利亚	外国语学院
Billie Jean Weir	女	英国	外国语学院
Mimura Tatsuya	男	日本	外国语学院

续表

姓名	性别	国籍	所属学院
Ulrich Wessinger	男	德国	外国语学院
Aaron Michael Mac Whirter	男	美国	外国语学院
Stephen Eric Sandelius	男	美国	外国语学院
王涌	男	德国	外国语学院
Philip Wah Lee	男	美国	药学院
Yue Guan	男	英国	生物工程学院
Yamaguchi Masumi	女	日本	社会与公共管理学院
Bang Xuan Nguyen	男	丹麦	商学院

博士后科研流动站设置一览表（一级学科）

设站学科	设站部门	设站时间
化学工程与技术	化工学院、生物工程学院、化学与分子工程学院	1985 年
控制科学与工程	信息科学与工程学院	2001 年
材料科学与工程	材料科学与工程学院	2003 年
动力及工程热物理	机械与动力工程学院	2003 年
环境科学与工程	资源与环境工程学院	2003 年
机械工程	机械与动力工程学院	2007 年
化学	化学与分子工程学院、药学院	2007 年
药学	药学院	2009 年
社会学	社会与公共管理学院	2009 年
植物保护	药学院	2012 年

离退休工作

【概况】 退管会是以我校广大退休教职工为管理服务对象，以政为主、政群合一的行政职能部门。现任主任为马玉录副校长（兼），退管会分党委书记、退管会常务副主任为王远明。依据“两级管理”“两级服务”的退管服务模式，退管会与学院等二级部门共同开展为老服务，强化校、院两级退管工作的沟通联系制度，不断创新为老服务模式，以适应新形势下老龄工作的需要。

退管工作。我校退休教职工人数为 2 540 人，其中男性 1 201 人，女性 1 339 人；正高级职称人员为 297 人，副高级职称人员为 637 人，其他人员为 604 名。退休人员中，正副局级和正副处级以上干部有 81 人，并有 810 名共产党员和 232 名民主党派人士。退管会遵循“获悉必访”的原则，及时探望、慰问生病住院的退休教职工，关心他们的治疗情况，共探望住院退休教职工 140 多人。退休职工互助慈善基金补助 10 人，补助金额 6.08 万元。为 2 462 名退休人员办理了住院互助医疗的续保，参保金额 41.9 万元。对去世的 34 名人员，退管会及时协调原工作部门共同妥善处理善后事宜，第一时间上门慰问，送慰问金协调丧事办理，在尊重家属的前提下做到让逝者安息、家属满意。送清凉、送温暖是每年大面积慰问活动的重点，既要关心重点，又要照顾到面上，对 1999—2000 年退休的教职工开展普遍慰问工作，将 80 岁以上的高龄老人、孤老、一老养一老、参加过抗美援朝的老战士以及生病住院身体欠佳人员均列入慰问范围，今年共慰问了 1 598 人次，慰问支出总金额为 99.98 万元。安排 1 900 多位退休教职工进行体检。在体检过程中，退管会工作人员早晨 6 点前即全员到岗，一直坚持在第一线，并做好体检报告的发放等后续工作。

积极创造条件，给老年朋友创造“老有所学”的优良环境。老年大学全年开班 38 个，共有学员 950 人次。教学效果深受退休教职工和周边社区居民的喜爱。退管会春、秋季共组织了 6 批 160 人次参加旅游活动，还组织了各种类型的文体活动 6 次，有 1 300 人次参加。退管会承办“2013 年度上海市高校退休教职工桥牌比赛”，学校有三队共 6 名选手参加，最终张传晓、倪和平一组以高分荣获第一名。坚持每两周组织一次由 20 多位老年人参加的谈心活动。赴安徽六安眠虎小学看望慰问学校在眠虎小学志愿支教的退休教师郁仁德，为其带去了学校的祝福，并为眠虎小学的学生送上学校各方慈善捐款购买的慰问品。

离休工作。学校有离休干部39人，平均年龄为86.3岁，年龄最大的为93岁。原副局级3人，享局级11人，参照局级三项待遇3人，参照局级单项医疗待遇1人，原正处级4人，原副处级和享处级15人，其他干部2人。其中，抗日战争时期参加革命的12人，解放战争时期参加革命的27人，具有正高级职称的4人，具有副高级以上职称的7人，中共党员37人。设立老干部特殊医疗基金，每年划拨5万元，按照“三个一点”的原则，为离休干部提供特殊医疗费。按照政策在规定时间内落实了学校老干部的护工费发放事宜。离休直属党支部组织多次学习活动，离休直属党支部与凌云街道党工委一起举办区域离休干部联组学习交流活动。老干部办公室将老干部工作拓展到社区，先后走访了8个社区（街道），了解老干部工作和居住在当地的老同志的情况，并切实为老干部解决了一些实际问题。7月，老干部办公室和活动室从团结七楼2楼整体搬迁至底楼，现老干部办公室办公地点为团结七楼101室，老干部活动室地点为团结七楼102室。

（陈忆星）

【退管会分党委工作】 退管会分党委目前共有19个党支部，退休党员810多名。退管会分党委坚持集体组织生活制度，每月组织一次理论学习小组活动。今年组织了3次专题报告会，共有1 300人次的退休教职工党员参加了报告会，除年老体弱、重病患者外，参与党员达到60%以上。向高校退管会上报了6篇研究论文。退管会分党委第十九党支部组织生活主题的“学习‘十八大’精神，开展社区共建，传递正能量”的活动获得2013年校“十佳组织生活”。除参加分党委集体活动外，还独立地组织党员参加组织生活，主要有就近考察活动、上门关心高龄老党员活动、学习活动以及和社区、二级单位的共建活动，等等。

（陈忆星）

附录：

2013年去世的离休干部名单（4人）

王桂芳　曲　聪　袁文美　俞俊棠

2013年去世的退休教职工名单（34人）

沈松春　杨若梅　许永涛　孙钦廉　陈文江　凌　容　朱庆兰　宋贞治　余顺阳　张柏林　梁天白　吴树森
赵佩琏　陈贵雪　潘鸿猷　方富禄　顾起鹤　孟根生　陈大勇　黎德尧　潘伯华　郭小红　支玉珍　杨杰章
黄关澄　方绮云　高重辉　王松林　陈宝华　何金花　何曼君　杨婉芝　曹德林　沈瑞祥

外事工作

Waishi Gongzuo

对外合作与交流

【概况】 年内，学校先后接待澳大利亚首都地区首席部长、堪培拉市市长，德国石勒苏益格-荷尔斯泰因州州长等来自多个国家/地区的个人和团组共337批，合计724人次（不包括国际会议境外代表），同6个国家和地区的高校或科研单位签署校际协议共计15项。聘请来自美国、英国、德国、日本等国的合同制外国文教类专家8名。全年派出出国交流教师达481人次（以办理出国手续为准）。唐纪敏被评为2013年度校先进工作者。

发布国际交流白皮书。为建立和完善以绩效为抓手的目标管理机制，学校通过发布国际合作交流工作现状分析，以及各专业学院年度绩效排行榜等，促进学校开展全方位、高水平的国际交流与合作。国交处汇总了各个学院的国际交流与合作工作数据，撰写了《华东理工大学国际合作交流工作白皮书》，在肯定工作成绩的同时，认真寻找差距和不足，进一步完善政策和措施，最大限度地调动广大师生参与国际交流的积极性和参与度，加快推进学校国际化建设进程。

完善制度建设，增强服务意识。制定《华东理工大学外事接待礼仪规范》，优化教职工和学生出国、赴台手续，以及外国文教专家办证和举办国际会议等手续，实现了流程上墙、规定上网、服务上心。同时为方便广大师生，还精心制作了各类流程小册子以供取阅。

海峡两岸暨香港、澳门人文学术交流密切。推进海峡两岸暨香港、澳门高校的实质性交流合作。校领导多次访问澳门理工学院、台湾云林科技大学等院校；首次向义守大学和台湾云林科技大学派遣本科生进行一学期的交换学习；成功举办第九届海峡两岸管理硕士学术交流与研讨会。另外，还负责落实了4名处级干部走访台湾高校的工作，学习有关大学校园文化建设经验和校院两级管理体系机制，以提高干部综合素质和国际化管理水平以及大学内涵式发展水平。

推进国际交流与合作。召开“国际交流与合作战略研讨会”，认真研讨《华东理工大学国际化战略实施纲要（初稿）》，12月已正式发布。搭建双边研讨会交流平台，4月25日至26日，和法国高等化学工程师大学校联盟（Federation Gay Lussac，FGL）共同主办的第二届中法教育与科技研讨会隆重举行。FGL主席雅克·美赫加迪耶（Jacques Mercadier）、索尔维亚太地区科研创新负责人帕斯卡·梅迪维耶尔（Pascal Metivier）、阿科玛常熟研发中心主任丹尼斯·波茨梅耶尔（Denis Bortzmeyer）等企业代表，校党委书记杨贤金、校长钱旭红、副校长涂善东、常委田禾、相关学科教授以及中法项目学生参加了研讨会，共同研讨化工化学领域中的工程教育、创新科研及校企合作。与美国里海大学共同举办的 2013 地球村项目（Global Village on The Move）在徐汇校区拉开序幕。该项目旨在通过融合当地商业文化特点的课程和相关实践，使参与者更好地了解主办国的文化特点和商业背景，培养未来工商业领袖。今年共有来自 16 个国家的 33 名学员参加了为期 10 天的培训，培训内容主要包括领导技巧、与中国商业伙伴谈判技巧、亚洲地区案例分析、中国文化与历史、中国商业法规、商业模式探讨等。地球村项目每年在全球的不同国家举办，这是该项目第一次在中国“落地开花”，为提高学校的国际知名度发挥了积极作用。

附录：

来访人员国别分布　（单位：人）

国家	美国	德国	意大利	新加坡	加拿大	英国	丹麦	瑞士
人数	202	110	2	20	24	71	5	4
国家	荷兰	日本	马来西亚	以色列	俄罗斯	巴西	法国	瑞典
人数	1	72	20	4	3	1	59	6
国家	韩国	香港	澳大利亚	希腊	印度	乌克兰	奥地利	西班牙
人数	40	17	54	1	5	1	1	1

（黄河）

学校签署协议情况一览表（按上海交通大学 ARWU 先后排序）

合作单位	国家/地区	当年交大 ARWU 排名	协议名称
里海大学	美国	500+	接待运动员协议
玄奘大学	台湾	500+	学术交流合作协议
义守大学	台湾	500+	学生交流备忘录
义守大学	台湾	500+	教师互访讲学交流备忘录
札幌大学	日本	500+	短期留学项目备忘录
千叶大学	日本	500+	学术交流及合作协议书
千叶大学	日本	500+	学生交流项目协议书
贝尔法斯特女王大学	英国	342	合作备忘录
阿尔斯特大学	英国	500+	合作协议备忘录
诺丁汉大学	英国	84	联合培养本科生协议
诺丁汉大学	英国	84	联合培养硕士研究生协议
堪培拉大学	澳大利亚	500+	中外合作 MBA 项目协议书

续表

合作单位	国家/地区	当年交大 ARWU 排名	协议名称
堪培拉大学	澳大利亚	500+	谅解备忘录
纽卡索大学	澳大利亚	376	学生海外学习协议
丹麦技术大学等7所学校	丹麦	169	欧美 FP7 项目合作伙伴协议

（黄河）

国家公派出国全额资助项目录取名单

姓名	学院	国别	留学单位
周彦波	资源与环境工程学院	美国	佐治亚理工学院
陆海峰	资源与环境工程学院	意大利	萨勒诺大学
孙玉柱	资源与环境工程学院	德国	哈雷-维滕贝格大学
颜建军	机械与动力工程学院	美国	宾夕法尼亚大学
胡明慧	机械与动力工程学院	美国	加州大学伯克利分校
卢运祥	化学与分子工程学院	美国	佐治亚大学
王启要	生物工程学院	美国	哈佛医学院
杭海峰	生物工程学院	美国	圣路易斯华盛顿大学
李友元	生物工程学院	美国	麻省理工学院
宗原	化工学院	美国	特拉华大学
孙辉	化工学院	美国	加州大学戴维斯分校
赵基钢	化工学院	加拿大	英属哥伦比亚大学
刘培海	理学院	美国	马里兰大学
曾守锤	社会与公共管理学院	美国	休斯敦大学
程群	人文科学研究院	美国	佐治亚理工学院
张艳辉	商学院	美国	加州大学伯克利分校
唐松莲	商学院	美国	太平洋大学

（俞晓青、张闻）

国家留学基金委青年骨干1∶1项目资助录取名单

姓名	所在学院	申报国家	申报单位
何雪莲	化工学院	美国	加州理工学院
范传杰	化工学院	美国	威斯康星大学-麦迪逊分校
魏永明	化工学院	美国	明尼苏达大学双城分校
彭阳峰	化工学院	加拿大	西安大略大学
张道敬	生工学院	美国	加利福尼亚大学圣地亚哥分校
方向	化分学院	加拿大	多伦多大学
周丽绘	化分学院	美国	马里兰大学帕克分校

续表

姓名	所在学院	申报国家	申报单位
付建军	药学院	美国	哈佛医学院
朱芸	材料学院	加拿大	多伦多大学
许海燕	材料学院	美国	伊利诺伊大学
李冬冬	信息学院	美国	佐治亚理工大学
王振雷	信息学院	美国	拉玛尔大学
陈宁	信息学院	美国	伊利诺伊大学香槟分校
余昭旭	信息学院	美国	佛罗里达州立大学
孙京诰	信息学院	美国	里海大学
张巍	资环学院	美国	佐治亚理工大学
郑庆寰	商学院	美国	密西根大学安娜堡分校
马玲	商学院	美国	马里兰大学巴尔的摩分校
夏海洋	商学院	美国	普渡大学
郭永艳	艺术学院	荷兰	埃因霍芬理工大学
姬超	理学院	瑞典	斯德哥尔摩大学
赵宏	外语学院	英国	曼彻斯特大学
孙晓东	法学院	美国	俄亥俄州立大学
黄文亮	理学院	美国	宾夕法尼亚州滑石大学
刘晶	机械学院	美国	纽约大学理工学院
周鹏	体育学院	美国	春田大学

（俞晓青、张闻）

长期外国文教专家聘请情况一览表

所属学院	专家姓名	最高学位	国籍	类别
药学院	Phillip Lee	博士	美国	非语言类
社会学院	新家增美	博士	日本	非语言类
生工学院	Yue Guan	博士	英国	非语言类
商学院	Bang Xuan Nguyen	博士	丹麦	非语言类
外语学院	Stephen Eric Sandelius	硕士	美国	语言类
外语学院	Mimura Tatsuya	硕士	日本	语言类
外语学院	Ulrich Alois Wessinger	硕士	德国	语言类
外语学院	Aaron Michael Mac Whirter	学士	美国	语言类

（唐纪敏）

获批上海市外专局引智项目一览表

项目名称	申报学院
膨胀阻燃及协同阻燃 TPEE 电缆料及其机理研究	材料科学与工程学院
基于离子液体的汽油深度脱硫反应萃取技术研究	化学与分子工程学院
基于集成 RTO 的企业能源管理系统优化	信息科学与工程学院
化工过程虚拟工厂云计算平台构建的技术研究能源管理系统及应用	信息科学与工程学院
非线性多工况问题的故障检测与诊断	信息科学与工程学院
基于人类重大疾病监测的传感识别糖分子构建	化学与分子工程学院
核环境作业机器人抗失效防护	机械与动力工程学院
绿色纳米晶的可控合成与聚合物复合太阳能电池研究	机械与动力工程学院
原位显微镜对于金属氧化物/石墨烯复合材料形成机理的研究	材料科学与工程学院
热电技术在上海“城市热岛效应”综合治理中的应用研究	材料科学与工程学院
可调控的双稳态、多稳态功能分子体系和分子机器	化学与分子工程学院
新型 Ti3+共掺杂改性 TiO_2 光催化剂的设计/制备及光催化机理研究	化学与分子工程学院

（唐纪敏）

港澳台及华侨学生奖学金获奖名单

姓名	学生类别	等级	生源类别	姓名	学生类别	等级	生源类别
黄子恩	本科	一等	台湾	麦汉强	本科	一等	澳门
吴儒欣	本科	二等	台湾	谭海昇	本科	二等	香港
陈弈轩	本科	二等	台湾	张家琪	本科	三等	澳门
张文建	本科	三等	台湾	赖慧珊	本科	三等	香港
陈佩真	本科	三等	台湾	李宣赋	本科	三等	台湾

（叶晓松）

赴台湾高校交流学习学生名单

姓名	年级	所在学院	专业	交流学校
王琴	大三	材料科学与工程学院	复合材料	云林科技大学
匡丽君	大三	材料科学与工程学院	高分子材料	云林科技大学
赵雅薇	大三	外语学院	英语	义守大学
李梦琛	大三	外语学院	英语	义守大学
童怡悦	大三	外语学院	日语	义守大学
孙乃谨	大三	外语学院	英语	义守大学
罗雪娟	大三	外语学院	英语	义守大学

注：学习期限：2013 年秋季学期。

（叶晓松）

国际/地区会议情况

会议名称	举办学院	举办时间	境外代表数/人
第九届海峡两岸管理硕士学术交流与发展研讨会	商学院	2013-06-09	60
先进材料及其应用国际研讨会	化学与分子工程学院	2013-08-01	41
生物材料与生物力学对干细胞分化过程的影响	材料科学与工程学院	2013-06-03	35
第三届先进智能计算和智能信息处理国际研讨会	信息科学与工程学院	2013-10-18	28
第三届东亚地区知识产权法律研讨会	法学院	2013-11-15	27
纳米聚合物复合材料：性质与功能	化学与分子工程学院	2013-06-12	18
生物催化与生物合成工程国际研讨会	生物工程学院	2013-11-11	7
药物发现与开发国际研讨会	药学院	2013-03-04	4
第二届虚拟商务与供应链管理研讨会	商学院	2013-07-03	3

（叶晓松）

外国学者短期访问资助名单

编号	学院	专家姓名	国家/地区	工作单位	职务/职称
1	材料科学与工程学院	Stephen Foulger	美国	克来姆森大学材料学院	教授
2	材料科学与工程学院	刘富德	中国香港	香港大学	助理教授
3	材料科学与工程学院	Mauro Falconieri	意大利	国家能源材料新技术研究所	高级研究员
4	材料科学与工程学院	Dietmar Drummer	德国	埃尔兰根-纽伦堡大学高分子材料研究所	教授/所长
5	材料科学与工程学院	Luyi Sun	美国	德州州立大学	助理教授
6	材料科学与工程学院	Richard B. Kaner	美国	加州大学洛杉矶分校	教授
7	材料科学与工程学院	Ada E. Yonath	以色列	魏茨曼科学研究所生物分子结构与组装中心	教授/主任
8	材料科学与工程学院	Robert H. Grubbs	美国	加州理工学院化学系	教授
9	材料科学与工程学院	Oleh Shpotyuk	乌克兰	利沃夫材料科学研究所	院士/教授
10	材料科学与工程学院	Y. W. Mai	澳大利亚	悉尼大学先进材料与技术中心	教授/主任
11	材料科学与工程学院	Alejandra Lei	阿根廷	布易诺斯艾丽丝大学	教授
12	法学院	Michael T. Roberts	美国	加州大学洛杉矶分校法学院	
13	法学院	李华	英国	桑德兰大学	教授
14	化工学院	Raphael Semiat	以色列	以色列理工	教授/主任
15	化工学院	Jay Benziger	美国	普林斯顿大学	教授/主管
16	化工学院	XiaoGang Yang	英国	格林多大学	Reader
17	化工学院	Hideaki Yokoyama	日本	东京大学	副教授
18	化学与分子工程学院	Alberto Credi	意大利	博洛尼亚大学	教授
19	化学与分子工程学院	Virginie Ponsinet	法国	波尔多大学	教授

续表

编号	学院	专家姓名	国家/地区	工作单位	职务/职称
20	化学与分子工程学院	Thorri Gunnlaugsson	爱尔兰	都柏林三一大学	教授
21	化学与分子工程学院	Tony James	英国	巴斯大学	教授
22	化学与分子工程学院	Philip A. Gale	英国	南汉普顿大学	教授
23	化学与分子工程学院	Jehane Ragai	埃及	美国大学开罗分校 AUC 中心	教授/主任
24	化学与分子工程学院	Michel Che	法国	巴黎第六大学/法国化学会	教授/秘书长
25	化学与分子工程学院	John Meurig Thomas	英国	剑桥大学	教授
26	化学与分子工程学院	Shaik Mohammed Zakeeruddin	瑞士	洛桑理工学院	Senior research scientist
27	化学与分子工程学院	Ten Feizi	英国	牛津大学	教授/院士
28	化学与分子工程学院	Itamer Willner	以色列	希伯来大学	教授
29	化学与分子工程学院	Harry L. Anderson	英国	牛津大学	教授
30	化学与分子工程学院	鲍哲南	美国	斯坦福大学	教授
31	化学与分子工程学院	Otto S. Wolfbeis	德国	雷根斯堡大学	教授
32	化学与分子工程学院	Masakazu Anpo	日本	大阪府立大学	教授
33	化学与分子工程学院	Hiromi Yamashita	日本	大阪大学	教授
34	化学与分子工程学院	Tetsuro Majima	日本	大阪大学	教授
35	化学与分子工程学院	Masaya Matsuoka	日本	大阪府立大学	教授
36	化学与分子工程学院	M. Takeuchi	日本	大阪府立大学	教授
37	化学与分子工程学院	M. Lemaire	法国	法国里昂第一大学	主任/教授
38	化学与分子工程学院	P. Goekjian	美国	法国里昂第一大学	主任/教授
39	化学与分子工程学院	S. Vidal	法国	法国里昂第一大学	教授
40	机械与动力工程学院	岩本胜美	日本	东京海洋大学海洋工程学院	教授/副院长
41	机械与动力工程学院	Helmut Mothes	德国	拜耳技术服务公司	客座教授
42	机械与动力工程学院	Holger Loewe	德国	美因茨大学	教授
43	机械与动力工程学院	Peter Hoskins	英国	爱丁堡大学	教授
44	机械与动力工程学院	George Corner	英国	邓迪大学	教授
45	理学院	Mariana Montiel	美国	佐治亚州立大学	副教授
46	商学院	Dennis B. Arnett	美国	德州理工大学	教授
47	社会与公共管理学院	Mark Fraser	美国	北卡大学教会山分校社会工作学院	教授/副院长
48	社会与公共管理学院	Adam Greenleaf Searing	美国	北卡大学公共健康学院	教授
49	生物工程学院	Jan-Christer Janson	瑞典	乌普萨拉大学	教授
50	生物工程学院	松川真吾	日本	东京海洋大学	助理教授

续表

编号	学院	专家姓名	国家/地区	工作单位	职务/职称
51	生物工程学院	Ka Yin Leung	加拿大	加拿大三一西部大学 自然和应用科学学院	教授/院长
52	体育科学与工程学院	刘展	美国	春田大学体育健康娱乐学院	教授
53	外国语学院	中地文	日本	宫城教育大学	教授
54	外国语学院	Beate Henn-Memmes Heimer	德国	曼海姆大学德语系	教授
55	外国语学院	Timothy E. Bonner	美国	里海大学二语习得中心	主任
56	外国语学院	Donald E. Hall	美国	里海大学艺术与科学学院	教授/院长
57	信息科学与工程学院	陆吾生	加拿大	维多利亚大学	教授
58	信息科学与工程学院	Jonathan M. Garibaldi	英国	诺丁汉大学	教授
59	信息科学与工程学院	Joerg Raisch	德国	柏林工业大学	教授
60	信息科学与工程学院	Vasilios Manousiouthakis	美国	加利福尼亚大学洛杉矶分校	教授
61	艺术设计与传媒学院	申万植	韩国	明知大学艺术体育 大学设计学部	系主任/教授
62	艺术设计与传媒学院	董伟	美国	威斯康星大学环境设计系	系主任/教授
63	资源与环境工程学院	杨春富	美国	美国疾病控制与预防中心	研究员
64	资源与环境工程学院	Charles J. Banks	英国	南安普敦大学土木工程 与环境学院	教授
65	资源与环境工程学院	王亭	美国	新奥尔良大学能源转换 及节约研究中心	教授
66	资源与环境工程学院	Donald Lucas	美国	劳伦斯伯克利国家实验室	博士
67	资源与环境工程学院	Lidia Morawska	澳大利亚	昆士兰科技大学	教授
68	资源与环境工程学院	Changyu Wu	美国	佛罗里达大学	教授

（叶晓松）

中德工学院

【概况】 中德工学院（Sino-German College of Technology）是华东理工大学的一个面向国际学科前沿、体现学科渗透与交叉、引进国外先进且成功的高等教育培养方式、采用中外合作办学模式的多学科性工科学院，同时也是华东理工大学面向全校加强与全世界德语国家在教育、科研、学生、教师互换等方面合作及交流的平台。学院下设直属党支部、学院办公室、教学管理部、项目管理部以及团学工作办公室5个办公室以及中德先进材料联合研究中心。截至2013年年底，我院共有356名学生，毕业生人数为80名。

3月4日，与德国亚琛工业大学就两校本科生交流签署了《华东理工大学与亚琛工业大学学生交流协议》（简称《协议》）。《协议》规定，从2014年开始，我校每年可派遣5名本科生至亚琛工业大学工学院进行最长不超过12个月的交流学习。3月11日，德国吕贝克应用科技大学举行隆重的开学典礼，热烈欢迎我校中德工学院2010级73名学生抵达该校，并正式开始在德国为期3个学期的学习。德国石勒苏益格-荷尔斯泰因州（简称"石-荷州"）州长托尔斯滕·阿尔比希（Torsten Albig）、州技术发展及咨询部部长、吕贝克市市长，吕贝克应用技术大学正副校长、系主任、专业任课教授、来华任课的教授，2010级全体中国学生及他们的德国学友等共100多人出席了开学典礼。3月14日，接《教育部关于公布有关中外合作办学项目审批结果的通知》，教育部批准了华东理工大学与德国克劳斯塔尔工业大学合作举办化学工程与工艺专业本科教育项目，每年招生40人，专业代码081301H，批准书编号MOE31DE2A20131374N，有效期至2018年12月31日。4月10日至16日，副校长涂善东率我校代表团，应邀先后对德国慕尼黑工业大学亚洲分校（TUM Asia）、德国慕尼黑工业大学新加坡电动汽车研究中心（TUM CREATE）、新加坡国立大学（NUS）、南洋理工大学（NTU）、德国工业大学阿曼分校（Gutech）等进行了工作访问。6月7日，我校与奥地利莱奥本大学就两校本科生交流签署了《华东理工大学与奥地利莱奥本大学3+1本科交流项目协议书》。从2014年开始，我校材料学院每年可派遣20名大四本科生至莱奥本大学进行为期1年的交流学习，并于莱奥本大学完成包括毕业论文在内的60个学分的学习。7月22日，德国柏林工业大学校长J. 施泰因巴赫尔（J. Steinbach）教授率该校访问团应邀对我校进行了友好访问，该校副校长H. 海斯（H. Heiss）

教授和城市发展研究中心教师J. 施拉克（J. Schlaack）等随同来访。8月，由中德工学院牵头组织，德国萨尔大学欧洲研究所、希腊雅典派迪昂大学及德国柏林欧洲培训中心联合主办的暑期专项交流项目顺利结束，该项目的主题为“中国和欧洲的伙伴关系——法学、政治、经济”。我校社会与公共管理学院、外国语学院、法学院、商学院共18名同学赴希腊参加了此项目。8月29日，中德工学院与上海市环境监测中心续签了《华东理工大学 上海市环境监测中心产、学、研合作协议》，此协议有效期四年。9月2日至4日，应中德先进材料联合研究中心邀请，德国埃尔兰根-纽伦堡大学工学院高分子材料工程研究所所长D. 德鲁默尔（D. Drummer）教授为材料学院本科生主讲“Injection Molding and Special Injection Molding Technology of Polymer Materials”（高分子材料注射成型及特种注射成型工艺）全英文专业课程，共有约60名学生参加了该课程的学习。9月5日，中德工学院与上海市政工程设计研究总院（集团）有限公司续签了《华东理工大学 上海市政工程设计研究总院（集团）有限公司产、学、研合作协议》（简称《协议》），此《协议》有效期三年，合作期满后，若双方对合作状况经评估后无异议，则自动顺延三年。9月12日，我校与德国克劳斯塔尔工业大学就两校合作举办的“化学工程与工艺”专业进行了《华东理工大学与德国克劳斯塔尔工业大学本硕连读学生交流协议》的第一次修订。此次修订将二德方管理费从8 000欧元/两年变更为6 000欧元/两年。9月23日，德国克劳斯塔尔工业大学有机材料研究所所长D. 考夫曼（D. Kaufmann）教授来访我校参加洪堡学者会议。新材料研究所H. 霍夫曼斯（H. Hoffmann）教授来访参加洪堡学者会议，并于该日上午为我院德化130班的同学做专业导论。10月15日，我校与德国吕贝克应用科技大学合作办学联合管理委员会第20次联席会议在我校中德工学院召开，副校长涂善东和德方副校长等双方联合管理委员会成员出席了会议。本次联席会议共讨论12个议题，会上双方回顾了上次会议以来各自的工作进展，对2011级学生2014年3月份赴德进入第二阶段学习的具体安排及工作交接做了详细安排，会议着重讨论了合作办学项目进一步发展的有效措施和建议。10月17日，由我校主办的“中德国际工程教育双边研讨会”（Sino-German Bilateral Workshop of Engineering Education）在逸夫楼演讲厅举行。来自中德双方高校、德国驻华大使馆留德人员审核部、德国在华企业以及我校相关学院及部门的近60位代表参加了双边研讨会。10月，中德工学院2013届（2009级）共有69名学生赴德进入第二阶段学习。69名学生全部于2013年7月按时毕业，获得双学士学位，按时毕业率首次到达100%。截至9月底，2013届中德合作培养的双学士学位69名本科毕业生中，共有51人已被国外（境外）大学录取为研究生，基本与上一届毕业生的录取率持平。其中，中德合作电气工程及其自动化为25人（总人数为35人），中德合作化学工程与工艺为

26人（总人数为34人）。10月23日，中德工学院与大陆泰密克汽车系统（上海）有限公司续签了《华东理工大学-大陆泰密克汽车系统（上海）有限公司产、学、研合作协议》，此协议有效期三年，合作期满后，若双方对合作状况经评估后无异议，则自动顺延两年。11月19日，德国简称“石-荷州”州长托尔斯滕·阿尔比希率州政府及教育、科技代表团，以及德国驻上海总领事馆、德国商会代表等一行32人到我校访问。校长钱旭红、副校长涂善东亲切会见了阿尔比希州长一行，并在会谈之后陪同德国客人看望了中德工学院2013级新生，共同见证了我校与德国吕贝克应用科技大学合作办学协议的续签仪式。11月20日，我校与德国埃尔兰根-纽伦堡大学就两校本科生交流签署了《华东理工大学与德国埃尔兰根-纽伦堡大学学生交流项目协议书》。12月3日至6日，应德国克劳斯塔尔工业大学的邀请，华东理工大学校长助理宋恭华一行10人赴德国参加两校合作举办的“面向未来的合作——国际工程科技高级人才培养实践与战略论坛”双边会议及交流活动。12月18日，我院发布了17个暑期本科生交流项目信息，共涉及9个国家、13所大学，其中不乏美国康奈尔大学、美国加州大学伯克利分校、德国亚琛工业大学等世界级名校的暑期项目，为我校学生进行国际交流开辟了新的途径。

公共保障体系与后勤服务

Gonggong Baozhang Tixi yu Houqin Fuwu

发展规划工作

【概况】 年内，发展规划处根据学校“十二五”规划实施方案，围绕规划目标任务书和学校总体规划、专项规划以及学院规划，跟踪和调研了16个学院规划目标的完成情况，结合各学院的办学投入情况，完成了《华东理工大学学院发展报告（2012）》。

做好大学章程拟定与意见征询工作。根据《高等学校章程制定暂行办法》（教育部令第31号），拟定大学章程讨论稿，依据大学章程制订工作方案，经章程制定秘书组、工作组的多次讨论，完成《华东理工大学章程（征求意见稿）》。召开不同层面的章程讨论座谈会10余场，近300人次参会，参会人员涵盖章程制定工作组、章程制定秘书组、职能部门负责人、学院负责人、教代会代表、青年教师代表、民主党派代表、学生代表、离退休老干部代表以及校学术委员会委员等。在听取、研究和吸收座谈反馈的意见和建议的基础上，不断完善和修订章程，《华东理工大学章程（征求意见稿）》已修订了35个版本。

完成《华东理工大学学术卓越责任与工作任务汇编》。对16个学院的卓越津贴分配方案和岗位分布图进行梳理和总结，完成《华东理工大学学术卓越责任与工作任务汇编》。完善治理结构，推动管理重心下移。参加学校联合调查组，先后对校内16个学院以及浙江大学、湖南大学等5所兄弟高校进行实地专题性调研，收集文献资料，深入了解和研究香港大学“以绩效为本”的内部治理结构和管理运行模式，比较分析国内外高校治理结构与管理机制的差异。召开校院两级管理能力提升研讨会5场。印发《华东理工大学关于研究制定〈提升校院两级管理能力实施办法〉的通知》（校规〔2013〕9号文）。完成《2012年华东理工大学信息统计资料汇编》和《2012年华东理工大学事业发展报告》。

提供决策咨询与服务。编写10期《规划与发展工作简报》《规划与发展研究报告》，分析比较了我校在学科建设、人才培养、科学研究、师资建设和制度建设等方面的优势与不足，开展院校研究，为改进工作、提升学校办学能力提供参考。完成校领导和教育部下达的调研报告、经验总结等任务：（1）文科发展调研报告；（2）高校自主权落实中的问题与建议；（3）华东理工大学健全学术组织与完善治理结构的实践与探索；（4）关于金山校区开发利用的可行性调研报告；（5）关于工程教育国际认证相关问题的调研报告；（6）我校多校区办学的校区定位与管理模式研究；（7）华东理工大学三个校区的发展定位；（8）多校区办学问题的再思考。

校园信息化建设

【概况】 网络工作。校园网万兆出口链路建成并投入使用。原有校园网出口最大可支持1G带宽，而校园网络流量已经达到800M并一直在迅猛增长，出口链路已经成为校园网的瓶颈。为此，信息办制订校园网出口链路整体升级方案，调整全网主干的整体结构，使网络结构合理化、具有冗余能力，可支持毫秒级别的切换；增强了网络环境的安全性、灵活性、健壮性；优化网络出口结构，使带宽资源分配更加合理，提升了用户的使用体验；解决了出口链路的瓶颈问题。

“华东理工大学校园网IPv6技术升级”项目通过国家项目组验收。国家项目组检查了主要设备统一招标采购、子项目合同签署、校园网技术升级、应用示范系统研发子项目的质量、进度、投资完成情况，顺利进行验收。奉贤校区数据中心改造完成并投入使用。由于机房在建设时设计容量有限，当初的商用空调以及机房原有的配电线路等已经不能满足目前设备发展的需求。为此，信息办严格按照计算机机房国家标准及规范对数据中心进行了整体设计，并充分考虑今后的发展空间以及相关系统参数指标的余量设计。通过机房改造工程的实施，达到了机房布局的合理化，提高了整体空间的使用率；增加了每个机柜的线缆容量，使每柜的双路电力负载每路均可以达到32A。通过采用机房专用精密空调，对机房内的制冷效果进行改善，杜绝出现机房环境温度过高引起的宕机现象。通过机房环控和KVM系统以及相关的弱电布线系统安装，实现了机房的远程监控和远程管理。新版邮件系统成功迁移，教工邮箱容量从200M扩容到1G，学生邮箱容量从40M扩容到200M；徐汇校区图书馆和实验12楼有线和无线网络改造完成并投入使用；奉贤校区宿舍区校园网加载电信网改造完成并投入使用。徐汇校区精密空调改造完成并投入使用。

信息中心工作。（1）存储系统更新扩容。对邮箱的存储系统做了更新扩容，改变了我校邮箱容量过小的瓶颈，提高了邮箱的使用率，提升了邮箱业务的服务质量；更新了数据中心的核心存储系统，迁移核心业务系统至新的存储，大幅提高了存储的稳定性和可靠性及性能，有力地保障了核心数据、文档的安全。（2）数据中心虚拟化建设。应用服务器和存储系统全面更新，云数据中心建设起步，全面实现了服务器资源的虚拟化，购置的存储设备有效应对了未来大数据时代面临的挑战，为建设统一存储资源池做好了准备。在实现了基础资源的全面虚拟化之后，为逐步建设私有云、混合云、提供云服务打下了坚实的基础。(3) 信息安全建设。作为等保建设的先期工作，网站安全的检测及整改，现有应用系统建设框架的安全性检验，对于今后的系统建设具有指导意义，提高了业务系统的安全建设水平。(4) 各业务系统开发、完善和集成。启动了人事处人事系统二期、学工部迎新系统、离校系统、学工系统二期、后保处后勤系统二期、校办校友系统二期、教师主页系统、短信平台、教务处本科招生管理系统二期、材料学院资源管理系统的建设任务；开发上线了体育学院教务管理系统、商学院教务管理系统、大型仪器共享管理平台系统二期、教务处创新平台、宣传部 PPT 管理系统；继续深入推广财务处网上支付平台的应用；完成了工会工作平台的建设验收工作。(5) 网站建设和应用系统维护。先后完成了材料学院网站、发展规划处网站、工程教育系网站、后勤保障处网站、工程教育学系网站、妇委会网站、生物反应器工程国家重点实验室网站、发展规划处网站、工程教育系网站、校庆六十周年专题网站等的建设，加强了信息门户、OA 系统、人事系统、校友系统、学工系统、大型仪器共享管理平台、新闻网等系统的维护和问题跟踪处理，确保了各应用系统的稳定运行。

图书情报

【概况】 截至2013年年底，图书馆拥有印刷型文献272万余册、国内外数字资源80多种、外文电子期刊2万多种、电子图书211万余册。2013年，新购纸质图书7.5万册，新增数据库4个、纸质中外文期刊2 000余种。形成了高质量、学科覆盖齐备、印刷型与数字型并重、化工特色鲜明的文献资源保障体系。图书馆文献借阅以全开架、自助借还为主，服务形式多样、内容丰富。2013年，开展了徐汇校区图书馆的全面修缮工作。图书馆的新增设施体现了“以人为本，读者至上”的服务理念，增加了强电上桌功能、多媒体信息发布系统、座位管理系统、Wi-Fi全覆盖等，空间设施先进、时尚，焕然一新的图书馆深受读者喜爱。奉贤校区图书馆挖潜改造，新建了8个大小不等的团队研讨室和多媒体视听室，以满足师生的个性化需求。图书馆重新厘清和完善了对外服务的规章制度，增加了读者借阅外文图书的权限，梳理了对超期图书的处理办法等，新增了图书馆阅览座位余量信息查询发布、对本科生开放图书预约功能，两校区实现异地预约、通借通还等服务功能。图书馆被授予校“三八红旗集体”光荣称号，获“2012年度安全文明单位”称号。

学术研究取得新突破。图书馆积极开展图书情报服务理论与实践研究，成立了图书馆学术委员会，出台了《图书馆技术进步奖励条例》，推动图书馆图书情报学研究工作。学术项目申请和立项率创新高，获得国家社科基金项目一项、上海市社科基金项目一项、多项学会级及校级项目；学术论文发表量和刊物级别也达到了历史新高。

电子资源持续增长。着手中文图书电子化建设，加大电子图书的采购力度，新增中华数字书苑——方正电子图书，读者可以通过移动设备在线阅读或者下载借阅。

文献资源合理调整。制订馆藏资源动态调配管理方案，完成三年级用书的奉贤搬迁调拨工作。对三校区的藏书进行优化调整约40万余册，奉贤校区图书馆地下室密集书库投入使用，金山书库馆藏近25万册完成细排架。启动徐汇校区馆图书RFID定位；对整理中发现的各种历史遗留问题的万余册书做了处理；通过图书资源的重新布局和整理工作，实现了文献资源的合理配置。

特色服务。开通华东理工大学图书馆人人网公共主页，通过互动，了解读者需求。发挥学科馆员作用，针对学院各种需求提供个性化服务；科技查新、科技文献全文传递继续保持领先；完成 8 个学院的 SCI 收录期刊分区整理；完成每月 1 期学科简报、学科信息导报；讲座培训达 1 200 多人次；完成全校新入学本科生、研究生及新进教职工文献资源利用的培训。

部室结构。为适应现代化研究型图书馆的发展，2013 年图书馆调整部室结构，原来的报刊阅览室划入资源服务部，流通部与阅览部合并为流通阅览部，新增数字资源与学科服务部。一批年轻同志充实了馆、部两级的管理队伍。

出版工作

【概况】 年内，出版社共有员工 93 人，其中学校编制 14 人，企业编制 60 人，非正式职工 19 人（含劳务派遣 9 人、退休返聘 9 人、书店聘用 1 人）。出版社下设编辑部、营销部、出版部、数字出版部、行政部等部门，还拥有电子音像出版社和上海化工书店（校教材中心、特许纪念品中心）。张辉兼任电子音像出版社社长和上海化工书店经理，欧聿红、周永斌兼任电子音像出版社副社长。出版社获新闻出版总署颁发的互联网出版许可证。上海市新闻出版局批复同意出版社从事互联网出版业务。8 月 23 日，华东理工大学特许纪念品中心成立，由出版社负责筹建和运营。

图书出版与获奖情况。出版图书 583 种（含电子音像），其中重印 274 种，完成生产码洋 8 077.4 万元。"《走进纳米》青少年科普丛书""中国人力资源服务业书系""社会工作流派译库"三个项目获批"十二五"国家重点图书。"社会工作流派丛书"（第五期）等 7 种图书获批上海文化发展基金会图书出版专项基金资助，"页岩气出版工程"获上海新闻出版专项基金资助，"社会工作流派译库"项目被确定为 2013 年度国家出版基金资助项目，资助总额为 107 万元，《小分子调控结晶聚合物大分子的理论与实践》等三本图书获批上海科技专著出版资金资助项目。《爱由心生情自真——西部集团物业行风建设文萃》一书获"2011—2012 年上海书籍设计艺术奖"入围奖。《舌尖上的营养与能量》获"全国图书馆推荐书目（2012 年度）"。《新编日语教程》系列丛书获"第七届上海印刷大奖"平装出版物银奖，《舌尖上的营养和能量》获"第七届上海印刷大奖"创意设计铜奖。《生物医学工程》获"第三届中国大学出版社图书奖优秀教材奖"一等奖。《光催化》获"第三届中国大学出版社图书奖优秀教材奖"二等奖。《新编日语教程（第三版）》（1—4 册）获"第三届中国大学出版社图书奖优秀教材奖"二等奖。《零基础·韩语新手拿起就会——发音、单词、句子、会话，一本搞定！（附赠 MP3 光盘）》获"2012—2013 年度全行业优秀畅销书"称号。刘婧获"第四届韬奋杯全国出版社青年编校大赛"团体二等奖、编辑优秀奖。

出版社建设情况。在 2013 年上海市新闻出版局组织的对全市 39 家出版社 2012 年社会效益评估中，学校出版社社会效益总分达到 93 分，排名第 15 位。颁布实施《华东理工大学出版社有限公司职工发表高水平报刊论文奖励办法（试行）》《华东理工大学出版社有限公司创新课题资助管理办法》《华东理工大学出版社有限公司呆（坏）账管理办法（试行）》《规范包销类或资助类图书的操作流程》，修订实施《礼品申领与结算流程》《车辆管理及使用办法》。5 月 25 日，由中国日语教学研究会上海分会主办，同济大学外国语学院、同济大学日本学研究所、新世界教育集团、华东理工大学出版社等承办的“2013 年度日语教育与日本学研究国际研讨会”在同济大学外国语学院举行。6 月 6 日，电子音像出版社获批更换出版者前缀，原 ISBN 978-7-900721 更换为 ISBN 978-7-900801。8 月 14 日，在上海展览中心第三活动区举办“如何帮助家庭走出困境——家庭抗逆力”讲座与问答活动。8 月 16 日，在上海展览中心第二活动区举办“儿童用药及护理”的讲座与问答活动；在上海展览中心中央大厅举办《舌尖上的营养与能量》签名赠书活动。

档案工作

【概况】 年内，全校共归各类档案 8 416 卷、OA 文件 2 349 件、照片 2 451 张，以及作为资料保存的硕士研究生学位论文 2 487 本；接待档案利用 2 826 人次，利用档案 5 237 卷，出具各类档案证明 42 400 余份。

收集到一批与学校相关的老照片、资料和实物，主要有学校前辈顾毓珍、程耀椿等于 1930 年在麻省理工学院发起成立中国化学工程学会的原始记录、照片；孟宪辉校友捐赠的建校初期及“文革”期间师生员工在学校学习、工作、生活的照片 125 张；“文革”造反派组织“新化工”的徽章、红旗；曾在江湾校区使用过的学校历史上最为古老的一对沙发；建校初期购置的高分子材料拉力测试机和注塑机；1953 年建造的学生金工实习厂奠基石等。

为化学工程与工艺专业接受 ABET 国际认证、化学院教育部重点实验室检查工作等提供档案材料的查阅利用。扫描处理 1979 级校友的 1 032 张入学照片，制成《那些年一起走过》画册，作为这些校友毕业三十周年的纪念册。为 1993 届校友毕业二十周年返校举办“1993 届毕业生合影照回放展”。为商学院三十周年院庆活动扫描历届毕业生入学照片 11 326 张、毕业生合影照 107 张。

收集毕业生“村官计划”的信息和相关照片，举办“奉献青春，服务基层——华理基层就业校友风采展”。撰写《坚持联合共建，推动校内改革——华东理工大学教育改革发展启示录（1992—2002）》。参与上海高校档案协会《上海高校建筑文化》一书的编辑工作，《图说化工四村》和《华理老水塔》两篇文章入选；撰写了程继健、柳曾典两位教授的传文；为上海市化学化工学会筹办成立九十周年庆祝活动提供张江树、苏元复等 8 位前辈的材料；完成《2013 年华东理工大学中共党史大事记》的审稿及编补工作。

参与新生（包括励志班）入学、新进教职工入职等教育活动，开设多场校史专题讲座；全年接待各级领导、各界友人、各类学生（包括附中学生）等 1 502 人前来参观校史馆；调整查档收费项目标准，从 10 月起对所有师生和校友实行首份档案证明免费服务；启用“华东理工大学在读证明专用章”。陆宪良获 2013 年度华东理工大学育英奖特等奖，档案馆党支部开展的“喜迎校庆 史颂华理”主题组织生活被评为 2012 年度校“十佳组织生活”。

【编制《瞬间——华理 2012 图库》】 精选 200 张 2012 年度反映学校教学科研、学生活动、校园景色的档案照片，制作成《瞬间——华理 2012 图库》画册，赠送给校庆返校的部分校友、支持学校事业发展的捐赠单位和个人，并供校内各单位留作纪念和查考。

教育技术

【概况】 年内，现代教育技术中心共有在编教职工 30 人，其中高级职称 4 人，初中级职称 23 人，中高级工 3 人；非在编合同工 4 人。成为上海教育技术协会高等教育专业委员会第十一届理事会秘书处单位，王晓当选专委会副理事长兼秘书长、郑军为副秘书长。

完成的两项教学成果“课程中心建设项目”和“智能化交互式远程教学系统——与美国 DUKE 大学交互式远程授课”获学校教学成果三等奖。制作的电视专题片《生物工程实验教学中心》荣获中国教育电视协会第三届高校电视奖“二等奖”。制作了生工学院魏东芝教授负责的“酶工程”34 学时的课程，并通过了 2013 年国家精品资源共享课程的申报。

本年度对课程中心升级 3 次，更新维护 10 余次。目前平台已开设课程 136 门，其中国家级课程 13 门，省部级课程 46 门，校级课程 24 门，展示课程 28 门，课程增长率近 10%，点击量超过 590 万次，比上学年增长 40%以上。

完善徐汇、奉贤两校区多媒体教室、普通教室的使用情况统计，完成自修教室的使用情况统计及自修教室使用人数调查，定期组织现场跟踪管理，汇总各类教室资源的使用情况。

全年完成奉贤校区多媒体教室新建项目（保障留驻奉贤校区的三年级学生整体的多媒体教学需求），奉贤校区 E 楼外语广播信号增强项目，徐汇校区中控室改造工程、研究生楼中控系统升级、研究生楼第三多媒体教学系统改造、六大音响系统改造，奉贤校区 B 楼音响系统改造，确保了学校整个教学活动的有序开展。

校园基本建设

【概况】 年内，学校完成基建投资 8 369.59 万元（其中国家拨款投资 1 900.96 万元，自筹投资 6 468.63 万元），在建工程为徐汇校区学生宿舍二期 20 000 平方米，竣工面积 44 106 平方米（药学院 17 967 平方米、工程训练中心 8 181 平方米和学生公寓二期第一批 17 958 平方米三个项目）。

奉贤校区药学院楼总投资 6 010 万元，建筑面积 17 967 平方米，顺利通过验收并交给相关学院专业实验室使用，工程质量达到上海市优质工程目标，获得 2013 年度上海市建设工程“白玉兰”奖。

奉贤校区二期学生公寓第一批项目在完成政府职能部门的各类验收后交由后勤部门负责管理，确保了学校要求的三年级学生入住奉贤校区总目标的顺利实施。

奉贤校区工程训练中心项目在通过政府职能部门的各类验收后交由工程训练中心使用，已完成教学设备的安装调试工作并正式投入使用。

于 12 月初完成了学校学生公寓区的新建四幢楼的天然气安装工程，并正常投入使用。为确保学生公寓的空调安装后可正常使用，基建处向奉贤区供电公司提交了扩容申请，并获得批复，由此启动了学生公寓区 2500KVA 电力扩容工程。图文信息中心完成全部备案制验收及资料归档工作。体育馆完成全部水电气、绿化、消防等保修期工作。完成奉贤校区一、二期土地证的两证合一证照的办理，为今后奉贤校区基本建设项目申报明确了学校土地权证范围。

附录：

2013 年基本建设情况一览表

校区	项目名称	建筑面积/米^2	总投资/万元	已完成投资/万元	工程进度
奉贤校区	药学院	17 967	6 010	6 010	已竣工
奉贤校区	学生公寓二期	40 000	7 767	4 860	第一批 17 958 平方米已竣工
奉贤校区	工程训练中心	8 181	2 417	2 367	已竣工
徐汇校区	学生宿舍二期	20 000	6 841	2 500	

财务工作

【概况】 学校资产总额为527 713.37万元，其中流动资产186 559.74万元、固定资产341 153.63万元。年末负债总额47 442.47万元，年末净资产总额480 270.90万元，其中事业基金70 896.79万元、固定基金341 153.63万元、专用基金2 681.45万元、未完成项目65 539.03万元。

本年度学校共筹集各类收入185 643.71万元，比上年增加了13 193.95万元，增长率为7.65%，其中教育经费拨款76 193.13万元（含基建拨款2 500万元），科研经费拨款26 271.01万元，其他经费拨款6 912.90万元，教育事业收入44 204.86万元，科研事业收入21 128.60万元，其他收入10 933.21元。学校各类支出173 768.24万元，其中工资福利支出50 956.22万元、商品和服务支出76 123.97万元、对个人和家庭的补助支出12 752.71万元、其他资本性支出32 971.09万元（其中基建支出10 049.44万元）、债务利息支出964.25万元。

积极筹措多方资金，提高学校财政收入。积极向教育部、财政部、上海市政府争取项目资金支持，缓解学校资金偏紧的状况。其中国拨资金完成80 272.75万元，2013年财政拨款增加2 653.68万元，增加的主要内容如下：（1）基本科研业务费收入3 260万元，比上年增加570万元；（2）改善基本办学条件专项资金到款1.0亿元，比2012年的7 000万元净增3 000万元；（3）教育部化债奖励944万元；（4）教育部绩效拨款1 664万元，比上年增加424万元。

加大国库专项资金的管理力度，提高资金使用效益。对教育部、科技部等上级部门的专项项目，增强管理及服务意识，定期向国库集中支付的项目负责人汇报项目执行进度，并按照教育部的执行进度要求，帮助项目负责人科学、合理、及时地完成资金使用计划，以便为下一年度的项目申请打下良好基础。根据《教育部直属高校预算执行情况简报》统计，截至2013年9月底，在76所教育部直属高校排名中，学校国库资金执行进度排名第5位，由此获得预算执行绩效奖励864万元。

（朱蓉）

【认真做好科研经费自查自纠工作】 对学校2011年至2013年的4 800余项科研项目进行了统计抽查，抽查数量占项目总数的30%，对在自查自纠中发现的问题，向领导小组进行了专题汇报，进行了整改，建立了《科研经费管理实施细则》，向教育部报送了《华东理工大学科研经费自查自纠报告》。

（朱蓉）

【网站更新建设，完成网上缴费系统的开发应用】 与信息办、网络教育学院及兴业银行合作，完成了学校网上缴费系统的开发应用，并首先在网络学院推广应用。由于网络学院办学点较多，学费的缴交不及时，采用网上缴费的形式能更好地实现资金的集中管理，化解财务风险。与实验室装备处共同完成测试费网上支付平台的开发应用，取消校内测试券的流通使用以规范校内金融秩序。该项工作在学校部分测试点进行试运行，目前进展顺利。

（朱蓉）

审计工作

【概况】 年内，审计处围绕学校中心工作，坚持“依法审计、服务大局、围绕中心、突出重点、求真务实”的审计工作方针，牢固树立科学的审计理念，发挥审计“免疫系统”功能，按照年初制订的工作计划，认真履行内部审计职责，较好地完成了各项任务。

完成审计项目 231 项，审计总金额 246 345. 47 万元。其中预算执行与财务决算审计 1 项，经济责任审计 10 项，其他专项审计 8 项，基本建设修缮项目审计 212 项。共查出问题 11 个，提出审计建议 15 条。完成基建修缮付款审批项目 95 项，科研项目结题审批 250 项。参与大宗物资、设备采购招标项目 314 个，累计金额 11 583. 74 万元。审计人员参加各种业务学习和后续教育活动共计 10 人次。在基建、修缮项目审计过程中，坚决执行全过程跟踪审计。共完成基本建设审计 5 项、修缮项目审计 207 项，送审金额 14 117. 52 万元，审定金额 12 340. 57 万元，审减额 1 776. 95 万元，审减率 12. 59%。

【开展科研经费审计试点工作】 将科研经费审计试点工作列入年度工作计划。完成科研项目结题审签程序的规范化工作，全年共完成 250 项科研项目结题的审签工作，审计金额 7 056. 16 万元。

【启动并初步建成“审计管理信息系统”】 年内，开发“华东理工大学审计管理信息系统”并通过中期验收。该系统基于学校信息门户平台对内部审计项目进行过程管理和信息处理，可覆盖修缮工程审计工作的全过程，实现了对学校修缮工程审计项目的审计立项、审计任务分配、审计过程跟踪、审计结果披露、审计情况分析等环节的精细化、规范化、标准化、信息化管理。

【组织召开部属高校上海片区审计工作交流会】 年内，召集驻上海的部属高校举行审计处长会议和审计工作交流会议。

【参与教育部直属高校科研经费审计工作】 李德强副处长参加教育部直属高校科研经费管理情况检查工作，作为第十检查组成员对厦门大学、中山大学和华南理工大学的科研经费管理情况进行了检查。

【内审人员积极参加工作研讨】 李德强副处长、马晓春、池璧参加教育部直属高校第三协作组暨华东（宁）片区审计工作研讨会。李德强在会上交流了学校内部审计工作开展情况。

后勤工作

【概况】 年内，后勤系统积极响应学校第十次党代会号召，以做好后勤保障工作为中心任务，以管理创新和服务育人为工作主线，不断转变工作作风，不断完善各项服务运行机制，确保学校平稳运行，在“规范化、专业化、精细化、人性化”建设上取得新突破，全面提高后勤服务水平。

后勤服务工作。（1）推进多元服务，强化餐饮管理，保障食品安全。全年全校餐饮营业额共6 620.95万元，较2012年的6 209.25万元增长了411.7万元，增幅为6.63%。其中，自营食堂营业额3 348.24万元，比去年同期（2 859.65万）增长了488.59万元，增幅为17.1%，直接原材料成本下降了6.4%。针对学校本科教学重心实质性移到奉贤校区的客观困境，饮食服务公司积极采取延长供餐时间、增加供餐窗口、增设校内供餐点等方式解决师生就餐问题。同时，通过加强菜肴供应标准化建设，控制好传统菜与创新菜的比例、荤素结构比例及价格结构比例等方式提升服务品质，确保奉贤校区餐饮服务的平稳、有序提供。饮食服务公司规范采购流程，确保价格稳定；强化现场管理，严格开展食品卫生安全监督管理工作，确保食品安全；通过引进、培训、技能比武等措施，提升员工素质和水平；通过教代会、学生会和研究生会等平台，加强与师生的沟通，进一步提升各类餐饮服务能力，在做好常规供餐服务的同时，圆满完成学校各类活动的接待服务工作。（2）坚持科学管理和制度建设相结合，服务育人工作成效凸显。宿教管理部积极探索服务育人新手段、新途径，拓宽师生交流渠道，充分利用微信、微博、QQ等加强与学生之间的沟通互动，及时发布部门服务信息，关注学生热点、解决学生反映的问题等，积极发挥新媒体的宣传阵地优势，充分营造正面、积极向上的舆论氛围。宿舍管理员定期走访学生宿舍，与学生面对面沟通交流，准确掌握学生动态。徐汇校区设立“学生意见沟通室”，每周三中午11：30—13：00，广泛听取学生意见，满足学生的合理需求。奉贤校区全面启动住宿协议签订工作，开展建设“文明寝室”“文明层”“文明楼”“文明园区”活动，逐步探索“生活辅导员”机制，引导学生实现“民主管理、自我管理、换位思考、相互促进”，提高学生公寓管理工作的有效性。（3）落实目标责任，提高管理标准，确保安全服务。汽车队始终坚持教育为先、预防为主，提倡警觉性驾驶，进一步规范车辆、人员的各项安全措施，突出乘车安全宣传，加强安全监督检查，加大考核力度。深入各学院了解用车需求状况，主动跟踪班车运行情况，及时调整班车运行方案，顺利完成三校区班车运行任务。蒸汽供应部顺利完成徐汇校区男、女浴室冷热水箱变频改造工程，有效稳定了浴室水压，切实解决了水温忽冷忽热问题；通过进一步明确要求和流程，确保用蒸汽的安全和效率，全年通过了 20 余次安全检查，体现出良好的服务水平。(4) 紧抓服务本位，实施“惠师生”工程，保障服务质量。先后完成两校区移动手机信号覆盖工程及部分楼宇的电话线路改造和开通工作，以及 4 栋新建宿舍楼内洗衣机的安装及调试工作。积极配合铁路客运部门做好学生寒暑假订票工作，奉贤校区首批试点安装两台取票机，方便学生取票。在积极与中旅公司合作做好学生班车服务的同时，与奉贤区政府协调，探索解决日常学生出行的公共交通问题。(5) 立足本职，加强医德医风，提升服务质量和诊疗水平。校医院积极开展医德医风教育，合理调整医务人员岗位配置，加强全科医生培训，使得全科医生在医生中的比例达到 70%。通过招聘优秀医护人员、延长输液时间、开展应急车接送转诊学生等手段保证奉贤校区的医护力量。通过校园网、布告栏等多种形式向广大教师和学生宣传流行病预防常识，定期开展大学生健康宣教活动。东方医院派出医疗专家到校开展专家咨询工作，方便教职工及学生就诊。

生态校园建设。实行室外卫生全日制流动保洁作业制；引进机械化保洁设备，更换新式垃圾收集手推车，提高保洁工作效率；室内卫生做到重要楼宇、重大活动阶段全日制服务；将徐汇校区基础设施、设备报修、复查工作纳入管理范畴。完成奉贤商业街新一轮招标活动，强化商业管理服务，进一步规范商业经营秩序。组织学生参与监督评比，首次评出 3 家“规范经营达标户”；落实徐汇校区商业街日常巡查工作，监督商户解决潜在的食品卫生和消防安全问题，统一管理校园设摊活动。规范招投标工作制度及工作流程，与 3 家参与学校招标工作的代理公司合作完成校内外修缮与服务类招投标项目约 60 项。完成徐汇校区学生六舍、徐汇校区清水泵房改造、老地下燃气管道改造工程等 7 项教育部修购修缮项目，完成徐汇校区体育馆装修、奉贤校区公共教室改造、奉贤校区学生二十二舍改教师公寓、奉贤校区学生公寓小浴室改造等 13 项学校专项基金大修工程，配合其他相关部门实施并参与管理 ABET 化工专业认证配套修缮、金山科技园监控改造等项目。启动节能监管平台建设项目；实施徐汇校区地下燃气管网改造、奉贤校区学生公寓空气源热泵热水系统改造、奉贤校区学生公寓燃气热水器改造及燃气管网改造等项目。与中国建筑科学院上海分院合作制定学校节能规划，在保障学校正常运转的前提下追求科学高效节能、绿色循环用能。宣传“光盘行动”，利用后勤工作简报、微博、宣传栏等媒体平台发布节能环保小贴士、《节俭华理倡议书》等，与水务局共同开展“世界节水日”“中国节水周”等系列主题活动，增强广大师生的环保节约意识。制订符合发展实际的物业发展指导性计划，推动两校区的物业服务向规范化、专业化方向发展。完成《徐汇校区物业管理办法》，以“物业服务企业自管、学校职能部门监管”为指导原则，依托日常巡查、问卷调查、年度考评等途径，实现对社会物业运作情况的监督考核。完成奉贤校区实验七楼与工训中心大楼，学生公寓二十一、二十三、二十四号楼，教师公寓二号楼3个项目的启用。建立前期物业值班管理制度，保障大楼前期装修工程管理服务，顺利完成大楼交接后至物业入驻前的过渡。配合做好大型活动的接待、重点楼宇的深度保洁等工作。

制度建设情况。实行目标管理责任制，与下属部门签订《管理（服务）目标考核责任书》，明确部门工作任务，提出量化考核目标，对经济政策备忘录做出重大调整，将部门第一责任人的责、权、利挂钩。完成上海高校后勤服务中心对托管学校会计凭证附件的专项检查工作，参与《上海高校学生食堂运行成本监测方案》的调研工作。试行开展服务银行活动，员工日常工作中做好人好事、拾金不昧、参与各类志愿服务活动、努力实践服务育人的热情空前高涨，服务的主动性和积极性得到提高。小红花幼儿园继续开展教职工培训，完善考核和职评方案，加强工会管理，开展各项组织活动，营造文化氛围，提升凝聚力；以多种方式推动队伍建设，“老帮新”和教研组长培训指导同步进行，发挥骨干教师作用，提升整体教育水平，并获得“徐汇区科技特色学校”称号。强化家校沟通，通过家庭调查表、家园互动平台、家长会、师生集体生日会、童画宣传等活动建立良好的沟通平台，让广大教职工能放心上班；园方组织参加“哈哈欢乐家庭秀”栏目，家长和小朋友组队获得了优异的成绩。

队伍建设工作。6月，后勤服务中心成立人力资源部，与专业人力资源公司合作，加强人事工作的沟通与学习，严把“准入关”，形成了一套招聘、培训、管理、薪酬、退工等较为完善的人力资源管理流程，逐步完善休假制度、员工手册等制度化文件。逐步探索财务人员（核算）委派制度。先后到同济大学、天津大学等多所兄弟高校调研，学习兄弟高校先进的管理理念和管理经验，总结和研讨学校后勤工作新思路、新举措。全体一线员工和部分管理岗位员工参加2013年上海市市级机关后勤系统员工免费岗位培训，参训人数达474人，参与率达80%；饮食服务公司定期组织各类员工技能培训和技能竞赛。召开双代会，增强员工民主参与、民主管理的意识。选举产生了新一届由5名在职职工及4名合同制员工组成的部门工会委员会。

【获奖情况】

后勤保障处联合党支部荣获“十佳组织生活”鼓励奖；

小红花幼儿园被评为“2011—2012 年度徐汇区科技特色学校”；

小红花幼儿园被评为“2012 年度凌云街道全民健身工作先进单位”；

小红花幼儿园被评为“2012 年度校安全文明单位”；

小红花幼儿园荣获徐汇区第九届“田林科技杯”亲子玩科学比赛优秀组织奖；

小红花幼儿园荣获 2013 年“凌云生态家”知识竞赛二等奖；

小红花幼儿园荣获上海市民体育打联赛第二届“凌云杯”社区龙舟邀请赛至尊奖；

小红花幼儿园荣获第三届凌云社区（街道）运动会——企事业单位组羽毛球比赛第一名；

小红花幼儿园获得 2013 年第七届“小淘气玩科学”纸牌低结构头脑风暴教师双人创意大赛“优秀组织奖”；

后勤服务中心获上海高校后勤第十二届文化节“为梦想拼搏”龙舟邀请赛第四名；

后勤服务中心财务部、蒸汽供应部被上海高校后勤服务中心评为“文明窗口”，员工徐伟、陆霞蓉、刘鹏被上海高校后勤服务中心评为“服务明星”；

后勤服务中心饮食服务公司获“上海市高校后勤第十二届文化节厨艺比赛”团体第三名；

友谊餐厅、徐汇留学生食堂被上海市高校后勤协会评为“六 T”管理达标食堂；

徐汇第四食堂、清真食堂被徐汇区食品药品安全协会评为“餐饮服务行业安全规范化管理单位”；

后勤服务中心饮食服务公司荣获“海湾旅游区重大食品安全事故应急处置演练‘优秀组织奖’”；

后勤服务中心饮食服务公司被上海市高校后勤协会评为“上海高校后勤团体采购工作先进集体”；

后勤服务中心饮食服务公司生宝琳被评为第二届“上海高校后勤标兵”（绿叶奖）；

后勤服务中心宿教管理部刘红玉被中国高等教育协会后勤管理分会学生公寓管理专业委员会评为“全国高校学生公寓管理服务先进个人”；

后勤服务中心蒸汽供应部胡余立被评为“2012—2013 年度华东理工大学优秀教育工作者”；

后勤服务中心获第七届“校庆杯”龙舟赛第二名；

后勤服务中心饮食服务公司、蒸汽供应部、汽车队、行政通信管理部获“2012 年度校综合治理工作先进单位”。

实验室与国有资产管理

【概况】 2013 年，学校继续加大对教学、科研仪器设备的投入。截至 2013 年年底，与 2012 年相比，教学、科研设备的台件数由 65 017 增加到 74 583，净增加 14.71%。总金额由 87 347.58 万元增加到 105 535.11 万元，净增加 20.82%。其中单台 10 万以上的大型仪器设备的台件数由 1 104 增加到 1 361，净增加 23.28%；总金额由 40 935 万元增加到 50 416.74 万元，净增加 23.16%。

（赵勤伟、刘扬）

附录：

华东理工大学 2013 年教学、科研仪器设备一览表

单位名称	2012 年期末数		2013 年期末数		其中：10 万元以上大型仪器	
	台件数/台	金额/万元	台件数/台	金额/万元	台件数/台	金额/万元
合计	65 017	87 347.58	74 583	105 535.11	1 361	50 416.74
化工学院	8 111	16 634.23	9 313	19 616.29	293	11 659.54
过程系统工程中心	7	83.83	7	83.83	3	69.38
化学工艺研究所	768	1 562.54	893	1 964.99	35	1 250.82
化工专业实验教学中心	2 028	2 594.34	2 423	3 307.59	45	1 499.94
化工原理实验教学中心	591	651.48	819	877.20	14	281.15
化学工程研究所	563	649.42	621	723.64	10	280.47
国家超细粉末工程中心	52	85.51	53	86.04	2	42.02
中石化联反所华理分所	3 797	10 644.01	4 139	12 179.28	178	8 117.34
国重点固定床反应工程	26	141.84	26	141.84	6	118.42
化工学院办公室	279	221.27	332	251.87	0	0.00
机械与动力工程学院	4 125	5 867.06	4 773	7 297.27	84	3 319.52
机械实验教学中心	843	791.32	1 062	906.08	13	229.73
化工机械基础实验室	15	6.72	20	11.76	0	0.00
摩擦学实验室	60	60.32	62	63.43	1	20.59
机械专业实验中心	2 588	4 572.36	2 888	5 737.54	67	2 989.55

续表

单位名称	2012 年期末数		2013 年期末数		其中：10 万元以上大型仪器	
	台件数/台	金额/万元	台件数/台	金额/万元	台件数/台	金额/万元
防腐蚀技术开发中心	20	12.75	21	20.15	0	0.00
机械工程系	242	296.99	257	339.75	3	79.65
机械设计及理论中心	143	46.63	153	48.27	0	0.00
机械工程学院办公室	214	79.97	310	170.28	0	0.00
生物工程学院	6 331	10 222.32	7 407	12 246.35	194	5 665.95
生物工程实验教学中心	1 817	1 551.48	2 340	2 307.87	24	579.02
生化反应器实验室	6	2.25	7	3.83	0	0.00
生物反应器工程国家重点实验室	2 442	5 277.20	2 754	5 981.18	105	3 251.98
生物分离工程研究所	23	40.10	23	40.10	1	19.51
国家生化工程研究中心	722	1 284.19	826	1 638.50	25	866.44
生物化学研究所	276	467.37	281	469.23	12	299.15
鲁华联合研究所	598	773.91	675	913.95	13	358.11
阿华生物工程研究所	293	608.27	320	664.43	9	195.38
天方—华东联合所	56	169.54	59	170.29	5	96.35
生物工程学院办公室	98	48.01	122	56.97	0	0.00
材料科学与工程学院	4 468	6 553.34	5 633	8 372.55	107	4 131.19
材料实验教学中心	2 931	4 728.85	3 762	5 862.09	78	3 173.81
无机材料系	820	621.73	999	1 035.75	10	192.94
超细材料教育部重点室	469	990.09	555	1 102.39	16	671.80
生物材料研究所	248	212.66	317	372.32	3	92.64
化学与分子工程学院	8 374	13 891.49	9 710	16 943.29	204	10 348.56
化学实验教学中心	5 520	5 701.44	6 364	7 196.85	93	2 881.54
精细化工系	1	0.29	1	0.29	0	0.00
工业催化研究所	787	1 537.97	917	1 732.50	31	1 085.40
上海市功能性材料化学重点室			94	234.64	7	167.05
分析测试中心	420	4 688.77	443	5 012.24	39	4 710.51
应用化学研究所	333	276.52	374	308.63	2	47.08
精细化工研究所	1 118	1 393.10	1 402	2 383.59	31	1 431.98
药物化工研究所	1	0.15	1	0.15	0	0.00
化工研究所（康拜）	4	2.44	4	2.44	0	0.00
化学院办公室	93	57.16	110	71.96	1	25.00

续表

单位名称	2012 年期末数		2013 年期末数		其中：10 万元以上大型仪器	
	台件数/台	金额/万元	台件数/台	金额/万元	台件数/台	金额/万元
信息科学与工程学院	9 151	6 707. 20	10 171	7 954. 59	55	1 564. 35
电子信息实验教学中心	4 604	2 305. 55	4 996	2 635. 73	9	189. 69
计算机实验教学中心	2 819	2 023. 23	3 131	2 367. 42	13	314. 26
自动化研究所	1 538	2 254. 25	1 828	2 816. 31	33	1 060. 41
自动化工程中心	62	65. 53	63	66. 01	0	0. 00
信息科学与工程办公室	128	58. 64	153	69. 12	0	0. 00
资源与环境工程学院	4 061	7 153. 69	5 023	9 604. 47	146	5 238. 66
资源与环境专业实验教学中心	2 941	4 334. 57	3 820	6 164. 14	91	2 903. 26
洁净煤研究所	1 011	2 760. 51	1 092	3 380. 66	55	2 335. 39
资源环境学院办公室	109	58. 61	111	59. 67	0	0. 00
工商经济学院	1 541	949. 08	1 804	1 277. 21	6	137. 95
商学院综合实验室	1541	949. 08	1 804	1 277. 21	6	137. 95
外国语学院	1 325	1 223. 46	1 358	1 248. 42	16	434. 03
外国语实验教学中心	1 325	1 223. 46	1 358	1 248. 42	16	434. 03
理学院	3 143	1 910. 64	3 492	2 812. 91	29	592. 01
物理实验教学中心	2 416	1 493. 24	2 822	2 423. 94	29	592. 01
数学实验教学中心	511	288. 20	462	259. 77	0	0. 00
应用数学所微机室	3	2. 34	3	2. 34	0	0. 00
近代物理研究所	45	39. 02	43	36. 44	0	0. 00
理学院办公室	168	87. 84	162	90. 42	0	0. 00
继续教育学院	265	176. 96	292	189. 89	0	0. 00
继续教育学院实验室	265	176. 96	292	189. 89	0	0. 00
艺术设计与传媒学院	689	427. 69	707	431. 11	5	63. 15
文化艺术学院办公室	115	57. 82	117	60. 27	0	0. 00
艺术设计与传媒实验教学中心	566	365. 69	582	366. 66	5	63. 15
台湾研究所	8	4. 18	8	4. 18	0	0. 00
社会与公共管理学院	647	398. 19	737	477. 95	3	91. 56
社会学院办公室	528	314. 70	616	397. 27	3	91. 56
社会工作系	72	58. 77	71	54. 99	0	0. 00
行政管理系	33	18. 84	34	19. 16	0	0. 00
社会与公共管理实验室	14	5. 87	16	6. 53	0	0. 00

单位名称	2012 年期末数		2013 年期末数		其中：10 万元以上大型仪器	
	台件数/台	金额/万元	台件数/台	金额/万元	台件数/台	金额/万元
网络教育学院	625	1 028.35	612	1 019.70	19	474.44
网络教育学院实验室	625	1 028.35	612	1 019.70	19	474.44
法学院	141	102.75	274	154.49	1	15.20
法律系	141	102.75	274	154.49	1	15.20
药学院	2 322	4 101.55	3 046	5 679.85	98	3 254.42
药学实验教学中心	43	60.01	47	85.47	3	60.06
农用化学品研究所	487	1 370.57	557	1 494.94	25	981.10
药学院办公室	1 792	2 670.97	2 442	4 099.44	70	2 213.26
人文研究院	439	291.92	449	296.86	0	0.00
中德工学院	172	86.65	184	93.51	0	0.00
中德工学院办公室	172	86.65	184	93.51	0	0.00
国际教育学院	757	229.72	771	243.45	4	56.90
国际教育学院办公室	757	229.72	771	243.45	4	56.90
体育系	1 240	1 423.52	1 375	1 567.49	14	662.61
图书馆	1 603	1 756.04	1 771	1 741.42	19	676.88
现代教育技术中心	1 591	2 414.18	1 744	2 489.21	29	926.32
工程训练中心	550	925.28	591	904.57	13	279.74
金山校区	3 346	2 872.27	3 346	2 872.27	22	823.76

2013 年新增大型仪器设备一览表（金额 40 万元以上）

序号	设备名称	购置日期	型号	设备金额/元	生产厂家	所属学院
1	激光共聚焦显微镜	2013－03	VK－X100K	505 057.91	日本基恩士公司	材料科学与工程学院
2	扫描式电子显微镜	2013－01	S－3400N	977 816.62	日本日立公司	材料科学与工程学院
3	差示扫描量热仪	2013－09	DSC 8500	503 210.10	美国 PE 有限公司	材料科学与工程学院
4	生物反应器	2013－10	Cell－tainer	421 460.94	荷兰 Neterlands 公司	生物工程学院
5	液相色谱质谱联用仪	2013－06	TSQ	1 562 298.85	美国热电公司	生物工程学院
6	薄层色谱仪	2013－11	IATROSCAN MK－6S	417 097.37	日本雅特隆公司	化工学院
7	多普勒激光测速仪	2013－05	3D LDV	1 461 005.70	美国 TSI 有限公司	化工学院

续表

序号	设备名称	购置日期	型号	设备金额/元	生产厂家	所属学院
8	液湘色谱质谱联用仪	2013-06	1290-6530	1 928 200.32	美国安捷伦公司	化学与分子工程学院
9	核磁共振波谱仪	2013-09	400MR	1 876 832.45	美国安捷伦公司	化学与分子工程学院
10	气质联用仪	2013-03	7890A-5975C	510 003.89	美国安捷伦公司	化学与分子工程学院
11	荧光光谱仪	2013-11	FLS980	605 924.59	英国爱丁堡公司	化学与分子工程学院
12	多功能酶标仪	2013-06	Synergy H4	481 088.93	美国 BioTek 公司	化学与分子工程学院
13	扫描隧道显微镜	2013-12	Aarhus STM 150	2 870 457.64	德国 SPECS 公司	化学与分子工程学院
14	分子成像仪	2013-06	ImageQuant LAS4010	436 622.84	瑞典 GE 公司	化学与分子工程学院
15	激光拉曼光谱仪	2013-12	inVia Reflex	946 834.26	英国雷尼绍公司	化学与分子工程学院
16	扫描电子显微镜	2013-09	VEG A3 SBH	557 483.70	捷克泰恩肯公司	化学与分子工程学院
17	高分辨飞行时间质谱仪	2013-03	Xevo G2 TOF MS	1 586 522.15	美国 Waters 公司	化学与分子工程学院
18	高分辨飞行时间质谱仪	2013-03	GCT Premier	1 112 484.80	美国 Waters 公司	化学与分子工程学院
19	扫描电子显微镜	2013-06	S-3400N	1 447 797.00	日本日立公司	化学与分子工程学院
20	显微拉曼光谱仪	2013-03	DXR	961 731.11	美国 Thermofisher 公司	资源与环境工程学院
21	连续刚度压痕仪	2013-09	CSM	609 392.98	美国 Agilent 公司	机械与动力工程学院
22	自动变焦三维表面测量仪	2013-01	Inifinite Focus G4	978 343.46	奥地利 Alicona 公司	机械与动力工程学院
23	测氢仪	2013-09	Hyscan Ⅱ	490 368.52	英国麦特公司	机械与动力工程学院
24	电液伺服疲劳试验机	2013-09	8803	2 080 600.89	英国 INSTRON 公司	机械与动力工程学院
25	压力容器实验平台	2013-10	F132298	598 000.00	上海慧昊机电设备有限公司	机械与动力工程学院
26	X 射线衍射残余应力分析仪	2013-04	iXRD	1 589 089.39	加拿大 Proto 公司	机械与动力工程学院
27	纳米力学测试系统	2013-09	G200	889 869.56	美国 Agilent 公司	机械与动力工程学院
28	立式加工中心	2013-05	DNM515	638 000.00	上海唔利吾机械贸易有限公司	机械与动力工程学院
29	气相色谱质谱联用仪	2013-11	GCMS-QP2010Ultra	449 340.00	日本岛津公司	生物工程学院

续表

序号	设备名称	购置日期	型号	设备金额/元	生产厂家	所属学院
30	高级发酵罐	2013－07	BIOTECH－30JSA	440 000. 00	上海保兴生物设备销售公司	生物工程学院
31	液质联用仪	2013－10	Alliance e2695＋SQD2	955 988. 93	爱尔兰 Waters 有限公司	药学院
32	生物分子间相互作用分析仪	2013－05	Biacore T200	1 976 163. 04	瑞典 GE 公司	药学院
33	微波多肽合成仪	2013－09	Liberty1	475 346. 78	美国 CEM 有限公司	药学院
34	气质联用仪	2013－09	7890A－5975C	610 560. 68	美国安捷伦公司	化工学院
35	全自动程序升温化学吸附仪	2013－09	AutochemⅡ 2920	613 827. 73	美国麦克公司	化工学院
36	电感耦合等离子体发射光谱仪	2013－03	ARCOS SOP	420 462. 54	德国斯派克公司	化工学院
37	衍射仪	2013－12	D8 ADVANCE	1 756 917. 79	德国布鲁克公司	化工学院
38	高温粘度计	2013－03	RHEOTRONIC	631 787. 62	美国 Theta 公司	资源与环境工程学院
39	X 射线粉末衍射仪	2013－01	X'Pert Powder	942 483. 42	荷兰 Netherlands 公司	资源与环境工程学院
40	质谱仪	2013－09	QMS 403C	500 291. 90	德国耐驰公司	资源与环境工程学院
41	高温热台偏光显微镜	2013－12	DM 4500P	535 285. 75	德国 Leica 公司	资源与环境工程学院
42	化学吸附仪	2013－12	AMI－300	453 157. 19	美国ALTAMIRA 公司	资源与环境工程学院
43	偏光显微镜	2013－12	Axio Imager A2	626 486. 72	德国蔡司公司	资源与环境工程学院
44	全自动元素分析仪	2013－10	Vario Macro Cube	479 895. 84	德国 Elementar 公司	资源与环境工程学院
45	全自动气体吸附仪	2013－11	ASAP2020	487 352. 60	美国麦克公司	资源与环境工程学院

校办产业

【概况】 资产情况与利润收入。年内，上海华理资产经营有限公司共有企业 44 家，净资产总额为 23 702.74 万元。其中科技园运营平台 4 家，净资产 1 061.02 万元；科技型企业 18 家，净资产 14 673.93 万元；孵化企业 10 家，净资产 1 327.07 万元；委托管理企业 4 家，净资产 1 001.84 万元；拟工商注销企业 8 家，净资产 1 460.79 万元。资产经营公司净资产比去年同期增长 4.61%。学校未划转企业 2 家，净资产 4 178.09 万元；合并净资产为 23 702.74 万元（含出版社）。产业系统共有学校编制人员 105 名（除产业处 10 人为学校行政编制外），企业共承担编制人员工资为 1 170.31 万元，交通费用 32.3 万元，以及福利费等综合费用数百万元。各类费用较 2012 年均有较大幅度增长。根据资产经营公司持股比例，其应享受的净利润为 1 568.87 万元，与 2012 年同期相比提高了 0.919%。

产业发展建设方面。与威海市人民政府签订产学研战略联盟合作协议。组建成立华东理工大学科技园威海分园。华昌公司与上海华谊集团合作组建了上海华谊树脂有限公司。学校参股投入的上海现代中医药股份公司的上市已完成入市的准备工作，进入辅导期。科技成果转化组建的上海熠能燃气科技有限公司、上海华理自动化系统工程有限公司、上海衡和环保新材料科技有限公司出资全部到位。启动东莞研究院组建前的论证工作。推进学校全资企业华凯公司股份制体制的改制工作，已进展到工商登记注册阶段。

监管、监督与管理工作方面。加大了由管人转为管资产的监控力度，重点做好产权监督、权责界定监管、清产核资监管、资产评估监管以及财务清算监管。加大资产审计、财务监管、审计监督等方面的力度，进一步确保学校资产保值增值和不流失。始终掌握学校控股和相对控股企业的运行的动态，加大对委派董事、监事的管理及监管力度，对参股企业行使出资人的权益，规范企业正常化运作。针对产业工作存在的主要问题，设立了 6 个有关产业工作的调查研究项目。

科技园建设方面。徐汇科技园在园区建设、创业服务、科技服务、制度建设及经济效益和社会效益等方面有较大发展。国家级高校学生科技创业实习基地获得批准。与上海市科汇技术服务中心共建苗圃，完成市有关单位评估。全年园区新注册企业 29 家，属地化率由 2012 年的

47%提升至70%。承办全国青少年高校科技园一日行活动。成功入选徐汇区现代服务业企业。完成科技部火炬项目（中小企业科技服务平台建设）验收，平台投入使用。制定了一系列规章制度，为公司积极发展和规范管理奠定了基础。深挖潜力，对服务设施进行了改造，为入驻企业创造更好的环境。入驻企业属地化税收同比翻番，实现分红翻番，资产质量、主营业务收入、净利润及资产回报率等经济指标大幅提高。金山科技园入驻科技企业10多家，因受房屋设施及环境条件影响，周边区域招商工作有较大难度。奉贤海湾科技园作为大学生创业基地运作，园区零入驻的优惠政策是学校大学生创业的首选基地。每年资助学校大学生创业分基金会100万元，上海市大学生科技创业基金会根据园区的投入相应匹配100万元，促进了学校大学生创业债权资助项目的开展。

大学生创业方面。大学生创业工作在市基金会的指导下有序开展。学校分基金会通过市基金会项目评审共15项，其中股权资助项目2项、债权资助项目13项，共计资金301万元，带动就业人数10人。大学生创业项目的数量和质量相比2012年有了质的飞跃（去年通过数4个，共计资金70万元）。加快进行大学生创业资助资金孵化期满后的退出工作，顺利完成退出的企业共3家。学校大学生创业组建的科技公司生产的“净鞋机”在2013年中国国际工业博览会中获得“优秀创业企业奖”。学校分基金会与市基金会共同主办全球创业周峰会论坛活动，同国内外大学生创业及投资领域的专家一起交流学习。协助市基金会在校园内开展创业课堂，邀请嘉宾老师、专家进行宣讲，增强学生的创业意识，推广宣传大学生创业政策。积极参与校团委举办的创业课堂活动，开展两次在校学生及创业教育新师资人员的讲座培训。

队伍建设与企业文化建设方面。产业系统人员除学校编制105人外，各企业招录社会编制及外来务工人员近600人。各企业支部、产业党总支在企业中开展“树榜样做表率”活动。个别企业因销售工作存在不妥当行为受到社会人员来访，产业职能部门已配合有关部门、单位及时给予处理，化解矛盾。产业系统被评为精神文明单位和安全文明单位，连续八次获得中国国际工业博览会“优秀组织奖”。

附录：

2013年学校控股、参股企业名单

序号	企业名称	序号	企业名称
	科技园运营平台	24	上海合达炭素材料有限公司
1	上海华东理工科技园有限公司	25	上海华理能源生物技术有限公司
2	上海华理化工科技发展有限公司	26	青海盐湖镁业有限公司
3	华东理工常熟研究院有限公司	27	上海宝利纳材料科技有限公司
4	上海海湾科技园发展有限公司	28	上海敏光化学科技有限公司
	科技型企业	29	嘉兴泽元生物制品有限责任公司
5	华东理工大学华昌聚合物有限公司	30	上海熠能燃气科技有限公司
6	上海华明高技术（集团）有限公司	31	上海华理自动化系统工程有限公司
7	华东理工大学工程设计研究院有限公司	32	上海衡和环保新材料科技有限公司
8	上海国佳生化工程技术研究中心有限公司		**委托管理企业**
9	上海华理安全装备有限公司	33	上海华东理工安全工程咨询有限公司
10	上海华理远大技术有限公司	34	上海华理置业有限公司
11	上海伊特工程技术有限公司	35	上海化立教育信息咨询有限公司
12	上海多佳水处理科技有限公司	36	上海博商经济技术有限公司
13	上海华力索菲科技有限公司		**拟工商注销企业**
14	上海现代中医药技术发展有限公司	37	上海华方建筑装饰工程公司
15	上海华化摩擦材料有限公司	38	上海华凯科技贸易公司
16	上海瑞邦生物材料有限公司	39	上海华卫装潢公司
17	上海四达石油化工科技有限公司	40	华东理工大学服务公司
18	上海华天生物科技有限公司	41	华东理工大学催化剂厂
19	上海华理生物医药有限公司	42	上海华化生物制品厂
20	华东理工大学科技服务部	43	上海华理化学专用品有限公司
21	上海华友科贸实业有限公司	44	上海华商企业发展智力服务公司
22	上海华泰科技贸易有限公司		**未划转企业**
	孵化企业	45	华东理工大学出版社有限公司
23	上海浩思海洋生物科技有限公司	46	上海伯瑞生物技术发展有限公司

2013年度产业系统大事记

日期	事件
3月5日	“华昌乙烯基酯树脂高性能不饱和聚酯树脂”获评上海高新技术成果转化项目
7月8日	华东理工大学华昌聚合物有限公司与上海华谊（集团）有限公司组建上海华谊树脂有限公司

续表

日期	事件
8月9日	山东威海市、华东理工大学签署产学研战略联盟合作协议。在协议框架下，组建成立华东理工大学科技园威海分园
11月9日	学校大学生创业组建的科技公司生产的“净鞋机”荣获优秀创业企业奖
11月9日	在第十五届中国国际工业博览会上，学校参展项目“IPN型高功能苯胶乳”荣获银奖
11月9日	华东理工大学荣获第十五届“中国国际工业博览会”优秀组织奖，我校已连续八年荣获此项殊荣
11月11日	华东理工科技园申报的国家级高校学生科技创业实习基地获教育部批准
12月6日	华东理工设计研究院有限公司申报的化工石化医药行业（化工工程、石油及化工产品储运、生化、生物药）甲级工程设计资质获教育部批准
12月18日	华东理工科技园所属上海浦景化工技术有限公司、化工学院李伟教授团队荣获上海产学研合作优秀项目奖（中小微企业）一等奖
12月25日	上海华理安全装备有限公司荣获上海市标准化奖励
12月28日	华东理工大学科技园完成科技部火炬项目“中小型生物医药科技企业公共服务平台”通过验收

2013年校产奖项情况一览表

获奖者/项目	获奖者所在单位	奖项名称	授奖单位	获奖时间
刘坐镇	华东理工大学华昌聚合物有限公司	2013年上海市领军人才	上海市委组织部	2013年12月
刘坐镇、周润培、雷浩等10人	华东理工大学华昌聚合物有限公司	上海市科学技术奖二等奖	上海市政府	2013年12月
高性能环乙烯基酯树脂	华东理工大学华昌聚合物有限公司	上海市高新技术成果转化项目	上海市高新技术成果转化项目认定办公室	2013年6月
高性能不饱和聚酯树脂	华东理工大学华昌聚合物有限公司	上海市高新技术成果转化项目	上海市高新技术成果转化项目认定办公室	2013年6月
钱建华	华东理工大学华昌聚合物有限公司	国务院政府津贴	国务院	2013年5月
杨鹏等10人	华东理工大学工程设计院	东邦化学（上海）有限公司可研项目上海市优秀工程咨询成果二等奖	上海市工程咨询行业协会	2013年
杨鹏等10人	华东理工大学工程设计院	广东韶关国润烟草公司可研项目上海市优秀工程项目成果三等奖	上海市工程咨询行业协会	2013年
上海华理安全装备有限公司	上海华理安全装备有限公司	上海市标准化奖励	上海市质量技术监督局	2013年12月
上海浦景化工技术有限公司、化工学院李伟教授团队	华东理工大学科技园	上海产学研合作优秀项目奖（中小微企业）一等奖	上海科技成果转化促进会、上海市教育发展基金会、上海市促进科技成果转化基金会	2013年12月

发展联络工作

【概况】 年内，发展联络处紧密围绕学校中心工作，按照国家关于社会团体的有关要求，扎实推进将校友会注册为全国性社会团体的工作；高度重视地方校友会建设，加强对地方校友组织的走访联络，着力激活地方校友活力，凝聚校友力量；组织开展秩年返校等大型校友活动，加深校友对母校的情感；着力信息化建设，有效提升校友信息管理质量；加强董事会秘书处、基金会管理工作，同时注重部门队伍建设，增强团队凝聚力和战斗力，稳步推进、扎实开展校友会、基金会、校董会各项工作。

校董会工作。切实履行校董会秘书处职责，加强与校董单位的联系，促进校董单位与学校共赢发展。8 月 6 日，召开第五届校董会第三次会议，就学校如何与校董企业互动以进一步做好人才培养工作进行了深入探讨；联系校董企业上海华谊集团在校设立奖助学金，并推进校企双方建立战略合作伙伴关系；联系校董企业宁夏宝塔集团签订校企合作协议，推进双方合作；组织多家校董企业与校内相关单位共同举办能源与化工产业可持续发展高峰论坛、化工产业环境保护高峰论坛等。

校友组织建设。根据国家注册全国性社会团体的有关要求，组织 200 余名知名校友签名发起筹备"华东理工大学校友会"，撰写报送申请材料至教育部、民政部审批。民政部已报国务院，待国务院最终审批。不断增强各地校友组织的凝聚力与活跃度，积极搭建各类校友组织联络平台，推动各地方校友组织的核心团队建设。一年来，积极推动、参与北京校友会、河南校友会、深圳校友会、江苏校友会、浙江校友会、河北校友会、吉林校友会、贵州校友会等地方校友组织的建设与发展。

校友活动。10 月组织 200 余位原四川分院首届学生入学四十周年返校活动。11 月分别举办了第 83 届、93 届校友毕业三十周年、二十周年秩年返校活动，共计 1 200 余位校友热情参与，此外还接待 500 余位自发返校校友，全年总计接待近 2 000 名返校校友。注重校友文化营造，先后定制了第 83 届校友毕业三十周年纪念册，原四川分院首届学生入学四十周年纪念册，毕业二十、三十周年返校纪念徽章，为 120 余位毕业六十周年的校友设计并寄送了包含毕业生合影照片在内的感恩纪念邮包。

信息化建设。增强校友属性的管理功能，强化对校友属性的分析统计；增强校友信息的综合查询功能，可自定义不同的检索条件和逻辑关系，更加方便、快捷地筛选目标校友；新增了校友信息自动查重判断、信息密级管理、操作日志等多个功能。

基金会建设。顺利通过了上海市社团局对基金会的首次年检工作。强化人员配置，基金会秘书处新增专职岗位。定期开展培训交流活动，加强团队的业务水平。截至2013年年底，基金会总资产1 314万元，全年新增公益项目30多项，共计筹集资金810万元（含达成意向），公益支出557万元。向教育部申报配比项目30余项，获得配比资金870万元。积极推动校友年度捐赠项目，结合各类校友返校活动广泛宣传，逐步提高校友们对该项目的参与度；通过制作《瞬间——华理2012图库》画册、发送感谢函等多种方式，加强与捐赠单位及个人的沟通联系。

【华东理工大学第五届董事会第三次会议召开】 8月6日，华东理工大学第五届董事会第三次会议在宁夏召开。校董会主席王基铭院士，副主席阳安江、舒兴田，校党委书记杨贤金，校长钱旭红，副校长钱峰及各董事单位代表、个人董事出席了会议。会议由校董会主席王基铭院士主持。

【河北校友会召开校友代表大会推选新一届理事会】 7月28日，学校河北校友会2013年校友代表大会在河北省沧州市召开。来自沧州、保定、石家庄、秦皇岛、邢台、衡水等河北各地的校友代表20余人参加了会议。沧州市政协副主席朱守琛及学校北京校友会、天津校友会代表到会祝贺；学校组织部部长宋来、校友会副秘书长刘志鹏、发展联络处艾勇应邀参加了会议。此次会议由河北校友会秘书长张宝林主持。

【组织1983届、1993届校友毕业三十年、二十年秋年返校活动】 11月2日及9日，我校1983届、1993届各600余名校友重返母校同贺母校生日，参加校友返校大会。华东理工大学副校长钱锋出席了校友返校大会并致辞，会议由华东理工大学校友会副秘书长刘志鹏主持。与会校友观看了六十周年校庆主题宣传片——《因您而感动力》，钱锋副校长向广大校友介绍了学校六十年来发展的光辉历程，并希望广大校友能够常回母校看看。

【原四川分院首届学生返校纪念入学四十周年】 10月19日，原四川分院首届学生（1973级）举行入学四十周年纪念活动，近百位返校校友与当年的领导、老师们欢聚八角亭，以“致我们的青春”为主题纪念入学四十周年，共叙在荒芜的黄坡岭上艰苦创业、共同成长的难忘历史。

【华谊集团设立奖助学金】 9月17日，华谊集团—华东理工大学合作交流会议暨“华谊集团奖助学金”签约仪式在华谊集团举行。华谊集团党委书记、董事长刘训峰，党委副书记、总裁秦健，副总裁黄德亨、魏建华，我校党委书记杨贤金、校长钱旭红、党委副书记沈炜以及双方相关部门负责人出席了此次活动。

附录：

华东理工大学第五届董事会董事名单（排名不分先后）

校董会主席（1人）	
王基铭	中国石油化工集团公司科技委顾问、中国石油化工股份有限公司原总裁、中国工程院工程管理学部主任、中国工程院院士
校董会副主席（3人）	
阳安江	北京市政协原主席
刘志峰	国家住房和城乡建设部原副部长、原党组副书记
刘训峰	上海华谊（集团）公司总裁
校董会秘书长（1人）	
钱　锋	华东理工大学副校长
校董会副秘书长（1人）	
刘志鹏	华东理工大学校长办公室副主任
名誉董事（3人）	
吴锡军	江苏省原副省长
张人为	原国家建材局局长
夏克强	上海市原副市长
执行董事（6人）	
杨贤金	华东理工大学党委书记
钱旭红	华东理工大学校长、中国工程院院士
钱　锋	华东理工大学副校长
董事单位董事（27家）	
上海化学工业区发展有限公司	张　淳（副总裁）
上海电气（集团）总公司	黄迪南（执行董事兼总裁）
上海华谊（集团）公司	刘训峰（总裁）
上海均瑶（集团）有限公司	王均金（董事长）
上海医药集团股份有限公司	楼定波（董事长、党委书记）
上海汽车集团股份有限公司	周郎辉（副总裁）
山西大土河焦化有限责任公司	贾廷亮（董事长）
中国中化集团公司	李　彬（副总裁）
中国石油化工集团公司	戴厚良（党组成员、股份公司高级副总裁）

中国石油和化学工业联合会	周竹叶（副会长）
中国医药集团总公司	周　斌（副总经理）
中国中煤能源集团公司	徐耀武（总经理助理）
内蒙古亿利能源股份有限公司	尹成国（董事长）
巴斯夫（中国）有限公司	关志华（大中华董事会董事长）
宁夏宝塔石化集团有限公司	孙珩超（董事长）
壳牌（中国）有限公司	石晓丽（副总裁）
青海盐湖工业股份有限公司	李小松（总裁）
兖矿集团有限公司	王　信（董事长）
陕西星王企业集团有限公司	王应虎（总裁）
南光（集团）有限公司	许开程（董事长）
香港裕昌集团有限公司	齐家珊（董事局主席）
陶氏化学（中国）有限公司	姚维广（亚太区首席技术官）
盛大集团	谭群钊（盛大游戏董事长兼 CEO）
深圳科技工业园有限公司	张远惠（董事长）
道达尔（中国）投资有限公司	Jeffrey Allan Merkt（波士胶亚太研发总监兼无纺布业务总监）
碧辟（中国）投资有限公司	陈黎明（总裁）
霍尼韦尔（中国）有限公司	张宇峰（特殊材料集团副总裁兼总经理）

个人董事（17 人）

王基铭	中国石油化工集团公司科技委顾问、中国石油化工股份有限公司原总裁、中国工程院工程管理学部主任、中国工程院院士
朱道本	中国科学院院士
任德权	国家食品药品监督管理局原副局长
华　建	国务院港澳事务办公室副主任
刘志峰	国家住房和城乡建设部原副部长、原党组副书记
许　涛	教育部师范教育司司长
寿子琪	上海市科学技术委员会主任
吴亦新	南光（集团）有限公司原董事长
张学兵	上海市副市长、上海市公安局局长
阳安江	北京市政协原主席
杨胜利	中国工程院院士
周　俊	中国科学院院士
南策文	中国科学院院士
顾真安	中国工程院院士
高云龙	青海省副省长
蒋士成	中国工程院院士
舒兴田	中国工程院院士

奉贤校区

【概况】 奉贤校区位于上海市奉贤区海思路999号，占地103公顷，2005年11月开工建设，2007年7月启用。至2013年年底，奉贤校区各类建筑总面积35.923万平方米，有一、二、三年级本科生11 243人。年内，奉贤校区根据学校“十二五”发展规划，围绕“本科教育重心”转移，着重提升多校区办学能力，构筑了奉贤校区阶段性、全方位的框架体系，突显与发展阶段相一致的校区功能特色，全力保障奉贤校区的良性运行；提升了奉贤校区的育人功能，为师生营造了“管理人性化、设施现代化、功能完备化、环境优美化”的育人环境。

安全保障方面。坚持“预防为主、单位负责、突出重点、保障安全”的原则，奉贤校区进行了安全隐患排查和安全问题处理，使安全管理做到横向到边、纵向到底，不留安全管理死角。对奉贤校区开展的重大工作和重大活动，奉贤校区管委会始终做好事前协调工作，确保相关工作顺利开展。

文化建设方面。以“中国梦”主题教育为切入点，进一步提炼和丰富校园文化内涵。以教师为主导、学生为主体，发挥“文化艺术节”“思想学术节”“高雅艺术进校园”的品牌影响力。实施立德树人工程，深入推进“海湾大讲坛”“班级攀升计划”“班级跃升计划”“光盘行动”与社区文化等建设。

教学科研方面。对于部分自愿搬迁到奉贤校区工作的科研实验室或科研团队，奉贤校区管委会积极协调相关单位予以支持、配合，并现场解决有关困难。至年底，已协助药学院、资源与环境工程学院、材料科学与工程学院、生物工程学院的相关科研实验室或科研团队搬迁到奉贤校区开展科研工作。

区校联动方面。借助于海湾大学园区联席会议平台，校内职能部门和其他高校合作，继续扎实推进区校联动工作。

【学校与奉贤区签订合作框架协议】 1月4日，钱旭红校长与奉贤区庄少勤区长在奉贤校区图文信息中心签订合作框架协议。校党委书记杨贤金，党委副书记沈炜，副校长涂善东、杨存忠，与奉贤区委书记时光辉、区人大常委会副主任周龙华、副区长钱雨晴、区政协副主席张开明等出席签约仪式。

（蒋晓春）

【奉贤海湾大学生创意创业节】 5月9日，由奉贤海湾旅游区管委会、奉贤区人力资源和社会保障局、奉贤区科学技术委员会主办的“奉贤海湾大学生创意创业节”决赛在图文信息中心举行。

（蒋晓春）

【民防直通车首发式】 5月10日，奉贤区民防进高校试点启动暨民防直通车首发式在奉贤校区举行。

（蒋晓春）

【大型龙舟赛】 5月26日，由我校商学院、China MBA Foundation、上海MBA联谊会联合主办的首届全国MBA龙舟邀请赛在奉贤校区举行。来自全国15所高校的近1 100名MBA学员参加比赛。6月1日，由上海市教委、上海高校外国留学生教育研究会主办，学校承办的第六届上海市外国留学生龙舟赛在奉贤校区举行，来自本市23所高校的600多名外国留学生参加比赛。10月26日，第七届“校庆杯”教工龙舟赛在奉贤校区通海湖上举行。后勤甲方队、后勤乙方队、化学与分子工程学院队荣获前三名。

（蒋晓春）

【首届辅导员职业能力竞赛】 6月14日，首届辅导员职业能力竞赛在奉贤校区图文信息中心报告厅举行。

（蒋晓春）

【发布《提升多校区办学能力第一阶段路线图》】 根据学校“十二五”发展规划，围绕“本科教育重心”向奉贤校区转移，为全力保障奉贤校区的良性运行，6月28日，学校发布《提升多校区办学能力第一阶段路线图》，并再次明确了奉贤校区“以条为主、条块结合”的管理模式，明确了该项工作的实施以奉贤校区管委会为总协调单位。

（蒋晓春）

【举办全国大学生女子曲棍球邀请赛】 10月17—20日，全国大学生女子曲棍球邀请赛在奉贤校区举行。天水师范学院、香港大学、华东理工大学获得前三名，上海第二工业大学、华东理工大学获体育道德风尚奖。

（蒋晓春）

【ABET 国际认证】 11 月 19 日，ABET 国际认证专家组赴奉贤校区考察，参观奉贤校区图书馆、体育馆，考察了化工专业所涉实验室，召开学生座谈会。杨存忠副校长接待了专家组。

（蒋晓春）

【举行青年志愿者协会成立大会】 12 月 5 日，在奉贤校区图文信息中心敬贤堂举行青年志愿者协会成立大会暨“青春在志愿中闪光”优秀青年志愿者经历分享会。

（蒋晓春）

党建与思想政治工作

Dangjian yu Sixiang Zhengzhi Gongzuo

组织工作

【概况】 年内，党委组织部（党校）在校党委的领导下，以学习贯彻党的十八大、十八届三中全会和学校第十次党代会精神为主线，以党的群众路线教育实践活动为重点，继续加强党员干部队伍建设，提高基层党建科学化水平，努力为推进学校科学发展提供组织保证。

干部队伍建设方面。（1）加强干部教育培训。完善和改进教育培训形式，全面加强干部的理想信念教育、党性党风教育、素质和能力教育。一是开展集中培训。3月至5月，举办了处级以上领导干部学习贯彻党的十八大精神集中轮训班和第17期青年干部培训班。二是开展远程培训。7月至9月，与国家教育行政学院联合举办远程培训，组织校领导班子成员和处级干部197人参加了专题学习。三是专题辅导。8月至11月，举办了7次理论学习辅导报告会，全体处级以上干部参加了学习。四是强化培养，加强青年后备干部队伍建设。3月至6月，举办了第17期青年干部培训班，共有40名学员参加培训，培训内容计5个单元21次。就学校干部队伍建设实施国际化战略开展了相关准备工作，积极推进管理干部的国际化建设。与国际合作与交流处一起安排了4名中层干部赴中国台湾地区高校开展交流学习。（2）抓好后备干部队伍建设和干部换届前期工作。进一步完善后备干部的选拔与培养机制，共选派35名同志参加校外各级各类党校学习培训；选送了20名干部到教育部、有关区县和西部等进行挂职锻炼。配合上海市委组织部、市教卫工作党委等，做好相关干部的民主推荐和组织考察等工作，协助党委向市属高校选送了1名正局级干部、1名副局级干部，遴选了7名年轻的局级后备干部。学校的年轻干部培养工作得到上级部门的肯定，在2013年3月市教卫工作党委系统组织工作会议上，学校专门就此工作进行了交流发言。依照坚定信念、为民服务、勤政务实、敢于担当、清正廉洁的标准，以年轻干部、党外干部为重点，加快推进干部换届的前期准备工作，完成中层干部个人基本信息核对工作，充实调整党外后备年轻干部14人。4月至5月，在党委分管领导的带领下，会同相关部门前往6所高校专题调研了机构设置与改革、干部与人才队伍建设和校院两级管理体制等工作，并撰写完成了调研报告，制定了相关方案，为学校机构设置优化调整做了前期准备工作。（3）完善评价体系和选任流程。按照建立健全决策目标、执行责任、考核监督“三个体系”的要求，明确什么样的干部是好干部，怎么发现好干部，如何用好干部，从不同层次、不同类别和岗位实际特点出发，进一步研究如何完善干部选任机制，努力做到人岗适配。改进考核方式，加大对考核结果的运用力度，充分发挥考核的激励、监督和导向性作用。重视对干部培训、挂职、出国经历的综合运用，编制学校中层党政领导干部选拔任用工作操作规程，对干部选任相关步骤以及材料制作标准进行了规范。（4）推进干部竞争性选拔。2013 年共聘任处级干部 8 人，其中 6 人通过公开选拔产生；新提职的 8 名处级干部平均年龄为 40.5 岁，比目前处级干部的平均年龄小 6 岁；此外，对相关学院和单位的 32 个系、所、中心等非处级岗位进行了充实调整工作。

党的群众路线教育实践活动方面。根据中央和教育部党组的部署，发挥组织协调作用，积极配合学校党委，以校院领导班子、机关职能部处和党员领导干部为重点，在全体共产党员中深入开展党的群众路线教育实践活动。以“改进作风树形象，服务师生促发展”为主题，聚焦作风建设，坚决反对“四风”，着力解决教职工及学生反映强烈的突出问题。一是将学习教育贯穿始终，打牢理论基础，增强思想自觉。组织党员自主学习文献资料，组织处级以上干部参加远程专题培训，组织校领导班子成员进行专题学习讨论，邀请专家开展专题理论辅导。二是汇总梳理师生意见，深入查摆问题，组织好校领导班子专题民主生活会。汇总师生意见 356 条，归纳总结出“四风”问题的 12 个具体表现和 4 个突出问题。组织联系校领导班子成员认真撰写对照检查材料，相互交心谈心，坚持批评与自我批评，以整风的精神开好专题民主生活会，深刻剖析“四风”问题存在的思想根源，提出努力方向和整改措施。三是坚持真抓实干，有效促进边学边查边改，注重从体制机制上解决问题。认真制订整改方案、专项整治方案和制度建设计划，明确路线图和时间表，落实责任主体、任务到人，围绕 6 个方面，深入落实 20 项整改措施。

基层党组织建设方面。（1）加强“三型”党支部建设，评优表彰促进组织生活质量提升。加强学习型、服务型、创新型党支部建设，推进组织生活的形式创新、内容拓展和实效提高。通过每月组织生活指导性计划，促进基层党组织围绕理论热点和中心工作开展党员学习教育、组织生活和支部建设。在 2012 年开展教工和学生组织生活展示评选活动的基础上，评选表彰了年度教工党支部“十佳组织生活”10 项、学生党支部“优秀组织生活”15 项，以此进一步加强基层党组织建设，提高组织生活的质量和效果。组织推荐学校机关党总支图书馆第一党支部等开展的组织生活，申报参评上海市教卫工作党委系统优秀组织生活案例，有 4 家获优秀组织生活案例奖。报送信息科学与工程学院分党委“‘专家导学’引领学生党员全面成长”主题组织生活，参评教育部高校基层党支部活动创新案例征集评选活动。（2）学习党的十八大精神，践行党的宗旨，切实加强学生党员党性锻炼。一是认真学习党的十八大精神。积极组织广大学生党员学习党的十八大精神和党的重大理论，加强学生党员思想理论建设。组织学生党员认真聆听系列讲座，开展组织生活专题学习，参加党的十八大知识竞赛，积极宣传十八大精神，把践行十八大精神落实到行动中。二是坚定理想信念，践行党的宗旨意识。以深入开展党的群众路线教育实践活动为契机，积极协助学工部深入开展学生党员党的群众路线教育。通过举办专题学习会、开展主题组织生活、组织特色实践活动等方式，积极促进学生党员坚定理想信念，服务师生，发挥模范作用。利用邮箱、微信和微博等新媒体手段收集师生意见，通过调研问卷、座谈、谈心等方式全面分析学生党员和党支部存在的问题，制定量化考核体系。建立学生生活园区学生党员服务工作站，建立党员承诺制度，建立党员责任区制度，建立值班首问责任制度，通过党员定岗明责，充分发挥学生党员和学生党支部的先锋模范作用和战斗堡垒作用。举办新生党员“励志班”，围绕爱校荣校、理想信念、党性责任、优良传统、励志成才、志愿奉献 6 个主题，开展了升旗仪式、集中学习、实践参观、支部活动、特色支部组织生活、参与迎新志愿服务等多项学习教育实践活动，着力提升新生党员的政治素质、理论素质、学习动力和责任意识。三是定岗明责，发挥学生党员先锋模范作用。学生党员落实责任，积极发挥作用，通过担任新生督导员、心理保健员、安全监督员、教学助理员、校园保洁员、网络维护员等党性锻炼岗位，持之以恒地做好身边的小事，服务同学，做出示范。在学生党员党性锻炼述职答辩及满意度测评活动开展过程中，组织部同志分别到两个校区进行调研，了解活动的开展情况，积极促进活动的落实。2013 年，普通同学对学生党员的满意度为 99.68%，学校党委对 2012—2013 学年 26 名学生党性锻炼先进个人、14 个学生党性锻炼先进集体集中进行了表彰。(3) 拓展实践载体，创新网络党建，加强多校区党建工作。不断优化多校区党建工作，开展书院党建，建立党员工作站、学生党员工作团队，促进党建工作“进社区、进公寓、进社团、进网络”，构建和谐的多校区党建工作格局。建立基层党建网络平台，实施多校区网络组织生活、手机党校等新实践，不断开拓网络党建的新局面。重视部门网络党建和网站维护建设，各二级党组织积极向部门网站基层党组织之窗提交信息。加强奉贤校区的办公管理，努力提高多校区党员队伍和人才队伍建设的能力和水平。(4) 掌握新情况，探讨新举措，加强基层党建工作调研。为更好地了解新形势下党员发展工作的新情况、新问题，共同探讨新时期学生党员发展工作的新举措，加强了基层党建工作的调研。在徐汇校区召开了两次学生党建工作研讨会，在奉贤校区部分学院开展了学生党员发展工作，在两校区分别开展了学生党建工作模式的调研。召开了部分学院党组织副书记、组织干事和学生辅导员座谈会，及时了解发展对象的入党动机、入党后的表现、是否发挥先锋模范作用、按期转正时是否符合党员标准等情况。召开了学校特邀党建组织员座谈会，了解特邀党建组织员的工作状况、工作思路及工作建议和意见。（5）加强学生党建工作队伍建设。注重对学生党建工作队伍的培养和激励，评选表彰了2012年度学生党建工作先进个人10人，积极促进建立一支高素质的学生党建工作队伍，以质量为核心进一步推进我校学生党建工作迈上新台阶。（6）服务帮扶和社区党建联建形成长效机制。在党委的领导下，继续与奉贤区柘林镇夹路村签订结对协议书，开展第二轮为期3年的“双结对”工作。积极组织大学生在夹路村及其周边地区开展爱心帮扶和志愿者活动，形成帮扶活动的社会辐射格局，奉献爱心，促进大学生社会化成长。积极组织协调学生党员、入党积极分子在夹路村及其周边地区开展公益活动和文化建设活动，各基层党组织先后在该村及其周边建立大学生党性锻炼基地和社会实践基地，积极开展支部共建活动，促进了互动交流。学校积极利用后勤保卫系统岗位解决了一批该村村民的就业问题，岗位主要涉及饮食服务、物业维修管理、保安保洁、教师公寓管理、商店超市等。目前，学校为该村村民提供各种类型岗位约590人。组织部还积极参与凌云社区党建共建联建工作，积极参与社区平安志愿者和其他共建活动，组织有关学院和学生党员在凌云社区党员党性锻炼基地开展社区精神文明活动。

党员队伍建设方面。（1）引导积极分子学习党章，践行宗旨。举办了第58期和第59期学生入党积极分子培训班，培养学生入党积极分子1 454名，举办了第13期教工积极分子培训班，培养教工入党积极分子28名。把党的十八大精神和群众路线教育的有关学习内容贯彻落实到培训中，引导入党积极分子学习党章，践行宗旨，安排了主题讲座、专题讨论和实践活动等方面的教育内容，帮助入党积极分子端正入党动机，坚定理想信念，明确努力方向，夯实党员发展工作的基础。（2）以质量为核心强化党员发展工作。根据中共中央办公厅印发的《关于加强新形势下发展党员和党员管理工作的意见》以及全国高校党建工作会议的精神，按照控制总量、优化结构、提高质量、发挥作用的总要求，进一步做好党员发展工作，努力提高党员发展工作质量。截至2013年12月30日，我校共发展党员812人，其中教职工9名，本科生640名，研究生163名。本科生党员比例为14.3%，研究生党员比例为55.5%，全校大学生党员比例达25.1%。（3）强化责任，服务毕业生党员转接关系。指导二级党组织做好毕业生党员的党建材料和组织关系与社会的衔接工作。特别就党组织关系介绍信的转接工作，对二级党组织秘书、党建信息联络员进行了专门培训，使二级党组织能够有效地做好毕业生党员与社会的衔接管理工作。做好毕业生党员的培训工作，举办了毕业生党员培训班，针对毕业生的特点，与毕业班党建衔接工作相结合，对全体毕业班学生党员进行了系统培训，并给每位毕业生党员发放《友情提示》，指导毕业班党员接转好自己的党组织关系，引导毕业生党员在毕业离校环节中发挥党员先锋模范作用，加强党员意识。（4）加强党员管理，总结党员教育培训情况。根据市委组织部要求，开展了“党组织找党员”活动，梳理了全校联系不上的党员名单，并及时上报市教卫工作党委。认真完成了年度党费收缴、党内统计和各项管理工作。对学校2009—2013年党员教育培训工作进行了总结，并报市教卫工作党委组干处和教育部思政司。（5）师生党员网上知识竞赛获佳绩。组织动员学校师生党员、入党积极分子和群众，参加上海教卫党委组织的党的十八大报告和党章网上知识竞赛活动，学校共有1 500余名师生参赛，有7人获奖。其中，外国语学院的陈婧荣获优秀个人二等奖；化学与分子工程学院的邢维龙、方淑英，化工学院的李杨、周建国，信息科学与工程学院的周红、陈志高荣获优秀个人三等奖。

党建研究和信息化管理方面。（1）党建研究突出促进建设发展主题。围绕“学习贯彻落实党的十八大和学校第十次党代会精神，促进学校内涵建设与科学发展”主题，完成2013年度党建研究课题立项工作，年度申报课题61项，正式立项55项。2012年立项的51项课题全部结项，评选出一等奖2项、二等奖5项、三等奖10项。举行了学校2012—2013年度党建研究课题成果交流暨表彰会，对获奖的17个项目进行表彰，交流经验，并正式启动新的立项课题。学校的2项党建课题成果获得“十七大以来全国高校党建成果”征集活动三等奖，申报获准上海市教卫工作党委系统党建课题3项，获准“阳光计划”（党建类）1项。（2）健全党建信息化管理，及时维护更新。进一步推进党建信息化工作，不断完善部门网络党建工作，做好上海市基层党组织、党员的信息化管理工作。加大对二级党组织党建信息化的指导和管理，每月对各二级党组织的党建信息联络员进行一次培训，对全校党员、党组织的信息进行采集登记，及时、准确地根据上级精神做好技术更新和信息维护工作。（3）重视党建信息的宣传和报送。2013年度，在学校新闻网发表50篇信息稿，在上海教卫党建网发表23篇信息稿，在上海基层党建网发表1篇头版头条信息稿，在上海市教卫工作党委有关简报发稿数篇。

部门自身建设方面。3月，组织部被评为学校2012年度安全文明单位；4月，蒋文文、夏江雯、徐永桢等完成的《发展大学生党员质量保障与评估机制研究》，陈荣武完成的《党的十六大以来高校党建的基本经验和发展趋势》，同获“十七大以来全国高校党建研究成果”论文三等奖；6月，夏江雯、柴华、陈荣武、樊俊完成的课题“加强校领导干部‘德’的考察问题研究”被评为2012—2013年度华东理工大学党建研究成果二等奖；6月，组织部被上海市教卫工作党委授予“学习党的十八大报告和党章知识竞赛活动优秀组织奖”称号。

【学校启动党的群众路线教育实践活动】 7月3日，根据中共中央的意见精神和教育部党组的动员和部署，我校以“为民、务实、清廉”为主要内容的党的群众路线教育实践活动正式启动。

（刘海宾）

【党委副书记马玉录参加2013年度组织工作会议并做发言】 3月18日，市教卫工作党委系统在市科教党校召开2013年度组织工作会议。党委副书记马玉录在会上做了“着力于‘五个环节’和‘四个优化’，不断提升年轻干部队伍建设科学化水平”的交流发言。

（刘海宾）

【花巍等10位同志获得学生党建先进个人称号】 3月28日，举行学生党建工作先进个人表彰会，授予花巍、张黎、张雪银、钊旭、魏星、陈志霞、林璐、吴婷、李思悦、王惠等10位同志“2012年度华东理工大学学生党建工作先进个人”称号。

（刘海宾）

【校领导为青年干部培训班学员做主题报告】 3月22日至6月28日，举办了第十七期青年干部培训班。4月12日，副校长钱锋为青干班学员做全国“两会”精神专题辅导报告。5月24日，副校长于建国为青干班学员做“高等教育内涵发展——人才培养与质量建设”专题辅导报告。5月31日，党委书记杨贤金与青干班学员畅谈青年干部成长与责任。6月14日，副校长马玉录为青干班学员做“人才队伍建设”专题辅导报告。

（刘海宾）

【学校召开学生党建工作研讨会】 9月24日，学校召开的学生党建工作研讨会在和平楼第一会议室举行。研讨会上，组织部徐永桢、姚文两位老师先后就学生入党积极分子培训、学生党员发展的情况和需要注意的问题进行了通报交流。

（刘海宾）

【校党委举行群众路线教育实践活动学习辅导报告会】 9月27日至11月15日，学校举行群众路线教育实践活动学习辅导报告会。9月27日，马克思主义学院的杜仕菊教授与陈迎年副教授分别做了题为《群众路线是实现“中国梦”的生命线》和《从师生中来，到师生中去》的辅导报告。11月15日，马克思主义学院汪帮琼、熊万胜两位老师应邀做辅导报告。

（刘海宾）

【校党委召开2013年度领导班子民主生活会】 11月15日，学校举行领导班子专题民主生活会情况通报会。校党委书记杨贤金做了情况通报，教育部第四督导组副组长王鲁新、督导组成员杨毅仁出席会议。

（刘海宾）

【获奖情况】

3 月，组织部被评为 2012 年度校级安全文明单位。

4 月，组织部两篇论文——《发展大学生党员质量保障与评估机制研究》和《党的十六大以来高校党建的基本经验和发展趋势》——获“十七大以来全国高校党建研究成果”论文三等奖。

6 月，组织部课题“加强校领导干部‘德’的考察问题研究”被评为 2012—2013 年度华东理工大学党建研究成果二等奖。

6 月，组织部被上海市教卫工作党委授予“学习党的十八大报告和党章知识竞赛活动优秀组织奖”称号。

附录：

党员基本情况

填报单位：中共华东理工大学委员会　　截止日期：2013 年 12 月 31 日　　（单位：人）

项目		总数		类别				年龄				
				预备党员	女	少数民族	台湾省籍	35 岁及以下	36 岁至 45 岁	46 岁至 54 岁	55 岁至 59 岁	60 岁及以上
甲		序号	A	B	C	D	E	F	G	H	I	J
总计		1	8 383	1 007	3 858	215		6 536	587	337	166	757
一、在岗职工		2	1 637	11	762	35		586	561	336	134	20
公有经济单位	合计	3	1 637	11	762	35		586	561	336	134	20
	党政机关工作人员	4										
	事业单位专业技术人员（管理人员）	5	1 613	9	756	35		577	553	334	129	20
	企业管理人员	6	5	1	2			3	2			
	企业专业技术人员	7	9	1	2			6	2	1		
	工人（营业员、服务员）	8	10		2				4	1	5	
	农民工	9										

续表

项目		总数		类别				年龄				
				预备党员	女	少数民族	台湾省籍	35岁及以下	36岁至45岁	46岁至54岁	55岁至59岁	60岁及以上
非公有经济单位	合计	10										
	企业管理人员	11										
	企业专业技术人员	12										
	民办非企业单位专业技术人员（管理人员）	13										
	工人（营业员、服务员）	14										
	农民工	15										
二、	农牧渔民	16										
	外出务工经商人员	17										
三、军人、武警		18										
四、学生		19	5 952	996	2 808	174		5 933	19			
五、离退休人员		20	769		277	6					32	737
六、其他		21	25		11			17	7	1		

发展党员情况（一）

填报单位：中共华东理工大学委员会　　截止日期：2013年12月31日　　（单位：人）

项目		总数		女	少数民族	年龄			学历				
						35岁及以下	36岁至59岁	60岁及以上	研究生	大学本科	大学专科	高中中技	初中及以下
甲		序号	A	B	C	D	E	F	G	H	I	K	L
总计		1	812	411	27	810	2		11	161		640	
一、在岗职工		2	9	4		7	2		4	5			
公有经济单位	合计	3	9	4		7	2		4	5			
	党政机关工作人员	4											
	事业单位专业技术人员（管理人员）	5	7	4		7			3	4			
	企业管理人员	6	1				1		1				
	企业专业技术人员	7	1				1			1			
	工人（营业员、服务员）	8											
	农民工	9											

续表

项目			总数	女	少数民族	年龄			学历				
						35岁及以下	36岁至59岁	60岁及以上	研究生	大学本科	大学专科	高中中技	初中及以下
非公有经济单位	合计	10											
	企业管理人员	11											
	企业专业技术人员	12											
	民办非企业单位专业技术人员（管理人员）	13											
	工人（营业员、服务员）	14											
	农民工	15											
二、	农牧渔民	16											
	外出务工经商人员	17											
三、军人、武警		18											
四、学生		19	803	407	27	803			7	156		640	
五、离退休人员		20											
六、其他		21											

发展党员情况（二）

填报单位：中共华东理工大学委员会　　起止时间：2013年01月01日至2013年12月31日　（单位：人）

项目		总数		女	35岁及以下
甲		A		B	C
一、生产、工作第一线	合计	1	4	2	4
	企业生产第一线	2			
	农村生产第一线	3			
	教学科研第一线	4	3	1	3
	机关第一线	5	1	1	1
二、企事业、民办非企业单位专业技术人员	合计	6	1		1
	高级职务	7	1		1
	中级职务	8			
	初级职务	9			
	未聘任职务	10			

续表

项目		总数		女	35 岁及以下
三、乡（镇）、建制村	建制村	11			
		12			
四、先进模范人物		13			
	省（部）一级及以上命名或表彰	14			
五、特殊情况下		15			
六、共青团员		16	748	374	—
	经过“推优”	17	748	374	—
七、台湾省籍		18			

宣传思想工作

【概况】 年内，宣传思想文化工作紧紧围绕学校中心工作，深入开展“中国梦”主题教育活动，学习宣传贯彻全国宣传思想工作会议精神、十八届三中全会精神和习近平总书记系列重要讲话精神，积极服务学校党的群众路线教育实践活动，在武装理论、引导舆论、文明文化、服务一线、凝聚人心等方面为学校事业发展提供了精神动力、思想保证和舆论支持。

建章立制规范管理工作。配合党委组织召开习近平总书记“8・19”重要讲话精神传达会，开展全校宣传思想文化工作会议传达和部署相关工作，配合党委制定和修订了《中共华东理工大学委员会关于加强和改进教师思想政治工作的意见》《关于加强和改进哲学社会科学课堂教学、报告会、研讨会、讲座、论坛、网络和接受境外基金资助等管理的实施办法》《新闻宣传对口联系制度》《校园内悬挂和张贴宣传品的管理规定》《关于各级单位官方微博、微信的管理规定》等文件，进一步规范并加强了对学校意识形态阵地的管理。充分运用宣传栏等传统阵地，开展了12个主题35个场次的主题展览。

党的群众路线教育实践活动。深度参与和广泛宣传学校开展的党的群众路线教育实践活动，为活动顺利开展营造良好的舆论氛围；依托马克思主义学院，组建“党的群众路线教育实践活动宣讲团”，为校内外开展教育实践活动提供师资保障；承办了“为民、务实、清廉——《陈云与党风廉政建设》”2013高校巡回专题展和“为民务实清廉”群众路线教育展，强化了师生党员群众意识；编写了22期教育实践活动简报，总结教育实践活动经验；建设“党的群众路线教育实践活动”专题网站，共发表文章170余篇；新设“党的群众路线教育实践活动”“整改进行时”和“厉行节约反对浪费”等栏目，刊发栏目文章合计88篇。在《光明日报》、《支部生活》、《组织人事报》、中国新闻网、上海教育新闻网和上海教卫党建网上推出了理论文章3篇、新闻报道11篇。

“中国梦”主题宣传教育活动。通过举行“中国梦与中华民族伟大复兴”报告会、举办“中国梦”主题展览、组织“我的中国梦”主题征文活动及微电影和摄影作品征集系列活动、开设“中国梦学子梦”微博专栏和“我的大学我的梦”校园新闻网专栏，引导广大师生坚定理想信念，增强道路自信。2013年，中央新闻采访团来沪现场采访，将学校作为“中国梦”宣传教育工作代表进行了集体采访。《光明日报》、《人民日报》、中国教育电视台等媒体也对学校建设节约型校园活动和“中国梦”主题教育活动等工作进行了报道。

宣传教育工作。依托“东方讲坛”“海湾讲坛”等平台，全年共组织师生开展政治学习13场。配合党委制定党委中心组学习制度、教职工理论学习制度和《中共华东理工大学委员会关于深入学习贯彻习近平总书记系列讲话精神的通知》。发放近800套（册）理论书籍，围绕党的群众路线教育实践活动，为宣教音像资料库补充了专题讲座光盘资料，丰富师生理论学习的内容。依托学校思政研究会平台，首次在校内组织“2013年华东理工大学思政研究课题”申报工作。组织教师参与上海市课题申报：4名教师获得2013年上海市德育实践研究课题和德育理论研究与决策咨询课题资助；1名教师入选上海市教卫党委宣传思想文化类“阳光学者”。顺利完成2013年高校师生思想政治状况滚动调查。遴选31名教师参加了各类哲学社会科学教学科研骨干研修班。组织参加“学党史、诵伟人——上海高校第二届红色经典诵读大赛”，荣获“优秀组织奖”；完成学校“六五”普法工作评估检查报告；会同法学院共同组织了第25届宪法宣传周活动；会同教务处、信息学院，组织2 684名大二学生参加普通话水平测试。

新闻宣传工作。因学校本科教育中心转移到奉贤校区，新闻中心及时将工作视角聚焦奉贤校区。在新闻网热点专题“聚焦奉贤”中，采写了98篇新闻报道。围绕人才强校工作战略，开设“人才工作大家谈”专栏，在新闻网密集推出13篇深度报道和10余篇“他山之石”文章。新闻中心在中国高校校报协会和上海市高校校报研究会组织的好新闻和论文评比中，获得了一、二、三等奖合计10项。以教育实践活动为契机，持续推出把镜头对准基层。把版面留给一线的新举措。增设新专栏，并依托校报、校园网精品栏目，加大对普通师生工作、学习、生活和科研学术成就的报道力度。利用学校专业优势和学科资源，加强策划，主动向媒体推送新闻主题20余个，全年社会媒体报道篇数近1 000篇。建立起一支由20余位专家组成的、涵盖多个优势学科和特色方向的学术宣传队伍。着力打造传统媒体与新兴媒体融合互补、同向而行的大宣传格局。完成了学校中英文主页的改版工作，且学校中文主页荣获“第五届全国高校百佳网站”的荣誉称号。2013年，校园新闻网新增专题栏目及版块共11个，发布信息4 300余条。配合信息化办公室设计制作“i华理”应用程序，努力打造移动校园、智慧校园。修订了《华东理工大学信息宣传工作考核办法》，进一步提高了信息宣传工作的有效性。通过丰富官方微博栏目、加强媒体互动、组建微博协会等举措，进一步拓展了师生校友和社会人士多向沟通交流的渠道。腾讯官微粉丝数达28.5万余人，新浪官微粉丝增长则达到60%。官方微博获得“2013年度教育官微影响力奖”“2013年度全国高校新媒体创新之星”等荣誉称号。学校也成为教育部教育官微联盟首批盟员单位，在教育新闻中心开展的联盟单位参与度考评中位列第五。

文明创建工作。结合党的群众路线教育实践活动和多校区办学能力提升要求，修订并发布了《校级文明单位考核指标体系》，引导各二级单位将文明创建工作向奉贤校区延伸，进一步促进文明创建工作系统化、常态化。启动了2012—2013年度校级文明单位评选、文明单位创建特色项目评选、好人好事评选等工作，全校共有45家单位申报精神文明单位，14家单位申报精神文明示范单位，19个项目申报文明单位创建特色项目，12个集体和个人申报十佳好人好事，在校内营造了浓郁的文明创建氛围。学校获"第十六届上海市文明单位"荣誉称号，已连续九届获此殊荣。学校退休教师郁仁德"发挥余热，携妻赴湘西山区支教"事迹获2012年度上海市教卫工作党委系统精神文明建设十佳好人好事奖。

文化建设工作。2013年，学校承接了4项上海市教卫工作党委系统文化传承创新发展项目，有效提升了学校文化建设水平。通过开展"上海高校志愿服务育人联盟筹建"项目，整合上海高校志愿服务力量，提升志愿服务育人研究水平，在弘扬志愿服务精神的同时，也扩大了学校在志愿服务领域的影响力。通过开展"美丽校园、魅力华理"校园文化地标征集活动，梳理校园文化景观，凝练校园文化符号，激发师生爱校荣校之情。积极推进高雅艺术进校园工作，上海轻音乐团、上海歌舞团等先后在徐汇和奉贤两校区演出8场，还组织了5场师生进剧院活动。在"翰墨香·中国梦——上海教育系统师生书法联展"中，学校获得"组织奖"，教师吴文水的书法作品获得"优秀奖"；在奉贤区"贤城印象"主题宣传品设计大赛中，学校选送的两件作品荣获三等奖；在第十五届中国上海国际艺术节校园行活动中，学校获"优秀参与奖"。

【学校2 600余名学生参加"在校大学生普通话水平测试"】 3月—5月，学校2 684名大二学生分5批次参加了上海市在校大学生普通话水平测试，最终达标2 426人，达标率为90.39%。受到上海市语言文字水平测试中心的好评，学校被授予"上海市语言文字水平测试工作先进集体"。

（曲珩）

【中央新闻采访团来校进行集体采访】 4月12日，教育部新闻办组织由《人民日报》、新华社、《光明日报》、中央人民广播电台、中央电视台等9家媒体组成的中央新闻采访团来上海进行现场采访，华东理工大学作为上海高校代表接受了集体采访。

（房树芬）

【学校获"第十六届上海市文明单位"荣誉称号】 5月20日，上海市精神文明建设工作会议召开，学校荣获“第十六届上海市文明单位”称号。至此，学校已十次获得上海市文明单位称号，自1995年至今，学校更是连续九届获此殊荣。退休教师郁仁德“发挥余热，携妻赴湘西山区支教”事迹获2012年度上海市教育卫生工作党委系统精神文明建设十佳好人好事奖；“让科学知识改变生活——华东理工大学‘科学商店’科普进社区活动”案例被汇编入《2012年上海教育系统校园文化建设优秀项目汇编》。

（王义坤）

【学校腾讯官微获全国高校“新媒体创新之星”称号】 11月14日，由腾讯网、腾讯微博主办的第二届全国高校新媒体发展论坛在江苏南京召开，与会人员围绕“‘微时代’的高校声誉管理与校园文化建设”主题进行交流探讨。在该次论坛上，华东理工大学官方微博获得2013年度全国高校“新媒体创新之星”荣誉称号。

（房树芬）

【学校新浪官微获颁全国“2013年度教育官微影响力奖”】 11月28日，以“大数据时代的中国教育”为主题的新浪2013年度中国教育盛典在北京举行。会上，华东理工大学新浪官方微博获得“2013年度教育官微影响力奖”，在颁奖词中被誉为“新媒体技术送给华理人最好的礼物”。

（房树芬）

【《华东理工大学周报》在中国高校校报协会组织的好新闻评比中获多项奖】 在中国高校校报协会组织的好新闻和论文评比中，《华东理工大学周报》编辑部报送的6件作品均获奖，其中，卞慧、莫辉分别获得版面类一等奖和新闻摄影类一等奖，房树芬获得论文类一等奖和通讯类二等奖各1项，张婷、石翎分别获得消息类二等奖和通讯类二等奖。

（房树芬）

附录：

2013年各类媒体报道学校情况统计表

序号	题目	日期
1	《新闻晚报》：家庭版农场，带着娃娃去散养	2013－01－02
2	【中国共产党新闻网】外婆与小茹的对话：“党员就是带头学好的人”	2013－01－03
3	【中安在线】淮南市扎实推进企业技术创新硕果丰	2013－01－04
4	【上海教育新闻网—东方教育时报】“80后”硕士张李桃回农村种粮	2013－01－04
5	【东方网】［新年新起步］奉贤：让南桥动迁户春节前舒心回搬	2013－01－04

续表

序号	题目	日期
6	【中国石化新闻网】“SE-东方炉”完成研制	2013-01-04
7	【光明网】复旦“千分考”报名昨天结束，1月15日可查审核结果	2013-01-04
8	【人民政协网】如皋市工商联打造服务新平台	2013-01-04
9	【人民网】首届上海大学生原创音乐大赛原创歌手决战东艺	2013-01-05
10	《解放日报》：“昭示对法治政府的孜孜以求”，市政府发布白皮书，务实坦诚评估本市依法行政状况，获“中国法治政府奖”	2013-01-07
11	【解放牛网】华东理工校领导连续21年与留校学生守岁迎春	2013-02-10
12	【侨报网】“科工专”与多个友情团体联合举办春节晚宴	2013-03-04
13	【中国经济新闻网】$PM_{2.5}$ 应怎么治?	2013-03-04
14	《中国能源报》：煤气化炉国产化亟须工程依托	2013-03-04
15	《新闻晚报》：全国政协委员提案关注电力与环境	2013-03-04
16	【上海教育新闻网】华理工学生发动“光柜”“光盘”行动	2013-03-05
17	【中国新闻网】华理学生发动“光柜行动”	2013-03-05
18	《中国科学报》：药物设计新方法可预测药效	2013-03-05
19	【搜狐网】塑料包装含致癌物锑	2013-03-05
20	《新闻晚报》：宽带资费还有下调空间	2013-03-05
21	《新民晚报》：改善民生不能“一口吃成胖子”	2013-03-06
22	【东方网】“突破瓶颈的根本出路在创新”，上海团代表热议创新驱动	2013-03-06
23	《解放日报》：“总书记再来我们社区看看”	2013-03-06
24	《文汇报》：中小学课堂引入“量子思维”	2013-03-07
25	【解放牛网】华东理工视频公开课上线受追捧	2013-03-07
26	【上海科技网】关于表彰第九届上海市自然科学牡丹奖获奖人的通知	2013-03-07
27	《深圳特区报》：代表声音	2013-03-07
28	【上海教育新闻网】华理精品视频公开课被誉“老少皆宜”	2013-03-07
29	【科学网】药物设计方法取得重要突破	2013-03-07
30	《中国工业报》：探索汽车社会和谐发展之路	2013-03-08
31	《人民日报海外版》：小组讨论变成“发布会”	2013-03-08
32	《中国电子报》：两会随笔：打破科技体制改革的利益关卡	2013-03-08
33	《光明日报》：创新驱动活力之源	2013-03-08
34	【新华网】代表委员议“才”录：引导优秀人才走向经济建设主战场	2013-03-09
35	【东方网】高技能人才匮乏成城市转型阻碍	2013-03-09
36	《中国妇女报》：数字鸿沟：网购春节火车票引发的话题	2013-03-10
37	《解放日报》：夯实依法治国基础	2013-03-10

续表

序号	题目	日期
38	《科技日报》：我问代表委员“转基因”	2013-03-10
39	《青年报》：又有市委党校等8所学校加入“校园光盘联盟”	2013-03-10
40	【网易】乒超总结会北京举行　马龙 刘诗雯当选最佳运动员	2013-03-11
41	【网易】马龙荣膺乒超最佳运动员	2013-03-11
42	【搜狐网】2012乒超联赛开总结会	2013-03-11
43	【人民网】蓝闽波：发展特高压为 $PM_{2.5}$ 治理提供有力支撑	2013-03-11
44	【上海教育新闻网】上海中学聘请百名专家	2013-03-11
45	【侨报网】中美联合培养社会工作者	2013-03-11
46	【政府采购信息网】全国政协委员蓝闽波：新能源公车使用应扩大范围	2013-03-11
47	【中化新网】代表委员呼吁重塑行业形象	2013-03-11
48	《新闻晚报》：本市资助120多项创意产业转型	2013-03-11
49	【人民网】2012乒超总结会在京举行　马龙 刘诗雯荣获男女最佳运动员	2013-03-11
50	【新华网】2012乒超总结　马龙 刘诗雯最佳	2013-03-11
51	《中国电子报》：加强信息化顶层设计和预算支持	2013-03-12
52	《文汇报》：改基因定规则求监督，不让机构改革再“回潮”	2013-03-12
53	《中国电子报》：以两化融合为契机构建现代产业体系	2013-03-12
54	【新华社】专利申请世界第一是创新假象？	2013-03-12
55	【中新网】舌尖上的甜美新宠 甜菊糖苷黄金时代到来	2013-03-12
56	【北极星电力网】能源发展“一特四大”	2013-03-12
57	【中国政府采购网】全国政协委员、华东理工大学教授蓝闽波：控制 $PM_{2.5}$ 应从政采做起	2013-03-13
58	【中国科技网】霾去尘来再次“激活”环保话题	2013-03-13
59	《文汇报》：高校教授呼吁让中学生提前接触大学中科研前沿的内容	2013-03-13
60	《新闻晚报》：华理视频公开课“生物医用材料”受热捧	2013-03-13
61	《亮报》：根治雾霾须转变能源发展方式	2013-03-13
62	【中化新网】藻类生物技术协同创新联盟成立	2013-03-14
63	【中国证券网】“碳捕集”技术骤然升温“低碳”研发型企业大有可为	2013-03-14
64	《新民晚报》：如何“吃好”公共场所免费Wi-Fi午餐	2013-03-14
65	【上海市教育新闻网】2013年上海市属高校在沪招生4.65万人　加分政策不作调整	2013-03-14
66	《南方都市报》：习近平当选国家主席中央军委主席　张德江当选全国人大常委会委员长	2013-03-15
67	《广州日报》：开启新风气　开创新局面	2013-03-15
68	《文汇报》：大学女生多，教育之觞还是未来趋势？	2013-03-15

续表

序号	题目	日期
69	《青年报》：台湾承认111所大陆高校学历	2013-03-15
70	《扬子晚报》：电商大鳄集聚苏浙沪　网购“最后一公里”成瓶颈	2013-03-15
71	【解放牛网】华东理工专家创新表面纳米有机合成策略	2013-03-15
72	《劳动报》：市属高校在沪减招5 500人	2013-03-15
73	【人民网】邵志清代表：上海免费WI-FI使用量月超50万小时	2013-03-16
74	《文汇报》：社会组织直接登记制度破冰在望	2013-03-17
75	《新民晚报》：心理学与法学交融的“正能量”	2013-03-18
76	《中国科学报》：“毒校服”究竟毒在哪	2013-03-18
77	《上海科技报》：凝聚共性技术推动创新发展	2013-03-18
78	《上海医药报》：上海医药和华东理工大学联合举办“2013年国家级工程实践教育中心”项目建设研讨会	2013-03-18
79	《中国高兴技术产业导报》：蓝闽波：产业创新应向共性技术要效益	2013-03-18
80	【重庆市科学技术委员会】重庆市区县科普工作管理干部培训班在上海举办	2013-03-18
81	【黄金网】投资钻石如何起步　1克拉以上才能增值	2013-03-18
82	《中国科学报》：华东理工大学副校长钱锋委员：国内专利质量亟须机制促进	2013-03-18
83	【中国经济网】华东理工教师创新表面纳米有机合成策略	2013-03-18
84	【中国网】上海代表团：推动经济转型发展　促进和谐社会建设	2013-03-18
85	【上海市人民政府】上海区县知识产权工作持续发展	2013-03-18
86	【上海市人民政府网】市教委公布“十一五”国家级、上海市级实验教学示范中心验收结果	2013-03-19
87	《上海商报》：奉贤区“企业家太太沙龙”鉴宝理财	2013-03-19
88	《东方早报》：松江家庭农场的新启示	2013-03-19
89	【解放牛网】乘客呼吁早建“避风港”	2013-03-19
90	《中国科学报》：使用没问题　回收成问题	2013-03-19
91	【苏州高新区网】校地合作共谋发展　浦荣皋会见华东理工大学党委书记杨贤金一行	2013-03-20
92	《解放日报》：非常规货币政策的利与弊	2013-03-20
93	《人民日报》：家庭农场，能否缓解种地矛盾［蹲点·沉下去，观察中国·家庭农场正在探路（上）］	2013-03-20
94	【东方网】闵行区召开2013年依法治区暨法制宣传教育工作会议	2013-03-20
95	《新民晚报》：创新，从问“为什么不是”开始	2013-03-20
96	【上海教育新闻网】聚焦2013年本市高校自主招生	2013-03-20
97	《青年报》：教一教外国学生绘制京剧脸谱	2013-03-21
98	《文汇报》：在不断创新中实现“中国梦”	2013-03-21
99	《劳动报》：发泡餐具虽不上柜但从未退出	2013-03-21

续表

序号	题目	日期
100	【新浪网】成思危：智慧城市具四大要素	2013-03-21
101	《苏州日报》：减排新工艺获国家创新基金项目	2013-03-22
102	《青岛财经日报》：藻类生物技术创新联盟成立	2013-03-22
103	《人民日报》：家庭农场，能否既赚钱又公平［蹲点·沉下去，观察中国·家庭农场正在探正在探路（下）］	2013-03-22
104	【上海教育新闻网】华东理工两“光”行动倡导节约	2013-03-22
105	【上海教育新闻网】本市高校招生考试工作摘要	2013-03-22
106	《中国教育报》：青春校园流行俭约风尚	2013-03-22
107	【MBA China 网】华东理工大学 MBA 实践基地签约仪式举行	2013-03-22
108	《南方都市报》：天灾无情人有情　网友微博传祝福	2013-03-22
109	《青年报》：教育部专项行动严查高校餐桌浪费	2013-03-23
110	《保险中介》：“供血”堪忧——中国保险教育现状调查	2013-03-25
111	《青年报》：将招志愿者组建校园光盘行动访团	2013-03-25
112	【中国投影网】科达为上海多所知名高校打造标准化考场网上巡查系统	2013-03-25
113	《福建日报》：奥翔闯关	2013-03-25
114	【上海市人民政府网】2013 上海花展志愿者考核工作顺利完成	2013-03-25
115	【上海师范大学】英国独立出版社 Intellect 华人代表来我院讲座	2013-03-25
116	【中国经济网】首届“蒋雯若奖助学金”在华东理工大学颁发	2013-03-26
117	《东方早报》：应警惕产业转移引发的劳资纠纷	2013-03-26
118	【中国江苏网】连云港招揽重点院校人才	2013-03-26
119	《长江日报》：武大校庆邀约校友捐树	2013-03-27
120	《新民晚报》：浑浊张家塘河穿园而过　赏花闻香嗅出阵阵腥臭	2013-03-28
121	《天天新报》：5 位中青年科学家获“牡丹奖”	2013-03-28
122	【上海教育新闻网】“上海教育”微博开通一周年亲民为民网聚人心	2013-03-28
123	《东方早报》：上海中学拓展课难度追上大学	2013-03-28
124	《证券日报》：险企激战航运险：货运险“贴身肉搏”	2013-03-28
125	【上海教育新闻网】华东理工师生爱心救助患病学子	2013-03-29
126	《文汇报》：上海高校谋拔尖：扶强还是扶需	2013-03-29
127	【天天化工网】第三届陶氏化学-华东理工大学建筑涂料乳胶漆创新大赛成功举办	2013-03-29
128	【南京大学】“863”计划海洋生物资源开发利用技术主题 2013 年度项目启动会召开	2013-03-29
129	【上海教育新闻网】上海高校辅导员队伍建设特色项目名单出炉	2013-03-29
130	【生物通】*Scientific Reports* 报道帕金森病早期诊断取得新进展	2013-03-29

续表

序号	题目	日期
131	《文汇报》：市科委上门颁发“牡丹奖”	2013-03-30
132	《新闻晚报》：市科委简朴颁奖“牡丹奖”送进科学家实验室	2013-03-30
133	《芜湖日报》：“转变经济发展方式”学术报告会举行	2013-03-30
134	《青年报》：“华理好爷叔”：在学校里，我做的不是早餐，是快乐	2013-04-01
135	《解放军报》：“人才军代表”岗位写忠诚	2013-04-01
136	【解放牛网】华理白血病研究生收到20多万元捐款	2013-04-01
137	【上海市人民政府网】奉贤海湾大学园区联席会议第六届年会召开	2013-04-01
138	《中国食品报》：高酰结冷胶的性质、应用及发展前景	2013-04-01
139	【新浪网】2013年MLB第十四届上海市高校棒球锦标赛开幕在即	2013-04-02
140	《中国科技报》：“牡丹”送到实验室	2013-04-02
141	【中国新闻网】访谈预告：地方版国五条出台　专家解读楼市走向	2013-04-02
142	【中化新网】化学实验室可以零事故	2013-04-02
143	【河北省人民政府网】枣强园区建设带动产业升级	2013-04-02
144	【广佛都市网】全省首个博士村官将在南海上任	2013-04-02
145	【中国人力资源开发网】用行动学习推进企业内部学习	2013-04-02
146	【中国有色网】“热压稀土永磁体规模化制备关键技术”通过验收	2013-04-02
147	【科技部】“863”计划海洋生物资源开发利用技术主题2013年度项目启动会召开	2013-04-03
148	【中国水产养殖网】国家鲆鲽类产业技术体系山东综合实验站在烟台成功举办养殖技术培训会	2013-04-03
149	【人民网】博士后队伍为兖矿发展释放正能量	2013-04-03
150	【南方周末】监控新型禽流感：关键在于是否人际传播	2013-04-04
151	【中国经济网】卓达集团迎来新型城镇化大力发展绿色建筑的重大历史机遇	2013-04-05
152	《中国社会科学报》：土地流转、村庄转型与农民移居：“三农”问题的转向	2013-04-07
153	【衡水新闻网】来自衡水市人大的工作报道	2013-04-07
154	【MBA Home网】华理代表团出席中澳Intake11毕业生毕业典礼	2013-04-07
155	【网易】中国高校概览：那些集体“隐身”的教会大学	2013-04-07
156	【网易】大学真人版“找你妹”走红　男女比例失调伤不起	2013-04-07
157	【乒乓世界杂志】2012乒超的16张面孔：马龙一条龙　刘诗雯一枝花	2013-04-08
158	【慧聪塑料网】首届国际聚合物合金相容化技术高峰论坛将在沪拉开帷幕	2013-04-08
159	【新闻晚报】本市高校5个专业被评“优秀”	2013-04-08
160	【复旦大学新闻网】教育部高校辅导员培训和研修基地（复旦大学）2012年骨干辅导员高级研修班结业	2013-04-08
161	【美国商业资讯】2013年首届国际聚合物合金相容化技术高峰论坛即将在上海拉开帷幕	2013-04-09

续表

序号	题目	日期
162	《文汇报》：思维之变：撬动世界的力量	2013－04－09
163	【深圳新闻网】秋收起义失败后中共总结教训：必须动员农民杀地主	2013－04－09
164	【新浪网】2013 年 MLB 上海高校棒球锦标赛隆重开幕	2013－04－09
165	【新华网】华东理工大学辅导员：杨雅伟	2013－04－09
166	【北极星火力发电网】韩国青睐多喷嘴水煤浆气化技术	2013－04－09
167	【大河网】2013 年中国大学排行榜出炉　河南 14 所高校榜上有名	2013－04－10
168	《武汉晚报》："武书连版"大学排行榜出炉	2013－04－10
169	【金华新闻网】上海学子骑行金华	2013－04－10
170	《解放日报》：多环芳烃非判断毒性科学标准　VOC 标准综合判断车内空气质量更合理	2013－04－10
171	【中共如皋市委新闻网】科技创新放飞"百年企业"梦想	2013－04－10
172	【云南网】我省 6 所高校进入中国大学前 350 强	2013－04－10
173	【西工大新闻网】学校求职训练营系列课程火爆开讲——"唯历练，方不同"求职训练营纪实	2013－04－10
174	【千龙网】行动学习催化华理 EMBA 教育模式再造	2013－04－10
175	【光明网】武书连 2013 大学排行榜发布　浙大连续 3 年位居榜首	2013－04－10
176	《中国化工报》：陶氏化学-华东理工创新大赛第二阶段启动	2013－04－10
177	【上海交大安泰经济管理学院信息中心】吕巍副院长当选"东盟-中国商学院联盟"联席主席	2013－04－10
178	【千龙网】行动学习——EMBA 学员企业价值引擎的驱动力	2013－04－11
179	《新闻晚报》：考生推崇境外文凭 MBA 项目，业内建议——中外合作项目不能唯名气论	2013－04－11
180	《市场星报》：在转变中把握发展机遇	2013－04－11
181	《中国科学报》：工程人才培养须创新教育模式	2013－04－11
182	《杭州日报》：武书连 2013 大学排行榜发布　浙大蝉联榜首	2013－04－11
183	《经济参考报》："高智发明"模式：创新是天使还是魔鬼	2013－04－11
184	【搜狐网】李骏：从上海走向全国地产思考者的坚持与积累	2013－04－12
185	【腾讯网】刘诗雯 3 冠成女乒首人　半年 5 登顶预示巴黎大热	2013－04－14
186	《新民晚报》："2011 计划"倒逼高校"打破围墙"	2013－04－15
187	【MBA China 网】华东理工大学商学院加入东盟和中国商学院联盟	2013－04－15
188	《求学》：2013 高考热门专业解读：经济管理类专业	2013－04－15
189	【福伊特工业技术服务（上海）有限公司】福伊特工业服务与华东理工大学致力于本土工业人才的合作培养	2013－04－16
190	【上海教育新闻网】上海市青少年科学研究院奉贤分院组建导师团	2013－04－16
191	【东方网】沪妇代会男性旁听代表：男性要为女性撑好一把伞	2013－04－16

续表

序号	题目	日期
192	【MBA China 网】华理商学院 2013 届硕士研究生春季毕业典礼举行	2013-04-16
193	【上海市中科大进修学院】时代出版上海研发中心与张江园区共建张江继续教育公共服务平台	2013-04-16
194	《中国纺织报》：从腈纶看我国化纤小众品种研发困惑	2013-04-16
195	【中国日报网】第二届新型有机氮源技术交流会将在柳州举行	2013-04-16
196	【上海教育新闻网】上海 12 所高校可招插班生　每位考生限报 1 校	2013-04-16
197	《河北日报》：枣强玻璃钢工业园区科技创新助推园区优化升级	2013-04-17
198	【中国新闻网】上海市宝山区庙行镇为侨界人士普及食品安全知识	2013-04-17
199	《文汇报》：沪 12 所高校继续招收插班生	2013-04-17
200	《新闻晚报》：今年复旦等 12 所高校招收插班生	2013-04-17
201	《东阳日报》：浙江省东阳市侨办赴宁波走访“海归”人才	2013-04-17
202	【人民网】“特殊一课”（且行且思）	2013-04-18
203	《新闻晨报》：今年 12 所高校招收大二插班生	2013-04-18
204	【中国上海】市科委与华谊集团开展科技创新战略合作	2013-04-18
205	《扬子晚报》：本报地产高峰论坛周日在南京举行	2013-04-18
206	【MBA China 网】华东理工大学资深专家解读 MBA 备考经验指南	2013-04-18
207	【中国石化新闻网】中国石化获评“十大创新企业”	2013-04-19
208	【中国教育装备采购网】“二氧化碳化工利用关键技术研发与示范”项目启动	2013-04-19
209	【一财网】华东理工大学高峰论坛求解“美丽中国”难题	2013-04-19
210	【东方网】上海科技奖励大会举行　首设青年杰出贡献奖	2013-04-19
211	《解放日报》：政府做媒，中小企业牵起高校手	2013-04-19
212	【中国上海】今年沪上 12 所高校招收大二插班生	2013-04-19
213	【洛阳网】2013 中国・洛阳国际工业设计高峰论坛举行	2013-04-19
214	【文传商讯】2013 首届聚合物相容化技术国际高峰论坛顺利闭幕	2013-04-19
215	【东方网】宝山路街道举办食品添加剂与健康生活科普讲座	2013-04-20
216	《解放日报》：奖励之外还需面向未来	2013-04-20
217	《上海商报》：“上海光源”获上海科技特等奖	2013-04-20
218	《新民晚报》：沪上高校紧急排查川籍学生家中情况	2013-04-21
219	【新华网】“中国梦・学子梦”微梦想征集活动在津启动	2013-04-21
220	《扬子晚报》：20%个税会不会助推房价？楼市调控为何成了婚姻“杀手”？	2013-04-22
221	【慧聪塑料网】聚合物相容化技术日新月异　标杆企业成创新领头羊	2013-04-22
222	【新华报业网】十大经济学家和百位地产精英聚金陵为楼市谋求共赢大计	2013-04-22
223	《中国联合商报》：联邦制药污染中扩张	2013-04-22

续表

序号	题目	日期
224	《中国社会科学报》：重新审视“轮子上的文明”	2013-04-22
225	【中国广播网】自助留学网：中国与英国的金融学专业各项对比	2013-04-22
226	《兰州日报》：九项大型系列读书文化活动“阅”动金城　第九届兰州读书节24日盛大揭幕	2013-04-22
227	《兰州晚报》：第九届兰州读书节24日开幕	2013-04-22
228	【中国江苏网】破瓶颈聚人才——宿迁中心城市人才集聚探析	2013-04-22
229	《新闻晨报》：高考志愿填报特辑　聚焦高考志愿填报4大困惑	2013-04-23
230	《中国化工报》：2 000吨级多喷嘴水煤浆气化项目通过鉴定	2013-04-23
231	【慧聪网】聚合物相容化技术日新月异	2013-04-23
232	【东方网】2013年上海奉贤海湾“赶海乐”活动拉开序幕	2013-04-23
233	《内蒙古日报》：投资煤化工实现“点煤成金”	2013-04-23
234	【上海教育新闻网】朱玉平到柘林学校指导国际生态学校创建工作	2013-04-23
235	《中国青年报》：“中国梦·学子梦”微梦想征集活动启动	2013-04-23
236	《扬州日报》：思维之变：撬动世界的力量	2013-04-24
237	《中国教育报》：“中国梦·学子梦”微梦想征集活动启动	2013-04-24
238	《中国科学报》：生物医用材料的“纳米”情结	2013-04-24
239	【中国启东】启东牵手华东理工大学在生物医药等方面推进产学研合作	2013-04-24
240	《文汇报》：卖方有“门槛”　买方有“栅栏”	2013-04-24
241	【上海教育新闻网】沪高校紧急行动关心灾区学生	2013-04-24
242	【人民网】上海洪利过滤技术达国际领先水平	2013-04-24
243	《新闻晚报》：上海高校部分热门专业盘点	2013-04-25
244	《中国化工报》：水煤浆气化技术应用“向下看”	2013-04-25
245	《兰州日报》：第九届兰州读书节昨日正式揭幕	2013-04-25
246	《新闻晨报》：上海4所市属高校部分专业纳入一本	2013-04-25
247	【中国广播网】“我的中国梦”青年创业典型报告会启动	2013-04-25
248	《兰州晨报》：著名学者刘延宁坐镇“金城大讲堂”	2013-04-26
249	《天天新报》：华东理工招生633人	2013-04-26
250	【上海教育新闻网】华东理工将于29日举行在沪本科招生咨询会	2013-04-26
251	《新闻晚报》：亲密伙伴还是“极品室友”	2013-04-26
252	《新民晚报》：创业，请放下“身段”去打拼	2013-04-26
253	《青年报》：“我的中国梦”青年创业典型报告会昨启动	2013-04-26
254	《解放日报》：青年创业典型与大学生面对面	2013-04-26
255	《中国消费者报》：震后带着思考重建家园	2013-04-26

续表

序号	题目	日期
256	《长江日报》：华罗庚热衷于名，包办学界？	2013-04-26
257	《上海科技报》："人工骨"撑起人生梦	2013-04-26
258	《中国化工报》：电子化学品市场快速扩容	2013-04-26
259	【人民网】台大学将在8省市招收2 000学生　过二本线即可申报	2013-04-27
260	【中国报道网】打造规模化商业领袖培养基地	2013-04-27
261	【中国机经网】辰竹仪表受邀与华东理工大学信息学院青年教师及学生互动交流	2013-04-27
262	《湖南日报》：芷江希望工程硕果累累	2013-04-27
263	《东方早报》：又到大学招生季　更多名校来沪抢生源	2013-04-27
264	《中国青年报》：青年创业典型宣讲"我的中国梦"	2013-04-27
265	【中国教育报道】华东理工大学建节约型校园	2013-04-27
266	《新闻晚报》：多场高招咨询会扎堆假期首日	2013-04-27
267	【华语广播网】成长你我他·教育背后的"人性"追问——关注复旦投毒案折射的教育缺失	2013-04-28
268	《天天新报》：约50所高校昨在沪举行高招咨询　家长和考生看重是否有留学机会	2013-04-29
269	《上海商报》：环境污染直逼化工产业转型路	2013-04-29
270	《东方早报》：北大清华今年或再扩招上海生	2013-04-30
271	《燕赵晚报》：名校搭台　唱职业的戏	2013-05-02
272	【东方网】市民文化节推出海湾森林公园湖畔音乐会	2013-05-02
273	【温州网】江滨路塑胶新跑道气味难闻对身体会不会有害	2013-05-03
274	【中国上海】"上海典型霾污染主要污染源控制与相关监管对策研究"项目顺利通过验收	2013-05-03
275	【法制网】专家赴芦山地震灾区开展灾害社会心理影响和社会服务需求评估	2013-05-03
276	【法制网】法学翻译：翻译了谁改变了谁	2013-05-04
277	《山西晚报》：挽留中宇男篮的三方会谈昨日结束：谈判没结果，去留北控定	2013-05-06
278	《新闻晚报》：本市应届生迎来史上最难就业季	2013-05-06
279	《重庆晚报》：即将起航	2013-05-06
280	《新闻晨报》：绿色出行，传递环保正能量	2013-05-07
281	【上海教育新闻网】上海市高教自考助学工作会议召开	2013-05-07
282	《芜湖日报》：资本+智本：80后创业青年的"转型之路"	2013-05-07
283	《青岛财经日报》：2013青岛工业设计展打造领域盛会	2013-05-07
284	《新闻晨报》：高招速递：从招生咨询热点聚焦填报要点	2013-05-07
285	【上海教育新闻网】华东理工"中国梦"融入学生培养全过程	2013-05-07
286	《新民晚报》：是走是留扑朔迷离　归你归他雾里看花	2013-05-07

序号	题目	日期
287	《新民晚报》：雾霾天气屡屡发威　低碳生活从何而来	2013-05-08
288	《法制晚报》：山西男篮去留不只是钱的事	2013-05-08
289	《北京日报》：晋企业欲出资一亿八接手中宇	2013-05-08
290	《亮报》：解读特高压	2013-05-08
291	《国际金融报》：EMBA走向"专业化"道路	2013-05-08
292	【慧聪网】反应挤出大有前途　产业化前景颇为明朗	2013-05-08
293	《光明日报》：筑一个追梦大舞台	2013-05-08
294	《新闻晚报》：大学生比拼商务英语	2013-05-09
295	《乒乓世界》：奥运让刘诗雯真正惊醒	2013-05-09
296	《绿色东方》：提高保障力、增强生命力，促进古华公园志愿服务工作不断发展	2013-05-09
297	《中国化工报》：建设生态文明是行业历史使命	2013-05-09
298	【中国教育在线】2013高考就业10大绿牌专业	2013-05-10
299	【莘县新闻网】莘县实验高中：自主招生助推学生迈向全国名校	2013-05-10
300	【中国江苏网】仪征产学研三轮共驱打造人才创新创业一流环境	2013-05-10
301	【中国质量新闻网】中国设备监理协会走访华东理工大学研究生院	2013-05-10
302	《上海科技报》：张玲——莫让地球太憔悴	2013-05-10
303	《解放日报》：两院院士呼吁工业过程文明化	2013-05-12
304	【解放牛网】25位院士、33位长江学者聚首华东理工研讨	2013-05-12
305	【东方网】中国科学技术大学科学家报告团访沪	2013-05-12
306	《文汇报》：过程工程论坛举办	2013-05-12
307	《新闻晚报》：中国工程科技论坛举行	2013-05-13
308	【千龙网】2013 MLB第十四届上海市高校棒球锦标赛完美收官	2013-05-13
309	《中国科学报》：应对水荒：涨价不是唯一手段	2013-05-13
310	《劳动报》："理工男"放弃做白领　当街卖起烤猪蹄	2013-05-13
311	《中国科学报》：中国工程科技论坛呼吁加强工业过程文明化	2013-05-13
312	【中化新网】江苏启东与华东理工洽谈项目合作	2013-05-13
313	《重庆晚报》：康德渝中亮剑　女将风采毕现	2013-05-13
314	【中国日报网】第二届新型有机氮源应用与发展研讨会在柳州召开	2013-05-13
315	【长城网】广平：全国唯一纯植物保健饮料基地投产在即	2013-05-13
316	【人民网】高考志愿填报常见问题：什么是"985工程"高校	2013-05-14
317	【中国商业电讯】$PM_{2.5}$治理系统区域"试水"	2013-05-14
318	【中国仪表网】辰竹仪表与华东理工大学联合培养研究生基地揭牌	2013-05-14

续表

序号	题目	日期
319	【看看新闻网】毕业季：理工男生的文艺毕业照～～，有范，有型，友爱～～～@华东理工大学	2013-05-14
320	《新闻晨报》：中外合作办学专业可拿中外双学位	2013-05-14
321	《新闻晨报》：高校专业与学校选择攻略之六　用好报考外省市院校优惠政策	2013-05-14
322	《光明日报》：25 位院士研讨如何变制造业大国为强国	2013-05-14
323	《文汇报》：电视音乐秀小心版权“触雷”	2013-05-15
324	【生物谷】2013 生物制药周隆重开幕	2013-05-15
325	《扬州晚报》：黄浦江畔劲刮创新发展“扬州旋风”	2013-05-15
326	《科技日报》：扬州与 100 多家高校和科研单位实现合作	2013-05-15
327	【大公网】内地专家：社会工作纳国家救灾体制	2013-05-15
328	《新民晚报》：本市 6 所高校师生可享“折上折”机票	2013-05-15
329	《中国教育报》：多贵的实验设备学生都可以使用	2013-05-15
330	《东方教育时报》：华东理工大学校长钱旭红与青年教师聊成长　大学科研要走真实性研究的路子	2013-05-15
331	《科技日报》：我国过程工业亟须脱“旧袍”换“新衣”	2013-05-16
332	《中国企业家》：中速时代：中国企业如何跳出创新困境？	2013-05-16
333	《中国消费报》：公园姓“公”要迈儿道坎儿	2013-05-16
334	【中国上海】青浦区盈浦街道开展食品安全进社区活动	2013-05-16
335	【东方网】虹口科普大讲坛举办“民防进社区”系列讲座	2013-05-16
336	【中国上海】奉贤启动民防进高校试点　“民防直通车”驶入华东理工大学	2013-05-16
337	《消费日报》：福伊特与华东理工大学联合培养“专才”双赢	2013-05-16
338	《中国化工报》：AICM 在华举办高校化学视频大赛	2013-05-16
339	《青年报》：上海市青少年科技创新市长奖颁奖活动举行　杨雄：在求真务实中追求创新进步	2013-05-16
340	【中国日报网】健康生活——黄酒泡阿胶的功效	2013-05-17
341	【新民网】不做白领改卖猪蹄 3 名大学生合伙创业秒杀“最难就业季”	2013-05-17
342	【威海新闻网】经济开发区与华东理工大学集中签约 11 个合作项目	2013-05-18
343	《中国青年报》：在点燃梦想的青春实践中焕发光彩	2013-05-20
344	【中国苏州高新区网】“院地”合作打造干部教育优质品牌	2013-05-20
345	【中国教育在线】盘点上海六大商学院各有千秋	2013-05-20
346	【一财网】中国工程院院士王基铭：对化工项目不必妖魔化	2013-05-20
347	【21 世纪网】中国重化工大布局　化工与环境僵局如何破题？	2013-05-20
348	【中新网】离开还是坚守？北上广毕业生的围城之困	2013-05-21
349	【中国上海】普陀区“婚育新风进校园”　“长风杯”八校辩论邀请赛圆满落幕	2013-05-21

续表

序号	题目	日期
350	【东方网】长宁文博志愿者在文博宣传月中展风采	2013 - 05 - 21
351	《新闻晨报》：院士聚首华理研讨“变制造业大国为制造业强国”	2013 - 05 - 21
352	【西电新闻网】华东理工大学党委副书记沈炜一行来西电调研交流	2013 - 05 - 22
353	【一财网】从人类学中寻找智慧：管理与营销如何升级？	2013 - 05 - 22
354	《新京报》：柔顺剂漂洗不净易刺激皮肤	2013 - 05 - 22
355	《新闻晚报》：华东理工有个29岁的正教授	2013 - 05 - 22
356	【东方网】2015年上海大学生科学商店将覆盖中心城区	2013 - 05 - 22
357	《时代周报》：曹锦清：中国农民已经非常通情达理	2013 - 05 - 23
358	《上海法制报》：“儿童涂料”有市场相关标准“未出生”	2013 - 05 - 23
359	【新浪网】舌尖上的毕业季　上海高校十大美食排行榜	2013 - 05 - 24
360	《嘉兴日报》：桐乡何以成为“浙江省创新型试点城市”？	2013 - 05 - 24
361	【人民网】专家称中国管理科学的发展要符合“中国特色”	2013 - 05 - 24
362	【上海法院网】虹口院举办第四期“虹法论坛”暨司法公开工作研讨会	2013 - 05 - 24
363	《文汇报》：47人获曙光计划资助	2013 - 05 - 25
364	《苏州日报》：促进社会组织发展　健全监管体系	2013 - 05 - 25
365	【安徽网】中科大五位校友获得美国能源部早期研究生涯奖	2013 - 05 - 27
366	【上海教育新闻网】“准高三”要了解的几个关键词	2013 - 05 - 27
367	【上海市教育新闻网】华东理工推出“服务银行”　鼓励员工“服务育人”	2013 - 05 - 27
368	【上海市教育新闻网】2012年度“曙光计划”项目资助仪式在华东理工举行	2013 - 05 - 27
369	【上海市教育新闻网】2012年度上海市“阳光计划”在华东理工开题	2013 - 05 - 27
370	【威海新闻网】文登市发展新思路新举措再造工业“升级版”	2013 - 05 - 27
371	《中国环境报》：2013全国高校化学视频大赛启动	2013 - 05 - 27
372	【中国经济网】“负责任的态度”托起一个寝室的求学梦	2013 - 05 - 27
373	《浙江日报》：着力搭建公共创新服务平台　桐乡企业抱团创新	2013 - 05 - 27
374	【教育部网站】教育部发出2013年高校网络教育招生预警	2013 - 05 - 27
375	【人民网】仅68所高校网络教育招生　勿轻信“包毕业”等宣传	2013 - 05 - 28
376	《新华日报》：城市化，该怎样让城市更“聪明”	2013 - 05 - 29
377	【中国校友会网】2013中国高水平大学名单，华南理工入选四星大学	2013 - 05 - 29
378	【上海教育新闻网】华东理工三学子获“中国大学生自强之星”提名奖	2013 - 05 - 30
379	《嘉兴日报》：史上最难就业季来袭？是夸大，还是事实？	2013 - 05 - 30
380	《人民日报》：七成企业活下来（政策聚焦）	2013 - 05 - 30
381	【中新网】“最难就业季”上海大学生瞄准社会基层职位	2013 - 05 - 31
382	《信息时报》：那些年，我们一起走过的高考	2013 - 05 - 31

序号	题目	日期
383	《中国消费者报》：运管局硬删打车软件急了点	2013－05－31
384	【工控新闻网】物联网究竟将给自动化行业带来哪些变革？	2013－05－31
385	《现代快报》：启东百家名企到上海招揽人才	2013－05－31
386	【中国民族宗教网】各国学者畅谈管理学和营销学的人类学应用	2013－05－31
387	《扬州日报》："四大招商"掀大项目新热潮	2013－06－01
388	【中新网】上海留学生雨中赛龙舟迎端午	2013－06－01
389	【上海教育新闻网】上海高校外国留学生龙舟比赛在华东理工举行	2013－06－01
390	【杭州在线】优秀外来务工人员上大学可享受资助　今年名额500人	2013－06－02
391	《新闻晚报》：留学生龙舟赛举行	2013－06－02
392	《天天新报》：沪上高校留学生赛龙舟吃粽子	2013－06－02
393	《文汇报》：他尝试打印出可植入人体骨头	2013－06－03
394	《解放日报》：挥别一考定终身　上海高考改革剑指何方	2013－06－03
395	【MBA China网】第四届华东理工大学商学院龙舟赛成功举办	2013－06－03
396	【新华网】百事携手中国好声音	2013－06－03
397	《中国社会科学报》：社科研究为广西文化发展提供路径	2013－06－03
398	【中国经济网】华东理工校友"送来"300个岗位	2013－06－03
399	【搜狐网】《汇聚"U8"名校论高考》系列访谈——华东理工大学	2013－06－03
400	《新京报》：腈纶防晒衣防晒效果最好	2013－06－03
401	《新京报》：精油没那么神	2013－06－04
402	《青岛晚报》：941名考生背着"加分"进考场	2013－06－04
403	【东方网】百舸争流赛龙舟　千帆竞发数风流	2013－06－04
404	《青年报》：社区龙舟赛喜迎端午	2013－06－04
405	《文汇报》：液氨泄漏引爆厂房	2013－06－04
406	【上海金融网】启东百家名企到上海招揽人才	2013－06－04
407	【上海教育新闻网】华东理工大学启动首届大学生社会实践大赛	2013－06－04
408	【闽西新闻网】龙岩市吹响"6·18"筹备"冲锋号"	2013－06－05
409	《烟台晚报》：华东理工大学新增经济学	2013－06－05
410	【慧聪网】专家为建德市碳酸钙产业发展把脉问计	2013－06－05
411	【上海教育新闻网】干细胞分化国际研讨会在华东理工大学举行	2013－06－05
412	【慧聪网】陶氏-华东理工内墙乳胶漆创新大赛圆满收官	2013－06－05
413	《文汇报》：科幻大片，画面剧情难兼得？	2013－06－05
414	《中国化工报》：冷凝管道减震器获国家实用新型专利授权	2013－06－05
415	【中国上海】虹口区举办"虹口公益·世界咖啡屋"活动	2013－06－05

续表

序号	题目	日期
416	【中国上海】石化街道举行“少儿科普大擂台”活动	2013-06-05
417	《上海法制报》：劳务派遣新规实施七问	2013-06-05
418	【中国上海】第六届上海市高校外国留学生龙舟赛举行	2013-06-06
419	《辽宁日报》：反腐新风下天价粽难觅踪影	2013-06-06
420	【MBA China 网】华理 MBA 核心课程“公司财务”企业课堂成功举办	2013-06-06
421	《中国青年报》：首份《中国高校研究生会微博发展报告》发布	2013-06-06
422	《经济日报》：今年不见“天价”粽子	2013-06-06
423	【解放牛网】洗衣溶剂 33℃就会燃烧　干洗机起火加盟店获赔	2013-06-06
424	《新闻晨报》：51 名预录取高三生不再拼高分	2013-06-06
425	《解放日报》：凌云社区举行龙舟比赛	2013-06-06
426	《天天新报》：优秀大学生士兵巡讲激励在校生踊跃参军	2013-06-06
427	【中国证券网】中电环保：“石化废水”课题获环保部批复	2013-06-06
428	【网易】“畅响校园”掀音乐热潮　霍尊与学子重温校园激情	2013-06-06
429	【MBA China 网】兰州大学 MBA 参加首届全国 MBA 龙舟邀请赛	2013-06-06
430	《医药经济报》：仿制药“替代”之机：挑战中发现机遇	2013-06-07
431	【安青网】2013 高考专业选择的误区：对学校望“名”生义	2013-06-07
432	【人民网】优秀大学生士兵巡回演讲激励莘莘学子踊跃参军报国	2013-06-07
433	【襄阳网】襄阳市在沪开展生物医药专题招商	2013-06-07
434	【中国教育在线】华东理工大学 2013 年在京计划招生 23 人	2013-06-07
435	《文汇报》：新媒体平台 坐享知识产权“霸王餐”	2013-06-07
436	【中国制药机械设备网】依托一致性评价药用辅料迎来产业春天	2013-06-07
437	【上海教育新闻网】奉贤区民办蒲公英小学成为华东理工大学化工学院青年志愿者服务基地	2013-06-08
438	《解放日报》：考得不理想，也能进“一本”	2013-06-11
439	《云南信息报》：稀奇！征地补偿按公社时代工分制计算	2013-06-12
440	【MBA China 网】华东理工大学第二届 EMBA 龙舟赛成功举办	2013-06-12
441	【MBA China 网】华理 2013 年度会员大会	2013-06-12
442	《东方早报》：再生水市场启动在即　外资品牌垄断膜技术	2013-06-13
443	《新民晚报》：“华理星期四”为就业搭平台	2013-06-13
444	《城市晚报》：前“城晚张继科”指导“巴拿马张继科”	2013-06-14
445	《解放日报》：幸福人生源于道德健康	2013-06-15
446	【中国上海】崇明县举办高校与企业技术需求对接会	2013-06-17
447	【上海教育新闻网】华东理工大学召开党建研究课题成果交流暨表彰会	2013-06-17

续表

序号	题目	日期
448	【中新网】十名中国学生荣获艾利丹尼森“发明创新”奖学金	2013-06-17
449	【新华网】爱心捐助为了求学的孩子	2013-06-17
450	【中化新网】沸腾床渣油加氢攻关会召开	2013-06-18
451	【上海教育新闻网】华东理工大学举办首届辅导员职业能力竞赛	2013-06-18
452	【中国环保设备展览网】中法水务与常熟产业园举行污水处理合同续签仪式	2013-06-19
453	《扬州日报》：“心仪高校”仍集中江浙沪	2013-06-19
454	《文汇报》：找工作，我们推荐要成长，我们培养	2013-06-19
455	【华奥星空】刘诗雯险胜大土河开门红 鲁能大同北京告捷	2013-06-20
456	【新浪体育】乒超-李晓霞率山东横扫广东　丁宁两分北京3-0大连	2013-06-20
457	《京华时报》：中国大学50强榜单出炉　北大连续六年居榜首	2013-06-21
458	《中国消费者报》：高考高价账单带来了什么	2013-06-21
459	《中国化工报》：专家呼吁：选择煤气化技术应全程考量	2013-06-21
460	《新闻晚报》：大学“最后一课”饱含校长叮咛	2013-06-21
461	《中国体育报》：乒超揭幕现场球迷为丁宁送上特殊生日聚会	2013-06-21
462	【新浪网】中国大运会代表团组建	2013-06-21
463	《金华晚报》：金华乒超球队“回娘家”	2013-06-22
464	【文登网】文登：再造工业“升级版”	2013-06-22
465	《东方早报》：今年高校毕业季“微留恋”风行	2013-06-22
466	《山西晚报》：大土河龙城取连胜	2013-06-23
467	【华奥星空】李晓霞丁宁次轮输球　刘诗雯两分率队胜大连	2013-06-23
468	【新浪网】乒超李晓霞输球山东1-3大同　丁宁落败北京2-3失利	2013-06-23
469	《新闻晚报》：用生命影响生命	2013-06-23
470	《南方日报》：填报志愿多比对 不要光看绝对分	2013-06-23
471	《广州日报》：报考部分高校可获两国学位	2013-06-23
472	《解放日报》：手握三四个offer的取舍	2013-06-23
473	【中国新闻网】上海市侨联携手园区搭高校新侨科研成果转化平台	2013-06-24
474	【天津大学新闻网】华东理工大学副校长陈英南一行来天大调研	2013-06-24
475	【冀牛网】先进聚合物材料学术委员会议在华东理工召开	2013-06-24
476	【冀牛网】华东理工大学代表团访问国外多所高校	2013-06-24
477	《中国体育报》：乒超联赛朱雨玲引爆冷门　爆冷克北控燕京队	2013-06-24
478	【东方财富网】华理商学院青年商业领袖行动学习会6月29日启动	2013-06-24
479	【东方网】“星球，画开了！——2013年创意星球创意展”于松江美术馆开幕	2013-06-24
480	《文汇报》：不能再让“社会的医生”缺位	2013-06-24

续表

序号	题目	日期
481	【新华网】十名中国学生荣获艾利丹尼森发明创新奖学金	2013-06-25
482	【中国教育在线】华东理工大学2013年高考在山东预估录取分数线	2013-06-25
483	【安徽网】【志愿填报】华东理工大学招生 理科需高一本至少80分	2013-06-25
484	【中国宁波网】军队院校和国防生招生工作开始　将在浙江招612人	2013-06-26
485	【MBA Chain 网】华理 MBA2013年上学期教学工作学生座谈会召开	2013-06-26
486	【仪器信息网】岛津走进启东交流色谱技术	2013-06-26
487	《扬州时报》：本土留学”渐成时尚，本一批次中外合作专业增多	2013-06-26
488	【MBA Chain 网】华理2012级 MBA 核心课程“运营管理”企业课堂成功举办	2013-06-26
489	【上海教育新闻网】华东理工大学倡导毕业生捐书	2013-06-26
490	《温州商报》：报考军校和国防生今明第一批填报志愿	2013-06-26
491	【合肥网】2013安徽高考志愿填报指南：高校预估在皖招生“门槛线”	2013-06-26
492	【新华网】700多所高校摆摊接受考生咨询　前120名可报清华	2013-06-26
493	《东方今报》：咋报志愿更有把握　百所省内外高校给出“参照意见”	2013-06-26
494	【中国网】第七届全球华人企业家论坛授予光碳核肥项目荣誉称号	2013-06-27
495	【东方网】金山区委书记杨建荣看望全国模范人民调解员谷志荣同志	2013-06-27
496	《聊城晚报》：聊城2013年高招会130余所高校5万考生及家长参加	2013-06-27
497	《民生周刊》：联邦制药：被忽视的环境责任	2013-06-27
498	【上海市科委】上海推动科技公共服务体系向纵深发展	2013-06-27
499	《中国科学报》：华东理工校长钱旭红为毕业生上最后一课	2013-06-27
500	《青年报》：大学生“招生”“本校有空调”成卖点	2013-06-28
501	《中国青年报》：上海高校打造温情毕业季	2013-06-28
502	《上海法制报》：司法公开机制价值定位与路径选择	2013-06-28
503	【MBA Chain 网】华东理工大学商学院召开教学质量跃升实施方案意见征求会	2013-06-28
504	【中国新闻网】华东理工大学2013届毕业典礼：为每一名毕业生颁证拨穗	2013-06-28
505	《江淮晨报》：殡仪馆“黑烟”年底前或消失	2013-06-28
506	《解放日报》：沪上十多万名应届生告别母校	2013-06-29
507	《新闻晨报》：“管好心中的老虎”	2013-06-29
508	【上海教育新闻网】上海将试点青少年军事训练　营建“国防教育示范校”	2013-06-29
509	【上海热线】青年商业领袖云集华理商学院探索服装电商O2O之路	2013-07-01
510	《解放日报》：“我们在做一件脚踏实地的事”	2013-07-01
511	《贵州都市报》：“大学最后一堂课”	2013-07-01
512	【中国石化新闻网】争做煤化工行业引领者	2013-07-01
513	【中国网】上海将试点开展青少年军事训练营	2013-07-02

续表

序号	题目	日期
514	《新京报》：臭氧机无法去除所有农残	2013－07－02
515	《文汇报》：农药“排毒”，要冲破科学之外的瓶颈	2013－07－03
516	《文汇报》：守住荣誉，做个“平民贵族”	2013－07－03
517	《国际金融报》：企业家“三宝”：时间、精力、思考（课堂经）	2013－07－04
518	《东方早报》：粮食产量“十连增”背后的隐忧	2013－07－04
519	【上海教育新闻网】沪高校迎毕业礼　校长“最后一课”分享人生感悟	2013－07－04
520	《佛山日报》：“博士军团”再抵南海顺德	2013－07－04
521	【上海教育新闻网】十名中国学生荣获艾利丹尼森“发明创新”奖学金	2013－07－04
522	【新浪网】64名“博士暑期工”进驻南海	2013－07－04
523	《中国青年报》：沪上大学校长毕业典礼畅谈理想	2013－07－04
524	【MBA China网】华理商学院首期领袖行动学习会开场	2013－07－04
525	【MBA China网】国内多所MBA高校来华东理工大学参访	2013－07－04
526	【中新上海网】华东理工大学全面启动党的群众路线教育实践活动	2013－07－04
527	《时代周报》：《陈寅恪的最后20年》时隔17年再版：独立自由，迥异时流	2013－07－04
528	《中国消费者报》：精神赡养不止“常回家看看”	2013－07－05
529	【东方网】足球夏令营“从娃娃抓起”　理论实践“一个不能少”	2013－07－05
530	《文汇报》：文化名城拥抱青春盛会	2013－07－06
531	《文汇报》：以“爱足球、爱运动、要健康、要快乐”为主题的华东理工大学金山区校园足球联盟夏令营昨天开营	2013－07－06
532	【上海教育新闻网】上海区校对接推出青少年足球夏令营	2013－07－06
533	《中国安全生产报》：上海市安全生产专家董大旻——守护在“砼墙铁壁”内	2013－07－08
534	【上海教育新闻网】女学生球员的“足球梦”	2013－07－08
535	《解放日报》：上海市市管干部提任前公示	2013－07－08
536	《新闻晚报》：校园足球夏令营启动	2013－07－08
537	【人民网】百年复兴：关于中国共产党的“天命”的对话	2013－07－09
538	《中国妇女报》：足球夏令营中的“花木兰”	2013－07－09
539	【中国农资网】绿色农药的创新发展应高度重视	2013－07－09
540	《史学月刊》：日本“南洋姐”海外输出的原因	2013－07－09
541	【上海热线】华理商学院推出融入城市公益项目升级计划	2013－07－09
542	《天天新报》：足球夏令营“火热”开踢	2013－07－09
543	《中国消费者报》：臭氧家电须合理使用	2013－07－10
544	《文汇报》：大运乒乓队享受文化大餐	2013－07－10
545	《新民晚报》：华东理工大学启动“生存实践”创业大赛	2013－07－10

续表

序号	题目	日期
546	【腾讯网】上海校园足球裁判培训壮大高校优秀执法队伍	2013－07－10
547	【新浪网】乒超刘诗雯独取2分　山西胜山东4连胜　八一保持不败	2013－07－10
548	【中国上海】2013华东理工大学金山区校园足球联盟夏令营活动举行	2013－07－10
549	【华奥星空】刘诗雯力助山西取四连胜　八一大同金华告捷	2013－07－10
550	《新闻晚报》：华东理工大学在宁办创业实战赛	2013－07－10
551	《人民日报》：铸师德，靠什么	2013－07－11
552	《人民日报》：读懂大学"最后一课"（深聚焦）	2013－07－11
553	《中国日报》："蓝翎计划"帮助外来务工人员找到更好的工作	2013－07－11
554	【上海教育新闻网】华东理工大学生南京"创业实战"	2013－07－15
555	《天天新报》：烈日当头，申城难觅公共饮用水	2013－07－16
556	《铜陵日报》：研究生暑期来铜社会实践服务活动开展	2013－07－16
557	《新民晚报》：高考的指挥棒正让更多的青少年离开绿茵场：专家呼吁——让踢球的学生升名校	2013－07－16
558	《新民晚报》：华东理工大学启动"生存实践"创业大赛	2013－07－16
559	《文汇报》：创业重要一课：接受"拒绝"	2013－07－16
560	《东方早报》：华东理工再办"创业实战赛"　18学子赴南京赚钱	2013－07－16
561	《新民晚报》：暑期实践：环卫"学徒"	2013－07－17
562	《青年报》：瞄准"休闲经济"　各家团队有赚有赔	2013－07－17
563	【东方网】遭遇史上最难就业季　大三学生退学创业引热议	2013－07－17
564	《新闻晨报》：异地生存创业"实战"中播下种子	2013－07－17
565	【中国MBA网】华理2014年MBA招生新政发布	2013－07－17
566	《新闻晨报》：创业从校园起步	2013－07－17
567	【东北网】大庆女孩车晓曦大运会女乒夺金	2013－07－18
568	《解放日报》：有成绩，更有困难	2013－07－18
569	【华奥星空】乒超-朱雨玲赢李晓霞率队胜　刘诗雯助大土河赢球	2013－07－21
570	【中国化工仪器网】华东理工大学副教授杨丙成为中国离子色谱30周年盛会作报告	2013－07－23
571	《文汇报》：小科技迷走进重点实验室	2013－07－23
572	《青年报》："创业"路上三个"流浪汉"四处"化缘"	2013－07－23
573	《佛山日报》：愤怒是转型的孪生物	2013－07－24
574	《解放日报》：破解社会组织发展瓶颈	2013－07－25
575	【中国上海】杨浦区社工协会召开第三届双优工作专家评审会	2013－07－25
576	《新闻晚报》：六所大学共同联手抗击乙肝	2013－07－26
577	【中国妇女网】上海市妇联召开"家中心"项目培训会	2013－07－26

续表

序号	题目	日期
578	《中国体育报》：乒超联赛北京女乒3连败　丁宁状态低迷连丢两分	2013-07-26
579	【新浪体育】乒超-刘诗雯两分山西不败　丁宁赢球北京止三连败	2013-07-28
580	【中化新网】上海举办大学生化工设计竞赛	2013-07-29
581	《中国消费者报》：治理群租乱象 宜疏不宜堵	2013-07-30
582	【华奥星空】刘诗雯连胜力助大土河告捷　北京结束三连败	2013-07-30
583	【威海新闻网】乳山大学生到西藏支教帮孩子打开通往外界的窗	2013-07-30
584	《新闻晚报》：求锻炼　大学生挑战另类实习	2013-07-30
585	《中国体育报》：得刘诗雯者得天下	2013-08-01
586	《人民日报海外版》：拥有三个自信，担起三大责任（望海楼）	2013-08-01
587	《中国科学报》：廖玮：从"格物致知"到"格知致道"	2013-08-02
588	《公益时报》：热点事件背后我们能做什么	2013-08-05
589	《重庆晨报》：康德渝中将士顶酷暑备战忙	2013-08-06
590	【中国新闻网】全国大学生化工设计竞赛华东36高校竞技建工厂	2013-08-06
591	《深圳特区报》：经济发展的终极目标是人类福祉	2013-08-06
592	《解放日报》：怎么看待"高温情绪"	2013-08-09
593	《中国化工报》：管理是一种生产力	2013-08-09
594	【威海新闻网】市政府与华东理工大学昨日举行创新合作洽谈会	2013-08-10
595	《光明日报》：大学生记者深入一线采访石油工人	2013-08-13
596	【中国上海】金山卫镇举办基层妇女干部培训班	2013-08-14
597	【看看新闻网】华东理工大学	2013-08-14
598	《上海商报》：专家带读者探索"家庭抗逆力"	2013-08-15
599	【解放牛网】社工系教授译著发布呼吁培养"家庭抗逆力"	2013-08-15
600	【中国江苏网】淮安市企业家EMBA高级研修班开班	2013-08-18
601	《深圳晚报》：121家高校校友会迎深圳"新市民"	2013-08-19
602	【新华网】《舌尖上的营养与能量》签名赠书　舌尖上不仅有美味	2013-08-19
603	《晶报》：校友会"摆摊设点"，关爱来深"新生"	2013-08-19
604	《重庆晚报》：康德渝中力争辉煌	2013-08-19
605	《新民晚报》：与其在市区做张"便利贴"　不如回家乡做一颗"螺帽"	2013-08-20
606	《新闻晚报》：公共微信、漫画、心理指导贴心服务"95后"	2013-08-21
607	【中国上海】2013"暗访夜精灵"　上海植物园夜间自然观察活动圆满收官	2013-08-21
608	【上海教卫党建网】华东理工大学对新学期继续开展党的群众路线教育实践活动进行再动员	2013-08-21
609	【上海教育新闻网】华东理工大学2013级新生党员"励志班"开班培训	2013-08-21

续表

序号	题目	日期
610	《中国消费者报》：违建之乱折射执法缺位	2013－08－23
611	《文汇报》：全球学者共话“可持续”	2013－08－24
612	《新闻晚报》：“老土”应用下线　“偷菜”终成回忆	2013－08－24
613	【嘉兴在线】硕博进企业不是一个过场	2013－08－24
614	【上海教育新闻网】党员新生做迎新志愿者成为校园亮丽风景线	2013－08－24
615	【瞭望周刊】意识形态事关前途命运	2013－08－25
616	【中青在线】华东理工大学：新生党员参与迎新志愿服务	2013－08－25
617	《新民晚报》：新生被各项服务“萌倒”	2013－08－25
618	【新华网】大学党员新生做迎新志愿者	2013－08－25
619	《深圳晚报》：“候鸟”服务中心被当成托管所	2013－08－25
620	《东方早报》：沪上高校开微信平台迎接新生	2013－08－25
621	《青年报》：华东理工大学开学新生被服务“萌倒”	2013－08－26
622	《上海商报》：华东理工“40 后”教授迎“95 后”新生	2013－08－26
623	【中国新闻网】华东理工大学首推学生荣誉制度	2013－08－27
624	【中国上海】杨浦区召开社区公益服务招投标项目专家评审会	2013－08－27
625	《新民晚报》：新生“报到账单”凸显贫富差距	2013－08－27
626	《新民晚报》：高温天下葡萄摊	2013－08－27
627	《新闻晚报》：华理工新学期推出“学生荣誉制度”　违反学术诚信者不得申请	2013－08－28
628	【中化新网】上海化学化工学会科普庆华诞	2013－08－28
629	【中国消费者网】“清华版”养老金改革方案引关注　三问延迟领取养老金	2013－08－30
630	【上海教育新闻网】加强群众路线教育　推进干部队伍建设　提高服务师生水平——华东理工……	2013－08－30
631	《解放日报》：如何捍卫大学荣誉	2013－08－30
632	【人民网】2013 年开学第一课校长谈选择：嚼得菜根，做得大事	2013－08－30
633	《新民晚报》：字写得顾盼生姿　人活得缤纷多彩	2013－08－30
634	《青年报》：“8·31”重大事故直接原因初步查明　管路系统管帽脱落致液氨泄漏	2013－09－02
635	《重庆晨报》：为何又是“液氨”？	2013－09－02
636	《东南商报》：管帽脱落引起液氨泄漏	2013－09－02
637	《北京晨报》：管帽脱落 液氨再成杀手	2013－09－02
638	《新闻晨报》：8 问液氨：制冷高手也是麻烦“祸主”	2013－09－02
639	《京华时报》：沪液氨泄漏事故因管帽脱落引起	2013－09－02
640	《今晚报》：液氨为何频成“罪魁祸首”	2013－09－03
641	【中国上海】发挥“半片天”作用　青浦区成立女村官联谊会	2013－09－03

续表

序号	题目	日期
642	【新浪网】华东理工大学 2013 级 MBA MPAcc 新生开学典礼隆重举行	2013-09-03
643	【人民政协网】华东理工大学校长钱旭红：荣誉是对自我的承诺和责任	2013-09-04
644	【上海教育新闻网】华东理工大学退休教师郁仁德的朴素事业	2013-09-04
645	【上海教育新闻网】华东理工：多媒体“萌倒”报到的新生	2013-09-04
646	【人民网】聚焦“大学第一课”点亮人生新阶段的这盏灯	2013-09-05
647	【青岛新闻网】金秋十月青岛迎来心理分析与中国文化国际盛会	2013-09-05
648	《中国消费者报》：粉碎网络谣言下良药	2013-09-06
649	《天天新报》：华东理工 MBA 教授免费为外来务工者授课	2013-09-08
650	【解放牛网】华东理工推公益“管理课程”	2013-09-08
651	【上海教育新闻网】华东理工为外来务工者免费提供管理课程培训	2013-09-08
652	《解放日报》：华东理工开班培训“新上海人”	2013-09-09
653	《上海商报》：华理工公益班管理培训新产业员工	2013-09-09
654	【上海热线】助新移民融入城市　沪商学院开农民工管培班	2013-09-09
655	【中新网】华东理工大学“融入城市”公益项目为外来务工者免费提供管理课程培训	2013-09-09
656	《新闻晚报》：校长为大学生上“第一课”	2013-09-10
657	【东方财富网】华理商学院公益项目助新移民融入城市	2013-09-10
658	《东方早报》：华东理工大学校长鼓励新生“质疑与好奇”	2013-09-11
659	【东方网】司法解释网上“打谣”加强监管转发也有罪？专家解读	2013-09-11
660	【中国民航网】感念师恩　东航西北“凌燕”教师节空中送祝福	2013-09-11
661	【上海教育新闻网】华东理工退休教师为本科教学做智囊	2013-09-11
662	《中国青年报》：两次检查为何未避免上海液氨泄漏事故	2013-09-11
663	《解放日报》：校企联手预测航空发动机寿命	2013-09-11
664	【中化新网】万华化学华东理工联合创新实验室揭牌	2013-09-11
665	【中国上海】沪上校企联手预测航空发动机寿命	2013-09-11
666	《中国社会科学报》：收入水平和就业难度影响农民工落户城镇	2013-09-11
667	《温州商报》：“长城”聘英国院士当荣誉顾问	2013-09-11
668	【中国农业新闻网】防治晚稻褐飞虱　科学用药是关键	2013-09-11
669	《新民晚报》：外来务工者接受管理培训	2013-09-11
670	【上海教育新闻网】华东理工携手中航研发航空发动机寿命预测技术	2013-09-11
671	《上海科技报》：华理工专家指出：国内冷藏业“冷藏”液氨之危	2013-09-11
672	《新民晚报》：华理中航携手为航空发动机延寿	2013-09-12
673	《苏州日报》：华东理工在苏建培训中心	2013-09-12

续表

序号	题目	日期
674	【上海教育新闻网】上海“研究生暑期学校”：创新实践能力“助推器”	2013－09－12
675	《苏州日报》：华东理工在苏建培训中心	2013－09－12
676	【新华报业网】高新区与华东理工大学签约成立继续教育与培训中心	2013－09－12
677	【华奥星空】李晓霞伤退　山东负大同　山西大土河 11 轮不败	2013－09－12
678	【中国上海】青浦区女村官联谊会成立发挥“半片天”作用	2013－09－12
679	【上海教育新闻网】华东理工举行二级党组织教育实践活动交流会	2013－09－12
680	《今日早报》：试水一年，11 名高学历社工留下 8 个	2013－09－13
681	【安庆新闻网】虞爱华率队考察上海电科院和华东理工大学	2013－09－14
682	【新浪网】乒超-山西不败金身被破　李晓霞缺席山东力克北京	2013－09－16
683	《科技日报》：航空发动机寿命预测技术联合创新中心成立	2013－09－16
684	《东方早报》：大客机发动机寿命预测中心落沪	2013－09－16
685	《农资导报》：农药行业面临新机遇	2013－09－16
686	《组织人事报》：改进作风凝聚起强大力量	2013－09－17
687	《中国体育报》：中国田协加强田径场地建设力度	2013－09－17
688	《新闻晨报》：学业考成绩在留学申请中占几成	2013－09－17
689	【上海教育新闻网】干巷学校举行新一轮托管工作启动会	2013－09－17
690	《国际金融报》：华理商学院新产业员工培训班开班	2013－09－18
691	【新浪网】乒超-李晓霞缺阵山东 3－0 山西　朱雨玲落败 1－3 金华	2013－09－18
692	【上海教育新闻网】亚太地区十大专利权人榜单揭晓　华东理工入选	2013－09－18
693	【腾讯网】乒超-刘诗雯缺阵山西两连败　八一遭大连横扫	2013－09－18
694	【上海教育新闻网】华东理工开学校长寄语：质疑与好奇是开启创造之门的密码	2013－09－18
695	《中国教育报》：华东理工大学：新学期开学起推行学生荣誉制度	2013－09－18
696	《中国科学报》：校企联合成立创新中心为国产大飞机发动机预测寿命	2013－09－19
697	【文登网】文登经济开发区：独辟新径招大商	2013－09－19
698	【中国教育新闻网】“航空发动机寿命预测技术联合创新中心”成立	2013－09－20
699	【上海教育新闻网】300 位中德学者汇聚华理热论“分子前沿科学”	2013－09－20
700	《解放日报》：免费培训“新上海人”	2013－09－22
701	《新闻晚报》：洪堡会议在华理工举行	2013－09－22
702	【上海教育新闻网】华理教授国际首次提出用一氧化铂团簇控制氢气反应方向	2013－09－22
703	《中国科学报》：中德学者共贺洪堡基金重建 60 年	2013－09－23
704	《解放日报》：新晋洪堡学者我国占 1/8	2013－09－23
705	《天天新报》：华东理工举行洪堡会议	2013－09－23
706	【MBA China 网】华理职业发展服务不断升级助推 MBA 再上新台阶	2013－09－23

续表

序号	题目	日期
707	《中国科学报》：中国工程院院士钱旭红：我们需要思维革命释放智商红利	2013-09-24
708	《新闻晚报》：华理教授成果　登上《自然—通讯》	2013-09-24
709	《新民晚报》：养殖鱼虾有望弃用抗生素	2013-09-24
710	【MBA China 网】2013 华理 MBA 学生代表大会暨换届选举顺利举行	2013-09-24
711	《文汇报》：科学发展需要“量子思维”	2013-09-25
712	《文汇报》：市科协第十一届学术年会召开	2013-09-25
713	《天天新报》：华东理工与波音合作开发回收碳纤维技术	2013-09-25
714	《天天新报》：乒乓球操将亮相“趣味运动会”	2013-09-25
715	【中国新闻网】上海“学术盛宴”开席首次推出跨学科研讨	2013-09-25
716	《新民晚报》：留学生竞放风筝	2013-09-25
717	【中国上海】凌云社区加强社工培育体系建设	2013-09-25
718	【上海教育新闻网】华东理工与聊城市签署科技创新框架合作协议	2013-09-29
719	【上海教育新闻网】华东理工博士论文连续三年在全国抽检中 100%合格	2013-09-29
720	《联合时报》：在“科技超市”看新鲜	2013-09-29
721	《中国化工报》：石化转型升级迎来契机	2013-09-30
722	《东方教育时报》：老教授坐镇华理工教学智囊团	2013-10-02
723	《新闻晨报》：解好“社工”这道题	2013-10-09
724	《东方教育时报》：华东理工博士论文连续三年在全国抽检中 100%合格	2013-10-09
725	【中国农药网】中国农药行业“中国梦”亟须创新“正能量”	2013-10-10
726	【新华网】我国多种水产疫苗正临床实验	2013-10-11
727	【上海教卫党建网】华东理工大学举行教育实践活动工作推进会	2013-10-11
728	【中国水产养殖网】鲆鲽鱼类系列疫苗研制获重要进展	2013-10-11
729	【上海教育新闻网】专家学者汇聚华东理工 为我国水产养殖可持续发展献智	2013-10-11
730	【上海热线】如何抓住互联网亿万年轻人的从“2”之心？	2013-10-11
731	《上海科技报》：用一氧化铂团簇控制氢气反应方向	2013-10-11
732	《文汇报》：首个鱼用疫苗明年有望问世	2013-10-12
733	《解放日报》：国内专家研讨新型城市化	2013-10-13
734	《现代快报》：桂皮油中炼出天然苯甲醛	2013-10-13
735	【联合电讯】华理商学院青年商业领袖行动学习会：一场举手最多的创新头脑风暴	2013-10-14
736	【世纪新能源网】单向抑制“氢气氧化反应”　新型共催化剂材料	2013-10-15
737	【东方网】“多宝鱼疫苗”在沪问世	2013-10-15
738	【中国教育装备采购网】曼恒与华东理工大学合作共建 G-Magic 虚拟现实实验室	2013-10-15

序号	题目	日期
739	【中国上海】第十五届上海高校、上海化工行业合作交流会举行	2013－10－15
740	【中国上海】徐汇区残联举办残疾人体育项目展示暨趣味运动	2013－10－16
741	【中铝网】上海高校院所专家教授来华建铝业调研	2013－10－16
742	《国际金融报》：如何争夺互联网上的年轻人	2013－10－16
743	【新浪教育】华理 MBA 2014 年第四场校内招生咨询会顺利召开	2013－10－16
744	【中国社会科学网】2013 年中国社会发展高层论坛在沪举办	2013－10－16
745	【凤凰网】中石化副总裁张克华受聘学校兼职教授	2013－10－16
746	【比特网】“SAP 未来 IT 领袖论坛”复旦启程	2013－10－16
747	《中国科学报》：控制氢气反应方向有新法	2013－10－17
748	《中国青年报》：团旗聚集创新“小伙伴”	2013－10－17
749	《辽宁日报》：当人人参与成为社会常态……	2013－10－17
750	《经济日报》：海洋生物疫苗进行验证性应用	2013－10－17
751	《贵州日报》：盯住人才不放松——松桃实施“人才强县”战略观察	2013－10－18
752	《中国青年报》：VIVA：有梦想力的青年旅行组织	2013－10－18
753	《上海科技报》：工程论坛聚焦海水养殖病害控制	2013－10－18
754	【解放牛网】沪上首门大学生劳动就业共享课程在华理开讲	2013－10－2
755	【MBA China 网】新民周刊专访阎海峰副院长《七大知名公司与华理商学院合作——多方共赢，猎头平台进校园》	2013－10－21
756	【东方网】10 人荣获本市“科技精英”称号　多人创下“国内第一”	2013－10－21
757	《解放日报》：名校 EMBA 足球联赛举行	2013－10－21
758	【中国高校之窗】“社会管理创新与法治保障”全国学术研讨会在华东理工大学举行	2013－10－21
759	【中国曲棍球协会网】第 3 届全国大学生女子曲棍球锦标赛天水师范夺冠	2013－10－21
760	【人民网】7 大猎头为工商硕士合建求职平台	2013－10－22
761	【上海教育新闻网】华理商学院与猎头公司共建平台导航职海	2013－10－22
762	【中国青年网】方海超：服务的意义就是为西部做些事情	2013－10－23
763	《中国经济时报》：专访成思危：“中国风险投资之父”的多彩人生（上篇）	2013－10－23
764	《中国青年报》：公众节水：意识强行动少	2013－10－23
765	【股城网】七大猎头公司与华理商学院签约合作提供职业导航	2013－10－23
766	《新闻晚报》：高校与猎头签约　为学员导航职海	2013－10－23
767	【上海热线】华理商学院与七大猎头公司共建平台提供职业服务	2013－10－23
768	【和讯网】华理商学院与七猎头公司合作	2013－10－23
769	《解放日报》：沪上高校首请“猎头”助求职	2013－10－23
770	《天天新报》：华东理工直播大学生就业课程	2013－10－24

续表

序号	题目	日期
771	【新华网】猎头公司服务大学生就业 华东理工大学探索就业服务新模式	2013-10-24
772	【东方网】华理与7大猎头合建求职平台	2013-10-24
773	【MBA China网】金融系统工程与风险管理国际年会在华理召开	2013-10-25
774	《科技日报》：专家呼吁水产养殖业告别“抗生素时代”	2013-10-28
775	【南通网】启东科技节暨沿海开发经贸洽谈会签约项目24个	2013-10-28
776	《科技日报》：启东：十年铸就创新平台 引领转型升级重任	2013-10-28
777	《中国青年报》：沪上首门大学生劳动就业共享课程开讲	2013-10-29
778	【扬子晚报网】18位领军人才充电　苏州高新区政府买单	2013-10-29
779	【中国社会科学网】身体社会学挑战传统社会学理论范式	2013-10-29
780	【搜狐新闻】“英语类专业教师发展与团队建设”专题发言	2013-10-30
781	《文汇报》：借智借力广揽“智慧因子”	2013-10-30
782	【中国生物技术信息网】华东理工大学候选药物研究取得重要进展	2013-10-30
783	【科技部】科技部亚非、东欧、独联体政府间项目上海地区管理工作座谈会议召开	2013-10-30
784	【中国新闻网】上海侨办与高校座谈 调研海外校友会侨务资源	2013-10-30
785	《德阳日报》：华东理工大学设立“龙蟒集团奖教奖学基金”	2013-10-30
786	【上海教育新闻网】华理工研发控制系统将机器人技术引入物料运输	2013-10-31
787	【上海教育新闻网】华东理工科研人员推出智能物流系统	2013-10-31
788	【上海教育新闻网】超细颗粒功能制备机加把药性保护起来	2013-10-31
789	【上海教育新闻网】华理工生物催化平台项目3年增值11.7亿	2013-10-31
790	【上海教育新闻网】华理工新技术为炼化装置穿上防腐节能“新衣裳”	2013-10-31
791	【上海教育新闻网】华理工成功开发环保型高功能化乳液聚合物	2013-10-31
792	《新闻晨报》七大猎头公司签约商学院，合建平台导航职海	2013-10-31
793	【上海新闻网】华理生物催化平台项目产业化应用3年，新增产值11.7亿元	2013-10-31
794	【上海新闻网】华东理工大学RFID系统提供可靠物流信息	2013-10-31
795	《天天新报》：高档进口海鲜运到中国还鲜活吗？	2013-10-31
796	【上海新闻网】华东理工推出不怕路线复杂的“运物料机器人”	2013-11-01
797	《东方早报》：可卷曲屏幕将亮相工博会	2013-11-01
798	【中国新闻网】专家：中国残疾人服务应走职业化、专业化道路	2013-11-02
799	《天天新报》：让3D打印有更好材料	2013-11-04
800	《科学时报》：中国科协与上海签署全民科学素质建设协议	2013-11-04
801	【中国江苏网】全国青年乒球赛决出团体名次	2013-11-05
802	《天天新报》：“机器人”将成装配车间“主角”	2013-11-05

续表

序号	题目	日期
803	《新闻晚报》：加点“料”，把药性保护起来	2013-11-05
804	【中国教育新闻网】上海高校高新材料在第15届中国国际工博会放异彩	2013-11-05
805	【解放牛网】院士教授受聘中学特聘讲师 讲述科普遗憾	2013-11-05
806	【解放牛网】华东理工超细颗粒功能制备机亮相工博会	2013-11-05
807	【MBA China网】华东理工商学院举办第五期职业导师授聘仪式	2013-11-05
808	【中金在线评论频道】华理专家解析北京空气污染和能源行业的后金融危机	2013-11-05
809	【中国科技网】用科学技术撬起产业的绿色时代	2013-11-06
810	《上海科技报》：小细胞推动大产业	2013-11-07
811	【中国经济网】沭阳开发区加强科技创新平台建设	2013-11-07
812	【中国上海】金山卫镇、区人才服务中心、华东理工大学“校地合作”正式签约	2013-11-11
813	《中国科学报》：华东理工大学研制出超细颗粒功能制备机	2013-11-11
814	【生物谷】2013动物疫苗发展论坛在泰州闭幕	2013-11-11
815	【慧聪化工网】国内煤化工技术跻身国际前列	2013-11-12
816	【上海教育新闻网】能源与化工经济管理研究中心在沪成立	2013-11-13
817	【中国石油和化工网】多喷嘴煤气化技术签约量国际瞩目	2013-11-13
818	《上海青年报》：公益创意天马行空飞扬全场	2013-11-13
819	【解放牛网】食品到纺品，生物催化替代化学催化成趋势	2013-11-13
820	【一财网】化工巨头齐聚华理探寻能源与化工行业绿色发展机遇	2013-11-13
821	【上海热线】华理-中石化共建能源化工经济管理研究中心	2013-11-13
822	《上海科技报》：华东理工煤气化技术很牛	2013-11-13
823	《东方早报》：守夜天使还需完善　“但值得鼓励扶持”	2013-11-14
824	《上海商报》：近百个品牌将亮相上海连锁加盟展	2013-11-14
825	【中国生物技术信息网】生物催化与生物合成工程国际研讨会在华东理工大学举行	2013-11-14
826	《中国科学报》：生物催化与合成工程国际研讨会在沪举行	2013-11-14
827	【上海教育新闻网】中外学者汇聚华东理工探讨生物技术发展	2013-11-14
828	《天天新报》：生物经济成新驱动力	2013-11-15
829	【中国新闻网】生物催化与生物合成工程国际研讨会在华东理工举行	2013-11-15
830	《中国化工报》：多国学者热议生物产业发展技术	2013-11-15
831	《文汇报》：生物催化制品可替代化石资源	2013-11-15
832	【文登网】文登经济开发区：借脑引智　增强产业发展优势	2013-11-16
833	【中国网】虚拟大学联席会议召开经济人才文化传承齐驱并进	2013-11-16
834	《文汇报》：“冠军摇篮”摇出些许心酸	2013-11-17

续表

序号	题目	日期
835	【凤凰网】沪上高校研究生汇聚学校开展学术交流	2013-11-18
836	《东方早报》：东京的城市公共文化景观	2013-11-19
837	《组织人事报》：党群关系建设的时代诉求与优化路径	2013-11-19
838	《光明日报》：把师生的满意度作为衡量工作成效的标尺	2013-11-20
839	【解放牛网】全球油气资源争夺将更激烈	2013-11-20
840	【苏州高新区新闻网】产学研合作院校已逾百家　金秋经贸活动产学研对接会举行	2013-11-20
841	《广西日报》：第九届中国酶工程学术研讨会在邕召开　广西酶工程领域研究特色突出	2013-11-20
842	《东方教育时报》：沪高校师生热学三中全会精神	2013-11-20
843	《21世纪经济报道》："农村基本的东西一定要保护住"	2013-11-21
844	《新闻晨报》：政府购买服务，第三方定期评估	2013-11-21
845	【上海教育新闻网】上海大学生诵读红色经典中华文化吸引"洋学生"	2013-11-25
846	【中国政协】曹湘洪：普及知识消除"化工恐惧症"	2013-11-25
847	【中国教育新闻网】第三届能源环境与可持续发展国际学术会议举行	2013-11-26
848	【上海教育新闻网】华东理工百余场就业指导活动为学生导航	2013-11-28
849	【上海教育新闻网】新寺学校与华东理工大学药学院共建"青年志愿者服务基地"	2013-11-29
850	【中青在线】华东理工百余场就业指导活动为学生导航	2013-11-29
851	《齐鲁晚报》：俩项目获得"省科技进步奖"	2013-11-29
852	【新华网】互联网金融大赛为大学生就业提供"练兵场"	2013-12-01
853	【慧聪涂料网】华东理工大学举办上海精细化工产业园区专场招聘会	2013-12-02
854	《温州商报》：引未成年人当义工摆脱网瘾	2013-12-03
855	【MBA China网】华理MBA延锋彼欧行动学习特别项目终期答辩会	2013-12-04
856	【中国网】第四届21世纪低碳中国发展高峰会12月4日在京举办	2013-12-04
857	【MBA China网】华理商学院荣获新浪网"最具品牌影响力MBA院校"殊荣	2013-12-04
858	《中国科学报》：理论物理的无为之乐	2013-12-09
859	【上海教育新闻网】华东理工大学教育实践活动坚持务求实效	2013-12-09
860	【新华网广东频道】深圳罗湖区为困难群众量身订做公益服务	2013-12-10
861	【中国烟草】烟草行业烟草工艺重点实验室召开第三届学术委员会会议	2013-12-11
862	《新闻晚报》：央行严管P2P融资实践进校园	2013-12-11
863	《上海科技报》："解读科学类诺贝尔奖"化学专场在上海科学会堂举行	2013-12-11
864	《上海科技报》：德国大闸蟹运到中国还新鲜吗？	2013-12-11
865	《东方教育时报》：华东理工百余场活动为就业季学生导航	2013-12-11
866	《东方教育时报》：录取或许有偏差　培养方案需调整	2013-12-11

续表

序号	题目	日期
867	【中国上海】十八届三中全会精神市委宣讲团在青浦举行报告会	2013－12－11
868	【上海教育新闻网】华东理工连办校园招聘会为学子就业牵线搭桥	2013－12－16
869	【上海教育新闻网】华东理工与勃林格携手培养国际卓越工程师	2013－12－16
870	【中青在线】华东理工与勃林格携手培养国际卓越工程师	2013－12－16
871	《I时代报》：网传热饮杯盖会“致癌”？专家：无科学证据	2013－12－17
872	《科技日报》：科技支撑创新引领	2013－12－17
873	【上海新闻网】华东理工与勃林格携手培养国际卓越工程师	2013－12－17
874	【上海热线】华理商学院第3期行动学习会探讨互联网金融的未来	2013－12－17
875	【上海新闻网】华东理工5天举办两场校园招聘会	2013－12－17
876	【上海教卫党委】华东理工推进《党政机关厉行节约反对浪费条例》贯彻落实	2013－12－17
877	《国际金融报》：互联网金融“拼”投资能力	2013－12－18
878	《上海科技报》：华东理工勃林格携手培养国际卓越工程师	2013－12－18
879	《新闻晚报》：产品有无缺陷，模拟体验中即能发现	2013－12－18
880	【上海教卫党建网】华东理工大学召开学生党员党性锻炼先进表彰会	2013－12－18
881	【上海教卫党建网】华东理工大学基层单位全力整改落实成效初显	2013－12－18
882	【上海教育新闻网】华东理工14名师生受聘机关作风建设监督员	2013－12－19
883	【上海教育新闻网】华东理工设立专项基金资助学生海外学习	2013－12－19
884	《新闻晨报》：华东理工设立专项基金资助学生海外学习	2013－12－19
885	《青年报》：挑出精品课程跟着网络去体锻	2013－12－20
886	《新民晚报》：工业设计如同观看3D电影　华理建成CAVE虚拟现实系统	2013－12－21
887	【中国经济网】国际性工程师培养需新模式	2013－12－22
888	【上海教育新闻网】上海环境高空立体观测基地选址华东理工	2013－12－23
889	《上海日报》：“High altitude monitor elevates fight against air pollution”	2013－12－23
890	【东方网】沪上首个环境高空立体观测基地选址华东理工	2013－12－23
891	《东方早报》：“空气哨兵”入驻华理	2013－12－24
892	《新民晚报》：“空中哨兵”落户华东理工	2013－12－24
893	【苏州高新区政府网】校地合作共谋发展　浦荣皋会见华东理工大学校长钱旭红一行	2013－12－24
894	《天天新报》：“超级大气球”升空监测雾霾	2013－12－24
895	【MBA China网】华东理工大学MBA举办“爱心国际圣诞节”活动	2013－12－25
896	【中青在线】沪上首个环境高空立体观测基地选址华东理工	2013－12－26
897	【中国教育新闻网】上海环境高空立体观测研究基地在华东理工大学成立	2013－12－26
898	【慧聪塑料网】苯乙烯生产技术步入新时代	2013－12－30
899	【东方网】强化人才强区战略为推动金山科学发展提供服务保障	2013－12－31
900	【MBA Home网】周阳做客华理校友沙龙讲“人生信仰与哲学”	2013－12－31

统战工作

【概况】 年内，统战部在校党委的领导下，认真贯彻落实党的十八大精神及中共中央《关于加强新形势下党外代表人士队伍建设的意见》精神，以纪念中共中央“五一口号”发布六十五周年为契机，认真贯彻落实“同心”思想，不断加强党外代表人士队伍建设，围绕中心、服务大局，充分发挥民主党派及统战团体的优势，凝心聚力，为国家、社会和学校中心工作服务。

学习贯彻党的十八大精神，巩固共同思想政治基础。进一步坚持和完善中国共产党领导的多党合作和政治协商制度，贯彻长期共存、互相监督、肝胆相照、荣辱与共的方针，组织参加党的十八大辅导报告会及“两会”精神报告会、召开党派纪念“五一口号”发布六十五周年座谈会和党派基层组织专题研讨会。通过开展各种主题鲜明的联谊活动，引导统一战线成员围绕中心、服务大局，坚定走中国特色社会主义政治发展道路的信念，夯实统一战线团结奋斗的共同思想政治基础。

完善工作机制，加强党外代表人士队伍建设。积极做好党外代表人士的发现储备、教育培养和选拔任用工作。与组织部共同确立了 14 名党外后备干部名单。推荐 17 名党外教师参加各级党校、社会主义学院及民主党派市委组织的学习培训班。推荐 1 名民主党派成员赴宝山区上海市党外干部培训基地挂职锻炼。在政协换届中，2 人当选全国政协委员，8 人当选上海市政协委员，1 人增补为静安区政协委员。在民主党派中央换届中，4 人当选民主党派中央委员。在上海市欧美同学会换届中，1 人当选上海市欧美同学会副会长，1 人当选上海市欧美同学会北欧分会副会长，2 人当选上海市欧美同学会常务理事。

加强民主党派、群众团体自身建设。协助各民主党派、统战团体完成组织发展工作，民主党派新增成员 15 名，欧美同学会新增会员 6 名，为 3 名海归教师申请了归侨身份，基层组织成员数量稳步增加。民盟委员会开展“迎六十华诞”系列庆祝活动，九三学社委员会召开青年社员“共聚一堂，畅想未来”座谈会，民建会员进行业务交流活动，致公党党员参加“致公党上海市委慈善爱心义卖”活动，农工党党员为雅安灾区百姓灾后复兴捐款，侨（台）联委员会组织“粽叶传情、情系校园”活动，校中青年知识分子联谊会围绕学校人才战略组织座谈讨论等。

通过开展活动，增强了基层组织凝聚力，提升了组织活力和影响力。在地校共建方面，民盟委员会与民盟徐汇区委建立了“友好委员会”，与民盟奉贤区委建立了区校联动。

为促进社会和学校的科学发展做贡献。各级人大代表、政协委员认真履职，积极参与调研，听取意见和建议，认真调查研究，积极建言献策，成效显著。以第一人身份递交的提案、议案以及书面意见、社情民意达80余件，联名10余件。《推进“合同能源管理”的问题与对策》获得2012年度上海市政协优秀提案奖。广大统一战线成员积极参与学校的民主管理与监督，各民主党派、统战团体基层组织不断提升参政议政能力，积极发挥优势，在参政议政工作和服务社会方面取得显著的成绩，获得多项表彰。

加强统战部门自身建设。加强统战部成员及统战工作队伍的自身学习，按照学校制定的《中共华东理工大学委员会关于深入开展党的群众路线教育实践活动的实施方案》要求，不断提高思想认识。通过召开民主党派负责人座谈会等听取意见和建议，检查存在的不足和差距。加强调研，论文《高校民主党派成员参政议政能力建设的实证研究》获2013年华东地区高校统战工作研讨会优秀论文二等奖。坚持主动服务，重大节日对党外代表人士进行慰问，为遇到特殊困难的统战成员排忧解难。为46名少数民族学生申请资助112 100元，为党外教师申请困难补助13 400元。

【2名教师担任第十二届全国政协委员】 经政协第十一届全国委员会常务委员会第二十次会议审议通过，钱锋、蓝闽波担任中国人民政治协商会议第十二届全国委员会委员。

【8名教师担任第十二届上海市政协委员】 经政协上海市第十一届委员会第40次常委会议审议通过，王艳芹（女）、牟伯中、安琦、朱家文、徐玉芳（女）、钱世超、黄发荣、谭文松8名教师担任政协上海市第十二届委员会委员。

【统战部召开“凝心聚力，共谋发展”民主党派工作研讨会】 3月20日，党委统战部召开民主党派工作总结研讨会。7个民主党派基层组织分别对2012年工作进行了总结，对2013年工作计划进行了介绍。市政协委员、民盟副主委安琦介绍做好社情民意工作的感想和体会；统战部宋晓涛老师总结了2011—2012年度信息宣传工作；蒋文文老师宣读了信息宣传工作表彰名单；方振敏部长对2013年党派工作提出了要求；杨贤金书记对2012年各民主党派工作给予了充分肯定，并对今后的工作提出希望。

【党委书记杨贤金和校知联会会员座谈】 5月2日，学校党委书记杨贤金和校中青年知识分子联谊会会员在和平楼第一会议室举行座谈会。在交流中，知联会会员就青年教师的培养与发展、科研成果的评价、学科建设以及学校发展等方面提出问题，杨贤金书记就相关问题一一进行解答。

【党派基层组织举行纪念中共中央发布“五一口号”六十五周年座谈会】 4月21日—5月7日，民盟、九三学社委员会，民革、民建、民进、农工党支部分别召开了纪念“五一口号”发布六十五周年座谈会。

【钱旭红当选为上海市欧美同学会副会长、常务理事】 5月18日，上海市欧美同学会·上海市留学人员联合会第九次代表大会在上海国际会议中心隆重举行。大会选出了第九届理事会理事。工程院院士钱旭红、校欧美同学会分会会长涂善东、校欧美同学会分会秘书长焦家俊当选为新一届理事。

【九三学社上海市委主委赵雯等一行到学校调研】 6月26日上午，九三学社中央副主席、上海市副市长、九三学社上海市委主委赵雯，与社市委专职副主委周锋、组织部部长王黎云、宣传部副部长詹咏等领导来校调研基层组织的组织建设和人才队伍建设情况。赵雯等领导与学校九三学社社员代表进行了座谈，听取了九三学社组织建设的汇报以及青年社员到基层挂职锻炼的情况，并给予鼓励和指导。

【民盟华理委员会与民盟奉贤区委举行“区校联动座谈会”】 7月10日，民盟华东理工大学委员会与民盟奉贤区委在奉贤区会议中心举行了“区校联动座谈会”。奉贤区委统战部副部长沈俭英、民盟奉贤区委常务副主委唐瑛参加座谈会。

【党委书记杨贤金看望徐种德教授、吴指南教授】 9月12日，校党委书记杨贤金专程前往民盟盟员徐种德、九三学社社员吴指南家中探望。

【校民盟委员会与民盟徐汇区委举行建立“友好委员会”签约仪式】 9月24日，民盟华东理工大学委员会与民盟徐汇区委举行建立“友好委员会”的签约仪式。民盟上海市委专职秘书长姚卓匀、组织部部长王伟国，民盟市委副主委、徐汇区委主委周秀芬等参加签约仪式。陈英南、周秀芬代表双方签定协议，并就搭建深度合作、人才培养、服务社会、等方面发表讲话。

【范斌增补为第十三届静安区政协委员】 2013年12月，经中国人民政治协商会议上海市静安区委员会审议通过，增补范斌为静安区政协第十三届委员会委员。

【民盟华理委员会举行成立六十周年庆祝大会等系列活动】 12月21日，华东理工大学民盟组织庆祝成立六十周年暨2014年迎新大会召开。民盟上海市委专职副主委沈志刚、组织部部长王伟国、民盟徐汇区委副主委于东航出席庆祝活动。

【学校召开人大代表、政协委员集体调研会】 12月31日，学校召开区级人大代表、政协委员集体调研会。与会人员就学校周边安全问题、合理使用社区资源、公共交通管理及奉贤海湾大学园区周边综合治理等问题提出了意见和建议。人大代表、政协委员现场对问题进行梳理，确立了7个议题作为“两会”社情民意、提案和议案的第一手材料，并当场进行了分工，为区“两会”的召开做好准备。

纪检监察工作

【概况】 年内，纪检监察部门按照党中央、国务院和上级纪委部门关于反腐倡廉建设的决策部署，紧紧围绕学校的改革发展，扎实开展党风廉政建设各项工作。

深入贯彻落实中央重大决策部署。坚持党要管党，从严治党，切实转变工作作风，在学习领会中央八项规定精神的基础上，协助学校党委制定多项配套制度。配合党委制定颁布《华东理工大学关于改进工作作风、密切联系群众的若干规定》和《华东理工大学进一步加强机关作风建设的规定》；加强对八项规定执行情况的监督检查。通过落实中央禁止公款购买赠送烟花爆竹等年货节礼、党政机关厉行节约反对浪费条例等系列通知精神，对二级单位提出具体要求，明确责任；通过学校办公自动化系统，先后选编《违反中央八项规定典型案例选编》3 期，供各二级单位和中心组成员对照学习检查。在全校纪检监察干部中开展了会员卡专项清退活动，校纪委委员、二级党组织纪检委员、专职纪检干部共 41 人认真开展自查自纠，完成清退工作并提交了“零持有”的报告。继续深入巩固党的群众路线教育实践活动成果，协助党委做好领导班子及成员的意见征询工作，通过发放书面意见征求表、个别听取意见、召开座谈会及设立意见箱和电子信箱，共收集意见 73 条、工作建议 7 条，协助活动领导小组完成问题查摆、整改落实和建章立制等工作。

加强党风廉政宣传教育和廉政文化建设。协助党委召开学校党风廉政建设干部大会，校两委委员、副处级以上领导干部等 280 余人参加会议。会议传达了十八大、中央纪委二次全会精神，党委副书记、纪委书记林志华做工作报告，部署全校的党风廉政建设和反腐败工作，党委书记杨贤金发表讲话，对学校党风廉政建设工作提出要求。会上，全体干部观看了警示教育片《警醒》。组织校纪委委员、二级党组织纪检委员和部分党务部门干部观看上海市重大文艺创作项目、反腐倡廉题材话剧《保卫理想》；组织校纪委委员、二级党组织纪检委员 20 余人观看专题教育片《四风之害》，并参观上海市反腐倡廉教育基地；全体纪监审专职干部集体学习观看了纪实片《苏联亡党亡国 20 年祭——俄罗斯人在诉说》。与宣传部合作，在徐汇、奉贤校区举办了《陈云与党风廉政建设》图片展和《厉行节约 反对浪费》图片展；组织师生积极参加第二届上海高校廉洁文化作品大赛和上海市纪委政务微博举办的“廉洁文化微作品”征集活动。

强化对权力运行的监督检查。抓好党风廉政建设责任制的落实，协助党委研究部署年度反腐倡廉建设工作，制定了《2013年华东理工大学校党政领导班子成员党风廉政建设和反腐败工作责任分工》和《2013年华东理工大学校党政班子成员和各分管范围党风廉政建设工作任务责任分解》。加强对领导班子执行“三重一大”决策制度情况、党员领导干部落实《廉政准则》等规定执行情况的监督检查，全年受理领导干部礼品、礼金登记上交57人次，合计价值约5.9万元。坚持开展干部上岗廉政谈话，2013年共对19位新提职干部进行了上岗谈话，对其提出廉洁自律、廉洁从政要求。认真做好查信办案工作，落实信访相关制度，重点关注干部违反中央“八项规定”等热点和群众反映强烈的腐败问题，坚决纠正损害群众利益的行为，严厉查处领导干部违纪违法行为。全年共受理纪检监察信访21件（含上级交转办件4件），其中检控类信访举报16件，转初核3件，领导包案5件，批评教育4人，对查实的问题及时纠正和处理，有效化解矛盾；对典型信访问题，通过党风廉政干部大会等途径开展警示教育，及时警醒干部。加大案件查办力度，加强案件线索管理工作，不断提高办案水平，在7月组织的全市教卫系统案件检查工作中，学校的办案工作及案卷质量得到了上级和兄弟院校的好评。上海市教卫工作党委来校召开了纪检监察信访、案件工作现场调研座谈会，学校就查信办案及如何抓好信访初核工作做了交流发言，受到好评。在本科生招生监察方面，修订完善了《招生工作条例》《招生监察工作条例》等规定；协助做好艺术类阅卷复核工作规定的修订；推进学校试题资料库、试卷保密室的建设工作，并加强对录取环节的审核工作。加大对研究生招生工作的监察力度，重点加强对命题组织工作的监督检查，确保研究生招生录取工作的公开、公平、公正。加强对基建、修缮和物资采购招投标工作的监管，全年参与全校19项基建项目的评标工作，涉及金额5 894万元；参与72项修缮、改造工程和服务类项目的评标工作，涉及金额4 337万元；参与大宗物资、设备招投标的评标工作312项，总金额折合人民币1.282亿元；参与图书采购招标2次，共11项。重新调整、充实学生监督员队伍，全年共收集学生监督员反映问题40余条；提出建议80余条；通过与相关职能部门沟通协调，及时解决涉及后勤服务、学生工作、教学管理、财务管理等方面的多个问题，有效提高了学校整体管理水平。

开展科研经费管理专项检查工作。协同科技、财务、审计等部门在全校开展科研经费管理自查自纠工作，牵头制定学校的自查自纠工作方案，协同做好全校4 776个科研项目经费管理情况的自查和抽查工作。召开科研经费管理自查自纠工作动员大会，党委副书记、纪委书记林志华主持会议，副校长陈英南做动员报告并部署自查自纠工作，科技处副处长刘海峰解读教育部“三个文件”精神，各学院分党委（党总支）书记、院长、分管科研工作的副院长及有关科研项目负责人等近500人出席。召开高校科研项目经费管理报告会，由教育部科技司计划处处长李渝红做《科学规范高校科研项目和经费管理，有效提高资金效益》的报告。在协助做好学校科研经费管理体制、机制的梳理工作的基础上，继续修订、完善学校相关科研项目和科研经费管理制度；进一步健全科研经费监督体系，建立科研项目财务审计和财务验收制度，将科研经费使用管理纳入审计部门的重点审计范围。

【中共华东理工大学第十届纪律检查委员会委员正式产生】 1月26日，学校党委发文，经上级批复，中共华东理工大学第十届纪律检查委员会由马玲、王喆、朱志华、朱育红、庄启昕、苏建玲、李建伟、张广利、张爱民、林志华、侍洪波、唐颂超、唐燕辉、葛轶群、童之敏15位同志组成；林志华同志任华东理工大学党委副书记、纪委书记；童之敏同志任纪委副书记。

【开展纪检监察干部系列培训】 组织校纪委委员、二级党组织纪检委员、专职纪检干部近40人参加系列培训，提升纪检监察工作的能力和水平。5月17日，邀请上海市教卫纪工委副书记、监察室主任张一群做题为“上海高教系统反腐倡廉建设若干重点难点问题探讨”的报告；5月31日，由审计处处长做题为“经济责任与经济责任审计”的报告；6月21日，由纪委副书记、监察处处长童之敏做题为“浅谈纪检监察工作”的报告。

【参加市第九届红色经典故事讲演活动获奖】 10月28日，在上海市教育电视台举办的市第九届红色经典故事讲演活动节目展演暨颁奖仪式上，由学校纪委和团委联合选送的演讲作品《我们的誓言》获高校组三等奖和创新奖，小品《五四警察》获高校组三等奖，学校获优秀组织奖。本届红色经典故事讲演活动的主题为“同铸复兴路，共圆中国梦”，由上海市纪委、市委党史研究室、市教卫党委、市教委、市文化广播影视局联合主办。

【学校廉政文化研究中心成立】 为加强学校廉政文化建设和反腐倡廉教育，深入研究廉政文化的理论意义与实践价值，提升马克思主义理论与政治学理论学科群的建设水平。5月，经学校研究决定，批准成立“廉政文化研究中心”，中心隶属于马克思主义学院。

安全保卫工作

【概况】 年内，学校在治安管理、安全防范、群防群治、法制安全教育、维护学校稳定和周边整治等方面卓有成效地开展了各项工作，确保了学校的政治稳定和良好的校园治安秩序，保证学校正常的教学、科研、工作、生活秩序和人员、财产的安全。学校荣获“2012—2013 年度上海市安全文明校园”荣誉称号，保卫处也被评为“2012—2013 年度上海市社会管理综合治理先进集体”，本市高教系统仅有 2 家单位获得这一荣誉。

综合治理工作。组织开展 2012 年度综合治理先进单位、先进个人的评选工作，以评促建，落实综合治理责任，确保校园稳定安全。经各单位申报、校综合治理委员会验收和评审，授予信息科学与工程学院等 22 家单位“2012 年度综合治理工作先进单位”，张雪银等 20 人“2012 年度综合治理工作先进个人一等奖”，杨洁等 32 人“2012 年度综合治理工作先进个人二等奖”，药学院等 34 个单位“2012 年度安全文明单位”。

政治维稳工作。积极开辟信息渠道，加强重点场所和重点人群的管控，尤其是一些敏感的时间节点，积极开展信息调查和信息排摸，做到了底数清、情况明。保卫处共收集上报有效热点信息 53 份，两会期间收集师生信息 20 余份，为维护校园及社会政治稳定提供了信息保障。

校园交通秩序管理。交通管理是保卫处 2013 年重点工作之一。为确保校园道路通畅，防止和杜绝校园交通事故，特别加强了交通安全管理，规划了校园车辆的进出路线和停放地点，通过停车收费（从 2012 年 12 月 1 日起，在各部门通力协作下，华东理工大学徐汇校区开始执行机动车停车收费），减少了随意进出的外来车辆。同时，通过贴违章告知单等形式，治理了校园乱停车现象。经过一年的努力，校园的交通环境了有明显的改观。2013 年，共计 245 232 辆（次）外来车辆进出校园，通过收取停车费，为学校创收 127. 32 万元。

消防安全管理。营造良好的校园消防环境，是保证学校安全、稳定的出发点和落脚点。保卫处组织了 6 次全校性地毯式安全大检查，组织消防水系统检测 104 次，更换和充装灭火器 3 330 个，利用教育部修购基金 500 余万对徐汇校区 11 幢学生宿舍消防设施进行了改造，大大提高了学生宿舍的消防安全性。除改善硬件设施外，还组织了消防安全宣传活动、灭火比赛及逃生演习等活动。学校消防安全工作有了明显的改善，未出现消防安全责任事故。另外，在消防工作上，保卫处承接并完成了上海市教育委员会课题“上海市高等学校消防安全导则”。

治安防控工作。在治安管理和安全防范上，重点加强了人防、物防和技防，突出三者有机结合，管理上取得了一定的成效。加强外来人口管理、校门管理和校园巡控，协助公安机关成功破获36起案件，抓获犯罪嫌疑人11人，追回手机等被盗物品十余件，以及电动自行车、自行车数十辆，为被害人挽回部分经济损失。巡查、及时处理夜间未锁门事件共64起，房内主要财物累计有199台台式电脑、98台笔记本电脑，以及若干实验仪器。学校治安状况始终保持良好状态，在上海市公安局文保分局每季度发布的高校重点校区治安状况综合评估中均名列前三。

大学生校外租房管理。对提出申请校外租房的学生，严格按照本人申请、学院审核、家长签字确认、校综合治理委员会办公室审批的程序进行，2013年批准在校外租房的大学生共120人（其中本科生5人，研究生115人），并将名单、租房的时间、地点及时通报徐汇区综合治理委员会学校周边整治办公室，协调各方共同做好校外租房学生的管理。2013年没有发生校外租房学生违纪违法、人身伤害和财产损失等各类案件。

师生安全防范意识。保卫处积极探索安全教育新模式、新方法，在新生安全教育的基础上，积极开展了消防、治安、诈骗等专项安全教育，与校团委、高校派出所合作开办了公民警校，成立了治安安全志愿者、消防疏散引导员等学生安全防范队伍。通过“每周一案”、发布预警信息、广发安全宣传材料、板报展览等多种形式开展安全教育宣传，并结合预案开展了疏散逃生、灭火比赛等实战演习。

外来人口管理。对实有人口服务和管理工作进行了全面布置，利用校园网、校刊、板报等载体进行了宣传，要求各单位及时采集实有人口信息（包括临时聘用人员），办理证件，进行长效管理，切实做到外来人口“三证”齐全。

工会（妇委会）工作

【概况】 年内，学校共有23个部门工会，149个工会小组，会员总数为3 839人（其中编外教职工会员有728人）。校工会围绕学校中心工作，服务学校发展大局，紧密结合群众路线教育实践活动的开展，找准广大教职工所需所求，切实维护教职工各项权益，扎实开展工会各项工作。在“一个为本”（工会工作一切以教职工为本）、“两项提升”（不断提升服务意识，不断提升工会工作的凝聚力和影响力）、“三个维度”（民主管理体现深度，维权保障加大力度，素质建设、群体活动注重广度）、“四项工程”（民主管理、素质建设、维权保障、自身建设）上下功夫，促进了学校劳动关系和谐，推动了学校改革发展。

民主管理工作。民主管理工作是工会工作的重点，以落实教代会职权为抓手，以提案运行为平台，以校院务公开的内涵推进为重点，建立民主管理工作的长效机制。组织召开七届四次教代会，审议通过《学校教职工代表大会实施办法（试行）》，使校、院两级教代会建设更加规范化、制度化、科学化。继续实施全天候提案网上行，除开展提案审核、跟踪、评估和提案评优，加强对上次提案中正在解决和逐步解决提案的跟踪，关注其落实情况。

素质建设工作。以宣教活动作为导向剂，以文体活动为黏合剂，推动职工队伍整体素质的提升。开展新老教师“结对子”工程，新入职教工结对率近80%，“结对子”活动参加教育部“教师队伍建设示范项目”建设并有序推进；田禾化学研究工作室获评教育系统劳模创新工作室；开展“师情话意品味人生”品读专场。发挥青年教师联谊会作用，助推青年成长成才。搭建青年教师与学校沟通平台，组织每月一次的校领导与青年教师的午间沟通会；搭建与校外青年的沟通平台，组织优秀青年教师赴天津大学进行学科对口学习交流；承办上海市教育系统优青创新论坛，推动青年教师间加强学术交流。以社团为主要载体，以主题月活动为主要形式，开展不同层次、不同兴趣爱好者的活动。新设的教职工社团健走协会吸引了近250名教职工报名；新增钢琴、书法、普拉提等文体培训项目，32个培训班为1 100人次开展服务。“月月赛”活动活跃了教职工身心，组织划龙舟、乒乓球、羽毛球、篮球、足球、围棋、象棋、80分、垂钓等多项赛事，参与教工达2 000人次。组织两年一次的教工运动会，以兴趣类项目为主，八大赛事吸引了三分之一的教职工参与。围棋协会获得第二届全国社区围棋邀请赛团体第三名。

维权保障体系建设。构建全方位多层级保障体系，开展凝聚力工程，使教职工享有更多、更贴切的学校关怀，激发教职工爱校荣校热情，推进维权工作的全覆盖、常态化。发挥工会法律咨询中心的作用，坚持多形式全天候服务，通过“3·15”普法宣传及教师节专场活动，普及法律知识，帮助教职工提升自我维权能力，共为150余人次提供了法律咨询和援助服务。为教职工实施市总工会和教育系统两大系列补充医疗保险，获得总工会赔付68人次32.22万元，其中大病赔付13人次24.5万元。优化教职工休息休养的组织方式和运行模式，进行休养路线的院校两层筛选、休养活动的三级培训，休养活动共涉及13条线路、16个团队、442人次参与。“一日捐”共募得捐款20.97万元，实施帮困129人次16.33万元，新婚、添丁、生病住院等242人次得到了上门慰问。举办年届30岁与40岁教职工集体生日会、50岁教职工社会考察活动、为逢5逢10教职工送上生日蛋糕并对他们进行慰问、单身教职工“中秋联谊”趣味赛事、当年退休教职工迎送联谊活动，参加者达1 500余多人，覆盖二分之一教职工。

工会自身建设。不断增强工会干部的责任意识，提高工会干部的理论素养和工作水平；转变工作作风，加强工会工作的思考和工作方式的改进，提高服务能力和水平。结合群众路线教育实践活动，多渠道了解职工需求，改进工会工作作风，进一步完善工会会议制度、部门工会联系制度，加强对二级工会的联系和指导；开展第三届工会工作课题研究并评选优秀课题7项，通过调研拓宽思路、发现问题、有效解决问题；开展工会干部工作理论学习和业务培训，结合校工会成立六十周年，梳理工会六十年办会历程，组织新老工会工作者座谈会，回顾工作、展望未来；结合工会十六大组织开展工会知识问答和知识竞赛活动，全校1 000余名会员参与；开展工会特色活动评选，8项优秀特色活动项目得到表彰。着手开发工会工作平台，设“会员管理”“帮困管理”“休养管理”“文体培训”“场所预定”等版块，各版块陆续投入使用。开发工会工作平台，优化办事流程，简化办事手续，实现工会部分工作的一站式服务，发挥了信息技术在新形势下的工会工作组织创新、管理创新上的引领作用。开展两年一次的“教工小家”评选活动，兼顾“教工小家”软硬件建设，综合考虑“小家”建设的日常工作和现场展示，考核更加注重常态建设、注重工作实效。同时，争取多方支持投入，为学校“教工之家”活动室、“妇女之家”活动室添置活动设备，吸引更多教职员工光顾，全年为全校师生开放共580余场次。

【评先评优】 2013年学校工会获得了如下校级以上奖励：

2013年5月，上海市教育系统工会财务工作先进单位（上海市教育工会）；

2013年2月，化学与分子工程学院获上海市“三八红旗集体”（市妇女联合会）；

2013年3月，体育学院大学体育拳操教学团队获上海市教育系统“三八红旗集体”；

2013年6月，第二届全国社区围棋邀请赛暨第六届上海市社区围棋锦标赛团体第三名；

2013年6月，“结对子”活动参加教育部“教师队伍建设示范项目”建设；

2013年9月，田禾化学研究工作室获评教育系统劳模创新工作室；

2013年11月，沈悦萍获全国教科文卫体系统优秀工会工作者。

共青团工作

【概况】 年内，我校共青团工作以邓小平理论、“三个代表”重要思想、科学发展观为指导，在党的十八大精神指引下，认真贯彻学校第十次党代会精神，围绕学校党委和团市委的中心任务，以全面提升共青团工作质量和服务能力为主题，大力实施“立德树人工程”，以“弘扬中国精神、凝聚青年力量、坚持中国道路”为内容，切实履行基本职能，切实做好青年工作，团结带领广大青年筑牢“青春梦”；召开第十四次团代会，选举产生了第十四届委员会委员、常委和书记班子。用团组织的吸引力、凝聚力覆盖和影响全体学生，并在推进校园文化建设、服务广大团员青年成长成才等诸多方面取得了一定的成绩。

思想政治教育工作。（1）主题思想政治教育。先后开展了“我的中国梦”主题教育活动，“爱学习、爱劳动、爱祖国”主题教育，“节水、节电、节粮”主题实践活动，开展“光盘行动”等，并在团学党员中开展群众路线教育活动，反响热烈。先后组织了“我的中国梦”青年创业典型报告、“形势与政策”大讲堂，邀请专家学者解读十八大报告精神等主题讲座近 40 场。先后发布了 3 封公开倡议书，在青年学生中倡导践行中国梦，倡导“厉行节约、反对浪费”，倡导“践行中国梦、青春勇担当”，在全校学生中引起了强烈的反响。我校青年校友谢应波参加了习近平总书记 2013 年五四青年节主持的主题团日活动，在全校范围内引起了热烈的反响。谢应波也成为青年学生学习的榜样。（2）宣传教育引导工作。对团属报纸《华东理工青年》进行了规范化改版，定位为“对青年学生进行思想上的引导”，版面关注校园大事、深度关注社会热点。从 8 月份开始，创刊《视界》报纸，与《华东理工青年》定位错开，更贴近学生生活，每月一期。军训期间，配合校军训团组建的“戎装生活”报道团，累计出版军训特刊 5 期。在校园新闻网上发布共计 100 余篇稿件，采集现场照片 500 余张，及时、准确地以图文并茂的形式向校内外展现了我校团学动态新闻和资讯。拓宽对外宣传口径，积极组织学生参与中国校园媒体联盟的各项活动，如“95 后青年典型宣传”，与《青年报》合作举办的“青女郎”公益人物选拔活动等。（3）学生思想动态调研。针对现阶段学生的思想动态，指导完成了多项学生调研工作，架构了学生和学校之间的信息反馈、沟通交流的桥梁。校团委组织部也定期举办“面对面”讨论会，以座谈形式进行思想交流。（4）开发一个校园文化产品。开发运行团学组织“小花梨”微信公众号，致力于为华理学子提供更为便捷的掌上校园服务。截至12月，“小花梨”的关注用户累计达4 000余人，总接收信息量超过一万余条。（5）建立学生舆情发布体系。注重学生舆情的搜集，初步构建了包括《每日舆情反馈》《热点舆情反馈》《青年研究》《工作简报》等在内的舆情发布体系，《每日舆情反馈》共发布近150期；《热点舆情反馈》共发布18期；《青年研究》共发布3期；《工作简报》共发布4期。同时，在两会期间，累计发布11期《两会舆情》。（6）建立团学活动宣传体系。初步构建了团属宣传体系，包括改版后的团委网站、校园BBS、团委官方微博、微信公众号“小花梨”，学生组织人人网系列、微博系列，华东理工大学百度贴吧等，每一个宣传媒体都设有固定的板块，有自己的宣传团队，在重大校园文化活动中，官方微博都进行现场直播，2013年累计进行7次直播，人人墙同步进行滚动播放；与此同时，传统媒体《华东理工青年》《视界》进行跟踪报道，“小花梨”进行后期活动推送，取得了立体式的效果。

校园文化活动。（1）文化艺术节。本届文化艺术节从4月到6月，围绕“青春华理情，美丽中国梦”这一主题，开展了3个篇章14项主要活动，前后历时近两个月，近8 000人次参加了共计239项活动。（2）思想学术节。围绕“激荡梦想、报效祖国、崇尚荣誉、升华思维”这一主题，共组织220余项活动，在全校范围内营造了浓郁的思想学术氛围。（3）社团文化活动。学校有社团80余个，共评选出五星社团5个、四星社团8个、三星社团12个；累计发放社团发展基金2万元。修订《华东理工大学学生社团财务管理办法》《华东理工大学学生社团外出管理办法》，完善社团登记和注册制度，明确了挂靠单位和指导教师。策划了包括社团风采展示会在内的70余场大型活动。“微笑益GO”荣获上海市公益实践类明星社团，MBA商务管理协会荣获上海市学术科技类明星社团，健身健美协会获评优秀社团，校团委获评上海市学生社团先进工作单位。公益社团理学协会荣获第二届“阿克苏诺贝尔中国大学生社会公益奖”银奖。（4）校园文体活动。举办80余场大学生文化艺术展演活动，营造了浓郁的校园文化氛围。依托第27届体育节和2013级新生运动会开展了田径和趣味运动比赛，参赛人数皆达到了千余人。举办龙舟赛、“迎新杯”和“学院杯”篮球赛、长绳赛、乒乓球赛等，通过组织开展各类体育竞赛引导大学生提高身体素质、锤炼意志品质。（5）成立艺术教育中心。成立艺术教育中心，以此整合艺术教育资源，提升学生的艺术素养。大学生艺术团合唱团赴港参加2013年国际青少年合唱节表演，并获得了1金2银的好成绩。12月，联合天津大学组织沪上7所高校学生合唱团同场交流切磋。合唱团受邀参加2014上海市新年音乐会。

科技创新创业工作。（1）科技创新创业竞赛组织。依托第二课堂，组织开展各级各类科创竞赛。组织选拔学生参加第十一届陈嘉庚青少年发明奖（上海）活动，1件作品获得三等奖、1件作品获得鼓励奖；围绕第十三届“挑战杯”全国大学生课外学术科技作品竞赛，组织参加学校、上海市、全国三个层面的比赛，指导参赛团队赴江苏参加全国比赛，获得2项二等奖、3项三等奖、1项交叉创新奖三等奖及1项累进创新奖铜奖，我校也获得“优秀组织奖”；组织参加第十九届上海高校学生创造发明“科创杯”活动，获得1项发明创新一等奖、1项发明创新二等奖、16项发明创新三等奖，我校团委书记倪炜获得“优秀组织者奖”。在第六届“奋进杯”创业计划大赛中，80余支创业团队报名参赛，涌现了一大批创新创业人才。（2）营造科技创新创业氛围。举办“院长论道”“前沿讲坛”“汇贤讲堂”等系列主题讲座100余场，优秀学长经验交流会40余场，致力于营造浓厚的校园学术氛围。成功举办第四届本科生论文年会、学术科创活动成果展、OM（头脑奥林匹克）集智嘉年华、“迎国庆”校园讲座嘉年华、首届创意营销大赛、“博智千里”大型学术知识竞赛、“纵横杯”上海市高校大学生辩论赛等，培养和提高大学生的学术热情和科技创新能力。（3）成立创业教育研究中心。围绕“基于CSSO的工科大学全程创业教育”新模式，成立创业教育研究中心，形成了创业精神培养、创业知识传授、创业技能训练、创业实践辅导的一条龙的创业教育机制。组织开展2013年创业教育师资培训班，通过4周培训时间、3次专题辅导、2次课外活动、1次KAB授课，34名思政教师成功加入我校的创业教育师资队伍中。同时，举办两期创业训练营，设置创业课堂、组织学生参观创业基地、举办创业项目路演，累计超过700人参与活动并从中受益。

志愿服务工作。（1）志愿服务西部等工作。招募选拔8名西部计划志愿者赴西藏、重庆、云南等地工作。8月，我校第一批研究生支教团6名成员抵达甘肃省定西市开展支教志愿服务工作。10月，招募选拔了6名同学成为全国第16批研究生支教团成员。（2）科普志愿者工作。依托学校优势学科和特色专业，积极开展科学商店服务活动，累计进社区开展活动80余场，参与服务的大学生志愿者超百人，其中固定科普志愿者近百人，服务居民、学生近万人次，并设立了统一的标志及科普形象。组织开展课题研究，在首届上海大学生科学商店发展论坛上获得1等奖1项、二等奖5项、三等奖3项。本年度还开展了科学商店大型联展活动、科普开放日活动、暑期夏令营活动、科普文化节等活动，提高科普知识的宣传广度。科普创作与传播卓有成效，已累计创作微电影近5部、科普漫画50余幅、科普剧目10余个、PPS创作作品50余个，其中“E 仔科普漫谈”荣获上海市青少年科普创新活动优秀项目奖。（3）日常志愿服务工作。组织迎新志愿者为新生报到提供指路、问询、搬运行李等服务。兴家志愿者每周都会为 33 个家庭提供 1 对 6 的服务。开展了 9 次阳光之家活动，举办 3 次爱心沪语课堂，本学期科技馆志愿者服务人数达到 407 人。完成了上海市高校后勤龙舟赛志愿者、献血志愿者、全国科普创新实验大赛志愿者、2013 年中国图书馆年会志愿者、上海南站春运志愿者、蓝天下的至爱——慈善募捐志愿者等活动。（4）建立青年志愿服务体系。成立青年志愿者协会。在充分调研各学院志愿服务管理体制的基础上，努力实现校院两级青年志愿服务的资源整合，将原有“科学商店”（校团委指导）、“慈善义工”（学工部指导）两大独立运作的志愿服务体系和各学院、各公益社团自行开展的所有志愿服务项目整体纳入青志协，并以“理事会”学生自治的形式构建了青志协的日常管理体制，对全校 4 000 余名（不含 2013 级）注册志愿者进行了全平台的档案整合，开发了青年志愿服务网上认证平台，发挥志愿者信息管理、宣传、后台管理三大功能。同时，加强了对人人、微博等媒体平台窗口的管理制度。

组织建设工作。（1）团组织建设。指导开展团日活动，创新支部建设，评选“一百个”优秀团日策划，打造“一百个”精品团日活动，争创“一百个”活力团支部。全年执行“3 + 2”团日活动模式，每月评选出 10 个精品主题团日活动，每学期评选出 10 个精品特色团日活动。全年共下发团日活动主题 10 余个，包括“学习雷锋”“学子新风采，华理新气象”“青春正能量，‘三爱’助远航”“相约感恩季，共念华理情”“纪念毛泽东同志诞辰 120 周年”“青春以志愿为伴，奉献为人生添彩”等。（2）群众路线教育活动。开展了党的群众路线教育实践活动，主要以团委书记班子为主，组织集体学习，开展调查研究、撰写心得体会，同时在学生团学党员骨干中开展群众路线教育，建立了团委委员与基层团支部结对子活动，与学工部联合党支部组织了 3 场学生座谈会，校团委还组织学生骨干每周召开一次座谈会，及时了解学生对团工作的需求，根据剖析的问题深刻反思，认真进行整改，建立了长效机制。（3）构建学生干部培养体系。依托励志团校，开设 5 大培训班，包括“英才班”团学骨干培训班、“百优班”百名优秀学生干部培训班、“先锋班”社团领袖培训班、“远志班”青年成才服务培训班、“求索班”大学生创业训练营等。2013 年 8 月，第一期团学骨干培训班（“英才班”）正式开班，来自校级组织主席团、各分团委、学院、研究生院的学生骨干汇聚革命圣地井冈山，开展了为期一周的学习实践活动。2013 年 11 月，第六期百名优秀学生干部培训班（“百优班”）顺利开班，开展形势政策类辅导报告、礼仪修身类专题讲座、职业规划类导航近 10 场，外出开展社会实践及实地考察多次，反响良好。每学期开设 1 期创业训练营等。

【共青团华东理工大学第十四次代表大会胜利召开】 5 月 5 日，共青团华东理工大学第十四次代表大会在逸夫楼报告厅隆重召开。校党委书记杨贤金、团市委副书记杨元飞出席大会并讲话。学校党委副书记沈炜，党委副书记、副校长马玉录，党委副书记、纪委书记林志华，副校长陈英南，团市委常委、学校部部长陈立俊等出席会议。

大会选举产生了于滢（女）、万婷（女）、马娜（女）、马天骄（女）、王婷婷（女）、包雷晶（女）、戎思淼、刘军、刘开振、刘仕清、关奕檬（女）、江盼盼（女）、杨丞磊、李晶（女）、李宝力、吴婷（女）、钊旭、何希（女）、沈峰、沈海涛、陆乐（女）、陈庆升、陈啸寅、周洋（女，蒙古族）、胡兵、侯宇、逄索（女）、倪炜、盛雯雯（女）、谢宇（女）、解鹏飞 31 名委员组成的新一届委员会，通过了关于共青团华东理工大学第十三届委员会工作报告的决议。

【我校喜捧第十三届“挑战杯”上海选拔赛“优胜杯”】 6 月 2 日，第十三届“挑战杯”上海市大学生课外学术科技作品竞赛暨第十三届“挑战杯”全国大学生课外学术科技作品竞赛上海市选拔赛在上海师范大学落下帷幕，我校作品喜获 2 项一等奖、2 项二等奖、4 项三等奖，成功捧得“优胜杯”。

【“百优班”开班，团市委副书记杨元飞主讲如何开展团学工作】 10 月 25 日下午，我校励志团校第六期“百名优秀学生干部培训班”（简称“百优班”）开班典礼在奉贤校区大学生活动中心 419 室举行，团市委副书记杨元飞、我校党委副书记沈炜、奉贤校区管委会副主任李建伟、学生工作部（处）副部（处）长潘力军、教务处副处长沈文君等出席了仪式，校团委书记倪炜主持了开班典礼。

附录：

第十三届“挑战杯”全国大学生课外学术科技作品竞赛获奖项目

项目	奖项
iDrug 在线可交互式药物设计平台	二等奖、“交叉创新奖”三等奖
水资源极度短缺下公众节水行动模式的探索——基于海河流域的实证研究	二等奖
原核细菌光控基因表达系统	三等奖
动车组制动废热发电装置	三等奖
应急状态下群体疏散演练系统	三等奖
基于地理信息系统的化学气体泄漏事故应急决策支持系统研究	“累进创新奖”铜奖

2013 年香港国际青少年合唱节获奖情况

团队	奖项
华东理工大学合唱团	一项金奖、两项银奖

2013“阿克苏诺贝尔中国大学生社会公益奖”

团队	奖项
理学协会	金奖
材料科学与工程学院志愿者大队	铜奖
信息科学与工程学院志愿者队	铜奖
药学院志愿者服务中心	提名奖
正能量社	提名奖
环保协会	提名奖

上海市先进集体与个人获奖情况

奖项	团体/个人/项目
上海市青年五四奖章集体	化学与分子工程学院分子尺度原型器件青年研究团队
上海市青年五四奖章	药学院李剑教授 化工学院 2009 级学生王梦雪
上海市五四红旗团委	机械与动力工程学院分团委
上海市五四特色团委	材料科学与工程学院分团委
上海市大学生暑期社会实践活动“优秀组织奖”	共青团华东理工大学委员会
上海市暑期社会实践活动优秀项目奖	华东理工大学第十三届创业实战赛 赴四川调研化工产业现状研究节能生态环保转型 追寻历史，探究老工业基地调整改造视角下的辽宁省城镇化路径——社会与公共管理学院赴辽宁省暑期社会实践考察团考察方案 “创意无限 · 设计未来”——艺术设计与传媒学院赴江苏太仓社会实践团 “知识点亮梦想 艺术谱写青春”材料学院赴安徽天长留守儿童关注行动 福建省霞浦县水污染情况调查 关于上海地区过期药品回收处理方式的调研 中国部分地区生态情况调查 关注环境污染，共建和谐家园 山东省农村社会保障制度专题调研
上海市暑期社会实践活动最佳项目奖	科技创造效益，实践铸就梦想——材料化学工程研究生服务佛山中小企业

第五届“知行杯”上海市大学生社会实践大赛优秀项目奖

项目	奖项
民间文化服务能力提高研究——以改善私人博物馆经营现状为例	二等奖
学校在社区建设中的功能及其实现机制研究	三等奖（合作单位：教委）
关于提升上海辰山植物园淡季游客量的调研	优秀奖（合作单位：绿化市容局）

上海市暑期社会实践先进个人获奖情况

奖项	获奖名单
上海市暑期社会实践先进个人	王安妮、申忱、李士正、朱诗杰、朱润秋、吴昊、詹妮、赵宁波

上海市暑期社会实践优秀指导老师获奖情况

奖项	获奖名单
上海市暑期社会实践优秀指导老师	刘开振、卢杨、崔靖园

第十三届“挑战杯”上海市大学生课外学术科技作品竞赛暨第十三届“挑战杯”全国大学生课外学术科技作品竞赛上海市选拔赛获奖情况

参赛项目	奖项
原核细菌光控基因表达系统	一等奖
水资源极度短缺下公众节水行动模式的探索——基于海河流域的实证研究	一等奖
动车组制动废热发电装置	二等奖
应急状态下群体疏散演练系统	二等奖
基于物联网的水质监测系统	三等奖
iDrug在线可交互式药物设计平台	三等奖
嗜热酯酶的基因挖掘、克隆、异源表达及其酶学性质研究	三等奖
基于WSN的用电设备能耗管理系统	三等奖

注：我校共获2项一等奖、2项二等奖、4项三等奖，并成功捧得“优胜杯”。

第十九届上海高校学生创造发明“科创杯”获奖情况

获奖项目	奖项
原核细菌光控基因表达系统	一等奖
水资源极度短缺下公众节水行动模式的探索——基于海河流域的实证研究	一等奖
动车组制动废热发电装置	二等奖
应急状态下群体疏散演练系统	二等奖
基于物联网的水质监测系统	三等奖
iDrug在线可交互式药物设计平台	三等奖
嗜热酯酶的基因挖掘、克隆、异源表达及其酶学性质研究	三等奖
基于WSN的用电设备能耗管理系统	三等奖

注：校团委书记倪炜获“优秀组织者”奖。

第七届“上汽教育杯”上海市高校学生科技创新作品展示评优活动

奖项类别	项目名称	完成人
发明创新一等奖	生产含二硫键蛋白的新方法	张文耀、茅缪伟
发明创新二等奖	基于自组装技术的电化学检测-微流控多通道芯片的设计及制备方法	陈晨、牛湘衡
发明创新三等奖	新型 $AgAgBrTiO_2$ 材料在氢气制造及室内空气净方面的应用	杨钒
发明创新三等奖	多头微型试样蠕变试装置的开发	庄法坤
发明创新三等奖	立卧式连续生产纳米材料真空可控气氛炉的设计	李孟泽
发明创新三等奖	动车组制动废热发电装置	赵铭诚、朱旭旻、陶冶、柳浩然
发明创新三等奖	按摩闹钟枕	侯启桐
发明创新三等奖	养鸡场多功能自动上料机器人	王镇
发明创新三等奖	表面活性剂协同酶解-微波提取中药有效成分的研究	刘曦
发明创新三等奖	一种新型负载型双中心复合聚乙烯催化剂的制备方法和应用	赵柠
发明创新三等奖	一种嗜热酯酶及其在降解 PAEs 中的应用	范翔
发明创新三等奖	营养保健型果糖糖果及其制作方法	陈芳芳、于文涛
发明创新三等奖	新型竹纸浆纤维木塑复合材料	王胜男
发明创新三等奖	基于表面肌电的人机交互智能控制系统的设计与实现	汪胜佩、肖姝源、杨惠、黄梦哲
发明创新三等奖	快速检测水中氰化物的检测试剂及其制备方法	陈丽霞
发明创新三等奖	基于物联网的水质监测系统	周凯、梁承美、毛龙军、韩港
发明创新三等奖	应急状态下群体疏散演练系统	杨宇、田璐超、李阳、金祎

第八届全国大学生“飞思卡尔”杯智能汽车竞赛华东赛区

参赛队伍	参赛队员	指导教师	所获奖项
Fast and Furious 队	刘学彦、方丽辉、方绪强	凌志浩、杜红彬	华东赛区比赛摄像头组一等奖及全国总决赛二等奖
华理一队	王朝阳、夏军、詹磊	凌志浩、杜红彬	华东赛区电磁组一等奖
hwz 队	王立人、黄洁、朱彦宇	夏春明、吴清	华东赛区摄像头组二等奖
Ghost-Ⅱ队	孙涛、刘红周、周辰晓	夏春明、吴清	华东赛区光电平衡组二等奖
legednteam 队	吕颖、蒋晶、蔡宦麟	何云、吴清	华东赛区电磁组三等奖
华理之星队	王儒、汤志鸿、闫双翔	潘鹤林、凌志浩	华东赛区光电平衡组三等奖

第六届“高教杯”全国大学生先进成图技术与产品信息建模创新大赛

奖项	获奖名单
团体一等奖	蒋冠辰、樊旭颖、沈胄杰、栾军政、范芳怡等
个人全能一等奖	陈飞飞、沈胄杰、陈真儒、范芳怡、樊旭颖

续表

奖项	获奖名单
产品信息建模一等奖、个人全能二等奖	栾军政、蒋冠辰、张景文
优秀指导教师一等奖	郭慧、马惠仙

2013 年上海市青少年科普创新活动

项目/单位	奖项
E 仔科普漫谈	优秀项目奖
团委	优秀组织奖

首届上海大学生原创音乐大赛

奖项	获奖名单
化学学院李文慧创作演唱、朱敏捷吉他伴奏的原创歌曲《谁在我心间》	第一名
校团委	优秀组织奖

为民、务实、清廉——第二届上海高校红色经典诵读大赛

奖项	获奖名单
华东理工大学	电视决赛优秀组织奖
学生节目《刘少奇——国家主席的小钱柜》	集体组三等奖
留学生个人节目《沁园春·雪》	留学生组三等奖

第六届上海市大学生社团文化节获奖项目

奖项	获奖名单
微笑益 GO	上海市公益实践类明星社团
MBA 商务管理协会	上海市学术科技类明星社团
健身健美协会	上海市优秀社团
黄锐、姚磊	上海市学生社团优秀指导教师
校团委	上海市学生社团先进工作单位

武装工作

【概况】 年内，武装部从抓好本科学生军事理论教学、组织并圆满完成学生军训任务、完成上海市教委赋予学校的征兵任务、做好拥军优属工作、抓好学校大学生射击运动队伍建设、加强枪支弹药管理等方面开展了卓有成效的工作。做好拥军优属工作，春节、八一建军节两大节日，组织对全校烈军属、伤残和复退转军人以及共建部队——上海警备区海防二旅进行慰问。在上海市大学生射击锦标赛中，杨菲芃获女子步枪30发卧射个人第二名，曹婧轶获女子30发卧射团体第三名。张大治获校治安综合治理先进个人二等奖。武装部被学校精神文明建设委员会评为文明单位。蔡跃明被上海市政府、上海警备区评为征兵工作先进个人；武装部被徐汇区人民武装部评为国防教育先进单位；学校被上海市人民政府评为征兵工作先进单位。

抓好军事理论教学。完成了2012级3 800余名本科学生18学时的军事理论教学任务，内容涉及中国国防、军事思想、军事科技、国际战略形势、军事高技术等。教学实施中按军事化要求让学生在指定位置就座，并严格遵守点名和扣分制度，确保良好的教学秩序和到课率，狠抓“校风、教风、学风、考风”建设。

组织2013级学生集中军训。8月27日至9月5日，对2013级全体本科学生进行为期10天的军训，内容以队列、擒敌拳、三防、战术、战场救护为主。教官由上海警备区海防二旅的96名官兵担任。

44名大学生光荣入伍。其中男生42名，女生2名。他（她）们分别是化工学院李天毅、姜君宝、刘昕玉、李志华、王鸿；药学院董青岱、张丙南、丁鑫；机械与动力工程学院张良汉、杨洋；社会与公共管理学院董淑锋、覃新旺、马力；化学与分子工程学院李梦楠、陈子龙、李立双、苏巴提-吾布力哈斯木；资源与环境工程学院杨子仪、李征、向儒彬；生物工程学院沈良成、孙俊飞、施伟伟、陈磊、韩萌；信息科学与工程学院朱炫光、梁明洋、孟玲旭、张乾、武鹏飞、梁栋、谭岗；材料科学与工程学院张丽林、徐坤、顾单飞、叶振琳、曾思章、胡强强；理学院范博文、王嘉楠（女）；商学院马春晓（女）、张杰；体育科学与工程学院周鸣；外国语学院严炜。

40 名大学生光荣退伍。退伍大学生的学院分布是：化工学院 4 名（其中 1 名为女生）、机械与动力工程学院 5 名、信息科学与工程学院 3 名、商学院 5 名（其中 1 名为女生）、资源与环境工程学院 2 名、艺术设计与传媒学院 3 名（其中 1 名为女生）、生物工程学院 4 名、药学院 5 名、社会与公共管理学院 2 名、化学与分子工程学院 5 名、材料科学与工程学院 2 名。

大事记

Dashi Ji

1月

4日 钱旭红校长与奉贤区庄少勤区长在奉贤校区图文信息中心签订合作框架协议。校党委书记杨贤金，党委副书记沈炜，副校长涂善东、杨存忠，与奉贤区委书记时光辉、区人大常委会副主任周龙华、副区长钱雨晴、区政协副主席张开明等出席。

同日 2012年“课堂教学风采杯”“名师风范杯”授课大赛决赛在奉贤校区举行。校党委书记杨贤金，副校长于建国、杨存忠，教务处处长乐清华、副处长林大钧等出席开幕式；由国家级教学名师房鼎业、黑恩成，上海市教学名师与校本科教学顾问组成员组成的专家评委团，学生评审团以及师资博士后教师观摩团、学生观摩团共同参加开幕式。大赛最终决出特等奖2名、一等奖16名、单项奖10名、二等奖32名、三等奖48名，以及团队优胜奖2个、优秀组织奖6个；校本科教学顾问组全体教师荣获集体伯乐奖。

5—6日 2013年全国硕士研究生举行入学考试。学校设有84个考场，以身份识别系统、信号屏蔽系统、考试监控系统、声音监听系统和广播指挥系统五大系统为基础的标准化考场首次启用。

10日 校出版社通过互联网出版许可审批，获得国家新闻出版总署颁发的《中华人民共和国互联网出版许可证》，许可证号“新出网证（沪）字60号”，获准开展与本社出版范围相一致的网络（包括手机网络）图书、音像、电子出版物出版。

11日 接沪教工组〔2012〕56号文件，中国教育工会上海市委员会同意校工会委员会全体会议的选举和表决结果：庄启昕同志任华东理工大学第十四届工会委员会副主席；高永煜同志不再担任华东理工大学工会委员会副主席职务。（华委字〔2013〕2号）

15日 2012年度校领导班子及成员述职考核会在徐汇校区逸夫楼报告厅举行。校党政领导班子成员，党委、纪委委员，党委中心组成员，专家、学者代表，近期退出领导班子的老领导，市级人大代表、政协委员和民主党派负责人，教代会代表，离退休老同志代表和学生代表等与会。会议由校党委书记杨贤金主持。

16日 由学校承办的2012年度上海高校辅导员队伍建设月总结会暨辅导员论坛在逸夫楼报告厅召开。教育部思政司司长冯刚，市教卫工作党委副书记、市教委副主任高德毅，校党委书记杨贤金、副书记沈炜等出席会议。

18日 国家发改委环资司节水处杨尚宝处长兼职教授的聘任仪式在校逸夫楼演讲厅举行，校长钱旭红教授出席。仪式结束后，杨尚宝教授为与会专家和师生做题为“中国海水淡化产业战略与规划”的学术报告。

20 日　学校成人高等教育 2013 届毕业生典礼在徐汇校区大礼堂举行。3 100 名毕业生中的约千名学生代表参加毕业典礼。

21 日　学校党政领导民主生活会在和平楼第一会议室召开。上海市教卫纪工委顾正波应邀出席。

同日　根据学校第十次党代会选举结果和工作需要，经中共华东理工大学常委会第十届 2 次会议讨论通过，学校对党政领导班子成员分工进行了调整。党委书记杨贤金主持学校党委全面工作，分管党委办公室、党委统战部、老干部办公室；党委副书记沈炜负责思想政治教育、宣传、文化、学生管理、武装、体育等工作，分管党委宣传部（精神文明办公室）、学生工作部（处）、党委武装部、研究生管理办公室、团委、体育运动委员会；党委副书记、副校长马玉录负责组织、干部、师资队伍建设及人事管理、档案等工作，分管党委组织部（党校）、人事处、退管会、档案馆；党委副书记、纪委书记林志华负责纪委工作，分管纪委、监察处、审计处；党委常委、校长钱旭红主持学校行政全面工作，分管校长办公室、财务；党委常委、副校长、工会主席陈英南协助校长分管财务工作，负责校办产业、安全保卫、教代会与工会等工作，分管保卫处、安全办、财务处、产业处、金山科技园、工会；党委常委、副校长于建国负责学科规划与建设、人才培养等工作，分管研究生院、教务处、工程教育学系、图书馆；党委常委、副校长涂善东负责科学研究、科技合作、国际合作与交流等工作，分管科学技术发展研究院暨科技处、国际合作与交流处；党委常委、副校长杨存忠负责校园建设规划与周边开发等工作，分管基建处、奉贤校区管委会；副校长钱锋负责发展规划、信息化建设与管理、用房和资产管理、对口支援、校友等工作，分管实验室与装备处（国资办）、发展规划处、发展联络处（校董会、基金会、校友会）、信息化办公室、现代教育技术中心、分析测试中心；党委常委田禾负责联系理工科类学院；党委常委吴柏均负责联系人文社科类学院；校长助理宋恭华协助校长分管继续教育学院、网络教育学院；校长助理朱广忠协助校长分管后勤保障处、后勤服务中心。（华委字〔2013〕19 号）

21 日下午—22 日　根据党委统一部署和组织，各学院（系）及部处负责人述职评议大会在和平楼第二会议室举行。校党政领导全部出席并参与评议。党委一级中心组成员对述职单位的工作开展情况进行现场评议。

24 日　校党委书记杨贤金、校长钱旭红、党委副书记沈炜、副校长钱锋等访问中国石油化工集团公司总部。中国石化集团公司党组成员、股份公司高级副总裁戴厚良代表中石化党组热情会见。中石化总部安全环保局局长王强、外事局局长唐苏欣、科技开发部主任谢在库、发展计划部副主任朱海兴、生产经营管理部副主任吕长江、科技开发部副主任徐惠、炼油事业部副主任陈尧焕、炼油事业部副主任胡伟庆、长城能源化工有限公司总经理杨栋、工程建设公司副总经理王子宗等十余名我校校友分别介绍了各自的相关工作以及与学校开展合作的情况。

24—25日 校党委书记杨贤金、副书记沈炜、副校长钱锋拜望九届全国政协副主席陈锦华先生，名誉校长、九届十届全国人大常委会副委员长成思危校友，校董会主席、中国石化集团公司科技委顾问、中国工程院院士王基铭校友，校董会副主席、北京市政协原主席阳安江校友，校董会副主席、建设部原副部长刘志峰校友，国家自然科学基金委原副主任、中科院院士朱道本校友，原国家建材局长、党组书记张人为校友，原中国专利局副局长沈尧曾校友，国务院港澳事务办公室副主任华建校友，中国石化集团公司党组成员、股份公司高级副总裁章建华校友，教育部教师工作司司长许涛校友等。党办副主任沈海涛、校办副主任刘志鹏陪同。

1月 九三学社社中央委员会通报获“学习践行社会主义核心价值体系全国先进集体和全国优秀社员”的决定，徐玉芳教授荣获“全国优秀社员”称号。

同月 科技部发布《关于国家重点基础研究发展计划2013年项目立项的通知》（国科发基〔2012〕980号），田禾院士主持的“分子探针识别肿瘤特异性血清标志物的基础研究”获批立项国家重点基础研究发展计划（“973计划”项目）。

2月

5日 杜文莉、郭耘和杨骥3名教师入选上海市2012年度“曙光计划”项目。（沪教委科〔2013〕11号）

7日 教育部发文公布2011年度长江学者特聘教授、讲座教授名单，汪华林入选“环境工程岗位”特聘教授。（教人〔2013〕1号）

21日 学校在八教306教室举行党委十届二次全体（扩大）会议，部署和研讨2013年的主要工作。学校党委委员、纪委委员出席会议，全体中层正职或负责人、民主党派负责人、院教代会代表团负责人和学生代表等列席。

23日 学校举行2013年自主招生基础测试（笔试），共有4 500多名考生参加测试。今年自主招生的考试科目为数学+物理，或数学+化学，取消了往年的英语考试。

26日 教育部副部长、党组副书记杜玉波，高教司司长张大良等一行，在上海市副市长翁铁慧、上海市教委副主任李瑞阳等陪同下来到学校，视察新学期开学的相关工作。校党委书记杨贤金、校长钱旭红、副校长于建国、党委副书记沈炜、校长助理朱广忠等陪同视察。杜玉波一行视察了国家盐湖资源技术研究中心、化工学院“985”大型仪器测试平台、煤气化及能源化工教育部重点实验室、学生一食堂、学生第22宿舍楼和第四教学楼等地。

3月

1日 校党委组织专题会议，传达习近平同志在新进中央委员会的委员、候补委员学习贯彻党的十八大精神研讨班上的讲话精神。全校副处级及以上干部与会。

同日 常州市委书记阎立和市委常委、秘书长蔡骏等一行来访，就开展产学研合作、印刷电子产业研究院等事宜进行交流。校党委书记杨贤金、校长钱旭红、副校长涂善东和相关职能部门负责人、教授及校友、名誉教授张霞昌参与会谈。

5日 由上海市科学研究会主办的“文汇科技创新沙龙”在学校逸夫楼演讲厅举行。校长钱旭红院士受邀做题为“改变思维”的演讲。

7日 李春忠教授荣获第九届上海市自然科学“牡丹奖”。

同日 学校庆祝“三八”国际劳动妇女节103周年暨表彰先进大会在学校逸夫楼演讲厅举行。校党委书记杨贤金、党委副书记马玉录、妇委会主任蒋文文、工会常务副主席沈悦萍，获得表彰的“三八红旗手”“三八红旗集体”的代表、优秀妇女工作者等出席会议。化学学院化学实验教学中心获评上海市“三八红旗集体”，资环学院冯耀宇获评上海市“三八红旗手”，体育学院大学体育拳操教学团队获评上海市教育系统“三八红旗集体”，社会学院纪晓岚、材料学院陈建定获评上海市教育系统“三八红旗手”。图书馆等7个校“三八红旗集体”、李蓉等13位校“三八红旗手”、贾方等7位校“优秀妇女工作者”，与市级先进集体、个人一起受到表彰。

13日 奉贤区副区长缪京带领区政府办公室、区科委、生物科技园区、海湾旅游区等部门负责人一行10人来校进行科技合作交流。副校长涂善东，产业处处长徐殿胜，校长办公室副主任刘志鹏，国家技术转移中心常务副主任张武平，上海生物制造产业技术研究院院长许建和、副院长庄英萍，上海煤气化工程技术研究中心主任刘海峰等出席会议，科研院常务副院长牟伯中主持交流会。

14日 市教卫党委副书记杜慧芳、市教育工会副主席王向群、办公室主任周宝宏、基层工作部部长张渭明一行来校调研工会工作。校党委书记杨贤金、副校长兼工会主席陈英南及工会常务副主席沈悦萍等接待来宾并汇报相关工作。

同日 校民革支部副主委刘雅丽荣获“2011—2012年度民革上海市委三八红旗手”称号。

15 日 2012 年度“于遵宏奖助学金基金”颁奖仪式在奉贤校区大学生活动中心举行。校党委书记、基金理事会名誉理事长杨贤金，副校长、基金理事长于建国，基金副理事长王辅臣，化工学院院长辛忠，资源院长刘勇弟，研究生院副院长李蓉，基金理事王亦飞等出席颁奖仪式。此次共有 6 名本科生获得于遵宏助学金，6 名研究生获得于遵宏奖学金。

15—16 日 本科教育教学研讨会在奉贤校区召开，杨贤金、钱旭红、于建国、马玉录、沈炜、涂善东、吴柏钧等校党政领导参加研讨会。

19 日 党委书记杨贤金，副校长涂善东、钱锋率校代表团赴苏州高新区洽谈校地合作事宜。苏州市委常委、副市长、高新区党工委书记浦荣皋，苏州市科技局长黄戟，高新区领导周旭东、钮跃鸣、张雪芹参加会见。组织部夏江雯，科技处张武平，信息学院顾春华、侍洪波、虞慧群，机械学院轩福贞，材料学院林绍梁，继续教育学院黄婕，校办刘志鹏，党办沈海涛等陪同。

20 日 校党委书记杨贤金与 20 余名青年教师在工会一楼会议室座谈。由青年教师联谊会主办的“校领导与青年教师恳谈会”系列活动正式启动。

22 日 2012 年度蒋雯若奖助学金颁奖暨签约仪式在逸夫楼演讲厅举行，蒋雯若基金会理事长宋勤华、常务理事邵守言出席颁奖暨签约仪式。会前，校长钱旭红院士会见蒋雯若基金会理事长等一行。

同日 教育部发文公布 2012 年享受政府特殊津贴人员名单（教人厅函〔2013〕3 号），庄英萍、牟伯中和徐玉芳 3 位教授入选。

同日 教育部发文公布第六届高等学校科学研究优秀成果奖（人文社会科学）获奖名单（教社科〔2013〕2 号），商学院马铁驹教授发表在 *Management Science* 上的“Coping With Uncertainties in Technological Learning”荣获二等奖（管理学/论文奖）。

26 日 党委书记杨贤金、副校长钱锋赴学校定点扶贫结对单位云南省寻甸县开展调研，校办袁洪学主任、党办沈海涛副主任陪同。

29 日 校第七届第四次教代会、第十四届第四次工代会在徐汇校区逸夫楼报告厅举行开幕式，并召开第一次会议，280 名正式代表和列席代表、特邀代表出席。

3 月 由生工学院严希康教授主编，沈亚领教授、张淑香博士等参编的普通高等教育“十一五”国家级规划教材《生物物质分离工程（第二版）》荣获 2012 年度中国石油和化学工业出版物奖（教材奖）一等奖。

同月 由材料学院刘昌胜教授主讲的生物医用材料首门视频公开课，自 2012 年上半年入选全国第一批精品视频公开课建设计划后，于日前完成全部5集内容的拍摄制作，已在“爱课程”网（www. icourses. edu. cn）上线，向社会大众免费开放。

同月 国家质检总局、国家标准委公布2013年“中国标准创新贡献奖”获奖名单，资环学院修光利教授课题组制定的“油墨工业水污染物排放标准”（GB 25463—2010）荣获三等奖。

4月

1日 2012年度研究生国家奖学金颁奖典礼在逸夫楼报告厅举行，党委书记杨贤金、副校长于建国、党委副书记沈炜等校领导出席典礼。

2—3日 “东盟和中国商学院联盟”（ASEAN + China Business School Network）成立大会在印尼日惹特区举行。商学院加入东盟和中国商学院联盟，商学院院长吴柏钧教授与会并发言。

7日 2013年党风廉政建设干部大会在逸夫楼报告厅召开。会议由校长钱旭红主持，党委书记杨贤金出席并讲话，党委副书记、纪委书记林志华做工作报告。

9日 名誉校长成思危来校指导工作。党委书记杨贤金，校长钱旭红，党委副书记沈炜，副校长钱锋，校党委常委、商学院院长吴柏钧，校长助理宋恭华参加座谈会，商学院分党委书记马玲与虚拟商务研究中心主任范体军及党办、校办有关负责同志在逸夫楼第三会议室陪同座谈。

同日 教育部发文（教高函〔2013〕4号）成立2013—2017年高等学校教学指导委员会，学校11位教授入选。其中，田禾为化学类专业教学指导委员会副主任委员，于建国为化工类专业教学指导委员会副主任委员，涂善东为机械类专业教学指导委员会副主任委员，杨贤金为材料类专业教学指导委员会委员和材料物理与材料化学专业教学指导分委员会副主任委员，魏东芝为生物技术、生物工程类专业教学指导委员会副主任委员，宋恭华为药学类专业教学指导委员会委员，辛忠为轻工类专业教学指导委员会委员，唐颂超为材料类专业教学指导委员会委员和高分子材料专业教学指导分委员会委员，李永生为无机非金属材料专业教学指导分委员会委员，凌志浩为自动化类专业教学指导委员会委员，蓝闽波为实验室建设指导委员会委员。

11日 党委书记杨贤金一行赴科技园调研，考察科技园华泾基地，走访了部分入驻企业，并进行座谈。

同日 共青团中央书记处第一书记秦宜智来到上海钱学森图书馆，与上海高校共青团干部代表座谈。座谈会上，我校研究生会主席周洋作为研究生代表发言。

12日 校七届四次教代会、十四届四次工代会闭幕式在逸夫楼报告厅举行。会上，党委书记杨贤金，副校长、工会主席陈英南等为上海市模范教工小家、七届三次优秀提案及2011—2012年度支持工会工作的好领导、校优秀工会工作者和优秀工会积极分子颁奖。

同日 由人民日报、新华社、光明日报、中央人民广播电台、中央电视台、中国青年报、中国教育报、中国教育电视台和人民政协报9家媒体组成的中央新闻采访团来校，就“中国梦”主题教育活动和“节约型校园建设”两个主题进行集体采访。校党委书记杨贤金、副书记沈炜接待采访团。

19日 体育节开幕式在奉贤校区体育馆举行。校党委副书记、体育运动委员会主任沈炜，副校长杨存忠，以及奉贤管委会、教务处、宣传部、学工处、团委及各学院领导出席了开幕式。同日，体育节教工运动会在徐汇校区田径场举行。

同日 中国石油和化学工业联合会组织“日处理煤2 000吨级多喷嘴对置式水煤浆气化技术”成果鉴定会。中国石油和化学工业联合会李勇武会长、中国工程院副院长谢克昌院士、中国石化总公司袁晴棠院士、浙江大学岑可法院士等行业领导和专家参加鉴定会。鉴定会专家认为该成果创新性强，总体处于同类技术的国际领先水平。校洁净煤技术研究所王辅臣教授、于广锁教授、刘海峰教授等参加成果鉴定会。

23日 校长钱旭红在工会一楼会议室与青年教师举行恳谈会。校青年教师联谊会秘书长陈峰主持会议，校工会常务副主席沈悦萍和来自十几个学院、部门的青年教师出席会议。

23—24日 校党委书记杨贤金、副校长钱锋带领化工学院、信息学院、资环学院、党办、校办等部门相关负责人和老师一行访问学校对口支援高校石河子大学。期间还访问了新疆天业集团和新疆师范大学，并就相关合作事宜进行洽谈。

24日 以校长理查德·巴奈特（Richard Barnett）教授为团长的英国Ulster大学代表团来校访问，钱旭红校长在徐汇校区逸夫楼会见来宾。双方就相关事宜达成共识，并签署合作协议备忘录。

25日 “2012年科技工作总结表彰大会暨科学技术前沿报告会”在徐汇校区逸夫楼演讲厅举行。校党委书记杨贤金、校长钱旭红、副校长涂善东以及科研院常务副院长牟伯中分别向获奖单位的代表颁奖。表彰会后，举行了“校学科前沿论文报告会（2013）”。

25—26日 法国高等化学工程师大学校联盟（Federation Gay Lussac，FGL）主席雅克·梅卡迪耶（Jacques Mercadier）一行来校，参加FGL与学校共同举办的第二届中法教育与科技研讨会。校党委书记杨贤金、校长钱旭红、副校长涂善东接待来宾。党委常委田禾院士，国际合作与交流处负责人，各学院主管教学副院长、系主任和中法项目的学生、相关学院的教师和研究生参加研讨会。

26日 由学校与上海化工（中国）理事会联合举办的首届“化工产业环境保护高峰论坛”在华亭宾馆举行。校董事会主席王基铭院士，校长钱旭红院士，校党委常委、商学院院长吴柏钧教授，及来自全国各地的200余位中外企业家出席论坛。

27—28日 党委书记杨贤金和副校长涂善东、钱锋，党委常委、中科院院士田禾，以及人事处、科技处、研究生院、校办和党办等部门相关负责人赴天津大学、南开大学和北京交通大学，对“天津化学化工协同创新中心”“轨道交通安全协同创新中心”进行调研考察。

28日 科技部发文公布2012年创新人才推进计划入选名单（国科发政〔2013〕452号）。李忠和周祥山两位教授入选中青年科技创新领军人才。

29日 2013年本科生招生咨询活动在徐汇校区举行，千余名考生及家长来校咨询学校招生情况及政策。

4月 接科技部办公厅通知，学校国家盐湖资源综合利用工程技术研究中心，经科技部组织专家现场验收评估和验收委员会综合评议，已完成可行性论证报告和计划任务书要求的各项组建任务，实现预期组建目标，具备了较强的科技成果产业化能力及辐射扩散能力，达到验收标准，同意通过验收并予以正式命名。

5月

2日 校中青年知识分子联谊会在徐汇校区和平楼第一会议室举行座谈会，校党委书记杨贤金应邀参加。本次座谈会由知联会会长范体军主持。

5日 共青团华东理工大学第十四次代表大会在徐汇校区逸夫楼报告厅召开。校党委书记杨贤金、团市委副书记杨元飞出席并讲话。校党委副书记沈炜，党委副书记、副校长马玉录，党委副书记、纪委书记林志华，副校长陈英南，团市委常委、学校部部长陈立俊等参加会议。大会选举产生了由31名委员组成的新一届委员会，通过了第十三届委员会工作报告的决议。当晚，共青团华东理工大学第十四届委员会第一次全体会议在逸夫楼第一会议室举行，沈炜出席并讲话。全会选举产生了新一届校团委领导班子，倪炜当选为共青团华东理工大学第十四届委员会书记，何希、胡兵、侯宇、李宝力当选为副书记，万婷、包雷晶当选为校团委常委。

6日 宝钢集团股份公司办公厅主任傅新宇一行来校洽谈产学研项目。校党委书记杨贤金、副校长涂善东等参加在徐汇校区和平楼第三会议室召开的交流座谈会。

11—12日 由中国工程院主办，化工、冶金与材料工程学部和学校承办的“中国工程科技论坛（第160场）——过程工程科技发展战略”在徐汇校区逸夫楼报告厅举行。中国工程院副院长干勇院士，中国科学院副院长李静海院士，以及中国工程院、中国科学院多个学部的25位院士，33位长江学者和国家杰出青年基金获得者参加本次论坛，围绕论坛主题举行了33场学术报告。

15日　经党委常委会讨论并票决决定，增补朱学栋同志为化工学院分党委委员，任书记；因年龄原因，免去张达中同志化工学院分党委书记职务。彭辉辉同志任党委宣传部副部长兼精神文明办公室主任。因年龄原因，免去孙辰修同志国家大学科技园金山科技园直属党支部书记兼管委会副主任职务。（华委字〔2013〕36号）

同日　第五届“上海市青少年科技创新市长奖”颁奖仪式在团市委举行，药学院博士赵玉政荣获本届“上海青少年科技创新市长奖”。

17日　经党委常委会讨论并票决通过，王建国为外国语学院副院长；葛巧珍为图书馆副馆长；傅蓉蓉为艺术设计与传媒学院副院长。因年龄原因，免去张坦淳审计处副处长职务、孙济庆图书馆副馆长职务、高克平图书馆副馆长职务、周忍伟艺术设计与传媒学院副院长职务。（校组〔2013〕4号）

同日　山东大学（威海）校长韩圣浩教授率团来校调研访问。校党委书记杨贤金，副校长涂善东、杨存忠分别会见代表团一行。

18日　上海市欧美同学会·上海市留学人员联合会第九次代表大会在上海国际会议中心举行，钱旭红当选为市欧美同学会副会长、常务理事，涂善东当选为常务理事。

24日　2012年度上海市“曙光计划”项目资助仪式在我校徐汇校区和平楼第二会议室举行。上海市教育发展基金会理事长王荣华、副理事长王奇、秘书长王明复，上海市教育委员会科学技术处处长王兴放，及校长钱旭红院士出席会议，会议由王奇主持。

同日　美国化学工程师学会（AIChE）前主席、美国工程院院士、明尼苏达大学化工系教授爱德华·L. 卡斯勒（Edward L. Cussler）名誉教授授聘仪式在徐汇校区逸夫楼演讲厅举行。校长钱旭红为卡斯勒教授颁发名誉教授证书。授聘仪式后，卡斯勒教授为师生做题为“膜的梦想”（Membrane Dreams）的学术报告。

26日　由校商学院、China MBA Foundation、上海MBA联谊会联合主办的首届全国MBA龙舟邀请赛在奉贤校区举行，来自全国15所高校近1 100名MBA学员参加比赛。

29日　校党委书记杨贤金在和平楼第一会议室会见由常州国家高新区党工委书记张东海率领的党政领导一行，双方就共建华东理工大学常州工业技术研究院的工作进展和举行产学研对接会事宜进行交流。校长助理宋恭华，科技处处长牟伯中等陪同会见。次日上午，由常州高新区管委会与学校共同主办的“华东理工大学-常州国家高新区产学研对接会”在徐汇校区逸夫楼演讲厅举行。

30日 加拿大西安大略大学副校长贾尼丝·M. 迪金（Janice M. Deakin）教授和工学院副院长祝京旭教授来校访问，校党委书记杨贤金在逸夫楼会见来宾。双方签署了以化工专业为主体的本科学生“2+2”交流项目合作备忘录。国际合作与交流处副处长包华以及化工学院院长辛忠等出席会谈和签约仪式。

同日 教育部公布第三批“精品视频公开课”名单，刘昌胜教授的“生物医用材料（1—5讲）”入选。（教高函〔2013〕8号）

5月29日—6月4日 应香港大学、香港理工大学、玄奘大学、台湾云林科技大学的邀请，钱旭红校长和商学院分党委书记马玲、社会学院副院长何雪松一行对上述几所学校进行友好访问。

5月 学校荣获“第十六届上海市文明单位”称号。

同月 由共青团中央、全国学联主办的2012年度寻访“中国大学生自强之星”活动评选结果揭晓。材料学院侯宇、生工学院赵庆新和理学院马玲玲3位同学荣获“中国大学生自强之星”提名奖。

6月

1日 由上海市教委、上海高校外国留学生教育研究会主办，学校承办的第六届上海市外国留学生龙舟赛在奉贤校区举行，来自本市23所高校的600多名外国留学生参加比赛。

2日 教职工健走协会成立仪式在和平楼第二会议室举行。校党委书记杨贤金、协会名誉会长马玉录、校工会主席陈英南及校长助理朱广忠等校领导和150余名教职工参加仪式。

同日 经共青团华东理工大学第十四次代表大会选举通过，报共青团上海市委员会批准：倪炜同志任共青团华东理工大学第十四届委员会书记；何希、胡兵、侯宇、李宝力4位同志任共青团华东理工大学第十四届委员会副书记。（华委字〔2013〕38号）

6—12日 校党委书记杨贤金率代表团分别访问我校友好学校意大利博洛尼亚大学、法国化学工程师学校联盟（FGL）以及法国斯特拉斯堡大学。陪同访问的有田禾院士、国际合作交流处包华副处长和国际教育学院刘晗。

19日 为期一天的2013届本科生毕业典礼暨学位授予仪式在大礼堂举行。4 643名毕业生接受党委书记、校长等校领导的颁证拨穗。

20日 上海市先进聚合物材料重点实验室学术委员会会议在逸夫楼第一会议室召开。校党委书记杨贤金教授，学术委员会主任、中科院院士颜德岳教授，学术委员会委员上海交通大学路庆华教授、复旦大学武利民教授和武培怡教授，校科技处处长牟伯中教授，材料学院院长刘昌胜教授、分党委书记唐颂超教授出席会议。参加会议的还有重点实验室学术带头人和学术委员会委员杜磊教授、陆关兴教授、李春忠教授、黄发荣教授，以及实验室的学术骨干。

同日 2013届本科毕业生党员座谈会在和平楼第一会议室举行，校党委书记杨贤金、党委副书记沈炜与来自各学院的28名毕业生党员座谈会。

25日 学校召开研究生培养方案修订评审会议，校学位评定委员会审核通过了修订后的研究生培养方案。校党委书记杨贤金、副校长于建国参加培养方案的修订评审。

同日 教育部高等教育司发文公布“国家级实验教学示范中心”，学校“工科化学实验教学中心”入选。（教高司函〔2013〕72号）

26日 九三学社中央副主席、上海市副市长、九三学社上海市委主委赵雯，与社市委专职副主委周锋、组织部部长王黎云、宣传部副部长詹咏等来校调研基层组织的组织建设和人才队伍建设情况。会前，校党委书记杨贤金，党委副书记、副校长马玉录，统战部部长方振敏等与赵雯主委一行进行会谈。随后，赵雯等领导还与学校九三学社社员代表进行座谈。

28日 经党委常委会讨论并票决通过，付尧、刘海峰为科学技术发展研究院副院长。（校组〔2013〕6号）

29日 中国石油化工集团公司-华东理工大学能源与化工经济管理研究中心在北京正式成立，并在中石化总部召开研究中心成立大会暨第一次理事会。中国石化股份有限公司高级副总裁章建华主持会议。校董事会主席王基铭院士，中石化科技部主任谢在库，技术经济研究院院长李希宏，我校党委书记杨贤金、副校长涂善东、吴柏钧、牟伯中和商学院范体军教授参加会议。会议通过了第一届理事会成员和学术委员会成员名单，审议通过了研究中心章程。会议推举章建华为研究中心理事长，成思危为学术委员会主任，王基铭为研究中心主任。

6月 化学学院分子尺度原型器件青年研究团队获评“上海市青年五四奖章集体”，药学院李剑教授、化工学院2009级学生王梦雪获评“上海市青年五四奖章”，机动学院分团委获评“上海市五四红旗团委”，材料学院分团委获评“上海市五四特色团委”。

7月

1日 2013届夏季研究生毕业典礼暨学位授予仪式在逸夫楼报告厅举行。校党委书记杨贤金，校长钱旭红，党委副书记、纪委书记林志华，副校长陈英南、于建国、涂善东、钱锋，党委常委田禾，校长助理宋恭华等校领导出席仪式。

2 日　学校国际化战略研讨会在逸夫楼演讲厅召开。校党委书记杨贤金，校长钱旭红，党委副书记、副校长马玉录，副校长陈英南、于建国、涂善东，党委常委田禾、吴柏钧，校长助理宋恭华、朱广忠等出席会议。杨贤金、钱旭红分别讲话；教务处、研究生院、人事处、组织部、科技处、化工学院、商学院等单位分别发言。

同日　美国天普大学（Temple University）教务总长戴海龙教授来校访问，校长钱旭红、副校长涂善东在逸夫楼会见来宾。

3 日　学校“深入开展党的群众路线教育实践活动”动员大会在逸夫楼报告厅举行。教育部第四督导组组长朱正昌，副组长徐大平、王鲁新等教育部督导组成员出席动员大会。校领导、近期退出领导班子的校领导、离退休干部代表、全体副处级以上干部、教授代表、教职工代表、民主党派代表参加动员大会。校长钱旭红主持会议，党委书记杨贤金做大会报告。朱正昌做督导工作讲话，徐大平主持对校级领导班子成员的民主测评。

同日　“云南寻甸工业经济专题干部培训班”开班典礼在逸夫楼演讲厅举行。云南省昆明市寻甸县委书记武斌，县委常委、组织部部长高建明携各部门主要负责人共计 52 名领导干部来校培训。校长钱旭红出席并致辞，开班典礼由副校长钱锋主持。

5 日　2013 届外国留学生毕（结）业典礼在逸夫楼演讲厅举行，副校长、国际教育学院院长涂善东教授出席并致辞。此次共有 49 名本科生、34 名硕士研究生、6 名博士研究生毕业、59 名长期语言生顺利结业。

6 日　2013 届秋季网络教育学生毕业典礼在大礼堂举行，校长助理宋恭华、网络教育学院领导、部分校外教育中心主任以及来自 17 家校外教育中心的 800 余名毕业生代表出席典礼。本次秋季共有 4 296 名网络教育学生顺利毕业。

8 日　由上海华谊投资有限公司与学校华昌公司共同出资成立的上海华谊树脂有限公司在上海化工区华昌公司生产基地正式成立并揭牌，刘坐镇教授任公司董事长。揭牌仪式由华谊投资有限公司执行董事、党委书记方广清主持，校党委书记杨贤金、副校长陈英南，华谊集团董事长、党委书记刘训峰，总裁秦健、副总裁魏建华等出席揭牌仪式。杨贤金和刘训峰共同为公司揭牌。

8—12 日　校长钱旭红应邀率团对澳大利亚纽卡斯尔大学和悉尼科技大学进行访问，并与纽卡斯尔大学签署学生海外学习协议。

10日 山东临沂大学党委书记丁凤云、副校长张立富等一行7人来校交流访问。校党委书记杨贤金在和平楼第三会议室会见来宾。

同日 上海市教委评估专家组对上海生物制造产业技术研究院（筹）进行评估验收。校党委书记杨贤金、副校长涂善东参加验收会。

12日 由文汇报、东方早报、新闻晨报、新闻晚报、青年报、东方教育时报、中新社、中国经济网、上海教育新闻网等沪上9家媒体单位记者组成采访团前往江苏南京，对我校第十三届学生创业实战大赛进行实地采访。

同日 经党委常委会讨论并票决通过，报中共上海市教育卫生工作委员会批准同意，宋来同志任校党委组织部部长。经党委常委会讨论并票决决定：夏江雯同志任校党委宣传部部长；免去夏江雯同志校党委组织部部长职务；免去宋来同志校党委宣传部部长职务。（华委字〔2013〕43号）

14—19日 学校大学生合唱团师生一行63人赴港参加2013香港国际青少年合唱节（第四届），参加了B3组和C组比赛，获一金两银；并被组委会遴选参加"美乐牵·友共情音乐会"演出。

17日 第27届世界大运会在俄罗斯喀山体育场闭幕。中国乒乓球代表团共获3金3银3铜，校乒乓球女队则获得其中的1金2银3铜。

21—23日 党委书记杨贤金、副校长钱锋带队赴江苏南京，看望江苏校友，并与江苏红太阳集团进行产学研合作洽谈。江苏省原副省长吴锡军、江苏石化厅原厅长洪迪康、海南省建材工业局原局长陈学龄、南京市原副市长蒋裕德出席座谈会，来自金陵石化、扬子石化、南化公司、仪征化纤、林科院、中材科技、红太阳集团等16名校友代表一同参加。

22日 德国柏林工业大学校长施泰因巴赫尔教授应邀来校访问，副校长海斯教授和城市发展研究中心教师施拉克等随同。校长钱旭红、副校长涂善东等会见客人。访问期间，举行了授予施泰因巴赫尔教授名誉教授仪式，施泰因巴赫尔教授还为师生做了题为"Engineering Education Germany，TU Berlin-an overview-Special：Chemical Safety Engineering"的报告。

26—28日 2013年对口支援青海大学工作会议在西宁召开。校党委书记杨贤金、副校长钱锋以及袁洪学、牟伯中、焦家俊、刘勇弟、徐世爱、沈海涛、宋兴福等老师参会。

30日 以副校长钱锋教授为首席科学家的国家"973计划"项目"化工过程物质与能量高效利用的集成优化基础研究"（2012CB720500）中期总结会议在北京召开。科技部基础研究管理中心副处长闫金定，教育部科技司基础处副处长邹晖，国家"973计划"咨询组专家、清华大学曹竹安教授和北京化工大学陈标华教授，项目专家组成员孙优贤院士、袁渭康院士、费维扬院士、李伯耿教授、钱锋教授，国内外同行专家王基铭院士、李洪钟院士、黄彪院士、陈德院士、高福荣教授及来自清华大学、浙江大学等单位的课题负责人和学术骨干共60余人参加会议。

7月　由刘学彦、方丽辉、方绪强3名学生组成的Fast and Furious队在凌志浩、杜红彬老师的指导下，荣获第八届全国大学生“飞思卡尔”杯智能汽车竞赛摄像头组全国总决赛二等奖。

8月

6日　校董事会2013年全体会议在宁夏召开。校董会主席王基铭院士主持会议。校党委书记杨贤金教授、校长钱旭红院士和副校长钱锋教授出席并讲话。

7日　“万人计划”第一批杰出人才、科技创新领军人才和青年拔尖人才入选名单公布（教人司〔2013〕274号）。教师周祥山入选第一批科技创新领军人才，白志山和张显程两名教师入选青年拔尖人才。

7—9日　由学校与中国系统工程学会过程系统工程专业委员会、中国石油化工股份有限公司信息化管理部共同主办的2013年中国过程系统工程会议（PSE 2013）在银川市召开。第九、十届全国人大常委会副委员长、名誉校长成思危教授，中国工程院管理学部主任王基铭院士，中国石化信息化管理部主任李德芳教授，我校副校长钱锋教授等140余位专家、学者出席会议。

10日　应上海市化学化工学会邀请，钱旭红校长在上海图书馆为广大科研工作者和市民做“炼丹术的过去与未来——化学化工与文明”科普专题讲座。

13—16日　学生彭勃、茅顿、包谷之、王家亮和李慧敏在理学院钟菊花、顾英俊、章登宏、葛自明等老师的指导下，荣获第四届中国大学生物理学术竞赛二等奖。

16—17日　第六届“高教杯”全国大学生先进成图技术与产品信息建模创新大赛在广州华南农业大学举行。由机械学院的陈飞飞、沈胄杰、陈真儒、范芳怡、樊旭颖、栾军政，化工学院的蒋冠辰，以及资环学院的张景文8名同学组成的学校代表队在郭慧和马惠仙老师的指导下取得优秀成绩。其中，蒋冠辰、樊旭颖、沈胄杰、栾军政、范芳怡等获团体一等奖；陈飞飞、沈胄杰、陈真儒、范芳怡、樊旭颖获得个人全能一等奖；栾军政、蒋冠辰、张景文获得产品信息建模一等奖和个人全能二等奖；另外，两位指导老师荣获优秀指导教师一等奖。

18日　2013级新生党员“励志班”开班仪式举行。校党委书记杨贤金、党委副书记沈炜出席会议。

21日　校E-infinite参赛队荣获2013“中石化-三井化学”杯第七届全国大学生化工设计竞

赛总决赛一等奖。

22日 学校在奉贤校区召开中共华东理工大学委员会十届三次全体（扩大）会议。校十届党委委员、中心组成员、教代会代表、民主党派代表与学生代表共120余人出席会议。会议由党委书记杨贤金主持。

24—25日 2013级3 800余名本科新生报到入学。

25日 校党委书记杨贤金和副书记沈炜、林志华，校长助理朱广忠等校领导及相关职能部门负责人到奉贤校区实地了解新生报到相关情况。

26日 2013级本科新生开学典礼在奉贤校区举行。校党委书记杨贤金，校长钱旭红，党委副书记沈炜，党委副书记、副校长马玉录，党委副书记、纪委书记林志华，副校长陈英南、于建国、涂善东、杨存忠、钱锋等出席典礼。

27日 新教工岗前培训开班典礼在和平楼第二会议室举行。校党委书记杨贤金，副书记、副校长马玉录，副校长陈英南，74名新教工及相关职能部门负责人出席。

28日 校长钱旭红院士在奉贤校区大学生活动中心与2013级新生举行面对面交流。校党委副书记沈炜出席。

同日 校长钱旭红和副校长杨存忠实地察看正在安装设备的实验七楼和工程训练中心。奉贤校区管委会、实验室与装备处、后勤保障处、校办、宣传部和相关学院负责人随同。

29日 校党委书记杨贤金在奉贤校区全面了解2013级新生军训工作，并慰问承训官兵和参训师生。副校长陈英南，军训团政委、党委副书记沈炜陪同。

8月 在由中国著名生命科学网站“生物通”主办，赛默飞世尔科技（Thermo Fisher Scientific）赞助的“赛默飞特约之生物通实验室创新技术大奖”第二届评选活动中，药学院博士生王雪、陈显军的作品《光可控的基因表达系统》（指导老师：杨弋）荣获唯一的一个金奖。

9月

2日 2013级2 804名研究生新生报到入学。其中硕士研究生2 440名，博士研究生364名。

3日 澳大利亚首都地区首席部长、堪培拉市市长凯蒂·加拉格尔（Katy Gallagher）以及堪培拉大学校长斯蒂芬·帕克（Stephen Parker）等一行7人来校访问。校长钱旭红、副校长涂善东、商学院院长吴柏钧等在和平楼第一会议室会见来宾。双方签署新的中外合作MBA项目协议书。

5日 2013级研究生开学典礼在徐汇校区大礼堂主会场和六大、七大等分会场举行。校党委书记杨贤金，校长钱旭红，党委副书记、纪委书记林志华，副校长陈英南、于建国、钱锋以及各学院的院长、书记等出席。开学典礼上，校领导还为第三届“我心目中的良师益友”获得者和提名获得者颁奖。其中，化工学院的郭旭虹、赵玲、朱学栋，机动学院的安琦，化学学院的伍新燕、朱为宏，生工学院的庄英萍、许建和，信息学院的顾春华、虞慧群获评“我心目中的良师益友”；社会学院的曹锦清，信息学院的朱煜，材料学院的唐颂超，药学院的叶金星、李忠、李洪林，化工学院的李涛，机动学院的夏春明、汪华林，理学院的钱夕元获得“我心目中的良师益友”提名。

同日 教育部评估专家组对学校“结构可控先进功能材料及其制备”教育部重点实验室进行现场评估。校长钱旭红和党委书记杨贤金代表学校分别致欢迎辞和答谢辞。

10日 校教师职务和其他专业技术职务聘任委员会审议并票决，决定聘任21位同志为正高级专业技术职务。其中，教授20人：李莉（化工学院），李志敏（生工学院），包春燕、赵春常（化学学院），江浩、林绍梁、顾金楼（材料学院），王卫泽、张莉（机动学院），张素平（资环学院），刘桂霞、李浩、黄瑾、谢贺新（药学院），关涛、汪冬华、黄庐进（商学院），龚嵘（外语学院），郭曰君（法学院），周美玉（艺术学院）。研究员1人：钟伟民（信息学院）。（校人〔2013〕33号）

同日 校教师职务和其他专业技术职务聘任委员会审议并票决，决定聘任47位同志为副高级专业技术职务。其中，副教授31人：孙辉、许军、何雪莲、徐益升（拟引进）（化工学院），卢运祥、郭志前、章弘扬（化学学院），杨文、陈兰岚（信息学院），张艳红、胡明慧（机动学院），闫莹、张巍（资环学院），郑剑斌（药学院），王凡凡、刘培海、孙佳睿、廖杰（理学院），马海英、吴一帆、李嘉、蒋志强（商学院），牛星、赵环、唐有财（社会学院），傅利英（法学院），张璐倩、曹东勃（人文科学研究院），杜梅、陈林华、施家瑜（体育学院）。副教授（专职思政教师）3人：王芝眉、储琰（学工部），司忠业（化工学院）。副研究员8人：王风清、郑高伟（生工学院），李大伟、武文俊（化学学院），王帆（材料学院），和望利、金晶（信息学院），刘晓峰（药学院）。高级实验师3人：万锋、刘洁、黄惠（信息学院）。副研究馆员（图书）1人：刘颖（图书馆）。副编审1人：周永斌（出版社）。（校人〔2013〕34号）

同日 学校与中航商用发动机有限责任公司签约成立“航空发动机寿命预测技术联合创新中心”，副校长涂善东教授担任首席专家。校长钱旭红院士和中国航空研究院上海分院院长、中航工业商发副总经理冯锦璋出席签约仪式。

同日 庆祝教师节慰问演出在奉贤校区举行。党委书记杨贤金，党委副书记沈炜，党委副书记、副校长马玉录等校领导及教职工代表与学生一起观看晚会。

11 日 校“田禾化学研究工作室”入选首批上海市教育系统“劳模创新工作室”。

12 日 安徽省安庆市委书记虞爱华，市委常委万士其、宋圣军，副市长张君毅等一行 15 人来校访问。校党委书记杨贤金，副校长、科研院院长涂善东，党委常委、商学院院长吴柏钧在逸夫楼演讲厅接待客人，双方就校、地合作事宜进行洽谈。

13 日 教育部安全生产大检查督查组莅临学校检查指导安全生产工作，上海市教委相关部门负责人陪同。校党委书记杨贤金、党委副书记沈炜、校长助理朱广忠接待督察组一行。

13—14 日 生物反应器工程国家重点实验室五届二次学术委员会会议在逸夫楼演讲厅举行。学术委员会主任欧阳平凯院士、名誉主任杨胜利院士及学术委员会成员钱旭红院士、张元兴教授、张嗣良教授、钟建江教授、马小军研究员、杨立荣教授、魏东芝教授、谭文松教授和许建和教授以及依托单位负责人和实验室部分研究人员 40 余人出席会议。

16 日 学校聘请澳大利亚纽卡斯尔大学校长卡罗琳·麦克米伦（Caroline McMillen）为名誉教授的授聘仪式在逸夫楼举行。钱旭红校长出席仪式，并为麦克米伦颁发名誉教授证书。

16—19 日 由中国化学会主办，我校药学院、生物反应器工程国家重点实验室承办，上海市化学生物学重点实验室等单位协办的第八届全国化学生物学学术会议在上海光大会展中心举行。大会学术委员会主任张礼和院士、大会主席钱旭红院士、中国化学会化学生物学专业委员会主任席真教授、国家自然科学基金委化学二处副处长郑企雨教授分别致辞。本次大会为来自国内外高校、科研院所的近 900 位科研工作者举行了 3 场院士论坛、7 场大会报告、60 场邀请报告、82 场口头报告。另外，还举行了《化学生物学学科前沿与展望》（属“中国化学科学丛书”系列）的首发仪式以及“上药”优秀墙报奖颁奖仪式等活动。

17 日 学校与华谊集团合作交流会议暨“华谊集团奖助学金”签约仪式在华谊集团举行。校党委书记杨贤金、校长钱旭红、党委副书记沈炜，华谊集团党委书记、董事长刘训峰，党委副书记、总裁秦健，副总裁黄德亨、魏建华及双方相关部门负责人出席活动。

同日 钱旭红校长、马玉录副校长会见由亚历山大·科奇涅夫（Alexander Kochnev）副校长率领的喀山国立技术大学代表团一行，双方就深化合作进行磋商。

同日 由社会学院徐永祥教授负责的“社会工作与社会管理研究中心”获得 2013 年度第一批“上海高校智库”立项（沪教委科〔2013〕64 号），此中心为学校首个省部级人文社会科学研究基地。

18 日　里海大学艾科卡研究所（Iacocca Institute）主任理查德·勃兰特（Richard Brandt）、课程主管特里沙·S. 亚历克西（Trisha S. Alexy）、喀山国立大学副校长亚历山大·科奇涅夫一行及 16 个国家的 33 名学员来校，参加我校与里海大学共同举办的地球村项目。校长钱旭红院士致欢迎辞，副校长涂善东做主题发言。

同日　据沪委〔2013〕566 号文，上海市委已任命顾春华同志为上海电力学院党委副书记。经校党委常委会讨论并票决通过，免去顾春华同志信息科学与工程学院分党委书记职务。（华委字〔2013〕51 号）

20—22 日　由德国洪堡基金会资助，德国洪堡基金会中国学术大使、校长钱旭红院士与田禾院士等洪堡学者组织，我校主办的洪堡会议在徐汇校区召开。来自生物、化学、医学、环境技术等领域的约 100 位中德著名学者，围绕“分子前沿科学”主题交流各自的最新研究成果。

25 日　聊城市人民政府与我校科技创新及产学研合作研讨会在逸夫楼演讲厅召开。校党委书记杨贤金与聊城市市长王忠林代表双方签署科技创新框架合作协议，校科研院常务副院长牟伯中与东阿阿胶股份有限公司总裁秦玉峰签署产学研合作协议。

同日　第五届中外大学校长体育论坛在北京体育大学举行。校长钱旭红院士受邀参加论坛并做“中国大学体育发展战略的实践与思考”主题报告。党委副书记沈炜、体育学院常务副院长王跃随同。

27 日　奉贤校区运行问题工作会在徐汇校区和平楼第二会议室召开。钱旭红校长、党委副书记沈炜和副校长于建国、杨存忠、钱锋等分别对奉贤校区目前运行情况进行通报，并就下一阶段工作做了部署。党委副书记、副校长马玉录和各专业学院及相关职能部门负责人参加会议。

同日　超细材料制备与应用教育部重点实验室 2013 年度学术委员会会议在校逸夫楼召开。费维扬院士、胡英院士、袁渭康院士、孙晋良院士、江东亮院士等学术委员会成员，校长钱旭红院士以及实验室科研骨干等出席会议。

28—29 日　由学校承办的全国工程教育化工制药类专业认证研讨会在逸夫楼召开。来自国内 40 多所高校的 220 余位专家教师出席。校党委书记杨贤金出席开幕式并致辞。

9 月　学校荣获上海市总工会颁发的“2011—2012 年上海市职工职业道德建设先进单位”称号。

同月　根据汤森路透公司最新发布的《2012 年度创新报告：12 个关键技术领域及其创新状况》，2012 年学校以拥有 30 项专利数位列第 7 的成绩进入制药领域杂环族化合物子领域亚太地区十大专利权人榜单。

10月

1日 中科院院士、田禾教授当选第24届发展中国家科学院院士。

7—9日 2013年材料化工研讨会在学校举行。国家自然科学基金委化学科学部五处孙宏伟处长，以及全国材料化工研究领域杰出的中青年学者30余人出席会议。校党委书记杨贤金，副校长于建国、涂善东，科研院院长牟伯中等接待参加研讨会的专家。

8日 “上海市新药设计重点实验室”建设项目通过专家组验收。校长钱旭红院士、副校长涂善东教授等出席验收会。

同日 教育部公布2013年度“新世纪优秀人才支持计划”入选人员名单（教技函〔2013〕47号）。江浩、李辉、刘培念、杨发祥、叶金星和周志明等6名教师入选。

9日 由国家自然科学基金委举办的上海地区重大研究计划项目宣讲会在学校逸夫楼报告厅举行。中科院副院长李静海院士应邀做题为“多相反应过程中的介尺度机制及调控”的学术报告，报告会由国家自然科学基金委化学科学部五处孙宏伟处长主持。校长钱旭红、副校长涂善东以及袁渭康院士、胡英院士等出席报告会。

同日 美国化学工程师协会（AIChE）主席菲利普·R. 威斯特摩兰（Phillip R. Westmoreland）来校访问。校长钱旭红、副校长涂善东以及袁渭康院士等在逸夫楼会见来宾。

10日 2 400余位离退休教职工返校欢度第26个敬老节。党委书记杨贤金，党委副书记、副校长马玉录一行还专程上门看望恰逢百岁生日的宋彬老师。

同日 由中国工程院农业学部主办，学校生物反应器工程国家重点实验室等承办的“海水养殖鱼类病原与病害控制”工程论坛在学校逸夫楼举行。校长钱旭红院士、副校长涂善东，中国工程院二局局长高中琪，论坛主席、中国水科院黄海所雷霁霖院士及300余位相关领域的专家、学者、企业界代表和学生代表参加开幕式。

11日 堪培拉大学校长斯蒂芬·帕克和副校长莫妮克·斯基德莫尔（Monique Skidmore）等一行来校访问。副校长涂善东、商学院院长吴柏钧等在逸夫楼第三会议室会见来宾。涂善东、斯蒂芬·帕克分别代表双方签署了合作备忘录。

12日 名誉校长成思危先生来校视察，在徐汇校区逸夫楼第三会议室召开了汇报会。校长钱旭红、校党委书记杨贤金及商学院、机动学院负责人做专题汇报。党委副书记、副校长马玉录，副校长涂善东、钱锋等参加。

同日 由学校主办的2013年中国社会发展高层论坛在上海市委党校召开。校长钱旭红院士，中国社会学会名誉会长郑杭生，上海市委党校常务副校长王国平教授等出席开幕式并致辞。

13日 经党委常委会讨论并票决通过，免去朱尚明信息化办公室副主任职务、董溯战法学院副院长职务。（校组〔2013〕8号）

14日 校领导班子集体收看中央电视台关于河北省委常委会召开专题民主生活会的新闻报道和《焦点访谈》专题片——《批评和自我批评是一剂良药》，专题学习习近平总书记《在参加河北省委常委班子专题民主生活会时的讲话》。

同日 教育部与国家外国专家局联合发文公布高等学校学科创新引智计划2014年度建设项目，以材料学院刘昌胜教授为责任人的“生物材料与工程创新引智基地”获准立项。（教技函〔2013〕50号）

15日 学校与尚华医药集团全资子公司上海睿智化学研究有限公司举行战略合作框架协议签约仪式。钱旭红校长和尚华医药集团董事长兼首席执行官惠欣分别致辞，并代表双方在协议上签字。

16日 经党委常委会讨论并票决通过，因年龄原因，免去方振敏同志党委统战部部长职务。（华委字〔2013〕52号）

17日 由学校主办的“中德国际工程教育双边研讨会”（Sino-German Bilateral Workshop of Engineering Education）在逸夫楼演讲厅举行。钱旭红校长、涂善东副校长和校长助理宋恭华等出席。

同日 第十三届“挑战杯”全国大学生课外学术科技作品竞赛决赛在苏州大学落下帷幕。学校参赛学生作品共获得2项二等奖、3项三等奖、1项交叉创新奖三等奖及1项累进创新奖铜奖；同时，学校荣获“优秀组织奖”。

同日 第十一届中国（上海）国际新药创制前沿技术与产业化发展峰会暨2013上海（奉贤）生物医药产业发展高峰论坛在奉贤召开。校党委书记杨贤金、科研院常务副院长牟伯中、生工学院分党委书记庄英萍等应邀出席。庄英萍教授被聘为奉贤生物医药产业基地第二批院士专家工作站专家。

18日 由上海市教育工会副主席王向群带队的上海市教育系统考核组来校，就上海市劳动关系和谐职工满意企事业单位考评之事，对学校进行全面的现场考评。

同日 学校与中国医药集团联合工程有限公司举行产学研合作协议签约仪式。仪式由校长助理宋恭华主持。校党委书记杨贤金和国药工程总经理、党委书记张奇分别致辞，并代表双方在协议上签字。

同日 由上海市行政法制研究所、学校等联合举办的“社会管理创新与法治保障”全国学术研讨会在和平楼第二会议室举行。校党委书记杨贤金教授参加会议。

18—20 日 由国家自然科学基金委管理学部和中国系统工程学会金融系统工程委员会主办、校商学院承办的“第十一届金融系统工程与风险管理国际年会”在学校召开。校长钱旭红院士，党委副书记、副校长马玉录出席会议的有关活动。

22— 26 日 第三届亚洲大学生乒乓球锦标赛举行。由学校女子乒乓球队组建的中国女队荣获女单、女双、女团三项冠军及女单亚军。

25 日 “龙蟒集团奖教奖学基金”签约仪式在逸夫楼演讲厅举行。四川龙蟒集团董事长李家权、总裁范先国、副总裁周晓葵、顾问张云，校党委书记杨贤金、副校长于建国出席签约仪式。

同日 经党委常委会讨论并票决通过，周彦波为人事处副处长，潘元虎为基建处副处长；免去朱学栋人事处副处长职务。（校组〔2013〕9 号）

26 日 第七届“校庆杯”教工龙舟赛在奉贤校区通海湖上举行。后勤甲方队、后勤乙方队、化学学院队荣获前三名。

26—28 日 由中国电子学会主办的第四届全国高校电子信息创新作品评选结果揭晓。信息学院电信中心选送的“基于 ARM 的电子设计教学实验箱-电梯控制系统”作品荣获本科综合组一等奖和与教学结合最紧密奖。

28 日 美国工程院院士、中国台湾研究院院士、中国科学院外籍院士黎念之与夫人乔家瑜博士来校访问。校党委书记杨贤金，党委副书记、副校长马玉录等在徐汇校区逸夫楼第三会议室接待来宾。

29 日 天津大学- NIMS 联合研究中心主任、国家“千名人才计划”特聘专家、“973”项目首席科学家叶金花教授应邀来校进行学术访问。校党委书记杨贤金和校党委常委田禾院士等接待来宾。

30 日 教育部下达 2013 年度教育部工程研究中心建设立项计划，由牟伯中教授为负责人的“生物采油工程中心”获准立项建设。（教技函〔2013〕56 号）

31 日 生工学院赵黎明副教授荣获“2013 年度中国食品科技学会科技创新奖—杰出青年奖”。

10 月 截至 10 月底，根据国家自然科学基金委公布的各类项目评审结果，学校 2013 年组织申报国家自然科学基金项目共 577 项，获资助项目 175 项，资助率为 30.33%，资助总金额为

11 016.2 万元；学校获得资助经费首次突破亿元。

同月 根据台湾大学公布的 NUT Ranking 结果表明，2013 年学校在世界综合排名第 416 位，中国排名第 21 位。其中，2 个研究领域和 5 个学科门类进入全球前 300 强。

同月 中国科学院院长、发展中国家科学院院长白春礼代表中国科学院、发展中国家科学院，并以个人名义向田禾院士发来贺信，祝贺其当选第 24 届发展中国家科学院院士。

同月 副校长于建国教授荣获“第十三届上海市科技精英”称号。

11 月

2 日 600 余名 1983 届校友毕业 30 年返校庆祝大会在大礼堂举行。副校长、校友会秘书长钱锋教授致辞并介绍学校情况。

同日 英语 124 班闻菁同学荣获第 11 届华东地区“21 世纪·华澳杯”大学生中澳友好英语大赛一等奖和最佳风采奖。

3 日 由学校承办的上海市自然辩证法研究会年会召开，校长钱旭红院士应邀做主题演讲。

同日 在第 38 届 ACM 国际大学生程序设计竞赛亚洲区域赛中，由顾琪坤、周永超、陈天组成的一队获得金牌，由蔡敏、沈宇涛、吕伟斌组成的一队获得铜牌。

4 日 上海市教委公布 2013 年度上海高校市级精品课程名单，林大钧教授的“实验工程制图”、刘海峰教授的“流体力学”、房毅教授的“热学”、范体军教授的“运营管理”入选。（沪教委高〔2013〕60 号）

同日 2013 年“阿克苏诺贝尔中国大学生社会公益奖”颁奖典礼举行。学生社团“理学协会”的“科普社区‘行’”项目荣获银奖；信息学院志愿者队的“科普，让社区更美好”——科普知识进社区公益活动、材料学院志愿者大队的“圆梦计划”关爱农民工子女项目荣获铜奖。

5—6 日 校领导班子用一天半的时间召开专题民主生活会。教育部第四督导组成员、教育部巡视工作办公室主任贾德永，上海市教卫相关负责人出席会议并给予指导。

5—9 日 第 15 届中国国际工业博览会在上海举行。学校 11 个项目参展，其中：米普科教授的 IPN 型高功能化丁苯胶乳项目获银奖，魏东芝教授的制备手性非天然氨基酸的酶制剂的开发与应用项目获铜奖，侯峰博士团队的大型炼化装置炼制高硫原油腐蚀与防护技术开发与应用项目获中国高校展区优秀展品二等奖，易建军教授的基于 RFID 的智能物流系统及其应用项目获中国高校展区优秀展品三等奖；大学生创业项目——上海微步环保科技有限公司的净鞋器荣获大学生创业展示平台优秀展品奖。学校再度荣获优秀组织奖；产业处纪桂杨荣获中国高校展区先进个人奖。

8日 2013级新生运动会开幕式在奉贤校区体育馆举行，校党委书记杨贤金、副书记沈炜及各学院、部处负责人参加开幕式。

9日 600余名1993届校友毕业20年返校庆祝大会在大礼堂举行，副校长、校友会秘书长钱锋教授致辞并介绍学校情况。

10日 盐湖资源化学与过程工程协同创新中心科技委员会会议在学校召开。中心科技委员会主任费维扬，科技委员会委员青海大学校长王光谦、郑州大学校长刘炯天等出席会议。校党委书记杨贤金、校长钱旭红、副校长于建国及科研团队代表参加会议。另外，钱旭红和王光谦代表双方学校签署了“华东理工大学、青海大学‘1+2+1’模式联合培养本科生”和“华东理工大学赠送青海大学化工原理设备”两份协议。

11日 学校召开人才工作专题会议。党委书记杨贤金主持会议，校长钱旭红出席并讲话，校党委副书记、副校长马玉录对相关文件讨论稿进行解读。

同日 中国石油化工集团公司暨华东理工大学能源与化工经济管理研究中心学术委员会第一次会议在上海召开，会议由王基铭主持。中国工程院院士袁晴棠、田禾，中国能源研究会副理事长周大地，中国石油大学（北京）原副校长葛家理，中国石化集团经济技术研究院院长李希宏，我校副校长涂善东、商学院院长吴柏钧等7位学术委员出席。研究中心理事长、中国石油化工集团公司党组成员、股份公司高级副总裁章建华，研究中心副理事长、我校党委书记杨贤金与校长钱旭红等参加会议。

同日 李春忠教授入选2013年国家百千万人才工程。（教人厅函〔2013〕16号）

12日 中国石油化工集团公司暨华东理工大学能源与化工经济管理研究中心正式揭牌成立。校长钱旭红和中国石油化工集团公司党组成员、中国石化股份有限公司高级副总裁章建华分别致辞，并和中国工程院院士、校董会主席王基铭及校党委书记杨贤金共同为中心揭牌。

15日 校领导班子专题民主生活会情况通报会在逸夫楼报告厅举行。校党委书记杨贤金做情况通报，教育部第四督导组副组长王鲁新、督导组成员杨毅仁出席会议。

同日 生工学院许建和教授荣获“杜邦杰能科中国酶工程杰出贡献奖”。

16日 商学院三十周年院庆大会在徐汇校区大礼堂举行。会前，校党委书记杨贤金与商学院校友代表进行座谈。名誉校长成思危先生通过视频致辞。

17—20日 美国工程与技术认证委员会认证专家小组对学校化学工程与工艺专业的建设情况进行现场考查和评估，并对其给予高度评价和赞赏。

19 日　徐汇区委书记莫负春来校访问。校党委书记杨贤金、校长钱旭红、党委副书记沈炜接待客人，双方在和平楼第一会议室就区校合作事宜进行座谈。

同日　德国石-荷州州长托尔斯滕·阿尔宾希比先生率州政府、教育、科技代表团，以及德国驻上海总领事馆、德国商会代表等一行 32 人来校访问。钱旭红校长、涂善东副校长会见来宾。

21 日　中国生物发酵产业协会上海工作站在学校正式成立，魏东芝教授担任工作站主任。副校长涂善东与中国生物发酵产业协会理事长石维忱为工作站揭牌。

22 日　学校召开人才工作专题会议总结大会。党委中心组成员，院士、长江学者、“杰青”、“千名人才计划”学者、学院教授会主任等学术、学科带头人，以及教代会主席团成员、部分青年教师代表参加会议；校领导钱旭红、沈炜、林志华、陈英南、杨存忠、吴柏钧、宋恭华等出席会议。校党委书记杨贤金出席并讲话，会议由校党委副书记、副校长马玉录主持。

29 日　药学院李洪林教授荣获“第十三届中国青年科技奖”。

同日　青年教师培训基地授课邀请赛决赛在奉贤校区举行。外语学院高攀、化学学院田振芬、材料学院孙金煜 3 位教师荣获一等奖。

12 月

2 日　校侨联荣获“全国侨联系统先进组织”荣誉称号；龙亿涛教授荣获“全国归侨侨眷先进个人”荣誉称号。

5 日　钱旭红校长受邀参加校董单位陶氏化学举办的“陶氏创新日”活动，并做“改变思维”的主题演讲。

6 日　由校研究生崔童敏、李新宇、叶紫青、孙玉铭及上海交通大学研究生吴蕴雯组成的团队荣获 2013 年壳牌大学生农村能源调研项目一等奖。

8 日　上海华东理工科技园有限公司总经理朱彦龙和药学院李剑教授新当选上海市青年联合会市青联十一届委员。

10 日　教育部发文公布第三批国家级精品资源共享课程立项项目名单（教高司函〔2013〕132 号）。钱旭红教授领衔的“有机化学”、乐清华教授领衔的“化学工程与工艺专业实验”、黄婕教授领衔的“化工原理”、许志美教授领衔的“化学反应工程”、张嗣良教授领衔的“发酵工程”、魏东芝教授领衔的“酶工程”、曹学君教授领衔的“生物分离工程”、黑恩成教授领衔的“物理化学”、唐燕辉教授领衔的“制剂工程”以及徐世爱教授领衔的“高分子物理”等 10 门课程入选。

13日 英语专业2011级邢沛林同学荣获2013年“外研社杯”全国英语写作大赛一等奖；杨慧敏教师荣获指导一等奖。

15日 第七届中国产学研合作创新大会在重庆举行。副校长涂善东获得2013年“中国产学研合作促进奖（个人）”，机动学院易建军教授等主持的“金融信息安全的若干关键技术的研究”获得“中国产学研合作创新成果奖”。

16日 教育部公布2012年度长江学者特聘教授、讲座教授名单（教人函〔2013〕13号）。龙亿涛获评特聘教授，詹姆斯·拉姆获评讲座教授。

19日 校友李永舫当选中国科学院化学部院士。

20日 艺术工学体验交流暨华理-曼恒共建G-Magic虚拟现实实验室启动仪式在学校举行，校长钱旭红院士出席并致辞。艺术学院院长程建新教授与曼恒数字技术有限公司CEO周清会代表双方签署合作协议，牟伯中与周清会共同为共建实验室揭牌。

31日 中国科学院院士、清华大学材料科学与工程研究院院长、校友南策文院士受聘校名誉教授仪式在逸夫楼演讲厅举行。校长钱旭红院士出席授聘仪式。

同日 经党委常委会讨论并票决决定，因年龄原因，免去王远明同志退管会分党委书记职务。（华委字〔2013〕62号）

12月 艺术学院丁伟老师荣获“联合国教科文设计新锐优秀奖”。